ALWIN SCHULTZ

# DAS HÖFISCHE LEBEN ZUR ZEIT DER MINNESINGER II

Der Sieger beim Turnier.

Herzog Heinrich IV. von Breslau, nach der Miniatur der Pariser Minnesinger-Handschrift.

ALWIN SCHULTZ

# DAS HÖFISCHE LEBEN ZUR ZEIT DER MINNESINGER

# II

PHAIDON

Nachdruck der Ausgabe von 1880


Gesamtherstellung:
Bercker Graphischer Betrieb GmbH, Kevelaer
ISBN 3-88851-149-6

# Inhalts-Verzeichniss.

# I.

Die Annehmlichkeiten des Lebens behaglich zu geniessen stand nach der Auffassung der höfischen Gesellschaft einem edlen, „zu Schildesamt gebornen“ Manne durchaus nicht an. Erst wenn er durch Muth und Tapferkeit sich im Kriege oder bei den öffentlichen Waffenübungen ausgezeichnet, sich Ruhm und Anerkennung erworben hatte, erst dann durfte er sich eine Erholung gönnen. Aber auch nur für kurze Frist war es ihm gestattet, sich der Genüsse, welche das Leben der damaligen Zeit zu bieten hatte, zu erfreuen; aus den Armen der Geliebten, der jungen Gattin musste er sich losreissen, hinaus zum Kampfe eilen, seinen Waffenruhm erhalten, wenn möglich mehren. Unthätig, froh der errungenen Erfolge, der Ruhe zu pflegen, „sich zu verligen“, wurde dem Ritter von Männern wie von Frauen verdacht[1]). Der echte Mann musste wie seine Vorbilder, die Helden von der Tafelrunde, seine Geliebte im Stiche lassen, sobald ein Turnier, ein Kriegszug ihm Gelegenheit bot, sich auf dem Felde der Ehre neuen Ruhm zu erwerben[2]); dass ein so verdienter Ritter wie Erec nach seiner Vermählung mit Ênite in seinem Liebesglück vergisst durch Waffenthaten seinen Ruf aufrecht zu erhalten, das zieht ihm die Verachtung seiner Untergebenen zu[3]). Wer am Waffenhandwerk überhaupt kein Gefallen

---

1) Iwein 2787: Geselle, behüetet daz enzît, Daz ir iht in ir schulden sît, Die des werdent gezigen, Daz sî sich durch ir wîp verligen. Kêrt ez niht al an ein gemach; Als dem hern Êreke geschach, Der sich ouch alsô manegen tac Durch vrouwen Ênîten verlac.

2) Vgl. Parz. 54, 17 ff.; 101, 25; 223, 15. — Wigal. p. 31, 29 ff. — Herrand von Wildonie, diu getriu kone (ed. Kummer) 67: Nu kam ez nâch gewonheit, Daz dem ritter wart geseit Von einem urlouge grôz; Dar fuor vil manic sîn genôz Dar fuor ouch er durch sînen muot Und tet ez dâ sô rehte guot, Daz man im dâ des prîses jach Für alle die man dâ sach. Und wær er dâ heim beliben, Sô müeset ir iuch hân verzigen. Daz ich niemer het geseit Von aller sîner frümikeit.

3) Erec 2966 ff.

fand, der wurde als feig und unwürdig angesehen, von seinen Standesgenossen verachtet, ja gehasst. Jean de Condé erzählt in seinem Gedichte „li dis dou chevalier a le mance“ [1]) von einem Ritter, der es liebte, ruhig auf seinem Gute zu leben, sich am Vogelfang etc. zu erfreuen, und der deshalb überall verachtet wird, bis es einer Dame gelingt, auch ihn für den Ruhm zu begeistern und zu bewegen, durch glänzende Waffenthaten die verlorene Achtung wiederzugewinnen. Dem Ruhme zu Liebe konnte man auch das Leben aufs Spiel setzen; aber ohne Aussicht auf Erfolg, bloss dem Gebote der Ehre folgend, das Leben zu opfern, das sagte ihnen doch nicht zu. Die Gefährten des Aeneas denken wenigstens so (Êneit p. 19, 38): „Ir iegelîcher des erschrach, Do ez an daz sterben solde gân: Dô dûhte sie daz baz getân, Daz sie daz lant rûmden Denn sie sich dâ versûmden Und rûm dâ erworben, Dâ si umbe erstorben.“

Leibesübungen standen deshalb bei den Männern in hohem Ansehen und sobald bei irgend einer Gelegenheit, zumal bei Festen, mehrere Ritter zusammen kamen, so massen sie in den freien Stunden ihre Kräfte. Da wurde gesprungen, wettgelaufen, der Stein geworfen und der Speer geschleudert[2]), nach dem Ziele mit dem Bogen geschossen[3]); oder man focht mit stumpfen Schwertern[4]) und erprobte die Kraft der

1) Dits et contes de Baudouin de Condé et de son fils Jean de Condé, publ. p. Aug. Scheler. Brux. 1866. I, 167.

2) Iwein 66: Dise banecten den lîp, Dise tanzten, dise sungen, Dise liefen, dise sprungen, Dise schuzzen zuo dem zil. — Mai u. Beafl. p. 4, 12: Die schermten hie, die rungen dort, Dise tanzten, jene sprungen, Dise liefen, jene sungen, Dise schuzzen den schaft, Jene pflâgen rîterschaft. — Nib. Z. p. 20, 5: Sô si den stein wurfen oder schuzzen den schaft; vgl. p. 49, 5 u. p. 50, 1. — Sal. u. Mor. 978: Ir eteliche schussent do den schaft Etliche stiessen den stein. — Troj. 4730: Wan er (Pârîs) kund alle fuoge, Der man ze hübescheit bedarf: Den stein den stiez er unde warf Baz danne keiner sîn genôz; Geswinde lief er unde schôz Behendeclîchen zuo dem zil. — Fierabras p. 88: Quant li rois a digné, Lors va esbanoier pour son cors deporter, Et li un escremissent et salent par ces pres. — Trist. (ed. Fr. Michel) II, 38: E plusurs jus comencer funt D'eskermies e de palestres (Druck: palestes), De tuz i fud Tristran mestres. E puis firent un sauz waleis E uns qu'apelent waueleis (?) E pius si portèrent cempeals E lancèrent od roseals Od gavelos e od espees.

3) Godefr. de Bouillon 16596: Cornumarans prist l'arc qui bien estoit tendus; Il a livré ung cop qui moult bien fu férus, Et fu bien priés du blanc regardés et veus. Il y ot ·vj· traians qui y est remanus; Et Godefroys y trait qui biel l'est maintenus Droit à la vraye brocque est ly fiers enbatus.

4) Kudr. 356: Des kuneges ingesinde ze hove schilde truoc, Kiule und buckelære, geschirmet wart genuoc, Gevochten mit den swerten, mit gabilôte geschozzen Vil ûf guote schilde. — Troj. 5015: Daz si dâ schirmens pflâgen. Si vlizzen unde wâgen Sich dar zuo vil sêre, Daz manger hande kêre Von in geschach hin unde her Si buten für die buggeler Dâ hinder stuonden si gebogen Und heten ûz diu swert gezogen, Diu lûhten unde glizzen. Ir zene si dô bizzen Z'ein ander, als in wære zorn.

Lanze an der Quintaine (s. I, S. 130) [1]. Wie gesagt, es sind das nicht etwa die jungen Leute, die sich da üben, sondern erprobte Männer, die schon die Ritterweihe erhalten hatten. Die Gewandtheit im Reiten konnte man auch im Ringelrennen beweisen, das aber meines Wissens nur einmal und dann von einem ziemlich späten Autor erwähnt wird [2]. Der Dichter des Romans vom Cléomadès schildert uns ein Scheibenschiessen, das die Spanier besonders werth hielten. Auf hohen Pfosten waren vier Scheiben aufgestellt, und Ritter wie Knappen, zu Rosse sitzend, bemühten sich, mit ihren Wurfspeeren dieselben zu treffen [3]. Meister in den ritterlichen Künsten wurden an den Höfen gern gesehen. So producirt sich, wie uns im Doon de Mayence (p. 280—282) erzählt wird, am Hofe des Heidenkönigs Danemont ein englischer Ringer, der Alle ausser Doon besiegt, ein türkischer Steinwerfer [4]) und ein ausgezeichneter Stockfechter [5]).

---

1) Lanc. I, 31119: Dede hi liede comen vort Ende richten ene quinteine daer In den mersch van Kamaloet oppenbaer, Datter vremde ridders mohten spelen; III, 23349: Doe si riddere waren gedaen, Stacmen tere quinteinen saen, Daer Torec op heeft gesteken, Dat sijn spere moeste breken. Doen staken di andere alle naer; Ende alsi hadden gesteken daer, Do reet Torec daerop weder Ende reet die quinteine ter neder, Die starc was ende groet. — Gérard de Rossillon p. 300 u. 301; p. 391: Itel jor adoba chevaliers cent, Done à chascun destriers e garnimens. Quintaine lor fait faire ès praz d'Arsent. D'escu noef e d'osberc fort e luisant. E corent - i danzel, cil de jovent, E vont por esgarder cel autre gent. . . . À la quintane veit grant communaille, Cent danzel i ont fait cop juaille; Onc neguns n'i falsa de l'osberc maille. Li quens demande espade, Droes li baille. . . . Li quens broche cheval que del renc saille Si fiert si en l'escu que tant en taille, Que passast - i volant oltre une quaille. L'osberc rot e trencha, soz la ventaille. . . . Estache Tant fort i fiert li quens que l'une estache Peceia à l'empaindre e l'autre esrache E tient si son espié que fors l'en sache. — 1253 hatten die jungen Leute in London zur Fastenzeit eine Quintaine veranstaltet und einen Pfau als Preis für den Geschicktesten ausgesetzt. Vom königlichen Hofe kommen Jünglinge dazu und stören das Spiel, bekommen aber Schläge und müssen schmählich abziehen. Auf ihre Klage straft Heinrich III. die Stadt London um 1000 Mark (Joh. de Oxenedes).

2) Gr. Wolfdietr. 1446: Sie het (in Terfis = Treviso) an einem schafte gehenket ein vingerlin, Welcher darin steche der solt davon geturet sin; 1448: Ein vingerlin von golde klug und wolgetan An einer snur sidin vor den rittern uf dem plan Was gehenket schone für die frowe hin. Darzu sie justirten durch daz megetin.

3) Cléomadès 15981: Et ot par defors le palis Tabliaus en pluseurs lieus assis Sor très haus sapins, qui estoient Li plus haut que trouver pouvoient. De ce tabliaus i avoit quatre À quoi se devoient esbatre À la feste li chevalier, Li damoisel, li esciuer, De lancier de leur gavelos; Et encore atorne on à los Qui plus apertement i lance. Vraiement sachiez, sans cuidance K'Espaignol tienent moult à bel Le jeu de lance au tablel. — Der Preis ist ein Sperber 17505.

4) Doon p. 283: Une pierre moult grant a à son col portée La jambe mit avant, tant l'a le glout getée etc.

5) Doon p. 288: Et on li apporta Et ·j· escu moult fort, que à son col geta

Diese Spiele waren vortrefflich geeignet, die Körperkraft zu stählen, die Gewandtheit und Geschicklichkeit der Ritter weiter auszubilden oder wenigstens zu erhalten. Aber allein im Kampfe Mann gegen Mann konnte sich die erworbene Tüchtigkeit so recht erproben; da galt es nicht allein, seines Rosses völlig Herr zu sein, seinen Gegner sicher zu treffen und ihn aus dem Sattel zu heben, dagegen den Lanzenstoss des Feindes zu pariren und fest im Sattel zu bleiben, sondern auch, wenn das Schicksal es wollte, dass der Kämpfer vom Pferde gestürzt wurde, sich schnell zu erheben und das Schwert zu ziehen, jetzt auf den Gegner einzudringen, ihn vom Pferde zu zwingen, im Schwertgefecht und wenn nöthig im Ringkampfe ihn zu besiegen. Diese persönliche Tapferkeit, diese so nöthige Geistesgegenwart, Geschwindigkeit, schnell die rechten Mittel zum Angriff oder zur Abwehr zu finden, alle diese Eigenschaften konnten allein dann erworben werden, wenn der Ritter Gelegenheit fand, sich mit einem ebenbürtigen Gegner im Kampfe zu messen. Mochten auch die Waffen stumpf sein, so dass schwere, gefährliche Verletzungen nur unter Umständen vorkommen konnten, so bot eine solche Waffenübung doch Gelegenheit, den ernsten Kampf auf Leben und Tod genau kennen zu lernen, Ausdauer im Ertragen der oft lang währenden Gefechte zu üben und sich zu gewöhnen, in voller Kriegsrüstung, angethan mit dem schweren Harnisch, auf dem Haupte den beengenden unbequemen Helm, sich frei und ungezwungen zu bewegen. Nur so konnte der Ritter sich zu den Waffenthaten, von deren Vollbringung sein Ruf abhing, wirklich vorbereiten. Wurde persönliche Tapferkeit von einem jeden Ritter als etwas Selbstverständliches verlangt, so war doch der Grad seiner Kampfestüchtigkeit von seiner Körperkraft einmal, dann von der steten Uebung seiner Geschicklichkeit abhängig. Und einen hervorragenden Platz unter den Kriegern seines Landes konnte sich nur dann ein Ritter erwerben, wenn er wirklicher Erfolge sich zu rühmen vermochte. Ein so tüchtiger Mann war dem Landesherrn schon immer werth; wollte aber ein Ritter zu den höchsten Ehrenstellen gelangen, so musste er nicht allein selbst als tapfer und muthig sich bewährt haben, sondern auch im Stande sein, Schaaren von Kriegern zu befehligen, sie siegreich in die Schlacht zu führen. Die Gelegenheit, sich darin zu üben und zu vervollkommnen, boten die Turniere, die wir, wie ich gleich hier erwähnen will, nicht als blosse Vergnügungen prunkliebender Fürsten und ruhmbegieriger Ritter anzusehen haben, sondern

---

Grant et gros fu et lonc . . . Jusqu'au genoul amont sa cote rescourcha; Il dreche son escu, le baston empoigna.

die damals ebenso die Vorübung zum ernsten Kriege bildeten, wie dies etwa die Manöver unserer heutigen stehenden Heere beabsichtigen.

Den Turnieren werden wir also, wollen wir das Heerwesen jener Zeit wirklich uns klar machen, unsre ganze Aufmerksamkeit zuwenden müssen; sie sind die Schule, in welcher der junge Ritter sich zum tapferen Krieger ausbildet, das Feld, auf dem er seinen ersten Lorbeer pflückt, der Schauplatz, wo er, unter den Augen des Landesherrn kämpfend, dessen Aufmerksamkeit erregen, Aussicht auf Auszeichnung sich erwerben kann. Für den armen jungen Ritter, für den jüngeren erbelosen Sohn bietet sich beim Turnier Gelegenheit, wie wir sagen würden, Carrière zu machen.

Es ist aber unerlässlich, will man die Waffenübungen des Mittelalters recht verstehen, zunächst die Angriffswaffen sowie die Schutzrüstungen, deren man sich in jener Zeit bediente, kennen zu lernen. Ich werde hier nur von der Bewaffnung der Ritter handeln, bei Besprechung der Soldaten deren Ausrüstung eingehender schildern.

Die Geschichte der mittelalterlichen Waffen ist oftmals schon bearbeitet worden. Ich erwähne hier nur die Werke, die mir zur Verfügung stehen: die schöne Zusammenstellung aller auf das Kriegswesen bezüglichen Stellen aus den deutschen Epen von San Marte „zur Waffenkunde des älteren deutschen Mittelalters“ (Bibl. d. ges. deutschen Nat. Litt. Abth. II, 4. Quedlinb. u. Lpz. 1867), dann John Hewitt's Ancient armour and weapons in Europe (Vol. I. Oxf. 1860), ferner Viollet-le-Duc's ausführliche — bekanntlich aber mit Vorsicht zu benutzende — Darstellung im fünften und sechsten Bande des Dictionnaire du Mobilier (Paris 1874), endlich das ausgezeichnete Werk von G. Demay, le costume au moyen-âge d'après les sceaux (Paris 1880).

Die Waffen und Rüstungen wurden von Waffenschmieden in den Städten angefertigt und verkauft. An den Fenstern der Werkstätten wurden die fertigen Stücke aufgehängt, die Kauflust zu reizen [1]. Man legte aber besonders Werth darauf, alte erprobte Waffen, die von berühmten Meistern herrührten, zu besitzen. Den ältesten Waffenschmied finde ich bei Lodowijk van Velthem erwähnt [2]. Der Dichter erzählt, dass König Eduard von England bei seinem Kriegszuge nach Wales in einem Walde einen uralten Schild, Halsberc, Helm und ein Schwert fand, auf dessen verrosteter Klinge die Worte standen: „Ic meester Rigaudyn Van Wales smeetde dit swerd fyn Int iaer ons

1) Gauvain 1830: Coutials i font de mainte guisse Et si trovast on, qui quesist Elmes fais et qui les forbist; Cil fait hauberc et cil espées, Cauces de fer mult bien ovrées Véissiés as fenestres pendre.

2) l. III, c. 10.

heren wel gerede ·Cccc· ende ·lxvj· mede". In den deutschen Heldengedichten wird dann Mime der alte gefeiert, der „saz in Azzarîâ von Tôlet zweinzic mîle"[1]). Er schmiedet Biterolfs Schwert Schrit und ihm ist nur ein Meister gleich „der was Hertrîch genant Und saz in Wasconje lant"[2]). Mime's Schüler war der berühmte Wielant, der für seinen Sohn Witege das Schwert Mimunc, den Helm Limme und die Rüstung schmiedete[3]). Heinrich der Erste von England besass in seinem Schatze ein Schwert, das von Wieland herrühren sollte[4]). Von Wieland (Galans) waren der Sage[5]) nach die drei berühmten Schwerter geschmiedet: Floberge, Hauteclere, Joiouse (nach Doon p. 264 auch Durendal); sein Bruder Munificans arbeitete die Schwerter Durendal, Musaguine, Courtain, ein anderer Bruder Aurisas die Schwerter Baptesme, Garbain und Plorance. Das Schwert des Doon de Mayence, Merveilleuse, ist von einem Schüler Galant's gefertigt[6]). In des Chrestien de Troyes Perceval wird der Waffenschmied Trebuchet genannt, der dem Perceval das Ross beschlägt, aber auch das zerbrochene Wunderschwert zusammenzuschweissen versteht[7]). Wolfram nennt denselben Meister ebenfalls (Parz. 261, 1; 643, 18) und kennt sogar seinen Sohn Schoyt von Assigarziunde (Willeh. 356, 20), der einen kostbaren Helm schmiedet. Eine historische Persönlichkeit ist vielleicht der vom Pfaffen Konrad im Rolandsliede (1600) genannte Madelgêr von Regensburg, aus dessen Händen das Schwert Mulagir hervorging, welches erst dem Naimes von Baiern, dann Karl dem Grossen, endlich Genelun gehörte. Auch „Kîûn von Munlêûn der smit" (Willeh. 429, 28), der Meister von Laon, ist möglicherweise eine zu Anfang des dreizehnten Jahrhunderts lebende Celebrität. Einen andren Waffenschmied, der vielleicht wirklich existirte, Isaac von Barcelona, nennt das Gedicht vom Guillaume d'Orenge[8]).

1) Biter. 123 ff.

2) Biter. 149.

3) Biter. 156; vgl. die Zusammenstellung der Litteratur über Wieland den Schmied bei v. Reiffenberg, Vorrede zum zweiten Bande der Ausgabe des Philippe Mouskes p. XCVI, Anm. 2.

4) Joh. Turonensis Historia Gaufredi ducis Normannorum (Bouquet, Recueil XII, 521): Ad ultimum allatus est ei ensis de thesauro regio ab antiquo ibidem signatus, in quo fabricando fabrorum superlativus Galannus multa opera et studio desudavit.

5) Gui de Nanteuil p. 31.

6) Doon p. 264.

7) Percev. 4853 und 41530 ff.

8) III, 968: Vint en la chambre, s'en a tret une broigne, Cele forja Ysac de Barceloigne.

Besonders berühmt sind die sarazenischen Schmiede [1]). Wir haben schon gesehen, dass der berühmte Mime, der Lehrmeister Wieland's, in der Nähe von Toledo zu Hause war, und Assigarziunde, die Heimat des Schoyt, des Sohnes von Trebuchet, ist wohl auch im Oriente zu suchen. Auch Parz. 261, 2 wird ein Schild aus Toledo erwähnt und Willeh. 356, 1 ff. nennt der Dichter eine ganze Menge orientalischer Länder und Ortschaften, die durch ihre Waffenfabriken berühmt sind, deren Lage aber festzustellen wohl schwerlich gelingen dürfte.

Viel präciser sind die Angaben der französischen Dichter, die von Helmen von Tudela [2]), von Bagdad [3]), vom Eufrat [4]), von Arabien [5]), Afrika [6]) und Carthago [7]), von ägyptischen Halsbergen [8]) erzählen, auch die Erzeugnisse der türkischen [9]) und griechischen [10]) Waffenschmiede zu würdigen wissen, die Schilde von Almeria (Doon p. 29) und Aragonien (Prise de Pampelune 3531) kennen. Selbst die indischen Stahlarbeiten erfreuten sich eines hohen Ruhmes [11]). Durch die Kreuzzüge waren eben die Abendländer mit den vorzüglichen Leistungen der orientalischen Waffenschmiede bekannt geworden.

Unsre deutschen Meister werden zumal von deutschen Dichtern recht selten erwähnt, öfter von den französischen Epikern. Die Platten von Hessen lobt der Dichter des grossen Titurel (5828); Halsberge von Cambray [12]), Helme, Rüstungen und Schwerter von Baiern [13]) rühmen französische Dichter. Die grossen deutschen Schwerter

---

1) Eine ausserordentliche Festigkeit sollten die Waffen zeigen, die in eines Drachen Fett und Galle (Troj. 3804) oder in eines Krokodiles Fett (Troj. 30948) oder in des Salamanders Blut (Walberan 787) gehärtet waren. Aber selbst der harte Adamas wird durch Bocksblut erweicht (vgl. Parz. 105, 18 ff. Mhd. Wtb. I, 7).

2) Auberi p. 140, 6: Fierent d'espees sor l'iaume de Tudele.

3) Chans. d'Antioche VIII, 38: Ses elmes fu forgiés en la cit de Baudart.

4) Chans. d'Antioche VIII, 40: Ses elmes fu forgiés de sour l'aive d'Eufras.

5) Aye d'Avignon p. 84: ·J· vert elme d'Arrabe.

6) Aye d'Avignon p. 12: ·J· vert elme d'Aufrique.

7) Ren. de Mont. p. 20, 8: Ne hiaumes de Cartage. — Alix. p. 183, 3: Mais le lance baisié ù ot fier de Cartage.

8) Percev. 39731: Unes armes rices et beles, Dont d'or et d'argent sont les melles, Légières et fors et deugies; En Égypte furent forgies; Moult furent fors et tenans; ·Iiij· pucièles avenans Les forgièrent à grant déduit.

9) Ren. de Mont. p. 164, 16: Hiaumes turcois. — Floovant p. 36: bons espiez Torcois. . . Des esporons Torcois.

10) Floovant p. 36: Les elmes Grezois.

11) Wigal. p. 189, 36. — Tit. 1284: Goltvarwer stahel uz india was die glevie.

12) Ren. de Mont. p. 18, 24: Et fausent les haubers ki furent de Cambrais

13) Alixandre p. 430, 32: Vestu ot ·j· hauberc qui fu fais à Baiwière. — Guill. d'Orenge V, 622: Roz ot les laz del heaume de Bavière. — Des Heiden Treferis

sind ihnen wohlbekannt [1]), ebenso die von Köln [2]), die sächsischen und lothringischen [3]). Die Kumanen und Walachen „portoient uns glaives vers à un lons fiers de Bohaigne“ (Bohême, s. Henri de Valenciennes, Hist. de l'empereur Henri § 532). Von den italienischen Meistern sind besonders geschätzt die von Pavia [4]), deren Helme vielfach genannt werden; aber auch in Otranto [5]) und Aquileja [6]), sowie in Benevent [7]) werden gute Waffen, besonders ausgezeichnete Helme gearbeitet; in Sartaigne (Sardinien) [8]) fertigt man gute Helme und Schilde.

In Frankreich sind die Werkstätten von Poitiers hochberühmt. Der feine Stahl [9]), die Helme [10]), die Lanzenspitzen [11]), die Schwerter [12]) von Poitiers, sind in unsrer Zeit überall als vorzüglich bekannt.

---

Schwert (Gr. Wolfdietr. 1007 u. 1070) heisst Beyerlant. — Guill. d'Orenge V, 6314: Du branc d'acier qui fu fest à Bavière. — Stricker, Karl 2150: Ein swert zu Beiern geslagen, Daz was zæhe und alsô herte etc

1) Chron. des ducs de Norm. II, 10470: Sa grant espée d'Alemaigne. Cf. Guiart I, 3630.

2) Garin II, p. 30: Ceinte a une autre (espée) qui de Coulongne vint. — Pierre de Langtoft, Chron. II, 102: Jakes de rechef de l'espeye Colonyn.

3) Chron. des ducs de Norm. II, 1255: L'espée ceinte de Saissoine. – Rom. de Troie 21263: N'i a cel n'ait escu et broine, Hialme, espée de Sessoine, O Loherenge ou d'Alemaigne.

4) Doon p. 29: Et bon hauberc doublier et elme de Pavie. — Cf. Floovant p. 51. 37. 10; Gui de Nanteuil p. 6; Amis et Amiles 1548; Elie de S. Gille 915. — Garin I, p. 60: O le brant de Pavie. — Robert le Diable: Cest fer (glaive) aportai de pavie. Je l'achatai, ie le fis faire; Il n'a millor iusqu'à chesaire.

5) Gaydon p. 267: L'iaume deslace qui fu fais à Otrente.

6) Gaufrey p. 116: Sus l'elme d'Aquilée. — Cf. Gaydon p. 33; Aye d'Avignon p. 17.

7) Doon p. 207: Et abessent les lanches as fers de Bonivent.

8) Rom. du chev. au Cygne (cit. v. Fr. Michel, Chron. des ducs de Norm. III, p. 868): elme de Sartaigne. — Auberi p. 225, 20: Escu de Chartaigne.

9) Rom. de la Charette 5821: Mainz cos des aciers Poitevins. — Garin II, p. 111. Qui portent haches aus aciers poitevins. Cf. II, p. 207. — Auberis li Borgignons (Romv. 208, 10): Cune guisarme me faites tost forgier Asse i ait del poitevin achier.

10) Erec 2328: Helme von Poitiers. — Rom. de la Charette 3504: Qui jà avoit le hiaume el chief Lacié, qui fu fez à Peitiers. — Auberi p. 182, 11: Et fiert le duc seur l'iaume poitevin; p. 245, 14: Maint hiaume poitevin. — Gaydon p. 42: Thiebaus relace son elme poitevin. Cf. Garin I, p. 222; II, p. 167. — Jord. Fantosme 590: Healmes Peitevins.

11) Auberi p. 9, 6: ·Ij· espies porte d'un acier poitevin; p. 177, 14: Et li lancierent maint espie poitevin. — Joh. Turon. Hist. Gaufredi Duc. Norm. (Bouquet XII, 521): Allata est ei hasta fraxinea ferrum Pictaviense praetendens.

12) Gaydon p. 285: Et tint l'espée d'acier poitevinnal. Cf. Auberi p. 166, 12; p. 219, 10.

Demnächst gelten die Waffenstücke von Vienne[1]) als sehr gut. Von französischen Werkstätten werden dann erwähnt die von Anjou[2]), aus Bêâlzenân[3]), der Hauptstadt von Anjou nach Wolframs Versicherung, von Beauvais[4]), dem räthselhaften Biterne (vgl. I, S. 253)[5]), Blois[6]), Bordeaux[7]), Chambly[8]) (bei Beauvais), Dijon[9]), Glenîs (?)[10]), Limoges[11]), Lyon[12]), Senlis[13]), Soissons[14]), Toulouse[15]), Troyes[16]), Valence[17]). Aus dem christlichen Spanien kommen die guten Waffen von Castilien[18]) und Navarra[19]). Dann erfahren wir von englischen Werkstätten, von Rüstungen aus Cornwallis[20]) und von Londoner Schilden[21]). Auch russische[22]), romanische (griechische?)[23]) Eisenarbeiten werden zuweilen genannt. Wo die „ile de Durier" zu suchen ist, auf der ein herrlicher, im Roman d'Alixandre (p. 14, 17) beschriebener Halsberg gearbeitet wurde, kann ich nicht ermitteln.

---

1) Chans. d'Antioche VIII, 30: Des espieus vienois. — Erec 5916: As verz braus d'acier Vienois. Cf. Chans. d'Antioche II, 27; II, 33; Prise de Pampelune 3526; Chron. des Ducs de Norm. II, 16071; 36885; Hugues Capet p. 54; p. 152; li biaus desconneus 1423; 1753. — Jord. Fantosme 157: Prendre par les enarmes ces escuz Vianeis. — Hugues Capet p. 55: Le héaulme d'ouvraige vyanois. — Gérard de Rossillon p. 338: Alberc viel vianeis.

2) Titurel 5828: Der halsperc von Antschowen.

3) Parz. 261, 17: Sîne hosen, halsperc, hersnier: Und in îserîniu schillier Was gewâpent dirre küene man, Geworht ze Bêâlzenân In der houbetstat zAnschouwe.

4) Auberi p. 177, 7: L'escu biauvoisin. — Chans. d'Antioche VIII, 14: Armés d'aubers et d'elmes et d'escus Biauvoisin.

5) Aiol 6486: Et l'escu de Biterne.

6) Gér. de Rossillon p. 338: Escuz de Blois.

7) Gér. de Rossillon p. 345: Lance porte et escu qui est de Bordel.

8) Erec 2329: Halbsberge von Schamliers.

9) Gaydon p. 89: Tranche le cercle qui fu fais à Dijon.

10) Erec 2330: Îserkolzen von Glenîs.

11) Rom. de la Char. 5804.

12) Rom. de la Char. 5811.

13) Garin I, p. 273: l'elme qui fu fais à Senlis.

14) Parz. 261, 26: Ze Sessûn was geslagen sîn plate.

15) Rom. de la Char. 5808.

16) Titurel 1230: Ein sper alsam ein horenboge mit listen wol gezehet, Halp horn und mit aderzoge durchpigelt gar mit varwe überwehet, Durch tioste val zu trois-geworht dem frechen.

17) Alix. p. 131, 3: Le branc qui fu fais à Valance.

18) Elie de St. Gille 2103: Et ot hanste de fraine et ot fer de Castele.

19) Elie de St. Gille 71: ·Ij· escus de Nauaire.

20) Percev. 23650: Le bon auberc de Cornualle.

21) Rom. de la Char. 5817.

22) Ren. de Mont. p. 41, 35: Mais li haubers fu fors, qui fu fais en Rossie.

23) Alix. p. 183, 27: Li fist sentir le fier de Romenie.

Durch Kaufleute (s. I, S. 274) wurden Waffen wie Rüstungen exportirt und aller Orten feil gehalten [1]). Ein Schild, der so gelegentlich bei einem Krämer gekauft wurde, hiess „krâmschilt“; er war natürlich nicht so zuverlässig als die Arbeiten, die man beim Waffenschmiede selbst bestellte [2]).

Leichte Beschädigungen an den Rüstungen und Waffen konnte der Ritter wohl selbst repariren, eine Scharte aus dem Schwerte auswetzen, eine Beule des Helmes aushämmern. So sehen wir in einer bekannten Miniatur der Pariser Minnesinger-Handschrift (v. d. Hagen, Bildersaal, T. XXXIV) den Ritter Hartmann von Starkenberg beschäftigt, seinen Helm auf dem Ambos zu schmieden. Eine andere Miniatur der Berliner Handschrift der Êneit des Heinrich von Veldeke (abgeb. b. Demmin, die Kriegswaffen, Lpz. 1869, p. 194) stellt einen Waffenschmied dar, der an einem Helme arbeitet.

Die Hauptwaffe des Ritters war das Schwert (Fig. 1. 2. 3. 4). Durch Umgürtung desselben war er in den Ritterstand aufgenommen

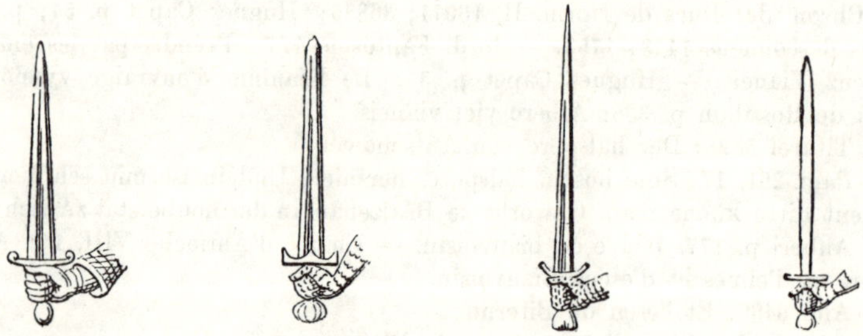

Fig. 1. Fig. 2. Fig. 3. Fig. 4.
nach Siegeln
des Raoul de Fougères 1163, des Gautier de Rinel 1225, des Jean de Corbeil 1196, des Henri d'Avangour 1231.

worden. Er legt dasselbe auch im Frieden selten ab und trägt es entweder umgegürtet oder unter dem Arme [3]). Aber auch Soldaten und Knappen trugen ja gleichfalls Schwerter, und wie sich das Ritterschwert von diesen Waffen unterschieden hat, ist durchaus nicht klar. Liegt das charakteristische Merkmal in der Art des Umgürtens? Die Formel „cingulo“ oder „balteo militari donare“ scheint diese Annahme fast zu rechtfertigen. Partonopier hängt (v. 5226) sein Schwert an den Sattel, da ihm seine Geliebte Meliur verboten hat, es sich umzugürten, ehe sie ihn zum Ritter

1) Parz. 335, 12: Alt herte schilde wol gedign (Ern ruochte wie si wârn gevar) Die brâhten koufliute dar Ûf ir soumen, doch niht veile: Der wurden im (Gâwân) drî ze teile.

2) Lanz. 2872: Er het ein krâmschilt grüenen Durch die unkünde genomen.

3) Richerius Senonens. lib. III, c. 11: Habebat enim, sicut moris est Theutonicorum, gladium sub axella.

gemacht. Klar ist die ganze Frage nicht und einer eingehenderen Untersuchung scheint sie wohl werth.

Die Schwertklinge ist breit, auf beiden Seiten geschliffen [1]). Die Schneide heisst „diu ecke“[2]); der mittlere Theil der Klinge, „der valz“[3]), ist oft mit einer Blutrinne [4]) versehen. Häufig werden Schwerter beschrieben, auf deren Klingen Figuren oder Inschriften [5]) mit Golde eingelegt waren. So beschreibt der Dichter des Romans vom Chevaliers as ·ij· espées ein Schwert: auf den beiden Seiten der Klinge sah man drei Kreuze und zwei Leoparden aus Gold eintauschirt [6]). Auf beiden Seiten einer anderen Schwertklinge steht der Name Meriadues [7]); bei einem andren im Roman de Brut erwähnten Schwerte ist in der Nähe des Griffes der Name der Waffe „Croce à mort“ mit goldnen Buchstaben zu lesen [8]). Diese Zieraten sind entweder so gearbeitet, dass in die tief vorgravirten Zeichnungen Gold eingelegt wurde, und dann verband man das Gold durch Hämmern fest mit dem Stahle (tauscia), oder man füllte die Gravirung mit Schwefelsilber (nigellum) aus, so dass dann die Zeichnung schwarz sich von dem hellglänzenden Stahle abhob [9]). Die Klinge war sehr breit [10]). Wenn der Dichter des Grossen Wolfdietrich (1662) von einem Schwerte erzählt: „Ez was unten bi den orten (an der Spitze) wol einer spannen breit“, so hat die Angabe gar nichts Unwahrscheinliches. Die Klinge vom Schwerte des Konrad von

1) Gr. Wolfdietr. 1662: Zu beiden sinen siten ez kreftiglichen sneit.

2) S. Mhd. Wtb. I, 409. — San Marte a. a. O. S. 134.

3) Parz. 254, 12: Ganz und sterker baz Wirt im valz und ecke. — Troj. 35924: Alsô daz dâ belîben Pârîse möhte in sîner phliht Des guotes swertes anders niht, Wan knophes unde helzen. Diu klinge von ir velzen Unde ir snîden sich dô schiet.

4) S. v. Hefner-Alteneck, Trachten des christl. MA. I, Taf. 88 D.

5) Prise de Pampelune 3281: le brand letriés; cf. Gui de Bourg. p. 55, 61. — Garin II, p. 34: Le brant letrés. — Alix. p. 33, 26: Le brant à or letré. — Guil. d'Orenge I, 277: Desoz les chapes orent les brans lettrés. — Enfance Ogier 3955: Et Brunamons dou bran d'acier letré Le referi sor l'iaume painturé. — Elie de Saint Gille 2365: Li uasaus tint le branc qui a or fu letres. — Chron. des ducs de Norm. II, 36163; Auberi p. 33, 28; p. 111, 28. — Lanz. 366: Diu vrouwe gab im ouch ein swert, Daz hete guldîniu mâl. — Virgin. 37, 10: Sô wârn im sîne velze Mit buochstaben durchgraben wol.

6) 6342: Et si avoit en la semiele D'or noele d'ambes ·ij· pars Trois croisetes et ·ij· lupars.

7) Chev. as ·ij· espees 10865.

8) Rom. de Brut 4217: L'espée est merveille prisiée Si fu de lettres d'or merchiée, Lès le helt ot escrit en son Que Croce à mort avoit non.

9) Alix. p. 308, 21: L'espée à noiel.

10) Willeh. 295, 12: Daz swert lieht unde lanc, ze beiden sîten vil gereht: Valze und eke im wâren sleht, Daz gehilze starc unde wît. Ze Nördeling kein dehsschît Hât dâ niemen alsô breit.

Wintersteten im historischen Museum zu Dresden ist 6 Zoll 5 Linien breit, andre Schwerter derselben Sammlung haben eine Breite von 3½ Zoll [1]. Die deutschen Schwerter sind ausserdem sehr lang [2] und deshalb wuchtig, wohl geeignet mit ihnen einen tüchtigen wirksamen Hieb zu führen. Dass mit einem Streiche ein Mann durchgespalten wird, das wird von den Dichtern wenigstens sehr oft geschildert [3]. Die französischen Schwerter sind leichter und kürzer [4]. In der Schlacht von Benevent 1264 konnten die französischen Truppen Karls von Anjou den deutschen Rittern, die, ihnen schon an Körpergrösse und an Stärke überlegen, mit beiden Händen ihre mächtigen Schlachtschwerter schwangen [5], nicht beikommen, bis sie sich entschlossen mit ihren kurzen Schwertern nicht zu hauen, sondern zu stechen; indem sie den schwergepanzerten Deutschen in die weniger gedeckte Achselhöhle ihre Degen stiessen, gelang es ihnen endlich, deren Widerstand zu besiegen [6].

Der Schwertgriff mit der Parirstange heisst „diu helze“ oder „daz gehelze“ (afr. heut). Oben war der Griff mit einem Knopfe (mnd. appel, afr. pommel) abgeschlossen, der bald aus Gold [7] oder Sil-

1) San Marte a. a. O. 137.

2) Nib. Z. p. 12, 4: Diu ort der swerte giengen nider ûf die sporn; p. 62, 1. — Guiart I, 3630: à granz espées d'Alemaingne; cf. Chron. des ducs de Norm. II, 10470; 25140. — Das schon erwähnte Schwert des Konrad von Wintersteten ist 1 Elle 22½ Zoll lang.

3) Z. B. Willeh. 442, 24: Rennwart den künec Gibûê Unz ûf den swertvezzel schriet.

4) Guiart II, 6288: Mès François qui d'accoustumance Les ont courtes, assez légières.

5) Guiart II, 1952: Alemanz qui selonc nature Sont grans et gros comme jaiant, Vont là leur force essaiant; 1957: Car les deus mains en haut levées Giètent d'unes longues espées Souëf tranchanz à larges meures Tiex colées etc.

6) Guill. de Nangis (Bouquet, Rec. XX, p. 425): Car moult bons chevalier estoient (Li Alemans) et aussi comme tous armez de doubles armeures, si que les espees ne leur pouuoient mal faire de plain coup. Quant ce virent et aperçurent les François, si prirent petites espees que il avoient et s'escrierent que on ferit d'estoc par dessous les esselles ou li Alemans estoient plus legierement armé. — Guiart II, 1964: Li François espées reportent Courtes et roides, dont il taillent. Mès aux ennemis navrer faillent Sus braz, sus chiés et sus eschines; Car arméures ont très fines Qui tailles et retraites brisent; Parquoi aucuns qui s'avisent Et sont séurs de leur defaute Prennent à crier à voiz hautes: „D'estoc! d'estoc! nul ne s'en aille!“ Adont enforce la bataille, Et le cri hydeus est créu. L'estoc c'on a ramentéu Fait mettre Alemanz par javèles Es chieres et sous les aisèles Qu'assés legièrement entaiment.

7) Walewein 3223: Die appel entie hilte bede Waren root goudijn. — Lanc. I, 2745: Ende sloegen ende quetsten herde Metten appel vanden zwerde. — Virg. 4, 2: Er hete ein swert unmazen guot: Der knopf und daz gehelze Von alsô klârem golde was; Lûter als ein spiegelglas Glizzen ime die velze. — Rom. de Troie 18467: Et li buen brant d'acier forbi, Trenchant, o les ponz d'or massiz.

ber [1], bald aus Edelstein gebildet [2] oder mit Schmelzwerk verziert war [3]. Der Griff selbst war aus Gold [4] oder Silber [5], zuweilen auch aus geringerem Metalle, Messing [6], gefertigt, bei Prachtschwertern fein emaillirt [7] oder ciselirt und mit Edelsteinen besetzt [8]. Einen besonders hohen Werth erhielt der Schwertgriff, wenn in ihm noch Reliquien geborgen waren [9]. Der Griff war so gross, dass im Nothfalle das Schwert auch mit beiden Händen geschwungen werden konnte [10]. Die Scheide ist aus Gold [11] oder aus Holz; in letzterem Falle mit Leder [12] oder mit Seidenborten überzogen [13]. Die Scheidenspitze (daz ortbant) wird zuweilen mit Edelsteinen besetzt [14].

---

1) Doon p. 148: L'espée chainte o lés o le pommel d'argent.

2) Nib. Z. p. 272, 4: Hagene der starke der leit über bein Ein vil liehtez wâfen (Palmunc), ûz des knopfe erschein Ein vil liehter jaspes, grüener danne ein gras. — Ortnit 188: Daz oberhalp der helzen was des swertes klôz, Daz was ein karfunkel wol einer viuste grôz. — Gr. Wolfdietr. 1661: Sin swertes knopf was ein karfunkel. — Ecken liet 31, 5: Sîn knoph was ein schœne jôchant. — Aiol 10761: Et li ber traist l'espee o le puin de cristal.

3) Êneit p. 160, 39: Der knoph und daz gehelze Was golt unde gesmelze.

4) Nib. Z. p. 272, 5: Sîn gehilze daz was guldîn. — Percev. 4340: Li puins del espée fu d'or; 12647: S'ot çainte une moult longe espée Qui de fin or fu enheudée.

5) Percev. 23462: Branc d'acier à heu d'argent; 25474: Quant par devant le heu d'argent Li est s'espée tronçonnée.

6) Chans. d'Antioche VIII, 56: En sa main tint l'espée o le poing de laiton.

7) Ren. de Mont. p. 242, 38: Durendal fiert en terre jusqu'al heut à esmal.

8) Chron. des ducs de Norm. II, 10470: Sa grant espée d'Alemaigne U ont sis livres de fin or Entre le heut et l'entrecor, Od pierres fines precioses Ed od ovres trop merveilloses Eisi faites, si entaillies E si sutivement deboisséez C'unc plus bele arme ne meillor N'ont quons ne reis n'empereor.

9) Gaydon p. 40: Car l'empereres fist Joiouse aporter, Ce est l'espée où moult se pot fier. Enz el poing d'or avoit ensaielé Bonnes reliques dou cor saint Honoré, Dou bras saint Jorge, qui moult fait à loer Et de chevox Nostre Dame à plenté; p. 53: Hauteclere une espée saintisme. En pomel d'or avoit bonnes reliques Dou bras saint Jorge et dou corps saint Denise.

10) Godefr. de Bouillon 23516: D'une espée à deux mains le Tartaire féry.

11) Ortnit 188: Guldîn was sîn scheide. — Gr. Wolfdietr. 1662: Die scheide was von golde; daz der fessel solte sin, Daz was ein porte sidin; 1680: Do fand er die scheiden zu dem swerte wunneglich, Die sach also gerne Wolf her Dieterich; 1681: Sie was gezieret mit golde edel und klar. — Ein so kostbares Schwert mit reichornamentirter Scheide, dessen Knopf und Griff mit Email und Edelsteinen besetzt ist, wird im Schatze des Münsters zu Essen bewahrt. Abgeb. in Ernst aus'm Weerth's Kunstdenkm. d. MA. in den Rheinlanden. I, T. XXVII.

12) Das von v. Hefner-Alteneck, Trachten des christl. MA.'s I, T. 93 abgebildete Schwert aus dem Dome zu Bamberg hat eine mit bemaltem Pergament überzogene Scheide.

13) Nib. Z. p. 272, 5: Sîn gehilze daz was guldîn, diu scheide ein porte rôt. — Perceval 4342: Li fuerres d'orfroi de Venise.

14) Ecken liet 31, 6: Guldîn sô was diu scheide, Sîn ortbant was ein rôt rubbîn.

Das Wehrgehänge (vezzel) scheint früher recht einfach gewesen zu sein; die Abbildungen, selbst die späten Miniaturen der Pariser Minnesingerhandschrift, stellen das Cingulum militare als einen schlichten, meist weissen Lederriemen dar, der an dem einen Ende zwei lange Schlitze zeigt, am anderen gespalten ist; die gespaltenen Lederstücke werden durch die Schlitze gezogen und geknotet. Der oft erwähnte Elsasser Chronist berichtet, dass man zu Anfang des dreizehnten Jahrhunderts den Gebrauch der Schnallen an den Scheiden der Ritterschwerter nicht kannte, und beschreibt dann die Weise, wie die Mönche ihre Kutten gürteten [1]); diese Mönchsgurte entsprechen ganz der Form der oben geschilderten Schwertriemen. Zum Luxus mag man ja wohl auch Gürtel aus seidenen Borten getragen haben [2]). Später, gegen Ende des dreizehnten Jahrhunderts werden schon Schwerter mit Ringen erwähnt, so im Walewein das kostbare „Schwert mit den zwei Ringen“. Ich denke aber, dass diese Ringe um die Scheide gelegt, nicht an der Scheide befestigt waren, denn ein so langes Wehrgehänge, wie dies beispielsweise die Cavaleristen unsrer Zeit tragen, ist, nach den Abbildungen zu urtheilen, in jener Zeit durchaus nicht üblich; man trug das Schwert einfach eingesteckt, wie dies heute bei der Infanterie noch gebräuchlich ist. Die erwähnten Ringe sind also mehr Zieraten, und wenn die Geliebte sie gar mit ihren Haaren umflochten [3]), dann dienten sie zugleich als theure Liebespfänder, die den Ritter selbst bis in den Kampf begleiteten. Die prächtige Ausstattung war aber grade bei diesem Waffenstücke eigentlich Nebensache. Diese

1) De rebus Alsaticis ineuntis saeculi xiij^tii 23: In vaginis gladiorum fibule non fuerunt; nec monachi in cingulis suis fibolis utebantur. Cinguli monachorum in une fine duas largas cissuras habebant et in alio fine in duas partes cingulus findebatur.

2) Ên. p. 161, 1: Dâ mite man ez gorde, Der vezzel was ein borde alsô breit sô ein hant. — Ortnit 188: daz der vezzel solte sîn Daz was durchslagen von golde ein borte sîdîn. — Ecken liet 31, 8: Sî seite im libiu mære, Daz dâ von bortesîden fîn Des swertes vezzel wære. — Gr. Wolfdietr. 1681: Der vessel von Alexandri ein porte, daz ist war, Me denn vingers dicke und spannen breit Was er wol mit flisse obenan an die scheiden geleit. — Walewein 3223: Die appel entie hilte bede Waren root goudijn, entie scede. Die rieme, die ten swaerde behoorde, Was van enen blakenden goutborde. Die ghispe, die daer ane stont, Soe hadde ghecost menich pont. Tsmelt van der riemen entie lede Waren alle goudijn mede. — Percev. 12649: Et les renges d'un cier orfroi.

3) Lanc. III, 8821: Ende si deder ane ringe, die si doe subtilike hadde gemaect daertoe Van goude ende van siden Ende van haren hare, dat tien tiden Soe scone was, ende soe claer, Datmen die goutdrade ende dat haer Met pinen mochte onderkinnen. Ende daer waren gedaen binnen Stene van maniger maniren Met tween riken boclen ende diren, Ende si sprac tot hen drien vort an: 'Gi heren, dit sijn die ringe, die dan Ant swaerd sijn sculdech te sine nu etc.'

kostbaren Schwerter hat man wohl bei Festen umgegürtet: im Kampfe kam es darauf an, dass die Klinge fest geschmiedet war, nicht abbrach [1]). Der Verlust des Schwertes macht ja den Krieger wehrlos, denn erst wenn die Lanzen schon verstochen sind, wird der weitere Kampf mit dem Schwerte ausgefochten. Ein gutes zuverlässiges Schwert war daher theuer [2]); als ein kostbares Werthstück wird es nicht mit den gewöhnlichen Waffen an die Wand des Saales gehängt, sondern in seidene Tücher eingehüllt unter den Kleinodien verwahrt [3]); es ist der treueste Freund des Ritters, erhält deshalb auch einen Namen und wird von Generation zu Generation als ein köstliches Vermächtniss vererbt [4]).

Ausser dem Schwerte führt der Ritter hin und wieder noch einen Dolch, ein scharfes spitzes Messer, das entweder geworfen wurde, und dann galt es die Augenöffnung des Helmes seines Gegners zu treffen [5]) (es kamen dem Ritter dann die Uebungen im Messerwerfen, die ich I, S. 130 erwähnte, zu gute), oder mit denen man die Rosse der Feinde fällte [6]), den zu Boden gestürzten Kriegern den Garaus machte [7]).

---

1) Parz. 103, 18. — Troj. 34924. — Karl Meinet p. 204, 31: So sere dreiff der konynck bald Den slach mit groesser gewalt, Dat der knopf van syme swerde Brach ind vele up de erde. Ouch brach de heltze us ind veil. Karl neit lang do en weil, De lamel stach hey in de scheyde.

2) Herb. Troj. 8793: Hector hup uf daz swert, Daz was maniger marke wert. — Troj. 35110: Und hete ein swert umb in gegurt Daz was vil manger marke wert.

3) Walewein 3213. — Percev. 34931: Qui l'espée avoit aportée Si l'a prise et envelopée En ·j· cendal et pius l'emporte.

4) Vgl. über die Namen der Schwerter und ihre Vererbung: San Marte a. a. O. p. 142; v. Reiffenberg, Einl. zur Ausg. des Philippe Mouskes II, p. XCVIII und Einl. zum Chevalier du Cygne p. CII.

5) Gaufrey p. 108: Une miséricorde li voit pendre à son lés, Robastre la sacha, qui fu bien enpensés. Une escremie sot, dont bien fu doctrinés, Que Garins li aprist, qui ert emprisonnés, Quant Monglane conquist et le païs de lés; Au visage li lanche, que bien fu avisés. Par l'euillière du hiaume est li achier coulés Que le destre oeil li fu en la teste crevés. — Herm. Corneri Chron. ad a. 1216: Habebant enim hostes (sc. Teuthonici) cultellos inconsuetos, quibus pro gladiis utebantur, longos graciles et peracutos. Von einem solchen Messer wurde Stephan von Longchamp in der Schlacht von Bouvines durch das Augenloch getroffen und getödtet.

6) Herm. Corneri Chron. ad a. 1216: Sed tandem Petrus de Rynella, miles fortis, qui equo suo occiso pedes pugnabat, ad ipsum Comitem (Boloniae) accessit et elevato equi tectura, mucronem usque ad capulum in equi ventrem fixit. — Wilh. Brito, Philipp. III (Duchesne V, 130): Utque magis noceat mucrone peremit eodem Ejus equum comitemque super provolvit eundem.

7) Guiart I, 5464: Vers le roy d'Aragon s'abesse Un alenaz en sa main destre Cerche des arméures l'estre Pour lui ocire et afinir; 5493: Les arméures li souzliève, L'alenaz du cop qu'il destent Li met el corps.

Recht ritterlich scheint diese Waffe nicht gewesen zu sein, eben so wenig wie die Streitaxt. Als Partonopier mit Sornagiur kämpfen soll (Parton. 5184 ff.), hängt der Heide „ein twerchakes und ein al“ (5188) an seinen Sattel, der christliche Ritter verlässt sich auf seinen Speer und sein gutes Schwert, und später (5545) wird die Streitaxt als „daz veige (verderbliche) wâfen stähelîn“ bezeichnet. Ob auch das Messer eines Ritters nicht würdig war, wird nicht ausdrücklich gesagt. Die Waffe selbst wird bald als Mezzer[1]) (afr. coutel[2]), broke)[3]), bald als Al (ml. anelacius[4]), afr. anelaz[5]), alesne)[6]) bezeichnet und von einander sowohl[7]) als auch von der Miséricorde[8]) ausdrücklich unterschieden[9]). Worin sie differirten, das ist zweifelhaft. Viollet-le-Duc meint, dass die Miséricorde eine Parirstange hatte. Ob aber ein solches Messer noch zum Werfen brauchbar ist, möchte ich bezweifeln[10]). Die Gnippe[11]) wird schliesslich auch noch zu dieser Gruppe von Waffen zu zählen sein, die mehr von den Fusssoldaten als von den Rittern gebraucht

---

1) Herz. Ernst 3397: Auch namen die helde wert Yr habe ein teil und auch ir swert Und machten yre messer scharf.

2) Gaydon p. 13: Tint ·j· coutel qui plain pié ot de lonc, La mance an fu de l'uevre Salemon Et li aciers poitevins jusqu'au som. — Guiart I, 2100: Tant i a lances et espées Coutiaus, buchetes esmolues.

3) Chev. au cygne 1843: Adont fist Hélyas bonne chevalerie; Il avoit à son gant une broke aguisie; Tout droit en la visiere est la broke mucie; Le diestre oel li crêva.

4) Matth. Paris ad a. 1234: Compulerunt vulgi multitudinem, qui cum lanceis, furcis ferreis, securibus advenerant et bipennibus.... Quorum (sc. civium) unus videns occiduam partem dorsi (sc. Comitis Marescalli) minus armis communitam percussit eum in posteriora loricam sublevando cum quodam genere cultelli, quod vulgariter anelacius nuncupatur; ad a. 1251: Die Ribaldi (Pastores) in Frankreich führen „gladios, bipennes, gesa, sicas et anelacios“. — Chron. Joh. de Oxen. 1234: percussus est in secretiori parte corporis sui de quodam anelaz.

5) Guiart I, 6745: Un alenaz d'acier; 6815: Et aus alenaz s'entr'assaillent. — Anelier, Guerre de Navarre 4375: o perpuynt, o gorgera, alavesa, o pal.

6) Parton. 2987: N'a cure de miséricorde Ne d'alesne pas ne s'enborde.

7) Guiart I, 6728: (Bei Bouvines) Alemanz uns coutiaus avoient Dont aus François se combatoient Grailles et aguz à trois quierres... (6733) François sanz autre decevance Se recombatoient à lances Esmolues et acerées À alenaz et à espees.

8) Flore 1915: En son puing tient cascuns une arme U misericorde u gisarme. — Parton. 2967: Et sa mesericorde a çainte. — Gui de Bourg. p. 63: Trenchans misericordes et espiels noelés. Cf. Fierabr. p. 176; Dolop. p. 227; Walew. 528. 542.

9) Vgl. Anm. 6. — Guiart II, 7200: Coutiaus, miséricordes nues; 10499: Les miséricordes agues Et les espées esmoulues Les coutiaus trenchanz et les lances Leur embatent parmi les pances.

10) Godefr. de Bouillon 31432: Quauces de fier caucha et esporons d'ormier Ung aucqueton d'or fin et bon haubiert doublier; Plates de fer laça et heaume moult chier, Et espée et espoy et coutiel pour lancier.

11) Walew. 6184: Si vingen ten swerden ende ten cniven.— Cf. Mhd. Wtb. I, 552.

wurden. Misericordia hiessen die Messer, weil meines Erachtens mit ihnen den schwerverwundeten Feinden der Gnadenstoss versetzt wurde. Im Schatze des Bamberger Domes wird ein Messer bewahrt, das bei dem Schinden des h. Bartholomäus, wie die Sage berichtet, gebraucht worden ist. Die Scheide, welche v. Hefner-Alteneck (Trachten des christl. MA. I, T. 54) abbildet, gehört jedenfalls noch unsrer Zeit an.

Das Schwert trug der Ritter, wie schon bemerkt, zu jeder Zeit. Auch wenn er in bequemer Friedenskleidung sich von den Strapazen des Kampfes ausruhte, hatte er das Schwert umgegürtet oder dasselbe wenigstens in handlicher Nähe bei sich: die Lanze dagegen nahm er erst in die Hand, wenn er geharnischt zu Rosse stieg, bereit in den Kampf wieder auszuziehen.

Die Lanze besteht aus zwei Theilen: dem Schafte (afr. hante, hanste) und dem Speereisen. Der Schaft ist aus Holz und zwar nimmt man mit Vorliebe das zähe Holz der Esche [1]). Aber auch tannene [2]) Speerstangen werden erwähnt und solche aus dem Holze des Eiben- [3]) und des Apfelbaumes [4]); Weidenholz [5]) war schon seiner Sprödigkeit wegen nicht geeignet. Aus Lorbeerbäumen [6]) mögen wohl hin und wieder auch Lanzenschäfte geschnitten worden sein und im Orient hat man gewiss das Holz der Sycomore [7]) dazu verwendet.

---

1) Joh. Turon. Hist. Gaufredi Ducis Norm. (Bouquet, Rec. XII, 521): Allata est ei hasta fraxinea ferrum Pictaviense praetendens. — Nib. Z. p. 87, 5: Manegen eschînen schaft. — Wigal. p. 93, 40: Zwêne schefte eschîn. — Athis C 120: Er sach den eschînen scaft, Daz er sich von creftin bouc. — De Trojaensche oorlog (Blommaert, oudvlaemsche ged. I, p. 16) 1314: Esschene scachte. — Rom. de Troie 21320: Encontre ·M· lances fresnines; 21470: L'anste fresnine. — Chans. d'Antioche II, 21: L'espiel fraisnin. — Percev. 25452: Lances fraisnines; 31133: Les lances de frasne; 44471: Lance de fraisne. — Prise de Pampelune 991; 3268. — Rom. d'Alix. p. 40, 30; p. 84, 23. — Guill. d'Orenge V, 7704. — Chron. des ducs de Norm. II, 1225; 18642; 22153; 28343. — Auberi p. 177, 9.

2) Percev. 8390: Lance de sap. — Rom. de Brut 4640: Mainte hante de sap è de fresne bruissier. — Rom. de Troie 18460: En grosses lances de sapin. — Gaydon p. 86: Les hanstes roides de gros sapin plenné. — Hugues Capet p. 83: Le lance sapine. — Cf. Chron. des ducs de Norm. II, 3769.

3) Wigal. p. 93, 15: Zwêne schefte ywîn.

4) Parton. 5288: Diu stange was apfalterîn Und alsô gebunden mit îsen oben und unden, Daz der ungefüege schaft Von des hôhen küneges kraft Gewinnen mohte keinen schranz. — Parton. 3007: La hanste est de pumier fretée, Ne puet brisier tant est bendée; 9648: A hanste roide de pumier. — Percev. 14716: Lance de pommier; 25315: Une hanste prist de pumier; cf. 11296. — Gaydon p. 223; Otinel p. 39; Aiol 7637; Auberi p. 101, 21; Blancand. 928.

5) Guill. d'Orenge V, 6310: La lance brise, qui ne fu pas d'osière.

6) Otinel p. 49: Le fust fu d'un lorier.

7) Rom. de Troie 9398: Que la lance de sicamor Vola en pièces sor l'escu.

Aber freie Phantasie des Dichters ist es wohl, wenn er von Lanzen aus Ebenholz [1]) oder aus Elfenbein [2]) erzählt. Schon die Länge des Speerschaftes war viel zu bedeutend, als dass derselbe aus einem einzigen Elephantenzahne hätte geschnitten werden können, und ein zusammengestückter Schaft hätte im ernstlichen Kampfe, wenn auch der Dichter das Gegentheil versichert [3]), schwerlich sich als praktisch bewährt. Indessen mag immerhin auch dieser Erzählung etwas Wahres zu Grunde liegen, vielleicht hatten die Kreuzfahrer bei den Sarazenen Paradelanzen aus Elfenbein oder aus Narwalzahn gesehen — der Ausputz der Lanze mit buntem Seidenstoff scheint mir auch auf den Orient hinzudeuten [4]) —, und die Dichter machten sofort von den Beschreibungen jener morgenländischen Kostbarkeiten für ihren Zweck Gebrauch. Auch die Fischbein-Schäfte [5]), denen wohl die hörnenen Lanzenstangen [6]) beizuordnen sind, haben gewiss immer zu den Seltenheiten gehört. Dasselbe gilt von den Schäften aus dem wohlriechenden Aloëholz [7]). Dagegen waren Lanzenstangen aus Rohr [8]) wirklich im Orient im Gebrauch [9]) und mögen hin und wieder vielleicht auch in das Abendland importirt worden sein. Das Rohr wuchs in einem Sumpf zu

1) Rom. de Troie 18656: D'une grant lance d'ebenus.

2) Virginal 6, 4: Er vuorte ein sper wîz unde rein, Daz was lûter von helfenbein. — Biter. 2193: Von nagele huop er einen schaft, Dar an versuochte er sîne kraft; Der was von helfenbeine; cf. 11967.

3) Biter. 2199: Von drîen stücken was der schaft Von des selben heldes kraft, Der mange tjost dâ mite reit.

4) Biter. 2301: Der schaft der was ouch überzogen (Daz mære daz ist ungelogen) Mit einem phelle tûsenvar, Daz des nieman wart gewar, Daz er von helfenbeine schein.

5) Biter. 11896: Eins wales einen schaft guot Fuorte der degen vischîn.

6) Apoll. 19155: Gip mir von Syrîâ Mîn guot hürnînez sper. — Biter. 880: Einen schaft hurnîn. — Biter. 7084: Einen schaft, was lâsûrvar, Vil stark und zæhe hurnîn.

7) Willeh. 444, 15: Und der schaft lign alôê. — Titur. 2308: Die schefte lignum aloe; 2958: Lignum zu dem schafte von aloe des waldes.

8) Willeh. 23, 22: Sîn schaft was rœrîn ime sper, Und daz ysen scharpf unde breit. — Parz. 41, 23: Ein sper dem was der schaft ein rôr; 78, 30: Den künec von Arragûn er stach Hinderz ors mit eime rôr. . . . Er hetz brâht von der heidenschaft; 79, 28: wol spers lanc, Daz in ein rôr geschiftet was; 480, 7: Der trunzûn was rœrîn. — Ulr. v. d. T. Wilh. d. H. p. 32: manigen rorinen schaft. — Ludw. Kreuzfahrt 1475: Ez furte der manliche In siner hant von ror ein sper Stark tzu bracht nach siner ger. — Alix. p. 114, 30: Sa lance ne fu mie de sap ne de fusain Mais une cane roide, norie en son train.

9) Itinerarium Regis Ricardi, lib. IV, c. 8: Turci fere sunt inermes, arcum tantum gerentes, et clavam praeacutis dentibus hirsutam, et gladium arundineum etiam hastile cuspide ferrata, et cultellum leviter appensum; lib. IV, c. 33: Turcorum equites . . . singuli tenentes lanceam arundineam et arcum.

Oraste Gentesîn [1]) und Aurminzidore [2]). Beide Ortschaften werden wohl im Orient zu suchen sein; bei der Verdrehung des Namens, wie er uns vorliegt, lässt sich jedoch einstweilen nichts Sicheres ermitteln. Schade, dass keiner der französischen Dichter dieser Lanzen Erwähnung thut; wir würden von ihnen, wie auch in anderen Dingen, eine bestimmtere Auskunft erhalten. Da also, im Orient, gedeiht es in einem von wilden Bergen umgebenen Sumpfe und muss erst zehn Jahre wachsen und von der Sonne geglüht werden, ehe es die gehörige Festigkeit erlangt [3]). Dann aber ist es so hart und so scharf, dass die daraus gefertigten Lanzen auch ohne Speereisen zu brauchen sind [4]), die Splitter des Schaftes noch schneiden und zu verwunden vermögen [5]). Man könnte zunächst annehmen, dass diese Lanzenstangen, aus einem starken Schoss des spanischen Rohres (Arundo Donax) geschnitten waren; allein die Splitter dieses Rohres werden schwerlich Schild und Harnisch zu versehren vermögen. Es ist deshalb wahrscheinlicher, dass vom Bambusrohre die Rede ist, dessen kieselhaltige Rinde sehr hart und scharf zu schneiden geeignet ist. Die Lanzenspitzen dieser Waffenstücke wurden in Angram [6]) geschmiedet und wahrscheinlich an den Rohrschäften schon befestigt mit in den Handel gebracht, so dass man allenfalls auch eine solche Lanze als „ein rœrîn sper von Agram“ (Reinfried 17333) bezeichnen kann. Diese Rohrlanzen boten wahrscheinlich den Vortheil, dass sie leicht waren und nicht so bald beim Anprall an den feindlichen Schild zersplitterten, sondern sich bogen und dann elastisch wieder in ihre rechte Lage zurückschnellten. Aber grade diese Elasticität muss die Kraft des

1) Parz. 385, 5: Dô lêrte Meljanzen pîn Von Oraste Gentesîn Der starke rœrîne schaft; 335, 19: er dô nam Zwelf schärpfiu sper von Angram, Starc rœrîne schefte drîn Von Oraste Gentesîn Ûz einem heidenschen muor. — Willeh. 362, 10: Der künec Nöupatrîs Von Oraste Gentesîn Wart mit speren rœrîn Manlîche dâ gerochen.

2) Tit. 3269: Ir sper sint gar von rore und anent sich glevine, Uz aurminzidore und da die von orastegintesine.

3) Tit. 3271: Under bergen wilde in der wazzer muore (Druck: muere) Dar sunne nie gezilde von der berge hohe ruore (Dr.: ruere), Daz ror die craft vor zehen iar fleuset, Ob ez die niht vol wehset: von sunnenschein ez dise craft erkeuset; 3272: Ie herter und ie herter wirt ez von der sunnen Und ie helm scherter; 3989: Korallen art die strenge was daz ror, durch isen unerwendet, Für daz ez enpfand zehen jar der sunnen.

4) Cf. Anm. 2.

5) Willeh. 362, 24: Sô diu sper wârn zebrochen, Der trunzûn schilt noch harnasch meit: Des rôres scherpfe beidiu sneit.

6) Parz. 335, 20; 384, 30; 703, 24. — Wigal. p. 254, 27; p. 272, 7; p. 281, 9.

Stosses abgeschwächt haben. Jedenfalls hatten die Ritter in den Kreuzzügen solche Lanzen bei den leichten Reitern der Sarazenen gesehen; ob aber für die abendländische Fechtart eine derartige Waffe wirklich sich als vortheilhaft bewährte, möchte ich denn doch bezweifeln.

Solche ausländische Waffen wurden aber schon ihrer Seltenheit und Kostbarkeit halber in der Praxis kaum gebraucht; man begnügte sich mit Schäften aus heimischem Holze, wenn dasselbe nur hinreichend fest und zäh war[1]), wie dies für einen „Vellesper“ (Crône 7433; 9818) als erforderlich betrachtet wurde. So hören wir denn auch von Speeren, die aus der Schweiz über den Bodensee verhandelt wurden[2]). Besondrer Zurichtung bedurfte das Holz nicht; ein passend dicker Baumstamm konnte ohne Weiteres, ohne dass selbst die Rinde abgeschält wurde[3]), zum Speerschaft verwendet werden. Aber gewöhnlich glättete man das Holz, behobelte es wohl auch, dass die Stange viereckig[4]) oder achteckig[5]) erschien, vor allem aber bemalte man, sobald der Ritter zum Turnier oder zum Kampfe auszog, den Lanzenschaft mit bunten, der Färbung des Schildes entsprechenden Farben[6]). Der Griff (afr. arestuel)[7]) der Lanze wird von den französischen Dichtern sehr oft, von den deutschen meines Wissens nie erwähnt. Wir erfahren beiläufig, dass die Hand durch eine Speerscheibe geschützt war[8]), die wie das Degengefäss sie gegen Verwundung sicherte, und

1) Parz. 288, 16: daz sper von Troys, Daz veste unt daz zæhe. — Lohengr. 2492: Ein sper kurz unt zæhe, daz nam er in die hant.

2) Hirzelîn 312: Ich hân in sper sehen zedromen, Die ze kouf über Bodemsê Ein hôch bote truoc oder mê.

3) Parz. 596, 4: Eines spers er in gewerte, Daz was starc und unbeschabn.

4) HTroj. 7405: Do hiez er im langen Eine vier eckete stangen Die sin sper solte wesen.

5) Rolandslied 97, 24: Aht ecke spize.

6) Parz. 341, 6: Si fuorten gein ir nîtspil Wîz niwer sper ein wunder, Diu gemâlt wârn besunder Junchêrrn gegeben in die hant, Ir hêrren wâpen dran erkant. — Lanz. 646: Geflôrtiu sper und gügerel. — Crône 2840: Und lanzen von laziure Starke wol gemâlet Mit rôteln wol gestâlet. — Parton. 13084: Einen schœnen niuwen schaft Der mit zinober rôte Sêr unde vil genôte Geverwet was. — Biterolf 7084: Einen schaft, was lâsûrvar, Vil starc und zæhe hurnîn. — Rom. de la Char. 2392: sa lance Qui estoit granz et roide et peinte. — Durmars 1415: La lance ert de sinople tainte; 6975: De ses armes a lances taintes Plus de ·l· a lions paintes. — Blancandin 1784: Et l'anste fu d'un azur painte.

7) Percev. 7946: Lors torne devers l'arestuel De sa lance; 20157. — Erec 4030: De sa lance torna derriere Le fer et l'arestuel avant. — God. de Bouillon 31451: Le fier de sa lance ot fait en tierre ficquier, À l'arestuel deseure se prist à apoier.

8) HvF. Trist. 6229. — Lassb. II, 274. Klage um eine edle Herzogin, v. 178. — Abbildungen: v. d. Hagen, Bildersaal T. XXVII. XXVIII. XXXIV.

dass die Handhabe selbst mit Leder umwunden war, um der Hand einen sicheren Griff zu bieten [1]).

An den Lanzenschaft wurde das Speereisen [2]), die stählerne Spitze [3]) gesteckt. Diese Spitze hiess gewöhnlich Glavîe oder Glevîe [4]), zuweilen wird sie jedoch auch gradezu „Sper“ genannt und von dem Schafte unterschieden [5]), während sonst allgemein Schaft und Spitze zusammen als Speer oder Lanze bezeichnet werden. An der Lanzenspitze war eine Tülle angebracht, welche auf den hölzernen Schaft aufgesteckt (geschiftet) wurde [6]). Vor dem ernsten Kampfe befestigte man so die Waffe und nahm dieselbe, sobald die Gefahr vorüber war, wieder ab [7]). Indessen ist bei Kriegslanzen die Spitze in der Regel fest am Schafte angeschmiedet und oft noch, um der Waffe grössere Widerstandskraft zu geben, mit eisernen Klammern mit dem Holze verbunden [8]). Die Speereisen sind breit [9]) und spitz [10]), in Lanzettform (Fig. 5) oder in Form eines Pfeiles mit scharfen Widerhaken [11]) geschmiedet, auf beiden Seiten geschliffen [12]). Ganz besonders gefährlich waren die dreikantigen Spitzen, da die mit diesen Waffen geschlagenen Wunden selten und dann auch nur

Fig. 5. Siegel des Jean Payebien 1256.

---

1) Alix. p. 114, 30: Sa lance ne fu mie de sap ne de fusain Mais une cane roide, norie en son train Bien loié de cuir de cievrol u de dain. — Chev. au lyon 2246: Chevax poignent et lances beissent Que il tenoient anpoigniées ·J· petit les ont aloigniées Tant que par les quamois les tienne. Cf. die Anm. zu dieser Stelle.

2) Athis B 110: Wâ ime daz sperîsin Steckite in der sîtin. — Parz. 38, 22: Sîm sper was daz îser breit.

3) Godefr. de Bouillon 27758: Les lances achérés de boin fier poitevin.

4) Vgl. San Marte a. a. O. S. 174 ff.

5) Biter. 2679: Nu reichet mir den helm her Und schiftet daz sper wider an mînen schaft.

6) Biter. 7084: Einen schaft, was lâsûrvar, Vil starc und zæhe hurnîn, Jâ was im an dem orte sîn Von rôtem golde ein tülle, dran Ein sper geschift von Angran. Cf. 2774.

7) Biter. 2700: Dô hiez der degen balt Von dem schafte nemen daz sper.

8) Willeh. 401, 24: Mit stählînen spangen Was der schaft vast umbeworht.

9) Willeh. 23, 22: Sîn schaft was rœrîn ime sper Und daz ysen scharpf unde breit. — Biter. 2202: Von Kalîe ein sper vil breit Was vorne an daz ort geslagen.

10) Ren. de Mont. p. 229, 16: Li fers fu poitevins, tranchans et afilés.

11) Ren. de Mont. p. 185, 15: As barbiaus de la lance pendoient li braon.

12) Crône 18964: Der vuort ein ungewonez sper, Daz was ein glavîe breit, Diu ze beiden sîten sneit.

schwer zuheilten. Man bediente sich solcher verderblichen Lanzen aber nur gegen Todfeinde [1]).

Kunstvoll verzierte Lanzenspitzen werden öfters erwähnt. Niello-Ornamente scheinen besonders den Franzosen wohlbekannt gewesen zu sein [2]). Aber auch die von Wirnt von Gravenberg beschriebene Glävîe [3]) ist in ähnlicher Weise gearbeitet. Ob der Stahl, aus dem sie geschmiedet war, aus Indien stammt, das ist gleichgültig — in dem Punkte sind bekanntlich die Angaben unsrer Dichter nicht allzu genau —, jedenfalls aber will er sagen, dass die Lanzenspitze von orientalischer Arbeit ist (p. 124, 10): „In der innern Indiâ, Dâ ist einer slahte stâl, Daz hât von golde rôtiu mâl“. Wir brauchen hier keineswegs mit Prof. Hausmann, den San Marte (a. a. O. 176) als Gewährsmann citirt, an Rostflecke zu denken: „rôtiu mâl von golde“ sind einfach in den Stahl eingelegte, eingehämmerte Goldornamente, Verzierungen in Tauschirarbeit, wie solche noch heute meisterhaft von den persischen und damascener Waffenschmieden gefertigt werden.

Bei Turnieren wurde die scharfe Spitze natürlich nicht aufgesteckt; da begnügte man sich, eine Eisenscheibe, die um fester zu fassen etwas ausgezackt war (ein krœnlîn), am Lanzenende zu befestigen [4]) oder die Spitze des Schaftes einfach im Feuer zu härten [5]). Und mit solcher Lanze konnte ein geschickter Kämpfer seinen Gegner recht gut aus dem Sattel heben und besiegen. Es zeugte allerdings von Geringschätzung, wenn ein mit scharfen Waffen angegriffener Ritter es nicht für nöthig erachtet, die Lanzenspitze aufzustecken, sondern den Kampf, wie dies Dietleib thut, mit dem blossen Schafte besteht und seine Gegner trotzdem besiegt [6]).

---

1) Stricker, Karl 5092: Ez wâren spieze genant, Sî wâren drîeck unde sniten, Daz si vil lützel vermiten Die brünne noch den halsperc; 5099: Ez was über elliu lant Zeiner gewonheit erkant, Daz niemen mit dem spieze stach, Wan der dem andern des jach, Daz er sîn tôtvîent was.

2) Z. B. Aiol 9989: As espiels noeles.

3) Wigal. p. 124, 4 ff.

4) Titurel 1966: Ez waren krœnlin niht glefenei gespitzet; cf. 2989. — Vgl. v. d. Hagen, Bildersaal T. IV u. XLVII. (Vgl. Titelblatt.)

5) Doon p. 99: Une lance pongnal, qui estoit de pommier, Fet aguiser et u feu brasoier Pour la pointe endurchir et pour plus damagier.

6) Biter. 2458: Alrêrste wart des war getân, Daz sîn schaft was âne sper. Dô sprâchen si: 'ir sît uns her Ein teil vil lasterlîchen komen. Hât iu daz iuwer zuht benomen', Sprâchen dâ die wîsen, 'Daz ir des speres îsen Niht enstiezet an den schaft?' 'Ich ensach der ritterschaft Niht der ich hie solde phlegen; Ez ist noch alsô guot gelegen Stille bî dem helme mîn, Des muoz ez ungeschiftet sîn; Ich enweiz an iu niht disen haz.'

Gewöhnlich hingen die Lanzen mit den übrigen Waffenstücken an der Wand [1]); dagegen bewahrte man, wie es scheint, kostbarere Speere in besonderen Behältnissen. Die altfranzösischen Wörter „hanstier“ [2]) und „lancier“ [3]) — beide sind in Charpentiers Lexicon nicht aufgeführt — können nur Lanzenfutteral oder Lanzenschrank bedeuten; letzteres ist aber weitaus wahrscheinlicher. Dass man, um die Stahlspitze und den bemalten Lanzenschaft gegen die Atmosphäre zu schützen, jene in einem Ueberzug, diese in einem besonderen Futteral gewöhnlich barg, scheint aus den Bestimmungen der Templerregel hervorzugehen [4]).

Sobald der Ritter die Lanze in Gebrauch nahm, sei es dass er zur Waffenübung, beim Turnier oder im Kriege ihrer bedurfte, so erhielt sie noch einen prächtigen Schmuck: oben in der Nähe des Speereisens band er [5]) oder liess er mit Nägeln an den Schaft das mit seinem Wappen verzierte Banner befestigen [6]) (Fig. 6). Ob ausserdem noch Schellen an der Lanze angehängt wurden, möchte ich bezweifeln. Ulrich von Lichtenstein, der seine Ausrüstung so schildert [7]), ist bekanntlich ein Geck und vollkommener Narr; von anderen Rittern wird so etwas nie berichtet. Am oberen Theile des Banners (van, baniere; afr. gonfanon [8]),

**Fig. 6.** Siegel des Grafen Philipp von Namur 1210.

---

1) Erec 3080: Ab einer want nam er Beide schilt unde sper.

2) Percev. 20151: Et pius si vit en ·j· hanstier Une lance; 20239: En la sale vit sainier ·I· fier de lance en ·j· hanstier; 22415: Laiens (en la sale) vit lances et hanstiers, Couples à ciens et loiemiers Et bons espius, gros et furnis, Et groses lances, bien burnis.

3) Durmars 4121: Devant lui voit lances assez As fers tranchans, as fuz planes, En ·j· lancier estoit chascune, Mesire Durmars en prent une.

4) Concil. Trecense 1128. XXXVIII: Tegimen autem in clypeis et hastis et furellus (Druck: furellis) in lanceis nec habeatur, quia hoc non proficuum immo damnum nobis intelligitur.

5) Kaiserchron. 7751: An den stunden Ir vanen si ane bunden. — Rolandsl. 118, 13: Einen spiz nam er in die hant, Einen wizzen van er an bant. — Wigal. p. 52, 6: Ein rîchiu baniere Wart im gebunden an sîn sper. — Dietr. Flucht 6409: Einen vanen Dietrîch an gebant Und vuorte in selbe in sîner hant.

6) Percev. 11297: Une ensagne i ot bien brodée De ses armes toute fresée, I fremèrent à claus d'or fin. — Ren. de Mont. p. 229, 15: À ·v· claus de fin or le confanon fermé. — Gui de Bourg. p. 71: ·j· fort espiel quaré. À ·v· clous d'or d'Arrabe, du meillor d'outremer Li fu en l'arestuel li gonfanons fremés. — Blancandin 4115: En une anste ot à claus d'argent Le confanon fremé au vent.

7) Frauendienst p. 209, 1: Er fuort ein sper in sîner hant, Daz man vil wol gekleidet vant; Dar an vil kleiner schellen hie Gestreut vil schône dort unt hie.

8) Auberi p. 223, 23: Baisse la lance ou li confanons pent.

pennon)[1]), welcher am Lanzenschafte befestigt wurde, war das Wappenzeichen des Ritters gemalt oder gestickt; der untere Theil der Fahne dagegen reichte bis auf den Handgriff der Lanze herab[2]) und war, wie die gleichzeitigen Siegel zeigen, gewöhnlich ein- bis zweimal der Länge nach aufgeschlitzt, so dass die Enden lustig im Winde flattern konnten[3]). Wie schon früher (Bd. I, S. 470 ff.) geschildert worden ist, verehrten auch die Damen ihren begünstigten Liebhabern Aermel von ihren Kleidern, Kopftücher[4]) u. dgl., welche vom Ritter dann beim Turnier oder in der Schlacht statt des Banners an der Lanze geführt wurden. Ich glaube, dass das Wort Wimpel, das heute noch ein kleines schmales Fähnlein bezeichnet, von dem Schleiertuch (wimpel, afr. guimpe), welches so oft die Fahne des Ritters ersetzte, seinen Namen erhalten hat. Was den Zweck der Lanzenfahnen anbelangt, so dienten dieselben dazu, den Ritter durch sein Wappenbild kenntlich zu machen, vielleicht glaubte man auch, dass vor den Fähnlein die Rosse der Feinde leicht scheuten und man so eher die feindlichen Schaaren in Unordnung bringen konnte. Die Fähnchen unsrer Ulanenlanzen sollen ja heute noch diesen Zweck erfüllen. Dagegen ist durch das vom Winde hin und her gewehte Fahnentuch das sichere Treffen gewiss auch erschwert worden. Der Stoss selbst wurde durch die Fahne kaum abgeschwächt; bei der Wucht des Anpralls, wenn die schweren Rosse in gestreckter Carrière auf einander losstürmten, durchbohrte die Lanze, wo sie eine ungeschützte Stelle fand, den Körper des Feindes und die Fahne selbst drang mit in die Wunde ein und wurde vom Blute des Getroffenen gefärbt[5]).

Die Lanzen wurden im dreizehnten Jahrhundert immer nur zum Stoss gebraucht, früher scheint man sie auch gegen den Feind geschleudert zu haben[6]). Diese Wurfspiesse (gêre, afr. espiel) werden

---

1) Percev. 42754: Adont a la lance brandie Ù li pignons d'or froi ventele. — Elie de Saint-Gille 2103: Et ot hanste de fer fraine et ot fer de Castele A ·iij· claus de fin or ·j· pengons i ventele.

2) Parz. 59, 5: Mit speren wol gemâlen Mit grüenen zindâlen; Ieslîchez hete ein banier, Drî härmîn anker dran sô fier, Daz man ir jach für rîcheit. Si wâren lang unde breit, Und reichten vaste unz ûf die hant, Sô mans zem spers îser bant Dâ niderhalp ein spanne. — Biter. 7089: Von dem sper unz ûf die hant Einen vanen man gewunden vant Mit einem borten wol daran.

3) Vgl. Karl von Sava, die Siegel der österreichischen Regenten (Mitth. d. k. k. Central-Comm. IX, p. 242 ff.).

4) Frauend. p. 186, 25: An sînem sper ein rîsen guot Er fuort.

5) Rom. de Troie 2557: Son gonfanon et cors li baingne; 9085: Que très parmi le gros del piz Passe l'enseigne de samiz.

6) Nib. Z. p. 12, 4: Ez fuorten scharpfe gêre die ritter ûz erkorn; p. 32, 6:

ausdrücklich von den Stosslanzen (afr. lance) unterschieden [1]). Sie sind schon aus praktischen Rücksichten nicht mit Fahnen versehen, aber oft machen die Dichter auch in dieser Hinsicht Confusionen, indem sie die Ritterlanze als espie bezeichnen [2]). Gewöhnlich ist der Wurfspeer nur die Waffe des Sarazenen [3]) oder des Fusssoldaten. Von der Ausrüstung der Fusstruppen wird später gehandelt werden.

Gegen diese Angriffswaffen hatte sich der Ritter vorzüglich zu schützen; mit ihnen hatte er fast ausschliesslich zu rechnen, weniger kamen die Waffen der Infanterie für ihn in Betracht, da die Gefechte meist durch den Kampf der Ritterschaaren beider Parteien entschieden wurden. Der Ritter sucht sich nun gegen die feindlichen Waffen zu sichern, indem er einmal seinen und seines Rosses Leib so unverwundbar wie möglich macht, durch eiserne Rüstung ihn beschützt, dann aber auch die feindlichen Stiche und Hiebe geschickt zu pariren sich bemüht. Den ersteren Zweck erfüllt die Rüstung, für den anderen ist der grosse Schild bestimmt.

Die Frage über die Art der Rüstung, welche in unsrer Zeit üblich war, ist oft genug aufgeworfen, im Ganzen auch zutreffend beantwortet worden; doch giebt es immerhin so manche Punkte, die noch recht zweifelhaft erscheinen. Grade Rüstungsstücke sind uns aus jener Zeit gar nicht erhalten; die Beschreibungen sind oft sehr vag und vieldeutig, die Abbildungen, Miniaturen, vor allem Siegel, dann auch Sculpturen lassen das Gefüge der Rüstung doch gar zu wenig erkennen, und so bleibt denn Manches noch recht dunkel, wird sich auch schwerlich je ganz aufklären lassen.

Die gesammte Rüstung heisst Sarwât [4]), Wîcgewant [5]), Wîcgeserwe [6]), Sturmgewant [7]), Strîtgewant [8]), gewöhnlich aber Harnasch [9]).

---

Dô sah man über helme vliegen manegen gêr Durch die liehten schilde von der degene hant; p. 312, 6: Dô schuzzen si die gêre mit kreften von der hant Durch die vil vesten schilde.

1) Ren. de Mont. p. 239, 28: Mais guerpisse l'espié por la nostre amisté Et si prenge une lance, si voist à lui joster; p. 240, 36: Lors geta son espié très enmi le marois, Et a prise une lance à Girart l'espanois.

2) Ren. de Mont. p. 229, 14: Et saisi ·j· espié par mult ruiste fierté À ·v· claus de fin or le confanon fremé, Li fers fu poitevins tranchans et afilés.

3) Parton. 19876: Dâ von begreif er sînen spiez, Den schôz er nâch im unde swanc So krefticlîchen, daz er dranc In sîn ors vil unbetrogen. — Guill. d'Orenge IV, 1388: Là ont paiien Vivien assaillu: Lancent li lances et dars d'acier molu.

4) San Marte a. a. O. p. 5.

5) Biterolf 109.

6) Ecken liet 55, 6. — Wolfdietr. A 459: geserwe.

7) Alphart 121: Nû langt mir ein gesmîde ein vrömdez sturmgewant. — Ortnit 13.

8) Luarin 2232.

9) San Marte a. a. O. p. 8.

Das Hauptstück ist der Rock, der bald Brünne [1]), bald Halsberc genannt wird. Wie unterscheiden sich beide? Zunächst fällt es auf, wenn man die zahlreichen von San Marte (a. a. O. p. 28 ff.) gesammelten Belegstellen überschaut, dass das Wort Brünne mit Vorliebe von den Dichtern der Volksepen gebraucht wird, während die Bezeichnung Halsberc mehr von den höfischen Dichtern angewendet wird. Es wäre also zunächst wohl anzunehmen, dass Brünne der ältere, Halsberc der modernere Name für ein und dasselbe Panzerhemd sei [2]). Indessen diese Annahme wird unhaltbar, da an einigen wenigen Stellen die Brünne vom Halsberc ausdrücklich unterschieden wird [3]). Wenn im Mhd. Wtb. I, 270 Brünne als ein aus Platten gefertigtes Hemd erklärt wird, so ist dies auch nicht stichhaltig; in der schon angeführten Stelle des Wigalois wird zwar von „breiten blechen hürnîn" gesprochen, und dass man in jener Zeit Panzer trug, die mit Hornschuppen benäht waren, dafür finden wir auch an anderen Orten Beläge [4]) (Fig. 7), aber wieder an anderen Stellen wird bestimmt gesagt, dass die Brünne aus Stahlringen gefertigt sei [5]). Die Brünne kann also aus einzelnen Metall- oder Hornplatten sowohl, wie aus Ringen be-

Fig. 7. Klosterneuburger Email-Altar 1181.

1) Über die Etymologie s. San Marte a. a. O. p. 28.

2) Blancandin 1190: Cauces et boines a fresel, Puis a ·j· blanc auberc vestu, fort et tenant, seré menu. Les mailles en furent à or; Miex vaut la broigne d'un tresor

3) Wigal. 189, 27: Ein brünne hêt er an geleit Über einen wîzen halsberc. Daz was heidenschez werc Von breiten blechen hürnîn: Mit golde wâren geleit dar în Rubîn und manic edel stein. — Hier wird also die Brünne über dem Halsberc getragen; umgekehrt Ferguut 459: Een witte bronie daer mede was, Die knape se an, ende na das ·Ij· cousen ende den halsberch groet.

4) Ann. Colon. max. ad a. 1114: Erat autem in exercitu imperatoris (Heinrici V.) quedam legio, que loricis corneis, ferro inpenetrabilibus utebantur. — Gr. Wolfdietr. 1334: Ein brunige fest von horne. — Apollonius 2992: Ir harnasch daz ist hürnîn, Dâvon sint dicke schîbelîn Geslagen ouf den ledervel. — Vgl. auch Walberan 807: Ein brünn sîn wâfenroc was, Diu was geworht ze Kaukasas. Dar ûf geworht von golde, Als man ez wünschen solde, Wâren sunne unde mân Und sterne neben an. Durch die sterne stecken giengen, Dran guldîn schellen hiengen.

5) Ecken liet 77, 2: Eine brünne trage ich, Vil herte sint ir ringe, Sî ist ouch wîz alsam ein swan. — Guill. d'Orenge V, 624: La broigne rote, dont la maille est doblière.

stehen; der Halsberc wird immer nur aus Ringen hergestellt. Aber ein Unterschied muss doch vorhanden sein.

Demay in seinem vortrefflichen Werke „Le costume de guerre et d'apparat d'après les sceaux du moyen-age (Paris 1875)" erklärt die Brünne (afr. broigne) für ein Waffenhemd aus Leder oder dickem Zeugstoff, auf welches Metallplatten oder Ringe aufgenäht sind; der Halsberc besteht seiner Ansicht nach aus einem Ringgeflecht, d. h. es sind die Ringe nicht neben einander genäht, sondern mit einander verkettet. Diese Erklärung hat meines Erachtens viel für sich: die ältere Art der Rüstung ist die Brünne, die jüngere, kostbarere der Halsberc. Eisenringe zu schmieden ist jedenfalls die ältere Zeit im Stande gewesen, und wenn man das verstand, so konnte man auch die Ringe verflechten; dass die Kunst des Drahtziehens erst im vierzehnten Jahrhundert erfunden worden ist, kann in dieser Frage immerhin nicht so entscheidend sein, wie dies Karl von Sava (die Siegel der österr. Regenten. Mitth. IX, p. 185) annimmt. Das von Hewitt (Ancient armour I, 63) mitgetheilte Räthsel des Bischofs Aldhelm, der im elften Jahrhundert lebte, beweist, dass man schon ein Jahrhundert vor der uns hier interessirenden Zeit Ringpanzer herzustellen verstand. Wir müssen nun aber immer das Eine im Auge behalten, dass in jenen Jahrhunderten eine solche Neuerung sehr langsam erst sich Bahn brach, dass neben den neuen Rüstungen noch sehr lange die alten getragen wurden, und so möchte ich denn die meisten Rüstungen, die an Denkmälern des dreizehnten Jahrhunderts vorkommen, und an denen man deutlich eine in Streifen geordnete Textur wahrnimmt, für Brünnen halten, d. h. für Rüstungen, deren Ringe reihenweis neben einander genäht sind, so dass immer ein Ring über den anderen hinweggriff und das ganze Panzerhemd dicht mit Eisenringen bedeckt war. Jedenfalls waren die genähten Ringpanzer auch billiger als die künstlich geflochtenen. Man könnte ferner annehmen, dass der Halsberc eine Rüstung war, die ganz besonders den Hals schützte, die mit der Panzerkappe, dem Hersenier, aus einem Stücke gefertigt wurde; die Brünne wäre dann ein Panzerhemd, welches den Hals frei liess. Diese Deutung scheint aber doch nicht Stich zu halten, denn wir sehen, dass schon auf den ältesten Siegeln die Rüstung des Leibes und des Hauptes zusammenhängt. Die Ritter aus dem Ende des elften Jahrhunderts hätten demnach schon Halsberge getragen (vgl. Demay, le costume au moyen-âge d'après les sceaux p. 111). Klar ist die Sache also durchaus nicht und das Verhältniss der Brünne zum Halsberc wohl noch einer genaueren Untersuchung werth.

Wie gesagt, besteht die Rüstung hauptsächlich aus diesen Ringen;

sowohl das Waffenhemd und sein Zubehör, als auch die Hosen sind aus Ringen, einstweilen gleichgültig wie, hergestellt.

Vor dem Anlegen der Rüstung zog man seinen gewöhnlichen Anzug aus und behielt bloss die Unterkleider an [1]). Die seidenen Hemden waren schon damals beliebt, da sie leicht waren und gegen die Schwerthiebe schützten [2]). Ein festes wollenes Wams [3]) behielt man jedenfalls an und schützte die Kniee dadurch, dass man sie mit weichem Filz umwand [4]). War der Ritter so weit bereit, so setzte er sich auf einen Teppich nieder [5]). Zunächst legte man ihm das Senftenier an [6]), wahrscheinlich eine gepolsterte Binde, um den Unterleib gegen Stösse zu bewahren. Ich denke es mir ähnlich wie etwa die Paukhose unsrer Studenten; zu weit durfte es nicht herabreichen, sonst wäre es beim Reiten unbequem geworden, aber die Oberschenkel hat es wohl noch geschützt. Mit dem Senftenier war ein Schutzpolster für die Hüften, das Huffenier, verbunden [7]). Die Hosen wurden darauf angezogen. Entweder wurden dieselben hinten an der Wade und bis über die Kniekehle hinauf mit Leder-Riemen zugebunden [8]), oder sie waren wie ein Strumpf geschlossen, und der Ritter brauchte bloss die Beine in die Höhe zu strecken, dann rollten die schweren Eisenhosen von selbst an dem Beine hinab.

Wie die Hosen der ungeharnischten Männer umschlossen die Eisenhosen zugleich den Fuss und reichten bis hoch an den Oberschenkel

---

1) Durmars 1255: Et messires Durmars osta Son bliat et on li baila ·I· porpoint molt riche et molt bel D'un vert samit cler et novel. Mesires Durmars l'a vestu Se l'a bien lacie e cosu. Cf. 10107 ff.

2) Kudr. 864: Joch hete er under brünne von vil guoten sîden Von Abalîe ein hemede. anders müeste er nû daz ende lîden. — Troj. 32262: Dô schuof ein hemede wol gebriten Ûz blanker palmâtsîden, Daz er in dâ versnîden Niht möhte mit rîlîcher state.

3) Mor. v. Craon 828: wambes von buggeran.

4) ibid. 829.

5) Lanz. 3752: Dâ lag er ame rücke Unz man im die hosen an Geschuohte als eime siechen man.

6) Willeh. 231, 24: Dâ der lendenierstric erwant, Etlîchiu het ein semftenier, Der noch ein sölhez gæbe mir, Daz næm ich für ein vederspil. (Diese Stelle ist meines Erachtens so zu deuten: Gyburc und ihre Mägde haben unter dem Hosengürtel ein Semftenier d. h. ein Polster [scil. pecten], das ich einem Falken vorziehen würde.) — Willeh. 356, 3: Îsernhosen und senftenier. — Ludw. Kreuzfahrt 6200: Noch in dem neste vil lac ir: Etslicher niht vollen die semftinir Tzu den beinen gebunden het. — Herz. Ernst D 2537: Und namen auch vier senfftenier.

7) Der Frauen Turnier 65: Oben an daz senftenier Sô wol gesteppet huffenier.

8) Erec 703: La pucele meisme l'arme. N'i ot fait charaie ne charme. Lace li les chauces de fer Et cout à corroies de cer. — Li biaus desconneus 345: Cauces de fer li ont cacies À cordièles li ont loiies; 2767: À bones coroies de cer Li lacent les cauces de fer. — Parton. 2957: Cauces de fer a puis cauciés, De las de soie bien laciés. — Gaydon p. 199: Li cuirs des jointes et de genols rompi.

hinauf. Um die Lenden war ein Gürtel (Lendenier) gelegt, an den die beiden Hosenbeine befestigt wurden [1]). Wurde der Lendenierstrick zerhauen, so fielen die Eisenhosen herunter und entblössten das Bein [2]). Eine Hose hat jedenfalls der Ritter noch unter diesem Rüstungsstück getragen; die schweren Eisenringe würden sonst die Haut durchgescheuert haben. Aber bloss war das Bein sobald die Eisenhose hinunterrutschte trotzdem, da es nun gegen Hieb und Stich nicht mehr gesichert war. Den oberen Theil der Beine und den Unterleib deckte jedenfalls auch wie bei der Civiltracht die Niderwât; König Ludwig der Heilige lässt sich (wie Joinville erzählt), als er im heiligen Lande von heftiger Dyssenterie befallen wird, seine Hosen soweit aufschneiden, dass er, ohne vom Pferde herabzusteigen, bei einem Anfall demselben Genüge thun konnte [3]). Auch die Rücksichten der Schicklichkeit verlangten schon ein solches Unterkleid, da ja häufig bei Turnieren ein Ritter rücklings aus dem Sattel stürzte und den anwesenden Damen doch kein Aergerniss gegeben werden durfte (Parz. 535, 19—24). Mochte aber dieses Unterkleid auch noch so anständig sein, schützen konnte es den Ritter im ernsten Streite nicht; der Feind hob, wenn er den Gegner gefällt und kampfunfähig gemacht hatte, ihm die Schösse des Waffenrockes auf und bohrte ihm das Schwert in den ungedeckten Unterleib [4]). Deshalb haben einige Ritter auch Rock und Hose aus einem Stück gefertigt [5]); sie müssen in dieser, jedenfalls hinten zugeschnürten Rüstung ausgesehen haben, wie unsre Knaben in

1) Crône 2857: Als nû der harnasch brâht wart, Her Keiî ez niht langer spart, Er gurte den lendeniere. Dar nâch wart er schiere In sîn îsergolzen geschuoht. — Moriz von Craon 838: Ein harte guoten lendenier Den bant er umbe die huf Und nestelte die hosen drûf.

2) Willeh. 78, 26: Daz ors mit hurte in nâher truoc, Daz die riemen vorme knie Brâsten dort unde hie. Ame lendenier sie entstricket wart Von der hurteclîchen vart, Diu îserhose sanc ûf den sporn, Des wart sîn blankez bein verlorn. Halsperges gêr und kursît Und der schilt an der selben zît Wârn drab geruct, deiz bein stuont blôz. — Guill. d'Orenge V, 1670: Voient l'ermine qui pent vers l'estrivière Et de sa chauce iert route la lasnière; Cele de fer, dont la maille estoit chière, Sor l'esporon ert renversée arière. Sa chauce pert qui n'estoit pas entière.

3) Joinville 306.

4) Ecken liet p. 140, 10: Er huop im ûf die slitze, Die wâren beid von golde rôt, Er stach daz swert durch Ecken. — Cléomadès 11519: À Durban ot le pan leve Dou hauberc et l'eüst tué. — Auberi p. 232, 4: Si li souslièvе le blanc hauberc saffre Ja li eust le brant el cors boute. — Matth. Par. 1234: Quorum unus videns occiduam partem dorsi minus armis communitam percussit eum in posteriora loricam sublevando cum quodam genere cultelli, quod vulgariter anelacius nuncupatur.

5) Wilh. Brito, Philippid. XI. (Duchesne V, 239): Hic ocreis ubi se iungit lorica volebat Immisso comiti vitalia rumpere ferro. Sed thorax ocreis consuta patere cultello Indissuta negans Cornuti vota fefellit.

Fig. 8. Grabplatte des Sire Johan d'Aubernoun in der Kirche von Stoke d'Abernon (Surrey) 1277.

den ersten Kinderjahren, aber praktisch waren diese Rüstungen jedenfalls.

Nicht immer aber sind die Hosen, die zu den Rüstungen getragen werden, mit Ringen benäht oder aus Ringen geflochten, wir finden auch seidene [1]) und lederne [2]) erwähnt.

Das hier geschilderte wichtige Stück der Rüstung heisst gewöhnlich einfach hose [3]), îsenhose [4]) (afr. cauce, cauce de fer) [5]); aus cauce, calce haben dann die Deutschen kolze, golze, îsergolze [6]) gemacht. Es ist also die kolze keineswegs, wie dies San Marte (a. a. O. p. 42) angiebt, ein eiserner von der Hose verschiedener Schuh, sondern vielmehr die Hose selbst.

---

1) Prise de Pampelune 3253: Sous les çauces vermoiles de paile outremarin Li çaucerent primier li esperons d'or fin Et desour dous jambieres d'un cuer de serpentin. Sour li jambaus che fu de velu alexandrin Li vestirent l'aubers eou clevin acerin.

2) Karl Meinet p. 268, 54: Zo kampe wyl ich reyden mich. Alda satte hey neder sich Ind hait zuo lederhosen geschoet, De riche waren ind goet, Lange usserkoren.

3) Lanzelet 5182: Ginovere bî ime (Gâwein) saz, Sîn frowe diu künegîn. Siu hete im ein der hosen sîn Mit ir handen an geschuot.

4) Lohengr. 2121: Von den stœzen vor dem knie Sich die îsenhosen zarten dort unt hie. — Stricker, Karl 6088: Des wart er ûf dem beine Gestochen durch den halsperc. Dô beschirmte in ein ander werc: Sîn îsenhose diu drunder was.

5) Parton. 6809: Les cauces de fer a caucies Et Persewis li a laciés.

6) HTroj. 8704: Helme zu schroten, Zu brochen kolzen; 8723: Wapenen sie sich begunden, So sie best kunden In die kolzen, halsberge ane; 14420: Ritterglich sine kolze schu; 4741: Yserine kolzen. — Parz. 705, 11: Man sah ê tragen den stolzen Sîn îserîne kolzen An wol geschictem beine; 683, 17. — Crône 2860: Dâr nâch wart er schiere In sîn îsergolzen geschuocht.

Ueber die Hose legte man zu weiterem Schutze noch Schuhe an [1]). Der Unterschenkel wurde mit einer besonders angeschnürten Gamasche aus starkem Leder (beinberge [2]), afr. jambière [3]), mlat. gamberia) [4]) verwahrt; für die Kniescheibe sorgte man durch eine passende Eisenschale (mhd. schinnelier, schillier [5]), mnl. cnielinge [6]); afr. genouillière) [7]) (Fig. 8). Wenn schon beim Gedränge eines friedlichen Festzuges die Schienbeine der Ritter und die Kniee oft gestossen und schmerzhaft beschädigt wurden [8]), so war das im Schlachtgewühl erst recht nicht zu vermeiden und so sorgte man durch diese Platten dafür, dass der Ritter mit einer Verletzung der Beine so viel als möglich verschont blieb. Die von Ulrich von Lichtenstein genannten „hurtenier“ [9]) und die „hurtevil“ [10]), die Ulrich von dem Türlin erwähnt, werden wohl mit dieser Art der Beinrüstung ziemlich identisch sein.

Demay in seiner schon citirten Abhandlung (p. 11) hat die Rondelles vor den Knien, die Genouillieres, sowie die Jambières zuerst auf dem von ihm Taf. IV, 15 abgebildeten Siegel des Jean de Châlon vom Jahre 1301 angetroffen, allein die angeführten Stellen beweisen, dass man schon im zwölften Jahrhundert von diesen Rüstungsstücken

---

1) Willeh. 296, 1: Dô erz harnasch gar hêt an, Zwên starke schuohe der junge man Bant über die îserkolzen.

2) Herz. Ernst D 4667: Von beinbergen und sarwete Schuff er ym gut gerete.

3) S. S. 30, Anm. 1. — Prise de Pampelune 3278: Esperons et jambières e l'aubers endosiés. — Anelier, Guerre de Navarre 4724: E vestir maynt perpuynt e camberas cauçar.

4) Otto Morena 1160: Tercentas loricas et multas gamberias.

5) Parz. 155, 23: Helmes snüer noch sîniu schinnelier Mit sînen blanken handen fier Kund ers niht ûf gestricken Noch sus her ab gezwicken; 157, 12: Ê erm büte dar den halsperc, Er stricte im umb diu schinnelier; 261, 18: Und in îserîniu schillier Was gewâpent dirre küene man. — Crône 18187: Manic helt ze velde san, Der sîn hosen schuohte an, Dar über sîn schellier; 2871: Der coifen und des colliers, Wâfenrockes, helmes und tschilliers, Der wart er vil snelle gar.

6) Walew. 10073: Cnielinghe ende cousen al bebloet. — Troj. 34916: Dô traf er ûf die schîben in Des kniewelinges herte.

7) Alix. p. 463, 30: Cauces de fier caucèrent li vasal à loisir Genouillières qu'il orent bien fisent couvrir D'un orfroi que il orent que l'ors n'en pot cair. — Rom. de Troie 1801: Primes chalça ses genoillier s; 10163: Ses genoillières li ostèrent. — Percev. 26413: Ses cauces avoit jà caucies Et ses genollières lacies Son hauberc endossé avoit. — Chron. des ducs de Norm. II, 18983: Son osberc li unt trait del dos E ostées ses genouillières.

8) Mai u. Beafl. p. 82, 31: Daz schinbein manegem dürchel wart An der engen durchvart; p. 85, 16: Des wart durchstôzen manic knie In dem grôzen gedrenge, Wan diu durchvart was enge.

9) Frauend. p. 450, 13: Die (Lücke; wohl hosen) wârn lieht, von rost behuot, Dar über zwên hurtenier von horn.

10) UvdT. Wilh. d. H. p. 65: Hurtevil, crassil (?) und kursit.

Gebrauch machte. Aber auch auf dem Verduner Altar von 1181 zu Klosterneuburg sehen wir einen Soldaten mit einer solchen Beinrüstung dargestellt (s. Fig. 9).

Fig. 9. Klosterneuburger Email-Altar.

Nachdem die Hosen angelegt waren, zog man einen Rock an, der ebenfalls stark mit Werg oder ähnlichen Polstermitteln ausgefüttert war. Diese bis über die Hüften herabreichende Jacke [1]) ist das Wams (mhd. wambeis [2]), afr. gambais) [3]). Ziemlich ähnlich muss die Jope [4]) gewesen sein. Orientalischen Ursprungs ist wohl der Alcotton [5]) (afr. auqueton), vielleicht ein mit Baumwolle wattirtes Unterkleid, da arab. Al kotn Baumwolle bedeutet. Von diesen Stepp-röcken wohl zu unterscheiden ist das Kasagân [6]), welches man als leichte Rüstung anlegte, das aber kaum geeignet war, im ernsten Kampfe hinreichenden Schutz zu gewähren. Wie Wolfram es beschreibt: „von samît ein casagân Ein pfellel drunde was getân, Îser unde palmât Dâ zwischn gesteppet und genât“,

1) Guill. d'Orenge II, 511: De mon hauberc covert la feutréure. — Crône 2862: Ein wambeis wart ime gesuocht Von einem buckeram blanc, Einer spannen von dem gurtel lanc Under sînen halsperc.

2) Crône 18190: Ein wambeis und ein collier. — Lanz. 3810: Schilt, banier, îsenhuot, Cleiniu wambasch, snelliu ros.

3) Gaydon p. 278: Vestent gambais pourpoins menuement. — Villehardouin, Conq. 168: Et ne fu armez que d'un gamboison et d'un chapel de fer, son escu à son col. — Percev. 2247: Une cote moult aaisie De dras de soie gambisie Que desous son hauberc vestoit Li chevaliers. — Ren. de Mont. p. 31, 25: Et la broine del dos li copa à volée Et gambais et curie et la pelice lée.

4) Willeh. 356, 7: Guote jopen und hâberjœl. — Herz. Ernst D 2536: Zcwey cleyne iopel pfellin.

5) Matth. Paris 1190: Saladin schenkt dem König Richard Löwenherz Gold etc.: et quod erat charissimum: unum Alcattonem satis levem nullo spiculo penetrabilem. — Ferguut 4603: Hi dede hem an j· acottoen, Daer boven hiet hi hem andoen Enen halsberch sabellijn. — Godefr. de Bouillon 31432: Quauces de fier caucha et esporons d'ormier Ung aucqueton d'or fin et bon haubiert doublier; 34305: Par-dessus l'aucqueton le haubiert endossa. — Gaydon p. 196: Sor l'auqueton qui d'or fu pointurez Vesti l'auberc. — Chron. des ducs de Norm. II, 3624: Dunc vestirent les aucotuns E les haubers desus, tresliz; 21656: Faussent osberc e aucoton. Cf. 22286; 32785. Als Hugo Graf von Maine die Rüstung ausgezogen hat, ist er nur mit einem „mult cort aucoton“ bekleidet und hat weder „soller ne eschapin“ (ib. 28506; 28510). — Huon de Bord. p. 57: Le hauberc trence, L'auqueton a copé.

6) Willeh. 406, 6; 407, 6. — Henri de Valenciennes, hist. de l'empereur Henri 511: Kaiser Heinrich von Constantinopel befreit 1207 einen seiner Ritter aus dem Getümmel einer Schlacht gegen die Bulgaren „et li empereres meismes i ala auques folement: car il n'avoit de garnison por son cors à cel pointke un seul gasygan“.

unterscheidet er sich von dem gewöhnlichen Wams eben dadurch, dass einige Eisenschienen in sein Futter eingenäht sind und ihm damit eine grössere Festigkeit geben. Die Schultern deckt besonders noch ein gefüttertes, meist aus Seidenzeug angefertigtes Kleidungsstück, das Spaldenier (afr. espaulière)[1]. Der Hals wurde von einer dicken und festen Halsbinde oder einem weit herabreichenden Kragen, der mit Knöpfen an der Kehle geschlossen war, sorgfältig gegen Verwundung gesichert. Es ist dies das Kollier (afr. collier)[2]. Zuweilen zog man unter den Halsberc auch noch einen Rock aus festem dickem Leder an, der, im Falle die Ringe durch Hieb oder Stich beschädigt nachgegeben und die feindlichen Waffen den Eisenharnisch durchbohrt hatten, einen wirksamen Schutz selbst dann noch gewähren konnte. Es ist das die Curie[3]), die zuweilen auch über das Panzerhemde, gewöhnlich aber unter dasselbe angelegt wurde.

---

1) Friedrich von Österreich fällt am 15. Juni 1246 in der Schlacht; auf der Wahlstatt wird er gefunden und Ulrich von Lichtenstein (Frauend. p. 528, 16) erzählt: Ez het der edele fürste rîch An im niht wan ein spaldenier Und einen schuoch, geloubet mir, Und niht wan sîn lînîn kleit. — Frauend. p. 300, 15: Ich legt an mich ein spaldenir. — Meler. 4376: Sîn spaldenier daz het er an. — Schwanenritter 118: Dar über ein spalier was bekleit, Daz liehten schîn den ougen bar Von palmâtsîden rôsenvar; 1046: Wan daz daz spalier schirmet in Daz vil guot palmâtsîde was. — Gr. Wolfdietr. 1384: Kursit und gesmide wolt sie im han abgezogen Sin spaler guot von siden, daz ist war und nit gelogen. — Percev. 29560: Perchevaus Qui son hauberc avoit osté; Espaullières d'un drap ouvré Avoit encor. — Guiart II, 2235: Haubers fausser et espaulières. — Philippe de Beaumanoir, Jehan de Dammartin 3978: Primes vest unes espaulières De boure de soie moult chières.

2) Willeh. 422, 18: Von palmât ein collier Von stahel ein veste hersenier; 406, 12: Ez (daz casagân) muose ein kollier ouch hân, Daz sich gein der kel zesamene vienc. Der slitz unz ûf den gêren gienc. Smârât und rubîn Daz wâren dran diu knöpfelîn. — Tit. 3535: Ein kollier wol gesteppet dicke von palmate. — Crône 18190: Ein wambeis unde ein collier Muost er haben dar nach. — Frauend. p. 453, 26: Und versniten an beiden helmen diu kollir; p. 456, 7: Wart dâ mit ritters kunst geriten, Mit speres ort kollir versniten. — Schwanenr. 1086: Der ime daz kollier und den kragen Durch unde durch alsô verschriet. — Karl Meinet p. 55, 9: Dar up (dat purpunt) eynen halsbant, der was goet; p. 43, 21: Ind gave ime eyne wunde Durch den halsbant in de syde. — Alix. p. 430, 37: D'une porpre vermelle ert faite sa colière.

3) Lanc. III, 13438: Ende Maurus weder Keyen stac Dor scilt, dor curie, dor leder; III, 16190: Dor halsberch ende dor curie Ende dore die borste. — Gaydon p. 303: Sus le hauberc doublier qu'il li a derompu La curie dessous l'a de mort secouru. — Doon p. 29: Et maint hauberc derout et mainte fort curie. — Fierabras p. 19: ·I· cuir de Capadoce va en son dos jeter, Il fu blans comme nois, bien fu pour le serrer. Pardesus vest l'auberc qu'il ot fait d'or saffrer; p. 25: Deseur la destre espaule a l'auberc entamé Plus de ·iij·ᶜ mailles en a au branc sevré. Le clavain li trencha k'ot defors endosé Le cuir de Capadoce l'a gari e tensé.

Auf den Monumenten finden wir diese Unterkleider nie dargestellt; sie sind durch die Rüstungen völlig verdeckt und so können wir uns von ihrer Form auch keine rechte Vorstellung machen. Besonders fraglich ist es, was es mit einem auf den Siegeln oft bemerklichen Kleidungsstücke für eine Bewandtniss hat, das unter dem Halsberc getragen wurde, aber bedeutend länger war und zuweilen weit, fast bis zu den Füssen, herabreicht. Demay nennt es seconde tunique, und es scheint in der That (Fig. 10) ein leichter Rock gewesen zu sein, der über das Wams und Zubehör angelegt wurde, vorn und hinten aufgeschnitten war, um beim Reiten nicht zu incommodiren, aber aus einem dünnen Stoffe bestand und also mehr zur Zier als zum Schutze diente. Den Namen dieses Kleidungsstückes zu ermitteln, ist mir nicht gelungen. Demay findet dasselbe schon auf dem Siegel des Dietrich von Elsass, Grafen von Flandern, 1128 dargestellt, dann auf dem Siegel Wilhelm's II. Grafen von Nevers 1140 (vgl. Taf. II, 4—7); das über dem Halsberc angelegte Waffenhemd weist er 1211 auf dem Siegel des Gaucher de Joigny nach. Nach der Abbildung bei Sava (p. 236, Fig. 23) hat Leopold der Glorreiche (1194—1230) noch auf einem Siegel von 1217 dies Unterkleid an, später trägt auch er den Waffenrock über der Rüstung. Von den schlesischen Herzögen hat Heinrich I. (1201—38) diesen langen Rock unter dem Halsberc angelegt, während sein Sohn Heinrich II. (1238—41) den Waffenrock trägt[1]). Richard Löwenherz ist auf seinen grossen Siegeln (bei Hewitt, a. a. O., Titelblatt) noch der älteren Mode entsprechend gekleidet (Fig. 11); Johann dagegen (ibid. p. 228) hat schon die neuere Form des Waffenrockes gewählt. Es scheint also, dass gegen 1210 die Sitte, ein lang bis zu den Knieen, ja bis zu den Füssen herabreichendes Kleid unter dem Halsberc zu tragen, zuerst in Frankreich, dann in den anderen civilisirten Ländern aufgegeben wurde.

**Fig. 10. Klosterneuburger Email-Altar.**

Ueber die Unterkleider zog man nun die Brünne oder den Halsberc. Wie diese beiden Arten von Rüstungen sich möglicher Weise unterschieden, habe ich schon auseinander gesetzt; in ihrer Form waren sie wahrscheinlich einander sehr ähnlich. Es ist also, wie die Monumente zeigen, ein mit Ringen benähter oder aus verschlungenen Ringen hergestellter Rock, der den ganzen Oberkörper umschloss,

1) A. Schultz, die schlesischen Siegel. T. II, 7. 9.

Aermel hatte und bis zu den Knieen etwa herabreichte. Vorn und hinten waren die Schösse (gêren, afr. pans) des Rockes so weit aufgeschnitten, dass der Ritter bequem zu Pferde sitzen konnte [1]). Ge-

Fig. 11. Grosses Siegel des Königs Richard I. Löwenherz.

wöhnlich, wenigstens in der älteren Zeit, hing am Halse des Halsberc noch eine Art Kapuze, das Härsenier, die über den Kopf gestreift werden konnte. Das Hauptbestandtheil der Rüstung bildeten die schon oft genannten Ringe (afr. mailles) [2]); wenn ein Hieb gut getroffen hatte,

---

1) Parz. 207, 17: Swaz er dâ ritter nider sluoc, Die funden arbeit genuoc: Die kunde man si lêren Zer halsperge gêren: Die burgær tâten râche schîn, Si erstâchen si zen slitzen în. — Cf. Willeh. 79, 1 ff.; 406, 14: Der slitz unz ûf den gêren gienc. — Alix. p. 14, 17: Ses hauberc fu ouvrés en l'ile de Durier, Li pan sunt à argent, la ventalle à or mier. — Guiart I, 6620: Li pan des haubersons resonnent Quant il se frottent aus arçons.

2) De rebus Alsaticis ineuntis saeculi $\text{xiij}^{\text{tii}}$ (MG. XVII): Milites loricas de magnis et spissis et ponderosis circulis utebantur. — Kaiserchron. 503: Ôwî wie die sarringe klungen. — Willeh. 442, 26: Durch al der sarringe niet Er sluoc den künec Malakîn. (Das Wort 'niet' scheint hier ganz entschieden für ein

dann fielen, rieselten viele Ringe zu Boden, sei es dass die Fäden, mit denen sie aufgesteppt, zerschnitten waren, oder dass durch die Schärfe des Schwertes die Ringe selbst zerhauen sich aus dem Kettengeflecht lösten [1]). Wollte man den Halsberc noch widerstandsfähiger haben, so wurde er aus einer doppelten [2]), ja dreifachen Schicht von Ringen hergestellt [3]). Dass es verschiedene Arten von Ringpanzern gab, geht schon aus den Darstellungen derselben auf den gleichzeitigen Bildwerken hervor. So zeigen die Miniaturen in der Berliner Êneit-Handschrift, dass die Ringe in Reihen zusammengepresst sind, die Fuge zwischen den Reihen ist durch ein aufgesetztes Lederstück verdeckt. Diese Ringe waren aller Wahrscheinlichkeit nach aufgenäht (Fig. 12. Vgl. Fr. Kugler, kl. Schriften I, 42. — Andere Abbildungen bei Hewitt I, 261 ff.). Eine ganz interessante Nachbildung der verschiedenen

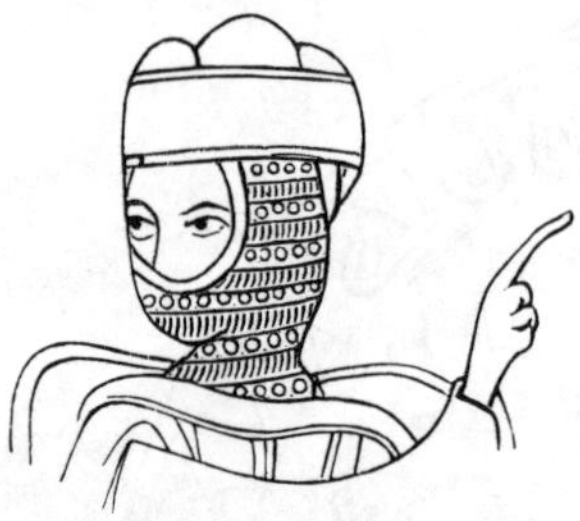

Fig. 12. Miniatur der Berliner Êneit-Handschrift (nach Kugler).

---

Kettenhemd zu sprechen). — Gr. Wolfdietr. 963: Silberwise ringe hetten sie angeleit. — Erec 707: Haubert li uest de bone maille. — Blancandin 1191: Puis a ·j· blanc auberc vestu Fort et tenant, seré menu. Les mailles en furent à or, Miex vaut la broigne d'un tresor. — Chron. des ducs de Norm. II, 3767: Que sur escuz et sur quirées Et sur broines menu maelées Brisent mil lances de sapin.

1) Wigal. p. 279, 8: Die ringe rirn als ein glas Von stichen und von starken slegen. — Engelh. 4874: Daz von den stahelringen Geschach ein michel rîsen. — Dietr. Flucht 3456: Man sach die ringe als ein loup Vliegen ûz den brünnen. — Gr. Wolfdietr. 989: Erst musten ringe risen von herten brünigen wis. — Lanc. I, 35150: Ende van den halsberghen die maelgen Neder vielen int groene gras. — Ren. de Mont. p. 71, 29: Ces broines, ces haubert desros et desmailliés. — Gaufrey p. 116: De l'auberc li coupa toute sa guerronée, ·C· et ·l· mailez en abat en la prée. — Aye d'Avignon p. 17: ·C· mailles li trancha de sa broigne safrée.

2) Willeh. 410, 21: Wær der halsperc niht dublîn, Ez müese aldâ sîn ende sîn. — Doon p. 199: Il li ont ·j· hauberc riche et fort endossé À double maille fet, moult fort et moult serré. — Gaufrey p. 303: Sus le hauberc doublier. — Prise de Pampelune 443: Se desarma Çarllon de suen brand açerin Et d'eome e de clavein et d'aobers dopletin. — Alix. p. 41, 16: Devant, en mi le pis et devers les costés Estoit li haubers dobles et ricement serés; p. 227, 17: L'auberc doublentin. — Guill. d'Orenge V, 337: N'ot point d'escu fors l'auberc doblantin; V, 624: La broigne rote dont la maille est doblière. — Chron. des ducs de Norm. II, 21419: Li blanc osberc doblier. — Auberi p. 9, 4: Richement l'arme d'un hauberc doublentin; p. 100, 23: auberc doublier; p. 187, 13: La broigne doubliere.

3) Rolandsl. 4664: Ire brunige wâren thrilihe. — Stricker, Karl 5673: Si fuorten drilhe halsperc an; cf. 5750. — Erec 3673: Hauberc blanc et chauces tralices. — Auberi p. 73, 2: ·I· blanc hauberc treslis; cf. p. 99, 18. — Chron. des ducs de Norm. II, 2348: Puis revestent les aucotons E les haubers blans e tresliz; cf. II, 28268; II, 3625. — Blancand. 4078: Une broigne à mailles trellies.

Arten, wie die Ringharnische auf den gleichzeitigen Monumenten dargestellt werden, giebt Hewitt I, S. 124 seines schon oft erwähnten Werkes. Aber praktisch ist damit wenig genug gewonnen. Völlig räthselhaft erscheint das Wort „jazerant“ [1]). Nach H. Weiss (Costümkunde des MA. 646) ist Jaserin ein Harnisch aus dickem Seidenstoff, welcher auf der inneren Seite mit Metallplatten benäht war. A. Demmin [2]) und auch Hewitt [3]) erklären den Jazerant übereinstimmend als einen Schuppenpanzer. Aber so einfach liegt die Sache keineswegs. Im Chanson d'Antioche (II, 29) heisst es klar und deutlich: „desront et desmaillé tant auberc jaserant“; wenn aber der Halsberc desmaillé genannt werden kann, so ist er auch aus mailles, aus Ringen gefertigt. Hier sind Schwierigkeiten vorhanden, die ich mir nicht zu lösen getraue [4]).

Am Halse wurde das Ringhemd durch Schliessen zusammengehalten [5]). Gewöhnlich ist es schneeweiss [6]), blank gescheuert. Man hatte zu dieser Säuberung (vegen [7]), afr. roler) [8]) besondere Gefässe (daz vegevaz) [9]). Reichere Leute hatten auch den Halsberc mit Goldborten verziert (saffré) [10]), sonst wird er meist ganz glatt getragen,

1) Alix. p. 32, 8: Son hauberc jaserant; p. 40, 17. — Chans. d'Antioche II, 7: Se vit vestir les jaserans; II, 31: Ne sont pas desmaillé no haubert jaserant; III, 6: Ains ses blans jaserans n'i valut un denier; III, 30: son haubert jaserant; VIII, 17: D'un haubert jaseran, assés luisant et cler. — Auberi p. 80, 22: Cel hauberc jaserant; p. 81, 30; p. 223, 21. — Gaydon p. 77: L'auberc jazerant; cf. Otinel p. 11. — Guil. d'Orenge V, 4300: Gui se devoit armer d'un jazerant. — Brun de la Montaigne 696: Il n'i avoit celui qui n'eiist jaserant.

2) Kriegswaffen p. 48.

3) a. a. O. p. 64.

4) Jazera ist die damals gewöhnliche Bezeichnung für das heutige Zara. Littré (Dictionnaire français etc.) erinnert, dass im Spanischen jazarino aus Algier (Gazaïr) stammend bedeutet, und meint, dass Jazerant einfach die Herkunft der Rüstung bezeichne.

5) Alix. p. 436, 13: ·I· auberc ot vestu dont d'or sunt li tassiel.

6) Lanz. 358: Harnasch, wîz als ein swan; 787 und 8884: als ein zin; 8063: Harnasch lûter als ein îs. — Parton. 13538: Gefueget (wohl besser: gefeget) was sîn harnasch Als ein lûter mîol, d. h. wie ein lichtes Trinkglas. — Engelh. 4712: Als ein lûter spiegel gleiz Sîn halsberge al ze wunder.

7) Erec 2409: Sî hiezen ir îsengewant Vegen unde riemen. — HTroj. 8700: Wol gestelet ir swert, geueget ir halsberge.

8) Garin II, p. 104: Vit les chevaus et torcher et covrir, Haubers roler et hiaumes esclarir. — Ren. de Mont. p. 166, 35: Et des haubers roler et des chevaus torchiés.

9) Wigal. p. 114, 16: Sîn îsengewant daz hiez man tragen Balde in ein vegevaz. Mit solchem flîze veget man daz, Daz ez wart lûter als ein îs.

10) Aye d'Avignon p. 17: ·C· mailles li trancha de sa broigne safrée. — Auberi p. 88, 1: Seur sa broigne safree; p. 229, 6: La coife del blanc haubert saffre;

zumal da er schon im dreizehnten Jahrhundert zum grösseren Theile durch den Wâpenroc verdeckt war.

Leichter als der Halsberc ist der „Haubergeon“ [1]), den Wolfram, wie gewöhnlich die französischen Namen verdrehend, „hâberjœl“ nennt [2]). Ueber denselben wird zuweilen noch ein ordentlicher Halsberc angelegt, dadurch die Rüstung verstärkt [3]). Auch dass über den Halsberc noch eine Brünne gezogen wurde, schildert Wirnt von Gravenberg (Wigal. p. 189, 27 ff.); zwei Halsberge erwähnt der Pfaffe Konrad, und auch andere Dichter [4]).

Die Aermel des Panzerrockes reichten bis an die Handgelenke. Eiserne Schienen deckten besonders noch die Muskel (die Maus) des Unterarmes. Sie heissen deutsch Armeisen (afr. brachières, davon wieder mhd. brâzel) [5]) oder Miusenier [6]). Auch scheint man unter dem Panzerärmel noch ein starkes Leder zum Schutze der Armmuskeln getragen zu haben [7]).

Ueber den Halsberc legte man dann zu grösserem Schutze auch noch Platten an, die zumal die Brust gegen Hieb und Stich beschirmen sollten [8]).

p. 229, 11: Le hauberc saufre; p. 232: Si li souslieve le blanc hauberc saffre. Ja li eust le brant el cors boute. — Gér. de Rossillon p. 301: Soz lor goneles ont broignes saffrades; cf. p. 338.

1) Aiol 4279: Aubregon et curie a leus conbres, De traison se crient li bachelers, Maintenant l'a vestu et endossé. — Guiart I, 3474: Armés de hyaumes et de tacles, D'espées et de hauberjons; I, 6620: Li pan des haubersons resonnent, Quant il se frottent aus arçons.

2) Willeh. 356, 7: Guote jopen und hâberjœl.

3) So zieht Willeh. 356, 13 König Terramêr noch über den hâberjœl 'einen halsperc: In Iazeranz daz selbe werc Worhte derz wol kunde.' (Im Original hat wahrscheinlich 'hauberc jazerant' gestanden, ebenso wie Willeh. 442, 8. Diese Beispiele zeigen charakteristisch, wie Wolfram Bezeichnungen missversteht und dann gleichklingende Eigennamen erfindet).

4) Rolandsl. 8517: Jâ truoh ther kuninc Paligân Zwô halsperge ane. — Stricker, Karl 9449: Er was ouch ein sô starc man, Daz er sich wâfen began Mit guoten halspergen zwein, Vier hosen leite er an diu bein. — Gr. Roseng. 2084: Zweiger grôsser halsperge macht er gar ein wint Her Diethrich von Berne mit sînem guoten swert.

5) HTroj. 4737: Armysen vnd platen. — Cléomadès 11318: Li troi chevalier, et armé Brachières avoient samblans Tout troi riches et bien séans. — Seifr. Helbling XIV, 61: Bekelhûben, brâzel. — Ulr. v. d. Turl. Wilh. d. H. p. 65: So trage min nichtele hie Persit Hurtenier, brassil und kursit. (So ist mit San Marte wohl statt hurtevil und crassil zu schreiben; vgl. oben S. 31.)

6) Troj. 32526: Er sluoc in dur daz miusenier Sô tiefe in sînen linken arm.

7) Seifr. Helbl. VIII, 458: Under die ermel ûf die mûs Hât er gebunden armleder.

8) Frauend. p. 450, 18: Dô leit ich einen halsperc an Vesten, starc, lieht, wol getân, Dar über eine blatten guot; p. 262, 26: Ein starkez sper der biderbe fuort,

Ihrer Vorzüglichkeit wegen sind die hessischen Platten [1]) und die von Soissons [2]) berühmt. Identisch mit diesen Brustplatten sind wahrscheinlich die im Romane Aiol genannten „Mameles“ [3]). Auch das „Bônît“ ist eine Art Brustschutz, nicht eine Mütze wie im Mhd. Wtb. I, 222 angenommen wird. Da dasselbe von einer reichgestickten Borte umsäumt wird, so wird es wohl aus Stoff bestanden haben; jedenfalls wurde es über dem Wâpenkleit getragen [4]). Den Luxus, Krokodilshäute [5]) über der Rüstung zu tragen, konnten sich allerdings nur die Orientalen erlauben, aber wohl möglich ist es, dass auch solch ein seltenes Beutestück einmal von den Kreuzfahrern heimgebracht worden ist. — Wie die Brust so ganz besonders verwahrt wurde, sorgte man auch für einen Schutz des Leibes, da eine Verletzung desselben ja

---

Daz er ûf mîner brust verstach, Daz ez mir durch die blaten brach. — HTroj. 1404: Durch den halsperg er in stach In gein der brust vf die platen; 1409: Die plate bestunt den sper vor. — Dietr. Flucht 6596: Dâ wurden halsberge unde platen Verhouwen und verschrôten. — Crône 18198: Dar nâch an dem ende Gehôrte vür die brust ein blat. — Troj. 25854: Halsberge sich dô zarten, Die lûterbære glizzen. Die platen sich dô rizzen Und cluben sich die helme; 32266; 32274: Den halsberc und der platen blech; 39436: Im dranc dur halsberc unde platen Der stich biz ûf die blôzen hût. — Parton. 3615: Den stich mit alsô rîcher state, Daz im der halsberc und diu blate Entrennet wurden beide. — Lohengr. 4778: Und schriet im gollier unde platen, Daz sîn swert im twerhs kunt über ahsel waten, Daz houpt und ein sîn ahsel kunde enrîsen. — Ottokar v. Steier DXXXVI: Gurthosen, halsperig und swert, Chursit und platen. — Ludw. Kreuzf. 6203: Dirre im die platen gurten tet; Jener im die hosen shute an. — De Trojaensch oorlog (Blommaert, oudvl. ged. I, p. 18) 1529: Hen halp halsberch no corien Noch platen von ysere weder staen. — Godefr. de Bouillon 31434: Plates de fier laca et hiaume moult chier.

1) Titur. 5828: Die plat von Hessen riche, der halsperc von Antschowen Geworht so meisterliche, die wurden beide durch und durch gehowen.

2) Parz. 261, 26: Ze Sessûn was geslagen sîn plate.

3) Aiol 6027: Ne ostes les mameles de cel auberc doublier; 6044: Il deslacha son elme, sor le table le mist Et oste les mameles del blanc auberc treslis.

4) Parz. 570, 1: Der (gebûr) was freislîch getân. Von visches hiute truogen an Ein surkôt unt ein bônît. — Ecken liet 93, 4: Ein bônît vor meiner bruste stât, Daz vil wol durchberlet hât Diu küneginne gewære; 11: vil mänic jôchant wol getân Lît drinne und edele gesteine; 94, 1: Und menic merwunder fîn, Daz ist von golde gelenket drîn Dâ nidenân bî dem orte. Galander, sitchust, nahtegal Sint dar gewürket âne zal: Sus ist der edel borte Gezieret, der ez umbegât; 95, 1: Die zierd kan niemen abgeschaben, Wand si in golde hânt vergraben Die küneginne mære. Ein adelar dar obe swebt Von golde reht alsam er lebt. Nu genende an mich Bernære. Gewinst du mir die brünne an, Die mahtu gerne schouwen.

5) Troj. 3710: Geworht mit hôhem vlîze gar Fuorte er eine blaten drobe, Diu was gesniten wol ze lobe Ûz eines kocatrillen hût, Diu schein grüen als ein venchel krût.

nicht minder gefährlich sein konnte. Diese Rüstung für den Unterleib ist der Panzer[1]), der aber, wie es scheint, weniger von den Rittern, wie von Leichtbewaffneten benutzt wurde.

Schon oben wurde erwähnt, dass bisweilen ein Lederhemd, die Curie, unter dem Halsberc angezogen wurde. Häufig jedoch wird dasselbe auch über demselben getragen[2]). Natürlich musste man ein starkes festes Leder zu diesem Zwecke wählen; wie man später die Häute von Büffeln und Elennthieren zu den Kollern verarbeitete, wird man auch damals nicht mit leichtem Rindsleder zufrieden gewesen sein.

Fig. 13. Miniatur der Berliner Êneit-Handschrift (nach Kugler).

Die Aermel des Halsberges liefen meist in Handschuhen aus, deren innere Seite mit weichem Leder gefüttert war, während die äussere mit Ringen und Eisenblechen benäht erschien[3]). Gewöhnlich ist nur der Daumen für sich, die anderen vier Finger stecken in gemeinsamer Hülle, kurz dies Rüstungsstück hat die Form eines Fausthandschuhes. Wollte man die Hand frei machen, so zog man sie durch einen an der Handwurzel im Aermel angebrachten Schlitz und liess die Handschuhe am Aermel herabhängen. (Vgl. die Abbildung aus der Êneit in Kugler's kl. Schr. I, 42 (s. Fig. 13) und aus der Pariser Minnesingerhdschr. in v. d. Hagen's Bildersaal, XVIII, XXII). Allein man trug auch Handschuhe, die erst erforderlichen Falles an der Rüstung befestigt wurden und

---

1) HTroj. 4735: Sie hetten panzir, kollir, Krokanir(?), testir. — Ludw. Kreuzf. 3456: Ouch het der wol gemute man Under einem rocke ein panzir an; Dar under ein clein wopelin (wohl jopelîn) Niht tzu dicke, sidin. Vgl. die Räuberrüstungen in Hartmanns Erec 2348 und 3231.

2) Karl Meinet p. 55, 13: De malgen planck, dick ind cleyne; Dar up eyn kuret, dat was reyne, Up dat kuret eynen wapenrock. — Ferguut 4605: Enen halsberch sabellijn Ende daernaer ·j· curiekijn Van enen velle van serpente. Ic wane niet, dat te Bonivente Negheen so goet was te negheen tiden. — Gaydon p. 196: Sor l'auqueton qui d'or fu pointurez, Vesti l'auberc qui fors fu et serrez, Curie ot bonne, d'un cuir qui fu tennez; Cote ot moult bone.

3) Willeh. 406, 9: (ein casagân) Îser unde palmât Dâ zwischn gesteppet und genât, Zwên hantschuoh des selben dran. — Seifr. Helbl. I, 322: An sînen handen nam ich war Zweier ketenhantschuoch guot; II, 1228: Er hât an ieslîcher hant Zwên hantschuoch wol geschicket Mit îsen underspicket; III, 445. — Guiart II, 2690: Les mains garnies de plates.

die mit derselben nicht aus einem Stücke gearbeitet waren [1]). Gegen Ende des dreizehnten Jahrhunderts kommen auch mit Fischbein belegte Handschuhe auf [2]).

So war der ganze Leib aufs Beste verwahrt; es galt jetzt nur noch den Kopf gegen jeden Angriff zu sichern. Es ist bereits geschildert worden, dass am Halsberc eine Kapuze, eine Art Gugel befestigt war, die gleichfalls mit Ringen benäht oder aus Kettenwerk gefertigt war (Fig. 14). Es ist dies das Härsenier oder Hersenier [3]). Französisch wird dasselbe Coife genannt [4]), und aus diesem Worte ist

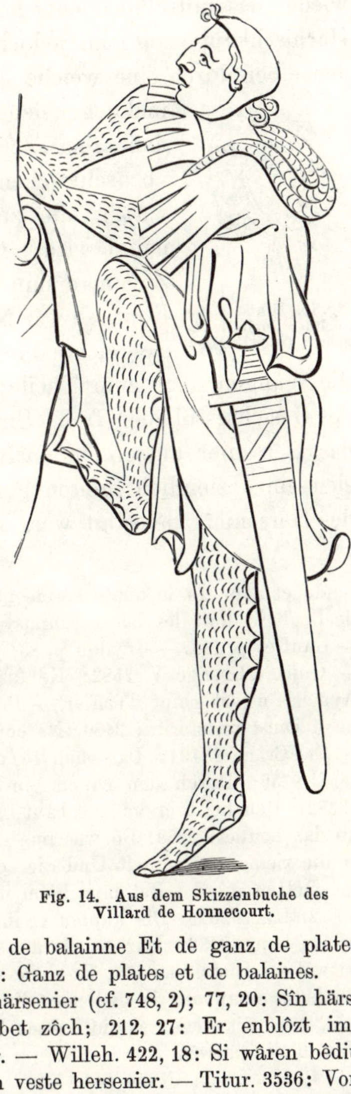

**Fig. 14. Aus dem Skizzenbuche des Villard de Honnecourt.**

1) Ottokar von Steier DXXXVI: Dieweil man im essen gab, Manikel und helm ab Al die weil man im pant. — Lod. van Velth. 1. III, c. 41: Want die gene heeft gesteken Met sinen spere an die hant Den hertoge, so dat brac tehant Die licsen, daer met was gebonden Die manicle; Daer in ginc ter stonden Dat spere tusscen in den arm Tot in de muus. — Percev. 17748: ·I· gant d'or fin a demandé Il meïsmes quant lui plaisoit. Entor son brac le keust estroit; Et si tost c'on les a cousus etc.

2) Guiart II, 4654: Les mains couvertes de balainne Et de ganz de plates clouées, En pluseurs parties trouées; II, 9369: Ganz de plates et de balaines.

3) Parz. 75, 29: Man stroufte im ab sîn härsenier (cf. 748, 2); 77, 20: Sîn härsnier eins knappen hant Wider ûf sîn houbet zôch; 212, 27: Er enblôzt imz houbet schier Von helme und von herssenier. — Willeh. 422, 18: Si wâren bêdiu dicke, Von palmât ein collier, Von stahel ein veste hersenier. — Titur. 3536: Von ringen stark gereppet ein hersnier. — Crône 7369: Er mahte sich von der betstat Und nam ze ime die sarwât Und garte sich vil schiere Unz hin zem herseniere, Dar über er den helm bant. — Meler. 6121; 10221.

4) Erec 933: Que de l'hiaume une piece tranche Res à res de la coife blanche; 971: Li hiaumes escartele toz Tranche la coife de desoz. — Parton. 9826: Et le hiaume li a trencié Trosqu'en la coife del hauberc. — Percev. 2374: Et sour la coiffe li assiet Le hiaume qui moult bien li siet; 13236: Car sa teste en (de l'hiaume) fu descouverte Fors de la coiffe seulement; 17860: Ot les las de son elme rous Issi qu'el chief n'en avoit mie Fors la coife de fer blancie. — Alix. p. 181, 1: Li coife doublière qui est à or sarcié; p. 181, 36: Que li hiaume li a

wieder das mittelhochdeutsche Coife[1]) oder Gupfe[2]) gebildet. Diese Harnischkappe zog man jedoch nicht eher über den Kopf, als bis man denselben durch eine weiche gepolsterte Mütze bedeckt hatte, die einmal gegen den Druck des schweren Herseniers schützte, dann aber auch noch einen Schwerthieb einigermassen abzuschwächen im Stande war. Es ist dies die Batwât[3]), die zuweilen auch Hut[4]) oder Coife genannt wird[5]) (afr. ganbais oder ganbison[6]); Fig. 15). Zog man nun jene Kapuze, das Hersenier, über den Kopf, so war Nacken und Haupt so ziemlich geschützt; sie reichte bis auf die Stirn herab und bedeckte auch die Wangen noch zum Theile; das Kinn jedoch und die untere Hälfte des Gesichtes blieben frei. Um auch diese nach Möglichkeit zu sichern, das Hersenier ausserdem auch fest zusammenzufassen, bediente man sich eines ziemlich breiten Panzerstreifens, der an der rechten Seite des Herseniers befestigt war, oder vielmehr in gleicher Weise wie die

Fig. 15. Miniatur der Berliner Êneit-Handschrift (nach Kugler).

fendu et copé Et le quafe ensement dont le cief ot armé; p. 361, 11: Les coifes de l'auberc dont les las a ronpus Li mist sor les épaules et li ciés remest nus. — Gaufrey p. 117. — Gaydon p. 83; p. 84; p. 123; p. 238. — Enfances Ogier 3992 ff. — Guill. d'Orenge V, 2582: Ne fust la coiffe del blanc hauberc doublier Cuens Aymeris n'eust point d'éritier. — Prise de Pampelune 998: Che l'eome ne la cufie ne li vaust un sterlin; 3480: Ne cufie ne ventaile ne li vaust rien che soit.

1) Crône 18194: Dar nâch zwên knappen oder drî, Die ime die coifen stricten; 9750: Durch den coifen ein starken schiel Sluoc er im ab dem houbet; 13382: Den helm er im abe bant, Die coifen und daz îsengewant Und sluoc im ab daz houbet; 2889: Dô was ime der halsperc An der coifen ze enge; 6649: Daz er die riemen ûf gesneit Und die coifen erlôst. — Lanc. I, 34594: Ende slogen soe metten suerde, Dat hem helm no coyfe ne stont Te staden, hine wert gewont.

2) Lanz. 3629: Die kupfen er im abe stroufte; 4208: Die kupfen er abe nam.

3) Lanz. 6432: Daz er im den helm durchbrach Ob den ringen durch die batwât. — Dietr. Fl. 6760: Er sluoc sô crefticlîchen Ûf Waten einen slac Daz sich sîn helm cloup unz in den nac. Er sluoc durch patwât und hersnier. — Rabenschl. 699: Mit slegen si die liehten helme entranden, Daz si sich muosten klieben Unz ûf die patwât.

4) Moriz von Craon 841: Einen huot truoc man im dar: Der bevienc im die stirne gar, Daz im nie kein schrunde Die hût verritzen kunde. Dannoch zôch er an mê Einen halsberc.

5) Ulr. v. d. T. Wilh. d. H. p. 65: Dyonalde trage di ysern hosen, Eygunde koifen (Druck: koufen) und hersenier. — Troj. 31458: Den jungen herren Trôilum Gevienc er in daz hersenier. Der fürste rîlich unde zier Mit der gupfen in begreif.

7) Gui de Bourg. p. 76: La coiffe li trancha del clavain qui bons fu; Se ne fust li ganbais que l'enfes ot uestu . . . Jusqu'el neu du braier l'éust tot porfandu; p. 77: La coiffe de l'auberc li rompi et faussa Et puis le ganbison, si qu'el chief le navra.

Kapuze gefertigt von derselben herabhing. So lange keine Gefahr drohte, liess man diesen Zipfel des Herseniers frei hängen; wollte man jedoch gerüstet sein, so band man ihn fest in der Art, dass der Panzer-

Fig. 16. Miniatur, publicirt von Hewitt (nach Roy, MS. 2. A. xxij. Fol. 219).

zipfel um das Kinn über den Mund fortgezogen, dann an der linken Wange hinaufgenommen und oben auf dem Kopfe mit Riemen befestigt wurde (Fig. 16). Das ist das Ventaculum (afr. ventaille, mhd. finteile).

Fig. 17. Grabmal des William Longuespée, Earl of Salisbury († 1226), in der Kathedrale zu Salisbury.

San Marte (a. a. O. S. 65) hält die Ventaille für eine Art Visier; davon kann aber, wenn wir unsre Belegstellen ins Auge fassen, gar nicht die Rede sein. Sie wird geschlossen, noch ehe man den Helm aufsetzt [1]). Man nimmt den Helm ab, bindet aber die Ventaille nicht los, sondern lässt sie bloss etwas lockern, sobald man essen will [2]); im Kampfe wird einem der Helm entrissen und dann die Ventaille erst gelöst [3]); will man freier athmen, so bindet man dieselbe los [4]), denn bei grosser

1) Durmars 10129: Cant la ventaille est bien fermée, Maintenant a chainte l'espée, Les ·ij· puceles l'aprochierent Qui son cler elme li lacierent. — Richars li biaus 2587: Clarisse li a la uentaille Lachie et son ielme li baille. — Elie de Saint-Gille 2101.

2) Durmars 10526: Son cler elme li deslacha, Del Galois vos di ge sens faille, Qu'il n'abat mie sa ventaille, Mais ·j· poi en fait deslacier, Si qu'il pora boivre et mangier, Il fait ses mains desarmer.

3) Erec 979: Erec par le hiaume le sache; À force dou chief li esrache Et la uentaille li deslace. — Rom. de la Char. 2906: Que cil par le hiaume le sache Si que trestoz les laz an tranche: La ventaille et la coiffe blanche Li abat de la teste jus; 2740: Si li fet le hiaume voler Del' chief et chéoir la vantaille. — Perc. 5880: Si comencent à deslacier Hiaumes et coifes et ventalles; 17889: Le ventalle li abatit; 35611; 41245. — Rom. de Troie 14097. — Gauvain 1178: Une chaïne a desfremée Dont il ot son elme fremé . . . (1182) Lors a après ·j· lac trenchié Dont la ventaille estoit fremée — Rich. li biaus 4067; 5298. — Cf. Rom. de Rou 13939.

4) Percev. 43154: Il fist à mervelles grant caut Et la calours tant li cousta, Que de son chief son elme osta Et sa ventalle aussi, por voir, Deslaça por vent recevoir. — Phil. Mousques 5881: S'ot cascuns lascie la ventaille Pour avoir plus de livre alainne. — Vgl. Lanz. 1383: Und swer gewæfent dar kam, Den helm er in die hant nam Und lie die vinteilen nider. — Parz 256, 5 (s. S. 45, Anm. 5).

Hitze wird man so gewappnet leicht ohnmächtig [1]); auch wenn man einem Freunde sich zu erkennen geben, ihn umarmen will, muss man sie erst aufknüpfen [2]). Dass die Ventaille den unteren Theil des Gesichtes bedeckte, geht aus anderen Stellen hervor [3]) (Fig. 17). Sie wird angebunden [4]), beim Entwaffnen losgeknüpft [5]), oder im Kampfe losgerissen [6]); an ihrem Zipfel schleppte der Sieger den Besiegten aus dem Schlachtgewühl [7]); sie muss erst dem zum Tode Verurtheilten abgezogen werden, ehe das Haupt abgeschlagen werden kann [8]).

War das Hersenier nicht mit dem Halsberc aus einem Stücke gearbeitet, sondern wurde es als besondere Kappe über den Harnisch

---

1) Alix. p. 138, 18: Par desour les ventalles se pasment li plusior.

2) Erec 4140: L'iaume amont li sozleua Et la uentaille li deslace, De ioie l'acole et embrace; cf. 3152.

3) Willeh. 408, 1: Dô kêrte der künec Cernubilê Gein dem, der wîz sô den snê Ime strîte truoc den bart, Mit der finteilen niht bewart. — Chans. d'Antioche VIII, 16: Par desseuz la ventaille perent li poil meslé. — Lanz. 4528: Daz dem degen alsô snel Bluoten begunde Zer nasen und zem munde Durch die vintâlen nider. — Crône 9744: Dem Gâwein sînen helm nam Mit einem slac, den er im sluoc, Der ûf gein dem kinne truoc Und die fintaile zekloup, Sam ez wære ein dürrer schoup, Daz ime der helm empfiel. — Chans. d'Antioche IV, 22: Son escu tint serré par devant sa ventaille. — Guill. d'Orenge V, 6314: De la ventaille li rompi la joière Tote la face li fendi par derrière.

4) Parz. 260, 12: Die finteiln er für sich pant, Gein strîter wolde füeren Den helm er mit den snüeren Eben ze sehne ructe. — Athis B 48: Man sach in zuo den zîtin Einin halsberc ane vuorin, Mit riemin und mit snuorin Gestrickit zuo den mailin An sîner fantailin, Daz sie sich mochtin nicht intlôsin. Und zwô silberwîziu hosin Gestrickit umme sîne bein. — Chans. d'Antioche VIII, 23: Puis ont des blans aubers les ventailles fermées. — Guill. d'Orenge IV, 209: Et tant vert elme, la ventaille fermée; cf. V, 4248. — Otinel p. 13: En la ventaille ot ·j · riche fressel Ffet fu de soie, d'or furent li noiel.

5) Parz. 44, 4: Si entstricte der fintâlen bant; 256, 5: Durch klage und durch den tac sô heiz Begunde netzen in der sweiz. Durch den luft von im er bant Den helm und fuort in in der hant. Er enstricte die vinteilen sîn; cf. 575, 17. — De Trojaensche oorlog (Blommaert, oudvlam. ged. I, p. 31) 2624: Ontwapennen en wilt hi heme nit Sonder vander ventalien allene. — Ferguut 4123: Hi hadde verloren die ventaelgie. — Guill. d'Orenge IV, 583: Jamès n'aura deslacié sa ventaille; V, 1905: L'elme deslace, lait la ventaille aler. — Chron. des ducs de Norm. II, 1195: N'i out chemises despoillées, Fors les ventailles deslacées; 37394.

6) Erec 979 (vgl. S. 44, Anm. 3).

7) Rom. de Troie 8513: Li dus lo prist la ventaille Por traire hors de la bataille; cf. 16169. — Li biaus desconneus 1439: Si li sace par la ventaille Le cief li desarma et la face.

8) Rom. de Troie 9717: La ventaille li deslacoent Assez vilment la demenoent; Le chief perdist sanz demorance. — Jourdains de Blaivies 1977. — Guill. de Palerne 6838: Li a le chief o la ventaille Fait voler.

angelegt, so heisst es altfranzösisch Clavain[1]). Dasselbe reicht bis über den Hals hinab und wird später, im vierzehnten Jahrhundert, noch vergrössert und heisst dann Camail[2]). Gegen das Ende des dreizehnten Jahrhunderts legte man noch einen aus Ringen oder Eisenblech gefertigten Eisenkragen zum Schutze des Halses an, die Gorgerète, Gorgière oder das Halsblech[3]).

Doch noch immer hielt man das Haupt für nicht hinreichend gesichert. Ehe man daher den Helm über das Hersenier stülpte und festband, setzte man auf die Ringkappe erst noch ein Hütlein von Eisen und bedeckte, um die Gewalt des Hiebes möglichst abzuschwächen, auch dieses mit einer Filzmütze[4]). Jene Eisenhaube heisst der Huot[5]), Helmhuot[6]), Flinshuot[7]), die Hûbe[8]), Becken-

1) Chans. d'Antioche IV, 30: Et le clavain del helme desrompre et decercler; II, 27: Les clavains lor desrompent et leur robes d'orfrois (vgl. VIII, 30); V, 19: Il vesti un clavain qui à or fu broudés Et laça un vert elme qui fu moult bien ouvrés. — Prise de Pampelune 443: Se desarma Çarllon de suen brand açerin Et d'eome e de clavein et d'aobers dopletin; 3190: De clavein e d'aubers; 3258: Li vestirent l'aubers eou clavein acerin; 3278: Esperons et jambières e l'aubers endosiés E le clavein ausi ch'estoit fort e serés. — Alix. p. 141, 32: Ne l'deffendist aubers, clavains, ne arméure. — Gui de Bourg. p. 76: La coiffe li trancha del clavain qui bons fu. — Das Caviel (Alix. p. 308, 14: Le hauberc li desront, desmalle le caviel) und die Caveche (Huon de Bord. p. 152: Ens la caveche li est Hues entré; p. 193: Le hauberc prent qui fu legiers asés Le pan deriere lassa aval coler; Ens la caveche li est Hues entrés) sind, wie mir scheint, auch mit der Coife oder dem Clavain zusammenzustellen.

2) Brun de la Montaigne 696: Il n'i avoit celui qui n'eüst jaserant, Pans et bras et escus et espée tranchant, Bacinet et camail plus cler et plus luissant De glace, de mirouer ou d'une yave courant.

3) Guiart II, 4484: Tant hauberc tante gorgerete; 5468: Gantelez, tacles et gorgières; 6503: Gorgières à mailles triées. — Apollonius 4310: ze sturme wâren sie pereit, Platen, halsplech angeleit.

4) Guill. d'Orenge V, 4820: La coife lace, puis mist le chapeler À ·xv· laz li vet Guiborc fermer, Après le fist si bien enveloper Comme chapel de feutre acoveter. Mès la ventaille ne li velt pas noer, S'il a mestier por le miex essofler Et que delivrés péust li bers aler; 6093: Ne fust l'auberc qu'il avoit endossé Et li chapiax qu'ot el chié enfeutré.

5) Erec 6988: Daz hüetelîn sim abe bant, Dô wart er im rehte erkant; 8965: Sînen helm er abe bant Und sturzt in ûf des schildes rant, Des hüetels wart sîn houbet blôz.

6) Nib. Z. p. 314, 5: Doch wundet Irinc Hagenen durch sînen helmhuot. — Biterolf 2191: Dô bant er ûf den helmhuot. — Kaiserchron. 14625: Den helmhuot er ûf ructe, Vil holtlîche er in kuste.

7) Stricker, Karl 9453: Er sazte ûf einen flinshuot Und einen vesten helm guot (vgl. Rolandsl. 8519: Einen huot unter theme helme); 10292: Durch den helm und durch den flinshuot.

8) Kudr. 518: Dô sluoc er durch die hûben des künic Hetelen man, Waten den vil küenen, daz ûz dem helme ran Daz bluot. — Lanz. 4539: Durch helm

hûbe[1]), Beckelhuot[2]), französisch bacinet[3]). Ob die Cervellière[4]) eine eigenthümlich geformte Abart jener altbekannten Haube ist, lässt sich nicht gut entscheiden. Spät genug kommt der Name vor, so dass die Erzählung, welche das Chronicon Nonantulanum zum Jahre 1250 giebt[5]), nicht absolut als unglaubwürdig zu verwerfen ist. Es wird da nämlich berichtet, dass Michael Scotus, der vertraute Astrolog des Kaisers Friedrich, die Cervellarium genannte Eisenkappe erfunden habe.

Bevor man nun den Helm aufsetzte, legte man über den Halsberc und seine Verstärkungen das Wâpenkleit oder Kursît an, einen ärmellosen Rock, der bis zu den Knieen hinabreichte, unten, vorn und hinten gleich dem Halsberc aufgeschlitzt war, um nicht beim Reiten zu geniren. Der ursprüngliche Zweck dieses Ueberwurfes war wohl der, zu verhindern, dass die Eisenrüstung durch Feuchtigkeit litt, oder durch die Sonnenstrahlen gar zu sehr erhitzt wurde[6]). In welchem Verhältniss das Kursît zum Wâpenroc steht, ist nicht recht klar. Oftmals werden beide neben einander genannt[7]), und es will fast scheinen,

---

und durch die hûben sluoc. — Biterolf 636: Dô sluoc er Welsungen Durch einen helmen rîchen Harte krefticlîchen Unz ûf ein hiubel guldîn. — Alphart 302: Durch helm und durch hûben hiu er den ritter guot Und durch des helmes spangen.

1) Troj. 31065: Sô vaste ûf den gezierten helm, Daz im des wilden fiures melm Dar ûz begunde stieben Und er sich muoste klieben Biz ûf die beckenhûbe stark, Diu dar under im verbarc Den schedel und die hirneschal; 35540: Im wart biz ûf daz hersenier Helm unde beckenhûbe entrant; 40035: Dur beckenhûben und dur helm. — Titur. 5828: Durch helm, durch beckelhouben, durch hersnier mit alle.

2) HvF. Trist. 3302: den potestat Sluoc Tristan der degen fruot Mit kreften durch den bekkelhuot.

3) Renaus de Montauban p. 431, 16: Li cercles ne li vant la montance d'un dé, Ne fust li fort bacins jà l'eüst affolé. — Huon de Bord. p. 57: Le hiaume fent, s'a le cercle copé, Le bacinet a par desus outré. — Richars li biaus 4073: La forte coife li fait trenchier, Trenche le bachinet d'achier Et branc li met en la chervielle. — Guill. d'Orenge I, 1104: Et fiert le roi (ne le velt espargnier) Parmi son heaume qui fu à or vergié, Que fleurs et pierres en a jus trébuchié; Et li trancha le mestre chapelier. La bone coiffe convient-il empoirier Que plaine paume li fent le henapier.

4) Guiart II, 1912: Sus hyaumes et sus cervelières Prennent plommés à descendre; 3443: Et fausent pluseurs cervelières; 5467: Mes hauberjons et cervelières; 11534: Fers de lance et cervelières.

5) San Marte a. a. O. 74.

6) Wolfdietr. A 573: Von harnesch wart er geblôzet, sîn cursît von im gezogen.

7) Parz. 333, 6: Sîn kursît, sîn wâpenroc, Was gehêrt mit gesteine. — Meleranz 3291: Sîn wâpenroc und sîn kursît Was tiur und rîch ân allen strît, Von einem pfellel lieht gevar; 3381: Sîn wâpenroc, sîn kursît Was ein grüener samît;

als ob das Kursît unter dem Rocke [1]) (afr. bliaus [2]), sourveste [3]), gonele [4]), cotte d'armes) [5]) getragen wurde. Gewöhnlich war, wie dies die Monumente zeigen, dieser Rock ärmellos, doch hatte man zuweilen auch Aermel, die jedoch eher beim Gebrauche der Waffen im Wege waren [6]). Es ist schon oben (S. 34) erwähnt worden, dass die Mode, über den Harnisch noch ein solches Kleid anzulegen, in den ersten Decennien des dreizehnten Jahrhunderts aufkam. Bald wurde dieser Wâpenroc nun aus den kostbarsten Seidenstoffen gefertigt [7]) und mit aller denkbaren Pracht ausgestattet. Seine Farbe entsprach der des Schildfeldes [8]); mit Gold und Seide wurden die Wappenzeichen darauf gestickt [9]) (Fig. 18); ein farbiges Unterfutter [10]), zierlich ausgezackte Kanten [11])

---

cf. 5084. 5921. — Titur. 5607: Kursit und rok der wafen. — Darifant 113: Sîn kursît inde wâfencleit Was kostenclîch geprîset.

1) Karl Meinet p. 85, 37: Verheue Dederich Bremunt Syn kuret an der stunt Ind ouch syn ouer wanbasun, Dat was van fyne pellen brun, Dar ynne eyn lewe gros van golde.

2) Percev. 18342: D'une porpre de Bonivent Broudée à or ses bliaus fu Qu'il ot sor son haubert vestu.

3) Prise de Pampelune 3258: Une sourveste où fu Macon et Apolin Vestirent sour les armes aou zampion païn; cf. 3280.

4) Chron. des ducs de Norm. II, 32785: Vestent desus les aucotons Les blans osbers soz les goneles.

5) Durmars 1276: Puis vesti sa cote a armer D'un vermel samit d'outre mer, Liepars d'or i avoit corans, Fres et clers et rescintelans; cf. 9273.

6) Lanz. 4431: An allen sîme gereite Ze einer hübscheite Fuort er sîdîn mouwen. — Frauend. p. 263, 14: Sîn sper er ritterlich verstach Und zart mir mit dem schilde sîn Den stûchen von dem röckelîn. — Alphart 402: Er (Ilsân) und sîne clôsterman eilf hundert wolgetân, Die über den liehten ringen truogen swarze kutten an.

7) Parz. 261, 6: Z'Alexandrîe in heidenschaft Was geworht ein pfellel guot, Des der fürste hôch gemuot Truoc kursît und wâpenroc. — Parton. 13540 ff.: palmâtsîden. — Crone 18205: Ein wambeis sol dar über sîn Oder ein wâfenroc sîdîn: Sô vüer er wol in ritters schîn. — HTroj. 14677: Er begunde sine colzen schun Und sinen halsberc an tun, Dar vf ein siden gewant.

8) Frauend. p. 73, 1: Mîn wâpenroc, mîn decke was Von samît grüene als ein gras: Mîn schilt, mîn helm was grüene gar Und mîniu zwelf sper grüen gevar, Mîn knehte grüen, ir pferd alsam.

9) Athis B 39: Einen wâpinroc er vuorte, Der an die wadin ruorte, Von brûnime samîte Gesnitin, von guotir wîte, Als er in tragen wolde: Von gespunninme golde Arne gnuoc dar în gewebin Vorne hinden benebin An gêrin und an sîtin. — Hirzelîn 164 (Massmann, Kaiserchr. II, 674): Ze Pâris ûf peti punt Wart tecke und wâpenroc bereit. — In der Schlacht von Gellheim tragen beide Kaiser, Albrecht wie Adolf, gelbe mit schwarzen Adlern besäete Röcke (Ottokar DCLXXXIII).

10) Frauend. p. 450, 22: Mîn wâpenroc was scharlach rôt, Gefurrirt wol, als ich gebôt, Mit einem zendâl gel gevar, Gehouwen meisterlîche gar.

11) Frauend. 260, 2: Von einem samît, der was rôt, Was sîn wâpenroc gesniten. Dar an was howen niht vermiten. Ein îsen als ein eichîn blat Der hofsch

dienten dazu, dies Kleidungsstück in den Augen der damaligen Gesellschaft noch schöner erscheinen zu lassen. Dass ein Besatz mit

**Fig. 18. Bildniss des Ritters Lazarius Gerardinus, nach der Pariser Handschrift der Genuesischen Annalen (s. MG. XVIII, Taf. III. — Die Farben sind durch die heraldischen Schraffirungen angedeutet).**

dâ mit in howen bat: Dâ mit wart er gehouwen gar; p. 451, 1: Er was vil vollecl̂ichen lanc (der roc), Sîn lenge unz ûf die erden swanc. Zwelf gêren wâren drîn gesniten Durch sîne wît nach meisters siten. Er was gezegelt über diu knie, Mit borten beidiu dort unt hie Gegetert für wâr meisterlîch; Die borten wâren koste rîch. — Das Houwen erwähnt übrigens nur Ulrich von Lichtenstein. Erst im vierzehnten Jahrhundert wurde es allgemein modern, die Kleider an den Rändern auszuzaddeln.

klingenden Schellen an dem Kleide eines Modenarren nicht fehlen durfte, versteht sich von selbst [1]), ja auch Ringe, Geschenke der Geliebten wurden recht sichtbar an ihm festgemacht [2]). Am Halse wurde er durch einen Fürspan geschlossen und über ihn dann das Schwert umgürtet [3]).

Setzte nun der Ritter noch den Helm auf, so war er mit seiner gewiss recht langwierigen und complicirten Ausrüstung endlich fertig.

**Fig. 19. Siegel des Herzogs von Oesterreich, Leopold des Tugendhaften (1177—94).**

Die Form der Helme ist in unserer Zeit, sowie überhaupt während des ganzen Mittelalters eine sehr mannigfaltige; neue, praktischere Gestaltungen dieses so bedeutungsvollen Rüstungsstückes werden er-

1) Lanz. 362: Sîn wâfenroc was rîche Von kleinen goltschellen; 4428: Des selben (saben) einen wâfenroc Fuort er und guldîn schellen dran. Er schein ein engel, niht ein man.

2) Wigamur 2019: Der ritter mit dem arnn Der fuor als ein tock: An seinem wappenrock Hing manig fingerlin. Die warn alle guldin, Vorn an und hinden, Das nymant kund finden Kain stat, die da ler war.

3) Frauend. p. 451, 9: Über den wâpenroc zehant Gurt ich ein gürtl breit als ein hant, Des porte was grüen als ein gras, Mit golde er wol beslagen was. Man sach ouch an dem buosen mîn Von gulde ein kostlîch heftelîn. — Durmars 1286: Une cainture li a cainte De soie a membres d'or ovres, Riches pieres i ot asses.

funden, aber neben diesen neuen Erzeugnissen der Waffenschmiedekunst tragen die älteren Herren noch ihre nunmehr altmodischen Helme, brauchen manche Unbemittelte, was sich bei ihren Vorfahren bewährt, was sie von denselben ererbt haben. Der ältere Helm umschliesst nicht das ganze Haupt, sondern reicht nur bis zur Stirn und lässt den Hinterkopf und Nacken gänzlich frei. Letztere waren, wie wir gesehen, durch das Hersenier gedeckt; den unteren Theil des Gesichtes bis zur Nase umschloss die Ventaille. Bloss blieben also die Augen, ein Theil der Wangen und vor allem die Nase, die am meisten exponirt war, und für die man einen Schutz jedenfalls ersinnen musste, da eine Verletzung der Nase, auch wenn sie nicht lebensgefährlich war, den Ritter doch zeitweilig unfähig machte, den Kampf fortzusetzen; zudem hatte unsere Zeit wohl auch schon so viel Schönheitssinn, dass ein Ritter lieber an jeder anderen Stelle des Gesichtes als an der Nase entstellende Wunden und Narben sich gefallen liess. So wurde an dem Reifen, welcher den Helm an seinem unteren Rande umschloss, ein festes Eisenband angeschmiedet, grade lang und breit genug, die Nase zu bedecken. Es ist dies das Nasenband (afr. nasal) [1]) (Fig. 19. 20. 21. 22). Der Helm

Fig. 20. Miniatur der Heidelberger Handschrift des Rolandsliedes (nach Kugler).

Fig. 21. Miniatur der Heidelberger Handschrift des Rolandsliedes (nach Kugler).

1) Êneit p. 244, 3: Und vorne an dem nasebant Ein gelwer adamant. — Willeh. 408, 7: Sîn helm et hete ein nasebant. — Sal. u. Mor. 4084: Er slug den heiden Dorch des helmes nasebant, Daz est yme an den czenen want. — Karl

selbst besteht aus starkem Eisenblech, wird jedoch durch feste Rippen (bouge [1]), lîsten [2]), spangen [3]), afr. cercles) [4]), die gewissermassen das Ganze zusammenhalten, noch gefestigt. Das Blech konnte man mit mächtigem Hiebe wohl spalten, aber auf der Spange sollte der Hieb sich brechen. Die Hauptspange (mestre cercles) [5]) war also die, auf deren Festigkeit das Meiste ankam, und ich denke mir, dass sie etwa von einem Ohr zum anderen über den ganzen Kopf reichte. Die Form der Helme selbst ist mannigfach genug; wir kennen conisch gestaltete, und dann liefen die Spangen oben in einer Spitze zusammen (Fig. 22); andere hatten wieder ein abgeflachtes Obertheil (Fig. 23. 24), und dann waren jene Spangen nur auf dem Wirbel zusammen-

---

Meinet p. 192, 28: Vur des helmes nasebant, Dar gaff hey Godyn eynen slach, Dat eme synre zende eyn us broch. — Troj. 9588; 26026. — Walewein 1632: Ende cloofde hem helm ende nasebant. — Perc. 27258: De l'elme trença le nasal. — Rom. de Brut 9518: Helme avoit en son cief luisant Et fu d'or li nasaus devant. — Rom. de la Char. 7079: Que le nasal li hurte as danz, Que trois l'en a brisiez dedanz. — Alix. p. 427, 30: Par le nasal de l'elme fu Macabrins saisis. — Gaufrey p. 104: U nasel de dessus avoit une topache. — Guill. d'Orenge I, 1030: Et fiert Guillaume par tel dévision Que le nasal et l'eaume li derront, Tranche la coiffe de l'auberc fremillon. — Enfances Ogier 2795: Le nasal fist dou hiaume departir. — Aiol 3302: Par le nasal del elme le ua saisir; 10816: Contre cheval l'en meine par le nasal a destre.

1) Kudr. 519: Er sluoc den wilden Hagenen, daz von des helmes bouge Daz swert sêr erglaste; 1423: Sich bugen swertes ecke von ir handen ûf den helmbougen.

2) Biter. 2154: Siben helmelîsten ganz In heten umbevangen. — Alphart 300: Al die wîl diu lîste in dem helme lac Und si von swertes ecke het gewunnen keinen slac; 301: Er sluoc im durchz gebende, daz ez (daz swert) ûf der lîste erwant.

3) Dietr. Fl. 8890: Manec stælîniu spange Sach man ûf helmen bresten. — Alph. 302: Durch des helmes spangen. — Ortnit 180: Der helm was umbespenget.

4) Percev. 11415: Et parmi les elmes se fièrent Que les ciercles en détrencièrent; 44191: Que li escu sont desbouclé Et li fort elme deschiercié. — Rom. de Brut 9520: Et d'or li chercles environ. — Alix. p. 359, 36: È l'ciercle de son elme sunt moult cler li esmail. — Huon de Bord. p. 57: Le hiaume fent, s'a le cercle copé. — Durmars 3547: Li cercles de lor elmes froissent. — Auberi p. 182, 12: Li hiaume ploie e li cercles d'or fin. — Prise de Pampelune 3283: Un eome ad or cerclés.

5) Gui de Bourg. p. 76: Merveillous cop li done desor le hiaume agu Amont es maistre quares (bares ?), qui à or fu batu; La coiffe li trencha. — Aiol 7709: Que les le maistre bare a le cercle trenchie. — Enfances Ogier 3992: Et li Danois le referi arrier Un si grant coup desor le hiaume chier Que le fort cercle li a fait depecier; Ne fust la coife etc. — Gaydon p. 84: Et fiert Haton sor son elme gemmé, Pierres et flors en a jus craventé. Le maistre cercle li a par mi copé, La coiffe tranche dou bon hauberc saffré.

genietet[1]). Es ist dies, wie gesagt, die ältere Art von Helmen, sie werden allmälig von den praktischeren Topfhelmen verdrängt oder vielmehr auch dann noch als Eisenkappen, nun aber ohne Nasenband,

Fig. 22. Siegel des Raoul de Garlande 1160.

Fig. 23. Siegel des Thibaud, Grafen von der Champagne 1198.

Fig. 24. Siegel Philipps von Elsass, Grafen von Flandern 1181.

beibehalten und mit dem zweiten modernen Helme nur überdeckt. Die Helme mit dem Nasenbande wurden einfach auf das Hersenier gesetzt und konnten schon aus diesem Grunde weniger Schutz bieten, waren dafür aber auch leichter und bequemer.

Eine bedeutende Verbesserung der Construction des Helmes war die Erfindung der Barbiere[2]). Das Nasenband liess immer noch

1) Alix. p. 201, 5: Maint elmes enbarés et reons et agus; p. 41, 18: ·I· elme de haut cuig li est è l'cief fermés; p. 150, 10: Li agus de son elme est è l'pré ficiés; p. 159, 7: Que le quin de son elme fait en tière ficier; cf. p. 163, 28. — Gui de Bourg. p. 76: le hiaume agu. — Rom. de Troie 14007: Porquant cil fiert ès hialme agu. — Amis et Amiles 370: Les vers elmes aguz; 212: Lacent elmes reons. — Elie de Saint-Gille 757: Vait ferir le paien desor son elme agu.

2) Parz. 155, 7: Dâ der helm unt diu barbier sich locheten ob dem härsnier, Durchz ouge in sneit dez gabylôt; 265, 27 ff.; 597, 30: Gâwân ruort in anderswâ, Durch die barbiere. — Willeh. 408, 5: Heimrîch was undern ougen blôz: Diu barbier ez niht umbeslôz. — Lanz. 4528: Des wart der küene Iweret Geslagen durch sîn barbel Daz dem degen alsô snel Bluoten begunde Zer nasen und zem munde Durch die vintâlen nider. — Athis B 56: Und einen helm (der verre schein) Von spiegelbrûnin stâle Mit manigim goltmâle (Die sich dâ verre wîstin) Gezierit an den lîstin Unde an dem barbiere; E 102: Sîn helm brûnlûtir, stâlin, Mit lîsten wol gezierit Und vaste gebarbierit Vur d'ougin unde vurz antliz: Nâch der aldin sitin spiz, Als sie phlâgin bî den tagin. — Parton. 12560: Er stuont gewâpent an der stete Und sach si durch die barbel. — Troj. 32424: Daz er den ungefüegen schaft An sînem kophe dâ zercloup Und sich ein langiu spitze schoup Dur sînes helmes barbier: Dâ von der hübesche betschilier Ein ouge von dem stiche Verlôs dâ snellecliche. — Chast. de Couci 1345: Qu'es barbieres se sont ataint; 1649: Tout droit par devant la lumiere Un poi deseure la barbiere; 3326: Elme barbiere et escus Li fu depanés et derous. — Chev. a le mance 378: Pour le ruiste cop que il eut Desous le hiaume en la barbiere.

Fig. 25. Siegel Arthurs, Herzogs der Bretagne 1202.

die Wangen frei; dadurch, dass man nun die Platte, welche ehedem nur die Nase allein bedeckte, so viel breiter machte, dass sie das ganze vom Hersenier nicht beschützte Gesicht schirmte, erreichte man eine grössere Sicherheit. Allerdings war jetzt auch das Auge verdeckt und man musste Augenlöcher (venster, afr. ueillière) [1]) in dem Helm ausschneiden, auch kleine Luftlöcher in dem Gesichtsschirme anbringen. Diese Helmform finden wir schon auf dem Siegel des österreichischen Herzogs Friedrich des Katholischen (1194—98) vom Jahre 1196 (s. Sava, a. a. O. p. 253). Demay weist sie schon 1193 auf dem Siegel des Matthieu de Montmorency nach und bildet Taf. IX, 41. 42 die Siegel des Louis de Blois (1201) und Arthurs I. Herzogs der Bretagne (1202) ab (Costume de Guerre p. 19. 20; vgl. Fig. 25. 26).

Fig. 26. Siegel von Louis, Grafen von Blois 1201.

Bald vergrösserte man den Helm auch, indem man ihn tiefer am Nacken hinabreichen liess (Fig. 27); vorn wurde er bis über die Augen gerückt und war deshalb mit Augen-

Fig. 27. Siegel des Amauri de Craon 1223.

1) Frauend. p. 219, 29: Wan ich im nâch dem willen mîn Daz sper dâ durch den helm sîn Ob den venstern verre stach. — Ortnit 317: Dô er durch helmes venster den œheim ob im sach. — Karl Meinet p. 56, 60: Ind sach do weder schere Durch des helmes (Druck: hemels) lumenere; p. 60, 35: Stach Kayphas in de lumynere, Dat vinster ouge hey eme geracht; cf. p. 197, 40. — Ferguut 4759: In die limieren van den helme; 5357: Ende geraecten in die limiere. — Gaufrey p. 108: Par l'euillière du hiaume est li achier coulés Que le destre oeil li fu en la teste crevés. — Richars li biaus 5138: Richars la soye (lance) li a mise De l'hyaume tout par mi l'ueilliere, Tout estendu l'abat arriere. — Guil. Brito, Philipp. XI (Duchesne V, 235): In cerebrum casu ferrum subulare recipit, Incertum cuius dextra impingente, fenestras Per galeae medias, quibus est ocularia nomen, Per quas admittit ocularis popula lumen. — Chron. Joh. de Oxenedes 1217: Cuius quidam Anglicus ocularium perfodit et cerebrum effudit.

löchern versehen; die Barbiere hängt nicht mehr mit dem eigentlichen Helme zusammen, sondern bildet wie das Visier der spätmittelalterlichen Helme ein Rüststück für sich, das hier wohl mit Schnüren festgebunden wurde, sich dicht an den Helm anschloss und das ganze

Fig. 28. Fig. 29.
Siegel des Prinzen Louis, des Sohnes von Philipp August, 1214.

Gesicht bis zum Kinn herab umschloss; mit Luftlöchern war es natürlich versehen (Fig. 28. 29. 30. 31. 32). Diese Helmform (casque dit de Philippe Auguste) kommt nach Demay zuerst 1214 auf dem Siegel des Prinzen Louis, des Sohnes von Philipp August (Taf. III, 8;

Fig. 30. Siegel des Robert d' Artois 1237. Fig. 31. Siegel des Gaucher de Joigny 1211.

Taf. IX, 38), dann 1217 auf dem Siegel des Guillaume de Chauvigny (Taf. IX, 37) vor. Sehr deutlich ist sie in den Miniaturen der Berliner Êneithandschrift (abg. Kugler, kl. Schr. I, p. 44; vgl. Fig. 33) dargestellt, deren Entstehungszeit durch vorstehende Bemerkungen vielleicht noch sicherer fixirt werden kann.

Der Topfhelm oder das Helmfass[1]) scheint erst nach 1217 allgemeiner zur Anwendung zu kommen. Jetzt reicht der Helm vorn bis über das Kinn, hinten bis zu dem Nacken (Fig. 34. 35), und ist aus

Fig. 32. Siegel des Roger de Quinci, Earl of Winchester (1219—64).

Fig. 33. Miniatur der Berliner Ėneit-Handschrift (nach Kugler).

1) Rolandsl. 4304: Thie ire wole gezierten helmvaz. — Nib. Z. p. 281, 4: sô wirt hie helmevaz Mit swerten verrücket von der mînen hant; p. 248, 5: diu liehten helmvaz. — Cf. Biterolf 1601; 12675. — Ottokar von Steier CCLXXIII: Wan ich in meiner platten In meinem helmvazz pin. — Cf. Lanz. 5320: Und sich von den slegen bouc Ir ietweders stahelvaz.

einem Stück geschmiedet, wie ein Topf gestaltet, mit flacher Decke, am Gesicht etwas ausgebogen, mit Augen- und Luftlöchern versehen (Fig. 36. 37). Er wird über das Hersenier und die sonstige Kopfbewehrung einfach gestürzt. Erst um 1267 wird er an seinem Obertheil wieder verjüngt (Fig. 38) und gegen 1289 erhält er eine sphärisch gestaltete Kuppe, die dann auch das ganze Mittelalter hindurch im Gebrauch bleibt; während nämlich die flachen Helme leicht mit dem Schwerte zertrümmert werden konnten, glitt der Hieb eher von der runden Kuppe ab.

Fig. 34. Siegel des Guillaume de Chauvigny 1217.

Der Helm war aus festem Eisen- oder Stahlblech geschmiedet, das zusammengenietet[1]) wurde und, wie schon geschildert, durch starke Eisenschienen einen noch grösseren Halt erhielt. Trotz-

Fig. 35. Siegel des Herzogs von Oesterreich, Leopold des Glorreichen (kommt 1208—27 vor).

dem bog es sich doch, wenn der Gegner mit voller Kraft des Lanzenstosses anprallte[2]).

1) Merangis p. 191: Font des hyaumes voler les clox.

2) Parton. 20032: Ouch hete er in gestochen nider Mit der lanzen stähelîn An den helm, daz er sich în Bouc ûf sîn antlitze klâr. — Lancel. I, 38911: Van den slegen, die sie slogen, Haer helme daer inward bogen. — Auberi p. 182, 12: Li hiaume ploie et li cercles d'or fin.

Welche Art von Helmen die Dichter bei ihren Schilderungen im Auge haben, ist selten genug mit Bestimmtheit zu ermitteln. Wir müssen dies dahingestellt sein lassen und wollen uns begnügen mitzutheilen, was sie über den Schmuck des Helmes uns überliefert haben.

**Fig. 36. Siegel des Jean de Brienne 1288.**

**Fig. 37. Siegel des Thierri de Maldeghem 1226.**

**Fig. 38. Siegel des Pierre, Grafen von Alençon 1271.**

Da erfahren wir denn, dass oft der Helm mit Edelsteinen besetzt war[1]), dass vor allem das Nasenband so verziert wurde[2]). Andere Helme haben einen Streifen, auf welchem eine Inschrift zu lesen ist[3]). So schildert uns der Pfaffe Konrad (Rolandslied 3291) den Helm des Roland: „Ther helm hiez Venerant, Then ther helet ûf bant, Mit golde beworhten, Then thie heithenen harte vorhten. Mit guldînen buohstaven Was an there lîsten ergraven: Elliu werelt wâfen Thie muozen mih maget lâzen. Wil thu mih gewinnen, Thu fuorest scathen hinnen"[4]). Spiegelblank musste der Stahl leuchten[5]); oft wurde der Helm auch noch vergoldet[6]) und bunt bemalt[7]). Gewöhnlich wieder-

1) Êneit p. 160, 8: Diu lîste und daz halsbant Daz was wil wol gesteinet golt. — Percev. 27253: En l'elme vert jemé. — Auberi p. 229, 5: L'iaume qui est a or gemme.

2) S. S. 51, Anm. 1.

3) Titur. 1650: Und stunt ouch sunder in dem helm ergraben Mit gesmiltze wehe franzois und heidenisch buchstaben. — Chans. d'Antioche V, 20: Et laça un vert elme qui fu moult bien ouvrés. Li cercles en fu d'or menuement letres. — Cf. Alix. p. 359, 36: È l'ciercle de son elme sunt mult cler li esmal.

4) Stricker, Karl 4033.

5) Êneit p. 159, 38: Her was lieht und wol getân, Brûn lûter als ein glas. — Willeh. 22, 26: Von rubîn ein krône Ûf sînem liehten helme was. — Athis B 56 ff.; E 102. — Li biaus desconneus 5401: Son elme lacé bel et cler. — Guiart I, 6882: Hyaumes et bacinez reluire.

6) Erec 2138: Maint hiaume d'or et maint d'acier. Tant uert hiaume et tant uermeil Reluire contre le soleil, Tant blazon et tant hiaume blanc. — Blancandin 1812: De son elme sont d'or li merc; 1195: Et a lacié un elme brun; Ains ne veïstes millor un. Li cercles en est merveilleus; D'or ert à brames precieus. — Auberi p. 222, 4: Sus l'iaume a or batu; p. 228, 7: Grant cop li done sus son hiaume d'or mier. — Durmars 10041: Sor son chief a elme dore Tot freschement enlumine; 1298: Et par deseure la ventaille Li ont fait lacier et fermer ·I· helme fort et dur et cler Qui freschement fu toz dores.

7) Anelier, Guerre de Navarre 2335: Ab los elmes pintatz. — Meler. 5938: sîn helmes dach Daz was sô grüen.

holte man dann die Farben des Schildes auf dem Helme [1]); es scheint jedoch, als ob man auch Wappenbilder auf denselben malte [2]), wie auf dem berühmten Émail-Portrait des Gottfried Plantagenet im Museum zu Le Mans der Helm mit einem darauf gemalten Löwen verziert ist (s. Quicherat, Hist. du Costume p. 58) (Fig. 39, vgl. Fig. 24). Auch einfach gestreifte Helme werden öfter erwähnt [3]) (Fig. 40, cf. Fig. 34).

Die Sitte, auf dem Helm noch besondere Zieraten zu befestigen, scheint ziemlich alt, wenn sie sich auch auf den Denkmälern erst spät nachweisen lässt. Der Helm des Aeneas, welchen Heinrich von Veldeke schildert, ist an der Spitze nur mit einer goldnen Blume verziert [4]). Aber schon auf die altmodischen Helme mit den Nasenbändern wurden Wappenzeichen gebunden, so ist auf dem Helme des Artus ein Drache angebracht [5]).

Fig. 39. Émail-Bild des Gottfried Plantagenet. Im Museum von Le Mans.

1) Wigal. p. 102, 33: Sîn helm der was rîche Vil harte höveschlîche Mit rôten keln bedecket; Dar umbe was gestrecket Ein strieme wîz härmîn. — Frauendienst p. 277, 22: Des helm, schilt, decke und wâpenroc Was geschæchet blâ unt golt. — Biterolf 2803: Iuwers helmes varwe ist niht enein, Diu ist von vier stücken gar: Lâsûrblâ und silbervar, Daz ein teil swarz als ein kol, Daz stêt gên der blenke wol; Daz vierde rôt alsam ein bluot Von rôtem golde harte guot. — Vgl. die Miniaturen der Weingarter Liederhandschrift (Facsimiles in der Ausgabe von Franz Pfeiffer, Stuttg. 1843).

2) Enfances Ogier 3783: Et li hiaume riche, bien paint à fleurs de lis. — Cléomadès 11321: Et hiaumes d'un samblant aussi Paint d'armes Blespatri Qui erent d'or à trois corneilles Noires.

3) Renaus de Mont. p. 71, 1: Les hiaumes vergiés. — Auberi p. 230, 15.

4) Êneit p. 160, 4: Dâ stunt ein blûme obene Von dorchslagenem golde.

5) Rom. de Brut 9518: Helme avoit en son cief luisant Et fu d'or li nasaus devant Et d'or li chercles environ, En som ot portrait un dragon. — Cf. Blan-

Später im Laufe des dreizehnten Jahrhunderts fand diese neue Mode immer mehr Beifall; es gehörte gradezu zur rechten Ausrüstung eines Ritters, dass er auf seinen Helm ein solches Schmuckstück, gewöhnlich die Hauptfigur seines Wappens, aufbinden liess [1]). Phantastische Bilder wurden da oft mit besonderer Vorliebe gewählt [2]). Man nannte diesen Helmschmuck Zimier (afr. cimier, timbre) [3]), und die Dichter wissen beredt dessen Schönheit und Kostbarkeit zu beschreiben. Da sollen die Kronen von Golde sein, mit edelen Steinen besetzt, die Figuren aus Gold oder Silber gebildet, u. s. w. [4]). Ist es nun schon an und für sich unwahrscheinlich, dass man zum Turnier oder gar zum ernsten Kampfe so kostbare Zieraten anlegte, die ja, wie uns die Dichter auch bestätigen, bei dem ersten Waffengange zerhauen wurden [5]), so wäre es schon ihrer Schwere wegen nicht praktisch gewesen, aus Metall diese Figuren herzustellen. Sie bestanden gewöhnlich wohl nur aus Holz oder aus Pergament (Hewitt, a. a. O. I, 347), waren aber schönstens bemalt oder vergoldet. Merkwürdig erscheint es, dass diese Zimiere so selten auf älteren Denkmälern abgebildet werden. Das älteste Monument

Fig. 40. Siegel des Jean d'Axel 1226.

---

candin 4091: Li elmes fu d'un vert acier, Ains ne veïstes nul plus cier. Les pierres qui sunt u nasal, Valent le fief d'un amiral. Li pumiaus et l'aigle enson Furent de l'oeuvre Salemon. Cil furent bien ·lx· et troi Qui ont Alimodes le roi Fremé par deseur la ventaille, Car il ira en la bataille.

1) Parz. 262, 4: Ûf des schilde vander Einen trachen als er lebte. Ein ander trache strebte Ûf sîme helme gebunden. — Erec 2335: Sînen helm gezieret schône: Ein engel ûz einer krône Von golde geworht schein. — Wigal. p. 51, 38: Einen helm er im ûf bant, Dar ûf ein rat von golde gie; Daz wâfen minnet der rîter ie; p. 102, 38: Obene was gestecket drîn Ein schüzzel von golde, Dâ bî man wizzen solde, Daz er truhsæze was; p. 62, 25: Sîn helm der was gezieret Mit einem swanen härmîn, Snabel und füeze guldîn. — Schwanritter 890: Man sach den ritter wol getân Des swanen houbet mit dem cragen Ûf sîme glanzen helme tragen. — Meleranz 3297: Sînen helm truoc man im dar: Swer des wolde nemen war, Dar ûf was gebunden An den selben stunden, Swer daz wolde schouwen, Eins ritters arm und einer frouwen; 3339: Ein arm was rôt, der ander blâ, Die hende wîz, ouch sach man dâ An ieclîchm vingr ein vingerlîn Von golt. — Ecken liet p. 165, 4: Einen helm er ûfe truoc, Der was fîn und schœne genuoc, Ein krône drûf gebunden. — Wilh. v. Wenden 3576: Ietweder sît zwei venelîn Mit dem zeichen guldîn Wîz man ûf ir helme bant.

2) San Marte a. a. O. 78.

3) Troj. 29686: Diu zimier ûf gebunden Dô wâren al gemeine.

4) Ottokar v. Steier DCLXXXI: Von silber und golt Ward auf helm gepunden Manic chlainat zu den stunden: Visch, vogeln, tiern geleich.

5) Z. B. Huon de Bord. p. 51: Amont sor l'elme li a grant cop donné, Pierres et flors en a jus craventé.

dürfte das von Hewitt auf dem Titelblatte des ersten Bandes seines schon oft genannten Buches abgebildete zweite grosse Siegel des Königs Richard Löwenherz sein (Fig. 41). Auf den Miniaturen der Berliner Êneithandschrift (s. Kugler, kl. Schr. I, 44) sind sie vielfach dargestellt. Demay bildet dann Taf. XXIII, 155 das Siegel des Matthieu de Montmorency von 1224 ab; auf dem Helme ist ein Pfauenkopf befestigt. Einen Adler auf dem Helme führt 1253 der Herzog Konrad II.

Fig. 41. Siegel des Königs Richard I. Löwenherz.

von Glogau (A. Schultz, schles. Siegel, T. II, 14). In der zweiten Hälfte des dreizehnten Jahrhunderts wird der Gebrauch der Helmzierat häufiger (Fig. 42. 43. 44. 45) und erhält sich dann, selbst als man in der Praxis von den gewiss nur lästigen Schmuckstücken keinen Gebrauch mehr machte, wenigstens als heraldisches Abzeichen. Oft trug man auch Federbüsche auf dem Helme (Fig. 46). Ulrich von Lichtenstein erzählt von einem Ritter (p. 482, 23), dass „Ûf sînem helme der biderbe truoc Ein kranz von gansvedern wîz“; gewöhnlich nahm man aber die schönen Pfauenfedern zu diesem Zwecke [1]). Befestigt werden die Federn mit einer Binde; aber dieselbe hätte ja an dem glatten Stahlhelme nicht gehaftet, und so war eine Art Tülle von

Fig. 42. Siegel des Matthieu de Montmorency 1224. Fig. 43. Siegel des Matthieu de Beauvoir 1260.

Fig. 44. Siegel des Roger de Quinci, Earl of Winchester, 1219—64.

1) Gaydon p. 286: Et sor son elme la coe d'un paon. — Frauend. p. 170, 27: Dar umb von federn was ein kranz, Die vedern wâren geslizen abe; Dar an gehangen rîchiu habe Von silber bletter harte vil. Gebunden was ein ieslîch kil Von pfâbesvedern ein koste guot; cf. p. 485, 19 ff.

Metall, etwa in Form einer ausgezackten Krone, zunächst auf dem Helme festgebunden [1]). In die Zacken wurden die Federn eingesteckt, die Tülle selbst mit einem ausgezackten Tuche umwunden, dessen Enden über den Helm herabfielen [2]).

**Fig. 45. Siegel Albrechts von Oesterreich 1280. 1281.**

Die Wæle mit San Marte (S. 78) für gleichbedeutend mit Velum, Rîse zu erklären, kann ich mich nicht entschliessen. Ausdrücklich heisst es, dass sie von Golde gefertigt sei und wie ein Schleier so gelegt werden kann, dass sie Spitzen (orte) bildet, in welche Büsche

---

1) Frauend. p. 259, 27: Ein rûsch von pfânsvedern guot Fuort ûf dem helm der hôchgemuot . . . (30) Diu rûsch was wol ellen hôch, Gebunden ûf den helm sîn Mit einer rîsen guot sîdîn.

2) Frauend. p. 296, 1: Ein wæl von golde rôt Gebunden was mit snüeren vil guot gar sîdîn. Diu wæl gab dâ vil liehten schîn; Si was geworht meisterlîch. An ieslîch ort ein kaste rîch Von pfânsvedern, der was guot, Gebunden was durch hôhen muot. Die wæle was gevalden wol: Ieslîch valde bleter vol Was von golde; p. 451, 26: Den helm ich ze houbet bant; Der was gezimirt wüneclîch Mit einer wæl von golde rîch, Die sach man vil wol geortert sîn. Diu wæl stuont ûf dem helme mîn, Darumb ein kranz von scharlach gie Zerhowen vil wol dort und hie; (p. 452, 1) Die zegel wârn ze rehte lanc: Ir lenge unz ûf diu venster (die Augenlöcher) swanc, Diu wol mit valden was behuot. An islîch ort ein koste guot Von pfânsvedern gebunden was.

aus Seide [1]) und sind am Halse festgeknotet, so dass man durch einen geschickten Stoss mit der Lanze, der den Gegner grade unter dem Kinnbein traf, die Helmstricke nicht allein zersprengen [2]), sondern auch den Helm abreissen und ihn auf der Lanzenspitze entführen konnte [3]). Diese gefährdete Stelle wurde deshalb besonders noch mit dem Schilde gedeckt [4]). Später befestigte man den Helm mit kleinen Ketten [5]), die wenigstens doch nicht so leicht als die Seidenschnüre zerrissen.

Die Rüstung des Ritters war nun vollendet; vom Kopfe bis zum Fusse war er mit Eisen umgeben. Ein solcher Anzug, zumal das Hauptstück desselben, der Halsberc, war sehr theuer [6]). Von der Rüstung des Ortnit (112) heist es: „Funfzic tûsent marc geltes ist diu brünne wert"; sie wird später von Wolfdietrich erworben und von ihm dem Kloster Tischen (Dijon?) in Burgund, in dem er als Mönch seine letzten Jahre lebt, vermacht. Dort erkauft sie für 50000 Mark die Königin Sêburc

---

sluoger Volkêre, daz im diu helmbant Stuben allenthalben zuo des sales want — Parton. 8826: Vnd zu sluc im die riemen gare, Dâ der helm mite gebunden was.

1) Êneit p. 160, 16: Die snûre wâren sîde, Dâ mite man in ane bant. — Parz. 443, 21: Einen helm er in der hende Fuorte, des gebende Wâren snüere sîdîn. — Ortnit 181: Sîn rieme was ein borte, Den helm er ûf gebant. — Alix. p. 41, 19: À las d'or et de soie ataciés et noés. — Gui de Nant. p. 31: Puis li lachent ·j· hiaume, dont li cherclez (Druck: cheicles) luist cler; À boutons jaserans li ont fait bien fermer. — Vgl. vdHagen, Bildersaal, T. VIII. XIII. XV etc.

2) Parz. 444, 19: Daz sîn tjost als eben fuor Reht in den stric der helmsnuor. Er traf in dâ man hæht den schilt, Sô man ritterschefte spilt; cf. 597, 28.—Parton. 5728: Den (helm) traf er mit dem swerte Sô vaste, daz er viures blic Dar ûz brâhte und im der stric Der riemen wart entknuphet. — Schwanritter 974: Der Sahse wart gestochen hin Dâ man den helm dô stricket. — Troj. 36220: Dâ man den helm dâ knüpfet Traf in der stolze degen zier Und schriet im abe dem collier Enzwei der bintriemen stric; 39493: Sô sêre an sînen kragen her Dô man den helm dâ stricket; cf. 34539.

3) Parz. 598, 4: An den kurzen starken sper Den helm enpfienc hêr Gâwân: Hin reit der helm, hie lac der man. — Frauend. p. 269, 2: Daz man mir von dem houbet stach Für wâr drîstunt den helm mîn, Den ich mit snüeren doch sîdîn Ûf gebunden het vil wol, Als man die helme binden sol. — Troj. 31438: Dem ellentrîchen Trôilô Wart sîn helm gestochen abe.

4) Parz. 444, 21 (s. Anm. 2).— Willeh. 422, 15: Schoyûse wart geswenket, Dâ der schilt was gehenket Bî des helmes snüere stricke. — Frauend. p. 261, 9: Dâ schilt und helm zesamen gât Und dâ den hals daz collir hât Beslozen, dâ traf in mîn hant. — Chans. d'Antioche IV, 22: Son escu tint serré par devant sa ventaille.

5) Virginal 348, 4: Den helm er ûz der keten slôz; 821, 5: Der helm im an der keten erklanc. — Ottokar von Steier DCLXXXIV: An der cheten er den helm furt. — Gauvain 1178: Une chaïne a desfreméc Dont il ot son elme fremé.

6) HTroj. 7398: Den halsberg, den er furte an, Der was maniger marke wert. — Chron. des ducs de Norm. II, 28480: Mais le haubert, le bel, le gent Qui les deus peis valeit d'argent. — Blancandin 1194: Miex vaut la broigne d'un tresor.

und schenkt sie an Ecke (Ecken liet 21, 22). Fünfzigtausend Mark würden etwa zwei Millionen Reichsmark entsprechen. Man verwahrte ein so kostbares Besitzthum denn auch sorgfältig und verpackte es in lederne Säcke (sarbalc), um es gegen Rost zu sichern [1]).

Dass eine solche Rüstung angenehm zu tragen war, dürfen wir wohl bezweifeln. Ihre beste und gepriesenste Eigenschaft war neben der Festigkeit die Leichtigkeit [2]); man sollte sich in ihr so ungezwungen bewegen können wie in einem leinenen Hemde [3]). Aber das war doch wohl ein Ideal, das selten genug erreicht wurde; schon die Menge der gepolsterten Unterkleider musste jede Bewegung erschweren. Im Kampfe bricht bald der Schweiss hervor und dringt selbst durch den Ringpanzer [4]); der Helm und das Hersenier verstopfen fast ganz das Ohr: ein so Geharnischter hört und sieht nur sehr schwer [5]). Auch musste die Hitze unter dem Helme bei warmem Wetter bald erstickend werden [6]); es gehörte die Gewöhnung von frühester Jugend dazu, überhaupt nur auf einige Zeit diese beengende Rüstung tragen zu können. Sobald es daher angeht, nimmt man deshalb wenigstens den Helm ab und streift das Hersenier zurück [7]). So lange man noch zu Pferde

---

1) Wigal. 158, 7: Diu frouwe hiez entsliezen Den sarbalc, dâ er inne lac, Dô schutte man in ûz an den tac. — Chron. des Ducs de Norm. II, 22284: Les osberc traient des forreiaus, Blans e rollez e janz e biaus, Vestent les sus les aucotons De cendaus freis e d'amituns (?).

2) Durmars 1271: Un blanc hauberc molt bien seant, Fort et ligier de bone maille.

3) Êneit p. 159, 10: Her was vast und scône gnûch, Lieht von vil gûtem werke, Daz in mit lîhter sterke Ein man mohte an gefûren Und sich drinne wol berûren, Als in [einem] lînînem gewant.

4) Engelh. 4368: Fleckeht als ein hinden kalp Von sweize wart ir harnasch. — Alphart 209: Dô dructen in die ringe, dem helde wart sô heiz, Daz im ûf der heide grüene Durch die ringe dranc der sweiz.

5) Erec 4157: Des gehôrte er noch gesach so wol Ûz der îsenwæte, Als er blôzer tæte. — Engelh. 4934: Und im verrucket wart der helm Sô vaste, daz er niht ensach.

6) Albertus Argentinensis berichtet von der Schlacht von Gellheim (Juli 1298): Ipsisque aggredientibus, multisque hinc inde occisis et prae calore extinctis, inter quos Otto dominus de Ochsenstein, vexillifer Alberti, et Ludovicus Monachi, pater valentis Petri custodis Lutenbacensis, cum aliis calore sunt extincti.

7) Erec 8965: Sînen helm er abe bant Und sturzt in ûf des schildes rant. — Wigal. p. 15, 29: Sînen helm er abe bant Und sazt in ûf den satelbogen. — Meler. 6090: Ietweder sîn helm abe bant, Ouch lôsten ûf diu härsenier Durch den luft die helde fier. — Percev. 12996: Cadors ne r'est pas desarmés Fors itant qu'il avoit osté Son elme, si l'avoit geté Sor ses espaules, car li caus Ert grant. — Doon p. 131: Lors a son hiaume osté, sans plus de demourée Et le pent à l'archon de la sele dorée; Sa ventaille a du tout deslachié et ostée, Sus ses espaules a sa coife arier getée. — Vgl. Joinville 243.

sass, liess sich die Rüstung wohl noch ertragen, und im Kampfe sattellos gemacht, musste man eben der gebieterischen Nothwendigkeit folgen, aufspringen und um seine Ehre oder sein Leben weiter ringen. Da mochte die Aufregung auch noch Kraft dazu verleihen; aber in der Rüstung eine längere Strecke zu Fusse zurückzulegen, hielt selbst ein kräftiger, erprobter Ritter für unmöglich [1]). Die Rüstung wurde deshalb in der Regel erst dann angelegt, wenn die Aussicht auf einen feindlichen Angriff das erheischte; im Hause, zum blossen Putz dieselbe zu tragen, fiel niemandem ein, und so wenig unsre Officiere in feldmässiger Ausrüstung in Gesellschaft erscheinen, ebenso wenig zeigten sich in Friedenszeiten, im Kreise der Freunde die Ritter von Kopf bis zu Fusse geharnischt.

Schon das Anlegen der Rüstung war sehr mühsam. Da mussten eine Menge Riemen, zumal an den Hosen, geknüpft werden, und das konnte der Ritter selbst nicht machen: er bedurfte beim Ankleiden wie beim Ausziehen der Hülfe. Nur ausnahmsweise wird uns erzählt, wie ein Held allein damit zu Stande kam [2]); für gewöhnlich wird er von seinen Knappen [3]) oder, was die Dichter mit besondrer Vorliebe schildern, von schönen Mädchen oder Frauen unterstützt [4]). Es will

---

1) Iwein 776: Mîn harnasch was ze swære, Daz ichz niht gênde enmohte getragen. — Gr. Wolfdietr. 1721: Min gesmide ist mir zu swere, ich mag nit darinne gan.

2) Wigal. p. 17, 35: Selbe schutter sîn îsengewant In den schilt zuo im dâ. Cf. p. 22, 32. — Crône 10467: Er gienc ûf sîn palas, Dâ im schône bereitet was Ûf ein gulter sîn îsengewant: Dar în schuoht er sich zehant. — Meleranz 7046: Sîn knaben brâhten in hin nâch Sîn harnasch, schilt unde sper. Daz was sîn will: dô erbeizt er Von dem pferde ûf daz lant Und wâfente sich zehant.

3) Crône 2827: Schier kâmen knappen viere Mit rîcher zimiere, Die der kameren huoten, Mit zwein cultern guoten Von einem rôten samît, Die wurden in den sal geleit Ûf ein lachen sîdîn, Dâ diu stat solte sîn, Dâ man sie wâfenen solde.

4) Parz. 683, 16: Juncfrouwen clâr und gemeit Schuohten îsrîn kolzen An den künec stolzen; 332, 22: Ir (Cunnewâre) linden hende wol gevar Wâpnden Gahmuretes sun. Cf. 560, 17. — Iwein 316: Daz ich nie schœner kint gesach. Diu entwâfente mich, Und einen schaden clage ich, (Des enwunder niemen) Daz der wâfenriemen Alsô rehte lützel ist, Daz sî niht langer vrist Mit mir solde umbegân. — Wigal. p. 79, 24: Des andern morgens wâfent in Diu küneginne von Persîâ Und vil manic frouwe dâ Mit flîze in sîn îsengewant; p. 158, 31: Die frouwen im dô bunden Diu îsenhosen an diu bein. — Lanzel. 5182: Ginovere bî ime (Gâwein) saz, Sîn frowe diu künegîn, Siu hete im ein der hosen sîn Mit ir handen an geschuot. — Meleranz 5706: Mit vil zühteclîchen witzen Wâfent in diu schœne maget. Cf. 8073; 8924 ff. — Crane 2390: De junge coninginne gemeit (Ascheloyde) Im (ihrem Gemahle) al de wâfenrîmen bant Mit ir wîten edelen hant; 3894: Dâr schodde her an die kolzen sîn. Vil manich schône vrouwelîn Dem rîchen ze dînste stunden Ind die wâfenrîmen bunden. Zo strîde her schîre

uns allerdings seltsam erscheinen, dass sie selbst die Hosen ihren Freunden zubanden; die damalige Zeit scheint jedoch nichts dabei gefunden zu haben. Zunächst wurde ein Teppich auf den Fussboden gelegt [1]), und auf diesen setzt sich der Ritter und lässt sich die Hosen anziehen; dann steht er auf [2]), legt den Halsberc an, zieht über denselben den Wâpenroc, gürtet das Schwert um; wenn dann die Ventaille geschlossen, der Helm festgebunden ist, so steigt er zu Pferde, hängt den Schild an den Hals, fasst ihn bei den Handhaben und lässt sich endlich die Lanze reichen [3]).

Fig. 47. Fig. 48.
Siegel
des Guillaume de Nevers 1140. des Jean de Beaumont 1217.

Die Sporen waren ihm vorher schon angelegt worden (Fig. 47. 48). Dieselben waren gewöhnlich vergoldet [4]) oder von Silber [5]), mit

wart bereit. — Darifant 4426: Der schônen Aschûten hant Die wâfenrîmen ime ûf bant; 110. — Dêmantîn 1790: Di koninginne minneclîch Om al di wâfenrîmen bant Selbe mit der wîzen hant. Cf. 2216; 3578. — Gr. Wolfdietr. 713: (Sigewinne ihrem Gemahl Wolfdietrich) Sie stricket im die riemen mit iren henden minneglich. — Die Herzogin Uote waffnet Alphart (Alph. 105). — Erec 703: La pucele meismes l'arme. N'i ot fait charaie ne charme. Lace li les chauces de fer Et cout à corroies de cer, Haubert li uest de bone maille; Puis si li lace la ventaille. Moult l'arme bien de chief en chief, Au costey l'espee li ceint. Puis commande c'on li ameint Son cheval et l'en li amainne. Sus est sailliz de terre plainne. La pucele aporte l'escu Et la lance, qui roide fu. L'escu li baille, et cil le prent, Par la guiche à son col le pent. La lance li a au poing mise: Il l'a deuers l'arestuel prise. — Chev. au lyon 228. — Parton. 6809; 6817. — Durmars 1266; 1274; 3143; 3149.

1) Vgl. S. 68, Anm. 3. — Frauend. p. 264, 9: Mit mir er von den liuten reit, Dâ ein tepich was nider geleit. Dar ûffe entwâpent ich mich dâ. — Durmars 1255 ff. — Erec 2616: Et fist un tapiz de Lymoges Deuant lui à la terre estendre. Et cil corrut les armes prendre, Cui il l'ot commandé et dit, Et les porte sor le tapit. Erec s'asist de l'autre part Desus l'ymage d'un luepart, Qui ou tapiz estoit portraite. Por armer s'atorne et afaite.

2) Lanz. 3752: Dâ lag er ame rücke, Unz man im die hosen an Geschuohte als eime siechen man. — Meleranz 8939: Dô er nu was gewâpent wol, Als ze strît ein ritter sol, Ûf stuont der zühte rîche.

3) Erec 703; 2616 ff. (S. 68, Anm. 4). — Durmars 10107 ff.

4) Rolandsl. 1622: Umbe spien man theme herzogen Zwêne guldîne sporen. — HTroj. 4742: Da zu guldine sporn. — Stricker, Karl 2146: Und zwêne sporn guldîn. — Frauend. p. 171, 31: Er fuort zwên sporn nâch golde var; p. 450, 15. — Chans. d'Antioche VIII, 1: Uns esporons à or li ont ès piés fremés (vgl. Garin II, p. 80: Lasce unes chauces; II, 118). — Richars li biau 981: Les cauches de fier a cauchies Menuement d'achier maillies, Uns esporons d'or a cauchie.

5) Amis et Amiles 142: Le destrier hurte des esperons d'argent. — Doon p. 200: Uns riches esperons d'argent à or soudé Li caucha ·j· vassal. — Cf. Floovant p. 76. — Floovant p. 36: Des esperons Torcois.

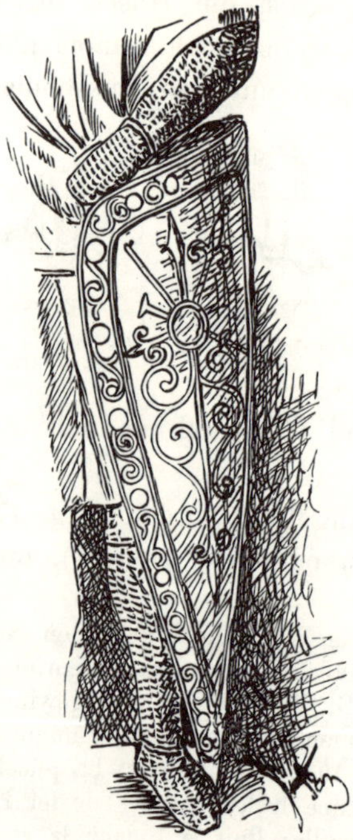

Fig. 49. Ritterfigur am Dreikönigsschrein im Dome zu Köln.

einer Stahlspitze versehen [1]), zuweilen auch emaillirt [2]), und wurden mit seidenen Borten am Fusse befestigt [3]). Gewöhnlich setzte der Ritter, dem selbst Damen diesen Dienst erwiesen [4]), den Fuss auf einen Schemmel und liess sich so die Sporen anlegen und abnehmen [5]). Ehrlosen Rittern wurden zur Strafe die Sporen abgehauen [6]).

Was die Schilde anbelangt, so bestehen dieselben aus Holz, das mit starkem Leder überzogen ist [7]). Aus Elfenbein sind sie höchstens zur Parade getragen worden [8]), und auch dann waren sie sicher nur mit einem dünnen Fournier belegt, da ein Schild aus massivem Elfenbein viel zu schwer gewesen wäre. Der Schild hätte aber zumal den Schwerthieben nicht lange widerstehen können, wäre er nicht mit festem Eisenbeschlag sowohl am Rande, als auch an der vorderen Fläche versehen gewesen. Am besten sieht man diese Be-

1) Crône 3712: Dar umb von golde zwên sporn Mit stahel underworht vorn Durch scherfe an der spitze.

2) Elie de Saint-Gille 1467: Heusses de cordouanes, esperons a esmal.

3) Virginal 251, 5: Die sporen er im umbe bant Mit sîden wol bebortet: Daz dâ îsen solde sîn, Daz was rôt von golde. — Chev. as ·ij· espees 2682: Lors li a li ualles chaucies En ses ·ij· pies uns esporons A or et i ot uns corions D'un dur tissu de noire soie.

4) Otinel p. 14: Uns esperons li a chaucé isnel La damoisele Rossete de Ruissel.

5) Aiol 2065: Un escamel d'iuoire mist a ses pies Andeus ses esperons a resachies. Puis les a bien forbies et essuies, Al renge de l'espée bien atachies; La les pora reprendre li chevaliers, Quant il uaura monter sor son destrier.

6) Garin II, 145: Li esperons li soit coupé parmi Près du talon, au branc d'acier forbi. — Cf. Grimm RA. 712. — Du Cange, Gloss. s. v. calcaria amputare. — Establissements de S. Louis I, 130: Trencher ses esporons seur un fumier.

7) Êneit p. 161, 14: Und was al daz gestelle Mit goldînen nagelen dran geslagen… (20) Vil wol daz bret gesniten was Unde gefûchlîche gebogen, Wol behûtet und wol bezogen. — Parton. 5813: schirmbret. — Parz. 741, 2: Des schilt was holz. — Chev. as ·ij· espees 4188: Li cuir et les ais ensement Sont empiries. — Prise de Pampelune 3267: Escu buvalin.

8) Ferguut 3107: Die scilt es van witten yvore Geplaneert, wel ter core, Van dieren stenen vol geset. — Blancandin 258: L'escu d'olifant; 4107: Ne d'autre fust ne n'est il mie Ne de poisson ne d'ais polie Ains fu fais d'un os d'olifant.

schläge an den Ritterfiguren des Schreines der h. drei Könige im Dome zu Köln (Fig. 49). Ein breiter mit Edelsteinen besetzter Rand umgiebt die gewölbte Schildfläche [1]), in deren Mitte ein stark vortretender Buckel angebracht ist; Eisenbänder gehen von demselben aus und festigen,

Fig. 50. Siegel der Stadt Soissons, 12. Jhdt.

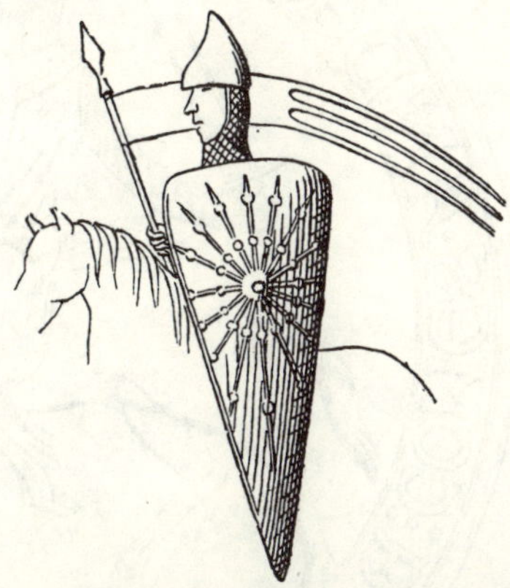

Fig. 51. Siegel des Robert de Vitré 1158—1161

schön geschwungene Linien bildend, den ganzen Schild (Fig. 50. 51; vgl. auch Fig. 39). Der ganze Beschlag heisst daz schiltgespenge [2]); Theile desselben sind der buckel, die von demselben zusammengehaltenen Bänder daz buckelrîs [3]), und die Spangen, welche den Rand des Schildes bewahren [4]).

---

1) Gaufrey p. 192: Et pendi à son col le fort escu vouti.

2) Nib. Z. p. 33, 1: Dô flouc daz schiltgespenge von Sîfrides hant.

3) Parz. 741, 8: Vil stein mit sunderschîne Wârn verwiert durch kostlîchen prîs Alumbe ûf diu buckelrîs. Ûf dem buckelhûse stuont Ein stein. — Cf. Mhd. Wtb. I, 275. — Meler. 3350: Nu hœret von dem buckel sagen, Diu was harte rîche: Dar în vil meisterlîche Wârn edel stein verwieret, Die buckeler gezieret mit manges edelen steines schîn. Die spangen wâren guldîn Die ûf dem rande lâgen dâ; 3385: Ein rîcher buckel drûffe was Von arâbischem golde Gezieret als er wolde, Mit edelem gesteine, Grôz unde kleine Wârn verwieret in daz buckelrîs; 5927 ff. — Doon p. 149: ·J· fort escu baillier, Fort et fres et nouviel à bougletes d'achier. — Auberi p. 185, 7: Desous la boucle li fait fraindre et quasser. Cf. p. 189, 29.

4) Nib. Z. p. 66, 7: die truogen dar zehant Von vil rôtem golde einen liehten schildes rant Mit stahelherten spangen. — Ecken liet 210, 4: Wie wol beslagen was sîn rant Mit stahels spangen.

Den Schild hängt man mit einem Bande an den Hals, das ist der schiltvezzel (afr. guige [1]); Fig. 52). Die Riemen, durch welche die linke

Fig. 52. Siegel Johanns, Königs von England (reg. 1199—1216).

Hand gesteckt wird, mit denen man den Schild festhält, heisst daz armgestelle (afr. enarmes [2]); Fig. 53). Die Schilde des zwölften Jahrhun-

1) Nib. Z. p. 67, 1: Der frowen schiltvezzel ein edel porte was, Dar ûfe lâgen steine, grüener denne ein gras. — Êneit p. 161, 24: Daz gerieme daz was corduwân, Daz was der frouwen Vênûs rât. Ein borde was dar ûf genât Dorch hovescheit und dorch wunder Und ein samît darunder, Ichn weiz weder grûne od rôt. Ez was getân dorch nôt, Swer den schilt fûrte, Daz in niht enrûrde Der borde noch daz leder, Unde daz in der deweder An den hals niht enribe Und im diu hût ganz belibe. Daz was dâ mite wol behût. — Percev. 17777: Puis pent à son col son escu Par la guige qui d'orfroit fu. Cf. 38314. — Chans. d'Antioche VIII, 46: Il n'ont auberc né elme né guige au col pendue. — Cléomadès 11402: L'escu li cheï; Car la guige coupée estoit À quoi l'escu pendre devoit. — Alix. p. 183, 20: La guige est desrompue et l'enarme falie.

2) Lanz. 693: Unz daz den wîganden Beleip vor den handen Niht wan daz armgestelle. — Percev. 11335: Et cascuns a pris par vertu Par les enarmes son escu; cf. 37912. — Alix. p. 157, 35: Il enbrace l'escu, par l'enarme le prent.

derts sind ziemlich gross, drei bis vier Fuss hoch, im Verhältniss schmal, dreieckig, unten spitz zulaufend. Diese Form ändert sich im dreizehnten Jahrhundert: die Schilde werden kleiner, aber breiter, bis sie etwa einem gleichseitigen Dreieck gleichen, von dem zwei Seiten durch Bogensegmente gebildet sind. Zwischen beiden Formen sehen wir eine dritte erscheinen: die oberen Ecken des Schildes werden abgerundet. Auf den Siegeln des Markgrafen Leopold d. Heiligen von 1136 (v. Sava in den Mitth. d. k. k. Comm. IX, p. 244, Fig. 3), Heinrichs Jasomirgott von 1150, 1162, 1146, 1170 (Sava, Fig. 4. 5. 6. 7) (s. Fig. 54), Leopolds des Tugendhaften (ibid. Fig. 9. 10. 11) ist der Schild noch

Fig. 53. Siegel des Raoul de Fougères 1162.

Fig. 54. Siegel des Heinrich Jasomirgott, Herzogs von Oesterreich, 1150.

immer langgestreckt; verkürzt und oben abgerundet erscheint er 1203 auf dem Siegel des Heinrich von Mödling (ib. Fig. 14) (vgl. Fig. 55. 56). Das gleichseitige Dreieck-Schild führt unter den österreichischen Herzogen zuerst Leopold der Glorreiche (ib. Fig. 25) und

Fig. 55. Siegel Leopolds des Glorreichen, Herzogs von Oesterreich 1198–1230.

zwar schon 1208. Demay giebt ein Beispiel der gleichen Schildform vom Jahre 1211 in dem Siegel des Raimond vicomte de Turenne (le Costume d'après les sceaux Fig. 120) (s. Fig. 57), aber noch 1213 kommt die abgerundete Form, die wir auch auf den Miniaturen der Berliner Handschrift des Heinrich von Veldeke (vgl. Fig. 33) antreffen, auf dem Siegel Thibaud's Grafen von Blois vor (Demay, Fig. 121). Einen gewölbten Schild (vgl. Fig. 58) hat noch 1237 Robert d'Artois (Demay, Fig. 122), später sind die Schilde immer flach.

Fig. 56. Siegel des Thibaud, Grafen von Blois, 1213.

Die alten Schilde erscheinen schon ihrer Grösse wegen unhandlich und schwer, wenn man sie mit den um den Anfang des dreizehnten Jahrhunderts gebräuchlichen vergleicht. Erec ist genöthigt, von seinem Schwiegervater, einem armen alten Ritter, sich eine Rüstung zu borgen, und da sagt der Dichter mit Recht (747): „Sîn schilt was alt, swære, breit, Sîniu sper unbehende grôz, Halp er und daz ros blôz, Als imz sîn alter sweher lêch". Der Helm ist vielleicht auch altmodisch, nur mit einem Nasenband versehen gewesen, und jedenfalls fehlte dem Pferde die eiserne Decke.

Fig. 57. Siegel des Raymond, Vicomte de Turenne 1211.

Fig. 58. Siegel des Savary de Mauléon 1225.

Die alten Schilde haben jedenfalls auch die Dichter im Sinne, wenn sie erzählen, dass auf ihnen die Todten transportirt worden sind [1]). Die kleinen Schilde des dreizehnten Jahrhunderts würden sich dazu schwerlich geeignet haben.

Die Schilde waren dann an der Vorderseite mit Wappen bemalt [2]), durch welche die Ritter ihren Freunden kenntlich waren [3]). Wollte man unbekannt bleiben, so drehte man den Schild um, dass das Wappen versteckt war, und nahm auch das Zimier vom Helme ab [4]). Die

1) Nib. Z. p. 151, 5: Dô die herren sâhen, daz der helt was tôt, Si leiten in ûf einen schilt, der was von golde rôt. — Huon de Bord. p. 37: Et Amauris l'aporte mort sanglant, Couchié l'avoit sour ·j· escu luisant.

2) Chron. des ducs de Norm. 16143: E d'escuz freis peinz à verniz; cf. 28337.

3) Lanz. 6308. — Titur. 2257: Der wapen niht bekande her Key noch die ander. — Biterolf 616: Dô sach ouch Biterolf der degen An dem schilde guot genuoc Bî dem wâpen daz er truoc, Daz er was von Spanjelant. — Alphart 186: Waz vüert er an dem schilde? kanstû mirz gesagen, Deich in dâ bî erkenne swâ man in siht daz wâpen tragen?

4) Alphart 389: 'Die schilde kêret umbe nider ûf daz lant. Daz tuon ich dar umbe' alsô sprach Hildebrant, 'Daz uns nieman erkenne'; 395: Gegen im reit von Berne sîn ôheim Hildebrant, (396) Dô het er an sich gekêret daz guldîn sarbant; 398: Den schilt warf Hilbrant umbe, dô sach er daz sarbant; 432: Alsô Witege und Heime daz ze rehte ersach, Ir iegelîch sîn zeichen von sînem helme brach (cf. 447): Die schilte sî swungen hinder sich zehant, Daz si in dem strîte niemanne wurden erkant.

Wappenbilder stellten meist wilde Thiere dar [1]; aber auch andre Zeichen werden erwähnt [2]. Ihre Bedeutung ist zumal den Herolden wohl bekannt [3].

Ursprünglich scheint man die Bilder zum Theil aus Pelzwerk ausgeschnitten und auf den Schild befestigt zu haben. Die schwarze Farbe wird noch im dreizehnten Jahrhundert gewöhnlich mit Zobel bezeichnet und die Franzosen haben für diese heraldische Tinctur noch bis heute die Bezeichnung Sable beibehalten. Weiss ist „härmîn“; roth heisst „kel“ (franz. gueule, ml. gula), und auch dies soll ursprünglich ein rothes Pelzwerk bedeutet haben. An manchen Wappenbildern erkennt man noch die alten Beschläge, die ursprünglich das Pelzwerk festhielten; so finden wir häufig auf die Brust der heraldischen Adler einen Halbmond aus Metall aufgelegt, der wohl eigentlich die Bestimmung hatte, das Wappenbild am Schilde zu befestigen.

Die üblichen Farben sind Silber und Gold, dann Weiss, Schwarz, Roth [4], Blau, Grün. Gewöhnlich ist das Feld Metall und das Wappenbild gefärbt, oder umgekehrt. Weiss wird dem Silber meist gleichgestellt. So führt der König von Frankreich fünfzehn goldne Lilien im blauen Felde (Meleranz 3348; Turnei v. Nantheiz 534); der König von England drei rubinfarbene Leoparden im goldnen Felde (Turnei 310; Reinfr. 328); der Markgraf von Brandenburg einen Adler „von liehten kelen rôt“ auf einem Schilde „hermîn“ (Turnei 434). Der Schild des Fürsten von Sachsen: Sîn halbez teil strîfehte Von zobel und von golde was; Daz ander stücke, als ich las, Erschein durchliuhtic wîz hermîn Und was von rôten kelen drîn Geleit ein halber adelar (Turnei 402. Vgl. Schwanritter 910: Und was von zobele rehte drîn Geleit ein halber adelar). Aber wenn im Allgemeinen auch diese noch heute gültige Regel der Blasonnirung befolgt wurde,

---

1) Giraldus Cambr. de Regimine Principum Dist. III, c. 30: Item cum Principes alii bestias atroces et voraces, ursos, pardos et leones assimilari coram hominibus in apparentia cupiunt, pictos in armis ob ferocitatis indicium praeferunt et vexillis, hi soli (Franci) moralitate laudabili . . . clypeos et vexilla cum caeteris armaturis simplicibus tantum gladioli flosculis signant et ornant.

2) Lohengr. 5471: An schilt, an helm und in panier Was gesniten und gemalet manic tier, Vische unde vogel, aks, parte, houwe unt riute.

3) Titur. 1829: Waz die andern fueren uf helmen und uf schilden, Gestricket mit den snuren oder mit dem pensel dar uf gebilden, Daz prufen die der wappen rœcke warten.

4) Sinopel ist damals noch immer roth, nicht grün. — Lanz. 4420: Sîn schilt was, als er wolde, Von sinopele rôt genuoc. — Troj. 30898: Im goldnen Felde ein Greif von ‘trackenbluote rôt’.

so finden wir doch auch Ausnahmen, dass Farbe auf Farbe gelegt wurde [1]).

Von Wappenzeichen wird besonders häufig der Löwe erwähnt: Schottland, rother Löwe im goldnen Felde (Turnei 365; Reinfr. 1485); Brabant, goldner Löwe im schwarzen Felde (Turn. 507) u. s. w. Der Löwe wird dargestellt auf den Hinterpranken aufgerichtet: „zum Kampfe geschickt" [2]). Gewöhnlich ist er gekrönt [3]).

Dann der Leopard [4]), laufend dargestellt [5]), die Bärentatze [6]), die wilde Meerkatze [7]), der Wolf [8]), das redende Wappen der Wulfinge [9]), der Eber [10]), der Hirsch [11]), der Steinbock [12]), Widder [13]), Greif [14]), der Windhund [15]), der Adler [16]), Strauss [17]), Papagei [18]), Fische [19]), das Schiff [20]).

---

1) Troj. 30040: ein vane Gestecket, der schein grüene Und was ein löuwe küene Von blâwer sîden drîn geweben; 31678: Rother Schild, grasgrüner Papagei. — Lanceloet I, 6798: 'Hoe gedane wapene draget hi?' 'Groene met enen roeden liebarde'. — Vgl. Meleranz 10053 ff.

2) Reinfr. 1485: Von kelln rôt dar ûf geleit Ûf schildes tach und wâfenkleit Eins löwen bilde grimmende Und ûf ze berge klimmende Reht alsam er lepte.—Crône 10542: Ein wâfen vuort der recke Âne valsch von lasûre Und einen lewen, sam in natûre Dar ûf geworht hete von golde, Mit gebæren, sam er wolde Die werlt gar verslinden; 10552: Und hete lange scharpfe klâ, Ze mâzen verre ûz gezogen, Und hete sich ûf diu bein gesmogen Reht sam er stuende zu sprunge, Und vuor im diu zunge Enwâge in der chewen.

3) Frauend. p. 171, 4 ff. — Troj. 361, 22 ff.

4) Crône 1892. — Reinfr. 928: Von rubîn lâgen drîn gespreit Entwerhes drî leparten. — Turnei 310. — Tit. 5609.

5) Enfances Ogier 5082: Armes portoit cointes et acesmans Verdes, si ot ij· liepars d'or passans.

6) Crône 9813.

7) Troj. 33068.

8) Meler. 10073; 10082.

9) Im grünen Felde drei goldne Wölfe von einem blauen Ringe umgeben.— Gr. Wolfdietr. 2231.

10) Meler. 8160. — Parton. 15838.

11) Wigal. p. 145, 33: Dar în was, geloubet mirz, Von krîden gemâlt ein wîzer hirz Ûf einem berge guldîn. — Troj. 25742: In eime schilte rôt von keln Fuorten si, geloubet mirz, Von zobel einen swarzen hirz, Der zwischen dem gehürne sîn Truoc eine krône guldîn.

12) Turnei 172. — Troj. 25488.

13) Troj. 31792.

14) Parton. 5150. — Troj. 30898.

15) Meler. 5090.

16) Turnei 402; 434; 612. — Schwanr. 910. — Troj. 31666.

17) Troj. 25522: Sîn velt erlûhte lâsûrblâ, Dar inne stuont von golde ein strûz, Dem hienc ze sînem snabel ûz Ein silberwîz rosîsen.

18) Troj. 31678.

19) Turnei 626.

20) Das Wappen des Königs von Norwegen ist ein goldnes, quer gestelltes Schiff mit Ruder und weissem Segel im rothen Felde. Reinfr. 966.

Die heraldische Terminologie lässt sich auch leidlich feststellen. In der Länge getheilt (parti) heisst „gehalbieret“ [1]). Die Verticalstreifen des gespaltenen Wappens werden „striche“ [2]) genannt; der Querstreifen des getheilten Schildes heisst ebenfalls „strich“ [3]) oder „strîfe“ [4]), der Schrägbalken „bâr“ [5]), „schranc“ [6]) oder gleichfalls „strich“ [7]). Der Löwe von Thüringen ist weiss und roth gestückt (stückeht, Turnei 484). Die Theilung „gevieret“ (écartelé) [8]) kommt auch vor, ebenso geschacht [9]) und gewecket (lozangé) [10]).

---

1) Reinfr. 831: Man sach daz im die schilte (von Braunschweig) Geteilet wâren in zwei vach, Von obene dur des randes tach Gehalbieret dur den spiz. Von Arâbî gap liehten gliz Daz ein vach von drî stücken. Daz golt sich underdrücken Niht lât mit keinem glaste. Von zobel glizzen vaste Driu ander stucke gezilt. Sô fuorten si den halben schilt Geworht mit hôhem flîze. Von fînen berlen wîze Was daz ander überleit Und was nâ wunsch dar in gespreit Von rubîn rôt ein halber ar. — Troj. 36120: Halp silberwîz und halber golt Was der schult etc.

2) Turnei 638 (Graf von Blois): Sîn schilt mit siben strichen was Vil wol bedecket über al, Die durch in giengen hin zetal, Als in diu wâre schult gebôt. Von kelen viere wâren rôt Und wâren drî vêch unde bunt; 646: Entwerhes über die breite sîn Gestrecket was mit solde Ein stücke lieht von golde, In dem die siben striche Dâ giengen wunnecliche Dar inne gein der spitze; 682. — Reinfr. 1513: Dar ûz ab des schiltes tach Von golde ein strîmel, diu brach Von obnen ab unz in diu spiz. — Die Spitze ist der untere Winkel des Schildes; die Orte sind die Ecken an der Oberkante.

3) Troj. 31666: Sîn ober teil was rôt von kelen, Dar under swarz von zobele schein Und lac enmitten bî den zwein Ein strich, der was gar wîz hermîn. Ûf disen velden allen drîn Von golde swebte ein adelar.

4) Schwanr. 911; Turnei 402: strîfeht.

5) Frauend. p. 295, 21: Diu (baner) was gesniten wol ze flîz Von einem zendâl, der was wîz; Dar durch von zendâl swarz gevar Gesniten spannen breit zwô bâr Schipfes nach dem swert zetal.

6) Troj. 32413: Und fuorte in eime schilte blanc Von lâsûr einen blâwen schranc, Der schein wol einer spannen breit.

7) Turnei 660: Sehs ûz erwelte striche Den schilt sîn überviengen Und von sîm orte giengen Schôn und lobelichen dâ. Drî wâren güldîn und drî blâ; 612: Entwerhes von dem orte gienc Bis an die spitze ein rôter strich. — Enf. Ogier 5152: D'or et d'azur ert ses escuz bendés De ·xij· pièces, c'est fine verités.

8) Turnei 548 (Spanien): Ûf sîme schilte erlûhten vier Stücke, als im daz reht gebôt: Zwêne wâren wîz, zwei wâren rôt Und liezen sich dâ melden. In den zwei rôten velden Geleit alsam ein lieht rubîn Zwô bürge wâren güldîn. Dô sach man ûz den wîzen Dâ zwêne löuwen glîzen, Die lûhten swarz reht als ein brant; 664: Nû stuont der schilt gevieret Nâch kostbærlîchem flîze Mit rôte und ouch mit wîze Und underbriten swarz und golt.

9) Turnei 594: Blanc und rôt schâchzabeleht Wart sîn glanzer schilt gesehen. Ein ort lie sich dar inne spehen. Daz was mitalle wîz hermîn, Dar ûz diu kleinen zegelîn Des hermelînes lûhten, Die swarz geverwet dûhten, Sam ein schinât unde ein kol.

10) Troj. 3812: Waz wâpencleit er fuorte, Daz enmac ich niht verheln. Von zobele wârens und ûz keln Gesniten weggeht under ein, Sô daz dâ swarz

Der Sohn führte des Vaters Wappen, sein Erbezeichen (HvF. Trist. 1943), aber wenigstens in Frankreich mit einem rothen, ausgezackten Rande (ourle endentée) umgeben [1]) (Fig. 59). Es scheint aber, als ob strenge Gesetze wenigstens im zwölften Jahrhundert für das Tragen der Wappen noch nicht in Kraft waren. Gahmuret wählt sich ein Phantasiewappen, einen weissen Anker an goldnem Seile (Parz. 14, 11—28), und führt dasselbe bis er die Nachricht vom Tode seines älteren Bruders erhält: „Ich sol mîns vater wâpen tragn: Sîn lant mîn anker hât beslagn. Der anker ist ein recken zil: Den trage und nem nu swer der wil" (Parz. 99, 13). „Dez pantel, daz sîn vater truoc, Von zoble ûf sînen schilt man sluoc" (Parz. 101, 7). Nach einem Bericht trugen junge Ritter überhaupt im ersten Jahre nur einfach gefärbte Schilde ohne alle Wappenabzeichen [2]).

Fig. 59. Siegel des Eudes de Bourgogne, Grafen von Nevers 1259.

Erst um die Mitte des dreizehnten Jahrhunderts scheint man die Wappenfrage einigermassen geordnet zu haben. War auch schon früher wohl das Wappenbild constant, so wurde doch die Tinctur ganz nach Belieben gewählt. So erzählt Hartmann von Ouwe (Erec 2290 ff.), dass sich Erec drei Schilde machen lässt: einen silberfarben und darauf einen goldnen Frauenärmel (mouwe; vgl. Bd. I, Fig. 47. 48. 49), den anderen zinoberroth und den Ärmel silbern, den dritten golden mit einem zobelnen Ärmel. Meleranz hat sogar vier verschiedene Schilde: einen goldnen, das Wappenbild zwei rothe Frauenarme

---

bî rôtem schein An dem rîlîchen cleide. Doch was ein underscheide Zwischen den weggen und der nât. Ûz golde ein bendel wol gedrât Was der junctûre decke, Der unterschiet die wecke Mit sînem glanzen schîne; cf. 3826.

1) Enfances Ogier 2541: Car je ne sai armes ci acesmans K'armes qui sont d'or qui est reluisans À ·j· lyon de sable qu'est rampans. Encore y a chose moult avenans: L'ourle endentée de gueles flamboians, L'endentée ourle ne m'iert pas demorans À l'ourle entiere les arai à tous tans; 4833: Li rois Corsubles l'uitisme conduisoit, c'ert la plus grande, car raisons l'ensaignoit, Armes bendées d'or et de noir portoit, Et Danemons ses fiex teles avoit, Mais que une ourle qui les desconnoissoit Y ot de gueules qui bien i avenoit; 5004: Armes parties d'or et d'azur portoit, Dedenz l'azur flours de lis d'or avoit Et demi aigle noir sor l'or seoit; 5025: Teles, dont j'ai fait la devision Qu'ot li rois Charles o le flori grenon, Portoit Charlos ses fiex; là ot raison, Mais il y ot, pour descomparoison Ourle de gueules endenté environ. — Turnei 670: Graf v. Artois hat goldne Lilien auf blauem Schilde, aber (674): Den schilt ein rant al umbevie Von kelen rôt geverwet.

2) Lanc. IV, 557: Het was tien tiden costume daer, Dat newe ridders in haer irste jaer Gene scilde vorden, twaren, Dan die van ere varuen waren.

mit weissen Händen; der andre Schild ist roth, die Arme golden, die Hände weiss; der dritte weiss, die Arme schwarz; der vierte endlich schwarz und die Arme weiss (Meler. 9057—9079; cf. 9166—72).

Dem Schilde entsprach dann die Helmzier [1]). Das Wappenthier war auch als Zimier gebraucht; dazu hatte man Stutze von Pfauenfedern, Hörner (Turn. 488), Adlerfittige [2]) zum Schmucke des Helmes. Der Wâpenroc hatte die Farbe des Schildfeldes, und die Wappenbilder waren auf ihn gestickt oder aufgenäht; endlich ist auch die Pferdedecke in gleicher Weise gefärbt und verziert, ja selbst die Schäfte der Paradespeere sind mit der Wappenfarbe bemalt und angestrichen. Dass das Lanzenfähnlein das Wappen des Schildes wiederholte, habe ich schon früher mitgetheilt [3]).

Die Wappen wurden meist gemalt [4]), zuweilen aber sind die Figuren auch erhaben auf die Schildfläche aufgelegt [5]); dann waren sie wahrscheinlich, wie der in Marburg noch bewahrte Todtenschild Landgraf Heinrichs I. († 1308) [6]), aus gesteifter Leinwand und Schnitzerei reliefartig hergestellt. Die Schildmaler (schiltære), unter denen die von Köln und Mastricht besonders berühmt waren (Parz. 158,13), malten entweder direct auf den Lederüberzug der Schilde, oder übergingen denselben erst mit einem Kreidegrunde, auf dem sie dann ganz nach Art der Temperamalereien ihre Gemälde ausführten [7]). Ueber die Wappenbilder wurden dann die Eisenbeschläge gelegt, die dem Schilde erst die rechte Festigkeit gaben [8]). Auf den Bildern aus dem dreizehnten Jahrhundert sehen

---

1) Ich will hier auf die heraldischen Fragen nicht näher eingehen. Über die Helmzierden vgl. Frauend. p. 261, 1 ff.; p. 451, 30 ff. — Reinfr. 1522 ff. — Parton. 5150; 13551; 15838. — Turnei 172; 402 ff.; 452; 488; Troj. 3836. — Mel. 10066.

2) Meler. 5094: Ap sînem helm gap liehten schîn Ein fluc wîz, der ander rôt; cf. 9280.

3) Erec 2322: Drî banier samelîch, Eim ieglîchen schilte sîn gelîch.

4) Êneit p. 162, 12: Der lêwe was betalle rôt, Der gemâlet was der ane. — Parton. 13754: Der mâler hete sînen vlîz Mit hôher koste ûf in gewant. — Renner 1097: Und der An ein drieckot britlein Heizet molen und an ein tuochlin Ein tierlin oder ein vogellin Oder manik ander zeichenlin, Seht so wil er ein herre sin.

5) Lanz. 4422: Ein guldînen lewen er truoc, Der was ûf daz bret erhaben.

6) v. Hefner-Alteneck, Trachten I, Taf. 82.

7) v. Hefner-Alteneck, Trachten I, Taf. 80. Auch auf der Innenseite ist der ebenfalls in der Elisabethkirche zu Marburg hängende Schild bemalt (vgl. Anm. 8).

8) Erec 2310: Daz rîs ze breit noch ze smal; Ez bevienc daz bret über al: Daz bestuont die mouwe. Innerhalp ein frouwe An dem vordern orte, Der schiltrieme ein borte Mit guotem gesteine. — Meleranz 5927: Sîn schilt was grüener varwe gar, Dar ûf was ein härmîn ar Geslagen meisterlîche Undr ein buckel, diu was rîche, Von arâbischem golde, Als er selbe wolde, Diu buckelrîs gezieret, Edel steine drîn verwieret.

wir diese Beschläge an den Schilden nicht mehr dargestellt. Da wir keine Originalschilde, die zum Ernstkampfe dienten, aus jener Zeit mehr besitzen, so können wir nicht mit Bestimmtheit sagen, ob man in der That auf diese doch so nöthige Verstärkung des Schildes verzichtete, oder ob die Künstler nur, um die Wappenbilder klarer hervortreten zu lassen, die Beschläge fortliessen und uns mehr Paradeschilde als Kampfschilde vorführten.

Schellen werden auch an den Schilden angebracht[1]).

Im Gefechte wurden natürlich die Wappenmalereien schnell ruinirt, selbst wenn der Schild nicht zerhauen war[2]). Aber auch die Witterung konnte eine solche Malerei leicht zerstören, zumal Regen und überhaupt Feuchtigkeit, welche die Temperafarben selbst unter dem Firniss angriffen, vor allem den Kreidegrund lockerten. Man schützte sie deshalb mit einem Ueberzuge (hulft[3]), afr. houce)[4]). Den Templern wurde das tegimen in clypeis (Conc. Trecense 1128, Can. XXXVIII) ausdrücklich verboten; sie sollten wahrscheinlich dadurch abgehalten werden, mit den Schilden zu grossen Luxus zu treiben.

Für gewöhnlich hängen die Schilde an der Wand des Festsaales mit Haken befestigt[5]), und zwar immer die der gesammten ritterlichen Hofgesellschaft (der massenîe) zusammen[6]). Das Heraushängen der Schilde vor die Zinnen der Burg bedeutete, dass die Be-

---

1) Ecken liet 33, 1: Sî bôt im einen niuwen schilt, Dâ wart mit sper nie durch gezilt Von keiner slahte juste. Dâ hiengen tûsent schellen an, Geworht von koste lobesan.

2) HvF. Trist. 2105: Dalcors unt Tristant Einander waren unbekant, die uzerwelten helde fier. Iglicher kein zimier Fuorte uf sinem helme do; Ir schilde waren ouch alsô Mit lanzen stark gerüeret, Die varwe also zefüeret, Daz diu zeichen dar an Niht wol mohte erkennen ein man. — Virginal 53, 4: Wart ie kein tier entworfen dar, Daz wart verhouwen alsô gar, Daz man sîn niht erkande. Oder hetez ein meisterlîchiu hant Mit benseln dran gestrichen, Die varwe man verloschen vant Von slegen gar verblichen.

3) Nib. Z. p. 260, 1: Ein hulft von liehtem pfelle ob sîner varwe lac. Bezzer schilt deheinen belûhte nie der tac: Von edelem gesteine, swers ze koufen hete gegert Oder in veile hête, er was wol tûsent marke wert. — Erec 5536: Swa er den schilt erreichte, Daz herte bret er weichte, Daz ez sich wol endrîzic kloup Und hôhe ûf stoup Swaz der hulft wære.

4) Villehardouin 132: Furent drecies les bannieres et li confanon es chastials des nés et les houces ostées des escuz et portendu li bort des nés.

5) Parz. 173, 15. — Rom. de la Char. 1000: De son col oste son escu Li chevaliers et si le pant A un croc et sa lance prant Et met sor un hantier an haut. — Chev. as ·ij· espees 6734: S'a ueu pendre a la paroi L'escu ke il auoit baillie Au chevalier.

6) Durmars 9713: Lasus el grant palais hautain Lez l'escu monsaignor Gavain Font pendre l'escu le Galois.

satzung zur äussersten Gegenwehr entschlossen sei [1]). Im Felde hing man die Schilde vor die Zelte [2]); man stellt auch die der Kampflustigen aus und überlässt es dem Fremden, einen zu berühren und so dessen Herrn herauszufordern [3]); endlich werden der Besiegten Wappenschilde in Klöstern aufgehängt (Lanc. I, 24584 ff.).

Man hing, wie schon bemerkt, mit einem Riemen den Schild an den Hals [4]) und fasste mit der linken Hand die Handhaben und zwar so, dass die Hand gegen den oberen Abschnitt des Schildes gekehrt war, drückte ihn vor die linke Brust [5]), dass Brust und Knie gedeckt waren [6]), der Schildrand den Hals des Pferdes erreichte [7]) und bis zum unteren Rande des Helmes langte. Diese Stellung ist es meines Erachtens, welche afr. „mettre l'escu en chantel“ genannt wird [8]). Beim Anprall wurden oft die Schilde so erschüttert, dass die Bänder und Riemen rissen [9]), oder die Lanze durchbohrte den Schild und traf zugleich den Körper des Gegners [10]), oder wenigstens seine Hand [11]). Beim Schwertkampfe ist es rathsam, den Schild fest an die Brust zu pressen, da sonst leicht

---

1) HTroj. 3662: Und hingen ir schilde her vur Oben an die zinnen Daz her wart des innen, Daz sie zu gewer gingen. — Lanc. I, 47023: Si brachten binnen mure die gaste Ende sloten hare porten vaste Ende hingen doe ute hare scilde Alse volc dat hen weren wilde.

2) Lanz. 5438: Vil wol gepareliret Was diu pavelûne hêr Mit hundert schilten, niht mêr; Die hiengen nâch ein ander gar Mit fremden wâfen missevar: Si lûhten an daz grüene gras.

3) Durmars 9386: As fenestres del palais voit ·Ij· c· escus qui i pendoient Et trestot arengie estoient. Dedens le palais ensement En pendoient bien plus de sent. — Der Herausforderer muss mit dem kämpfen, dessen Schild er 'abatra' (9486).

4) Durmars 3441: Son escu prent, Par la guige a son col pent.

5) Troj. 30888: Er hete für die linke brust Gedrücket einen tiuren schilt.

6) Durmars 3513: Lor piz et lor genoz cousirent De fors escus que tost saisirent, En chantel les orent tornes.

7) Percev. 2631: Coment il doit son escu prendre ·I· petit le fait avant pendre Tant c'al col del ceval se goint.

8) Durmars 1420: Et par les enarmes de soie A mis son escu en chantel; 6972: En chantel portet l'escu d'or; 7307; 7280; 7862; 10040: Il tient son escu en chantel, Sor son chief a elme dore.

9) Frauend. p. 209, 9: Er stach mir abe dem arme mîn Den schilt, daz al di riemen fîn Brâsten, als ein donerslac Diu tjost erhal: der schilt gelac. — Part. 13712: Partonopieren ûf den schilt Der heiden sô geswinde stach, Daz der gesteinte borte brach, Dâ mite er was geriemet wol, Und daz der schilt gezierde vol Wart dâ gevellet ûf daz gras.

10) Lanz. 1518: Eim degen er ûf den schilt erriet Gegen den vier nageln hin. Er stach in gein dem herzen in Durch beide halspercwende.

11) Rom. de Troie 14105: D'une lance grosse et trenchant Li vait doner un colp si grant Que les ès de l'escu parcièrent Et les manicles desmaillièrent. À poi les deus deiz de la main Ne li trencha trestot de plain.

der Feind einen Hieb zwischen Schild und Körper führen und den linken Arm treffen kann[1]). In der höchsten Noth riss man auch den Schildriemen ab, wand ihn um die linke Hand und eilte so dem Gegner entgegen[2]).

Der Schild ist der Hauptschutz des Ritters im Kampfe; so lange er ihn noch hat, ist seine Lage keine verzweifelte. Man hat deshalb dieses Rüststück immer sehr hoch geachtet (vgl. Mhd. Wtb. II², 131). Aber auch der göttliche Schutz war dem Ritter von Nöthen; man suchte sich seiner zu versichern, indem man wunderkräftige Reliquien in die Kleider einnähte[3]), oder Amulette mit heilbringenden Sprüchen bei sich trug[4]).

Das Ross des Ritters (dextrarius[5]), afr. destrier) ist im Gegensatz zum Pferd[6]) oder gar zum Runzît[7]) ein überaus kräftiges, ausdauerndes, stattliches Thier. Besonders berühmt waren die spanischen Pferde[8]).

1) Huon de Bord. p. 63: Entre la guice et la main dont le tint Parmi le keute si grant cop le feri Qu'escu et brac fait voler ens l'erbi.

2) Chev. as ·ij· espees 4690: Puis sont isnelement salli En pies et les escus osterent De lor col puis enuoleperent Des guinches lor senestres mains; 5788: Des cols ont les escus ostes, s'entortelerent entor les mains Les coroies por grever mains, C'andui sauoient d'escremie; cf. 9993.

3) Rabenschl. 651: Wie er (Dietrîch) sich erwerte, Daz tuon ich iu kunt: Od waz in ernerte, Daz sult ir hœren hie ze stunt. Daz tete ein hemd sîdîne, Daz truoc er under dem halsperge sîn. (652) Dar in vier heiltuom lâgen Versiglet alle zît, Diu sîn vil vaste phlâgen, Swenne er reit in den strît.

4) Wigal. p. 116, 3: Der priester strihte im umbe sîn swert Einen brief, der gap im vesten muot, Für elliu zouber was er guot; p. 188, 30: Dô was gewarnet der junge man Mit einem brieve, der im wart Gestricket an sîner vart Umbe sîn swert mit gebete Und mit dem kriuze, daz er tete Für sich, dô er ze dem tor în gie. Dâ von getorste der tievel nie Zuo im komen nâher baz. Vil sêre schûhte den heiden daz. — Der Eremit sagt zu Aiol (Aiol 455): 'Quant iou estoie iouenes ·j· brief portai, Ne fu onques mieudre ne n'ert ia mais. Li non de Jesu Crist i sont tout urai!' schenkt ihm den Zettel und (463) 'Desor le destre espaule li saila'. — Vgl. Itin. Reg. Ric. lib. I, c. 48.

5) Chron. Colmar. 1298: Habebat et multos, qui habebant dextrarios, id est equos magnos, qui inter equos communes quasi Bucephalus Alexandri inter alios eminebant.

6) Erec 3058: Sînen knaben er seite, Daz man im sîn ros bereite Und ir phärt der frouwen Ênîten. — Vgl. Matth. Paris 1245: Der Abt von Cluny schenkt dem Papste 'triginta palefridos et desiderabiles et convenienter phaleratos cum totidem equis clitellariis, quos summarios (mhd. soumære, Saumthiere) vocamus'.

7) Parz. 779, 3; 647, 2.

8) Êneit p. 34, 25: Manich gût kastelân, Snel unde wol getân Und manich schône râvît. — Vgl. Parz. 121, 24; 157, 26; 210, 5; Willeh. 42, 17. — Parz. 400, 4: Ein râvît von Spâne hôch Reit der künec Vergulaht. — Vgl. Erec 2327; Crône 490 ff.; Mai u. Beafl. p. 109, 27.

Sonst werden auch ungarische[1]) und türkische Rosse[2]) genannt. In der Regel ritt man Hengste und verschmähte die Stuten[3]); auch Wallache waren, wie es scheint, nur selten im Gebrauch[4]). Von den Wunderrossen, die vom Winde mit Stuten erzeugt werden, erzählt Heinrich von Veldeke p. 144, 26 ff.

Fig. 60. Nach einer Wandmalerei der Painted Chamber zu Westminster.

Das Ross war nun gleichfalls gepanzert, d. h. über und über mit einer aus Eisenringen gefertigten Decke behangen[5]) (Fig. 60). Unter der

1) Aiol 10884: Destrier de Hungrie.

2) Willeh. 42, 21.

3) Willeh. 395, 5: Daz was Margot von Pozzidant, Den man gezimieret vant Ein jumenten rîten, Dar ûf er wolde strîten, Mit îsercovertiur verdact. Ûf daz îsern was gestract Ein phellel, des ir was ze vil. Der orse muoter man niht wil Sô hie ze lande zieren: Wir kunnen de ors punieren.

4) Parton. 470: Der meiden. — Ottokar v. Steier LXIIII.

5) Chron. Colmar. 1298: Hii equi cooperti fuerunt coopertoriis ferreis id est veste ex circulis ferreis connexa. — Guil. Brito, Philipp. XI (Duchesne V, 239):

Eisendecke lag noch eine andre aus dickem Gewebe, das Scheuern des Eisens zu mildern [1]); über dieselbe wurde eine Sammtdecke (die covertiure) gebreitet [2]), welche die Farbe des Wappenschildes zeigte und gewöhnlich noch mit Wappenbildern [3]) (Fig. 61. 62) oder Devisen (s. Titelblatt) und den beliebten Schellen [4]) verziert war. Der vor dem Sattel befindliche Theil der Decke heisst Brustenier [5]) (afr. colière) [6]), der andere, welcher den Bug des Pferdes beschützt, afr. croupière [7]), mhd. grôpiere [8]).

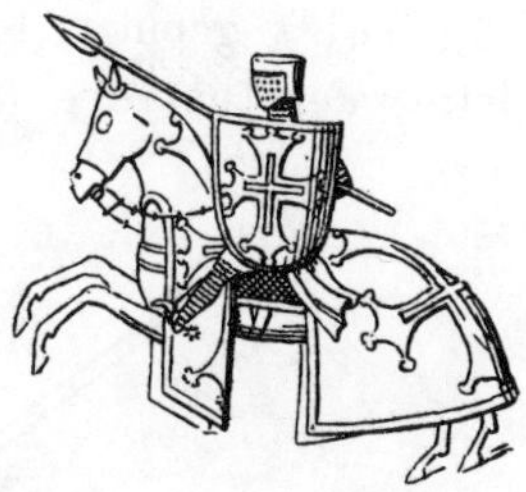

Fig. 61. Siegel Raymond's VII. Grafen von Toulouse 1228.

---

dextraque levavit Tecturam funibus quae latis ferrea latam Ventrem velat equi teneroque sub inguine dextra Mucronem impegit.

1) Titur. 1221: Drivalt hiezer verdecken sin ors der furste kune, Von palmat uberstrecken und ysen druf daz dritte samit gruene.

2) Parz. 211, 6: Von samît ein decke rôt Lac ûf der îserînen. — Willeh. 395, 5 (vgl. S. 84, Anm. 3). — Wigal. p. 278, 32: Der rîter ors wâren bereit Ûf ieglîchez zwô decke geleit Von îsen und von pfelle. — Meleranz 5918: Ûf daz îser was gestrecket Ein samît grüen als ein gras. — Athis B 66: Ein guot march hête er bescritin Virdaht mit zwein deckin.

3) Lanz. 4414: Mit einer îsern kovertiure Ez was bedaht ûf den strît. Dar obe lac ein samît Geworht grüene als ein gras. Sîn wâfen ouch dar an was, Rôte lewen von golde. — Engelh. 2528: Des covertiure was gebriten Von sîner frouwen an der ram. Ouch was sîn wâpenroc alsam Gedrungen mit der spelten; (die Inschrift 2554:) Friunt, got lâze dich behaben Heil und ganzer sælden kraft Ûf minne unde ûf ritterschaft. — Blancandin 1209: La vestéüre del destrier Font les dames apareillier, Tote fu broudée à orfrois. — Willeh. 33, 16: Mangen pfelle lieht gemâl Ir ors truogen ze kleiden; 360, 14; 364, 15. — Frauend. p. 296, 24: Mir was ein vil guot scharlach brâht; Dar ûz diu decke was gesniten Lanc unde wît nach meisters siten, Gehowen meisterlîch genuoc, Gezegelt hôch unz ûf den buoc. Mit porten gar von golde rîch Was si gegetert meisterlîch. Ie swâ der gater zesamen gie, Von silber rôsen dort und hie Wârn dar ûf vil wol geslagen, Sô daz er muoste wol behagen. Der rôsen was diu decke vol, mit gel zendâl gefurrirt wol.

4) Walberan 887: Diu deck diu ûf dem rosse erschein, Diu was lûter unde rein, Reht als der wâfenroc sîn; Mâne und sterne guldîn, Dar an hiengen schellen. — Rom. de Troie 23371: Coverz fu toz d'un drap de soie, Qui plus que flors ne neis blanchoie ·C· escheletes cler sonnanz Petites d'or, nongaires granz I atachent.

5) Titur. 4690: Ob die orss bi leben da beliben, Daz musten gute brustenier da wenden.

6) Parton. 3139: Desos les iols fiert le ceval Que le musel emporta aval, Et ne remaint por la colière Que dusque es dens li brans ne fière.

7) Percev. 32468: De cendal èrent les crupières Et les colières ensement. — Parton. 6784: Et fors escus et beles seles Crupières bones et colières Qui seront de fer et legières.

8) Wigal. p. 54, 35: Ein ros, daz was bedecket gar Mit einer grôpiere. — Crône 731: Decke und crôpiere (statt: tropiere).

Der Kopf des Rosses war mit einem besonderen Schmucke, dem Gügerel[1]), geputzt (Fig. 63. 64), später auch mit einer festen Stahlplatte, der testière (mhd. tehtier)[2]), gegen Verwundung bewahrt.

Fig. 62. Miniatur der Weingartener Liederhandschrift zu Stuttgart.

Diese Testière, die wohl dem später üblichen Chanfrein entspricht, wurde zuweilen noch mit scharf geschliffenen Spitzen versehen, so dass das Ross selbst Wunden beizubringen im Stande war[3]).

1) Lanz. 4438: Guldîn was sîn gügerel: Ein boum mit löubern niht ze breit, Ein gimpel (statt: grimel) was dar an bereit Mit sîdînen weifieren. — Wigam. 3734: Ey wie die ritter sich ruorten Auf verdeckten rossen schnel! Die heten mangen gugerel und manger handt gezymer.

2) Willeh. 412, 24: Dâ was im durch daz tehtier Dez houbetstiudel ab geslagn. — Percev. 6495: Une testière sour son col; 6500: Qui en cele presse hapés As tros de lance et ces testières Et ces armes et ces crupières. — Vgl. Gr. Wolfdietr. 1038: Der heiden ilte drate, do er daz ros fant, Ez was geworden spate, er begreif ez mit der hant; Er bant im ûf vil balde schopf und satel sin.

3) Godefr. de Bouillon 34573: Et trestous leur cevaus couviers et atournés. En leur tiestes devant ont picques acérés, Trençans comme raisoirs quant il est afilés.

Mit dem Reitzeuge wurde, wie schon früher geschildert (I, S. 383 ff.), grosser Luxus getrieben; den Templern aber verbot ihre Ordensregel ausdrücklich, mit edlen Metallen ihre Zügel und Gurte zu beschlagen [1]).

Fig. 63. Siegel des Roger-Bernard, Grafen von Foix 1276.

Fig. 64. Siegel des Pierre, Grafen von Alençon 1271.

Die Erwähnungen der Pferdedecken (der Covertiuren) finden wir schon bei den Dichtern aus dem Anfange des dreizehnten Jahrhunderts. Demay (Costume d'après les sceaux p. 179) weist sie 1217 nach. Sava findet sie erst auf den Siegeln Ottokars von Böhmen nach 1261 (s. Fig. 65). Das Gügerel kennt Demay (a. a. O. 183) erst nach 1267, aber Ulrich von Zatzikhoven beschreibt es schon; ebenso kommt auf Siegeln das Chanfrein erst nach 1360 vor

Vergegenwärtigen wir uns nun noch einmal die Erscheinung eines höfischen Ritters. Er sitzt auf einem Rosse, das vom Haupte bis auf die Fesselgelenke von einer bunten flatternden Seidendecke umgeben ist; nur die Nüstern und die Augen sind frei; der Reiter selbst ist mit einem gleichgefärbten, gestickten, bunten, ärmellosen Rocke bekleidet; an Armen und Beinen kommt der silberglänzende blanke Ringpanzer zum Vorschein (Fig. 66); umgürtet ist das wuchtige Schwert, mit der

1) Concilium Trecense 1128, Can. XXXVII: Nolumus, ut omnino aurum vel argentum, quae sunt divitiae peculiares, in frenis et pectoralibus nec calcaribus vel in strepis unquam appareat, nec alicui fratri remanente emere liceat. Si vero caritative talia vetera instrumenta data fuerint, aurum vel argentum taliter coloretur, ne splendidus color vel decor caeteris arrogantia videatur. Si nova data fuerint, magister de talibus quod voluerit faciat.

Linken presst er das buntbemalte Schild an die Brust, die Rechte hält die Lanze, deren Schaft gleichbemalt ist, an deren Spitze das bunte Banner flattert. Soweit wäre das Aussehen des Ritters gar nicht übel; was uns jedoch missfällt, ist die Kopfbedeckung, der Helm, welcher das Angesicht ganz verdeckt, und der, wenn noch gar das Zimier auf-

Fig. 65. Siegel Ottokars, Königs von Böhmen, 1269.

gebunden ist, der ganzen Erscheinung etwas abenteuerlich Gespenstiges giebt (Fig. 67). Die Rüstung ist ja sonst plastisch schön; sie schmiegt sich den Formen des Körpers an und bietet dem Bildhauer manch schönes Motiv; jedenfalls ist sie künstlerisch eher darzustellen, wie die Krebspanzer des fünfzehnten Jahrhunderts. Aber der Helm ist entschieden unschön, ebenso wie die Visierhelme der späteren Zeit; die bedeutenderen Künstler jener Zeit haben deshalb auch, wo es

Fig. 66. Siegel des Prinzen Philipp von Frankreich 1267.

Fig. 67. Miniatur der Weingartener Liederhandschrift zu Stuttgart.

nur irgend anging, die Ritter mit abgenommenen Helmen dargestellt.

Uns missfallen, wie gesagt, diese abenteuerlichen Gestalten: den Zeitgenossen erschienen sie im höchsten Maasse schön. Wenn Konrad von Würzburg oder der Dichter des Reinfried die zum Kampfe reitenden Ritter beschreiben, wissen sie deren Erscheinung nicht höher zu preisen, als wenn sie sie Engeln vergleichen 1).

1) Engelh. 2644: Da sach man sie gezieret baz Aber hin ze velde zogen, Als engel wæren dar geflogen Ûz dem heiligen paradîs. — Turnei 708: Si kâmen ûz der stat gevarn Als engel wol gezieret, In wart getambûrieret, Geschellet und gepfîfet. — Reinfr. 7360: Mangen helt gezieret Nâ ritterlîchem prîse In engellîcher wîse Ûf grôzen orsen sitzen; 8390: Der ritter als ein engel stuont Gewâpent ritterlîche.

# II.

So lange des bairischen Herolds Georg Rüxner Turnierbuch (2. Ausg. 1532) noch als unverdächtige Quelle angesehen wurde, konnte man zu einer rechten Würdigung der Bedeutung dieser so vielbesprochenen Waffenspiele kaum gelangen. Zwar hatte schon Johannes Müller in seinem „Discurs ob Georg Rixner's ... deutsches Thurnierbuch pro scripto authentico zu halten etc.“ (Nürnberg 1766) sich gegen die Glaubwürdigkeit Rüxners ausgesprochen, und Pfeffel nennt ihn gar (Abrégé chronol. de l'histoire et du droit publique d'Allemagne. Paris 1777. I, 120) einen „fameux imposteur“, trotzdem blieb das Werk zumal bei Heraldikern und Genealogen im Ansehen. Dass König Heinrich I. das erste Turnier in Deutschland 936 zu Magdeburg veranstaltet, nimmt noch A. P. Budik (Ursprung ... des Turniers. Wien 1836) als sicher an und sucht die Liste von Rüxners Turnieren zu ergänzen und zu berichtigen. Nach seiner Meinung sind im zwölften Jahrhundert alles in allem neun, im dreizehnten einundzwanzig Turniere abgehalten worden; während in Wirklichkeit, selbst wenn wir die Zahl auf hundert, ja tausend erhöhen wollten, wir kaum das Richtige treffen dürften; so oft sind damals solche Kampfspiele gefeiert worden. Um daher zu einem rechten Verständniss des Turnierwesens zu gelangen, müssen wir zunächst alle späten, verdächtigen Quellen bei Seite lassen und nur die Berichte der Zeitgenossen in Betracht ziehen.

Waffenspiele hat es bei allen kriegerischen Nationen gegeben. Bei besonderen Gelegenheiten erprobten vor Zuschauern die waffentüchtigen Jünglinge und Männer, theils um sich selbst zu üben, theils um ihre Gewandtheit zu zeigen, ihre Geschicklichkeit, indem sie mit stumpfen Waffen gegen einander kämpften. Das sind aber immer noch keine Turniere. Auch die von Nithard (hist. lib. III, 6, ad a. 842) beschriebenen Spiele können wir kaum den Turnieren beizählen; es handelt sich nicht um ein regelrechtes Lanzenrennen, sondern mehr um eine Bewährung der Reitkunst, und so möchte ich diese Schaustellungen etwa einer moresken Fantasia vergleichen. Die Erfindung des Turniers ist französischen Ursprungs und wird gewöhnlich, wie schon Pfeffel (a. a. O. I, 120) erwähnt, dem Godefroi de Preuilly zugeschrieben. Hewitt (a. a. O. 183) citirt das Chronicon Turonense, das zum Jahre 1066 bemerkt: „Godefroi de Preuilly (de Pruliaco), der die Turniere erfand, wird bei Angers getödtet", und im Chronicon Turonense anonymi canonici Turonensis S. Martini lesen wir: „Im siebenten Jahre des Kaisers Heinrich, im sechsten des Königs Philipp kam bei Angers eine verrätherische Handlung vor, bei der Godefroi de Preuilly und andre Barone getödtet worden sind. Dieser Godefroi erfand die Turniere."

Die der Zeit nahestehenden Schriftsteller sind auch von dem französischen Ursprung des Turnieres fest überzeugt. Matthaeus Paris nennt es schlechthin das französische Kampfspiel (conflictus Gallicus) und Radulfus de Coggeshale erzählt: „sie griffen nach Art der Franzosen, hoch zu Rosse sitzend, einander mit Speeren und Spiessen an"[1]. Von Frankreich aus wurde diese Sitte dann auch in den anderen Ländern eingeführt.

Schon im August 1127 wurde ein Turnier zu Würzburg abgehalten[2], in Böhmen fand diese Art Kampfspiele jedoch erst ums Jahr 1245 Eingang[3].

Ueber die englischen Turniere berichtet Guilelmus Parvus de Newburgh (Hist. Anglicana V, 4): „Während der Waffenruhe zwischen den Königen (Richard und Philipp 1194) fing man in England an, Waffenspiele, das heisst die kriegerischen Uebungen, welche gewöhnlich Turniere genannt werden, zu feiern; der König bestimmte es und verlangte von jedem, der sich üben wollte, einen festgesetzten Beitrag. Und diese königliche Forderung erregte den Muth der für das Waffenhandwerk glühenden Jünglinge, so dass sie noch mehr entbrannten und festlich zur Uebung zusammenkamen. Ein solches kriegerisches Schauspiel, bei dem es sich um keinen gegenseitigen Hass handelte, sondern einzig und allein darauf ankam, die Kräfte zu üben und zu zeigen, hatte, wie man weiss, nur in den Tagen des Königs

1) Die Stellen sind ohne nähere Angaben bei Hewitt citirt; ich habe die des Radulfus nicht auffinden können.

2) Ottonis Frising. Gesta Friderici I, 17: Tyrocinium quod vulgo nunc turneimentum dicitur, cum militibus exercentes.

3) Can. Prag. Continuatio Cosmae: Sub eius etiam temporibus adinventus est in Bohemia ludus tornamentorum, 1245, regni autem regis Wenceslai 15 vel 16.

Stephan (1135—54) stattgefunden, als durch dessen unschickliche Weichlichkeit die öffentliche Ordnung gänzlich zerrüttet war. Denn unter den früheren Königen und auch unter Heinrich II., welcher Stephans Nachfolger war (1154—89), waren die Waffenübungen der jungen Ritter gänzlich untersagt, und die, welche aus Liebe zum Waffenruhme sich üben wollten, setzten über das Meer und übten sich in den naheliegenden Ländern. Der erlauchte König Richard jedoch wollte, in Erwägung, dass die Franzosen im Kampfe um so tüchtiger waren, je mehr sie Uebung und Erfahrung sich erworben, dass die Ritter des Reiches innerhalb seiner Landesgrenzen sich übten, damit sie durch dies festliche Vorspiel der Kriege die Kunst und den Gebrauch der wahren Kriege erlernten, und damit die Franzosen nicht mehr die englischen Ritter ungeschickt und weniger erfahren schelten sollten. Zu wissen ist, dass auf drei allgemeinen Concilien unter drei verehrungswürdigen römischen Päpsten diese Waffenübungen verboten worden sind. So sagt im (dritten) Lateranischen Concile (1179, Canon XX) Papst Alexander (III. 1159—81): 'Folgend den Spuren unsrer Vorgänger der Päpste Innocenz (II. 1130—43) [1]) und Eugen (III. 1145—53) [2]) seligen Andenkens, verbieten wir die abscheulichen Handlungen (detestabiles nundinas), die man gewöhnlich Turniere nennt und zu denen verabredetermassen Ritter zusammenkommen und verwegen mit einander kämpfen, wodurch der Tod von Menschen, Gefahren der Seelen oft veranlasst werden. Wenn einer von ihnen tödtlich verwundet worden ist, so soll ihm auf seine Bitte zwar die Beichte abgenommen werden, er jedoch eines christlichen Begräbnisses verlustig sein.' Obschon also diese festliche Zusammenkunft junger Ritter (tironum) unter schweren Ahndungen verboten ist, so verachtete doch der Eifer der jungen Leute, welche den Waffenruhm über alles liebten und sich der Gunst der Fürsten, die erprobte Ritter haben wollten, erfreuten, bis jetzt noch die Anordnung der kirchlichen Fürsorge [3])."

Richard wollte, das geht aus dem soeben angeführten Berichte und aus dem Zeugnisse des Matthaeus Paris [4]) klar hervor, seine Ritter-

1) Concil zu Reims 1131, Canon XII. — Zweites Lateranisches Concil 1139, Canon XIV.

2) Concil zu Reims 1148, Canon XII.

3) Die Verbote fruchteten wenig genug. 1287 musste sogar auf dem Concil zu Würzburg (Can. IV) den Geistlichen bei Strafe des Bannes die Theilnahme an Turnieren untersagt werden.

4) 1194: Eodem tempore Rex Richardus in Angliam transiens statuit per loca certa torneamenta fieri, hac fortassis inductus ratione, ut milites regni utriusque

schaft im Frieden zum Kriegshandwerk vorbereiten. Die päpstlichen Befehle beachtete er nicht. Obschon 1193 Papst Coelestin III. wiederum das Verbot erneuert hatte, erlaubte Richard doch im August 1194 die Turniere. Roger von Hoveden erzählt in seiner Chronik: „Ausserdem befahl der König, Turniere in England zu veranstalten, und bestätigte dies durch eine Urkunde. Jeder, der turnieren wollte, sollte ihm eine Geldsumme gemäss nachstehender Anordnung geben: ein Graf sollte für die Turniererlaubniss 20 Mark Silber (800 RM.), ein Baron 10 Mark Silber (400 RM.), ein Ritter, der Landbesitz hatte, 4 Mark Silber (160 RM.) und ein Ritter ohne Grundbesitz 2 Mark Silber (80 RM.) zahlen. Und der König befahl, dass kein Ritter auf dem Turnierplatze erschiene, ehe er besagtes Geld erlegt hätte.“ So eröffnete sich Richard noch eine neue Geldquelle und erwies zugleich den Rittern eine grosse Gefälligkeit. Jocelinus de Brakelonda (ed J. Gage Rokewode p. 40) berichtet, wie nach der Rückkehr des Königs den Rittern die Turniere erlaubt wurden: „Und um ein solches zu feiern, kamen Viele zwischen Thetford und St. Edmunds zusammen, aber der Abt verbot es ihnen; sie jedoch leisteten Widerstand und setzten ihren Willen durch. Ein andermal kamen vierundzwanzig junge Leute, Söhne von Adligen, mit ihrem Gefolge in vollen Waffen, um eine Sache auszufechten (ad vindictum faciendum) an den besagten Ort. Nach deren Beendigung kehrten sie in jenes Dorf (villa) zurück, um da zu herbergen. Der Abt, der es erfahren, befahl die Thore zu schliessen und sie alle einzusperren. Am nächsten Tage war der Vorabend des Peter- und Paul-Festes. Nachdem sie gelobt, nicht hinauszugehen, speisten alle an diesem Tage mit dem Abte, aber nach dem Frühmahl, als der Abt in sein Zimmer gegangen war, wurden sie alle heiter und fingen an zu tanzen und zu singen, schickten ins Dorf nach Wein, tranken und johlten (ululantes), und brachten so den Abt und den Convent um ihren Schlaf und thaten alles zur Verhöhnung des Abtes. So trieben sie es vom Morgen bis zum Abend und liessen sich auch durch die Befehle des Abtes nicht stören. Als der Abend aber kam, da sprengten sie die Schlösser an den Thoren des Dorfes und brachen gewaltsam aus. Der Abt aber bannte auf den Rath des Erzbischofes Hubert, der zur Zeit Oberrichter war, sie alle feierlich, und Viele kamen, um Busse zu thun und die Lossprechung zu erbitten.“

---

concurrentes vires suas flexis in gyrum frenis experirentur, ut, si bellum adversus crucis inimicos vel etiam finitimos movere decreverunt, agiliores ad praelium et exercitatiores redderentur.

In Deutschland und Frankreich scheint man sich um die Concilienbeschlüsse, wenigstens soweit sie das Turnierwesen betrafen, nicht besonders gekümmert zu haben [1]). Aus des Gislebertus Chronik vom Hennegau (Chron. Hanoniense) geht hervor, dass fast alle Jahre der Graf Balduin von Hennegau sich an Turnieren mit seinen Rittern betheiligte. Da ladet 1168 der Graf Philipp von Flandern zu einem Turnier zwischen Gournay (bei Compiègne) und Ressons-sur-le-Mals ein; 1169 wird eins im August zu Trazignies (bei Nivelle) abgehalten; 1172 finden gar vier, zwischen Bussy-Lettrée und Châlons-sur-Marne, bei Lizy in der Nähe von Meaux, zwischen Montbéliard und Rougemont, und bei Réthel statt; 1175 im August zwischen Soissons und Braine (der Graf von Hennegau kommt mit seinen Schwägern Radulf von Couci und Burkhard von Montmorency, 100 Rittern und 1200 Fusssoldaten vor Braine an, wartet bis zum Abend, ob die Franzosen sich stellen, und ordnet dann den Rückzug an; da greifen ihn die Franzosen an, es entspinnt sich eine Schlacht, in der Viele fallen, aber die Hennegauer den Sieg behalten); 1178 zwischen Vendeuil und La Ferté (bei Saint-Quentin), 1180 bei Blangi, 1182 bei Ath, 1183 wieder zwischen Soissons und Braine. 1201 den 5. Mai bannt Innocenz III. wiederum Alle, die binnen fünf Jahren turnieren werden, und nur gegen den feierlichen Eid, zu gehorchen, erlaubt er sie vom Banne loszusprechen (Roger de Hoveden).

Ein Turnier ist immer in erster Linie eine Waffenübung, lediglich aus praktischen Rücksichten veranstaltet, etwa unsern Manövern zu vergleichen. Es kommt den Rittern darauf an, sich in dem Lanzenkampfe, im Schwertgefecht, vor allem in der Behandlung des Streitrosses zu üben, sich zu gewöhnen, auch im Kampfe die Last der Rüstung und der Waffen zu ertragen, sich für die ernste Feldschlacht vorzubereiten [2]); den Fürsten lag daran, ihre Ritterschaft kennen zu

---

1) Im Lanceloet (III, 16500) wird sogar von einem Ritter erzählt, der ins Kloster gegangen ist, trotzdem aber, die Kutte über der Rüstung tragend, sich am Turnier betheiligt. Ja die h. Jungfrau thut selbst ein Wunder, um einem Ritter, der sich ihrer Messe halber im Münster verspätet hat, den Siegespreis im Turniere zuzuwenden (Marien-Ritter. vdHagen, Ges. Abent. III, 466.) — Vgl. Gualterus Mapes, de nugis curialium dist. I, cap. 20. — Joh. de Beka (ed. Buchelius p. 69).

2) Rog. de Hoveden 1178: Scientes, quod ars bellandi, si non praeluditus cum fuerit necessaria non habetur. Nec potest athleta magnos spiritus ad certamen afferre, qui nunquam suggillatus est. Ille, qui sanguinem suum vidit, cuius dentes crepuerunt sub pugno, ille qui supplantatus adversarium toto tulit corpore, nec proiecit animum proiectus,

lernen, zu erproben, welche unter ihnen besonders tüchtig und brauchbar sich bewährten. Solchen Rittern wurde dann in der Schlacht ein Commando anvertraut, eine schwierige Stellung zu vertheidigen gegeben; ein tüchtiger Turnierheld konnte sich Ansehen, Hab und Gut und Ehrenstellen erwerben.

Wie man es aber grade im zwölften und dreizehnten Jahrhundert so oft und so gut verstand, das praktisch Erforderliche auch schön und anmuthig zu gestalten, wie die Baumeister unserer gothischen Kathedralen die nothwendigen Abwässerungen benutzten, jene reizenden Wasserspeier zu schaffen, in deren plastischem Schmucke der schalkhafte Humor so prächtig zur Geltung kommt, wie sie die zur Stütze der Gewölbe bestimmten Strebepfeiler und Strebebogen so zierlich und gefällig ausbildeten, dass sie nicht allein ihre architektonische Function erfüllten, sondern dem ganzen Bau zur Zierde dienten, so haben die Ritter auch das Turnier zu einem schönen Feste umgestaltet, voll Poesie und Anmuth, und die Manövrirübung zu einem Glanzpunkte höfischer Feinheit ausgebildet. Und diese Verfeinerung, die Aufstellung der Turniergesetze und -Gebräuche verdanken wir wahrscheinlich dem schon genannten Godefroi de Preuilly; er hat aus einer rohen Waffenübung ein schönes Fest, an dem auch die Damen ihren reichen Antheil hatten, zu machen verstanden. Die schöne Form ist auch allein den nachfolgenden Geschlechtern im Gedächtniss geblieben; als schon längst das ganze Kriegswesen umgestaltet war, die Geschwader der Panzerreiter nicht mehr in der Schlacht den Ausschlag gaben, und so auch die Turniere zur Uebung der Ritterschaft nicht mehr zu dienen brauchten, da hat man sie wenigstens als höfische Spiele noch Jahrhunderte hindurch lebendig erhalten.

Das Turnier (mhd. turnei, afr. tournoi von tour, mlat. tornus die Drehscheibe), im Lateinischen gewöhnlich Hastiludium oder Tornea-

---

qui quotiens cecidit, contumacior surrexit, cum magna spe descendit ad pugnam. — Künik Tirol 29 (HMS. I, 7): Sun, turnei machet rische diet. Da von wil ich dir raten niet. Turnieren wirdet mannes lip, Dur wirde lobent si diu wip. Turnieren daz ist ritterlich, So hœrt zuo strite dringen und veste halten herteklich. — Frauendienst p. 10, 9: Hin heim sâ in daz Stîrelant (anno 1219), Dâ ich vil turnirens vant Von knehten, daz was dô der sit: Si lernten rîterschaft dâ mit; p. 10, 29: Dô fuor ich turnirn knehtes wîs Durch lernen und durch knehtes prîs, Allenthalben reht driu jâr. Dô wart ich ritter, daz ist wâr, Ze Wiene ze einer hôchzît (a. 1222); p. 70, 27: Die stâchen hie durch hôhen muot, Die andern dort wan umb daz guot: Dâ tjostirt manges ritters lîp Durch anders niht wan durch die wîp: Sô stâchen die durch lernen dâ, Jen durch prîs dort anderswâ.

mentum genannt, ist zunächst zu unterscheiden von einem anderen gleichfalls häufig genannten Ritterspiele, dem Buhurt. Der Buhurt (afr. behourd, mlat. bagorda: behordare, bagordare) ist ein Reiterschauspiel; wenn auch mit Speeren gestossen, mit Schilden der Stoss parirt wird, die Waffen mussten gänzlich ungefährlich sein, da die Ritter ohne Rüstung an dieser Uebung theilnahmen. Es ist mehr ein Paradestück, welches die Ritter zu Ehren einer Dame oder einer hochstehenden Person aufführen [1]). „Die rîter begunden alle Vor ir buhurdieren Mit rîchen banieren. Von hurte die schilde gâben schal, Sô daz manic knie geswal [2]) Von hurte und von gedrenge. Diu strâze wart vil enge Von der edelen rîterschaft. Dâ wart zebrochen manic schaft Von slegen und von hurte enzwei. Ez wære worden ein turnei, Hieten sie ir harnasch gehabet“ [3]). Buhurt ist meines Erachtens dasselbe Spiel, welches Gislebertus (Chron. Hanon. 1184) uns beschreibt, und welches er Kreisreiten (gyrovagari) nennt. Er berichtet von dem grossen Hoffeste, das im Mai (zu Pfingsten) 1184 Kaiser Friedrich zu Mainz veranstaltete. „Am Montage und Dienstage (den 21. und 22. Mai) nach dem Frühmahle fingen die Söhne des Kaisers an, im Kreise zu reiten, und in dem Kreise waren nach einer Schätzung zwanzigtausend Ritter oder mehr. Der Kreis war aber ohne Waffen; die Ritter ergötzten sich daran, die Schilde, Speere und Banner zu tragen und ihre Rosse zu tummeln. In demselben Kreise musste schicklicher Weise auch der Kaiser Friedrich selbst, obschon er den Anderen weder durch Körpergrösse noch durch Schönheit überlegen war, seinen Schild tragen; der Graf von Hennegau diente ihm bei diesem Kreisritte und trug ihm die Lanze. . . . Das Turnier aber bei Ingelheim, einem Dorfe am Rhein, das zwei Meilen von Mainz entfernt ist, wurde namentlich auf Anrathen der Fürsten unterlassen.“

Turnier und Buhurt werden also ganz bestimmt unterschieden. Beim Buhurt kam es darauf an, eine gewisse Reitergewandtheit zu zeigen, er gleicht also im Allgemeinen den Reiterspielen, die schon Nithard erwähnt. Besonders in Italien scheint dies Schauspiel beliebt gewesen zu sein (s. Ann. Parmenses maj. 1291. 1300), da es den jungen Leuten Gelegenheit bot, mit ihrer Geschicklichkeit zu paradiren, dagegen sowohl ungefährlich als auch für den Theilnehmer nicht zu kostspielig war.

---

1) Lanzel. 638: Und nâch turneischen siten Wol kunden pungieren, Die bat siu buhurdieren.

2) Vgl. Mai u. Beafl. p. 85, 15 ff.; p. 82, 31 ff.

3) Wigal. p. 230, 27.

Beides gilt vom Turnier keineswegs. Der Kämpfende setzte jedes Mal sein Leben aufs Spiel. Mochte man auch mit abgestumpften Waffen fechten, so konnte in der Hitze des Turniers schon mancher harte Streich geführt werden; das schadete nichts, da der Getroffene höchstens daraus nur einige Beulen und blaue Flecke davontrug. Schlimmer war es, wenn im Eifer statt einer stumpfen eine scharfe Lanze gewählt wurde[1]). Aber allein der Sturz vom Rosse konnte so Manchem das Leben kosten; Andere erstickten in der Hitze und im Staube. Um 1139 wurde Daniel de Curte Traiani, ein eifriger Turnierheld, bei einem Waffenspiel erstochen (Hist. Monast. Viconiensis). Bei einem Turnier zwischen den Rittern von Cremona und Piacenza 1158 „wurden einige verwundet, andere gefangen, einige auch getödtet" (Ragew. Gest. Frid. IV, 8). Zum Jahre 1175 erzählt das Chronicon Montis Sereni[2]): „Graf Konrad, der Sohn des Markgrafen (von der Lausitz) Dietrich wurde bei einer Waffenübung, die man gewöhnlich Turnier nennt, am 17. November durch einen Lanzenstoss getödtet. So sehr hatte sich aber dies verderbliche Spiel bei uns eingebürgert, dass binnen Jahresfrist sechszehn Ritter bei ihm ihren Tod gefunden haben sollen, und deshalb bannte der Erzbischof Wichmann (von Magdeburg 1152—92) Alle, die an ihm sich betheiligten." Er versagt dem Gefallenen das christliche Begräbniss. Erst als die Verwandten beschwören, dass Konrad vor seinem Tode gebeichtet, bereut und die Absolution empfangen, als sie sich eidlich verpflichteten, weder selbst Turniere zu besuchen, noch in ihren Landesgebieten zu dulden, erst da giebt der Erzbischof nach und gestattet, nachdem auch der Papst es genehmigt, die kirchliche Beerdigung.

1193 wurde Eustachius de Calquilla im Turnier tödtlich verwundet, legte aber noch vor seinem Verscheiden die Mönchskutte an und erkaufte sich durch reiche Spenden ein christliches Begräbniss (Willelmi Chronica Andrensis § 101).

Nicht so glücklich erging es dem Grafen Florencius von Holland, einem ausgezeichneten Turnierhelden, der 1234 vom Pferde abgeworfen und im Tumulte todtgetreten wurde. Auch er erhielt kein kirchliches Begräbniss, sondern wurde in einem Wäldchen beerdigt und ihm da ein Denkmal gesetzt. Vier Jahre später wurde sein Bruder Wilhelm

---

1) Matth. Par. 1252: Mucro prout deberet non erat hebetatus. . . Inventum est in mucrone acutissimum, instar pugionis, cultellinam habens latitudinem, quod esse debuit et decuit fuisse hebes et brevem formam habens vomeris und vulgariter vomerulus appellatur, Gallice soket.

2) Vgl. Annales Vetero-Cellenses.

im Turnier tödtlich verwundet und starb wenige Tage darauf [1]) (Gesta Abbatum Horti Sanctae Mariae) [2]).

1241 im Mai erstickten durch Hitze und Staub hundert Ritter bei einem Turnier in Neuss (Ann. S. Pantal. Colon.); Albericus berichtet nur von sechszig Todten, die die Strafe dafür ereilte, dass sie den Abmahnungen eines frommen Mannes nicht gehorcht. Man bemerkte, wie die bösen Geister in Gestalt von Geiern und Raben umherflogen und krächzten (Chron. Alberici Monachi Trium Fontium). Eine andere Version findet sich in der Chronica Universalis Mettensis (1240): „Bei einem Turnier in Deutschland schlugen die Ritter, plötzlich vom Wahnsinne erfasst, einander todt und fast alle gingen zu Grunde; unter ihnen fanden 80 ausgezeichnete bannertragende Ritter ihren Tod.“

1258 wurde Graf Florens von Holland bei einem Turnier in der Nähe von Antwerpen so gequetscht, dass er bald darauf starb (Melis Stoke, 4. boek, v. 29 ff.).

1268 starb in Folge eines auf dem Turnier zu Merseburg erhaltenen Lanzenstosses der Markgraf Johann von Brandenburg. Bei der Rückkehr von diesem Turnier ertrank Dietrich von Kirchberg mit drei Knappen (mit 28 Rittern und Knechten) in der Saale (Chron. minor. Auct. Minorita Erphordensi Contin. I und Contin. V).

1279 kam Guillaume de Dampierre in dem Turnier zu Trazignies um (Gen. Com. Flandr.). In demselben Jahre erstickte bei einem Turnier in Strassburg Lantfried von (Hohen-)Landsberg; grade dreissig Jahre früher war an demselben Tage ebenfalls in Strassburg sein Vater im Turnier von dem Grafen Konrad I. von Freiburg getödtet worden (Ann. Colm. Maj.).

1290 turnierte im December bei Gelegenheit des Reichstages zu Nürnberg der Sohn des Herzogs Ludwig von Baiern, Ludwig, gegen den Edlen von Hohenlohe und wurde von demselben, der aus Versehen eine scharfe Lanze genommen, tödtlich am Halse verwundet (Monachi Fürstenfeldensis Chron. de Gestis Principum).

1294 am dritten Mai wurde im Turnier bei Bar-sur-Aube Herzog Johann von Brabant durch einen Lanzenstich am Arme schwer verwundet; er vergab seinem Gegner und starb mit den Sacramenten versehen (Gesta Abb. Trudon. Cont. III; vgl. Ann. Brev. Wormat. ad a. 1295).

Also so ganz ungefährlich war dies Spiel denn doch nicht; nebenbei

---

1) Vgl. Ann. Stadenses.

2) Der Tod des Grafen Florencius fand in Corbie statt (Ann. Colon. Max.). Die Geschichte, wie Florencius vom eifersüchtigen Grafen von Clermont getödtet wird, s. bei Joh. de Beka (ed. Buchelius) p. 75. Derselbe Autor erzählt aber, dass die Leiche im Kloster Rynesburg beigesetzt wurde.

war der Einsatz kein geringer. Ich weiss nicht, ob sich auch die deutschen Fürsten von ihren Rittern die Erlaubniss zu turnieren abkaufen liessen, wie dies Richard Löwenherz that; ich glaube dies nicht. Trotzdem riskirte der Ritter, welcher sich an einem solchen Kampfspiele betheiligte, im Falle, dass er besiegt wurde, nicht nur sein Ross, seine Waffen und Rüstung zu verlieren, sondern auch noch seine Person zu lösen, ein nicht unbeträchtliches Lösegeld zu bezahlen. Er konnte sich also leicht gänzlich zu Grunde richten [1]).

Eine besondere Abart des Turniers war das Glücksspiel (fortunium) [2]) und die Tafelrunde [3]). Bei letzterem Feste nahmen die Ritter die Namen der Helden des Artus an [4]); über die Einrichtung der Spiele ist sonst nichts bekannt, sie müssen aber dem Turnier sehr ähnlich gewesen sein, denn man kämpfte auch zu Pferde und mit stumpfen Lanzen.

Die Heldenthaten einiger abenteuerlustigen Ritter lassen sich den geordneten Kampfspielen wohl auch beizählen. So fordert Ulrich von Lichtenstein in einem Briefe alle Ritter heraus, die sich mit ihm auf seiner Fahrt von Venedig bis nach Böhmen messen wollen, verspricht jedem, der einen Speer an ihm breche, einen goldnen Ring für seine Geliebte, dem, der ihn besiege, die Rosse, welche er mit sich führt, und verlangt für den Fall, dass er selbst Sieger bleibt, nur, dass der Besiegte sich nach allen vier Himmelsrichtungen, seiner Dame zu Ehren verneige. Wie er als Frau Venus gekleidet im weissen Gewande mit fliegenden Zöpfen am 25. April 1227 aufbricht und bis zum 23. Mai 307 Speere verstochen, 271 Ringe vertheilt hat, das beschreibt

---

1) Rittertreue (Ges. Ab. I, 106) 37: Ze ritterschaft stuont al sîn muot Biz daz er sînes vaters guot Vertet wol diu zwei teil; 45: Der tugent rîche lak ze hûs, Er muoste mangen grûs Von sînem vater dulden, Daz kwam von turneis schulden. — Der Jungherr und der treue Heinrich (Ges. Ab. III, 199) 85: Want er turnierens pflak, Als er vor tet mangen tak. Er verkoufte hiute sîn hof, Daz tet er allez durch lop, Biz ze leste der biderbe Verkouft' allez sîn erbe.

2) Matth. Paris 1241: In ore militari quodam hastiludium, quod vulgariter fortunium imo potius infortunium appellatur, ad virium experimenta.

3) Albericus Mon. Trium Fontium 1235: Flandrenses barones apud Hesdinium, ubi se exercebant, ad tabulam rotundam cruce signantur. — The french Chronicle of London 1280: Mesme l'an fut la rounde table a Kylingworthe (Kenilworth). — Matth. Par. 1252: Anno quoque sub eodem milites, ut exercitio militari peritiam suam et strenuitatem experirentur, constituerunt unanimiter, non ut hastiludio illo, quod communiter et vulgariter Torneamentum dicitur, sed potius in illo ludo militari, qui mensa rotunda dicitur, vires suas attentarent. — Chast. de Couci 3746: N'est en nul lieu lons ses demours, Car ne set près ne loins tournois, Ronde table, ne esbanois, Qu'il n'i voist querre aventure.

4) Lod. van Velthem lib. II, cap. 16 ff.

er im Frauendienst (p. 160—291). So wunderlich Ulrichs Zug uns auch erscheinen mag, so lesen wir doch in Joh. Rothe's Chronicon Thuringiae (von ern Waltmanne von Setilstete rittere), dass schon 1226 ein Ritter Waltman von Setilstete den Landgrafen Ludwig zum Turnier in Merseburg begleitete „und mit eme eyne wolgesmuckete jungfrowin uf eyme zceldin pferde, dy solde furin eynen wol bereittin sperber mit eyme gudin stouber" (Aufstöberhund). Waltman machte bekannt, dass er bis zu seiner Rückkehr nach Eisenach bereit sei, mit Jedermann zu kämpfen; wer ihn niedersteche, solle die Jungfrau, den Zelter, den Sperber samt dem Hunde und dazu noch seinen Harnisch haben, die Jungfrau aber dürfe sich mit einem goldenen, einen Gulden werthen Ringe lösen. Wen er jedoch besiege, der solle sowohl ihm, wie der Jungfrau einen Ring in gleichem Werthe verehren. Als das Mädchen nach Eisenach zurückkommt, hat es so viel Ringe, dass es alle Hofjungfrauen damit beschenken kann. Noch abenteuerlicher ist das Turnier, das Moriz von Craon veranstaltet. Er lässt sich, um der Gräfin von Beaumont ein ganz neues Schauspiel vorzuführen, ein Schiff bauen, wohl beschlagen am vorderen und hinteren Bug, das auf Rädern ruht und ringsum mit Scharlachtüchern behängt ist. Das Steuer (merruoder 674) wird angebunden; messingne Anker und seidne Taue fehlen nicht; vom Maste weht dem Segel gleich des Ritters Banner. Nachdem noch Lanzen im Vorrath angeschafft, spannt man Pferde vor, die unter dem Umhang verborgen sind, und so fährt er durch Frankreich bis zum Schlosse Beaumont (vgl. Th. I, S. 483), besteht gegen die Ritter im Schlosse mit seinen Begleitern ein Turnier und schenkt endlich Schiff und Ausrüstung den fahrenden Leuten und Allen, die ihn ansprechen (Moriz von Craon, hgg. v. M. Haupt, 621—1080).

Die Romane erzählen dann oft, dass Ritter einen Preis, gewöhnlich einen Sperber aussetzen für den, der, die unvergleichliche Schönheit ihrer Damen bestreitend, sie im Kampfe besiege.

Das alles sind ritterliche Thaten, aber eigentlich nur Vorspiele zum wirklichen Turniere.

Sobald ein Fürst oder ein reicher Ritter ein Turnier zu veranstalten beschlossen hatte, schickte er Boten[1]) aus, welche es ausriefen[2]) oder durch Briefe zur Betheiligung einluden. Matthaeus Paris

---

1) Reinfried 6985 ff. — Lanceloet III, 16403 ff.

2) Rom. de la Char. 5377: Et firent à molt lonc termine Crier le jor de l'ahatine, Porce que plus i éust genz. — Li biaus desconneus 5204: Et li rois a fait fiancer Le tournoiement à la cort; Et dist que cascuns s'en acort Là ù

(zum Jahre 1215) hat uns ein solches Einladungsschreiben, das die englischen Barone an Wilhelmus de Albineto richten, mitgetheilt: „Robert, Sohn des Walter, Marschall des Heeres Gottes und der heiligen Kirche, und andere Grosse desselben Heeres entbieten dem Walter (sic) de Albineto ihren Gruss. Ihr wisset wohl, ein wie grosser Vortheil für Euch und uns Alle darin liegt, die Stadt London, welche unser Zufluchtsort ist, zu bewahren, und wie schmählich und schädlich es für uns wäre, wenn wir durch unsere Schuld sie verlören. Wisset auch gewisslich, dass uns gemeldet wurde, wie es Einige giebt, die nur warten, bis wir besagte Stadt geräumt haben, um sie dann plötzlich in Besitz zu nehmen [1]). Deshalb haben wir nach gemeinsamem Beschlusse, was am Montag nach dem Feste der Apostel Petrus und Paulus zu Stamford begonnen wurde, bis zum Montag nach der besagten Octave vertagt (6. Juli — 13. Juli). Es war aber ein Turnier bei London zwischen Pruera de Stanes und Hundslowe und das veranstalteten wir zu unserer und besagter Stadt Sicherheit. Deshalb melden wir Euch und bitten Euch dringend, dass Ihr zu besagtem Turniere mit Pferden und Waffen so vorbereitet kommet, damit Ihr Ehre davon habt. Wer das Beste da verrichtet, der erhält einen Bären, welchen eine Dame zum Turniere geschickt hat. Lebt wohl." Es scheint, dass immer der Preis sogleich mit bekannt gemacht wurde. Sehr werthvoll war derselbe in der Regel nicht, gewöhnlich ein Sperber [2]) oder ein Habicht, vielleicht noch ein Paar Windhunde [3]). Zuweilen wird dem Sieger auch noch ein Kranz, ein Gürtel und eine Tasche versprochen, die er von der Königin erhalten soll [4]), oder ihm

---

les plaignes furent beles Entre le castel as Puceles En Valledon fu fiancés. Premiers s'est Tristans avancés Devers Valedé le fiance. Le rois de Montesclair s'avance Qui le fiance d'autre part: Puis ont del terme pris esgart, Si fu à un mois establis, Et li rois s'est d'iluec partis. Si a ses mesages tramis Tot maintenant par le païs, Par les marces et par l'E(m)pire Por le tornoi crier et dire. — Lanc. I, 16468: Dat hi sal enen tornoy, sunder waen, In die beemde van Kameloet doen slaen Opten ·viij· dach, sonder sage, Na sinte Marien Magdalenen dage.

1) Es bezieht sich das auf den Krieg der Barone gegen König Johann.

2) Dêmantîn 206. — Durmars 2016; 2323: Une perce tote doree Avoit drecie en mi la pree, Sor la perce ot ·j· espervier Bel et plaisant trestot muier.

3) Reinfr. 6960: Der hof alsô gesprochen stât, Daz man dem besten mit dem sper Gît mit ritterlîcher ger Ein habch mit zweien winden.

4) Chevalier a le mance 238: Uns cris fu cryés sans atente Que ciens qui le mieus jousteroit ·I· esprivier emporteroit Tout blanc de sa droite nature, Corone, aumosniere et çainture Que la roïnne li donroit.

ausser dem Kranze die Küsse von achtzig Mädchen in Aussicht gestellt [1]). Der Preis heisst die Âventiure [2]).

Auf den Werth des Preises kam es ja auch gar nicht an; wer siegreich des Preises würdig erklärt wurde, der hatte an der Ehre genug. Er konnte darauf rechnen, von seinem Lehnsherrn berücksichtigt zu werden, er hatte die Genugthuung, bei den Damen Bewunderung zu finden, die spröde Geliebte vielleicht umgestimmt zu haben, ja er konnte hoffen, unter den jungen Erbinnen leicht eine Frau zu finden.

Für die jungen besitzlosen Ritter war natürlich das Turnier am lockendsten, bei dem um die Hand einer reichen Erbin gekämpft wurde. Ich weiss nicht, ob in der That solche Turniere stattgefunden haben; in den Geschichtsbüchern finde ich nichts von ihnen erwähnt, dagegen ist es bei den Dichtern ein oft wiederkehrendes Motiv, zu schildern, wie ein Vater oder ein Vormund, um der Tochter oder dem Mündel einen tüchtigen Gatten zu verschaffen, der im Falle der Noth auch mit den Waffen die Erblande seiner Gemahlin vertheidigen konnte, ein Turnier ausrufen lassen und dem Sieger als Preis die Hand der Erbin gewähren [3]).

Vor Beginn des Festes wurden gewöhnlich die Bedingungen festgestellt. So schlägt der Graf Herman von Tuskan dem Wolfdietrich vor, mit ihm um 1000 Mark zu justiren; Wolfdietrich jedoch will nur, dass Ross und Harnisch des Besiegten dem Sieger zufallen sollen (Gr. Wolfdietr. 1471 ff.). Als Dietrich und Rüdiger mit den Hiunen vor Worms angekommen sind, fordern sie die Burgunden zum Turnier auf. Rüdiger geht selbst nach Worms, den Sperber auf der Hand tragend und sich so als friedlichen Boten legitimirend, um die Bedingungen zu verabreden. Von beiden Seiten sollen tausend Mann kämpfen; das Lösegeld für Mann und Wîcgewant schlagen die Bur-

1) Titurel 1410: Einen turney hat gesprochen der kunic von britanie, Der sol in dirre wochen ritterlich geschehen uf der planie: Wers beste tut, der hat von ahtzic meiden Ieglicher sunder kussen und uf ir knie mit einem schapel cleiden.

2) Reinfr. 1224: Ein turteltûbe ûf der hant Brâhte diu gehiure. Diz was diu âventiure; cf. 209. — Wigal. p. 68, 10: Ez hêt der künec von Îrlant Durch âventiure dar gesant Daz schœnist pfert daz ich ie gesach, Und einen sitech, der wol sprach Swaz er sprechen wolde. In einem hûse von golde Was er beworht etc.

3) The legend of Fulk Fitz-Warin (ed. Jos. Stevenson p. 289): Lors fist William une crie en meynte terre, en meynte cite, qe tous les chevalers de valours, qe torneier veilent pur amurs, a la feste Seint Michel vienent a chastel Peverel, quest en la Peeke. E le chevaler qe mieux fra e le tornoy venkera, avera lamour Melette de la Blaunche Tour, e sire serra e seignour de la Blanche ville e de tot lonour. — Vgl. Rittertreue (Ges. Ab. I, p. 106) 55 ff. — Der Jungherr und der treue Heinrich (Ges. Ab. III, 200) 102 ff. — Durmars 6387: La ont fait le tornoi crier ·Ij· puceles a marier.

gunden vor auf 1000 Mark (40000 RM.) zu fixiren, Rüdiger aber entgegnet, sie haben nicht Nibelunges Gold und Etzels Schatzkammern seien fern, und erreicht, dass man 300 Mark (12000 RM.) als Lösegeld annimmt (Biterolf 8315—8578). Wenn nun auch die Summen nicht immer so bedeutend waren [1]), so repräsentirt doch schon der Werth eines guten Turnierrosses und einer vollständigen Rüstung immerhin ein nicht unbedeutendes Capital, und wer sich nicht auf die Grossmuth des Siegers verlassen konnte [2]) oder im Gefolge eines Fürsten das Fest mitmachte und sicher war, dass sein Herr die Lösung bezahlen werde [3]), der musste sich auf einen empfindlichen Verlust gefasst machen. Er setzte also nicht bloss sein Leben, sondern auch einen Theil seines Vermögens immer aufs Spiel. Für geschickte kräftige junge Leute, jüngere, erblose Söhne aus guter Familie war das Besuchen der Turniere gradezu ein Broterwerb [4]). Es sind dies die wahren Glücksritter des Mittelalters.

War nun das Turnier bekannt gemacht, so suchten die abenteuerlustigen Ritter ihre besten Waffen und Kleider hervor und rüsteten sich aufs Schönste aus [5]); die alten Herren konnten es sich nicht versagen, wenigstens als Zuschauer zu erscheinen und zu vergleichen, was die Jugend leiste und was sie früher selbst gethan. Ja mancher Greis wurde beim Anblick des Festschauspieles selbst wieder jung und wagte es noch einmal eine Lanze zu brechen. So erzählen die Annalen der Wiener Predigermönche: „1280. Unter Anderem ist zu erwähnen, dass in diesem Jahre zu Wien ein höfisches und merkwürdiges Ereigniss vorfiel. Der mehr als achtzigjährige Dienstmann Otto von Haslau turnierte gewandt am 5. December mit dem Sohne

1) Gilles de Chin 1015: Arrière en vont le petit pas Desi à l'ostel ne finèrent, Les ·ij· contez illuec trovèrent, Raiens se sont délivre ment, ·L· mars cascuns i rent. De raençon sont delivré Li doi conte par verité, Fors le harnas cui riens ne monte.

2) Engelh. 2825: Er wart ân aller slahte sûm Gefuort in Engelhartes rûm. Dâ muoste er lâzen alzehant Ros unde stähelîn gewant. Nû was der ritter mære Ein rehter lantvaræere Und hæte ouch anders geldes niht, Wan daz er muoste, sô man giht, Mit sînem schilde sich betragen. — Engelhart giebt ihm Ross und Rüstung zurück und lässt ihn frei.

3) Wilh. v. Wenden 7380: Dâ wart ze beiden sîten Genuoc gewunnen und verlorn. Willalm der fürste ûzerkorn, Swaz sîn geselleschaft verlôs, Snelle mahter sie des lôs. Ir verliesen koste zehen phunt.

4) Lantvarære, s. Anm. 2. — Chev. au lyon 257: Chevalier errant Qui aventure alast querant. — Engelh. 2667: Zwei tûsent ritter kâmen Gezogen ûf den sâmen Durch hovieren und gewin.

5) Turnei von Nantheiz 116: Mit hundert schiltgeverten Kam er ze Nantheiz în geriten, Die fuorten kleider an gesniten Von frischem baldekîne, Diu wâren mit hermîne Vil kostbærlîchen underzogen.

seiner Enkelin, oder seinem Urenkel, der an demselben Tage vom Könige Rudolf mit dem Schwerte umgürtet wurde.“ Besonders aber zog das Turnier die Damen an, welche ihre Väter, Gatten, Brüder begleiteten und dem Feste den wirklichen Glanz erst verliehen[1]). Dass sie ihre besten Kleider, ihren schönsten Schmuck zu Ehren der so selten ihnen gebotenen Festfeier vorbereiteten und wohlverpackt mitnahmen, das ist natürlich. Auch sie konnten nicht nur Vergnügen die Fülle von dem bunten Verkehr jener Tage, den vielen Festlichkeiten sich versprechen, sie durften hoffen neue Bekanntschaften anzuknüpfen, Liebesintriguen zu beginnen oder weiter zu spinnen, ihren Geliebten als preisgekrönten Sieger zu begrüssen, vielleicht gar Verbindungen für das ganze Leben einzugehen. Und da durfte mit der Toilette nicht gespart werden, galt es doch auch für sie, durch Schönheit und Anmuth der Erscheinung über viele Rivalinnen den Sieg davon zu tragen. Die kostbarsten Stoffe wurden ausgewählt, neue Kleider angefertigt, alte in Stand gesetzt, die Schmucksachen gemustert, alle Toilettenrequisiten vorbereitet.

Nahte nun der festliche Tag, so eilten Alle, denen es vergönnt war an dem Schauspiele Theil zu nehmen, dem bestimmten Orte zu. Ritter mit Frauen und Töchtern, begleitet von zahlreicher Dienerschaft, die die Saumthiere mit dem Gepäck bewachte, junge Krieger, die sich Ruhm und Ehre erkämpfen wollten, mit ihren Knappen kamen von allen Seiten zugeströmt. Auf der Reise trafen die Trupps zusammen, begrüssten sich, lernten sich kennen und ritten in immer grösser anwachsenden Schaaren der Stadt zu, in deren Nähe das Turnier abgehalten werden sollte. Mancher Fürst kam mit stattlicher Ritterbegleitung gezogen. So brachte zu dem im August 1175 zwischen Soissons und Braine stattfindenden Turnier der Graf Balduin von Hennegau 200 Ritter und 1200 Fusssoldaten mit (Gisleberti Chron. Han.); bei dem Turnier zu Trazignies 1169 hatte er 3000 Mann bei sich, sein Gegner Gottfried Herzog von Löwen sogar 30000 Bewaffnete (ibid.).

Vor dem Einzuge ordnen sich die Schaaren. Sobald sie der Stadt nahe kommen, verkünden Ausrufer den Namen und das Lob des Herren, dessen Einreiten bevorsteht[2]). Diese Rufer (krîer,

1) Lanc. I, 14280: Het was in dat lant costume dan, Dat coninginne ende hoge vrouwen Dien tornoy voren scouwen ·Ij· dachvarden verre ocht drie; Ende wandelende ridders, dat sie Hare lieve met hen brochten Ten tornoye als sise sochten; Hierbi richtemen [ende] antierde Loedsen so waermen tornierde.

2) Reinfried 616: Die krîer lûte riefen ‘Von Brûneswîc der Sahsen vogt, Der kumt sô keiserlîch gezogt, Daz sîn lop hôch in wirde swept’ etc. — Meler. 8134: Auch was bereit der küene man Von Fortsoborest Verangôz. Sîn hôhvart

grôier [1]), grôgirer [2]), krôgierer) [3]) sind Landstreicher [4]), die sich auch beim Feste eingefunden haben, den Ritter durch ihren Zuruf begrüssen und seinen Ruhm verbreiten; sie werden deshalb auch reich beschenkt entlassen, denn sie kommen weit in der Welt herum, haben viel gesehen und können durch ihre Berichte und Schilderungen nützen und, falls sie unzufrieden sind, auch schaden. Kroijieren heisst von „wâpen sprechen [5])". Es sind also die Kroijierer gleichbedeutend mit den Knappen, die von Schilden und Helmen sprechen [6]), die „der Wappenröcke warten" [7]), kurz sie entsprechen den Herolden [8]), nur dass sie freiwillig, bloss auf Lohn hoffend, ihre Dienste anbieten. Sie haben die grösste Erfahrung in Turniersachen und aus ihren Kreisen entwickelt sich die später so gepriesene Heroldskunst.

Im Reinfried (616 ff.) wird uns geschildert, wie der Held in Liniôn, wo ein Turnier stattfinden soll, einzieht. Zuerst kommen je zwei und zwei geordnet zweihundert berittene Schildknechte, dann reiten in gleicher Weise hundert Edelknaben, deren jeder einen Sperber (sprinzelîn) auf der Hand trägt. Ihnen folgt die Musik (Tambur, Geige, Harfe, Flöte. Parton. 14206), dann ziehen hundert Ritter, wieder je zwei und zwei, ein; endlich kommt der Herr selbst [9]).

---

diu was grôz. Vil bûsûnen vor im erhal, Der galm gap vil grôzen schal, Tambûren floitieren Man hôrt da vil grôgieren. Garzûne vor im liefen, Die vil lûte riefen ‘Wîchâ herre wîche, Hie kumt der ellens rîche, Der werde künic Verangôz, Des lop mit wârheit ist grôz.’

1) Frauendienst p. 73, 10.

2) Ibid. p. 82, 9.

3) Parton. 14533.

4) Ottokar von Steier DCXCVIII: Dy groyerär, Die sich nennent lantvarer.

5) Mai u. Beafl. p. 88, 25: Vil varnder liute man dâ sach. Maneger von den wâpen sprach, Daz man kroijieren nennet, an den man daz erkennet, Daz si die decke zerrent hin, Wan dar an lît ir gewin. — Engelh. 2732: Und swaz der ritter ûz erwelt Rosse dâ bejagete, Diu gap der unverzagete Den knaben von den wâpen.

6) Turnei 1102: Swaz er mit sîner hant erstreit, Ors unde guoter dinge, Daz gap er ûz dem ringe Den knappen algelîche, Die von den schilten rîche Und von den helmen sprâchen.

7) Titur. 1829: Waz die andern furen uf helmen und uf schilden, Gestricket mit den snuren oder mit dem pensel dar uf gebilden, Daz prufen die der wappen röcke warten.

8) Rom. de la Char. 5537: Un hyraut d'armes. — Chast. de Couci 1239: Hiraus gairons crient et braient. Li joustéour plus ne delaient; 1302: Hiraut crioient noblement: ‚Couci, Couci, au vaillant homme De qui de France jusque à Romme Doit li renons de lui aler; Couci, au vaillant baceler, Couci, au chastelain Couci‘; 1359: Dont prirent hiraut à monstrer: ‚Dames, or povés esgarder, Donner lor doit-on par soulas Manches et aguilliers et las, Les savoureus baisiers prometre Par fin amour dame jour mettre.‘

9) Cf. Reinfr. 12335 ff. — Als Gahmuret in Zazamanc einzieht, geht voran der Bovel:

Den Fürsten und Herren war in der Stadt selbst Quartier bereitet worden [1]). Wer dort nicht Unterkunft fand, schlug sein Zelt oder seine Hütte auf dem Felde auf [2]). Die Banner der Grossen [3]), die Schilde der Ritter [4]) wurden vor ihren Herbergen, die mit Blumen und Laubwerk geschmückt waren [5]), aufgepflanzt oder ausgehängt; die Marschälle des Festgebers hatten alle Noth, die Anforderungen der Gäste zu erfüllen, denn ihnen lag es ob, jedem sein Quartier anzuweisen. Die Trossbuben der Fremden verlangten Futter für die Rosse, Speise und Trank für sich und für ihre Herren [6]). Es wimmelte in der Stadt und Umgegend von Gästen, von fahrenden Leuten aller Art. Die Freunde suchten sich auf und begrüssten sich, ja selbst die Nacht wurde kaum gerastet, schon die Unruhe der Kampfeslust liess die jungen Ritter nicht schlafen (Frauendienst p. 69, 1: Ir sült für wâr gelouben mir, Die naht wir lâgen in der gir: Wir gerten als diu vederspil), die Bekannten hatten sich zu erzählen, einige Vorbereitungen für die Festtage waren wohl auch nöthig und so erloschen in

---

„garzûne, koche unde ir knaben“, dann kommen zehn Maulthiere, zwanzig Knappen, zwölf „wolgeborne kinde“, acht Rosse, das gesattelte Streitross, ein Knappe, der des Ritters Schild trägt, Posauner und Tamburer, Flötisten und drei Fiedler, endlich der Held selbst (Parz. 18, 17 — 19, 16). — Bei Ulrichs von Lichtenstein Auszuge am 25. April 1227 reitet voran der Marschalc und der Koch selbfünft, dann kommt ein Banier, geleitet von zwei Posaunern, dann drei Saumer geführt von drei Läufern, drei gesattelte Rosse und zu jedem ein Knappe, darauf wird des Ritters Schild und Helm getragen. Wieder Musik, der vier Knechte, jeder mit einem Gebund von drei Speeren folgen, sodann zwei weissgekleidete Mädchen, zwei Fiedler, die einen Marsch (reisenote) spielen, den Schluss bildet der Ritter (Frauend. p. 165, 1 ff.). — Crône 770: Floitieren und tambuire Die gruozten die recken: Daz begunde diu ors wecken, Daz sie mit sprüngen giengen; Den muot sie geviengen Von der süezen reisenote. Von kipperen ein michel rote Mit starken matziuwen, Die hinden nâch bliuwen, Mohte man dâ schouwen Vor maneger schœner vrouwen.

1) Frauendienst p. 64, 25. — Gaufrey p. 149: Vous demourrez ichi que je le vous quemant, À chest grant ostel paint que véés là devant, Quiex Symon de Pontois, mon oste le vaillant. Quant Kalles m'adouba et Gaufrey ensement Et tous mez autrez frerez, là fusmes ostelant.

2) Frauendienst p. 71, 21; p. 79, 9. — Lanz. 9075: Swenne man diu gezelt Durch herbergen ûf sluoc, Sô was ir vil unde genuoc, Die ir busînen bliesen.

3) Phil. de Beaumanoir, Manekine 2674: Et par les fenestres hors mirent Maint escu et mainte baniere.

4) Rom. de la Char. 5526: Lanceloz ot mis son escu À l'uis de son ostel dehors.

5) Parton. 13984: Partonopier geriten kam Ze hûse mit Gandîne, Daz mit der bluomen schîne Vil schône stuont gezieret, Bestecket und gewieret Mit loubgrüeme rîse.

6) Vgl. I, S. 489.

den wenigsten Herbergen die Wachslichte [1]), ja auf den Strassen war es hell wegen der Menge der Gäste, welche mit Lichtern auf ihnen verkehrten [2]).

Gewöhnlich erwarteten die Ritter gar nicht den Turniertag; schon vorher suchten sie ihre Kräfte und Geschicklichkeit zu messen. So fochten vor dem Beginne des von Ulrich von Lichtenstein (Frauendienst p. 62 ff.) beschriebenen Turniers bei Friesach 1224 zehn Tage die Ritter, welche die Herren zum Friedenscongresse begleitet hatten. Jeder suchte sich einen Gegner aus oder liess durch den Grôier oder seine Knappen einen Partner herausfordern. „Wâ nu wâ nu wâ Ein ritter der tjostirens ger? Der sol komen herâ her“ [3]). Da war von den Zuschauern ein Kreis geschlossen, in dem nun der Kampf ausgefochten wurde [4]). Beim Tjostiren (afr. jouster, ital. giostrare) [5]) wird ausschliesslich die Lanze gebraucht und zwar ist dieselbe abgestumpft, ohne die scharfe Spitze, sondern nur mit einer flachen, etwas gezackten Platte versehen (dem krœnlîn) [6]). Ritter wie Ross waren gepanzert sie sprengten im Galopp (walap) an und stürmten dann mit verhängten Zügeln (rabbîn) auf einander los. Jeder versuchte mit der eingelegten Lanze den Gegner zu treffen, mit dem Schilde den Stoss zu pariren. Das Aufeinanderprallen der Kämpfer heisst poynder oder puneiz (afr. poindre, poignéis; vgl. Mhd. Wtb. II$^1$, 26 und 542). Traf der Speer den Gegner richtig, so wurde derselbe entweder aus dem Sattel gehoben, oder die Lanze zersplitterte an dem richtig parirenden Schilde, so dass die Stücke (trunzûne) umherflogen. Failieren (afr. faillir) d. h. den Gegner nicht treffen, das galt für den Beweis grosser Ungeschicklichkeit [7]). Fünf Stiche kennt Wolfram (Parz.

1) Erec 2375: Herberge wâren über al Mit liehten bestaht Deiswâr alle die naht. — Reinfr. 1424: Sî kêrten von dem plâne hin Ze herberge dur gemach. Ei waz man grôzer kerzen sach Brinnen dur die ganze naht; 7416: Starke fuir von kerzen sach Man brinnen durch die ganze naht.

2) Frauendienst p. 299, 5: Des wart dâ guotes vil verswant Und ouch wahses vil verbrant: Man sach dâ vil manc grôzez lieht. Als oft durch hôhen muot geschiht, Si giengen hin, sie giengen her, Mit liehten in der stat entwer. Swelch man niht selb dâ liehtes truoc, Der gesach iedoch dâ wol genuoc.

3) Frauendienst p. 69, 18.

4) Ibid. p. 70, 1. — Engelh. 2488: Und hiez gar balde rîten Sînen knaben ûf die wisen, Der frâgte jenen und disen, Ob iemen wolte stechen Unde ein sper zerbrechen Durch sîn herren ûf dem plân.

5) Mhd. Wtb. III, 43. — Cf. Ann. Parm. maj. 1331. — Gli diurnali di messer Matteo di Giovenazzo 1262: Et subito fece poneri in ordine una iostra; et foro quattro mantenitori etc.

6) Titur. 1966: Ez waren krœnlin niht glefenei gespitzet, cf. 2989. — Mlt. vomerulus, afr. soket s. S. 97, Anm. 1.

7) Lanz. 3001: Die begunden justieren Sunder faylieren Biz si zehen sper

812, 9 ff.): „Einer ist zem puneiz, Ze triviers ich den andern weiz, Der dritte ist z'entmuoten Ze rehter tjost den guoten; Hurteclîch ich hân geriten Und den zer volge ouch niht vermiten". San Marte (Parzival-Studien III, 95) und K. Bartsch (Parz.-Ausg. III, S. 192) suchen eine Erklärung dieser verschiedenen Stösse zu geben. Klarheit in diese Sache zu bringen, ist aber recht schwierig. Am wahrscheinlichsten kommt es mir vor, dass der Puneiz die gewöhnliche Form ist: die Kämpfer reiten dicht an einander vorbei und verstechen ihre Lanzen. Bei der Hurte sucht man den Gegner auch dadurch zu Falle zu bringen, dass man ihn nicht allein mit der Lanze trifft, sondern ihn zugleich mit dem Rosse anrennt. Z'entmuoten heisst dem Stosse des Gegners ausweichen; man sucht es so einzurichten, dass er failiert, seine Lanze entweder nicht trifft, am Schilde abgleitet oder bei Seite geschlagen wird, und die Kunst besteht nun darin, doch dabei auch den Gegner durch einen Stoss aus dem Sattel zu heben. Ze Triviers (afr. trevers, travers) bedeutet den Stich von der Seite. Während der eine Ritter grade direct auf den anderen lossprengt, wirft dieser sein Ross herum und fasst den Gegner in der Flanke. Diu Volge ist nun ein noch grössere Geschicklichkeit erforderndes Manöver. Die beiden Kämpfer reiten im gestreckten Laufe auf einander los; der Geschickte weiss es aber so einzurichten, dass sein Gegner sein Ziel verfehlt, und er selbst trifft ihn absichtlich nicht. Sobald aber der Gegner vorbei gesprengt ist, wendet der tüchtige und erfahrene Turnierer sein Ross — und es gehört gewiss grosse Gewandtheit dazu, dasselbe plötzlich aufzuhalten und umzulenken — und sucht nun seinen Partner von rückwärts zu treffen.

Gewöhnlich wird dann noch der Stich unter das Kinnbein [1]) und der zu den vier Nägeln [2]) genannt. Der erstere traf den Gegner an

vertâten. — Willeh. 87, 25. — Parz. 211, 16; 465, 24. — Meler. 5991: Dô wart diu tjost alsô geriten Von vælieren gar vermiten. — Parton. 13672: Vælieren wart von in vermiten, Wan si trâfen nâch ir ger.

1) Iwein 5334: Dô nam ern underz kinnebein, Rehte vliegent stach er in Enbor über den satel hin, Daz er ûf dem sande gelac. — Wigal. p. 19, 4: Ir ietweder hêt erkorn Den andern under daz kinnebein. — Crône 7558: Nider ze dem kinne er in kôs Gein dem halse mit der lanzen; 6432: Er nam in ze stechen Niderhalp der barbiere. — Frauend. p. 261, 9: Dâ schilt und helm zesamen gât Und dâ den hals daz collir hât Beslozzen, dâ traf in mîn hant, Sô daz daz collir wart entrant. — Lanc. I, 40837: Maer hi stac Dodinele met sinne Reht onder den bart van der kinne, Dat hine droech uten gereide. — HvF. Trist. 2073: Her Tristan ouch gedahte do An dem rennen: 'stich in ho, So prellet er verre.'

2) Parz. 174, 28: Er nam der vier nagele war. — Willeh. 334, 5: Dâ die vier nagel sint bekant Ein sper durch sînen schilt man vant. — Lanz. 1518: Eim degen ûf den schilt erriet Gegen den vier nageln hin. Er stach in gein dem herzen in Durch beide halspercwende; 5290: Zuo den vier nagelen gegen der hant. — Erec 2794: Nu erriet er in, daz ers enphant Zen vier nageln gegen der

der Kehle, dem Kollier, riss im besten Falle ihm auch den Helm vom Haupte, betäubte ihn aber jedenfalls so, dass er den Halt im Sattel verlor und rücklings über das Ross zu Boden geschleudert wurde [1]). Ein solcher Sturz konnte leicht dem Ritter das Leben kosten. Die vier Nägel bedeuten meines Dafürhaltens das Centrum des Schildes, welches im zwölften Jahrhundert noch mit einem eisernen, durch Nägel befestigten Buckel besonders verstärkt war [2]). Traf der Stoss diesen Buckel, so zersplitterte sicher die Lanze, durchbohrte nicht den Schild, sondern brachte dem Gegner eine furchtbare Erschütterung bei, die ihn auch, wenn er mit den Füssen nicht fest das Ross gefasst hielt, aus dem Sattel heben konnte. Man konnte aber auch den Schildbuckel nur als allgemeines Ziel nehmen und unter demselben, wo vielleicht der Schild schwach war, den Stoss anbringen. In der Gegend lag die Hand, welche den Schildriemen hielt, die dann auch leicht verwundet werden konnte [3]). Endlich finden wir den Stoss auf die Brust erwähnt (Frauend. p. 262, 26). Natürlich konnte ein solcher Stoss nur dann wirksam sein, wenn der Ritter seinen Speer fest gefasst hielt; er schlug ihn unter den Arm [4]), oder setzte ihn auf den Schenkel [5]), den Schild presste man an die Brust [6]). Wie mächtig der Anprall war, kann man daraus ermessen, dass die Rosse oft beinahe über-

---

hant Alsô sêre er in stach Daz im daz fürbüege brach, Darmgürtel und surzengel brast, Sam ez wære ein fûlez bast. — Meler. 8274. — Gregorius 1448: Ze den vier nageln gegen der hant.

1) Gr. Wolfdietr. 1507: Oberhalp dem satelbogen er den grafen nam, Er furt in von dem rosse aht klaftern über den plan. — Percev. 38365: De desor les boucles les (lances) froissent Et li arçon derrière esloingnent; Rompent çaingles, rompent estriers, Ambedui cieent des diestriers; 44984: Il l'empaint bien, jus le descent Gambes levées dou ceval Les pié amont, la teste aval.

2) Vgl. auch L. Lindenschmit, Hdb. d. deutschen Alterthumskunde I, 72, Fig. 3 (Braunschw. 1880).

3) Vgl. S. 108, Anm. 3. — Auberi p. 185, 7: Desous la boucle li fait fraindre et quasser; p. 189, 29. — Reinfr. 7340: Dâ man die riemen heften Siht bî den nageln ûf dem schilt, Dar wart ze rame vil gezilt; 8875: Dâ der schilt hât sînen haft; 17319: Hât sîns speres schaft gezilt Bî den riemen dâ der schilt Mit stricke hât genomen haft. Vgl. Rom. de Troie 14105 ff. — Es läge ja am nächsten, die vier Nägel als die Befestigung der Schildriemen zu betrachten, aber wir werden deren immer zwei annehmen müssen: einer lag auf dem Unterarm in der Nähe des Ellenbogens, der andre wurde von der Hand gehalten. Die Distanz dieser vier Nägel wäre doch etwas zu gross, um ein Ziel abzugeben.

4) Erec 2792: Daz sper er undern arm sluoc; cf. 809.

5) Frauend. p. 181, 18: Ez was von golde lieht sîn sper, Daz sluoc er under. den arm sîn, Dô satzt ich ûf mîn diech daz mîn.

6) Troj. 30888: Er hete für die linken brust Gedrücket einen tiuren schilt. — HvF. Trist. 1700: Sin schilt vor sinem herzen lak, Reht als er wære gelimet dar

stürzten, wenigstens sich hoch aufbäumten[1]). Hatten beide Kämpfer ritterlich ihre Speere verthan, so liessen sie sich neue reichen[2]) und versuchten wieder und wieder sich zu Fall zu bringen, oder nahmen die Herausforderung eines Anderen an und das Spiel begann dann von neuem. Ulrich von Lichtenstein hat am ersten Mai 1224 dreissig Speere verstochen, am zweiten Mai zuerst gegen vier Gegner dreizehn, dann gegen Hûc von Tûfers vier (Hûc hatte einmal faillirt und nur drei gebrochen), gegen Wolfgêr von Gors zwei und des Abends nochmals sechs, also zusammen fünfundzwanzig. Gahmuret hat gar an einem halben Tage hundert Speere verbraucht (Parz. 81, 5 ff.)

Sobald die Speere gebrochen waren, riefen die Kämpfer: „Sperâ hêrre, sperâ sper"[3]), und liessen sich von den Knechten neue reichen. Jeder Ritter nahm sich deshalb einen Vorrath von Speeren zum Turnier mit[4]), die von den Knappen getragen oder auf einem Wagen transportirt wurden[5]). Auch der Herr, der das Turnier veranstaltet hatte, sorgte für die Speere[6]), die aber dann natürlich nicht mit den Wappenfarben der Ritter bemalt waren. Eine Menge Holzschäfte konnte ein tüchtiger Ritter, wie gesagt, an einem Tage verbrauchen; man nannte solch einen Mann einen Waldzerstörer (waltswende)[7]).

Zuweilen bestand das ganze Waffenspiel nur aus einer Reihe feierlicher Tjoste (hastiludia sive justrae). Ein solches Festschauspiel beschreibt uns Saba Malaspina (VI, 10). Ich gebe die Stelle in freier Uebersetzung wieder. „Der König Karl von Anjou veranstaltete an verschiedenen Orten, zumal in Neapel beim Kloster S. Pietro ad Aram

1) Erec 774: Diu just wart sô krefticlich Daz diu ros hinder sich An die hähsen gesâzen. — Kudr. 1408.

2) Lanz. 2996: Erec und dem gaste Brâht man zwei anderiu sper.

3) Parz. 79, 24. — Iwein 7110: Man hôrte niht wan ein geschrei 'Wâ nû sper? wâ nû sper? Ditz ist hin, ein anderz her.' — Titurel 2057: Und rieffen loute spera sper. — Frauendienst p. 74, 22: Wir ruoften bêdenthalp alsô 'Sperâ herre, sperâ sper. Diu sint enzwei: andriu her'.

4) Meleranz 8132: Man fuort wol vier und zweinzic sper Mit im ûf den grüenen plân. — Cf. Crane 3163 ff.

5) Erec 2351: Sîniu sper truoc ein wagen Hin dâ der turnei solde sîn.

6) Crône 743: Vil gelate sarroten Brâhten Artûses boten Ûf den anger, von lanzen Grôzen unde ganzen, Langen unde eben, Die hiez er den recken geben, Swaz siz vertuon möhten, Die dar zuo töhten.

7) Parz. 57, 22: Feirefîz Anschevîn Der wart ein waltswende; cf. 79, 22 und 81, 9; 384, 5. — Crône 18498. — Titurel 1823: Da wart von scheften waldes mer zu brochen Niht wan durch die magt sigunen aleine Daz ob swartzwalde zu scheften wer über al gesniten kleine (vgl. Wolfr. Titur. I, 31. Willeh. 390, 1); 1990: Von Prellitors da swente waldes vil; ich wen ez koum ein barke Die sper getruge des von iserterre. — Vgl. San Marte, Parzivalstudien III, 93.

Turniere oder Tjoste. Wie es zu Tours in Frankreich Sitte ist, wurde die tjostirende Ritterschaar in zwei Gruppen getheilt. Die Ritter verbanden sich zu gegenseitiger Kameradschaft, gemeinsam zum Kampfe vorzugehen. Italiener verbünden sich mit Franzosen, und wieder viele Franzosen gehen ein Bündniss mit den Italienern ein. So kommt es vor, dass, weil nur Zwei zur Tjost sich stellen, Einer den Anderen nicht kennt, auch nicht vorher in Kenntniss gesetzt ist, mit wem er tjostiren soll, wenn das auf den Wink des Königs nicht vorher unter einigen ausgemacht worden ist. Der König befiehlt, dass aus der Schaar der Italiener nur Einer auf dem Kampfplatze erscheint, den Helm auf dem Haupte, und ein andrer von den Franzosen in gleicher Rüstung. Dann sprengt einer von dem, der andre von jenem Ende des langgestreckten Rennplatzes (bicipitis stadii) zu gleicher Zeit vor und gesetzlich ist die Regel festgestellt, dass die Lanzen, die, wenn sie zum Zweikampf schreiten, ihnen gereicht werden, von gleicher Länge und an der Spitze mit drei eisernen Zacken versehen sind, sobald man eben die Kampfspiele ohne Hinterlist feiern will. Es wird bekannt gemacht und als Gesetz beobachtet, dass, wer des Anderen Pferd mit der Lanze verletzt, den abgeschätzten Werth des Rosses bezahlen muss. Wenn sie also Beide zum Kampfe bereit sind, sich mit vieler Sorgfalt auf ihren Pferden zurecht gesetzt haben, dann rennen sie unter dem Schmettern der Trompeten, dem lauten Zuruf der Menge mit verhängten Zügeln von ihrem Standorte aus los und stechen mit den Lanzen gegen einander. Und manchmal treffen sie Beide mit den vorgestreckten Lanzen die behelmten Häupter und verwunden sich zugleich, da der Helm abgerissen wird; manchmal geht Einer aus dem Rennen unverletzt hervor, aber öfters ist Keiner unverwundet. Oftmals prallen die Pferde mit den Brüsten zusammen, die Reiter werden abgeworfen; beide Pferde sind durch die Gewalt des Stosses verletzt und gehen zu Grunde. Selten ist es jedoch, dass das Ross sich hoch aufbäumt, der Ritter aber, nicht aus dem Sattel geworfen, fest und kräftig auf dem Rosse sitzen bleibt, sich mit in die Höhe heben lässt. Es kommt auch vor, dass, während der Eine von der Lanze nicht getroffen ist, der Andere, durch den gewaltigen Stoss seines Gegners erschüttert, die Beine noch oben, den Kopf nach unten gar schmählich zur Erde stürzt. Dann fasst triumphirend der Sieger das wunde Ross des Gestürzten und verlangt bei Turnieren auch dann noch von dem Besiegten die Rüstung. . . Als besagte Tjoste überall zu Ende waren, wurde unter den Franzosen als Sieger genannt der Aufseher der Hofbäckerei (panecterius) des Königs, Herr Raynald Calvard, unter den

Italienern Herr Raynald di Avella und Thomas Graf von San Severino und Marsico; und sie wurden als Meister berühmt und gefeiert."

So ganz harmlos war auch dieses Waffenspiel keineswegs. Man konnte sich zwar den Gegner wählen, einem stärkeren ausweichen — wie Ulrich von Lichtenstein bei Friesach seinem Bruder nicht Stand hält (Frauendienst p. 73, 23) —, aber doch kamen Verletzungen oft genug vor: „Dâ wart nâch ritterlîchen siten Des tages manc bein enzwei geriten. Vil maneger sô des hurtes pflac, Daz er selb ander nider gelac Ûf der erde sinnelôs. Vil maneger sô daz ors verlôs, Daz man in dâ von verre stach: Der leit von spotten ungemach"[1]). Indess auch Wunden waren nicht selten (Frauend. p. 74, 17), es konnte beim Anprall leicht die Hand verrenkt werden[2]). Ulrich verlor selbst an der rechten Hand einen Finger[3]) und das Mindeste war, dass „Von tjost dâ arme wâren rôt, Geswollen, swarz und dar zuo blâ. Dem war daz dort, dem war daz dâ"[4]). Und wer den Schaden hatte, brauchte für den Spott nicht zu sorgen; wie Keie, des Artus prahlsüchtiger Seneschal, wieder einmal aus dem Sattel gehoben ist, kommt er zurück „ze fueze alsam ein nazzer vilz" (HvF. Trist. 2169), einer höhnt ihn: „Ir und iwer rössel sit Z'war mit ein ander geboren" (2182); „Keie uf siner muoter füln Ist gesezzen" einer sprach, Dar nach aber ein ander jach: „Er ritet der zwelf boten pfert" (2192)[5]).

Diese Plänkeleien wurden jedoch gewöhnlich nicht so lange ausgedehnt, wie dies in Friesach geschah. Die Sitte beschränkte sie meist auf den Nachmittag vor dem eigentlichen Turniertag, die Vesperîe oder Vespereide[6]) (afr. viesprée)[7]). Wenn der Abend dann herankam, wurde mit Trommel- und Posaunenschall das Signal zum Einstellen des Spieles gegeben[8]).

1) Frauend. p. 70, 17. — Ein Ritter büsst beim Turnier ein Auge ein. (Daz ouge, 113. Ges. Abent. I, 252).

2) Frauend. p. 487, 15: Der Weis mac nicht gestechen mê. Im tuot diu zeswiu hant vil wê: Sîn dûme ist ûz dem lide sîn.

3) Frauend. p. 107, 28. — 4) Frauend. p. 492, 24.

5) Vgl. HvF. Trist. 2094: Und jener, der den anger maz Mit langer venien dort; 2196: Sie sahen im ouch an daz swert, Einer fraget under in 'Wa ist daz gehilze hin Von disem vehtisen komen?'

6) Crône 698: Sich huop ein vesperîe Ûf der brâerîe; cf. 800. 851. — Titur. 853. 3490. 3716. 4510. — Parton. 13506: Dâ wolten si durch lobes gelt Begân die vesperîe. — Lanzelet 2854: Dô was ez nâch der nône Engegen der vespereide. — Erec 2443: Nû huop sich ouch sâ vil rîch Diu vespereide Enmitten ûf der heide. — Engelh. 2476: Er kam ze vespereide Gedrabet ûf daz grüene velt.

7) Percev. 29289: Qu'il a le pris de la viesprée.

8) Parton. 13932: Tambûren und posûnen vil Wart erschellet ûf dem plân, Dar umbe daz man solte lân Daz stechen und die ritterschaft.

Und nun galt es Vorbereitungen zum wirklichen Turniere zu treffen. Manche Ritter waren schon unfähig, an demselben sich zu betheiligen, zu schwer verletzt, als dass sie am nächsten Tage wieder auf dem Kampfplatze erscheinen konnten. Ja es kam vor, dass das Turnier überhaupt gar nicht stattfinden konnte, weil die Ritter von der Vesperîe zu sehr ermüdet waren [1]).

Das Turnier unterscheidet sich von dem ritterlichen Stechen, der Tjost, dadurch, dass hier nicht Mann gegen Mann, sondern Schaar gegen Schaar kämpft; es ist das Abbild einer wirklichen Reiterschlacht. Während es bei der Tjost verboten war, einem der Kämpfer Beistand zu leisten, kann beim Turnier der Freund dem Freunde helfen, ihm, falls er sein Ross verloren, ein andres geben u. s. w. (Konr. v. Würzb., Parton. 13890—13906). Auch wird nicht allein mit Lanzen gefochten, sondern um den Gegner wirklich zu besiegen und zum Gefangenen zu machen, zieht man, sobald die Lanzen verstochen sind, die Schwerter, die natürlich stumpf sein müssen, so dass sie keine Wunden schlagen, wohl aber schmerzhafte Hiebe beibringen können [2]). Uebrigens war die Sitte des Schwertkampfes nur in Frankreich üblich [3]), in Deutschland und England bediente man sich der ungefährlichen Brügel [4]) oder Bengel [5]), Kolben [6]); da konnte einer höchstens tüchtige Schläge bekommen [7]).

1) Parz. 86, 21: Ein vesperîe ist hie erliten, Daz turnieren wirt vermiten; 95, 14: 'Ez wart ein turney dâ her Gesprochen: des enwart hie niht. Manec geziuc mir des giht.' 'Den hât ein vesperîe erlemt. Die vrechen sint sô hie gezemt, Daz der turney dervon verdarp.'

2) Titurel 2190: Swert die doch nicht scherfe sniten wan zu buelen, Geschutze noch gezerfe sach da nieman neur etzlichen kuelen.

3) Parton. 15108: Wan der site der ist noch Rehte und offenlîche erkant Über der Franzeise lant, Daz man mit swerten und mit spern Turnieret dâ; wil iemen gern Jostierens mit den scheften, Der mac sich dâ beheften Mit starken stichen manicvalt. Der turnei sam ein strît gestalt Ist dâ ze lande, wizze Krist.

4) Parton. 14414: Man sach dâ swerte vil erwegen Unde ûf heben manegen brügel. — Engelh. 2734: Diu swert enwurden niht gespart Und die vil starken brügel.

5) Parton. 14327: Mit swerten und mit bengeln Huob sich dâ ein solich tengeln. — Engelh. 2766: Sîn kneht der sluoc ûf sîne lide Mit einem starken bengel.

6) Lancel. III, 16523: Doe quamen hem de colvenaren Ende waenden winnen sijn goede paert.

7) Matth. Paris 1248: Die vero cinerum coeptum est torneamentum magnum apud Neubiriam inter milites Angliae, ut experirentur militiae peritiam cum strenuitate. Cui cum dominus rex favorem praebuisset, optime et initiatum est et terminatum, ibique profecto Willielmus frater domini regis uterinus cognomento de Valentia, tiro novellus, ut titulos militiae sibi famosos adquireret, se animosa praesumptione ingessit, sed aetate tener et viribus imperfectus impetus militum durorum et Martiorum sustinere von praevalens, multa amisit prostratus et egregie, ut introductiones militiae initiales addisceret, baculatus; 1251 (Turnier zu

Der Festtag begann mit einer feierlichen Messe[1]); fromme Ritter hatten schon früh beim Aufstehen gebetet und Gottes Hülfe angefleht (Lanz. 3094). Dann versammelt sich die ganze Ritterschaar, und man beginnt, die beiden Geschwader, welche mit einander kämpfen sollen, abzutheilen: „der turnei geteilet wart" [2]). Es kam darauf an, dass auf jeder Seite gleich viele und gleich tüchtige Ritter stritten. Bei dem Friesacher Turnier am 13. Mai 1224 war auf der einen Seite Leopold von Oesterreich mit 200 Rittern, Markgraf Diepolt von Vohburg mit 12 Rittern, Graf Albrecht von Tirol mit 40 Rittern, Hug von Taufers mit 20, der Domvogt von Regensburg, Diet von Lengenbach, mit 22, Reinprecht von Muoreck mit 40, Hadamar von Küenring mit 31, Herman von Kranchsberg mit 20 und Wolfger von Gorse mit 12 Rittern; die Gegenpartei bilden Markgraf Heinrich von Istrien (Ysterrîch) mit 60 Rittern, der Fürst Bernhard von Kärnten mit 50, der Graf Meinhart von Görz mit 55, der von Hiunenburc mit 32, der von Liebenau mit 25, Graf Herman von Ortenburg mit 8, der von Orte mit 36, und Herr Wölfing von Stubenberg mit 34 Rittern (Frauendienst p. 79, 25—81, 24). Hier scheint die Theilung nicht ganz gerecht, denn auf der Partei des Oesterreichers sind neun Fürsten und 397 Ritter, die andre Schaar zählt nur acht Fürsten und Herren und 300 Ritter, ist also um 98 Mann schwächer. Dies kam aber öfter vor; schon 1178 siegte, wie Gislebertus im Chronicon Hanoniense erzählt, im Turnier zwischen Vendueil und La Fère der Graf von Hennegau, trotzdem seine Partei in der Minderzahl war.

Gewöhnlich hielten sich die Landsleute zusammen. So veranstaltet 1241 der Graf von Richmond, Peter von Savoyen, zu Ostern ein Turnier bei Northampton. Die Fremden, die der König be-

Richmond): In quo contriti sunt turpiter aliegenae, ita ut fugientes probrose ad civitatem gratia refugii, armigeris obviam venientibus, iterum recepti sunt spoliati et egregie baculis et clavis malleati.

1) Turnei von Nantheiz 253. — Parton. 14044: Si kerten aber unde riten Für die stat hin ûf den plân, Dâ sanc ein werder kapelân In eime gezelte messe Der kristenlîchen presse.

2) Frauend. p. 79, 22; p. 115, 27; p. 300, 5; p. 497, 1. — Turnei von Nantheiz 256. — Parton. 14066: Nu si gemischet wurden gar Zein ander ûf der heide Sô daz kein unterscheide Wart von in gehalten, Dô wurden si gespalten Und in zwei ganze teil geschart. Der kristen und der heiden wart Beidenthalp gelîche vil, An dem ritterlichen spil Enweder teil wart minre: Daz ûzer und daz inre Niht eines mannes heten mê. Kein turnei weder sît noch ê Wart als eben ûf geleit. — Turnei 280: Dô wart gelîch teilunge schîn, Wan si begerten harte, Daz ietweder parte Zwei tûsent ritter an sich züge. — Der Frauen Turnei 131 (Ges. Ab. I, 374): Wir teilen uns enzwei Und machen ein turnei. — Die Heidin 333: Sie teilten sich gelîch en zwei. Dô huob sich der turnei.

günstigt und denen sich deshalb Viele anschliessen, sollen gegen die Engländer fechten; da ihre Schaar jedoch der der Eingebornen an Zahl überlegen ist, reut es den König, und er verbietet das Fest (Matth. Par.). 1247 erlaubt der König dem Grafen Richard von Gloucester ein andres Turnier bei Northampton zu veranstalten und dazu (voce praeconica) einzuladen. Es galt die Ritterweihe Wilhelm's de Valence zu feiern (ut ibidem memoratus Willielmus cum suis contyronibus militiae peritiam et addisceret et experiretur). Doch auch dies Turnier wird wieder verboten, weil man Reibungen zwischen den Engländern und den Rittern aus Poitou fürchtet (ibid.). Als sich dann 1249 Richard von Gloucester bei dem Turnier von Brackell gar der Schaar der Fremden anschliesst, wird ihm das von den Engländern sehr übel genommen (ib.). Vorsicht konnte übrigens, zumal wenn Angehörige verschiedener Landstriche gegen einander fochten, nichts schaden; die unterliegende Partei war leicht geneigt, aus dem Scherze Ernst zu machen und sich zu rächen. Ein Beispiel erzählt uns Matthäus Paris: 1242 war ein englischer Ritter, Walter Biset, im Turnier von Patrik, dem Sohne des Thomas von Galway, besiegt worden; aus Rache zündete er in der folgenden Nacht dessen Herberge an und verbrannte ihn mit seinen Begleitern. Deshalb wurde auch immer vor Beginn des Turniers jede Feindseligkeit ausdrücklich untersagt [1]). — Wie es scheint, wurde die Theilung von den Herolden besorgt [2]). Ausgeschlossen vom Turnier waren die Kipper [3]), jedenfalls die nicht ritterbürtigen Soldaten oder die jungen Knappen, die das Ritterschwert noch nicht erhalten hatten; die mochten im Eifer für ihren Herrn auch zuweilen mit zugeschlagen haben; es war ihnen aber bei Verlust der Hand streng verboten, am Kampfspiele sich zu betheiligen [4]).

Das Commando über jede der Schaaren übernahm ein Hauptmann [5]), zuweilen hatte man auch sogar zwei Anführer [6]).

---

1) Biterolf 8615: Swer brichet mînen fride, Ob man mich hienge an ein wide, Holt wirde ich im nmmer mêr.

2) Virginal 103, 6: Der turnei dô geteilet wart Von den knappen ûf der vart, Die von den wâfen sprâchen., Sî teilten ebene und gelîh, Daz ietweder parte sich Zuo einander brâchen.

3) Parz. 351, 17. — Frauend. p. 117, 7.

4) Biterolf 8579: 'Wie schaffet irz' sprach Rüedegêr 'Daz lât mich hœren, künic hêr, Sol ez âne kipper sîn?' 'Jâ bî rehten triuwen mîn' sprach Gunthêr der rîche, 'Daz lobe ich endelîche. Swelhen ritter rüeret kippers hant, Ez sî knabe oder sarjant, Der des turneis niht bestê, Daz ez im an die hant gê.' — Crône 776: Von kippern ein michel rote Mit starken matziuwen.

5) Turnei 261.

6) Parton. 14082: Eime ietwedern teile, Ê daz turnieren dâ began, Wurden zwêne houbetman Besunder ûz bescheiden.

„Nu si geteilet âne trüge Ze rehte wurden under in, Dô kêrten sâ ze hûse hin Die ritter algemeine Und âzen ouch ein cleine, Als in daz was gebære. Dar nâch die geste mære Begonden sich bereiten. Si wurfen unde leiten Diu rîchen wâpenkleider an. Dô wurden ros beid unde man Vil schiere bî den zîten Bedaht ze beiden sîten [1].“

Man nahm ein kleines Frühstück [2] (pittimansiere = petit mangier) [3] ein, einen „turneischen imbîz“ [4], um nicht grade ganz nüchtern auf dem Kampfplatze zu erscheinen; aber man hielt es auch für schädlich, mit vollem Magen sich den Anstrengungen des Tages zu unterziehen. Zwei gebratene Hühner auf einen Mann erschien genügend [5].

Dann riefen die Kreiîrer und die Herolde zum Wappnen [6]. „Nu wâpent iuch, ir ritter guot, Wâpent iuch, sît hôch gemuot Und zogt mit vreuden ûf daz velt. Dâ lît der minne gernden gelt: Dâ sol man ritters ellen sehen, Und dâ der vrouwen ritter spehen“ [7].

Sie legten nun die Rüstung an und verwahrten sich so gut, als ob es gelte zur ernsten Feldschlacht auszuziehen. Ein paar Polster mehr konnten nichts schaden, denn wenn schwere Verwundungen alles in allem grade auch nicht häufig vorkamen, so gab es doch desto mehr derbe und schmerzhafte Püffe. So ist die „Turneiwæte“ (Reinfr. 7985) wohl der Kriegsrüstung ganz gleich. Dass man in leinenem leichtem Harnisch, also allein in wattirtem Wamms u. s. w., ein Turnier mitmachte, das geschah doch nur selten [8]. Ueber den Harnisch zog man dann das Wâpencleit, und wer es haben konnte, hatte es sich aus kostbarer Seide anfertigen, mit Zobel und Härmelin

---

1) Turnei 284 ff.

2) Engelh. 2641: Des morgens dô der tac an brach Und in diu state dô geschah, Daz jeder man ein wênic gaz.

3) Reinfr. 732: Ein klein pittimansiere. — Titurel 2616: Pitemansier daz in crefte brahte.

4) Lanzelet 3098.

5) Meleranz 9652: Nu was bereit dem werden man Ein kleiner imbîz zehant. Den tisch er gerihtet vant; Der degen vil vermezzen Wolt ein wênic ezzen An den selben zîten, Ê daz er rite strîten. Daz het Cursûn gerâten. Zwei hüenr im wârn gebrâten.

6) Ferguut 5164: Lude riep daer menech yraut: 'Ridders! het's tijt, lacies! lacies!' — Chast. de Couci 3268: Hyraus crioient 'jà lachiés!'

7) Frauend. p. 300, 7.

8) Matth. Paris 1256: Et circa pentecosten apud Blie commissum est hastiludium prospere et generaliter secundum legem et disciplinam militarem, ubi Edwardus domini regis primogenitus in lineis et levibus, ut militaribus legibus informaretur, fuerat armaturis. Ibi multi nobiles, dum conarentur laudem militiae promereri, prostrati, verberati et contriti conculcabantur. Quorum unus fuit Willielmus Longaspata, qui nunquam postea restaurabatur.

verbrämen lassen; der Arme begnügte sich mit einem neuen Rocke aus Buckerâm [1]). Darauf legte man die Zieraten an, welche die Geliebte gespendet hatte, die Kopftücher, Aermel u. s. w., von denen schon früher (Th. I, S. 469 ff.) die Rede gewesen ist.

Der Turnierplatz war inzwischen bereitet worden, ein offnes, ebenes Gefilde, das den Bewegungen der Reitergeschwader keinerlei Hindernisse bot. Gewöhnlich liegt er in der nächsten Nähe der Stadt und dann begeben sich die Zuschauer, vor allem die anwesenden Damen auf die Burgmauer, an die Zinnen [2]), an die Fenster des Palas [3]), oder sie nehmen auf einem der Thürme [4]) Platz und können so dem Schauspiele mit aller Bequemlichkeit folgen. Liegt der Kampfplatz von der Stadt entfernt, so erbaut man für die vornehmen Gäste wohl auch eigne Tribünen (afr. bretesche, eschafaud: Meraugis p. 12, p. 13). Um die Zuschauer zurückzuhalten, ist der Platz mit Schranken umfriedigt [5]).

Sobald die Damen sich niedergelassen hatten, begann die Musik [6]), und nun zogen die Ritter, von ihren Knappen begleitet, allmälig nach dem Turnierfelde. Die Knappen riefen vor ihnen her „Platz da" [7]), die Herolde (Kreiîrer) begrüssten mit lautem Zurufe erprobte Kämpfer [8]). Jeder der Ritter nimmt jetzt seinen Platz in seiner Schaar ein [9]); die

---

1) Frauend. p. 79, 14—20.

2) Nib. Z. 6, 4: Trunzunê sach man vliegen vür den palas dan. — Lanc. II, 37932: Gingen ten cantele die joesten scouwen.

3) Der Jungherr u. d. treue Heinrich 1085 (Ges. Abent. III, 225): Nû lag der künig und die vrouwen Ûf den venstern schouwen, So wer der beste wære, Dem man gæbe die êre.

4) Parton. 14180: Diu keiserîn was aber komen Ûf des turnes warte. Irekel und diu zarte Persanîs ir wâren bî.

5) Biterolf 8593: Dâ si sider diu hâmît Stacten kurz oder wît Swie si dûhte guot getân.

6) Biterolf 8657: Dô si gesezzen wâren nider, Vil lûte hôrten si dâ sider Manic horn erschellen, Holre blasen vor den snellen Und maneger trumben dôz. Sumber slahen was alsô grôz, Daz erwagen mohte der palas. — Parton. 14204: Man hôrte von busûnen Schallen ûf der heide vil, Die gîgen und der harphen spil, Die tambûr und die flöuten. — Frauend. p. 82, 6.

7) Wigal. p. 80, 16: ‘Wîchâ, herre, wîche!' Die garzûn alle riefen, Die dâ vor im liefen. Si wâren siges an im gewon. — Mai u. Beafl. p. 235, 11: Si schrirn alle: ‘wîchâ wîch!' — Frauend. p. 237, 28: ‘Wîchâ herre, wîchâ wîch' Ruoft ûz freuden an der stunt Dâ vil maneges ritters munt. — Crône 822: ‘Wîcha, herre, wîche!' Wart dâ gecroijieret.

8) Crane 1534: Dô rêf iz allet ‘Ungerlant! Der werde fôrt den prîs von hinnen Ind erwirbet hie die keiserinnen.' — Reinfried 856: Die krîger vast grôierten Ûf in; 11418: Die gernden grôgieren Man hôrt ûf den von Brabant.

9) Chastelain de Couci 3287: Quant furent issus as chans fors Et li dizeur aloient lors, Si ont fait passer les passans. De deus pars ont partis le chans: Chascuns est à son droit alés.

Commandeure (rotmaister) ermahnen in einer Ansprache Jeden, seine Schuldigkeit zu thun (Frauend. p. 82, 18); die Zuschauer werden vom Kampfplatze fortgewiesen [1]) und nun beginnt die harte Arbeit.

Die Trompeten erklingen, die Trommeln wirbeln, die Herolde schreien, jeder Ritter ruft sein Feldgeschrei [2]): so stürmen sie auf einander ein. Mancher Liebende gedenkt der Geliebten; so ruft Dêmantîn: „Schône Delasîe, Dîn schônede trôstit mich vorwâr" (Dêm. 5445. 6729. 6734), oder Engelhard: „Schœner rœselehter munt" (Engelh. 2586); die Knappen ermuntern: „Dringâ, ritter, dringe" (Crône 810) und „Jû, vassel, schevalier zâ" (Crône 871), kurz wie Jehan de Condé ganz bezeichnend sagt: „Cascuns de faire bruit se painne". Der Lärm übertönt die Schmerzensschreie der Verwundeten, das Stöhnen der vom Rosse Gestürzten und Getretenen; er musste den Kanonendonner und das Knattern des Gewehrfeuers, die in unseren Schlachten den Jammer des Einzelnen übertäuben, ersetzen. Die geharnischten Männer stürzen in vollem Carrière auf einander los; die Lanzen zersplittern; da ist einer niedergestreckt worden, sein Ross führen die Knappen des Siegers fort [3]); er kann zufrieden sein, wenn er nicht noch im Getümmel von den Rossen getreten und schwer verletzt wurde [4]).

Die gute Sitte verbot, dass Viele einen Einzelnen angriffen [5]); Mann gegen Mann sollte gekämpft werden. Auch galt es für anständig, wenn man den Gegner aus dem Sattel gehoben hatte, selbst abzusteigen und zu Fuss weiter zu fechten [6]). Sogenannte Sauhiebe waren schon damals verpönt [7]).

---

1) Crône 739: Man hôrte die garzûne Rîche croijieren Under den banieren: 'Wîcha! lâz tjostieren.'

2) Chevaliers a le mance 328: Lors sonnent trompes et nakaires, Cascuns de faire bruit se painne, Hiraut crient à longe alainne. — Der Frauen Turnei 234 (Ges. Abent. I, 377): Daz allez ûf dem velde schrei: 'Zâ, zâ, Limburk, zâ!'

3) Lanz. 3058: Der gewin was ouch niht klein, Den sîne knappen nâmen, Sô die ritter nider kâmen, Die ir herre von dem rosse stach.

4) Frauend. p. 87, 23: Swelhen ritter man dâ vallen sach, Der leit von tretten ungemach.

5) Li biaus desconneus 1655: Et à cel tens costume estoit Que quant ·j· hom se combatoit, N'avoit garde que de celui Qui faisoit la bataille à lui. Or va li tens en febloiant Et cis usages decanans Que ·xx· et ·v· prendent un!

6) Lanc. IV, 3941: Alsene Lanceloet dus sach te voet, Dochte hem wel in sinen moet, Geviele dat hine tors versochte Dat ment hem wel daer lachteren mochte.

7) Iwein 7139: Sine geruochten des nie, Daz sî niderhalp der knie Deheiner slege tæten war, Dâ sî der schilde wâren bar.

Die Knappen der Sieger nahmen, wie gesagt, die ledigen Pferde der aus dem Sattel gehobenen Ritter in Beschlag. Wer auf Gewinn ausging, behielt sie natürlich und liess sie sich auslösen [1]); für sehr anständig aber wurde es gehalten, wenn der Sieger (wand er dar niene kam ûf guotes gewin: Erec 2619) sie ohne Lösung zurückgab oder sie den Rufern überliess [2]), die laut die Milde, d. h. die Freigebigkeit der Ritter herausforderten [3]). Grade bei dieser Gelegenheit musste sich einer splendid zeigen. Der Graf Arnold von Ardres nimmt auf seine Kosten eine Menge Ritter mit zu den Turnieren, die er besucht, und erwirbt sich durch Tapferkeit und vor allem durch seine Freigebigkeit Bewunderung und dann auch die Liebe der Gräfin Ida von Boulogne (Lamberti Ardensis Hist. Com. Ghisn. § 92. 93). Wer aber nicht so vornehm war, den Gewinn gleich fortzugeben, der liess seine Beute in Sicherheit bringen und auch die Gefangenen, die er gemacht, von seinen Leuten fortführen, damit sie ihm nicht von der Gegenpartei wieder entrissen wurden [4]). Wenn ein Ritter einen besonders guten Fang that, so wurde er noch durch den Zuruf der Menge geehrt und zu neuen Heldenthaten angefeuert [5]). Erfahrene Ritter schonen im Schwertkampfe ihre Kräfte, um, wenn der Gegner ermüdet ist, dann die entscheidenden Streiche führen zu können (Meleranz 10168 ff.).

Es war ein heisses Ringen und Mancher wurde durch den Staub, die Hitze [6]), die Ermüdung wenigstens für einige Zeit unfähig, weiter zu kämpfen. Da ging es ganz gut an, dass er sich eine Weile aus

1) Erec 2218: Chevaliers prent, cheuax gaaigne.

2) Engelh. 2752: Und swaz der ritter ûz erwelt Rosse dâ bejagete, Diu gap der unverzagete Den knaben von den wâpen. — Parton. 15728: Unde fuorte enwec Sîn ors, daz er umb êre gap. — Reinfr. 1890: Er hât mit ritterlîcher wer Des tages ûf dem plâne Gemachet ritter âne Fünfzehen ors, diu wâren hôch, Diu man alle sament zôch Den gernden ûz dem ringe.

3) Reinfr. 874: Des wart ein schrîen 'wîchâ wîch! Lâ milte hie gên zühte varn!'

4) Engelh. 2762: Den werden künec von Riuzen Hæt er gevangen in den zoum Und wolte in under einen boum Ziehen balde in sînen fride; 2820: Sîn knabe des bereite wart, Daz er niht müezic ouch beleip, Daz ros er balde hin nâch treip, Dâ der ritter ûfe saz, Mit einem knütel, wizzet daz. Er wart ân aller slahte sûm Gefuort in Engelhartes rûm. Dâ muoste er lâzen alzehant Ros unde stähelîn gewant. — Cf. Lanz. 2930; 2964.

5) Braunschw. Reimchron. 3366: Sige und lob men horte khrien Uz Beyerlant Heynriche, Dher lantgraven Ludewiche Und sinen brodher Hermanne Da vinc.

6) Kudr. 714: Dâ von vil dicke naz Wart im sîn houbet von sweize under ringen.

dem Gewühl zurückzog und erholte [1]); er band den Helm ab, liess sich die Helmhaube lösen und ist nun wieder im Stande frei zu athmen. Sobald er aber neue Kräfte gesammelt hatte, eilte er in das Gefecht zurück, zumal wenn er sah, dass die Seinen im Nachtheile waren [2]).

So wogt der Kampf hin und her; mancher Speer wird auch noch zur Ehre der Geliebten gebrochen [3]); endlich kommt der Abend heran und es dunkelt. Da räumen die Ritter endlich den Kampfplatz. Manches Turnier dauert nur einen Tag [4]), andre werden mehrere Tage hinter einander fortgesetzt [5]). Dass aber beim Scheine einer Kerze, welche die auserwählte Dame auf ihrem Thurme anzünden lässt, der begünstigte Held noch weiter kämpft, das dürfte denn doch eine Phantasie des Dichters sein (Konr. v. Würzb., Parton. 16314).

Es wurde das Signal zur Einstellung der Feindseligkeiten geblasen [6]), oder durch die Herolde den Rittern befohlen, jetzt den Platz zu räumen [7]). So trabten denn Alle nach ihrer Herberge zurück, wo ihnen ein Bad bereitet war, in dem sie sich erquickten und den Schweiss, Staub und Harnischrost von sich abspülten. Die Verwundeten liessen sich verbinden und ihre Brauschen salben [8]), denn so Mancher war braun und blau geschlagen, wenn er auch blutige Wunden nicht

---

1) Parton. 13841: Dô fuorte mit dem zoume sîn Partonopieren Gaudîn Ûz dem ringe noch enlie Niht langer in justieren hie Mit dem soldâne wîse.

2) Erec 2638: Als er den helm abe gebant, Sîn knaben wâren dâ zehant Und lôsten im daz hüetelîn, Als er erküelet solde sîn etc.

3) Erec 2769: Durch sîner âmîen êre. — Gr. Wolfdietr. 1448: Darzu sie justirten durch daz megetin; 2089: Do ward nach prise gestochen von manigem ritter gut Und vil sper zerbrochen vor der frowen hochgemut.

4) Frauend. p. 82, 1 — p. 95, 32.

5) Partonopier 14180—16336.

6) Parton. 8235: Atant est partis li tornois Que plus n'i font à cele fois: Li banier ont le ban corné.

7) Biterolf 9372: Dô begunde man den frideban Ruofen, der dâ wolde Haben oder solde Deheiniu ritterlîchiu reht, Ez wære ritter oder kneht, Daz si rûmten den plân. Sus wart der fride dâ getân: Daz kunde der helt mære Des küneges ruofære. — Virginal 1048, 1: Ein ander knappe der wâfen schrê: 'Ir herren niht turnierent mê Nu an disen stunden'; 1049, 1: 'Ir herren, zogent abe zehant. Die naht kumet dâ her gerant. Nu rîtent ûz dem melme!' — Ferguut 5512: Die coninc selve dede hem groet ere; Hi hiet opwinden die banieren Ende seide: men soude nemmer torniren.

8) Frauend. p. 95, 22: Wir zogten alle sâ zehant Der sus, der sô, hin in die stat. Dâ was bereit manc schœnez pat. Die ritter padeten bî der naht, Vor müede manger hete unmaht: Man pant den dort, man salbt den hie, Dem dort die arm, dem hie die knie. — Biterolf 1809: Si badeten harnaschrâm von in.

zu beklagen hatte [1]). Andre waren schlimmer davongekommen, hatten sich Arme gebrochen oder sonst schwer verletzt [2]) und behielten die Narben so lange sie lebten [3]). Leute wurden ausgesendet, die Verwundeten, die selbst nicht mehr zu gehen oder zu reiten vermochten, aufzusuchen, die Todten zu sammeln und auf Bahren heimzuführen [4]). Was auf dem Felde liegen geblieben war, von Waffen, Kleiderresten, Sattelzeug und Lanzensplittern, das überliess man den fahrenden Leuten, den Krôgierern [5]). Die Gefangenen sendeten die Sieger an ihre Geliebten, denen es freistand, sie umsonst oder gegen Entschädigung freizulassen [6]).

Zuweilen wurde gleich nach Beendigung des Turnieres der Sieger proclamirt (Virginal 1048, 4 ff.); bei manchen Spielen gab es überhaupt keinen Preis. So sagt uns Ulrich von Lichtenstein nicht, wer in dem Friesacher Turnier sich besonders ausgezeichnet hat; er, der Damenheld par excellence, spricht auch nicht von zuschauenden Frauen; kurz hier handelte es sich einzig und allein um eine militärische Uebung. Nach seinem Berichte sind die Theilnehmer todtmüde und begeben sich gleich nach dem Bade sofort zur Ruhe (Frauendienst p. 95, 29). Wenige werden nur im Stande gewesen sein, nach einem regelrechten Turnier noch an der Geselligkeit auf dem Schlosse theil-

1) Parz. 75, 8: Ir vel truoc swarze biulen: Die helde gehiure Derwurben quaschiure. — Ottokar von Steier DCXXXVIII: Manig druken und stoz Wart da enphangen An hiern und an wangen, An knie und an nasen. Manig pewl und masen Maneger da enphie; DCC: Da von furt maniger dan Pewl an dem hawpt Und mit stichen alsam Dahin haime cham.

2) Chast. de Couci 1915: Li chastelains estoit blechiés En un bras, si li ert liés D'un blanc cuevrechief à son col. — Une femme pour cent hommes (Barbaz. et Méon III, 61) 55: Li uns avoit le col plaissié Et li autre le bras brisié; Esté avoient au tournoi Où pris avoient ce bon oi.

3) Gute Frau 2800: Er was zen brusten durchslach; An sînem lîbe man wol sach, Daz in vil manege punte Mit speren und stichen wunte: Ouch sach man oberhalp der brâ, Daz im die ringe wâ und wâ Inz houbet wâren geslagen. — Troj. 31186: Diu zwei beliben unverschart, Iedoch enphiengen si den pîn, Daz die ringe swunken drîn Als in ein wahs daz ingesigel.

4) Biterolf 9406: Der wirt hiez suochen ûf dem plân Sîn liute und sîner geste: Sîn fride was sô veste, Daz man den tôten an der hant Diu wâfen dennoch ligen vant: In hete nieman niht genomen. Mit fünf hundert liehten komen Die burgære wâren. Die tôten hiez man bâren, Die wunden fuort man sus von dan.

5) Parton. 14533: Dâ wurden krôgierer gefröut, Wand ûf den anger was geströut Samît, gesteine und edel golt.

6) Crône 893: Dô der turnei was ergangen, Man sante die gevangen Den vrouwen ûf den palas; Wan daz ir reht was, Sô der turnei gelac Und der hof an einem tac, Swer dan gevangen würde, Daz er dise bürde Von den vrouwen solte tragen Biz sie in ledec wolten sagen, Obe siez gerne tæten.

zunehmen[1]); am meisten bedurften diejenigen des Schlafes, welche am nächsten Tage wiederum auf dem Kampfplatze erscheinen und weiter um den Siegespreis ringen mussten.

Endlich ist nach einigen Tagen der Kampf vorüber; eine Partei ist besiegt, und wer unter den Siegern sich nun ganz besonders hervorgethan hat, der soll den Preis erhalten.

Gar hübsch schildert uns Konrad von Würzburg (Parton. 16394—17362) ein solches Fest. In dem Turnier zu Schiefdeire gilt es, als Preis die Hand der schönen Kaiserin Meliûr zu erringen; sieben Könige sind die Preisrichter (13476). Partonopier hat während des Turnieres sich durch Heldenthaten ausgezeichnet und kann es gar nicht erwarten, die Entscheidung der Richter zu erfahren. Schon bei Morgengrauen weckt er seinen Freund und Zeltgenossen Gaudîn, der ihm aber rathet, ruhig zu warten, bis der Tag angebrochen sei: es mache mehr Eindruck, wenn man zu spät komme, als wenn man zu früh schon sich einfinde (16430: Ez ist ouch bezzer, daz wir komen Ze jungest dan zem êrsten. Man luoget niht der hêrsten Sô vaste alsam der lesten. Die tiursten und die besten Die sint dar komen danne Und wirt von manegem manne Ûf uns gewartet bî der frist: Des niht geschæhe, wizze Krist, Ob wir bewegen uns dar zuo, Daz wir komen dar ze fruo). So warten sie, bis die Sonne scheint, essen und trinken dann ein wenig und hierauf reiten sie gewappnet nach dem Felde, wo die übrigen Ritter und die Preisrichter sich schon eingefunden haben. Sieben Ritter werden als die Besten proclamirt; sie nehmen die Helme ab und zeigen ihre Gesichter. Unter den Sieben findet dann die engere Wahl statt. Die schöne Meliûr mit ihren Damen wird nun auch herbeigeholt; endlich einigen sich die Richter Partonopier für den würdigsten zu erklären, der denn auch der Meliûr sofort angetraut wird. In dem Gedichte „Der Jungherr und der treue Heinrich“ (Ges. Abent. III, 197 ff.) lässt nach dem Festmahle am letzten Turniertage der König durch seinen Hofmeister (1910 ff.) den im Kreis Aufgestellten verkünden, dass am nächsten Tage der Preis ertheilt werden solle. Alle, die mitgekämpft, sind dann zum Frühmahle beim König geladen, und

1) Phil. de Beaumanoir, La Manekine 2861: Li pluisour eurent les cors pers Des grans cox qu'ils orent souffers; (2869) Car mout durement fu lassés Des cox don ot éu assés; 2880: Et li rois commandement fist Que tuit soupaissent avoec lui. Si firent il, il n'eut nului Des chevaliers, part a Ressons Qui o lui ne fussent semons Assés orent viandes, vins: Quant soupe orent, li matins Parut: a dont se vont couchier Qu'il en avoient bien mestier. Duskes a tierce (9 Uhr) se dormirent. — Der Jungherr und der treue Heinrich 1890 (Ges. Ab. III, 247).

kanntschaften, erfreute sich an den Schauspielen, kaufte Vorräthe ein und kehrte dann, um eine schöne Erinnerung reicher, wieder ins einsame Schloss zurück, um das altgewohnte einförmige Leben von neuem zu beginnen.

Auch diese höfischen Feste, bei denen grade Ritterlichkeit und Feinheit der Gesittung sich recht zeigen sollten, wurden gegen Ende des dreizehnten Jahrhunderts bei der überhandnehmenden Verwilderung des Ritterstandes Tummelplätze der Rohheit und der gemeinen Gesinnung. Reinmar von Zweter (II, 106; HMS. II, 196) sagt:

Turnieren was e ritterlich:
Nu ist ez rinderlich, toblich, tot reis, mordes rich.
Mortmezzer und mortkolben, gesliffen aks, gar uf des mannes tot:
Sus ist der turnei nu gestalt;
Des werdent schœner vrouwen ougen rot, ir herze kalt,
Swanne si ir werden lieben man da weiz in so mortlicher not.
Do man turnierens pflac dur ritters lere,
Dur hohen muot, dur hübescheit unt dur ere,
Do hete man ümbe eine dekke
Ungerne erwürget einen man:
Swer daz nu tuot unt daz wol kan,
Der dunket sich ze velde ein rekke.

# III.

Die auf den Turnieren gewonnene Erfahrung suchte man nun zu verwerthen. An Gelegenheit, einen Kriegszug mitzumachen, fehlte es in jener Zeit beständiger Kämpfe gewiss nie; herrschte in der Heimat wirklich einmal Ruhe, so gab es jedenfalls in Frankreich, in Italien oder in einem andren Lande Krieg und ein tüchtiger Ritter wurde da gern und gegen hohen Sold gemiethet. Privatstreitigkeiten führten häufig auch im Vaterlande zu kleinen Kriegen, Fehden. Diese Fehden hiessen Reisen oder Heimsuchungen, waren eigentlich verboten, durften auch erst drei Tage nach der Absage beginnen [1]). Einige Einschränkung erhielt die Rauflust des Adels durch die schon im elften

1) Gesetz, Frankfurt am 11. Febr. 1234 (bei Albericus Trium Fontium): Imprimis omnibus imperii fidelibus ne in reysa publica procedant omnibus modis inhibemus ... Reysam, que heymsuochunge (Druck: keymszuche) dicitur, si quis commiserit, proscribatur ... Item statuimus, ut nullus in persona vel in rebus alicui dampnum inferat, nisi prius eum, cui dampnum inferre voluerit, ad minus trium dierum et noctium spatio diffidaverit, et tunc uterque pacem ab altero per predictum terminum habebit; alioquin per sententiam proscribatur. — Cf. Mhd. Wtb. II¹, 663 und II², 12. — Unter Philipp v. Schwaben (Burchardi Ursperg. Chron., MG. XXIII, 366): Ortae siquidem sunt in hominibus simultates, doli, perfidiae, traditiones, ut se invicem tradant ad mortem et interitum; rapinae, depredationes, depopulationes, terrarum vastationes, incendia, seditiones et bella et rapinae sive in stratis sive in latrociniis justificatae sunt, ut omnis homo jam sit perjurus et predictis facinoribus implicatus, ut vix excusari possit, quin sit in his sicut populus sic et sacerdos. Tribulatio magna prohibuit et hoc, ut nec quis de villa sua posset procedere secure saltem in proximam villam. — Joh. Vitodurani Chron.: Temporibus mortis incliti regis Rudolfi, que fuit circiter anno[s] Domini MCCLXXXXII in Alemannia plura terribilia prelia pullulabant; immo more torrentis inundantis impetuose pervenientes inundabant in tantum, quod adhuc hodierna die illa tempora ab antiquis rememorantur et magni prelii anno vocitantur. — Nach Ottokar von Steier DCLXXIV wurde Adolf von Nassau zum Vorwurf gemacht: Daz pawrlewt und purger Auf dem gew und in den steten Dhainen frid heten, Noch auf des reiches straßen, Der kunig und den er het laßen Seine gericht und sein phleg Auf waßer und auf weg Dhainen frid schueffen.

Jahrhundert von der Kirche eingeführte Beobachtung des Gottesfriedens (treuga dei). Vom Sonntage vor den Fasten bis zum Sonnenaufgang am Montage der Pfingstoctave sollten die Waffen ruhen, ebenso vom Sonnenuntergang des Donnerstags vor dem Advent bis zum Sonnenaufgang des Montags der Epiphaniasoctave, ferner alle Wochen vom Donnerstag Abend bis zum Montag Morgen, endlich alle Marien- und Apostelfeste und deren Vigilien (Conc. Rotomagense 1096. Can. I). Die Friedenszeit beginnt also zwischen dem 1. Februar und 7. März und dauert bis zum 18. Mai oder 21. Juni, fängt dann wieder am 25. oder 26. November an und währt bis zum 17. oder 18. Januar. Marienfeste kommen in Betracht: Purificatio, Annunciatio, Assumptio, Nativitas, also der 2. Februar, 25. März, 15. August, 8. September. Von diesen Tagen können zwei in die schon gebotene Friedenszeit fallen, jedenfalls ist der eine immer nicht mitzuzählen; auch von den Aposteltagen sind vier (Philippus und Jacobus, Andreas, Thomas, Johannes Ev., d. i. 1. Mai, 30. November, 21. und 27. December) nicht mit zu berechnen, S. Matthias-Tag (24. Februar) ist auch nicht immer besonders zu feiern, dagegen haben wir im Juni und Juli gleich drei Apostelfeste (Peter und Paul, Divisio Apostolorum, Jacobus Major, den 29. Juni, 15. und 25. Juli), dann am 24. August Bartholomaei, am 21. September Matthaei und am 28. October Simonis et Judae, also 6 Apostelfeste. Es bleiben mithin nur etwa 30 Wochen übrig, und da sind es nur die vier Tage Montag bis Donnerstag, die zur Fehde benutzt werden dürfen, im Ganzen 120 Tage, von denen zwei resp drei Marienfeste mit den Vigilien, sechs oder sieben Aposteltage mit ihren Vigilien, im Ganzen sechszehn oder gar zwanzig Tage unter Umständen noch abgehen. Immerhin genug Zeit, um Schaden und Unruhe zu stiften. Denn wenn auch nach dem zweiten Canon des eben citirten Concils von Rouen die Kirchen und ihre Vorhallen, die Mönche, die Geistlichen, Nonnen, Frauen, Pilger, Kaufleute und ihre Diener, ackernde Ochsen und Pferde, Fuhrleute u. s. w. vor jeder Feindseligkeit sicher bleiben sollten (vgl. Conc. Audomarense 1099. Can. III. IV), so scheint dies Gesetz doch nur in den seltensten Fällen beachtet worden zu sein. Die Fehden mochten nun wohl irgendwie begründet gewesen sein; die Ritter verhalfen sich in dieser Art zu ihrem Recht. Aber manchen Edelleuten war es nur um den Raub zu thun; sie wegelagerten, beraubten die Reisenden, sperrten sie ein und zwangen sie sich loszukaufen [1]). So scheint die Geschichte, die Ulrich von Lich-

1) Der ritter und sîn kameraere (Ges. Abent. III, 565) 12: Ez was ein ritter der phlak, Als noch manik armer ritter phlît, Ûf dem grôz gesinde lît, Der niht

tenstein (Frauendienst p. 537, 10 ff.) mittheilt, mehr von abgefeimten Verbrechern als von ritterlich gesinnten Leuten in Scene gesetzt zu sein. Am 26. August 1248, so erzählt der Dichter, kommen zwei seiner Freunde, Pilgerîn von Kars und Weinolt, ihn auf seinem Schlosse Frauenburg zu besuchen. Ulrich hat grade gebadet und sich etwas zur Ruhe niedergelegt, als sie anlangen; er wirft schnell einige Kleider über, empfängt seine Gäste und setzt ihnen ein Mahl vor. Nach dem Essen fordern sie ihn auf, mit auf die Falkenbeize zu gehen, und während Ulrichs Leute beschäftigt sind, die Vogelhunde und die Falken zu holen, winken sie plötzlich zwei von ihren Knappen herbei, ziehen ihre Messer, fallen über ihren Wirth her, binden ihm den Pelzrock um den Hals und schleppen ihn nach seinem eigenen Thurme. Die Knechte der Räuber jagen Ulrichs Gesinde aus der Burg, ja die Gemahlin desselben wird vertrieben, ihrer Schmucksachen beraubt; einen Sohn behalten sie noch als Geisel. Als die Freunde des Dichters zur Befreiung desselben noch am selben Tage herbeieilen, führt ihn Pilgerîn auf einen Balcon, schlingt ihm ein Seil um den Hals und droht, ihn sofort vom Balcon zu stürzen, wenn er seine Freunde nicht fortweise. Am nächsten Tage verlangt er Lösegeld und lässt einstweilen den Gefangenen in schwere Ketten legen. Ein Jahr und drei Wochen bleibt Ulrich so eingesperrt, endlich wird er auf Vermittelung des Grafen Meinhart von Görz im September 1249 losgelassen. Seine zwei Söhne und zwei Edelknaben lässt er einstweilen als Pfand und löst sie und die Burg endlich aus „wie, daz wil ich iuch verdagen“ (p. 547, 27). Und solche Leute sind in der damaligen Zeit gar nicht so selten zu finden. König Rudolf erwarb sich ein Verdienst, ihre Burgen zu brechen [1]).

Diese Raubritter selbst hatten also genug Gelegenheit, ihre Gewandtheit in der Handhabung der Waffen zu zeigen; sie verschafften dieselbe auch anderen Rittern, die von ihnen angefallen sich ihres Lebens wehren mussten, oder den Angegriffenen und Gefangenen zu Hülfe eilen konnten. Eine Beleidigung darf ein Ritter nur mit den Waffen rächen. Als zwei Ritter aus Joinville's Gesell-

grôze gülde hât, Und doch niht gern abe lât, Er welle grôzlîche leben Und in dem vollen stæte sweben; Des muoz er dikke reisen Ûf witewen und ûf weisen, Den er ist vil bitter: Alsus was der ritter Zer werlde gar vermezzen Ûf einer burk gesezzen, An gesinde überladen, Dâ mit er tet vil grôzen schaden Ûf walden und ûf strâzen: Swaz ir dâ umbe sâzen, Den was er leit nâchgebûre Und ein alsô herter schûre, Daz sie gar muosten swachen.

1) Joh. Vitodurani Chron. (ed. G. v. Wyss) p. 21: Hic comes R., rex factus, extitit maximus desolator et destructor castrorum, ex quibus homines spoliabantur; nam ipsa expungnavit et expungnata confregit solo coequando.

schaft mit einander in Streit gerathen und der eine den anderen bei den Haaren packt, fasst ihn Joinville, schlägt ihn mit der Faust zwischen die Schultern und jagt ihn fort (Joinv. 567). Dem Angreifer muss man zwar mit gleichen Waffen entgegentreten, doch so lange noch eine Waffe vorhanden ist, nicht im Faustkampfe seinen Streit ausfechten [1]), dagegen einen Unbewaffneten nicht mit scharfer Lanze, sondern nur mit dem Lanzenschafte abwehren [2]).

Nicht genug, dass sich also ungesucht Anlass genug bot, die Waffen zu brauchen, ziehen die kampflustigen Helden auch auf Âventiure aus, das heisst, sie suchen einen Ritter, der gleich ihnen seine Stärke zu erproben beabsichtigt, und kämpfen mit ihm, bis einer sich für überwunden erklärt. Hartmann von Ouwe giebt (Iwein 527) folgende Definition von âventiure:

‚Âventiure? waz ist daz?'
‚Daz wil ich dir bescheiden baz.
Nû sich wie ich gewâfent bin:
Ich heize ein rîtr und hân den sin
Daz ich suochende rîte
Einen man der mit mir strîte,
Der gewâfent sî, als ich.
Daz prîset in, erslehtr mich:
Gesige ich aber im an,
Sô hât man mich vür einen man
Und wirde werder danne ich sî.'

Oder eine ganze Hofritterschaft stellt ihre Schilde vor dem Schlosse (s. S. 81) oder im Walde aus, und jeder der Ritter ist bereit, mit dem zu kämpfen, der seinen Schild berührt [3]). Und diese Kämpfe werden nicht wie die Turniere mit stumpfen, sondern mit scharfen Waffen ausgefochten. Es fragt sich nun, ob wir die Erzählungen der Dichter über die âventiure suchenden Ritter als glaubwürdig anerkennen, oder

1) Percev. 2703: 'Amis, se vos encontriiés Un chevalier, que feriiés S'il vos féroit?' 'Jel referroie!' 'Et se vostre lance pécoie, Apriès çou n'i avoit-il plus?' 'Meis k'ès puins li corroie sus!' 'Amis, ce ne ferés vous mie.' 'Que feraijou?' 'Par escrémie Del espée l'irés requerre.'

2) Percev. 2295: Sa lance a à ·ij· mains levée, Si l'en a donné tel colée Par les espaules en travers. — Erec 4726: Daz sper er umbe kêrte Daz er in niht versêrte; Er wante gein im den schaft Und stach in mit solher kraft, Daz Keiîn rehte als ein sac Under dem rosse lac. — Parz. 154, 27.

3) Meleranz 9405: Vor der linden sach er Stecken mêr dan sehzic sper. Ûf daz bluomenvarwe velt Was geslagen ein schœn gezelt. Im zeigt der degen milte Vier und zweinzig schilte, Die wârn gehangen her für; 9417: Swelhen schilt ir rüeret, Der wirt für baz gefüeret Gên iuwern herrn ûf prîses wân.

ob wir in ihnen nur eine poetische Erfindung sehen dürfen. Ulrich's von Lichtenstein Abenteuerritt ist wohl als historisch anzusehen, aber er scheint doch nur mit Turnierwaffen seine Heldenthaten verrichtet,

Fig. 68. Kämpfende Ritter. Miniatur, veröffentlicht von Hewitt nach Roy. MS. 20. D. I.

keinen schwer verwundet oder gar getödtet zu haben. Die historischen Berichte lassen uns hier ganz im Stiche, und doch möchte ich annehmen, dass auch hinter jenen Erzählungen etwas Wahres steckt. Es ist der Sinnesart der Ritter völlig angemessen, dass sie des Ruhmes halber muthwillig ihr und ihrer Gegner Leben aufs Spiel setzen; war doch schon das Turnier lebensgefährlich genug, und bis zum Aeussersten wird man es ja bei einem solchen Ehrenkampfe nicht haben kommen lassen; es genügte, wenn der Unterlegene sich für besiegt erklärte.

Trafen sich nun ein Paar solcher kampf- und abenteuerlustiger Ritter, so forderten sie sich zum Waffengange heraus: „Habet ûz! iu sî widerseit" (Crône 3986) [1]; „Il li a dit: 'Vassal je voz deffi. Menaciez moi; or vos gardez de mi'. Respont Ferraus: 'Et voz de moi ausi'." (Gaydon p. 97.) Ehe aber der Kampf beginnt, sieht jeder noch einmal das Sattelzeug seines Rosses nach, steigt ab und zieht die Gurte fester an; dann schwingt er sich wieder in den Sattel [2]), nimmt die gehörige Distanz [3]), fasst den Schild kunstgerecht, senkt die Lanze [4]), und jetzt stürmen sie gegen einander los; die Lanzen splittern, die Rosse bäumen sich, immer neue Speere werden gebrochen, bis der Vorrath erschöpft ist. Dann ficht man mit dem Schwerte weiter (Fig. 68), und wenn da noch nicht die Entscheidung hergestellt ist, packen sich die Gegner und ringen [5]); endlich ist der Schwächere zu Boden gestreckt, der Sieger wirft sich über ihn [6]), reisst ihm den Helm und die Finteile ab und setzt ihm den Dolch an die Kehle. Der Besiegte hatte nun die Wahl, zu sterben oder sich für besiegt zu zu erklären. Im letzteren Falle gab er „Sicherheit (afr. fiance)" [7]): er versprach, sich als den Gefangenen des Siegers zu betrachten und

1) Vgl. Iwein 35; Wigal. p. 75, 39. — Lanc. I, 7085: Hi achterretene ende hi Riep 'hoedt u jegen mi! Ic ontsegge u!' dander seget: 'Daets ene dinc daer mi lettel an leget.'

2) Wigal. p. 62, 37: Sînem rosse gurt er baz, Zehant er wider ûf saz.

3) Li biaus desconneus 2087: Lors se desfient à itant Esloignent soi plus d'un arpent.

4) Wigal. p. 103, 35: Die herren begunden beide Die schilde vazzen für diu knie. Ir ietweder sîgen lie Gegen den andern sînen schaft.

5) Parz. 265, 10 ff.; 542, 18 ff.

6) Durmars 4770: Lors chai Bruns tos estordis, Mesire Durmars s'avancha, Sor Brun de Morois se lancha, Entravers giut sor sa poitrine.

7) Wigal. p. 200, 33: Der tet im die fîanze (Daz sprichet entiuschen sicherheit). — Parz. 38, 6: Der iesch die fîanze; 38, 12: Er sprach 'mîn sicherheit sî dîn.' — Sicherheit: Wigam. 2998; 3011. — Sicherunge: Crône 16585; 16667. — Crane 2599: Dat ich im sicherheit gebôt. Mîn were hette irkorn den dôt. — Meleranz 5183: Des gap er im sicherheit, Daz er im wære bereit Und daz ers niht enlieze, Swaz er in tuon hieze. — Troj. 4304: Sus bôt er sînen vinger ime Und ergap sich im alsus. — Titurel 2604, 3: Die hohen werden buten im vieantze; 2622, 1. — Hermanni Corneri Chron. 1216: Qui multis vulneribus confossus et in terram prostratus Hugoni de Marays fidem dedit captivationis. — Erec 1022: Fiancier te convient prison.

dessen Befehlen unweigerlich zu gehorchen [1]). Gewöhnlich schickte der siegreiche Ritter seine Gefangenen an den Fürstenhof, in dessen Kreis er gehörte [2]); dort hatten sie sich der Geliebten ihres Ueberwinders zu stellen [3]), um ihr einen lebenden Beweis der Tapferkeit ihres Freundes und dessen treuen Gedenkens zu geben. Die Damen konnten dann die Besiegten frei geben oder ein Lösegeld von ihnen verlangen. Die Sitte erheischte übrigens auch, dass der Gefangene sich so vorstellte, wie er besiegt worden war, mit zerrissenen Kleidern, zerhauenem Schilde, blutig und wund [4]). Das Ross des Ueberwundenen gehörte dem Sieger (Erec 4732 ff.).

Manchmal endete aber der Kampf mit dem Tode eines der Gegner, sei es dass derselbe im Streite selbst eine Todeswunde erhält, oder dass er die Sicherheit zu geben verweigert und vom Sieger niedergestossen wird. Einem Todten sein Ross und seine Rüstung zu nehmen, galt für sehr unschicklich, aber schon Anfang des dreizehnten Jahrhunderts gab es unter den Rittern unlautere Elemente, die aus Habgier alle die alten Gesetze der Ehre übertraten. Wirnt von Gravenberg erzählt, wie Wigalois einen Ritter im Kampfe ersticht und sein Ross bei der Leiche anbindet, und fährt dann fort (Wigal. p. 63, 15): „Daz wære bî disen zîten verlorn, Als ich michs versinnen kan. Ir ist nu wênec, sine fuortens dan: Man züge im nu den harnasch abe, Dar zuo alle sîne habe. Daz was ab dô wider dem site: Swer ez tet, der vlôs dâ mite Alsô gar sîn êre, Daz er niemer mêre Ze rîterschefte mohte komen, Im wurde sîn êre gar benomen. Swer hiute daz selbe tæte, So belibe vil lîhte stæte Allez rîterlîche reht. Swer vil kûme wære ein kneht, Der wil nu rîter werden. Des müezen die werden Der bœsen engelten. Ja geniuzet man vil selten Der bœsen gesellen. Got müeze si vellen Die dem iemer swert geben, Der daz rîterlîche leben Niht behalten künne, Unt der von sînem künne Niht dar zuo sî geborn!“ Die Leiche bleibt liegen, bis ein Mitleidiger sie begräbt oder Leute zur Bestattung herbeiholt.

---

1) Wigamur 646: Lasse mich, herr, nun leben, In dein gnad wil ich mich ergeben Und wil werden dein man Und wil auch sein dein untertan Und dir dienen, wie du wilt.

2) Parz. 198, 3: Er bat in fîanze Bringen Gurnemanze.

3) Parz. 267, 10 ff.; 275, 19: Er dancte in, bôt fîanze sân Sîner swester wol getân. — Wigam. 4848: 'Thuo sicherhait' Weygamur da sprach 'Dulceflur dem kinde gar'. 'Das sol nu sein' sprach Lyplagar.

4) Percev. 3898: Costume estoit à cel tiermine, Sel trovons escrit en la letre, Que chevaliers se devoit metre En prison atout son ator Si com il partoit del estor, Que jà rien n'en éust osté Que qu'il déust avoir cousté, Ne riens nule n'i éust mise.

Wacht Einer bei dem Leichnam, so zieht er mit dem Schwerte einen Kreis um denselben, die bösen Geister zu bannen [1]). War ein Kirchhof nahe, so beerdigte man die Leiche auf ihm: die Rüstung wird an einen Baum in der Nähe des Grabes aufgehängt [2]).

Die im Turnier und im Einzelkampfe erworbene Geschicklichkeit konnte aber dem Ritter auch dann nützlich sein, wenn er sein gutes Recht Verläumdungen und falschen Beschuldigungen gegenüber durch ein Gottesgericht zu erweisen gezwungen war. Der gerichtliche Zweikampf ist während des zwölften und dreizehnten Jahrhunderts noch eine zu Recht bestehende Institution [3]), über deren juristische Bedeutung ich hier nichts zu sagen vermag — es ist dies oft genug von berufenen Männern geschehen —; ich will einzig und allein versuchen zu schildern, in welcher Form die ritterliche Gesellschaft diese Ehrensachen auszufechten pflegte [4]).

Brachte ein Ritter gegen einen anderen eine schwere, mit strengen Strafen zu sühnende Beschuldigung vor und konnte sie nicht durch Zeugen erweisen, so war es dem Angeklagten gestattet, für seine Unschuld öffentlich vor dem gesetzmässigen Richter mit dem Ankläger zu kämpfen. Er überreichte als Pfand, dass er am bestimmten Tage sich einfinden werde, dem Gerichtsherren oder dem Herausgeforderten seinen Handschuh, und auch der andere musste sich in derselben Weise verpflichten [5]). Ausserdem hatten beide Theile Bürgen zu

1) Walewein 4786: Ende naem sijn swaert Ende becrijter hem mede mt sant, Dat hem neghen Gods viant Ne mohte ghenaken omme te deerne, No weder in spele no in scerne.

2) Percev. 40252: Atant ès vous ses compagnons Qui les armes ont aportées Sor la bière les ont giétées, Et i pendirent par les mances Le haubierc et les cauces blances, As brances de l'arbre pendirent Et l'escu, plus n'i atendirent, Et la coife et le hiaume avoec.

3) Friedr. Zimmermann, der Zweikampf in der Geschichte der westeuropäischen Völker. Hist. Taschenbuch, 5. Folge; Jahrg. 9 (Leipzig 1879).

4) Ich habe gefunden, dass J. Grimm RA. VI, 8, § 4 (S. 927 ff.) die Form des Zweikampfes gar nicht bespricht. Auch L. Stein hebt im dritten Bande von Warnkoenig's Französischer Staats- und Rechtsgeschichte p. 226 nur das juristische Moment hervor. — Zu Rathe gezogen habe ich ausser den Establissements de Saint-Louis noch Philippe de Beaumanoir's Coutumes du Beauvoisis (publ. p. le Cte Beugnot, Par. 1842) cap. 61, und den Abschnitt der Assises de Royaume de Jérusalem (publ. p. Foucher, Par. 1841), der betitelt ist „Règles de la Bataille pour meurtre devant la basse cour" (I, 1, 325 ff.).

5) Matth. Paris 1243: Der Graf de la Marche (Comes Marchiae) wird von einem Ritter vor dem Könige von Frankreich eines Verbrechens angeklagt und deshalb in Gewahrsam genommen. Quod licet comes constanter inficiaretur, statim miles supradictus more Francorum chirothecam suam ei porrexit, se offerens

stellen [1]), die einmal als Geiseln für ihren Freund dienten, dessen rechtzeitiges Erscheinen auf dem Kampfplatze gelobten, dann aber auch, von der Unschuld ihres Freundes und der Schuld des Gegners überzeugt, den Ausgang des Duells zu gewärtigen und unter Umständen selbst, wenn derjenige, für den sie sich verbürgt, unterlag, dessen Strafe zu theilen hatten [2]). Denn wurde der Kläger besiegt, so traf ihn dieselbe Strafe, die auf das Verbrechen, dessen er den Anderen bezichtigt hatte, von rechtswegen gesetzt war [3]). Nach den Assises de Jérusalem stellte der Kläger sogleich dem Vicomte sein Pfand zu; der vorgeforderte Verklagte hatte dann auch seinerseits ein Pfand zu geben. Darauf wurden Beide bis zum Kampftage vom Vicomte in Gewahrsam genommen, aber gesondert eingesperrt; sie konnten sich selbst verpflegen oder erhielten auch die Kost und durften noch bei einem Fechtmeister Unterricht nehmen.

Für hochstehende Männer ziemte es sich nicht, einen solchen Kampf anzunehmen [4]). Aber Peter von Aragonien hat doch noch 1283 Karl

---

in propatulo coram curia id corporaliter secundum considerationem curiae regalis probaturum, exigens sibi exhiberi in duello iustitiae plenitudinem secundum legem Francorum antiquitus et modo iustitialiter iuratam a regibus et approbatam. Quam chirothecam quasi duelli vadium ostensam comes recepit, spondens se defendendo dimicaturum facinoris notam sibi imponentem. Sein ältester Sohn will für ihn eintreten, das wird aber abgelehnt. Endlich wird die Sache gütlich beigelegt. — Lanceloet I, 20585: Doe ginc der hertoge saen na dat Ende boet hem den hanscoe daer ter stat, Dien her Walewein daer ontfinc; Ende hi gaf den sinen na die dinc Den hertoge weder harde saen. Dus moeste di camp vorwaerd gaen. — Gaydon p. 19: Es mains le roi a son gaige donné. — Chev. as ·ij· espees 5237—5880.

1) Lanc. I, 20591: Doe sprac die coninc toten heren 'Ic wil datmen verborge met eren Desen camp te vechtene hier.' Die hertoge sette borgen fier. — Gaydon p. 19—23: Thibaut d'Aspremont giebt dem Könige sein Pfand und stellt vierzehn Geiseln; Gaydon soll nun gleichfalls entweder Bürgen bringen oder die rechte Hand verlieren. Die Bürgschaft seiner Lehnsleute wird nicht angenommen; endlich entschliesst sich sein Onkel Naymes sich als Geisel zu stellen. — Gui de Nanteuil p. 13: Il (Gui) est passé avant, mist son gage en present; Dus Naimes le repleige, li et Milez d'Aiglent. Hervieu porte son gage Kallon l'empereóur. Sanses et Amalgré le repleigent le jour.

2) Nach Aachen heimgekehrt, hält Karl Gericht über Genelûn. Binabel erbietet sich, für Geneluns Unschuld gegen Tirrich zu kämpfen. Jeder von Beiden stellt dreissig Bürgen. Tirrich besiegt den Gegner und schlägt ihm das Haupt ab; Binabels Bürgen werden auch enthauptet, Genelun an wilder Rosse Schweife gebunden und zu Tode geschleift. Rolandslied 3729 ff.

3) Iwein 5429: Nû was ez ze den zîten site, Daz der schuldegære lite Den selben tôt, den der man Solde lîden, den er an Mit kampfe vor gerichte sprach, Ob ez alsô geschach, Daz er mit kampfe unschuldec wart. — Chev. au lyon 4561 ff.

4) Crône 10757 (Gasozein sagt, um dem Kampfe mit Artus auszuweichen):

von Anjou zum Duell herausgefordert, um ihre Zwistigkeiten so zum Austrage zu bringen. Jeder der beiden Fürsten sollte 100 Ritter nach dem in englischem Besitz damals befindlichen Bordeaux mitbringen, und dort sollte der Kampf beider Schaaren die Entscheidung der schwebenden Fragen herbeiführen. Peter erschien auch incognito, fürchtete aber Verrath und zog sich wieder zurück, so dass dies grosse Duell, zu dem schon alle Vorbereitungen getroffen waren, nicht stattfinden konnte (Ann. Parm. maj.; Saba Malaspina IX, 22—25. X, 9—12).

War einer der beiden Gegner krank, gefangen, oder sonstwie verhindert, so durfte er einen Stellvertreter schicken, der seine Sache ausfocht [1]). Frauen hatten immer das Vorrecht, einen Kämpen für ihre Unschuld zu stellen, und es ist ein in den Ritterromanen oft wiederkehrendes Motiv, dass eine unschuldig angeklagte Jungfrau Boten aussendet, um einen Ritter einzuladen, für sie am bestimmten Tage auf dem Kampfplatze zu erscheinen.

Eine recht lehrreiche Schilderung eines solchen Verfahrens giebt uns der Dichter des Reinfried. Ein Ritter hat das Rendezvous der Prinzessin Yrkâne und des Reinfried von Braunschweig belauscht und glaubt nun die Prinzessin zwingen zu können, ihn zum Gatten zu nehmen. Yrkâne theilt endlich ihrem Vater mit, wessen sie der Ritter bezichtigt [2]), und dieser beharrt, als er befragt wird, bei seiner Beschuldigung [3]). Der König setzt einen Gerichtstag fest, entbietet seine Getreuen und sichert dem Ankläger bis zur Entscheidung der Sache Frieden zu [4]). Auf dem Felde vor der Stadt Liniôn werden Tribünen (gestüele) aufgeschlagen; dort nehmen der König und seine Rathgeber Platz [5]). Dann erscheint die Prinzessin Yrkâne und fordert, nachdem

---

Zwên vilâne sullen sich Zebliuwen und geslahen, Vor gericht mit kampfe vahen, Mügen sie ir reht anders niht Bewæren unde ir geschiht. Daz ist vürsten gar enwiht.

1) Cléomadès 10987: À ce tans, se essoigne avoit Cil qui combatre se devoit, Qui fust de loial ochoison, De maladie ou de prison, Mais que l'essoigne fust seüe Par gent dont par droit fust creüe, Metre i pouvoit en lieu de lui Par droit, en toutes cours, autrui, Mais k'au seignour dou lieu pleüst: K'autrement faire nel peüst.

2) Reinfr. 6194: Er zêch mich, ich wære ein wîp Nâch kebeslîchen orden Tougenlîchen worden Von dem ûz Sahsen landen.

3) 6428: Ich wil die minneclîchen Des übersagen, swâ man wil, In kamphes rinc, mit strîtes spil, Als swie man mir erteilet.

4) 6584: Dâ zuo hâte man Dem ritter frides trôst gegeben, Daz sîn lîp und ouch sîn leben Wær befridet ûf den tac, Der ze Liniôn dâ lac.

5) 6602: Ze velde wart der tac geleit Ûffen einen wîten plân. Gestüelet wart

Schweigen geboten ist, den Ankläger auf, seine Beschuldigung vorzubringen. Als er schweigt, erzählt Yrkâne, wie er sie verfolgt und ihr gedroht habe; er bestätigt seine Anklage und erbietet sich für die Wahrheit derselben zu fechten. Kein einziger Ritter nimmt sich der Verfolgten an, selbst ihr Vater giebt ihre Sache schon auf; es wird eine Sühne angerathen, aber Yrkâne will von ihr nichts wissen. So entscheiden die Richter denn, dass in sechs Wochen und drei Tagen der Kampf stattfinden soll [1]); gelingt es Yrkânen nicht, bis zu dem Termin einen Kämpfer für ihre Unschuld zu finden, so soll sie verurtheilt werden. Vergeblich schickt die Prinzessin ihre Boten aus; doch „niemen underwinden sich wolde dirre mære" (7098). Da kommt ein Bote nach Liniôn, der im Namen Reinfrieds zum Turnier nach Braunschweig einladet; dem vertraut sie ihren Kummer an und giebt ihm Briefe mit an ihren Geliebten. Der Bote reitet eiligst nach Hause, unterbricht das Kampfspiel, trägt seine Botschaft vor und überreicht den Brief. Reinfried bricht sofort mit seinen Gästen auf und obschon manches Pferd todtgeritten wird, langt er doch am Abend vor dem festgesetzten Tage an; noch beim Mondschein sieht er sich den Kampfplatz an [2]). Am Tage des Zweikampfes lässt der König ausrufen, dass Jedermann sich auf dem Platze einfinden solle [3]). Yrkâne setzt sich zu ihrem Vater; es wird Ruhe geboten. Die Angeklagte wählt sich Fürsprecher [4]), Sachverständige, die ihr Recht vertreten. Der Ritter verlangt nun zu kämpfen; er ist gewaffnet auf dem Platze, aber noch immer erscheint kein Gegner. Yrkâne will im Nothfall selbst ihr Recht vertheidigen [5]), aber der Ritter lehnt dies ab; „man frâget umb" (8430) und das Urtheil lautet, es solle bei den ersten Bestimmungen bleiben. Nun fragt sie, wie lange sie ihres Kämpfers noch warten

dô sunder wân Nâch kuneclîcher pflihte, Wan dâ zuo gerihte Der künic sitzen wolte. Swer zuo im sitzen solte, Dem wart ouch schôn gestüelet dâ.

1) Reinfr. 6810: Nu wart ir und dem ritter Mit urteil erteilet, Sît er sîn leben veilet Und si ouch umb ir êre, Mit urteillîcher lêre Wart der kampf gesprochen Von der zît sehs wochen Und drîge tage, sô man seit Nâ kampfes gewonheit, Als ie dô was und noch ist.

2) 8112: Nu sach er bî den zîten Gestüelet dâ durch schouwen, Dâ herren unde frouwen, Die den kampf sehen wolten, Mit êren sitzen solten. Des hât man sich geflizzen. Er sach den rinc gerizzen Schôn und wol bezeltet gar.

3) 8328: hiez schrîgen, Daz grâven, fürsten, frîgen, Ritter, knehte, gelîche Arm dar zuo rîche mit gemeiner phlihte Komen zuo gerihte Hin für die stat ûf den plân, Dâ daz kempfen solt ergân.

4) 8350: Man hiez sî fürsprechen Nemen in der stunde.

5) 8416: Als dirre tac ist gesprochen, Sô wil ich vollefüeren gern Den kamph selbe oder wern Eins kempfen, der ez für mich tuot.

dürfe [1]); wieder Umfrage: ein Theil ist dafür bis zu Ende des Tages zu verziehen, die Majorität entscheidet jedoch, man solle nur warten, so lange das Gericht währt, und das soll bis zu Mittag dauern. Die Mittagsstunde kommt heran, und man fragt nun, ob der Ritter die volle Frist gewartet habe; da ertönt aus dem nahen Walde ein Horn und in voller Rüstung [2]) erscheint Reinfried endlich auf dem Platze, erbietet sich zum Kampfe und da Alle sprechen „Ez ist noch hôhe kamphes zît“ (8635), so gehen die Gegner auf einander los. „Von ietweders ringes ort Man sach sî bêde sprengen“ (8864). Als die Lanzen verstochen sind, fechten sie erst zu Pferde, dann zu Fuss mit den Schwertern, endlich packen sie sich und ringen; Reinfried wirft seinen Gegner und macht ihn wehrlos [3]). Er verlangt Sicherheit, aber der Ritter schweigt beharrlich. Das Gericht erkennt Yrkânens Unschuld an; der König verspricht dem Besiegten, falls er widerruft, das Leben, und als derselbe endlich sein Unrecht eingesteht, wird Yrkâne gänzlich freigesprochen (9165).

Bei schweren Verbrechen hatte man schon den Scheiterhaufen bereitet, die angeklagten Frauen waren bis auf einen Rock entkleidet und des Todes gewärtig, wenn ihr Kämpe unterlag (Cléomadès 11241—11264). Eine solche Criminalgeschichte wird im Roman des Doon de Mayence erzählt: Gui de Mayence hat sich, ohne seine Familie zu benachrichtigen, in eine Einsiedelei zurückgezogen, und Herchembaut klagt nun die Gattin des Gui an, denselben durch ihren Buhlen ermordet zu haben. Ein kopfloser Leichnam wird gefunden, und auf diesen Beweis hin wird die Frau zum Tode verurtheilt; sie will zwar für ihre Unschuld einen Kämpfer stellen, da man jedoch die Anklage für erwiesen hält, so wird ihre Bitte verworfen, sie zum Richtplatz geführt, ihrer guten Gewänder entkleidet und an den Pfahl gebunden, um den Holz und trockne Dornen aufgehäuft werden [4]). Aber ihre Freunde greifen die Verräther an; nochmals erbietet sie sich, für ihre Schuldlosigkeit Kämpfer zu

---

1) Cf. Ferguut 4632: Galiene sprac: ic sal's mi beraden, Hens noch geene vespertijt, Noch mac mijn ridder comen in't crijt.

2) Reinfr. 8574: Sîn houpt, sîn lîp und sîne bein Wâren wol vor aller nôt Verwâpent schôn biz an den tôt.

3) Reinfr. 9118: Den fürsten man hie ûf in sach Mit manlîchen witzen Ritterlîchen sitzen.

4) Doon p. 29: Quant il furent o feu, en la plache establie, Dez riches dras qu'ele ot l'ont toute despoullie, Qui de diapré fu dez bons dras de Sulie, Et puis lez donna on une povre abéie. Les mains derier le dos, toute tainte et palie L'atachent à ·j· pel, com s'el fust esragie, Puis apportent le bois et espine sechie, Si li meitent entour.

stellen, und zwar einen gegen Herchembaut, den anderen gegen dessen Bruder; ihre Angehörigen übernehmen die Bürgschaft. Sie wird wieder reich gekleidet ins Schloss geführt, aber nach der Abreise ihrer Freunde in den Kerker geworfen (Doon p. 7—39). Acht Jahre später kommt ihre Schwägerin nach Mainz und verlangt, dass endlich die Angeklagte den Feuertod erleide. Das Gericht wird nach zwei Wochen berufen; Herchembaut sendet zu seinem Bruder einen Boten, der aber von Doon, dem fünfzehnjährigen Sohne der Unglücklichen, bei einem Streit erschlagen wird. Doon findet den Brief und beschliesst für seine Mutter einzustehen (p. 61—80). Er kommt an und findet den Scheiterhaufen schon angezündet; soeben soll die Unschuldige ins Feuer geworfen werden. Da beginnt er den Kampf, besiegt die Verräther und befreit seine Mutter. Herchembaut wird an einen Pferdeschweif gebunden, geschleift, dann gehängt (p. 134—181).

Ein solcher Kampf war also immer eine sehr ernste Sache, ein Gottesgericht, in dem über Leben und Tod, über Vermögen und Ehre der Betheiligten durch das Schicksal entschieden wurde. Es war deshalb natürlich, dass jeder der Kämpfer sich Gottes Beistand zu dem schweren Unternehmen erflehte. Als Amaury den Huon de Bordeaux des Mordes bezichtigt und ein Pfand dafür gestellt hatte, dass er die Wahrheit seiner Behauptung aufrecht erhalte, läugnete Huon, gab auch seinerseits ein Pfand und dann stellten Beide die erforderlichen Bürgen. Huon ging hierauf in die Kirche, betete und bekreuzigte sich, und dasselbe that Amaury. In die Kirche lassen sie sich auch Wein holen und frühstücken da, ehe sie die Waffen anlegen und zum Kampfe schreiten (Huon p. 47: Là se desjune li gentis Huelins) [1]. Im Romane Gaydon ermahnt der Erzbischof auch die Freunde der beiden Gegner, im Gebete für dieselben die Hülfe Gottes zu erbitten [2].

Der Kampfestag war, wenn wir den Dichtern glauben dürfen, gewöhnlich auf einen Dienstag verlegt [3]. Ob der Dies Martis der abergläubischen Gesellschaft dafür so besonders geeignet erschien, will ich

1) Huon p. 42 ff.

2) Gaydon p. 31: Li arcevesques les a ammonestez, Saigniez les a et benéis de Dé. ‘Seignor, fait il, à la chapelle alez, Prennez chandeilles et cierges alumez, En la chapelle en alez por orer Et proiez Deu, le roi de majesté, Qu’il voz garisse le duc que tant amez.’ ‘Sire, font cil, si com voz commendez.’

3) Parton. 4034: Solte dirre strît ergân An eime zîstage fruo, Wan der selbe tac dar zuo Von alter ist gerihtet, Daz man gerne vihtet An im unde kemphet. — Gérard de Rossillon p. 347: Ce fu à un lonc jor que entre estaz, Un mardi, que soleil fu cler levaz, Les compaignes s’encontrent.

dahingestellt sein lassen. Ich kenne nur das genaue Datum eines einzigen gerichtlichen Zweikampfes, von dem später noch die Rede sein wird, den 29. December 1191, und dieser 29. December fiel auf einen Sonntag.

Der Kampfplatz war indessen vorbereitet worden. Es genügte nicht, hier ein geeignetes Terrain ausfindig zu machen, wie dies für ein Turnier sich schickte, sondern der eigentliche Schauplatz des Zweikampfes musste auch mit festen Schranken umgeben werden, einmal um den Zudrang und die Einmischung Unbefugter nach Möglichkeit zurückzuhalten, dann aber auch, weil keiner der Gegner fliehen durfte. Daher die französische Bezeichnung „champ clos“. Es wurde also ein Kreis [1]) oder Ring [2]) abgesteckt (afr. parc), einen Rosslauf d. h. etwa 125 Schritt [3]), oder einen Armbrustschuss [4]), 1 ½ Morgen [5]) weit, mit Pfahlwerk [6]), Schranken [7]), oder mit Stricken [8]) eingehegt. Hinter den Schranken erhoben sich die Tribünen für die Kampfrichter und die

---

1) Vgl. S. 137, Anm. 1. — Walewein 1957: Nochtan ghinc men up die tijt Buten castele ghereden een crijt.

2) Vgl. S. 135, Anm. 3 und S. 136, Anm. 2. — Wigamur 1812: Da hiess der künig nach ir bayder bet Ainen ring machen an der stett. Da wurden die kempffer ein gestalt.

3) Iwein 6984: Ir ietweder rûmde Dem andern sînen puneiz Von im vaste unz an den kreiz: Der was wol rosseloufes wît. — Stadium ein rosslauf continet 125 passus; octo stadia faciunt unum miliare. Vocabularius Predicatorum. Lit. S (Lachmanns Anm. zu Iwein).

4) Parton. 9675: La damoisele ot fait armer Por le camp tenir et garder Bien quatre mille cevaliers, Estre serjans et escuiers; Estes le vos et camp venus: Les mers (Grenzmarken) ont mis et tendus Et fu dedens la place lée En tos sens une arbalestrée, Dedens n'ot s'ele place non, Et cordes defors environ. — Gui de Nanteuil p. 33: Li uns fu loins de l'autre près d'une arbalestée. — Cléomadès 11227: Li rois Carmans fist faire ·j· parc Qui duroit près le trait d'un arc De lonc, mais n'estoit pas si lés. Moult fu li pars bien atornés De grans mairiens fors et tenans.

5) Guill. d'Orenge I, 2526: Il s' entr'esloignent un arpent et demi. — Huon de Bord. p. 54: Dont s'eslongierent li campion el pré, Mien ensiant, ·ij· arpens mesuré.

6) Enfances Ogier 3787: La place où il ert icil chans establis, Longue ert et large, enclose de palis. — Cléomadès 9925: Droit devant les fossez avoit Un parc de palis, qui estoit Haus et grans et faiz et faitis. Léenz combatoient tous dis Cil qui combatre se devoient.

7) Lohengr. 2001: Der keiser des dô niht enliez, Daz gestüele er umbe und umbe verschrenken hiez. Nû wart dâ ouch ein ander schranc gemachet, Dar inne enzwischen solt man stên: Gewâpent hin în zuo in solde nieman gên Biz daz der ernst ir eim ze schimpfe lachet.

8) S. Anm. 4. — Walewein 1965: Ende staken in die aerde slaen: Men deder corden omme gaen, Datter niemen in soude comen Dan die den camp hadde ghenomen.

vornehmen Zuschauer [1]), an den Schranken drängten sich die Ritter und das gemeine Volk [2]). An beiden Seiten des Kampfplatzes war ein besonderer Kreis für jeden der beiden Gegner bereitet [3]).

Saba Malaspina beschreibt (X, 10) die Vorbereitungen, die in Bordeaux für den grossen Zweikampf Peters von Aragonien und Karls von Anjou und ihrer Schaaren getroffen wurden. „Inzwischen baut man auf dem Platze, auf dem der Kampf stattfinden soll, starke Befestigungen (castra fortissima), die von Wällen und tiefen Gräben umgeben sind. Ringsum innerhalb der aus Balken, welche mit Eisen und Holz verbunden sind, hergestellten Schranken werden hohe Tribünen, von denen man den ganzen Kampfplatz übersehen kann, hergestellt. Im Kreise werden auch Häuschen und Wohnungen für die Zuschauer je nach deren Würde und Bedeutung hergerichtet und nur eine einzige Pforte angelegt, durch welche die Kämpfer auf den Kampfplatz gelangen, und deren Verschluss so angeordnet, dass nach dem Eintreten einzig und allein die Sieger, wenn die Gegenpartei unterlegen ist, herausgehen können. Die Sitze aber, die Wohnungen und Kammern der Catalonier und Peters von Aragonien sind gegenüber in einer grösseren Entfernung von der Pforte gelegen, als die anderen Behausungen. Misstrauische und Eingeweihte berichten, dies sei der Grund: wenn Peter von Aragonien im Kampfe unterliege, dann sei es gut, denn das sei den Wünschen der Franzosen angemessen; wenn aber Karl im Kampfe besiegt werde und der Sieger jubelt, dann sollten einige erlesene französische Ritter, die dazu bestimmt seien, dem König Karl und seinen Hundert zu Hülfe zu kommen, und am Eingang des Walles stehen, sofort auf den Kampfplatz eilen und, während die siegreichen Catalonier von den Holzwänden beengt nicht schnell durch das Thor entkommen und sich unter die anderen draussen mischen können, dieselben niedermachen."

Die Schranken hätten also wenig genug genützt, die Einmischung in den Kampf zu verhindern, wäre nicht vom Gerichtsherrn noch eine starke Wache aufgestellt worden [4]), die mit den Waffen in der

1) Lohengr. 2068.

2) Lohengr. 2083: Der keiser hiez die herren al în lâzen Zwischen den rinc und daz gestüel. Eteslîchen von gedrenge was niht küel, Die in den schranken giengen oder sâzen.

3) Parton. 5256: In wart ze beider sîte Ein kreiz gemachet und ein rûm.

4) 1000 Bewaffnete. Lohengr. 2091. — Gaydon p. 45. — Percev. 39270 (5 Tafelrunder und 100 Ritter): Ceus mist li rois al camp garder. — Aye d'Avignon p. 20: (Die Sippe Ganelons hatte sich in den Kampf zwischen Garnier de Nan-

Hand jeden Uebergriff der Parteien zu verhindern hatte. Die Aufrechthaltung der herkömmlichen Ordnung im Einzelnen hatten die Griezwarten zu überwachen [1]).

War nun alles vorbereitet, so wurde am Morgen früh die Messe gehört [2]) und dann zog Jedermann hinaus auf den Schauplatz des Zweikampfes. Die beiden Gegner erschienen in voller Rüstung; es werden Reliquien herbeigebracht und beide beschwören die volle Richtigkeit ihrer Aussage [3]). Vor dem Zweikampfe des Ferraus gegen Gui de Hautefeuille werden erst die Reliquien gebracht, darauf nehmen Beide die Helme ab und lockern die Ventailles, und dann spricht auf Karls Befehl Naymes dem Gui den Eid vor, den dieser mit zu den Reliquien erhobenen Händen nachspricht, dass seine Beschuldigung begründet sei, so wahr ihm Gott und die Heiligen helfen. Ferraus betheuert seine Unschuld und küsst die Reliquien, segnet sich und steigt wieder zu Pferde. Beide lassen sich die Ventailles und die Helme wieder befestigen (Gaydon p. 197—199). Zur Warnung für den Meineidigen, der ja nach der Ansicht der Zeit im Kampfe unterliegen musste, war eine Bahre bereit gestellt, den Besiegten fortzutragen, um ihn nach dem Urtheilsspruche dann der schmählichen Strafe, von Pferden geschleift zu werden, zu überliefern.

Ehe der Kampf beginnt, wird Frieden geboten [4]). Die vornehmen Herren beschwören, dem Rechte seinen Lauf zu lassen [5]); die

---

teuil und Auboyn eingemischt) Se ne fussent les gardes qui bien gardent le champ, Qui homme furent Karle, et furent plus de ·c·

1) Rolandsl. 8913: Thie griezwartel sie maneten: Ein ander sie ane ranten. — Wigam. 1815: Da schüff der künig mit gewalt Grieszwertel und maister darzuo; 1865: Den grieszwerteln er da gepot, Das sy zusammen liessen Die kempffer und sye hiessen Streytten unde fechten. — Lanc. I, 42372: Ens die grietwaerders worden geware.

2) Gaydon p. 32.

3) Rom. de la Char. 4943: Et Lanceloz dist: 'Sire rois, Je sai de quauses et de lois Et de plez et de jugemenz: Ne doit estre sanz serremanz Bataille de tel mescréance' etc. Cf. 4965 ff. — Huon de Bord. p. 48: 'Qui juerra?' li barnages a dit. 'Cil qui apele' ce dient li marchis. 'Dont juerrae-ge, sire' dist Amauris etc. Cf. p. 50.

4) Gaydon p. 44: Une grant bierre fist li roi aporter À ·ij· serjans sor les chevax livrer; Devant les contes la fist en champ porter. Ce senefie et orgoil et fierté Et la justice fort et grant et cruel; La voldra faire le recréant entrer Et puis à coes de chevax traïner.

5) Parton. 5092: Nu si zein ander bî der zît Ûf dem plâne wâren komen, Dô wart ein sicherheit genomen Und ein fride alsô gesworn, Sô die kemphen ûz erkorn Mit ein ander væhten Und sich mit strîte bræhten Ze grimmer nœte bitter, Daz beidenhalp die ritter Stille enthielten ûf der wisen Und ir keiner

Ritter werden für den Fall der Einmischung mit dem Verlust des Fusses oder der Hand bedroht; die Knechte riskiren ihren Kopf[1]). Nachdem alle diese Vorbereitungen getroffen sind, wird der Platz geräumt[2]), den Kämpfern ihre Stelle angewiesen, so dass Beide gleiche Sonne haben[3]), dann das Zeichen zum Beginne gegeben, und die Schranken geschlossen[4]).

Aber nicht immer geht die Sache so regelmässig vor sich. Oft liess der eine der Kämpfer den anderen warten, und es wurde dann die Frage aufgeworfen, wie lange der Anwesende den anderen erwarten müsse. Die gewöhnliche Stunde des Beginnes war die Prime[5]), d. h. sechs Uhr Morgens, und wir haben schon in der oben mitgetheilten Erzählung aus dem Reinfried gesehen, dass es für genügend galt, wenn einer bis zu Mittag gewartet hatte, und dass ihm dann der Sieg zugesprochen wurde. Nach dem Sachsenspiegel (Buch I, Art. 63, § 3) kann auch der Kampf abgelehnt werden, wenn der Gegner erst nach Mittag erscheint (Kampes mach ok en man weigeren, of man ine grot na middage, is ne were er begunt). Auch Gaydon (p. 39) lässt den Thibaut d'Aspremont bis Mittag seiner harren, kommt aber dann

---

hülfe disen, Noch sie getörste scheiden. — Troj. 3869: Nû wart zehant geschicket daz, Daz iegelîchiu frouwe saz Dâ stille in dem gestüele Und ûf dem wîten brüele Die ritter machten einen creiz, In dem ir zweiger puneiz Und ir rehten solte ergân. Ein sicherheit diu was getân Mit burgen und mit eiden, Ob einer von in beiden Ein bitterlîchez ende küre, Daz nieman anders dâ verlüre Dar umbe sînen lebetagen Und man ez lieze bî den tagen Belîben sunder allen zorn: Des heten bêdenthalp gesworn Die besten ûf ir eide. — Lohengr. 2094.

1) Lohengr. 2097: Alsô wart der vride al umbe gekündet unde geschrîet Und verboten bî der hant Dem ritter, sô wær dâ dem knecht daz houbet pfant. — Godefr. de Bouillon 19730: Devant la haulte tour desur ung mur monta; Là endroit fist ung cry tel c'on ly devisa: Qu'il n'y ait Sarrasin, quant ly camp se fera, Qui aproche le camp, tant qu'il se finera, À ·c· arpens de priès, et qui l'aprocera, Çorbarans d'Olifierne ung piet ly trencera.

2) Cléomadès 11280: Devant le roi s'en vinrent droit, En tel point pour offert se sont Com il estoit coustume adont. Lors fist on les seremens faire Et toute gent arriere traire. Quant faite furent le serement Li bans fu criés erranment, Que il nus si hardis ne fust, Qu'il parlast ne qu'il se meüst De chose k'avenir veïst, Ne qui main ne pié i meïst Pour grever l'un, ne l'autre aidier. À ce mot se trairent arrier De touz lez et de toutes pars. Vuis et descombrez fu li pars, Fors de ceus qui s'entremetoient Dou champ garder: cil i estoient.

3) Gaydon p. 199: Li solaus est partiz. — Huon de Bord. p. 50: Li solaus fu à droiture partis.

4) Cléomadès 9942: Et cil de defors renfermerent Le parc, si k'entrer n'i pouist Nus hom, de quel part qu'il venist.

5) HTroj. 7927: Uf den tac nach prime zit Erhup sich da so groz strit.

wenigstens. Aber im Walewein wartet nach der Aufforderung des Königs: „Here ruddere, alst jou dinket tijt, So vaert und beit uwes ghesellen int crijt“ (1970) der Kämpe bis zur None (3 Uhr Nachm.) und bittet dann: „Herre, siet Dinket u tijt, so laet mi varen“ (1980). Aber der König heisst ihn noch länger verziehen; um Vesperzeit (6 Uhr Nachm.) bittet er wieder, und nochmals muss er sich gedulden, da kommt endlich der Gegner, der in des Königs Frieden nun aufgenommen wird [1]. So variirt die Stunde, bald ist sie zu Mittag schon abgelaufen, bald währt sie bis um 6 Uhr Nachmittags [2] und gar noch länger.

Gewöhnlich aber wird, wenn der eine der Kämpfer bis zur None, also bis 3 Uhr Nachmittags nicht erschienen ist, er in contumaciam verurtheilt. In dem Chronicon Hanoniense des Gislebertus wird folgender Fall erzählt: (1188) „In diesen Zeiten und in diesem Jahre hatte Gérard de Saint-Obert, ein Adliger, des Grafen von Hennegau Lehnsmann und Verwandter, Zwistigkeiten mit einigen Rittern und behauptete, dass einer derselben, nämlich Achard de Verli, sein Eigenmann sei, und klagte ihn beim Hofe des Grafen von Hennegau an. Als sie eines Tages vor dem Herrn Grafen von Hennegau zu Mons standen und viele wackere Edelleute und Männer aus allen Ständen zugegen waren, sprach ein sehr tüchtiger Ritter, ein gewisser Robert de Belren, der eine Frau aus der Familie des Grafen und von ihr Söhne hatte, ein Verwandter desselben Achard, vom Hochmuth aufgebläht, da Niemand jenen wegen der Leibeigenschaft belangte, öffentlich: „Herr Graf, mir ist mitgetheilt worden, dass Herr Gérard de Saint-Obert hinter meinem Rücken gesagt hat, ich stamme aus einer leibeigenen Familie und gehöre ihm an. Wenn er das gesagt hat, so hat er gelogen wie ein Schurke und Verräther; wenn er es noch einmal sagen will, so lügt er wieder wie ein Schurke und Verräther, und da ist mein Pfand bereit, im Zweikampf mit ihm die Sache auszufechten“. Gérard aber hielt, als er dessen Anmassung und Ueberhebung gehört, da er ihn bisher vor Allen aus seiner Familie geliebt und bei diesem Rechtsfalle immer zu schonen beabsichtigt hatte, mit den Seinen Rath und antwortete dann: „Herr Graf, der gegenwärtige Robert de Belren ist selbst mein Eigenmann. Da er das läugnet und frei zu sein behauptet, so ist hier mein Pfand bereit, dass er lügt, und ich bin erbötig, das gegen ihn als einen Schurken und Verräther zu be-

1) Walew. 2045: Alle die gone die met hem waren Moesten vorden coninc swaren Dien cnape vrede ende vast ghelede.

2) Ferguut 4632: Galiene sprac: ic sal's mi beraden, Hens noch gheene vespertijt, Noch mac mijn ridder comen in't crijt.

weisen, dass er mein Eigenmann ist". Ihm erwiderte Robert, er sei frei und Gérard habe selbst wie ein Schurke gelogen, als er ihn herausgefordert; sie gaben die Pfänder des Zweikampfes in die Hände des Herrn Grafen, da sie beide im Wunsche des Zweikampfes übereinstimmten, und der Zweikampf wurde ihnen zugesprochen und, nachdem von beiden Seiten Geiseln gestellt waren, der Tag zum Zweikampf in Mons bestimmt. Der Graf aber wollte auf dem rechten Wege der Gerechtigkeit wandeln und lud deshalb alle Edlen und Sachverständigen (sapientes) seines Landes zu diesem Tage ein. Die Herausforderung zum Zweikampf wurde vor allen Anwesenden dem Robert angekündigt, da er sich dieses Falles wegen im Frieden befand, wenn er auch einen so edlen Mann zum Zweikampf gefordert hatte. Obwohl Robert in den Waffenübungen für namhafter und tüchtiger als Jener galt, so hatte er doch den rechten Arm gebrochen, war nicht gut geheilt worden, und musste im linken Arme mehr Kraft haben. Als der bestimmte Tag herangekommen war, versammelte man sich in Mons zum Zweikampfe. Und als der Graf in der Strasse vor dem Kloster der h. Waldetrudis mit vielen Edlen und Leuten allen Standes und dem Bischofe Roger von Cambray und vielen Aebten aller Orden, die für die Friedensstiftung zu wirken beabsichtigten, Platz genommen hatte, da kam um die erste Stunde des Tages (6 Uhr Vorm.) Gérard de Saint-Obert gewaffnet, trat vor den Herrn Grafen hin und erklärte sich bereit, was er gesagt, gegen Robert de Belren aufrecht zu erhalten. Und so stand er und erwartete den Robert, und da Robert zögerte, der in der Stadt Mons selbst zugegen war — darum wunderten sich alle Anwesenden —, schlug die neunte Stunde (3 Uhr Nachm.). Als das Gérard de Saint-Obert sah und hörte, sagte er für sich und durch seinen Fürsprecher (prolocutor) Hugo de Crois, dass er bis zur Stunde und über die Stunde hinaus seinen Gegner erwartet habe, darum vom Zweikampf frei sein, seine Klage erreicht und den Sieg in der Sache erlangt haben wolle, und bat darüber um ein Urtheil. Deshalb wurden die Leute des Grafen ernst ermahnt; sie sahen nach der Sonne und, von den anwesenden Geistlichen belehrt, sagten sie, die neunte Stunde sei vorüber. Dann fällten sie das Urtheil, dass Gérard vom Zweikampfe frei sei und dass er von rechtswegen erlangt habe, was er gegen Robert geklagt. Vor dem Urtheilsspruche und nach demselben wurde es dem Robert angezeigt, der, ich weiss nicht aus welchem Grunde, in seiner Herberge wartete. Nachdem das Urtheil gefällt war, kam Robert gewaffnet an und sagte in Gegenwart des Herrn Grafen, er sei bereit, gegen Gérard aufrecht zu erhalten, was er gesprochen habe.

Der Herr Graf aber liess ihn auf Rath seiner Leute festnehmen, entwaffnen und gefangen halten. Gérard de Saint-Obert jedoch bat den Grafen, ihm den ihm zugesprochenen Robert sogleich zu überliefern und der Herr Graf übergab auf Rath seiner Leute ihn demselben Gérard. Gérard aber führte ihn als einen ihm zugesprochnen Leibeignen in Fesseln mit sich fort. Die Richter [1]) über die neunte Stunde und über Gérard's Lossprechung vom Zweikampf, und über den Ausgang des Rechtshandels und die Auslieferung Robert's in Gérard's Hände waren: der ältere Eustachius de Ruez" (und noch 55 Männer, deren Namen Gislebertus mittheilt).

„Als aber Gérard de Saint-Obert den Robert de Belren in Fesseln hielt, bat dieser um Erbarmen und schwur ihm als seinem Herrn Treue, wie ein Mann aus leibeigenem Stande; Gérard aber liess ihn unverletzten Leibes los und versprach ihm fernere Ehre und Gut. Doch Robert verletzte sofort die geschworene Treue, kam an den Hof des Kaisers und klagte die Leute des Grafen von Hennegau wegen des Urtheils an. Da ihm Niemand widersprach, so erhielt er Briefe vom Hofe, dass jenes Urtheil widerrufen werden solle. Und nach Laut der Briefe wurde der Urtheilsspruch von den Leuten des Herrn Grafen, jedoch in Abwesenheit Gérard's und ohne dass er eingeladen wurde, widerrufen. Deshalb ist es zu verwundern, wie Robert die Briefe vom Römischen Könige Heinrich erlangt hat, da Heinrich selbst, der später Römischer Kaiser wurde, dasselbe Urtheil gegen einen Ritter gefällt hatte. Wie Heinrich, der Marschall des Kaisers, einen Ritter, den Propst (praepositum) von Strassburg, gefordert hatte und der Propst am bestimmten Tage nicht erschien, sass am 29. December (1191) der Herr Kaiser Heinrich, der ziemlich früh gespeist hatte, zu Hagenau auf der Strasse, um besser die Tagesstunden beurtheilen zu können. Und als jener Ritter vor der neunten Stunde nicht gekommen war, wurde durch den Herrn Konrad Erzbischof von Mainz .... das Urtheil gefällt, dass der Ritter, weil er vor der neunten Stunde nicht gekommen, seiner Ehre, seines Landbesitzes, seines Weibes verlustig sei. Das hat Schreiber dieses gesehn und gehört, wie er auch in Mons das Urtheil gegen Robert sah und hörte."

Nach dem Sachsenspiegel (Buch I, Art. 63, § 4) soll der Kämpfer erscheinen mit Leder und Leinzeug nach Belieben gerüstet, das Haupt und die Füsse vorn bloss, an den Händen dünne Handschuhe, in der

1) In der Ausgabe der MG. steht indicatores; ich glaube, es ist zu lesen iudicatores.

Hand ein gezogenes Schwert, eins oder zwei nach Willkür noch umgegürtet, einen hölzernen mit Leder bezogenen Schild tragen, dessen Buckel allein von Eisen sei. Ueber die Rüstung darf er einen Rock ohne Aermel anlegen. Diesen Anordnungen entsprechen nun die Beschreibungen, welche uns die Dichter von den gerichtlichen Zweikämpfen der Ritter überliefern, keineswegs. Die ritterlichen Kämpfer erscheinen da immer zu Ross, vollständig wie zum Turnier oder zur Schlacht in Eisen gehüllt, und auch der Verlauf des Kampfes ist ein durchaus anderer.

Sobald sie in die Schranken eingeritten sind und ihre Stelle eingenommen haben, das Signal zum Beginn gegeben ist, fordern sie sich nochmals heraus ('Je vos desfi; de moi or voz gardez'. Gaydon p. 45; cf. p. 199), und nun beginnt der Kampf auf Leben und Tod. Weichen kann Keiner, denn die Schranken sind geschlossen; in der Schlacht kann er fliehen: hier muss er ausharren und mit Aufbietung aller Kräfte sich vertheidigen, den Gegner angreifen. Fest den Speer unter dem Arme fassend [1]), reitet er erst im Galopp, dann im Carrière auf den Feind los, die Lanzen zersplittern auf den Schilden; die Rosse bäumen sich hoch auf [2]); Mancher wird vom Anprall schon betäubt [3]). Aber immer von neuem dringen sie auf einander ein, bis endlich einer den Sattel räumt, die Sattelgurte und das Riemenzeug des Rosses zerplatzen [4]). Es ist nun gewiss sehr chevaleresk, dass der glückliche Kämpfer ebenfalls vom Rosse sprang, auch dem Betäubten Zeit gab sich zu erholen [5]), aber unter diesen Umständen wird wohl Jeder seinen Vortheil nach Kräften ausgebeutet haben. Jetzt beginnt der Schwertkampf; sie fechten; endlich holt einer zu einem Gewaltstreiche aus. Er wirft den Schild auf den Rücken, fasst das Schwert mit beiden Händen und führt nun die gewaltigsten Hiebe gegen den Gegner [6]). Der Schweiss rinnt ihnen durch die Maschen der Rüstung, der Kopf

---

1) Erec 809: Daz sper er undern arm sluoc.

2) Erec 774: Diu just wart sô krefticlich, Daz diu ros hinder sich An die hähsen gesâzen. — Kudr. 1408.

3) Erec 769: Mit der just er im sluoc Den schilt an daz houbet. Dâ von wart er betoubet, Daz er kûme gesaz.

4) Erec 817: Daz dem ritter brâchen Die darmgürtel beide . . . Surzengel und fürbüege.

5) Erec 827: Daz tet er umbe daz, Daz iemen des möhte jehen, Daz im diu schande wære geschehen, Daz er in ligende het erslagen. Er wolde bezzer wort bejagen. Er erbeizte und liez in ûf stân.

6) Erec 855: Ûf spranc er und begunde sâ Den schilt ze rücke wenden Und gap ze beiden henden Daz swert mit grimmen muote. — Lanz. 2088; Engelh. 4923; Parton. 3662; Meler. 8288; Lohengr. 5501.

ist ihnen durch die Hitze und die heftigen Schläge benommen: da kommen sie überein, eine Weile zu ruhen; sie binden die Helme ab und erholen sich [1]). Aber bald beginnt der Kampf wiederum; endlich unterläuft Einer dem Anderen das Schwert, packt ihn mit nervigem Arme, und nun ringen sie, bis endlich einer zu Boden gestreckt wird [2]). Um ihn am Aufstehen zu hindern, wirft sich der Sieger auf ihn [3]), reisst ihm Helm und Hersenier ab, sticht gar noch mit dem Dolche nach ihm und zwingt ihn sich zu ergeben [4]). Oder er schlägt ihn nieder, entblösst ihm das Haupt [5]) und lässt ihm die Wahl, entweder sofort den Todesstreich zu empfangen, oder die Schuldlosigkeit des Siegers oder seine eigene Schuld einzugestehen [6]). Oft richtet der Sieger dann selbst, indem er dem Ueberwundenen das Haupt abschlägt. Als Gaydon den Thibaut d'Aspremont so getödtet, legt er dessen Schwert und sein eigenes kreuzweise auf die Brust des Todten; Karl erklärt dies für sehr cortois (Gaydon p. 55), lässt aber den Leichnam trotzdem noch an den Schultern aufhängen (p. 59).

Es ist schon oben bemerkt worden, dass auch Mädchen und Frauen den gerichtlichen Zweikampf zum Austrage ihrer Rechtshändel wählen und dann einen Kämpfer für sich stellen konnten. Es kommt jedoch auch vor, dass sie selbst dem Beschuldiger oder Beschuldigten entgegentreten. Schon in dem S. 136 mitgetheilten Berichte aus dem Romane Reinfried erbietet sich die Prinzessin Yrkâne, da ihr Kämpfer auszubleiben scheint, persönlich mit ihrem Ankläger zu kämpfen. In Bern fand am 4. Jan. 1288 in der That ein solcher Zweikampf statt, bei dem die Frau siegreich blieb [7]). Friedrich Majer, Geschichte der Ordalien (Jena 1795) S. 271, giebt eine Beschreibung des Verfahrens nach „einem alten Manuscript der Wolfenbüttelischen Bibliothek", von dem Chr. Thomasius in seiner Abhandlung „de occasione, conceptione et intentione constitutionis criminalis Carolinae" (Hal. 1718) p. 22 Mittheilungen macht. In des Heinrich von Neustadt Apollonius wird

---

1) Erec 897 ff. — Lohengr. 2165—2190.

2) Lohengr. 2201—2205. — Als Perceval mit dem Biau Mauvai kämpft, bricht dessen Schwert. Perceval wirft sein eignes fort; sie lassen die Schilde fallen, kämpfen bras à bras und mit den Fäusten weiter. Percev. 25474 ff.

3) Reinfr. 9118.

4) Lohengr. 2213—2220.

5) Erec 951: Als erm den helm abe brach, Dô lôsterm ouch daz hüetelîn, Als er solde erslagen sîn.

6) Gaydon p. 45—55.

7) Ann. Bern. 1288: In Berna fuit duellum inter virum et mulierem in octava Innocentum, sed mulier prevaluit.

aber (20423 ff.) eine Schilderung entworfen, die für uns einen bedeutend grösseren Werth beanspruchen kann, da sie noch im dreizehnten Jahrhundert niedergeschrieben wurde. „Swanne ein wîp kempfen sol Mit einem starken manne, Man teilt ez glîche danne. Ein wîp ist ein halber man. Herre, pî dem ambte, daz ich hân, Sage ich dir, wie im sol wesen. Ich hân ez an dem puoche gelesen, Ez sol ein ieslîcher man In einer engen gruoben stân, Daz er halber drinnen sî. Scharpfer wâfen sî er frî: Daz ist reht über daz lant. Im sol ouch deu rehte hant Hinder sich gepunden sîn: Daz ist daz rehte urteil mîn. Man sol im einen stecken geben, Dâ mit er were sîn leben, Noch ze grôz, noch ze swanc. Er sol sîn einer ellen lanc, Den gît man im in die tenken hant, Dâ mit sîn wer ist pekant. Ein plôzer rok ist sîn kleit, Über ein hemde an geleit. Deu frouwe sol hie ouzen gân, Einen stein in der stouchen hân, Mit riemen drîn gepunden, Swære pî drîen pfunden. Deu stouche sol wesen lînîn Und zweier ellen lanc sîn. Ob si im niht an gewinnen mac Von morgen unz an mitten tac, Sô sol der man sîn genesen Und ledic von der frouwen wesen."

Von den anderen Arten des Gottesurtheils ist in den Epen nur selten die Rede. In den Chroniques des ducs de Normandie wird einmal das Urtheil mit kaltem und mit kochendem Wasser, mit glühendem Eisen und mit brennendem Feuer erwähnt [1]). Die Probe des kalten Wassers bestand nach Fr. Majer (a. a. O. p. 41 ff.) darin, dass der Beschuldigte in einen vorher geweihten Fluss oder Teich geworfen wurde. Schwamm er, so war er schuldig; sank er unter, so galt das als Zeichen der Unschuld (Sachsensp. III, 21, § 2). Bei dem Ordal mit kochendem Wasser galt es „in enen wallenden ketel to gripen bit to dem ellenbogen" (Sachsensp. I, 39). Das glühende Eisen wird in der Hand getragen. Isolde, fortwährend des ehebrecherischen Umganges mit Tristan bezichtigt, verspricht, sich mit dem „Gerihte ze dem glüenden îsen" zu reinigen [2]). Vor dem Concile erscheint sie, allein bekleidet mit einem Hemd und einem kurzen wollenen Rocke, der nur bis eine Handbreit über den Knöcheln reicht; die Aermel sind bis an die Ellbogen aufgekrempt. Sie leistet nun den Reinigungseid [3]). Der König lässt ihr das glühende Eisen reichen: „nu nemet daz îsen ûf die hant". „In gotes namen greif siz an Und truog ez,

1) 13450: Cum jugera ta cort plenière Par eve freide u par boillant, U par fer chaut, de feu ardant.

2) Trist. p. 390, 10.

3) Trist. p. 393, 22 ff.

daz siz niht verbran" [1]). Eine andere Art der Probe des glühenden Eisens war die, dass die Angeklagte über neun oder gar zwölf glühende Pflugscharen mit blossen Füssen ging [2]). Durch das brennende Feuer musste der Beschuldigte unverletzt durchgehen [3]); auch ein wachsgetränktes Hemd wurde zuweilen dem Angeklagten angezogen, darauf angezündet, und wenn er dann ohne Brandwunden befunden wurde, so galt dies als Zeichen seiner Unschuld [4]).

Von der Kreuzesprobe, dem Ordal des geweihten Bissens und des Abendmahles habe ich keine Spur in meinen Quellen gefunden. Dagegen war damals noch der Glaube lebendig, dass die Wunden eines Ermordeten, wenn der Mörder der Leiche naht, wieder zu bluten beginnen [5]).

Sobald auf diese oder jene Weise die Schuld erwiesen war, wurde die Strafe verhängt. Grade in dieser Hinsicht ist jenes höfische Zeitalter von erfinderischer Grausamkeit. Man kannte schon recht wohl die Tortur. Daumschrauben werden angewendet [6]); ja die Sarazenen haben noch Pressen, welche die Unterschenkel zerquetschen, und die Joinville Bernicles nennt [7]); sie giessen auch ihren Gefangenen heisses

---

1) Trist. p. 395, 13 und 17.

2) Heinr. u. Kuneg. 1477: Ich sol mich ouch des hôhsten Gerihtes getrôsten, Daz sint zwelf gluonde schar; 1566: Der edelen kuniginne guot Wâren ire fuoze entschuot. Si trat in gotes namen dar Und überschreit die eilf schar, Ûf daz zwelfte schar si trat Und stuont dô stille an der stat. — Ann. Stadens. 1191: Interfectores (Christiani comitis de Aldenberg), examinati iudicio duodecim vomerum, rotae supplicio sunt afflicti.

3) Durmars 14371: Et si li rois Artus mes sire Ne me croit de ce qu'il m'ot dire, Si face ·j· grant fu alumer Et beneir et conjurer Et je irai par mi le fu.

4) Kaiserchron. 15509: Dar vur gie die vrouwe Mit ûf irhabenen ougen, Mit manegem guoten segene. Sie slouf in ein hemede, Daz dar zuo gegerwit was. Man sanc unde las; 15517: In allen vier enden Ze den vuozen ioch ze den henden Daz hemede sie dô intzunten. In einer lutzelen stunden Daz hemde gar von ir bran, Daz wahs an daz phlaster ran, Der vrowen arges niene was. Sie sprâchen alle 'dêô gratias'.

5) Nib. Z. p. 158, 4: Daz ist ein michel wunder, vil dicke ez noch geschiht, Swâ man den mortmeilen bî dem tôten siht, Sô bluotent im die wunden. — Walew. 8826: Die lichame die was in dien stonden Al vercout na mijn verstaen, Ende hadde sijn bloeden laten staen; Neware also houde als hi doe Int pauwelioen quam, als ene coe, Die men dodet ende ondoet, Begonste hi bloeden metter spoet: Die wonden ondaden alle wide: Tbloet liep ute an elke side.

6) Berte p. 127: En un trou de tarière lui boutent errament Les deux pols, puis la coignent moult angoisensement Pour li faire géhir.

7) Joinville 341: Bernicles est li plus griez tourmens que l'on puisse soufrir; et sont dui tison ploiant, endentei ou chief; et entrent li uns en l'autre et sont lié à fort corroies de buef ou chief. Et quant il weulent mettre les gens dedans, si les couchent sur lour costez et mettent les jambes parmi les chevilles dedens; et puis si font asseoir un home sur les tisons; dont il advient ainsi qu'il ne demoura ja demi pié entier de os qu'il ne soit touz debrisiés. Et pour faire au pis

Wasser in den Mund, hängen sie dann an den Beinen auf und schlagen sie mit Stöcken auf die angeschwollenen Bäuche [1]).

Für eine verhältnissmässig leichte Strafe galt die Verstümmelung. Die Gefangenen bitten deshalb regelmässig um Schonung ihres Lebens und ihrer Glieder. Die rechte Hand konnte einer schon wegen eines Friedensbruches verlieren [2]), auch die Füsse werden oft, den Aufrührern z. B. abgehauen [3]). Die weiblichen Angehörigen der Empörer werden mit Abschneiden der Nasen und der Ohren bestraft [4]), auch das Einschlagen der Zähne wird von rechtswegen verhängt. Ganz gewöhnlich ist die Strafe der Blendung; die Augen wurden den Unglücklichen ausgestochen und selbst Kriegsgefangene wurden nicht selten in dieser Weise gemisshandelt [5]). Mit dem Verlust der Augen wird meist noch die Strafe der Entmannung [6]) ausgesprochen. Man wollte solche Leute

---

que il peuent, ou chief de trois jours que les jambes sont enflées, si remettent les jambes enflées dedans les bernicles et rebrisent tout derechief. — Diese Tortur wird dem gefangenen Ludwig IX. angedroht.

1) Godefr. de Bouillon 23018: Quant ly soudans les ot, s'y fist venir avant. Cordes et grans loyens et puis iauwe boullant, C'on leur fist avaler tos et incontinant Et pendre par les piés enssy que kiens puant. Les ventres les va-on de gros baston batant. — Hierauf werden die gefangenen Christen in Kessel gesetzt, diese bis zu deren Hälsen mit Oel gefüllt und dann verbrannt.

2) Kaiserchron. 15155: (Ludwig der Fromme) Er gebôt einin gotis vride: Nâch dem schâchroube irteilde man die wide, Nâch dem morde daz rat, (Hei welich vride dô wart!) Dem roubære den galgen, Dem diebe an die ougen, Dem vridebrechel an die hant, Den hals umbe den brant.

3) Chron. des ducs de Norm. 26819: En ceus ù plus esteit orguilz Fist maintenant crever les oilz, E les autres fist esnaser, E à plusors les piez couper, À teus i fist les poinz trencher, E des goules les dens sacher; Des garez en i out de quiz: N'i out si josnes ne si veiz Qui senz laid merc e senz hontos En fust de la place rescos. S'il aveient folie emprise, Fait en a l'om aspre justise; Hisdos furent puis à veeir. — Es wird ihnen zum Trost gesagt 26835: Qu'il ne l' feist vif escorchier Puis metre as moches por manger.

4) Rog. de Hoveden 1165: Et justiciam fecit (Henricus II.) de filiis Ris et de filiis et filiabus nobilium suorum; oculos puerorum eruit scilicet et nares auresque puellarum abscidit.

5) Z. B. lässt bei der Belagerung von Alessandria Kaiser Friedrich Gefangene blenden. Ann. Colon. max. 1175.

6) Chron. des ducs de Norm. 26916: Furent desfaiz des genitaires E des oilz e des nés plusors: Feus merites unt traïtors. — Sugerius de vita Ludovici Grossi (Duch. IV, 303): Famosior proditor tam horribili factione deprehensus oculorum et genitalium amissione, cum laqueum suffocantem meruisset, misericorditer est damnatus. — Rog. de Hoveden 1197: (Henricus Imp. VI.) Margaritum admiralem . . . evulsis oculis et abscissis testiculis excaecari et ementulari fecit; 1194: Wilhelmum regem, filium Tankredi regis, excaecavit et ementulavit. — Order. Vitalis l. VIII, c. 23: Tunc Guilelmus de Auco (G. comte d'Eu) palam de nequitia convictus fuit; quem rex luminibus privavit et amputatis testiculis eviravit.

absolut unschädlich machen, ihnen auch die Möglichkeit nehmen, Nachkommenschaft, die vielleicht doch später auf Rache sinnen konnte, zu erzeugen. Falschmünzer verlieren die rechte Hand und werden entmannt [1]), unbequeme Thronprätendenten geblendet und auch der Geschlechtstheile beraubt. So verurtheilte König Johann von England den Arthur von der Bretagne zur Blendung und Verstümmelung, damit er auf immer zum Herrschen untauglich werde.

Unter den Todesstrafen ist die anständigste die Enthauptung (Fig. 69). Dodequin de Damas bittet den Heiden Corbarant: „De pendre ung tel baron vous feriés ahonter; Mais faciés moy d'un branc ma teste jus coper"(Godefr.de Bouillon 25058). Die Hinrichtung wird da gewöhnlich auch nicht durch einen Scharfrichter, sondern durch einen Ritter vollzogen [2]). Wenigstens waren diese auf solche Streiche eingeübt, aber schlimm muss es den armen irischen Gefangenen ergangen sein, die 1170 Raymond le Gros durch ein Bauermädchen köpfen liess (Conquest of Ireland p. 71).

Fig. 69. Miniatur der Handschrift 'Alexandri Minoritae Apocalypsis explicata'. (K. u. Univ.-Bibl. z. Breslau.)

Entehrender ist schon die Strafe des Räderns, die hauptsächlich über Mörder verhängt wurde. Graf Friedrich von Isenburg hatte 1225 seinen

1) Chron. des ducs de Norm. 41676: Fausse moneie e desleiée, Dunt les deus parz erent d'estain; 41693: Manda (Henri I.) estreit à ses justise que par Engleterre aveit mises, Qu'icil trestuit de moneiers Qui aveient faiz cez deniers, Dunt mult li peise e mult li plaint, Que cil qui'n sereient ataint Eussent trenché tot au meins, Ce comandout, les destre mains E ensement les genitaires. — Rog. de Hov. 1126: Monetarii vero fere totius Angliae iubente rege comprehensi, qui monetam furtive corruperant, dextris amputatis ementulantur. — Chron. Ebersheim. 37: (Albrecht Graf von Habsburg hat 1221 den Abt Werner von Ebersheim gefangen) Quo viso comes eum de lapidatione sue domus interpellat et subito tactus furore denudatum ementulari imperat.

2) Alb. Aqu. lib. VI, c. 5: Ein gefangener Türke 'ab armigero Baldewini decollatus est'. — Ann. Pegav. 1114: Dein Wirciburc in curia coram principibus habita regi repraesentatus (Wicpertus) ab omnibus capitali sententia adiudicatur. Traditus est ergo ad decollandum cuidam militi de Plisna Cuonrado nomine.

Verwandten, den Erzbischof Engelbert von Köln ermordet und wurde, mit den Füssen an den Schweif eines Pferdes gebunden, durch die Strassen geschleift; dann brach man ihm mit einem Beile alle Glieder, flocht ihn aufs Rad und liess ihn dort, bis der Tod ihn von seiner Qual erlöste [1]). Der Mörder König Albrechts Jacob von Warte soll noch drei Tage auf dem Rade gelebt haben [2]). Die Strafe konnte man, wenn die Umstände es erheischten, noch verschärfen [3]).

Gesteigert wurde das Schmachvolle der Todesstrafe auch dadurch, dass man den armen Sünder zur Richtstätte schleifte, indem man ihn entweder mit den Füssen [4]) oder mit dem Oberkörper an den Schweif eines Pferdes befestigte [5]). An anderen Orten führte man den Verbrecher auf einem Karren, der den später üblichen Pranger vertrat, überall zum abschreckenden Beispiele umher [6]). Den Karren selbst zu

---

1) Caesarii Vita S. Engelberti XVII: Ubi pedibus ad equos ligatus cum per plateas civitatis horrendum in modum tractus esset, membris omnibus securi confractis in rota extra muros positus est. — Ann. Colon. max. 1226: extra muros civitatis in rota positus super modicam piramidem est elevatus. — Gesta Trevir. CIII: rotali tormento perplexus est. — Eike v. Repgou's Ztb.: In der silven tit wart gerâtbrâket græve Vrederîc von Altenâ, der den biscop van Kolne slôch. — Holst. Reimchr. 419: Greve Frederik wart to Collen angegrepen, He wart gerichtet und lank der stat geslepen. He wart geradebraket und stot up en rat: Dat rechte recht dede eme dat. — Lanc. I, 44840: Ende lachterlike doen sterven, Verbernen oft op een rat breken. — Ferguut 1923: Hi soude mi doen raetbraken. — Mai u. Beafl. p. 169, 10: 'Dû muost benamen hangen', Sprâchen die grâven an der stat, 'Oder dû muost ûf ein rat; Man sol dich radebrechen'.

2) Joh. Vitodurani Chron.: Tribus diebus vixit super rota, uxore sua ipso ignorante tam diu, ne ipsum in anime sue salute ibi agitanda impediret, subter rota demorante.

3) Sugerius, de vita Ludov. Grossi (Duchesne IV, 316): (Ein Verräther Burchardus) exquisito miserae mortis genere, alta rota superligatus, corvorum et alitum rapacitati expositus, desuper oculis defossus et tota facie laceratus, inferiorum sagittis et lanceis et jaculis millies perforatus, miserrime interfectus in cloacam proiectus est.

4) S. Anm. 1. — Ordericus Vitalis lib. VIII, c. 15: Der Verräther Conanus wird zu Rouen 1090 aus einem Fenster gestürzt. Deinde cadaver illius jumenti caudae innexum est et per omnes Rotomagi vicos ad terrendos desertores turpiter pertractum est. — Ottokar von Steier DCCCII: (die Mörder Albrecht's I.) Ze phärten gepunden Und gezogen all umb.

5) Ann. Erphord. 1248: Hoc eciam anno x. kal. septembris (23. Aug.) Moguntinus archiepiscopus Herbipoli predicans plures super sancte fidei invasores cruce signavit. Pronuncians ibidem, quod Fridericus quondam imperator in Longobardia quendam religiosum pontificem tam ignominiose atque crudeliter caude caballi alligari precepit, ut eiusdem iumenti stercora ipsius ori inciderent vel incidere potuissent, sicque miserabiliter distractum suspendio interire mandavit.

6) Rom. de la Char. 321: De ce servoit charrete lores Don li pilori servent ores, Et en chascune boene vile Où or en a plus de trois mile, N'en avoit à cel

betreten, galt für entehrend [1]). Distrahere equis, eine Strafe, die wir in den Chroniken so häufig erwähnt finden [2]), scheint folgendermassen zu erklären. Der Verbrecher wurde mit Armen und Beinen an vier Rosse gefesselt, die dann, auseinandergejagt, ihm die Glieder aus dem Leibe rissen. Noch lebend wurde der Gequälte an den Galgen gehängt, denn gewöhnlich ging die Tortur der Hinrichtung am Galgen voran, zumal wenn ein Verräther bestraft werden sollte. Bei einfachen Vergehen wurde der arme Sünder ohne Weiteres aufgeknüpft. So verurtheilte Kaiser Friedrich 1155, als er die Veroneser Klause gestürmt hatte, die gefangenen zwölf Ritter zum Tode und begnadigte einen Franzosen nur unter der Bedingung, dass er seine Kameraden aufhängte (Ott. Frising. Gesta Frid. II, 25). Mit verbundenen Augen, den aus Bast gedrehten Strick

Fig. 70. Miniatur der Hannöverischen Fierabras-Handschrift.

---

tans que une Et cele estoit à ces comune, Ausi con li pilori sont, À ces qui murtre et larron sont, Et à ces qui sont champchéu Et as larrons qui ont éu Autrui avoir par larrecin Ou tolu par force au chemin. Qui à forfet estoit repris S'estoit sor la charette mis Et menez par totes les rues, S'avoit totes enors perdues.

1) Rom. de la Char. 337 ff. — Crône 2099: Daz er (Lanzelet) über rittersite Saz ûf einem karren.

2) Guil. Parvi de Newburgh. lib. V, c. 20: (Wilhelm Langbart der Aufrührer 1196) equis distractus ac deinde patibulo appensus est. — Matth. Paris 1240: (Vier Juden, die einen Christenknaben beschnitten haben sollen) prius ad caudas equorum distracti tandem in patibulo suspensi.

3) Ord. Vital. l. VIII, c. 22: Ad caudas quatuor indomitorum equorum innexus est, quibus in diversa valide trahentibus ad terrorem sceleratorum discerptus est. — Matth. Par. 1238: Quasi regiae maiestatis occisorem membratim laniatum equis. Primo enim distractus, postea decollatus, et corpus in tres partes divisum est. — Dolopathos p. 31: Il fet prendre poulains savaiges, Moult envoisiez et moult desraiges; Toz nuz le battent d' escorgiées, Les mains par derrière liées, As poulains les ont atachiez; Tant les ont detrèz et saichiez Que despecié sont membre à membre. Et del 'huchéeur me remembre Qui seur ·j· haut cheval séoit Et par tout après eus crioit: 'Morir doit à tel deshonor, Qui traïst son loial signor Selonc le jugement de Rome.' Tant le demeinent, c'est la some, Que fors as plains chans le sachèrent, As chiens et as oisiax lessièrent Seulement les os et les ners, Et les armes en ot Enfers. — Aiol 16905: Les membres li ont fait maintenant esracier A · iiij · fors coroies por son cors essillier, Et puis mout tost as keues de ·iiij· fors destriers Tout le fissent desrompre ensi s'en sont uengie.

(die wide) [1]) am Halse, die Hände gefesselt, so werden sie zum Galgen geführt [2]) (s. Fig. 70). Der Galgen selbst bestand nur aus zwei aufrechten Pfosten, die oben durch einen Querbalken verbunden waren. Henker und Delinquent stiegen mit Leitern hinauf [3]); zuweilen waren auch an einem der Pfosten leiterartige Querhölzer eingesetzt, so auf der von Strutt, Angleterre ancienne Tab. XV, Fig. 6 mitgetheilten Miniatur aus dem Ms. Cotton. Claudius B. IV. Eine Verschärfung der Strafe war es, wenn der Verurtheilte an einer Kette aufgehängt wurde [4]); auch wenn der Gerichtete so niedrig hing, dass seine Leiche von Hunden oder Schweinen angefressen werden konnte. Philipp der Schöne liess so nach Unterdrückung eines Aufstandes 300 Pariser Bürger vor ihren Häusern aufhängen (Ottokar von Steier DCCVIII). Qualvoll war dann auch der Tod derjenigen, die an den Beinen gehängt wurden [5]). Ueberhaupt ist jene Zeit erfinderisch, dem Verurtheilten möglichst viel Schmerz zuzufügen; es muss doch für die Leute ein Genuss gewesen sein, dem Todeskampfe des armen Sünders zuzuschauen [6]).

Sehr complicirt war die Strafe eines Hochverräthers. Er wurde erst von Pferden zerrissen, dann gehängt, geköpft, geviertheilt, und endlich verbrannte man seine Eingeweide [7]).

---

1) Gr. Wolfdietr. 735: Die Riesin Berille will Wolfdietrich 'mit einer wide grüne' erhängen.

2) Gaydon p. 243: Les iex lor ont bendez comme larrons El col ont mis chascun ·j· hardeillon, As forches vont sans plus arrestison — Floovant p. 71: Andous les poinz liez, les iaux dou chief bandez Illuques fon paiens unes forches lever. — Chron. des ducs de Norm. 7376: Eissi lor fist les oilz bender E à forches en haut lever.

3) Ren. de Mont. p. 276, 25: Maintenant li ferma ens el col ·j· hardel, Puis monta sor l'eschiele, u lait li fust u bel. Richars monta l'eschiele, n'i fist arestison, Et Ripeus monte après, ferme le chaeignon. Assis s'est sor le feste, en haut encontremont; p. 277, 23: Et sist enson le feste, tot droit en cevauçons.

4) Matth. Paris 1196: Wilhelmus dictus Barbatus vel Barba . . suspensus est per catenam in patibulo.

5) Ottokar von Steier XCIX: Er (Ottokar von Böhmen) hiez den werden man (Seyfrid von Mernberg) an eins pherdes zagel pinden, Sunst wolt er nicht erwinden, Er wart geslaipht also . . . An den galgen man in da furt, Da must man in mit allen liden Zu dem galigen smiden. Der kunig sich selb wert; Er schuef, dasz man im chert Die fuezz auf, daz haupt zetal. — Er lässt des Nachts wachen, damit Keiner der Qual ein Ende mache; in der zweiten Nacht aber kürzt der wachthabende Supan durch einen Kolbenschlag die Leiden des Unglücklichen ab.

6) Sugerius, de vita Ludov. Grossi (Duchesne IV, 316): Furcis enim cum cane suspensus, quotiens canis percutiebatur, in eum iram retorquens faciem masticando devorabat, aliquando etiam, quod horribile dictu est, stercorabat.

7) Chron. Joh. de Oxenedes 1283: (David, der Bruder des Llewelin von Wales) regiae maiestatis laesioni et sacrilegio convictus corporis detractioni

Die qualvollen Todesarten, zu denen Heinrich VI. die Empörer in Palermo verurtheilte, werden von verschiedenen Schriftstellern geschildert. Einen Majestätsverbrecher liess er schinden, einem Kronprätendenten in Gegenwart der Kaiserin eine Krone mit eisernen Nägeln an das Haupt annageln [1]), Andere verbrennen, wieder Andere pfählen [2]).

Schinden und dann hängen lässt auch Marchadaeus, der Befehlshaber der Freibeuterschaaren, den Gurdun, der Richard Löwenherz 1199 geschossen und dessen Verzeihung erlangt hatte (Rog. de Hoveden). Den geschundenen Körper zwickte man dann noch mit glühenden Zangen [3]).

Das Pfählen ist auch eine gar nicht so seltene Strafe [4]).

Nach den Chroniques des ducs de Normandie (27527) lässt

---

atque suspensioni, capitis detruncationi, combustioni atque membrorum adiudicatus est dissectioni. Cuius caput Londoniae, corpus vero per quatuor partes dissectum Wyncestriam Northamptoniam, Cestriam et Eboracum est transmissum, viscera vero eiusdem propter frequentem ecclesiarum combustionem ad sacrilegii facinus puniendum combustioni ibidem sunt adiudicata. Cum quo etiam senescallus eiusdem Mabadin super proditione convictus equis distractus et suspendio demum est interemptus. — Godefroid de Bouillon 18951: Premiers je voel jugier que ly dus Godefrois Soit par pièces partis: soudans, c'en est ly drois. À Mieques la cité où haus est ly bieffrois Ferés; mettre le cief du traïtre renois Et ung aultre quartier meterés, sires roys, Desur la tour David dont haus est ly murois; Et le second quartier meterés demanois Tout droit à Sormasane dont haus est ly bieffrois; Et à Damas oussy bon est à vostre quois; Et sur la tour Calabre qui n'est mie de bois, Meterés ung quartier.

1) Chron. Marbac. 1197: Nam regem presente imperatrice et vidente coronam clavis ferreis capiti eiusdem affigi iussit, et alios igne cremari, quosdam in mare mergi iussit.

2) Otto Frising., Contin. Sanblas. 39: (1194) Nam Margaritam archipiratam, potentissimum illius terre baronem, cum quodam comite Richardo litteris apprime erudito oculis privavit, et quendam lese maiestatis convictum pelle exutum decoriavit, quendam vero regno aspirantem coronari coronamque per tempora clavis ferreis transfigi precepit, quosdam stipiti alligatos piraque circumdatos exurens crudeliter extinxit, quosdam vecte perforatos ventre tenus humo agglutinavit.

3) Godefr. de Bouillon 18965: Il soit vis escorchiés, De rouges estenielles doit-il estre pinciés.

4) Lamb. Ardensis CXXXVI: Mox quaesitis mortidatoribus et proditoribus et consciis et consiliariis et multis inventis alios inrotavit, alios imperticavit, alios caudis iumentorum protrahendos et discerpendos adhibuit, alios in propriis domibus reclusos igne combussit, alios et alios diuersorum diuerso genere tormentorum afflixit. — Chron. Marbac. 1213: Quidam comes nomine Petrus a rege Ungariae postea comprehensus dicitur, et palo per ventrem transfixo, in ultionem uxoris necatus.

König Eldred von England sogar die gefangenen dänischen Frauen nackt bis zur Brust in die Erde eingraben und so wehrlos den Hunden und den Raubvögeln preisgeben.

Der Feuertod ist für Ketzer, Zauberer und Ehebrecher bestimmt. Auch der Betrüger, der unter Rudolf von Habsburg für Friedrich II. sich ausgab, wurde verbrannt. Es scheint verschiedene Verfahren gegeben zu haben. Die eine Methode (s. S. 155, Anm. 2) bestand darin, dass der Delinquent an einen eingerammten Pfahl gebunden und der Scheiterhaufen um ihn aufgethürmt wurde. Eine andere Weise ist das Verbrennen „ûf einer hurde“[1]. Die Hurt ist ein Weidengeflecht; auf dasselbe ward der Verurtheilte gesetzt und Feuer darunter angezündet; sobald das Geflecht durchgebrannt war, stürzte der Unglückliche in die Feuergrube. - In Frankreich wurde erst der Scheiterhaufen angezündet, dann der Verbrecher in die Gluth hineingeworfen[2]. Die ganze Stadtbevölkerung erhält den Befehl, auf den Richtplatz zu kommen und brennbare Stoffe mitzubringen[3]. Der arme Sünder wird nackt mit gefesselten Händen (Dolopath. p. 163 ff.), mit verbundenen Augen und verhülltem Gesicht (Dolop. p. 349: Bandez ot les euz et la faice) zur Hinrichtung geführt. Verurtheilte Frauen waren mit einem Hemd oder mit einem schwarzen Gewande bekleidet[4].

Dass solche Strafen damals häufig vollzogen wurden, wissen wir; bestätigt wird dies aber noch durch eine Stelle der Wormser Annalen (Böhmer, fontes II, 213), in der wir die Richtstätten für Worms bestimmt finden: „Die Stätten für die Vollstreckung der gerichtlichen Leibesstrafen sind folgende: für die Diebe am Galgen, für die Mörder auf dem Rade an der Mainzer Strasse, ausserhalb des äusseren Walles. Die

---

1) Iw. 192: Diu hurt was bereit Untz viur dar under geleit. — Flore 6652: Man sols ûf einer hürte Verbrennen nâch rehte. — Wolfdietr. A 218: Dô wîste er im den galgen, die hurt und ouch daz rat. — Cf. Mhd. Wtb. I, 734.

2) Percev. 42241: Et virent ·j· fu alumé Desous ·j· grant arbre ramé De busces sèces et d'espines; Devant le fu ot ·ij· mescines En lor cemises despoullies, Les mains estroitement loïes Et ·x· pautonier les tenoient Ki el fu gieter les voloient.

3) Dolop. p. 161: Li rois qui maintenir vouloit Justise si comme il souloit, Fait huchier (cf. p. 180) par totes les rues Que les grans genz et les menues, Les dames et li bacheler Et tuit cil ki pueent aler, Nes ·j· tout seul n'en i remaingne, Chascuns i port espine ou laingne, Ou estouble ou paille ou estrain, Fors la cité en ·j· plain; Velt lendemain son fil ardoir; Si velt ke tuit viegnent véoir La justise k' il en fera.

4) Macaire p. 46: De noir soia vestue et bindea ensemant Si como feme qi vait à tormant.

Enthauptung findet statt vor dem S. Andreasthor, am Aasgraben beim Judenkirchhof. Weiber, die ihre Männer ermordet, werden auf der Strasse, wo die Wege von Pfeffelnkheim (heute Pfifflichheim) und Hochheim zusammentreffen, verbrannt. Die Hände werden abgehauen an dem S. Martinsthor. Das Brennen am Kinnbacken, das Abhauen der Füsse und das Schinden (pena crurum et cutis, que dicitur scherz umb willen) findet statt am S. Andreasthor."

---

# IV.

Den Lohn für alle Waffentüchtigkeit, die er sich durch Geschick und Uebung erworben hatte, konnte der Ritter aber erst im Kriege ernten. Und an Kriegen fehlte es ja in jener Zeit, wie ein Blick in die Chroniken und Annalen zeigt, wahrlich nicht.

Das Kriegswesen der vorstaufischen Periode ist von Georg Waitz (Deutsche Verfassungsgeschichte VIII, 95—215) mit bekannter Gründlichkeit geschildert worden, und die treffliche Schrift von Martin Baltzer „zur Geschichte des deutschen Kriegswesens in der Zeit von den letzten Karolingern bis auf Kaiser Friedrich II.“ (Leipzig 1877) bringt eine Fülle von Material bei, welche die staatsrechtliche und politische Seite der älteren Kriegsverfassung anschaulich erläutern. Ich möchte nun nicht wiederholen, was in den beiden eben genannten Werken schon gesagt ist, vielmehr alle jene gelehrten, mir fern liegenden Erörterungen ganz bei Seite lassen und nur das Leben im Kriege hier so schildern, wie ich dasselbe in den von mir besonders benutzten, von Jenen vernachlässigten Quellen dargestellt finde.

War eine Heerfahrt beschlossen, so wurde sie durch Boten im ganzen Lande ausgerufen [1]); durch Briefe erhielten die Lehnsträger und die Vorsteher der Städte, welche Truppen zu stellen hatten, den Befehl, sich zu rüsten und zu bestimmter Zeit auf dem Sammelplatze einzufinden [2]); die Ungehorsamen und Säumigen wurden mit den strengsten Strafen bedroht [3]). Nach Waitz (a. a. O. S. 171)

1) Crône 22173: Alsô wart diu hervart Gecroiieret in daz lant. — Titur. 818: Alsust wart die hervart da geschriet In sehs witen landen. — Herz. Ernst D 3659: Do wurden boten gesant Allenthalben in diu lant Und ein herfart beschreit Nach rat uff ein geleite tzeit. — Ottokar von Steier CCCXVIII: Der kunig liez herfart schreyen Von Savoy auf den graven. Sein poten sach man draven Uberal zu den steten, Die in willecleichen teten Hilf und guten rat. — Chron. des ducs de Norm. 29373: Mult furent tost lor osz criées Tost banies, tost asemblées.

2) Aiol 8664: L'emperere fist faire ses cartres et ses bries, De par toutes ses teres mande ses chevaliers Et toutes ses communges a ceval et a pie.

3) Alix. p. 254, 4: Par toutes ses contrées envoie ses escris Et mande à tous ses hommes bien en soit cescuns fis: Qui ne venra à lui de si à ·xv· dis, Qu'il perdera les membres, ne li fera jà pis.

ist die Dauer, für welche der Heerespflichtige zum Kriegsdienste gezwungen war, nicht festgesetzt gewesen. Das mag für Deutschland zutreffen; in Frankreich dagegen scheint der Lehnsträger nur verpflichtet gewesen zu sein, dem Könige vierzig Tage Heeresfolge zu leisten [1]).

Wahrscheinlich ist es nun, dass, sobald die Truppen auf dem Sammelplatz eingetroffen waren und ehe man aufbrach, eine Musterung vorgenommen wurde, doch finde ich nichts von derselben erwähnt. Die Abtheilungen mussten aber doch bestimmt und formirt sein, ehe der Marsch angetreten wurde. Wenn Friedrich I. mit der Heerschau wartet, bis er auf den Roncalischen Feldern sein Lager aufgeschlagen hat, so geschieht dies wohl, um den Säumigen noch einige Frist zu gönnen, dass sie dem Heere nacheilen und auf dem Marsche sich ihm anschliessen, ehe die strengen Strafen für die Verweigerung der Heeresfolge über die Säumigen verhängt werden. Otto von Freisingen (Gesta Frid. Imp. lib. II, 12) schildert uns, wie im November 1153 nach alter Gewohnheit daselbst die Präsenz aller Lehnspflichtigen festgestellt wurde. „Es ist aber Sitte der deutschen Könige, dass, so oft sie um die Krone zu empfangen ein Heer über die Alpen führen, sie auf diesem Felde Rast halten. Da wird an einen hohen Holzpfahl ein Schild gehängt und die gesammte Schaar der Ritter, welche Lehen haben, durch den Herold des Hofes aufgefordert, in der nächsten Nacht die Wache bei dem Fürsten zu halten. Das befolgen die Fürsten, die im Heeresgefolge sind, und fordern wieder ihrerseits durch Herolde ihre Lehnsträger zur Erfüllung der gleichen Pflicht auf. Wer am folgenden Tage überwiesen ist, bei der Nachtwache gefehlt zu haben, der wird wiederum vor den König, vor die Fürsten und die Grossen citirt, und so werden alle, die ohne Genehmigung ihrer Herren zu Hause geblieben sind, zum Verluste ihrer Lehen verurtheilt."

Genaue Verzeichnisse der zum Kriegsdienste Verpflichteten erleichterten die Controle. Französische Musterrollen sind nach Daniel (Hist. de la milice franç. I, 53) noch aus den Jahren 1214, 1226, 1242, 1253, 1271, 1272 und 1296 erhalten. Einen wesentlichen Theil des Heeres bilden die Fusstruppen, die, an Zahl den Rittern weit überlegen, mit Bogen und

---

1) Matth. Paris ad a. 1226: (Graf Heinrich von der Champagne wohnt der Belagerung von Avignon bei) cum jam ·xl· dies in obsidione peregisset, petens de consuetudine Gallicana licentiam ad propria remeandi. Cui cum licentiam rex vetuisset, respondit comes quod factis ·xl· dierum excubiis non tenebatur nec voluit diutius interesse. Der König droht, ihm sein Land mit Brand zu verwüsten. — Unter Ludwig IX. wurde die Dauer der Verpflichtung zum Kriegsdienste auf 60 Tage und 60 Nächte festgesetzt (G. Daniel, Histoire de la milice françoise. Amst. 1724. I, 56).

Armbrüsten, Schleudern und Lanzen ausgerüstet sind und bei den Schlachten eine nicht unbedeutende Rolle spielen. Wie sind nun aber diese Schaaren geschult worden? Während der Feldzüge konnten sie doch nicht erst eingeübt, an die Führung der Waffen, die Disciplin gewöhnt werden. Aegidius Colonna (Romanus) giebt uns im dritten Theil des dritten Buches seines Werkes „de regimine principum“ (Venetiis 1498) hierüber einige bisher meines Wissens nicht beachtete Aufschlüsse. Im Allgemeinen wiederholt er nur, was Flavius Vegetius Renatus in seiner Epitoma rei militaris (rec. Car. Lang, Leipzig 1869) ausgesprochen hat, fügt jedoch oft selbständige Bemerkungen hinzu. Er weist zunächst (cap. 2) darauf hin, dass nicht alle Stände gleich gute Soldaten liefern, dass Schmiede und Zimmerleute, Fleischer und Jäger besser zu brauchen sind als Barbiere, Schuster, Apotheker (wohl Krämer im Allgemeinen), Fischer und Vogelsteller [1]). Ein guter Soldat muss schon vom vierzehnten Jahre an geübt werden (cap. 3). Von ihm verlangt er (cap. 4), dass er Lasten tragen könne, damit ihm die Waffen dann nicht zu schwer werden, dass er Körperanstrengungen leicht ertrage, mit Wenigem sich zufrieden gebe, die Bequemlichkeit des Lagers gering achte, das Leben zu wagen wisse, Blut vergiessen könne, die Waffen mit Geschicklichkeit handhabe und Abscheu vor schmählicher Flucht empfinde. Die Bauern (cap. 5) können zwar ganz gut Strapazen ertragen, die Bürger und zumal die Edelleute sind jedoch vorzuziehen, da sie ein regeres Ehrgefühl und grösseren Verstand haben, nur müssen sie von Jugend auf zum Waffenhandwerk erzogen werden. Die Uebungen aber sind erforderlich (cap. 6), damit die Soldaten lernen im Schritte zu marschiren (ad gradum et passum bellicum), Ordnung zu halten, die Reihen so zu schliessen, dass die Bewegung der Einzelnen unbehindert ist. Es sind dies also einfach Exercirübungen. Wer sich an die Ordnung nicht gewöhnen, ihr sich nicht fügen kann, soll lieber vom Magister bellorum ausgeschlossen werden. Reiter wie Fussgänger sind im Laufen zu üben. Man braucht gute Éclaireurs, die behend sind; und auch um schnell eine günstige Stellung einzunehmen, sind flinke Leute erforderlich. Springen aber müssen sie lernen, damit sie Hindernisse leicht überwinden, den Feinden um so mehr schrecklich erscheinen und denselben grössere Wunden beibringen (cap. 8). Neben den Leibesübungen sind sie an das Tragen von Lasten zu gewöhnen. Die rechte Handhabung der Keule (clava) wird an einem Pfosten (palus) geübt [2]); das Speerwerfen und das

1) Veget. I, 7.
2) Veget. I, 11.

Schiessen mit Pfeilen nach dem Ziele ist nicht zu vernachlässigen. Auch die Gewandtheit, Steine mit der Schleuder zu werfen, ist von Werth, zumal wenn das Gefecht auf steinigem Boden stattfindet (also die verschossene Munition leicht wieder ergänzt werden kann) oder wenn eine Anhöhe vertheidigt wird. „Sechstens sind die Krieger zu üben, mit Bleikugeln zu schlagen. Denn ein bleierner oder eiserner Ball, der durch eine Kette mit der hölzernen Handhabe verbunden ist, ermöglicht einen gewaltigen Schlag. Wegen der heftigeren Bewegung der Luft schlägt nämlich ein mit der Kette am Schafte befestigter Ball kräftiger, als wenn er an den Schaft oder die hölzerne Handhabe selbst angemacht ist“ [1]). Das Reiten ist nicht minder wichtig, im Sommer im Freien, im Winter in gedeckten Räumen zu üben. Der Recrut soll lernen, rechts und links, bewaffnet und unbewaffnet, selbst mit halb gezogenem Schwerte (evaginatis mediis gladiis) und im grössten Kampfgewühl sein Ross zu besteigen. Endlich muss er schwimmen lernen. Auf das Exerciren kommt Aegidius nochmals im zwölften Capitel zurück: „Die Weise aber, wie die Krieger solche Ordnung zu halten lernen, ist, dass Reiter wie Fusstruppen häufig ins freie Feld geführt werden, und diejenigen, welche im Kriege die Anführung haben, die Cavallerie oder Infanterie commandiren, müssen da erstens die Reiter und Fussgänger in einer Linie aufstellen, so dass sie ein Glied tief stehen (ita ut seriatim maneant), je nach der Distanz, welche für die Schlachtreihe der Reiter oder der Infanterie erforderlich ist. Dann soll man ihnen befehlen, die Reihe zu verdoppeln (zwei Glieder zu formiren), so dass die Hälfte der Reihe sich sofort von der anderen Hälfte trennt und vor oder hinter derselben sich ordnet. Darauf soll der Befehlshaber sogleich gebieten, ein Carré zu formiren, dann ein Dreieck zu bilden, was leicht geschieht. . . . Und so muss der Anführer die Krieger gewöhnen, dass sie nach jedweder Form die Schlachtreihe zu bilden wissen.“

---

1) Sexto exercitandi sunt bellantes ad percutiendum cum plumbatis. Nam pila plumbea vel ferrea cum cathena aliqua conjuncta manubrio ligneo (Druck: lineo) vehæmentem ictum reddit. Nam propter vehæmentiorem motum aëris vehæmentius percutit pila cum cathena haste (Dr.: hoste) infixa, quam si ipsi hastæ vel ipsi manubrio ligneo (Dr.: lineo) sunt conjuncta. — Es handelt sich hier um eine Waffe, die meines Wissens nicht von den deutschen Schriftstellern erwähnt wird (vgl. S. 183). Demmin nennt dieselbe Kriegsflegel (Waffenkunde S. 445) und bildet einen ab, welchen er bei einer der Naumburger Gründerstatuen (die aber aus dem 13., nicht dem 11. Jhrdt. herrühren) gefunden hat. Aegidius Colonna stellt also den Kriegsflegel der später Morgenstern genannten Keule gegenüber und hebt seine Vorzüge hervor. Vgl. Vegetius I, 17.

Wir sehen also, dass eine Vorbildung auch für die Fusstruppen für nothwendig angesehen wurde. Wie diese Uebungen stattfanden, davon sagen unsere Quellen allerdings nichts. Die Städter hatten wohl Gelegenheit, sich im Dienste ihrer Stadt eine gewisse Kenntniss des Waffenhandwerks zu erwerben. Ich habe schon (I, S. 133) nach William Fitzstephen geschildert, wie die Londoner Bürgersöhne sich an Festtagen in den Waffen übten. Aber den Bauern war ja das Tragen der Waffen (I, S. 239 f.) verboten; wie sollten sie, zum Kriegsdienste gezwungen, nun plötzlich die erforderliche Geschicklichkeit besitzen? Zu Nîtharts Zeit suchen es die Bauern allerdings auch darin den Rittern gleichzuthun, dass sie Turniere veranstalten, jedoch bleibt es immerhin eine offene Frage, wie früher die Leute, aus denen die Fusstruppen sich recrutirten, vorgebildet worden sind. Sie mussten doch mindestens zu marschiren, Tritt zu halten gelernt haben, mit den Waffen einigermassen Bescheid wissen, ehe man sie im Heere nutzbar verwenden konnte. Und dass sie im Kriege selbst sich aneigneten, was ihnen fehlte, dazu dauerten wieder die Feldzüge nicht lange genug.

Das niedere Volk (daz povel) wurde nöthigen Falls zum Dienste gezwungen[1]), aber um es willig zu erhalten auch entschädigt[2]), und wenn eine Stadt belagert wurde, dann mussten alle Einwohner die Waffen ergreifen und die Vertheidigung übernehmen[3]). Neben den dienstpflichtigen Landesangehörigen verwendete man aber im Kriege auch angeworbene Soldtruppen und diese waren besonders werthvoll[4]), da sie, wie es scheint, aus dem Kriegsdienste ein Handwerk machten,

1) Parton. 20830: Ouch wart daz povel an den strît Ze ros getwungen und ze fuoz. Für wâr ich iu daz sagen muoz, Swer dâ ze kampfe tohte Unde iht helfen mohte, Der muoste dise reise dô.

2) Troj. 20846: Ros, silber unde rîch gewant Het er gegeben sîner diet: Dâ von si willeclîchen schiet Durch sîn gebot von hûse.

3) HTroj. 9859: Kneht, gebur, koufman Musten ysen tragen an (d. h. im belagerten Troja).

4) Parton. 3250: In driu lant si künden hiez Und ernestlîche enbieten, Swer sich mit guote mieten Wolte lâzen ûf den strît Daz der kæme ze der zît, Man gæbe im silber unde golt. Durch den vil keiserlîchen solt Gewan si gnuoc von gesten; vgl. 3986 ff. Es kommen da Krieger aus Franken und Sachsen, Baiern und Schwaben, Lothringer, aus Flandern, Spanien, England, aus Poitou und Anjou, aus Friesland, der Gascogne, Parma, Bologna, Pavia und Mailand, und alle lassen sich anwerben. — Rom. de Rou 11312: (Wilhelm der Eroberer vor dem Zuge nach England) Poiz a requis ses boens veizins Bretuns, Mansels et Angevins, Cils de Pontif è de Boloigne K'od li viegnent en sa besoigne. À cils ki voldrent pramist terre, Se Engleterre poet cunquerre; À plusurs pramist livreisuns, Riches soldées è boens duns. De par tut manda soldéiers Ki el gaaing vunt volontiers.

Zucht, Erfahrung und Geschicklichkeit in höherem Grade besassen, als die nur gelegentlich aufgebotenen Bürger und Hintersassen.

Dass das Kriegführen Geld kostete, das wusste man damals schon sehr wohl [1]). Auch den Leuten, die eigentlich zum Kriegsdienste verpflichtet waren und nichts zu beanspruchen hatten, giebt man gern noch hohen Lohn, um sie recht freudig zu stimmen [2]). Mit widerwilligen Kriegern ist schlecht fechten [3]); wenn die Schlacht beginnen soll, verspricht daher der Fürst nochmals Gold, um die Seinen anzufeuern [4]). Gislebertus erzählt im Chronicon Hanoniense, dass im November 1181 der Graf von Hennegau dem Grafen von Flandern gegen den König von Frankreich Heeresfolge leistete, zuerst 220 Ritter und 100 gepanzerte und berittene Knechte bei sich hatte, dann 120 Ritter nach Hause schickte. Der Feldzug währte fünf Wochen und kostete dem Grafen 1850 schwere Mark Silber (74000 Reichsmark). Aus dem Jahre 1281—82 theilt Hewitt (a. a. O. I, 214) mit, dass unter Eduard I. der Ritter (knight) täglich nach jetzigem Gelde erhielt 15 Shillings, der Knappe (esquire) ebensoviel. Der Lohn eines Armbrust- oder Bogenschützen betrug pro Tag 2 s. 6 d., der Anführer von zwanzig Schützen bekam 5 s. 6 d., der von hundert 7 s. 6 d.

Aberteuerlustige Ritter, jüngere Söhne, die nur ein geringes Erbe zu erwarten hatten, fanden sich, sobald Truppen geworben wurden, gern ein; sie verdienten hohen Sold, konnten bei Plünderungen sich bereichern und vielleicht im eroberten Lande ein einträgliches Lehn erhalten. Auch bei den Kreuzfahrern waren, wenn wir dem Dichter des Reinfried glauben dürfen, nur Wenige, die aus wirklicher Religiosität sich zu dem Zuge entschlossen. Der Eine geht, so erzählt er (14616—14635), aus Abenteuerlust (muotgelust) ins heilige Land, der

1) Troj. 18548: Er schepfet wazzer mit dem sibe, Swer âne vrîe milte Mit sper und mit dem schilte Ervehten wil êr unde lant. Des fürsten und des küneges hant Muoz offen z'allen zîten stân, Der grôziu dinc wil ane gân Und sîne vînde twingen sol. — Alphart 32: Ich hân dar umbe enphangen daz liehte golt sô rôt. Ich nam die rîche miete, die er mir dô bôt, Daz ich im wolte dienen.

2) Frau Helche sagt zu Dietrich (Dietr. Flucht 7945): Dû weist wol, hôhes kuneges kint, Swie holt dir die liute sint. Si gewinnent undiensthaften muot, Swenn dû in niht hâst ze geben guot.

3) Dietr. Flucht 7955: Swer urliugen wil und strîten sol, Der bedarf der liute gunst wol. Betwungen dienst der ist niht guot. Swer dienst betwingenlîchen tuot, Dâ mac wol schade von ûf gestân.

4) Kudr. 496: Hetelen hôrt man rüefen Vaste an sîne man: 'Nû wert iuch, snelle degene! der nie golt gewan, Dem heize ich ez mezzen mit vollem âne wâge.'

Andere, um da zu tjostiren, ein Dritter, weil er die Welt sehen will, der Vierte seiner Geliebten zu Ehren, der Fünfte, Gott zu dienen, der Sechste, um des Herren willen zu leiden, der Siebente, um seiner Armseligkeit daheim zu entgehen und Geld und Gut zu erwerben, der Achte zum Zeitvertreib, der Neunte endlich aus Ehrgeiz (des niunden île was durch ruon hin über mer).

Ausser den Rittern kamen dann auch alte erfahrene Kriegsknechte, die für Lohn jedem dienten, der sie bezahlen konnte und wollte [1]). Diese Soldtruppen werden als Soldaten (mhd. soldiere [2]), afr. soudoier [3]), mlat. solidarii) [4]) bezeichnet; die Art des Dienstes ist nicht massgebend, wenn auch der Ritter höhere Löhnung erhielt [5]); aber sobald er seine Person für Sold einem kriegführenden Fürsten zur Verfügung stellte, war er so gut wie der geworbene Krieger ein Soldat.

Solche Soldtruppen werden während des ganzen Mittelalters häufig erwähnt. Mehr freiwilligen Dienst leisteten die im ersten Kreuzzuge wiederholt genannten Taffurs. Guibertus de Novigento erzählt in der Hist. Hierosolym. VII, 20: Inde rex Thaffur barbarica coepit lingua vocari. Thafur autem apud Gentiles dicuntur, quos nos, ut nimis litteraliter loquar, Trudenues vocamus, qui ex eo sic appellantur, quia trudunt, id est leviter transigunt, quaquaversum peragrantes annos. Es sind also Tollköpfe, Draufgänger, die aber zu verwegenen Streichen vorzüglich passen. Geld dürfen sie nicht haben; das leidet ihr König nicht, der bei Brückenpassagen oder beim Durchmarschiren durch einen Engpass seine Leute visitirt und sie, sobald er 2 Solidi bei ihnen findet, aus seiner Truppe ausstösst, sie zwingt sich Waffen zu kaufen und in das Heer einzutreten. Je weniger diese irregulären Truppen besitzen, desto besser sind sie bei ihrem Könige angeschrieben. Sie sind brauchbar zum Fouragiren, zur Bedienung der Maschinen, zum Transport von Lasten. So viel theilt uns Guibert von Nogent

1) Radulphi de Coggeshall Chron. Anglic. 1204: Rex Johannes dedit Moreue cuidam Gascono ·xxviij· millia marcarum ad conducendum exercitum ·xxx· millium hominum; 1215: In qua obsidione (Roffensi) rex expendit in stipendiariis plus quam ·lx· millia marcarum.

2) Soldât dagegen bedeutete damals „der Lohn“ (Rolandsl. 3922: Wâ mahtet er nu gewinnen Alsô guoten soldât).

3) Aye d'Avignon p. 84: Sire, ja avez moult merveilleus tresor, Qu' aportas d'Aufalerne, quant venis de Ganor; Mandez les soudoiers et tenez les effors. Je lor dorra assez de l'argent et de l'or.

4) Ott. Frising. (resp. Ragewini) Gesta Frid. III, 20: Milites qui solidarii vocantur.

5) König Manfred zahlt den Leuten von Piacenza, die 1258 in seinen Dienst treten, monatlich und zwar dem Ritter 3 ℔, dem Fusssoldaten 20 Solidi (Ann. Placent. Gibell.). — Parma bietet 1294 zwei Solidi Tageslöhnung (Ann. Parm. maj.).

mit. Mehr erzählt uns der Verfasser des Romans Godefroid de Bouillon. Die Taffurs waren von den Sarazenen sehr gefürchtet, da sie einmal während einer Hungersnoth die erlegten Heiden verspeist hatten. Sie sind mit Streitäxten, Messern, Keulen, Hellebarden bewaffnet, haben oft genug aber nur hölzerne Spiesse, deren Spitze im Feuer gehärtet ist [1]). Ihr König führt einen krummen Säbel [2]). Wes Geistes die ganze Truppe ist, sehen wir daraus, dass sie, nachdem ihr König vor Damascus gefallen ist, einen wählen, der, aus Lille gebürtig, sich in den Wirthshäusern besonderen Ruhm erworben hatte [3]). Von König Balduin erhält er eine Krone und eine silberne Keule, die Abzeichen seiner Würde [4]).

Während Ludwig VII. auf dem Kreuzzuge abwesend war, bildeten sich grosse Räuberbanden, die bewaffnet das ganze Land unsicher machten. Das sind die Navarresen, Brabanter, Cotereaux oder Routiers, oder welche Namen sie sonst noch führen. H. Géraud hat in seiner Abhandlung „Les routiers au douzième siècle“ (Bibliothèque de l'École des Chartes, 1re Série, III, 125 ff.) diese Zustände trefflich geschildert. Kaiser Friedrich I. suchte mit Ludwig VII. Massregeln zu verabreden, wie man diese entsetzliche Bande loswerden konnte, der nichts heilig war, die sengend und brennend, raubend, plündernd und mordend Frankreich bedrückte und auch die deutschen Provinzen heimsuchte. Ohne Erfolg. Da nahmen die Fürsten diese undisciplinirten aber verwegenen Schaaren in ihren Sold. Schon 1167 sind Brabanzonen beim deutschen Heere in Italien (Acerbi Morenae Contin. Landensis); 1173 hat Heinrich II. von England 20000 derselben in seinem Solde (Rogeri de Hoveden Chron.). Derselbe

1) Chans. d'Antioche VIII, 21: Portent haces danoises et couteaus acerés, Ghisarmes et maçues et pels en son arsés; VIII (Nachtrag V): Li gens le roi Tafur ne fu mie effréée, Il ne portent o els né lance né espée Mais gisarme esmoulue et machue plomée; Li rois porte une faus qui moult bien est temprée.

2) Chans. d'Antioche VIII, 21: Li rois porte une faus dont l' acier est temprés.

3) Godefr. de Bouillon 29597: Là ot ung compaignon bien furnit, biel et grant Et hardy de son corps et très-bien combatant; Car en mainte siervoise avoit tout son vivant Combatu maint ribaut à son escot buvant. De Lille fu cieux nés dont je vous vois parlant, Et fu fieux d'un bourgois bien rice et bien manant; Mais fols fu et légiers et de sot convenant, Car ains croire ne vot cousin n'apiertenant. Par le pays ala ·xx· ans en ung tenant; Mieus amoit les koquins ou ung povre mesquant Que trestous les plus rices à lui aconseillant. En la cier voise ala tout jour koquinant Avoec les compaignons et puis se buvoit tant Qu'il ne pooit payer ne finir tant ne quant, L'oste et l'ostesse aloit de horions payant. Pou çou l'appielloit-on adont le Grant-Gourmant.

4) Godefr. de Bouillon 22280 ff.

Schlag von Miethlingen kommt auch unter dem Namen Rotten vor [1]. Es ist eine schlimme Bande, die überall Verwüstung verbreitet, wo sie losgelassen wird, und doch trug der Erzbischof Philipp von Köln kein Bedenken, im J. 1179 solche Räuberhorden, theils aus Burgund, theils aus Südfrankreich (Saint-Gilles bei Arles) zu miethen und mit ihnen die Länder Heinrichs des Löwen zu verheeren [2]. In demselben Jahre that sie das dritte lateranische Concil und Papst Alexander III. in den Bann (Canon XXVII). Nachdem er die Ketzer und ihre Beschützer gebannt, fährt er fort: „Dasselbe bestimmen wir über die Brabanzonen und Aragonesen, Navarresen, Basken, Coterelli und Triaverdiner, die solche Grausamkeiten gegen Christen verüben, dass sie weder die Kirchen achten, noch Wittwen und Waisen, Kinder und Greise, kein Alter und kein Geschlecht verschonen, sondern wie die Heiden Alles verderben und verwüsten. Wir bestimmen auch, dass die, welche sie miethen oder halten und ihnen günstig sind, oder die Gegenden [3], in welchen sie ihr Wesen treiben, an Sonntagen oder sonstigen Festtagen in den Kirchen öffentlich excommunicirt werden und denselben Strafen wie besagte Ketzer verfallen, zur Communion nicht zugelassen werden, ehe sie alle Gemeinschaft mit jener verderblichen Bande und Ketzerei abgeschworen haben. Und die durch Vertrag ihnen verpflichtet sind, sollen wissen, dass sie ledig

---

1) Gualterus Mapes, De nugis Curialium, Dist. I, cap. 29: Sed factis multorum milium turmis, quas Ruttas vocant, armati penitus a vertice ad plantas corio, calibe, fustibus et ferro, monasteria, villas, urbes in favillas redigerunt, adulteria violenter et sine delectu perpetrare pleno corde dicentes: Non est Deus. Haec autem orta est in Brebannio, unde dicitur Brebeazonum; nam in primo latrunculi egressi legem sibi fecerunt omnino contra legem et associati sunt eis propter seditionem fugitivi, clerici falsi, monachi evasi et quicumque Deum aliquo modo derelinquunt, horrendis eorum adhaerent coetibus.

2) Ann. Pegav. 1179: Coenobium siquidem Hildesleve dictum... pedites Colonienses roten dicti despoliaverunt. — Repgauische Chronik (hgg. v. F. Massmann p. 428): Episcopus quoque Coloniensis cum mille et quingentis militibus coram Haldesleve venit, exercitum etiam de Burgundia, que rotte dicitur, secum habuit nec non et rottam de terra sancti Egidii illic secum adduxit. — Arnoldi Chron. Slav. II, 11: Philippus enim Coloniensis contracto exercitu secundam expeditionem instauravit, habens in comitatu suo illos, quorum secta rote dicitur ... Facta sunt autem abnominabilia multa et gravia in profectione illa, eo quod viri iniqui, filii Belial, qui comitabantur eum, eo sceleratissimi essent et sceleribus perficiendis inexplebiliter insisterent. Facte sunt autem cimeteriorum depredationes, ecclesiarum exustiones et multa loca religionis destructa sunt, ita ut, quod dictu gravius est, sponsas Dei quasi captivas abigerent et eos prostituendo templa Dei non manu facta libidinose polluerent.

3) Bei Rog. de Hoveden steht für regiones religiones.

sind der Verbindlichkeit eines jeden Treugelöbnisses, jeder Huldigung, jedes Gehorsams. Ihnen aber und allen Gläubigen geben wir zur Vergebung aller Sünden auf, dass sie mannhaft diesen Verheerungen Widerstand leisten und das christliche Volk gegen dieselben mit den Waffen schützen. Ihre Güter sollen confiscirt werden und es soll den Fürsten freistehen, solche verruchte Menschen zu Sklaven zu machen. Die aber so in wahrer Reue sterben, die sollen sicher sein, dass sie Vergebung ihrer Sünden und die Frucht der ewigen Vergeltung empfangen werden. Wir jedoch, auf die Gnade Gottes und die Macht der seligen Apostel Peter und Paul vertrauend, erlassen den gläubigen Christen, welche gegen sie die Waffen ergreifen und nach der Bischöfe [1]) oder anderer Prälaten Plane sie bekämpfen, zwei Jahre von der auferlegten Busse und überlassen, wenn sie länger dabei sich aufgehalten, der Entscheidung der Bischöfe, denen die Sorge für diese Angelegenheiten anvertraut ist, nach ihrem Gutdünken ihnen je nach der Grösse der Anstrengung einen grösseren Ablass zu ertheilen. Die indessen, welche den Ermahnungen der Bischöfe in dieser Hinsicht zu gehorchen verschmähen, sollen, so befehlen wir, von der Theilnahme an der Communion ausgeschlossen sein. Inzwischen aber nehmen wir die, welche aus Glaubenseifer die Mühe, jene zu bekämpfen, auf sich genommen haben, ebenso wie die, welche das Grab des Herrn besuchen, in den Schutz der Kirche und bestimmen, dass sie vor allen Beunruhigungen, sowohl was ihre Person als ihre Habe anbetrifft, sicher bleiben sollen. Wenn jedoch Jemand sie unterdessen zu belästigen sich unterstehen sollte, so soll er durch den Bischof des Ortes mit der Strafe der Excommunication belegt, und dieser Urtheilsspruch von Allen beobachtet werden, bis das Genommene zurückgegeben und für den zugefügten Schaden Ersatz geleistet ist" (Conc. Later. III, C. XXVII, vgl. Chron. Rogeri de Hoveden). Trotz dieser Kundgebung der Kirche wurden diese Räuberbanden doch immer wieder gemiethet. In der Darstellung von Géraud ist die fernere Geschichte dieser Freibeuter eingehend geschildert. Ich bemerke nur noch, dass auch Richard Löwenherz sie in seinen Sold nahm und einer ihrer Condottiere Marchadas bei ihm in hohem Ansehen stand [2]). Das Leben dieses Marchadas oder Mercadier hat Géraud in demselben

1) Bei Roger von Hoveden heisst es 'ad eorum . . . consilium', die richtige Lesart bei Labbe Conc. ist aber 'ad episcoporum . . . consilium'.

2) Chron. Rogeri de Hoveden 1196: Marchadas princeps nefandae gentis Bribancenorum. — Rigordus de Gestis Phil. Aug. 1198: Rex Angliae . . . cum suis Cotereliis, quibus praeerat Marchaderius. — Guil. Brito, de Gestis Phil. Aug. 1198: Qui imperat Ruptariis et Cotarellis Marchaderius.

Bande der Bibliothèque de L'École des Chartes geschildert (p. 417). Wo dies Gesindel hauste, wurde Alles verwüstet; dass sie selbst die Nonnen nicht schonten, bestätigt uns Walter Mapes, und so werden sie wohl auch an dem Unfug schuld sein, den uns die Annales Colonienses maximi zum Jahre 1198 erzählen. In dem Kriege zwischen Otto IV. und Philipp von Schwaben hatten des Letzteren Soldaten Bonn und Remagen verbrannt. „Vieles Abscheuliche", fährt der Annalist fort, „und jammervoll zu Erzählende hat jene unreine Barbarenhorde (impurissima barbaries) verübt; ich will nur eins hier mittheilen, auf das Weitere kann man dann schliessen. Sie zogen eine Nonne ganz nackt aus, bestrichen sie mit Honig und wälzten sie in Bettfedern, und in dieser abenteuerlichen Verfassung (monstruose hirsutam) setzten sie sie auf einen Gaul, so dass das Gesicht nach dem Schwanze des Pferdes gerichtet war. Als sie dies lächerliche oder vielmehr bedauerungswürdige Schauspiel einige Tage umhergeführt hatten, wurde endlich dem Könige Philipp die Sache bekannt, der, vom Eifer des Herrn ergriffen, alle Theilnehmer an diesem Verbrechen durch siedendes Wasser tödten liess (aque bullienti tradi iussit)."

Die Bidauz, die Guiart noch 1304 erwähnt, gehören zu derselben Sorte von Leuten [1]), und dasselbe gilt von den Ribaldi, einer ärmlich ausgerüsteten Truppe [2]), die aber zu kühnen, waghalsigen Unternehmungen vortrefflich zu brauchen war [3]). Auch an ihrer Spitze stand ein König, der Rex Ribaldorum (Roi des Ribauds) [4]). Sie werden

1) Guiart II, 10518: De Navarre et de devers Espaigne Reviennent bidauz à granz routes Des quieux les compaignies toutes En guerre par accoustumance Portent deus darz et une lance, Et un coutel à la ceinture; D'autres arméures n'ont cure.

2) Guil. Parvi de Newburgh. Hist. Anglic. l. V, c. 2: Ipse (Philippus Augustus) cum quibusdam perditis ex illo hominum genere quos ribaldos vocant. — Rolandini Patav. Chron. lib. VIII, 12: (1256) Sunt forte ribaldi 100 intrinsecus de villis silvestribus Pedemontis ad soldum, nudi, famelici et inermes. — Thomae Tusci Gesta Imperatorum et Pontificum 1273: elemosinas . . . in rubaldorum usus et victum qui sequebantur exercitum, converti mandabat suosque eos socios appellabat (Karl von Anjou). — S. die Stellen bei Hewitt (I, 207). — Philippid. III (Duchesne V, 129): Et Ribaldorum nihilominus agmen inerme, Qui nunquam dubitant in quaevis ire pericla. — Matth. Paris ad a. 1214: Ribaldi et viles personae. — Guiart I, 6640: Leur robes ne sont mie neuves, Ainz semble tant sont empirées Que chiens les aient déciriées.

3) Rigordus 1189: Dum Rex (Philipp August) circumquaque immunita civitatis (Turonensis) consideraret, Ribaldi ipsius, qui primos impetus in expugnandis munitionibus facere consueverunt, eo vidente in ipsam civitatem impetum fecerunt.

4) S. Hewitt I, 208: Nach der Schlacht von Bouvines wird dem Rex Ribaldorum von den Gefangenen Rogerus de Wafalia zugesprochen.

auch von den deutschen Dichtern öfter genannt, doch hat im Deutschen der Namen Ribalt immer noch den Nebensinn von Landstreicher, Taugenichts [1]). Ich glaube, sie waren eine Art von Landsknechten, die für Geld überallhin sich verkauften. Die Servi pauperes, qui dicuntur bubii, welche König Albrecht 1301 versprachen, Bingen zu stürmen, wenn die eroberte Stadt ihnen preisgegeben würde (Chron. Colmar.), zählen wahrscheinlich zu derselben Art von Truppen. Endlich möchte ich hier noch der Gelduni (afr. gelde)[2]) gedenken, die mit Bogen, Beilen oder Piken (lance geldière) ausgerüstet[3]), vielfach Verwendung fanden.

Die Turkopel[4]) (*τουρκόπουλα*)[5]) sind Mischlinge von türkischen Vätern und christlichen Müttern[6]). Sie sind leicht bewaffnet[7]) und

---

1) Vgl. Mhd. Wtb. II¹, 678. — Parz. 341, 26: Dâ fuor vil ribalde: Ir loufen machte in müede lide. Etslîcher zæm baz an der wide, Denne er daz her dâ mêrte Unt werdez volc unêrte.

2) Ann. Hildesh. 1106: Genus hominum, qui vocantur gelduni, quos dux Heinricus eis in auxilium miserat, viri bellatores et strenui et nimis docti ad proelia. — Die von Hewitt (I, 151) citirte Bibelübersetzung überträgt die Stelle 1 Reg. 4, 10 (occiderunt de Israel triginta millia militum): 'kar il i chaïrent trente mille de gelde'. — Rom. de Troie 9596: Et sor nos geldons amenez; 9805: Les geldes menez saigement; 17275: Mès la gelde se fu rengiée D'anbedeus parz de la chalciée, Qui traient engeignes agues Et granz saietes esmolues, Tanz et à tanz si granz plentez, Que li ciel en est tot troublez. — Prise de Pampelune 1334: Avés ci bien mille civalers e troi tant De geldons e d'arziers; 1872: E dis mille geldons de mout grand vigorie De ceus as lanzes lonzes laisa por grant maistrie Sus la boze dou val. — Alix. p. 403, 32: Et quant orent mengié, si murent li fourrier. Li geudon furent bien jusqu'à ·v· millier; Por la geude garder i vont ·m· chevalier. — Chron. des ducs de Norm. 15886: Jeudes, communes e archiers E grant plentez de chevaliers Out mult od sei li reis de France; 21374: Le cri fist par la terre aler Por les granz geudes assembler. De part tot issunt a pleues, Od faus, od ars e od maçues; 28124: Contes, barons e chevaliers, Serjanz e geudes e archers.

3) Rom. de Rou 4680: Ki portent arc è ki hache ki grant lance geldiere.

4) Vgl. die Stellen aus dem Parz. und Willeh. im Mhd. Wtb. III, 150. — Albertus Aquensis, Hist. Hierosolym. lib. I, c. 23, lib. II, 12. 13. — Martina 160: Mangen heidenschen turkoppel, Den viel dâ an den toppel Für ein ses ein esse. — Stricker, Karl 9585: Sô nemt die zweinzecsten (schar) ze hant, Die Turkopel sint genant. — Tit. 3280: Ewer ritterschaft und ewer durchkoppel; 2569: Durkopel, sariande, ir wer was maniger slahte. — Gilles de Chin 3064: Et li turcople et li archier; vgl. 3465.

5) Nach K. Weigel, Neugr. Wörterbuch heisst **Τουρκόπουλον** ein kleiner Türke, ein Türkenknabe.

6) Raimundus de Aguilers, Hist. Franc. cap. 6: qui vel nutriti apud Turcos, vel de matre christiana patre Turco procreantur. — Alb. Aquensis V, 3: Turcopuli gens impia et dicta christiana nomine, non opere, qui ex Turco patre et Graeca matre procreati.

7) Wilh. Tyrius XIX, 24: equites levis armaturae, quos Turcopulos vocant; XXII, 27: levis armaturae milites, quos Turcopulos appellant.

werden zumal als Tirailleure verwendet[1]). Bei den Templern wie bei den Johannitern heisst der Anführer der Reiterei Turcopolier.

Alle diese nicht ritterbürtigen Soldaten werden als Servientes (mhd. sariande[2]), afr. serjanz)[3]) bezeichnet; ob sie dienstpflichtig oder nur angeworben waren, das ist, glaube ich, gleichgültig gewesen. Sariant ist der gemeine Soldat, und zwar, wie es scheint, ist er gewöhnlich mit der Lanze bewaffnet[4]). Dass er zu Fuss kämpfte, wird uns ausdrücklich gesagt[5]) und doch wird er wiederum von den Fusstruppen unterschieden[6]). Wahrscheinlich verstand man unter Gent à pié (piétons, piétaille, mhd. fuozgengel)[7]) die ganz leichte Infanterie.

Die Patelierre[8]) scheinen auch eine eigene Truppengattung gewesen zu sein, wenn Wolfram nicht hier wieder aus dem altfranzösischen batailliere ein neues Wort gebildet hat. Auch mit den im Titurel erwähnten Parribieren[9]) ist nichts Rechtes anzufangen; wer weiss, ob diese Lesart überhaupt richtig ist?

Unter den Fusstruppen werden uns besonders häufig die Schützen genannt, doch kannte man auch reitende Schützen[10]).

1) Willeh. 18, 15: An der selben zîte Des hebens anme strite Sîne turkopel pflâgen, Die dâ gestreut lâgen. Swie si heten în gezogen Mit künste manegen starken bogen, Ir lâzen unde ir ziehen, Ir wenken unde ir fliehen Wart in gar vergolten, Sît muosen unde solten Die getouften were bieten. Die heiden sich berieten: Ir herzeichen wart benant, Si schrîten alle Tervigant.

2) Mhd. Wtb. II², 57.

3) Chron. des ducs de Norm. 11977: Chevaliers, serjanz e archiers E de mult bons arbalestiers; 28124: Contes, barons e chevaliers, Serjanz e geudes e archers.

4) Parz. 183, 11: Vil küener sarjande, Der besten von dem lande, Mit langen starken lanzen, Schärpfen unde ganzen.

5) Parz. 386, 12: Si heten sarjande ad piet.

6) Chron. des ducs de Norm. 1955: Serganz, archers et gent à piet.

7) Rom. de Troie 8172: Sanz genz à pié et sanz ringailles. — Guiart II, 6520: El premier front est la piétaille; 6934: Pluseurs piétons françois a là Qui pour prisonniers n'ont pas cordes Mès coutiaus et miséricordes, Dont on doit servir en tiex festes; 1894: Piétons et gens d'armes destachent. — Troj. 34610: Fuozgengel wart ein michel schar Ûf si gedrücket alzehant, Dar ûz ein sneller sarjant Mit eime scharphen spieze trat, Der tet sîn ors Pârîse mat; 34626: Dâ wart der edel junge Mit fuozliuten bestanden Und êrst von sarjanden Ze grimmer nôt gewîset.

8) Parz. 183, 7: Slingære und patelierre, Der was ein langiu vierre, Und arger schützen [atgêrschützen] harte vil. — Willeh. 223, 10: Slingære und patelierre, Sarjande und schützen. — Titur. 2568: Dar quamen slingler vil und patelirre.

9) Titur. 3630: Der schar vil sariande grozlichen mert wol ninive die riche, Die mit kueln, bogen, hatschen, lantzen, Vil der parribiere, die machent orsse decken wite schranzen.

10) Matth. Paris 1139: Comes autem Gloverniae Robertus cum decem militibus et totidem sagittariis equestribus. — Ottokar von Steier DCLXVI: Der chunig von Ungern seyn aydem Sneller schuczen auf mayden Sante im zway hundert.

Man unterschied Bogenschützen (bogeziehære) [1]) und solche, die mit Armbrüsten bewaffnet waren.

Zur Ausrüstung des Bogenschützen (Fig. 71) gehörte der Bogen, der gewöhnlich aus elastischem Holze geschnitzt war [2]). Um ihm eine

Fig. 71. Bogenschütze

Fig. 72. Armbrustschütze

Miniaturen der Handschrift des Matthaeus Paris in Benet-College zu Cambridge (n. Strutt).

noch grössere Federkraft zu geben, belegte man das Holz mit einer bald dünneren bald dickeren Schicht von Horn. Das sind die oft erwähnten Hornbogen [3]). Die Sehne bestand aus zusammengedrehten Ziegenhäuten [4]). Als ausgezeichnet galten die türkischen

---

1) Willeh. 32, 29: Von rîterschaft der mæren Und von bogeziehæren.

2) Ren. de Mont. p. 166, 32: Qui portent ars d'auborc et sajetes d'acier. — Garin II, p. 238: Arc d'aubour porte et sajetes d'acier. — Chans. d'Antioche VI, 33: Et tant Sarasin traire à lor ars de cornier.

3) Rolandsl. 2611: Er vuorte vunfzehen tûsent hornbogen; cf. 2625; 4666. — Kaiserchron. 7337: Sibenzictûsent hornbogen. — Cf. HTroj. 11737; Biter. 10401. — Biter. 10180: Die Vlâchen kâmen în geriten Mit manegem hurnînen bogen, Die wâren hôhe ûf gezogen Ze schuzze. — Chans. d'Antioche III, 21: Li Turs tenir se cuident aus ars de cor tenser; IV, 37: Li Turc aus ars de cors ont son cheval ocis. — Joinville 591: Entre les autres li apportent ars de cor, dont les coches entroient à vis dedans les ars; et quant on les sachoit hors si trouvoit l'on que il estoient dehors mout bien tranchant et mout bien fait. — Marchisii scribae Ann. Januens. 1220: Et balistariis decem cum armis necessariis et balistis de cornu.

4) Ottokar von Steier LXIII: Der schad den Valben we tut. Man sach sew sere zannen Und gegen den oren spannen Ir hürnein pogen. Ez ward manig senib abgeczogen, Daz sy alle zefur, Man möcht so manige pogsnur, Als man da sach ze chrachen, Hynwider gemachen Aus tausent zigenhewten.

Bogen [1]. Die Pfeile hatten eine Stahlspitze [2], die zuweilen noch mit Widerhaken versehen [3] oder in Gift getaucht [4], und mit einer Tülle an den Schaft (zein) befestigt war [5]; am entgegengesetzten Ende des Schaftes wurden sie, um die Flugbahn einigermassen zu regulieren, befiedert [6]. Die Pfeile wurden in einem Köcher aufbewahrt [7]. Beim Abschiessen des Bogens entsteht ein Geräusch wie das Klappern der Störche [8]. In einer Schlacht fielen die Pfeile so dicht wie ein Schneegestöber hernieder [9].

Sicherer als mit dem Bogen schoss man mit der Armbrust [10] (Fig. 72), deren Aufspannen aber längere Zeit erforderte [11]. So konnte man mit dem Bogen in gleicher Zeit mehr Pfeile abschiessen, dafür trafen aber die Armbrustschützen um so eher ihr Ziel. Wann die Armbrust in Europa eingeführt wurde, das ist sehr schwer zu entscheiden. Nach einer von San Marte (a. a. O. 182) mitgetheilten Stelle

---

1) Chans. d'Antioche II, 36: As ars turcois les bersent; IV, 43. — Ren. de Mont. p. 229: Archier à ars turcois. — Rom. de Troie 6740: Et javelox pour droit lancier, Forz ars turcois; cf. 7939. — Aiol 7880: Car cil defors les traient as ars de cor turcois. — Godefr. de Bouillon 19369: Et portent arc turquois et maces, escut bouclier.

2) Êneit p. 314, 15: phîlîsen. — Rom. de Troie 13887: Li turcais sont plains et garni De saietes d'acier bruni, Reides, trenchanz et acerées.

3) Chev. au lyon 2816: ·J· garçon qui tenoit ·j· arc Et ·v· saietes barbelées. — Chron. des ducs de Norm. 21664: Traient saettes barbelées. — Guiart II, 4000: Dars et sajetes barbelees. — Aiol 6045: Le dars à barbel.

4) Willeh. 324, 5: Jâ sint der Sarrazîne geschôz Geluppet sam diu natern biz. — Êneit p. 313, 22: Ein schutze im dorch den arm schôz Mit eime geluptem phîle. — Troj. 30188: Gelüppes und vergifte vol Sint alle ir scharpfen gêre. — Gesta Ludovici VIII. Franc. Reg. (Duchesne V, 300): Pilis et iaculis oneratur dextra, sagittis Implentur pharetrae tinctis in tabe venenis.

5) Nib. Z. p. 145, 1: Im was sîn edel kocher vil guoter strâle vol Mit güldînen tüllen.

6) Êneit p. 287, 2: Si erwarb eine strâle, (5) Daz gevidere si abe bant, den brief si umb den zein want. (9) Unde bant dô die veder Sô gefûchlîche weder; cf. p. 289, 26 ff. — Chans. d'Ant. IV, 43: Aus ars Turcois le bersent à quariaus empenés. — Ren. de Mont. p. 102, 28: Son ceval li ocist d'une guivée empenée.

7) Herz. Ernst 3020: Einen kocher hêrlîch Von wîzem helfenbeine. Mit edelem gesteine, Al umbe an den orten Gevazt mit guoten borten, Mit pfeller underzogen. Ieclîcher truoc ein bogen, Wol geworht hürnîn. Diu senewe was sîdîn. — Wigam. 413: Ainen pogen nam er in die hant Und ainen köcher mit geschücz. — Prise de Pampelune 3284: A suen senestre flans li fu un arc ataciés E de sajetes plain un carcois d'autre lés.

8) Willeh. 375, 10: Da begunden snateren die bogn Sô die storche im neste.

9) Troj. 25870: Die strâlen und die pfîle Die flugen dô snêdicke.

10) Das Wort Armbrust ist durch Volksetymologie entstanden aus mlat. arcubalista (Bogen-Wurfmaschine).

11) Prise de Pampelune 3156: Un roi de Barberie cun un aspre scemblançe, Timidés fu nomé e avoit costumançe De trier plus droit sajete hors d'un arc pour certanze Che arbalistier quarel.

des Fulcherius Carnotensis war noch 1097 den Franken der Gebrauch der Armbrust völlig unbekannt, und sie flohen vor den Türken, die so bewaffnet waren. Im J. 1139 auf dem zweiten lateranischen Concil wird mit dem Bannfluche bedroht, wer gegen einen Christen diese gefährliche Waffe anwendet[1]). Aber noch um das Jahr 1184 wurde die Armbrust in Frankreich nicht gebraucht; Niemand wusste mit ihr umzugehen[2]). Und Guiart erzählt zum Jahre 1191, dass damals der Gebrauch dieser Schiesswaffe erst aufgekommen und von Richard Löwenherz zuerst in Frankreich eingeführt worden sei[3]). Zu Anfang des dreizehnten Jahrhunderts ist sie in Deutschland ganz bekannt und wird wiederholt von den Dichtern erwähnt. Je schwerer der Bogen zu spannen ist, desto weiter trägt, desto kräftiger ist der Schuss der Armbrust. Gewöhnlich zog man mit der Hand die Sehne auf. Wie die Abbildungen (vgl. Fig. 73) zeigen, war am oberen Ende der Armbrust eine Art Steigbügel[4]) aus Eisen angebracht; wollte man den Bogen spannen, so stützte man die Waffe auf die Erde, trat mit einem Fusse in den erwähnten Bügel und zog die Sehne herauf bis über den Haft (die nuz[5]),

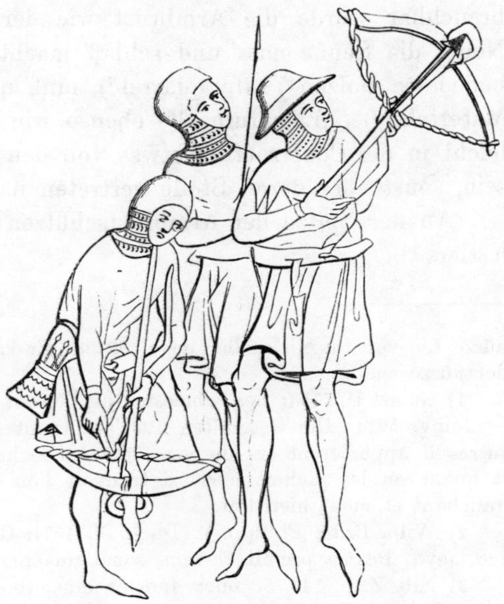

**Fig. 73. Armbrustschützen.**
**Miniatur in Welislaw's Bilderbibel zu Prag.**

1) Conc. Lateranense II, Can. 29.

2) Wilh. Brito, Phil. II (Duch. V, 115): Francigenis nostris illis ignota diebus Res erat omnino, quid balistarius arcus, Quid balista foret, nec habebat in agmine toto Rex quenquam, sciret armis qui talibus uti.

3) Wilh. Brito, Phil. V (Duch. V, 156): Ut qui Francigenis balistae primitus usum Tradidit, ipse sui rem primitus experiatur. — Guiart I, 1441: Venuz estoit nouvellement Des arbalestes li usages. Richart qui de tiex faiz iert sages Tout soit-il d'autres aporté, Si con les chroniques desqueuvrent.

4) Joinville 243: Li Sarrazin nous virent mettre pié en l'estrier des arbalestes.

5) Parton. 725: Sam ûz der nüzze vert der bolz; cf. Troj. 3922. — Troj. 31832: Man seit daz in ein fürste wert Mit einem phîle erschüzze, Den snurren ûz der

afr. coche)[1]. Abgeschossen wurde die Armbrust mittels eines Drückers (clavis), der die Nuss zurückzog und die Sehne dadurch losschnellte[2]. Sehr kräftige Bogen aber konnten nur ausserordentlich starke Männer mit der Hand spannen; gewöhnlich bediente man sich dann zu diesem Zwecke eines besonderen Apparates (antwerc[3]), afr. torn)[4]. Unbrauchbar wurde die Armbrust wie der Bogen, sobald Regen oder Nebel die Sehne nass und schlaff machten[5]. Die Geschosse waren befiederte Bolzen[6] (afr. quarrel[7]), mnl. quareel)[8]; die Matrelle oder Matertelle[9] (afr. maturas)[10] ebenso wie die afr. Bovion mögen vielleicht in der Construction etwas von den Bolzen verschieden gewesen sein, sonst aber deren Stelle vertreten haben.

An der Spitze der Armbrustschützen stand der Maître des arbalestiers[11].

---

nüzze Lie von im ein sneller boge; 32768: Er kam als ein gevidert bolz, Der ûz der nüzze snellet.

1) Guiart II, 7753: Les arbalestes jus bessant Jusqu'ès coches les cordes traient. — Joinv. 591: (Die Gesandten aus Trapezunt bringen dem Könige) entre les autres li apporterent ars de cor, dont les coches entroient a vis dedans les ars; et quant on les sachoit hors, si trouvoit l'on que il estoient dehors mout bien tranchant et mout bien fait.

2) Wilh. Brito, Philipp. V (Duch. V, 157): Guido nucem volvit balistae pollice laevo, Dextra premit clavem, sonat una nervus etc.

3) Nib. Z. p. 144, 5: ouch fuorter einen bogn, Den man ziehen muose mit antwerke dan, Der in spannen solde, ern hête ez selbe getân.

4) Anelier, Guerre de Navarre 3015: E balestas de torn e d'estrop (Steigbügel) desarrar; 3245: E donc viratz balestas de torn e d'estrop tendre; 3751: E una fort balesta de torn lay portero E tendet se el torn, e 'l cayrel pansero Sus la notz ben polit, e adonx yeu vi lo E l' arquer dessarret e dreit enviet lo, Si que un cavaler ferit pel coraço.

5) Lohengr. 2788: Wan ir geschüz was worden naz, Daz ez in niht toht: dâ vuogt der nebel daz.

6) Parz. 180, 29: Daz wazzer fuor nâch polze siten, Die wol gevidert unt gesniten Sint, sô si armbrustes span Mit senewen swanke trîbet dan.

7) Guiart II, 7568: Arbalestiers vont quarriaus prendre À pointes agues et nètes Qui là furent en trois charrètes Venus par mesire Oudart. — Cléomadès 2936: Une arbaleste fait de cor Et un cuevre plain de quarriaus.

8) Maerlant, Troj. Oorlog 4365: Ghyseernen fel ende boghen (bei Blommaert, Oudvl. Ged. I, 17 v. 1377 die Variante: Ysern voetboghen ende hantboghen), Piken, ghelavien ende quareele.

9) Êneit p. 189, 22: Vile dikke dâ flogen Schefte unde phîle Eine lange wîle Unde materelle Grôz unde snelle Unde scharphe gêre. — Lanz. 8725: Armbrüste unde bogen, Strâle, kocher wol bezogen, Gefalt mit matertellen.

10) Alix. p. 131, 30: Si droit ne voloit mie maturas ne bovion.

11) Joinville 173; 551: Messires Symons de Monceliart qui estoit maistres des arbalestiers le roy.

Gleichfalls aus grösserer Distanz wirkten die Geschosse, welche die Schleuderer gegen die Feinde warfen. Die gewöhnliche Schleuder (slinge) [1]) besteht aus einer offenen Tasche, in welche der Stein gelegt

Fig. 74. **Miniatur eines Bestiariums aus d. Anfange d. 13. Jhd. (Harl. MS. 4, 751; publicirt von Hewitt).**

1) Parz. 510, 3; Parz. 183, 7: Slingære und patelierre; cf. Willeh. 223, 10. — Titur. 2568: Dar quamen slingler vil und patelirre. — Ludw. Kreuzf. 3278:

wird, und zwei an derselben befestigten Schnüren (Fig. 74). Diese Stricke fasste man mit der Rechten, setzte die Schleuder in Schwung und liess dann einen Strick plötzlich los, so dass der Stein herausfliegen konnte (Fig. 75). Eine Abart der Schleuder ist die Stabeslinge[1]); der Schleuderapparat ist da mit einem Stocke verbunden und kann dadurch kräftiger geschwungen werden (Fig. 76). Gewöhnlich warf man mit Kieselsteinen, am liebsten mit abgerundeten Rollsteinen aus Flüssen und Bächen[2]); doch hatte man auch damals zuweilen noch Bleigeschosse (glandes), nach Art der römischen Schleuderbleie; vor der Schlacht gossen sich die Soldaten ihre Munition selbst[3]).

Fig. 75. Schleuder (nach Cotton. Claudius IV. B; bei Strutt, Anglet. anc.).

Die mit der blossen Hand geworfenen Geschosse reichten nicht auf eine weite Entfernung. Da haben wir eine Menge von Wurfspiessen. Zunächst den Gêr, der eine breite scharfe Spitze hatte, welche an

---

Der Frise snel wite er spranc, Manegen herten stein er swanc Uz der slingen den vinden. — Lanc. III, 19964: Doe dit geduert hadde lanc Ende hen quarele geborsten Ende si nemmer mit aremborsten En conden gescieten, wetet dat, Doe namen si gode slingen ter stat Ende worpen mit stenen udeward. — Chans. d'Antioche VI, 35: Et jeter aus fondufles ces grans caillaus massis. — Jord. Fantosme 1191: E par ses eslingurs, par ses arbelastiers. — Godefr. de Bouillon 9048: Et payen leur giettoient fondifles et quariaus; 26594: Et ly roys des Taffurs va se gent amenant, Qui de fondièfles vont les 'payens destraignant. — Guiart I, 2360: Et de fondes dont il fondoient. — Guil. Brito, Philipp. VII (Duchesne V, 180): Ast alii sparsim loca convenientia quaerunt Quisque sibi, quo funda brevi stridore lapillos Et balista queat iaculari arcusque sagittas.

1) Parz. 568, 21: Fünf hundert stabeslingen Mit listeclîchen dingen Zem swanke wârn bereite.

2) Parz. 568, 28: Ez wâren wazzersteine Sinewel unde hart.

3) Gesta Ludovici VIII. Franc. Reg. (Duchesne V, 300): Hic pedites fundas reparant, hic plumbea massa Vertitur in glandes. — Ott. Frising. (Ragewini) Gesta Frid. IV, 32: Pars eminus glande aut lapidibus seu jaculis pugnare.

der Gêrstange, dem Holzschafte befestigt war [1]). Der Atigêr [2]) ist wahrscheinlich eine orientalische Abart des gewöhnlichen Gêrs. Die Vermuthung San Marte's (a. a. O. 151), der Atigêr sei gleichbedeutend mit acinax, ἀκινάκης, Schwert, erscheint mir nicht annehmbar. Wenn in der citirten Stelle des Wigalois die atigêre der Soldaten den Speeren der Ritter gegenübergestellt werden, so bedeutet das meines Erachtens nur, dass diese mit Stosslanzen, jene mit Wurfspiessen bewaffnet waren. Schon die Zusammenstellung mit Gabilôt macht dies wahrscheinlich. Ich glaube, wir können mit dem Gêr das altfranzösische Glaive zusammenstellen [3]); er wird auch etwa dem römischen Pilum entsprochen haben, während Jaculum [4]) (mhd. gabilôt, afr. javelot) [5]) eine leichtere Art von Wurfspeer bedeutet. Letztere Waffen trug der Soldat in Köchern bei sich [6]). Eine andere Art Wurfspeeres erwähnt Guiart (I, 1471: Lances brandir et archegaies), die Archegaie. Ob nicht

Fig. 76. Stabschlinge, Miniatur aus der Handschrift des Matthaeus Paris in Benet-College zu Cambridge.

1) Nib. Z. p. 32, 6: Dô sach man über helme vliegen manegen gêr Durch die liehten schilde von der degene hant; p. 312, 6: Dô schuzzen si die gêre mit kreften von der hant Durch die vil vesten schilde. — Lanz. 1504: Manegen gêr man ûf in schôz. — Nib. Z. p. 12, 4: Ez fuorten scharpfe gêre di ritter ûz erkorn. Sîvrit der fuort ir einen wol zweier spannen breit, Der ze sînen ecken harte vreislîchen sneit; p. 70, 5: Er kêrt des gêres snîde hindern rucke sîn. Mit der gêrstangen schôz si der küene man Alsô krefteclîche, daz si strûchen began.

2) Rolandsl. 2643: Vunfzehen tûsent guoter knehte . . . (2647) Thie fuorten alle atigêre Mahmet ze êren. — Wigal. p. 272, 10: Gabilôt und atigêre Truogen die sarjande.

3) Chron. des ducs de Norm. 5653: Dunc lur lancent espiez aguz E dars e glaives esmoluz.

4) Gest. Ludov. VIII. Franc. Reg. (Duchesne V, 300): Pilis et jaculis oneratur dextra.

5) Percev. 1210: Et de gaverlot bien lancier; 1263: Ses ·iij· gaverlos en sa main. — Aye d'Avignon p. 104: Lancent guivres e darz, espiez et javelos. — Guill. d'Orenge V, 6055: Chascuns portoit sa lance ou javelot. — Cléomadès 530: Et maint gavelot pour lancier. — Chon. des ducs de Norm. 5665: Fait traire à eus e fundeier E tranchanz gaveloz lancier. — Eine ritterliche Waffe war das Gabilôt nicht (vgl. Parz. 157, 17—20).

6) Parz. 139, 9: Dô greif der knappe mære Zuo sîme kochære: Vil scharphiu gabylôt er vant.

Fig. 77. Soldat (Quicherat nach Ms. français N. 405 in der National-Bibliothek zu Paris).

auch in dieser Bezeichnung ein corrumpirtes arabisches Wort vorliegen mag? Die Wurfspeere der Kaffern werden ja heute noch Assagai genannt.

Den Faussart[1]) wirft Viollet-le-Duc mit dem Fauchon zusammen und erklärt ihn (Dict. du Mobilier V, 420) für eine Hiebwaffe, ähnlich wie die sogenannte Kriegshippe (fr. vouge). Aber der Faussart wird immer geschleudert[2]) und muss deshalb unbedingt den Wurfspeeren zugezählt werden.

Zum Kampfe Mann an Mann sind die Fusstruppen mit Piken[3]) bewaffnet (Fig. 77). Diese Infanterielanze war gegen zehn Fuss lang[4]), ihre Spitze zuweilen noch

1) Godefr. de Bouillon 23491: Ly granz kans de Tartarie y fu ce jour félons; Il tenoit ung faussart dont ly aciers fu bons; 26600: Ly roys tint ung faussart afilet et luisant. — Guill. d'Orenge IV, 241: S'i ot plomées et maint faussart pesant. — Alix. p. 305, 27: Eumenidus le fiert en l'elme d'un fausart.

2) Fierabras p. 51: Olivier ont lancié maint fausart esmoulu. — Gaydon p. 75: Lancent à lui les faussars acerez. — Otinel p. 40: Lancent les lances et faussarz acerez. — Elie de Saint-Gille 675: Il lor lancent faucars et boins espiels forbis.

3) Maerlant, Troye 4366: Piken, ghelavien ende quareele. — Lod. van Velthem IV, c. 25: Die Vlaminge lagen tesen tiden Op een plaeise daer besiden; Vaste in een ende al te voet Met pieken starc ende wel behoet. — Godefr. de Bouillon 9029: Et ly aultres boutoit De pickes et de dars. — Cléomadès 528: Et mainte lance à fer ague Et maint dart et maint roit espiel.

4) Godefr. de Bouillon 26597: Et de picques qui bien ont ·x· piés en estant À ung fier afilé qu'il avoient devant.

mit Widerhaken versehen [1]) (also eine Art Partisane). Ein so ausgerüsteter Haufe konnte zumal den Angriffen der Reiterei sehr wirksamen Widerstand leisten [2]).

Die Kriegssense (afr. fauc [3]), mlat. falx, falso) [4]) ist wie die Lanze zehn Fuss lang [5]) und hat eine Spitze gleich dem Blatte einer Sense. Sie ist also zum Stechen und vor allem zum Hauen geeignet, eine sehr gefährliche Waffe, die sich auch in den polnischen Aufständen unseres Jahrhunderts noch bewährt hat (Fig. 78).

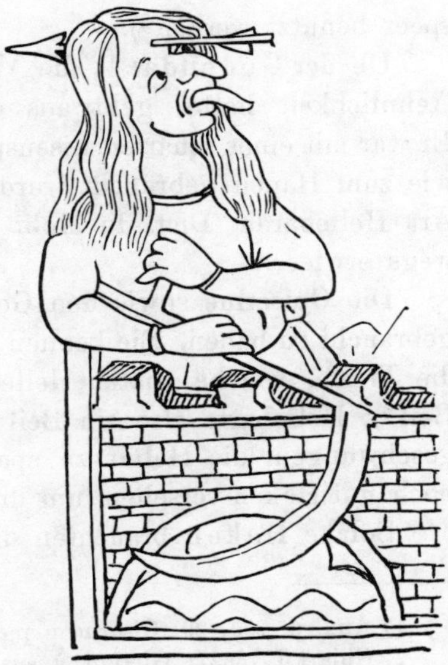

Fig. 78. Miniatur der Fierabras-Handschrift zu Hannover.

Die Guisarme [6]) ist ebenfalls eine Hiebwaffe. Sie mag der Sense oder der späteren Hellebarde etwa geglichen haben. In einem von Hewitt (a. a. O. I, 50) citirten Statut des Königs Wilhelm von Schottland (1165—1214) heisst es „Gysarm, quod dicitur Handaxe". Demmin identificirt die Guisarme mit der von ihm Gläfe genannten Waffe, die eine sensen- oder

1) Wilh. Brito, Philipp. XI (Duchesne V, 233): Mox hastas hastata manus configit in illum, Quarum cuspis erat longa et subulae instar acuta Et nonnulla velut verubus dentata recurvis Cuspidis in medio uncos emittit acutos.

2) Wilh. Brito, Philipp. XI (Duch. V, 238): Hastatas etenim pedites invadere nostri Horrebant equites, dum pugnant ensibus ipsi Atque armis brevibus illos vero hasta cutellis Longior et gladiis etc.

3) Chans. d'Antioche VIII, 21: Li rois (Tafur) porte une faus dont l'acier est temprée. — Alix. p. 238, 29: Et fierent o le faus. — Chron. des ducs de Norm. 19880: (die Bauern) Fauz unt e lances aguisées, Ars e gisarmes e coignées.

4) Vgl. Hewitt a. a. O. I, 211. 223.

5) Godefr. de Bouillon 9071: Cieus tenoit en ses puins une fauc acérée, Dis piés avoit de lonc et à l'avenant lée.

6) Walewein 8966: Si namen piken ende ghisarmen Ende glavien ende stave. — Rom. de Rou 259; 1752. — Rom. de Troie 7062: Et de gisarmes acerées; cf. 2198. — Auberis li Borgognons (Romv. 208, 10): Cune guisarme me faites tost forgier Asse i ait del poitevin acier. — Flore 1915: En son puing tient cascuns une arme U misericorde u gisarme. — Auberi p. 127, 25: Une guisarme moult grant li fist porter. — Guill. de Palerne 7220: Prendent guisarmes et faussars. — Cléomadès 2930. — Chron. des ducs de Norm. 19881; 21662; 28370. — Anelier, Guerre de Navarre 3085: E l'autre la guyssarma; 3182; 4374.

sichelartige Schneide mit Widerhaken besetzt an langer Stange zeigt. Ich glaube aber doch, dass eine Art langschäftiger Axt die Grundform dieser Waffengattung abgegeben hat. Dass sie eine Spitze hatte, wird uns ausdrücklich gesagt[1]). Im Nothfalle konnte sie auch als Wurfspeer benutzt werden[2]).

Ob der Godendac[3]), die Waffe der Flamänder, mit der Guisarme Aehnlichkeit hatte, geht aus der Beschreibung nicht recht hervor. Er war mit einer scharfen Eisenspitze versehen, die sowohl zum Stechen wie zum Hauen gebraucht wurde[4]). Viollet-le-Duc hält ihn für eine Art Hellebarde (Dict. du Mob. V, 475 ff.); aber das ist doch keineswegs erwiesen.

Die Guisarme sowie den Godendac scheinen die Deutschen nicht gebraucht zu haben. Sie kennen dagegen schon früh die Helmbarte[5]), die Waffe, welche später Hellebarde genannt wurde. Barte ist ein Beil[6]), Helmbarte also ein Beil mit langem Stiel, bestimmt, wuchtig geschwungen, die Helme zu spalten (Fig. 79). Oft waren sie auch noch mit Haken versehen, um die Reiter von den Rossen zu reissen[7]).

Solche Haken brauchten die deutschen Soldaten in der Schlacht

1) Alix. p. 289, 29: Gisarne u pic fieré.

2) Guiart I, 3627: Gietent à eus sans récréances De juisarmes, d'espiez, de lances.

3) Godefr. de Bouillon 3937: Glaves et godendas portoient ly Flamenc. — Guiart VII, 6369. 6928. 7199. 8097. 8141. 8201. 10242. 11158. 11798.

4) Guiart II, 5428: À granz bastons pesanz ferrez À un lonc fer agu devant Vont ceuz de France recevant. Tiex bastons qu'il portent en guerre Ont nom godendac en la terre. Godendac c'est bon jour à dire, Qui en françois le veust descrire. Cil baston sont lonc et traitiz, Pour férir à deuz mains faitiz. Et quant l'en en faut au descendre, Se cil qui fiert i veust entendre Et il sache bien ouvrer, Tantost puet son cop recouvrer Et férir, sans s'aler moquant, Du bont elevant en estoquant So ennemi parmi le ventre. Et li fers est aguz qui entre Légièrement de plainne assiète Par touz les lieuz où l'on en giète, S'arméures ne le détiennent. Cil qui ces grans godendaz tiennent Qu'il ont à deuz poinz empoingniez, Sont un poi des rens esloigniez.

5) Crône 13146: Die helmbarten er truoc Über sîn ahsel; cf. 13164. — Nîth. CXVII, 17 (HMS. III, 277): Spiez', swert, helmbarten. — Troj. 30050: Die truogen hallenbarten, Sêr unde wol gesliffen. Swaz si dâ mite ergriffen, daz was ze tôde gar verlorn. — Lindenschmit (Hdb. d. deutsch. Alterthumskunde I, 193) nimmt als die ursprüngliche Form Hiltbarte = Kampfbeil an.

6) Willeh. 394, 13: Der zimmerman muoz warten Wie er mit der barten Nâch der ackes müeze snîden. — Crône 13108: Slach mir iezunt mîn houbet abe Mit dirre barten.

7) Ludw. Kreuzf. 5665: Sie truogen engestlîche wer, Hellenbarten an stilen langen Beslagen, daz selbe ir stangen Vorne sharf dannoch dar in En vir enden lange nagele sin Gespitz, alsam crapen, die Heiden tzur erden rizzen.

von Bouvines[1]). Ob die Saqueboutes der Franzosen eine ähnliche Waffe waren, oder ob sie einer anderen Gattung angehörten, ist nicht ersichtlich[2]).

Sehr primitiv ist die Bewaffnung mit Stöcken, wenn diese wohl auch gewichtig und stark mit Eisen beschlagen waren[3]).

**Fig. 79. Helmbarte, Miniatur der Hdschr. Alexandri Minoritae Apocalypsis explicata in der K. u. Univ.-Bibl. zu Breslau.**

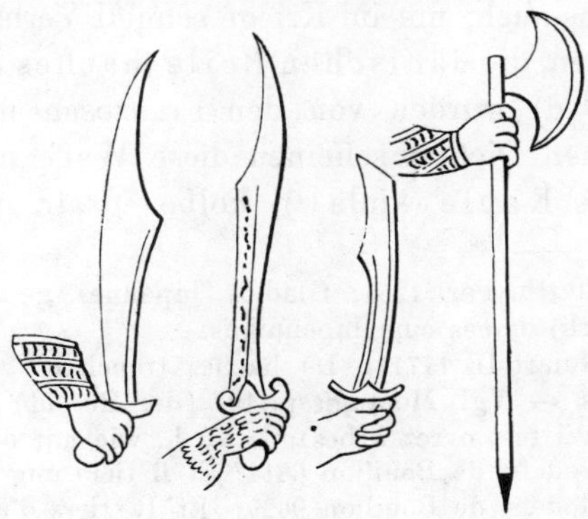

**a b c d**

**Fig. 80. Fauchons. Hache danoise.**
**Miniaturen der Fierabras-Handschrift zu Hannover.**

Die Stangen, die Lieblingswaffen der Riesen (s. Mhd. Wtb. II², 640), sind hier auch noch zu erwähnen, und auch die vom Dichter des Titurel angeführten „Burdune" dürften derselben Waffenkategorie beizurechnen sein[4]).

Häufig bediente man sich der Streitäxte[5]), afr. coignée[6]); sind dieselben zweischneidig geschmiedet, so heissen sie Bisacutae oder

1) Herm. Corneri Chron. 1216: peditesque ipsum Regem (Franciae) circumdederunt et lanceis et uncis gracilibus ipsum de equo ad terram projecerunt. — Guiart I, 6971: À crochez et à saqueboutes Les trebuchent entre leur routes.

2) S. Anm. 1. — Guiart II, 5924: Fichent lances et saqueboutes.

3) Willeh. 117, 17. — Percev. 35998: Bourgois, vilain et chevalier Maces tienent, bastons hauçoient. — Guiart I, 6948: Là ot tant bastons et plommées, Viez espées et lances sèches Et juisarmes plaines de brèches. — Chev. au lyon 5506: N'i a nul d'aus ·ij· (géanz) qui n'ait un Baston cornu de cornelier Qu'il orent fez apareillier De cuivre et puis lier d'archal.

4) Tit. 4521: Lantzen, hatschen, keulen, Gabilot, burdune.

5) Braunschw. Reimchron. 8966: Lanzen, svert, kul und exe. — Lanceloet I, 959: Doe Sagrimor dat hadde verstaen, Liep hi tere cameredore saen, Daer een scilt hinc, ende namen daer; Ende ene aex nam hi daer naer, Di hi in die camer vant; I, 17225: Die gygant dede sine wapine an Ende gereide sine vart. Hi sat op een starc swert part, Ende hinc an sijn archoen ene haecse Ende ene sware loedene maetche.

6) Chron. des ducs de Norm. 19881: Ars e gisarmes e coignées; 28368: Tant païsant, tant dur vilain Son arc ou sa fauz en sa main Ou sa gisarme ou sa coignée Ou sa grant lance roillée I est tot effreiz venus.

Bipennes [1]) (afr. besaguës [2]), paffut) [3]). Neben den Aexten wurden zumal gegen Ende des dreizehnten Jahrhunderts die Streithämmer [4]) verwendet, die besonders gut geeignet waren, die Stahlhelme zu zerschlagen.

Nicht minder furchtbare Waffen mögen die Beile (afr. haches [5]), mhd. bîle [6]), barten [7]), hâtschen) [8]) gewesen sein. Man brauchte sie übrigens auch, um im Kriege schnell Verhaue zu zerstören [9]). Eine Art derselben, die dänischen Beile (haches danoises oder danesches [10]); Fig. 80 d) wurden von den Franzosen mit Vorliebe gebraucht; die deutschen Dichter scheinen diese Waffe nicht zu kennen.

Die Keule (kiule [11]), kolbe [12]), afr. mace, maçue [13]), mlat. clava,

---

1) Matth. Par. 1251: Gladios, bipennes, gesa, sica et anelatios; 1066: Pedites (Angli) omnes cum bipennibus.

2) Guiart II, 11711: De haches trenchanz à lons manches Forgiées comme besagues. — Vgl. Meraugis p. 10: (der Herold) mais tant estoit laids qu'il sembloit Qu'il fust ovrez à besaguë (d. h. wie mit der Holzaxt zugehauen).

3) Godefr. de Bouillon 6814: Et li tiers ung paffut ou gisarme acérée.

4) Godefr. de Bouillon 9029: Et ly tiers d'un martiel; 13683: De haces, de martiaus, d'espée et de quignie, De lances et de dars dont ly aciers flambie, De traire dars turquois y fu ly arramie; 5935: Et portoient faussars et hasches ensement Et grans martiaus de fier, qui poisent durement.

5) Rom. de Rou 259: Esmoldre haches et gisarmes; 1753; 4103: Sovent véissiez fors paleter li serjanz O fondes e o arcs et o haches trenchanz. — Chans. d'Antioche I, 18: À coutels et à haces vont sor les Turs ferant.

6) Parton. 18212: Wan ein wol gesliffen Bîle lûter stähelîn Und einen bogen hürnîn; 18348: Der zinke von dem bîle mîn Schuof sîn bitter ungemach. — Ferguut 4222: Some met gysarmen, some met bilen.

7) S. S. 180, Anm. 6.

8) Parz. 183, 16: (Vor Pelrapeire) Dâ stuont ouch manec koufman Mit hâschen und mit gabilôt (aber nicht, wie San Marte [a. a. O. 193] sagt, sie zu verkaufen, sondern damit zu kämpfen). — Willeh. 60, 1: Hâtschen, kiulen, bogen, swert; 358, 9: Swert, pogen, lanzen, hâschen. — Tit. 2601; 4521.

9) Guiart I, 3313: À dolouères et à haches Vont desrompant piex et estaches.

10) Percev. 23300: Et à l'estel d'une carnière Une hace danoise avoit; 36176: Li chevaliers en sa main destre Tint une grant hache danoise. — Rom. de Troie 2198: Haches danesches et gisarmes; 7061. — Aiol 5992: La hace danoise. — Cléomadès 2939: I ut un grant hace danoise. — Chron. des ducs de Norm. 5667: E Daneis unt les haches lées, Fières, longes et acerées. — Godefr. de Bouillon 26599: Et de haces danoises les vont fort assalant. — Joinv. 354: Il (les Sarrasins) en vindrent bien trente ... au col les haches danoises; 355: Qui tenoit une hache danoise à charpentier. — Richerius Senoniensis V, 15: Argentinenses igitur sibi ascias fecerunt fabricari, quos Franci haches Danoises appellant.

11) Willeh. 60, 1. — Kudr. 356, 2: Kiule und buckelære. — Tit. 2601; 4521.

12) Parz. 570, 5: Einen kolbn er in der hende truoc, Des kiule grœzer denne ein kruoc.

13) Percev. 35998: Bourgois, vilain et chevalier Maces tenoient. — Chans. d'Antioche VIII, 22: (Portent) Ghisarmes et maçues. — Joinv. 175: (Les Turcs) li (Gauchier d'Autrèche) donnoient grans cos de lour maces là où il gisoit.

clavata)[1]) wird von den Soldaten häufig gebraucht. Sonst führen sie auch die Riesen[2]), die Räuber[3]), die Bauern. Sie ist entweder von Eisen[4]), Kupfer oder Messing[5]) oder aus Holz und hat dann einen mit Blei ausgegossenen Knopf[6]) oder ist mit Eisen beschlagen[7]). Eine besondere Form dieser Waffe heisst die türkische Keule[8]).

Ob der Palczat[9]), den ich in keinem Lexicon erwähnt finde, auch den Keulen zuzuzählen ist, lässt sich nicht bestimmen.

Jedenfalls verschieden von den Keulen sind die Plommées[10]). Schon S. 161 ist diese Waffe, der Kriegsflegel, ml. plumbata, geschildert worden (Fig. 81).

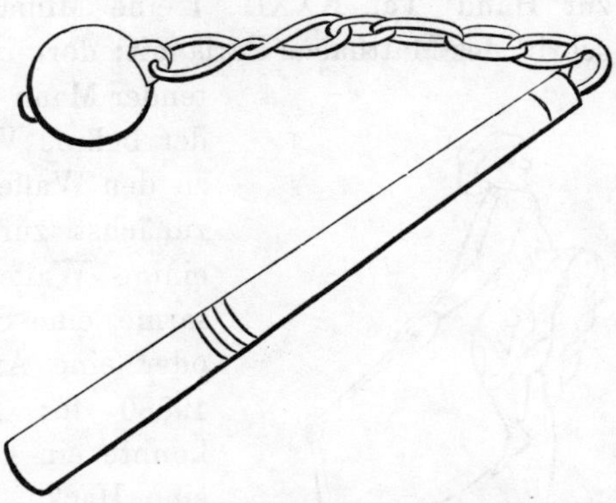

Fig. 81. Kriegsflegel im Museum zu Mitau.

1) Guill. de Nangiaco, Gesta S. Ludov. (Bouquet XX, 324: Corpus suum per homines cupreas clavas assidue deportantes (franz. Uebers.: serians a mace) fecit diligentissime custodiri. — Ann. Egmundani 1166: Eodem anno Fresones occidentales, qui habitant trans vadum qui Occenvorth dicitur, eundem vadum transeuntes in multitudine gravi, armati ut solent galeis, clavatis, clipeis, mucronibus et venabulis in agros oppiduli, quod Alkmar dicitur, conscenderunt. — Matth. Par. 1226.

2) Vgl. Mhd. Wtb. I, 857.

3) Aiol 860.

4) Êneit p. 195, 24: Mit îsenînen kolven.

5) Aye d'Avignon p. 21: Li gloz tint une mace de cuivre et de laton Que il ot aportée pendant à son arçon. — Vgl. Anm. 1.

6) Chans. d'Antioche IV, 48: De grans masses de plonc l'ont moult forment navré; VI, 33: Masses plomées. — Guill. d'Orenge V, 82: Chascun portoit une mace pesant Tote de plon et de fer au tenant.

7) Erec 5386: Zwêne kolben swære, Grôze unde lange, Den wâren die stange Mit îsen beslagen. — Aiol 3988: Et portoit une mache de fust cainin. ·Ccc· claus i avoit de fer massis.

8) Cléomadès 2934: Et une grant mache turcoise. — Itin. Reg. Ricardi I, 35: (Turci) ferreis hirsutas dentibus clavas gestantes in manibus, quarum ictibus nec cassis resisteret vel lorica.

9) Ottokar v. Steier DCCXXVIII: Der chunig hinzu rant, Ain palczat furt er in der hant, Damit slucg er.

10) Guill. d'Orenge IV, 241: S'i ot plomées et maint faussart pesant Et maintes maces et espées tranchanz. — Jourdains de Blaivies 3967: Li uns plent hache et li autres espee Li tiers sa mace et li quars sa plommée. — Guiart I, 1469: Là véissiez enteser maces Et plommées pour faire plaies; I, 6948: Là ot tant bastons et plommées.

Im Nothfalle war selbst der gewöhnliche Dreschflegel keine geringzuachtende Waffe. J. Strutt theilt in seinem Werke „Angleterre ancienne“ (ich habe nur die französische Uebersetzung, Paris 1789, zur Hand) Taf. XXXII, 1 eine Miniatur aus der Cambridger Handschrift des Matthaeus Paris mit; dort ist ein mit dem Dreschflegel fechtender Mann dargestellt (Fig. 82). Der Bauer, der behufs Vertheidigung seines Eigenthums zu den Waffen griff, nahm natürlich was ihm zunächst zur Hand war. Manche mochten einige Waffen im Hause haben, eine Guisarme, eine Sense, eine alte verrostete Lanze, oder eine Axt (Chron. des ducs de Norm. 19880 ff.; 28368 ff.), aber im Nothfall konnte ein Dreschflegel oder eine Mistgabel, eine Hacke, ja selbst ein Spinnrocken und anderes Hausgeräth, wenn es nur von kräftiger Hand geschwungen wurde, auch allenfalls gute Dienste thun [1]).

Fig. 82. Miniatur der Handschrift des Matth. Paris in Benet-College (Cambridge).

Gewöhnlich [2]) trugen die Soldaten zu ihren sonstigen Waffen noch ein Schwert [3]). Wie sich dasselbe von dem der Ritter unterschieden hat, oder ob allein der Gurt des Ritterschwertes so eigenthümlich sich auszeichnete, das ist eine schwer zu lösende Frage. Ein Wehrgehäng mussten ja auch die gewöhnlichen Krieger haben, und doch war das Cingulum militare das charakteristische Abzeichen des Ritters.

Der Fauchon [4]) ist ein krummer Säbel, im Gegensatz zum graden Schwerte ist er gebogen (Fig. 80 a. b. c.). Vielleicht hatte man die türkischen Säbel praktisch gefunden und sie im Abendlande nachgeahmt,

---

1) Nîthart CXVII, 17 (HMS. III, 277): Spiez', swert, helmbarten; 18: Hellebarten, vlegel', spiez und ouch mistkröuwel lanc. — Lanc. I, 38380: Wat elc vinden conste vorwaer, Waest riec, pike, vlegel, stocken, Hake, sceppen, swingen, rocken, Wat dat si gegripen konden.

2) Dagegen Chans. d'Antioche VIII (Nachtr. V): Li gens le roi Tafur ne fu mie effréée; Il ne portent o els né lance né espée Mais gisarme esmoulue et machue plomée.

3) HTroj. 1590: Mit den blozzen swerten, Mit armbrusten vf gezogen, Mit philen und mit bogen. — Percev. 2931: Et tantos ·iiij· serjant vinrent Qui grant haces en lor mains tinrent, Et cascuns ot çainte une espee.

4) Joinville 116: Li clers . . . fist aporter à un enfant son fauchon. — Cléomadès 2931: Misericordes et fauchons. — Guiart II, 2241: Fauchons et coutiaus à pointes; 2621; 3987; 4675; 7198: Fauchons trenchanz, espées clères.

also gebogene Klingen geschmiedet. Das würde den Namen, der jedenfalls mit Falx, Sichel zusammenhängt, leicht erklären. Man mag dann später jeden Säbel so genannt haben. Hewitt bildet I, 318 einen solchen ab, der etwa dem türkischen Yataghan entspricht (Fig. 83).

Mit den Fauchons verwandt sind die Flatschen, mit denen die Krieger des Königs Witzlân von Böhmen, wie im Biterolf [1]) erzählt wird, bewaffnet sind. Ob in Flatsche das polnische Palasz, Säbel, steckt, überlasse ich Philologen zu entscheiden.

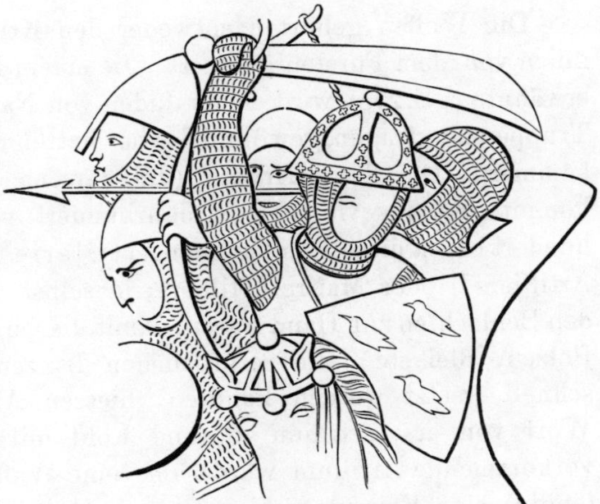
Fig. 83. Wandmalerei der Painted Chamber zu Westminster.

Ausser den Wurf-, Hieb- und Stichwaffen, die schon geschildert worden sind, haben die Soldaten noch immer verschieden geformte Messer [2]) bei sich, die zumal im Handgemenge recht gut sich brauchen liessen. Von den Dolchen (miséricordes) und den Alen, jenen ganz dünnen und feinen Messern, mit denen man in die Panzerfugen stechen konnte (alenaz, anelacius), ist schon im ersten Capitel die Rede gewesen. Diese Waffen führten auch die Fusstruppen, und zwar ist der Dolch (sica) von dem Anelatius ausdrücklich unterschieden [3]); und dass die Messer nicht mit den Misericordien identisch waren, wird auch bezeugt [4]). Die Sica und Misericordia sind wahrscheinlich zum Stechen bestimmt; der Anelacius gleicht mehr dem Stilet; das Messer

---

1) Biter. 6530: 'Ob wir nicht kumen' sprach der degen, 'Mit gleven und buckelæren, Doch mügen wir satele læren Mit flatschen wol snîdunden, Die tiefen verchwunden Sul wir mit swerten houwen hie'; 8447: 'Ob si niht sper enfüeren (also: gleve = sper) Si sulnz mit flatschen rüeren Den helden ûf den renden; 10187: Von flatschen die vil sêre sniten.

2) Chans. d'Antioche I, 18: À coutels et à haces vont sor les Turs ferant.

3) Matth. Paris 1251: (Ribaldi habent) gladios, bipennes, gesa, sicas et anelatios.

4) Guiart II, 7200: Coutiaus, miséricordes nues; 10499: Les miséricordes agues . . . Les coutiaus trenchanz.

endlich dient zum Schneiden, kann aber, wenn es spitz zugeschliffen ist, allenfalls auch zum Stechen verwendet werden [1]. Die Buchete [2] dürfte vielleicht ein wuchtiges Hiebmesser sein, nach Art der spanischen Machete, ursprünglich zum Abhauen von jungem Gehölz (buche) bestimmt.

Die Waffen gehörten entweder den Kriegern selbst oder wurden ihnen von dem Fürsten geliefert. In einem Falle, den ich schon früher erwähnte (I, S. 278), wird einem Juden von Narbonne die Ausrüstung der Truppen übertragen, gewöhnlich aber hatten die Fürsten selbst ihre Rüstkammern. Der Name Arsenal (ital. darsena, von dem arab. dar essana) kommt erst im vierzehnten Jahrhundert vor, im dreizehnten Jahrhundert heisst diese Rüstkammer Artillerie [3], der Vorsteher derselben Artilliers [4] oder Maître Artilliers; ja selbst die Waffenwagen [5], die in den Schlachten zur Hand waren, damit die verschossene Munition (Pfeile, Bolzen, Blei etc.), die zerbrochenen Lanzen, Schwerter und Schilde schnell ersetzt werden konnten, hiessen Artillerie. Littré leitet das Wort von ars, artillum ab, und wohl mit Recht. Das sonst nicht vorkommende Artillum würde also eine Waffe bedeuten, wie Ingenium (engin) eine Kriegsmaschine bezeichnet.

Was die Rüstung der gemeinen Soldaten anbelangt, so sind wir über dieselbe recht schlecht unterrichtet. So beredt die Dichter den Anzug der Ritter, ihre Waffen u. s. w. schildern, so wortkarg sind sie, sobald es sich um die Ausrüstung der nicht ritterlichen Krieger handelt. War es daher schon schwierig, über die Bewaffnung derselben Einiges zu ermitteln, so sind wir, wenn wir ihre Rüstung kennen lernen wollen, auf einige wenige Notizen angewiesen.

---

1) Guiart II, 2621: Aus fauchons, aus coutiaus à pointes.

2) Guiart I, 2100: Tant i a lances et espées, Coutiaus, buchetes esmoulues.

3) (Der Sultan erzieht sich aus fremden Sklavenkindern eine Leibgarde, Halca) Joinv. 281: La chose estoit si ordenée que les enfans jusques à tant que la barbe lour venoit, li soudans les nourrissoit en sa maison; en tel maniere que selonc ce que il estoient, li soudans lour faisoit faire ars à lour point; et si tost comme il enforçoient, il getoient lour foibles ars en l'artillerie au soudanc, et li maistre artilliers lour bailloit ars si fors comme ils les pooient teser. — Godefr. de Bouillon 26545: Bien furent pourvéu et très-bien crestelé Et de l'artillerie avoient à plenté.

4) Joinv. 446: Jehans li Ermins, qui estoit artilliers le roy, ala lors à Damas pour acheter cornes et glu pour faire arbalestes.

5) Guiart II, 11292: Pluseurs vont à l'artillerie Qui fu, sanz ce que trufle lise, Près des tentes du roi assise. Artillerie est le charroi Qui par conte ou par roi Ou par aucun seigneur de terre Est charchié de quarriaus en guerre, D'arbalestes, de dars, de lances Et de targes d'unes semblances.

Im Roman de Rou werden 11626 ff. die Schützen beschrieben: „Die Schützen sind zuerst ausgestiegen und zuerst ans Land gekommen. Dann hat jeder seinen Bogen gespannt, Köcher und Pfeile (? archaiz) an der Seite aufgehängt tragend. Alle waren rasirt und alle geschoren, und mit kurzen Röcken [1]) bekleidet.“ An einer anderen Stelle (12806 ff.) giebt uns derselbe Dichter folgende Beschreibung: „Die Fusstruppe war gut gerüstet, Jeder trug einen Bogen und ein Schwert; auf den Häuptern hatten sie Hüte, die Füsse waren mit grober Leinwand umwickelt (à lor piez liez lor panels). Einige hatten gute Lederrüstungen (coiriés), die sie an ihren Leib banden. Mehrere hatten Wämser (gambais) angelegt; Köcher und Pfeile (? archaiz) hatten sie umgürtet.“ Die Colmarer Chronik erzählt zum Jahre 1298: „Darauf zog der römische König Adolf mit einer grossen Schaar bewaffneter Leute gegen den Herzog von Oesterreich, der auch mit einer zahlreichen Schaar ihm entgegen trat. Von denen wurden für gewaffnet angesehen die, welche eiserne Helme auf den Köpfen hatten und welche Wämser (wambasia) trugen, das heisst einen dicken Rock aus Leinwand, Werg und altem Tuche zusammengenäht, und darüber ein Eisenhemd, das heisst ein aus Eisenringen geflochtenes Kleid, durch welches kein Bogenpfeil den Mann verwunden konnte.“ Besser gerüstet sind die Soldaten von Orléans, die Guiart (II, 8575 ff.) uns schildert: „Vierhundert und zehn Soldaten, an ihrem Leibe gerüstet mit Röcken und guten Ringhalsbergen; mit starken Handschuhen, mit dichten Kappen, mit Halskragen [2]).“ Panzer zur Bedeckung des Unterleibes kennt schon Herbort von Fritzlar [3]).

Fig. 84. Gefecht, Miniatur in Alexandri Minoritae Apocalypsis explicata (K. u. Univ.-Bibl. zu Breslau).

1) Guiart I, 2354: Richart, qui de guerre n'a lois, Refait apres venir Galois À grand haste et à fières flottes, Affublez d'une courtes cotes.

2) Soudoiers quatre cens et dix, Armez de cotes à leurs tailles Et de bons hauberjons à mailles, De forz ganz, de coifes serrées, De gorgeretes et d'espées.

3) HTroj. 1593: Sie heten ouch ir sarwat Panzir helm halsberg.

Der Bauern-Rüstungen habe ich schon früher (Bd. I, S. 244) gedacht. Sie suchen es den Rittern gleichzuthun und legen Wämser an, in die Eisen eingenäht sind, oder ziehen sich einen Kettenrock, die Ketentroie [1]) an. Auch haben sie schon Panzerbleche vor Brust und Unterleib gebunden [2]). Die Dichter spotten über sie und nennen ihre Schwerter scherzend kipfelklingen [3]) oder kipfelîsen [4]).

Fig. 85. Soldaten (bei Hewitt nach Harleian Roll, Y. 6)

Für gewöhnlich wird es beim Fusssoldaten immer mehr darauf angekommen sein, den Kopf und den Oberkörper zu bewahren; für die Beine brauchte schon deshalb nicht so ängstlich gesorgt zu werden weil dieselben bei weitem nicht so exponirt waren, wie bei den Rittern. Doch sehen wir häufig auf den Miniaturen auch Soldaten dargestellt, die vom Kopf bis auf die Füsse gewappnet sind (Fig. 84). Es ist aber immer nicht sicher zu unterscheiden, ob diese schwergepanzerten Krieger nicht gar nur Ritter sind, welche zu Fusse weiter kämpfen. Ich habe schon im ersten Capitel (S. 67) darauf hingewiesen, dass die Ritter gewappnet zu Fusse keine grössere Strecke zurücklegen konnten, und in Wirklichkeit kamen sie ja auch nur höchst selten, also bei Schlachten, wenn sie

1) HMS. III, 199 und 260. — Chron. Holtzatiae, cap. 26: Troyam siue diploydem.

2) Nith. CXVII, 12 (HMS. III, 276): Buosem plech; CXVIII, 6 (ibid. 279): Nabel bleche.

3) Nith. XVII, 4 (HMS. III, 203).

4) Nith. CI, 11; CXVII, 5 (HMS. III, 267. 275). — Vgl. auch Nith. CVIII, 4 (ibid. 271): Sin langez swert alsam ein hanef swinge Treit er al umbe, dem ist sin gehilze hol, Da sint löcher in gemachet z'einer zinzel wæhe. Oben in dem knopfe lit ein spiegel glas.

ihr Ross verloren hatten, in die Lage als Infanteristen zu kämpfen und erforderlichen Falls auch mit zu retiriren; die Bogenschützen und die anderen Fusssoldaten dagegen mussten weite Märsche zurücklegen können und auch in der Schlacht schnell vorgehen und Bewegungen ausführen. Für sie wäre also eine gar so schwere Rüstung nur lästig gewesen.

Das Haupt schützten sie mit dem Hersenier, auf das sie die Haube oder den Helm mit dem Nasenbande direct aufsetzten (Fig. 85). Den geschlossenen Helm scheinen sie nicht benutzt zu haben, auch wäre er für sie kaum praktisch gewesen. Die in den Miniaturen dargestellten Krieger, die den Topfhelm aufgesetzt haben, möchte ich deshalb immer für Ritter halten, die veranlasst sind zu Fuss zu streiten. Gegen Ende des dreizehnten Jahrhunderts verbesserte man den Infanteriehelm dadurch, dass man ihn mit einem breiten Eisenschirm versah. Dadurch wurde das Gesicht gegen von oben kommende Hiebe geschützt, andrerseits konnte der Soldat frei athmen und war nicht so leicht dem Hitzschlage ausgesetzt. Das sind die von den französischen Dichtern erwähnten Bacinets[1]) (Fig. 77). Zuweilen hatten die Soldaten noch einen Schild. Derselbe konnte jedoch nur von den Truppen geführt werden, welche mit der blanken Waffe den Feind anzugreifen

**Fig. 86. Soldat aus der Zeit Philipps des Schönen (P. Lacroix, nach einer (!) Bilderhdschr. d. National-Bibl. zu Paris).**

1) Godefr. de Bouillon 23505: Effondrent bacinés, dérompent haubregons. — Guiart I, 6882: Hyaumes et bacinez reluire; II, 11533: Bacinez bruniz à visières. — Ottokar v. Steier CCCL: Daz gewappent fuessz volkch. Die heten sich geflisszen, Daz ir pekchel-hauben gelisszen.

bestimmt waren, also von den Lanzenträgern, den Hellebardieren u. s. w. Den Schleuderern, Bogen- und Armbrustschützen konnte der Schild nur hinderlich sein. Im zwölften Jahrhundert haben sie den grossen, sehr langen Schild (buckelære) [1]), der im dreizehnten Jahrhundert grade wie der Ritterschild immer kleiner wird, so dass er fast die Form eines gleichseitigen Dreiecks annimmt. Gewöhnlich führen sie jedoch einen kleinen runden Schild, mit dem sie leicht Hiebe und Stiche pariren (Fig. 86). Das sind die Tartschen [2]).

Nach den Miniaturen zu urtheilen, legen auch die gemeinen Soldaten gegen Ende des dreizehnten Jahrhunderts über die Rüstung noch den Wâpenroc an, und vielleicht war dieser von gleicher Farbe bei den gesammten Truppen oder bei den einzelnen Corps einer Armee. Aber sonst ist von einer Uniform gar nicht die Rede. Dass ein Fürst die Ritter seines Haushaltes kleidete, habe ich schon (I, S. 236) hervorgehoben, und so mögen dieselben denn auch im Kriege in gleichen Wâpenröcken erschienen sein [3]); jedoch dürfen wir uns deshalb nicht vorstellen, dass die gesammten Truppen eine gleichartige Ausrüstung gehabt haben. Vielleicht, dass die Waffen der Soldaten, welche aus den Arsenalen geliefert wurden, wenigstens einigermassen gleich gestaltet, dass die Schilde alle mit den Wappenzeichen des Kriegsherren bemalt waren; im Uebrigen aber herrschte eine bunte Mannigfaltigkeit. Die Soldaten trugen Helme und Rüstungen der verschiedensten Form, die Ritter gar kleideten sich wie es ihnen beliebte, und nur eben jene, welche zum militärischen Hofstaat, zur Massenîe (afr. maisnie, ml. mansionada) [4]) des Fürsten gehörten, waren mit dem Wappen desselben ausgezeichnet [5]). Wie erkannten sich nun die Krieger, die zu einem Heere gehörten? Das ist eine sehr schwer zu

---

1) S. Mhd. Wtb. I, 275. — Wigal. p. 267, 38: Und fünf tûsent sarjant, Die truogen lanzen in der hant, Buckeler, swert unde bogen. — Troj. 5016: Si buten vür die buggeler; Dâ hinder stuonden si gebogen Und hetten ûz diu swert gezogen.

2) Ludw. Kreuzfahrt 5713: Ûf zwein tarschen hiez er die tragen hin. — Cléomadès 2932: Et bracheus et bouclers roons Et une targe navaroise.

3) Lanzelet lässt seine tausend Ritter kommen: (8860) Algelîch was ir gewant. — Matthaeus Paris erzählt 1250, dass Richard Graf von Glocester bei seiner Reise nach dem päpstlichen Hofe von vierzig gleichgekleideten Rittern begleitet war.

4) Vgl. Mhd. Wtb. II¹, 86. — Mahinande ibid. II¹, 20.

5) Lanc. I, 46026: 'Ende dander was gewont ter stede Ende hadde oec Arturs teken an; Ende ic kenne wel', seide di verman, 'Die ridders, die getekent sijn Met Arturs tekene'.

beantwortende Frage. Von den Flamändern wissen wir, dass sie durch weisse Feldbinden in der Schlacht sich einander kenntlich machten [1]), und es wäre wohl möglich, dass die von den französischen Dichtern so häufig erwähnten Cognoissances [2]), Entreseignes [3]), mit denen die Ritter ihre Lanzen und Rosse schmückten, solche Abzeichen vorstellten, welche die Freunde in den Stand setzten sich zu erkennen, bunte Wimpel und Schleifen, deren Farbe vorher verabredet worden war.

Wie es nun um die Heeresformation bestellt war, das ist wieder recht unklar. Es scheint, dass man die Krieger in Schaaren von je Tausend theilte und dass eine solche Abtheilung den Namen Legio führte.

Die Heere sind oft von sehr ansehnlicher Stärke. So soll nach den Annales Mediolanenses (Gesta Federici Imp.) Kaiser Friedrich I. bei seinem Kreuzzuge 90000 Mann gehabt haben. Waren dieselben alle Ritter, dann scheint das Heer allerdings sehr bedeutend, da wir mindestens die zehnfache Zahl von Fusssoldaten hinzurechnen müssen; zählt der Autor aber alle Bewaffneten gleichmässig, so ist dies Kreuzheer gar nicht so sehr stark. Das Itinerarium Regis Ricardi (lib. I, c. XXII) giebt die Zahl von 3000 Rittern und 80,000 anderen Soldaten

---

1) Guiart II, 11709: Li malveuillant s'entreconnoissent Par le saing des escherpes blanches.

2) Rom. de Troie 6825: De porpre aveient connoissances Et granz enseigner en lor lances; 11912: D'une paille vermeil aufricant Ot gonfanon et conoissance. — Alix. p. 131, 4: Et fiert le duc Betis sor la reconnissance; p. 156, 11: Cieres reconnissances et pignonciaus. — Durmars 12070: Dedans la sale en sunt entre Cil qui portent conissances. — Aiol 10695: Quant Aiols li cortois a ueus les pongons, Les gentis connissances des nices poigneors, Et conoist l'oriflame de la tere Francor. — Chron. des ducs de Norm. 33308: Dreites lor lances. Por aveir certes conoissances I orent guinples atachées Qu'al vent furent despleiées. — Gilles de Chin 204: En sa main destre prist sa lance Où il ot une connissance. D'un vert samis que li dona Se sirez, quant il l'adouba. — Rom. de Troie 9483: De dras de soie et d'or freis Li buen cheval aragoneis Sont tuit couvert de cognoissances; 10989: Covrent chevax de conoissances, Lacent enseignes en lor lances; cf. 13861.

3) Rom. de Troie 18460: En grosses lances de sapin Sont les enseignes atachiées, D'orfreis, de paile entreseigniées; 20413: Achilles fait le suen conrei: Armer les fait dedevant sei, Gent les ordonne et appareille. D'une porpre chière vermeille Les a toz fet entreseignier. — Chron. des ducs de Norm. 21393: Que il toz e sun milsoudor Esteient covert d'entresaignes. — Ren. de Mont. p. 113, 27: Et tint sor ses jenos une ensegne sertée, Gentiument l'enlumine, car ele estoit lettrée. — Flamenca 813: Ens Archimbauz es tost vengutz, Non fo meinz lanza ni escutz Neis antreseinz que portar deia Cavallier que por joc torneia.

an. Vor Mailand hatte ja 1158 Friedrich schon 100,000 Mann (Ottonis Frising. [resp. Ragewini] Gesta Frid. III, 32). Konrad III. führte in seinem Kreuzheere, wie Matthaeus Paris zum Jahre 1146 erzählt, 70,000 Ritter (ungerechnet die Fusstruppen und die leichte Reiterei) bei sich. Die Zahl der Fusssoldaten ist aber in der Regel sehr viel beträchtlicher als die der Ritter [1]). Bei dem Kriege, den Heinrich III. 1242 gegen Frankreich führte, hatte er 1600 Ritter, 20,000 Mann Infanterie und 700 Armbrustschützen (Matth. Paris). Gislebertus macht uns im Chronicon Hanoniense mehrere wichtige Mittheilungen über die Stärke der Heere im zwölften Jahrhundert. 1171 hat der Graf von Hennegau ein Heer von 300 Rittern und ebensoviel Reitern (totidem servientibus equitibus), 1172 von 340 Rittern, ebensoviel gepanzerten Reitern und 1500 erlesenen Fusssoldaten. Bei grossen Aufgeboten stellt er 1178 700 Ritter und 60,000 Bewaffnete, 1181 400 Ritter und 60,000 Mann Cavallerie und Infanterie; 1186 werden auf 30,000 (resp. 10,000) Mann Cavallerie und Infanterie 300 (resp. 200) Ritter gerechnet. 1184 führt der Graf von Flandern gegen den Grafen von Hennegau 500 Ritter, 1000 gepanzerte Reiter und 40 (wohl zu ergänzen: tausend) Fusssoldaten; der Erzbischof von Köln kommt ihm mit 1300 Rittern und vieler Reiterei zu Hülfe und der Herzog von Löwen führt ihm noch 400 Ritter und 60,000 Bewaffnete zu. Der Graf von Hennegau hat 300 Ritter und 3000 Mann Cavallerie und Infanterie geworben (milites stipendiarios, stip. equites et pedites). Kaiser Otto IV. commandirte in der Schlacht von Bouvines 1214 ein Heer von 1500 Rittern und 150,000 Mann Infanterie, ungerechnet den Tross. Hätte er noch einige Tage gewartet, so stiessen zu ihm ausserdem 500 Ritter und unzählige Fusstruppen (Guil. de Nangiaco, Chron.).

Gewöhnlich zählte man aber nur die Ritter, wenn dieselben auch, wie eben gezeigt, in den gewöhnlichen Heeren stark in der Minderzahl waren. Soweit es anging, blieben die Angehörigen eines Landes, die Gefolgschaft des Lehnsträgers u. s. w. auch in den strategischen Körpern ungetrennt zusammen. Im Dêmantîn wird (9803—9860) [2]) die Formation eines Kriegsheeres geschildert. Da werden fünf Fürsten zur Heeresfolge aufgeboten, jeder derselben ruft fünfzig seiner Herren

1) Lanz. 1417: Er erhiu sich von dem fuozher. Die ritter satzten sich ze wer. — Gute Frau 1053: Si sante im in einer schar Vünf hundert biderber ritter gar Und tûsent serjande. — Meler. 11721: Sehs tûsent ritter werd erkant, Schützen unde sariant Vierzehn tûsent volleclîch.

2) 9803: Sî soln funfzig herren bî sich hân, Di solt ir, vrouwe, sûchen lân. Sô manig herre sô dâr sî, Om sîn zwênzig ritter bî.

auf, und jedem der Herren sind zwanzig Ritter heerespflichtig. Es commandirte also jeder Fürst eine Schaar von tausend Rittern, ungerechnet die fünfzig Herren, welche wohl als Unterbefehlshaber fungirten.

Der Oberstcommandirende, der leitære[1]), houbetman[2]), meister[3]), wurde von dem Fürsten ernannt, wenn derselbe nicht selbst den Oberbefehl sich vorbehielt. Zuweilen wird demselben auch die Schlachtfahne (sturmvane[4]), hervane) anvertraut[5]). Wie es scheint, wurde nicht in allen Ländern die gleiche Sitte in Beziehung auf die Fahnen beobachtet; bei den Normannen blieb die Hauptfahne von dem eigentlichen Handgemenge entfernt. So wird im Roman de Rou (12718—12778) erzählt, dass Wilhelm von der Normandie vor der Schlacht von Hastings seine Fahne dem Raoul de Conches und später dem Gautier Giffard anbot, von beiden aber eine abschlägige Antwort erhielt, da sie es vorzogen am Kampfe thätig sich zu betheiligen; endlich übernimmt diese hohe Ehre der Ritter Toustain. Und auch König Harald stand mit seinen Brüdern während jener Schlacht bei der Heeresfahne, die ebenfalls wohl nicht sogleich dem Ansturm der Feinde ausgesetzt war[6]). Bei den Deutschen jedoch wurde die Fahne dem Heere vorangetragen[7]); der Fahnenträger musste schon deshalb ein tapferer Held sein. Roland selbst führt des Kaisers Fahne[8]), Volker die der Burgunden[9]); Wolfdietrich trägt sie den Seinen voran[10]), und in der Schlacht auf dem Lechfeld

1) Trist. p. 131, 21: Ir aller leitære, Der getriuwe der gewære Rûal; p. 473, 6: Und Rigolîn von Nante Der vînde leitære. — Biterolf 3424: Des heres leitære Wart Rüedegêr der rîche; 5276: Daz er si solde füeren dan Und ouch ir leitære In der herverte wære.

2) Willeh. 200, 2. — Mhd. Wtb. II¹, 40, Z. 12 ff.

3) Willeh. 214, 2. — Mhd. Wtb. II¹, 117, Z. 47.

4) Gr. Wolfdietr. 987; 1003; 2009; 2027: sturmfan.

5) Biterolf 5304: Drîzic tûsent er gewan, Die muosten swern hervart. Rüedgêr ir aller venre wart; 9686: Vil balde Rüedgêr ûf gebant Den Etzelen hervanen.

6) Matth. Paris 1066: Rex Haroldus pedes iuxta vexillum stabat cum fratribus suis, ut in communi et aequato periculo nemo de fuga cogitaret.

7) Kudr. 521: Er hiez nâch sînem venre daz volc zuo dem herten sturme wîsen; 830: Die paniere allenthalben in gedrenge man dô truoc; 1111: Volget mînem venre, der kan iuch daz beste wol gelêren. — S. Oswald 2809: Sant Oswalt der wîgant Vuorte den sturmvanen in sîner hant; Der manheit was er niht ein tôr, Den sînen vahter rîtærlîchen vor; Er vaht reht als ein biderber hêrre, Er gap den sînen rât und lêre. Er ruorte den strît wîslîch den sînen vor, Des wâren al sîn hêrren unde knehte vrô.

8) Rolandsl. 3187: Ruolant enphie then vanen.

9) Nib. Z. p. 25, 5: Ouch sol dâ mit rîten Volkêr der küene man, Der sol den vanen füeren; baz ichs nieman engan; p. 30, 4: Volkêr der küene den vanen zuchte dan, Der starke videlære: dô reit er vor der schar.

10) Gr. Wolfdietr. 2190: Wolfdieterich der furste furte selbe den sturmfan.

ergreift sie der König Otto der Grosse selbst [1]). Der Ritter Wales de Montegni hatte die Ehre, in der Schlacht von Bouvines die französische Reichsfahne, die Oriflambe, zu tragen [2]). Richerius Senoniensis (III, 15) nennt den Fahnenträger Walo und erzählt, dass vor der Schlacht der König Philipp August erst eine Ansprache an seine Leute hielt und diese ihm zu folgen versprachen. „Der König hatte aber von Paris die Fahne Karls des Grossen, die gewöhnlich Oriflamme (auriflamma) genannt wird, in diesen Krieg mitgebracht, die seit der Zeit Karls nie aus der geheimen Schatzkammer zu irgend einem Zwecke hervorgeholt worden war. Er sprach mit heller Stimme zu den Seinen: 'Wer soll heute bei dieser Schlacht diese Fahne zur Ehre Frankreichs (regni Francie) tragen?' Ihm erwiderte der Herzog von Burgund: 'Mir ist ein Ritter wohlbekannt, Namens Walo, der von kräftigem Körper, im Kriegshandwerk erfahren, aber arm ist, da er sein ganzes Landgut verpfändet hat, um ein Pferd zu kaufen und an dieser Schlacht Theil zu nehmen.' Der König liess ihn rufen, reichte ihm die Fahne und sprach: 'Nimm sie, Freund Walo! Heute vertraue ich dir die Ehre Frankreichs an.' Ihm erwiderte Walo: 'Wer bin ich, o Herr, dass ich dies leisten kann?' Der König: 'Fürchte dich nicht! Wenn wir mit Gottes Hülfe den Sieg erfochten haben, werden wir deine Mühe reichlich vergelten.' Da sprach Walo: 'Weil, o Herr, Euer Befehl mich dazu zwingt, so werde ich sorgen Euren Auftrag zu erfüllen. Aber wie ich sehe, dürstet diese Oriflamme nach Menschenblut, und ich werde sie, wenn Gott mir Kräfte verleiht, heute vor Vieler Augen mit dem Blute der Feinde tränken'." (Das thut er dann auch; ib. III, 16.) In der Schlacht auf dem Marchfelde ist die Sturmfahne König Rudolfs dem Burggrafen Heinrich von Nürnberg anvertraut, die Fahne von Oesterreich dem alten Haselauer (Ottokar v. Steier CXLVIII), und bei der Schlacht von Gellheim trägt Albrechts Sturmfahne der von Ochsenstein, das Banner von Oesterreich Ulrich von Prueschinck (ibid. DCLXXXI). Neben der Hauptfahne hatte man wohl für die einzelnen Corps des Heeres noch eigne Fahnen [3]), jedoch hatten diese eine viel geringere Bedeutung. Um die Sturmfahne sammelt sich im Kampf-

---

1) Kaiserchron. 15967: Der kunik nam selbe sînen vanen.

2) Phil. Mousques 21717: L'oriflambe de St.-Denise A ·j· cavalier par devise; Wales de Montegni ot non. — Cf. S. 201, Anm. 7.

3) Biterolf 5356: Die küenen wîgande Heten an den stunden Diu zeichen ane gebunden Und sibenzehen hervanen. — Rom. de Rou 9082: N'i a riche home ne baron Ki n'ait lez li son gonfanon, U gonfanon u altre enseigne U sa mesnie se restreigne, Congnoissance u entre-sainz.

gewühl immer wieder das Heer[1]), ihr folgt es[2]); war sie auf einer belagerten Burg aufgesteckt[3]), so wusste Jedermann, dass dieselbe gefallen war; wurde sie jedoch in der Schlacht von einer Partei freiwillig gesenkt, so war dieselbe zur Capitulation bereit[4]). Fiel gar der Fahnenträger[5]), oder bemächtigten sich die Feinde des Heeresbanners und stürzten es nieder[6]), dann flohen die Truppen, die so ihren Halt verloren hatten. Die Fahne war der Stolz und gewissermassen das Heiligthum des Soldaten, und hart genug mag es 1238 den Mailändern erschienen sein, als Kaiser Friedrich II. von ihnen verlangte, sie sollten ihre Fahnen ihm zu Füssen legen und verbrennen (Matthaeus Paris). Um diese Schmach möglichst zu vermeiden, war nicht nur der Fahnenträger, wie gesagt, ein tapferer umsichtiger Krieger, die Fahne selbst an dessen Sattel befestigt und ihre Stange mit eisernen scharfen Nägeln beschützt[7]), sondern es wurden auch noch ausgewählt tüchtige Ritter ganz besonders zum Schutze der Fahne commandirt[8]).

1) Ren. de Mont. p. 65, 16: Au fer et à l'acier i fu grans la tençons Là ù li · iiij · frère tindrent lor confanons, Entor eus assemblèrent trestos lor compaignons.

2) Prise de Pampelune 23: Ver l'ensagne Carllon, lour seignour estandart, se retornent tretuit; 1974: À Isoriés mena le noir de Portegal, Que tenoit à dous mains l'ensagne principal: Pour ce le fist montier avant d'ome zarnal. Quand fu dreçee l'ensagne dou frans roi general Iluec se treist cescuns, François e Provenzal.

3) Ordericus Vitalis l. X, c. 7: (die Normannen 1098 bei der Eroberung von Le Mans) in principali turre vexillum regis cum ingenti trophaeo levaverunt. — Kudr. 789: Dô giengens mit den schilden daz si diu zeichen in die burc stiezen; 792: Obene durch die zinne Lie man den vanen weiben. — Biterolf 1396: Unz daz mit Rüedegêre Biterolf der helt truoc Ein zeichen rîche genuoc Zem aller hœhsten bürgetor; 1540: Dô sande er ûf den einen turn Einen hervanen breit. — Jourdains de Blaivies 4088: Et puis s'en va dedens la tor, monter Si fist maitre s'enseigne.

4) Nib. Z. p. 33, 4: Die vanen wurden lâzen in dem sturme nider. Frides er dô gerte.

5) Gr. Wolfdietr. 2209: Der do furte der heiden vanen, daz hopt er im abschlug. Do sie iren fener verkuren, ir schar wart zertrant. — Sal. u. Mor. 3038: Bitz das er der heiden banerherr Von dem rosz zuo der erden stach. Do der sturmfane under wardt geton, Die heiden müsten verlorn han Beide, lypp und gut.

6) Ortnit 472: Diu banier lac dâ nidere, der heiden gap die fluht.

7) Lohengr. 5635: Alsô er nû gein dem vanen mit kreften kêrt Den an dem satel mit îsen wart gebouwen, Er begreif in mit der hant unt wolt in nider brechen, Dâ wâren al dar în gesmit Nagel, die im wunden gâben durch der hende lit. Nû liez er in, dô er in sus kunde stechen.

8) Athis A* 136: Sarjande und ouch scutzin Die saztin die wîsin, Daz sie durch Athîsin Beidenthalb der vanin stritin. — Biterolf 9702 werden fünfhundert (Ritter zur Fahne commandirt. — Ottokar von Steier CXLIX: Dem sturm-van (Pez: man) schuef man huet Und auch vor dem kunig Rudolfen. — Livl. Chron. 1028 Mhd. Wb. III, 235): Er suochte der besten ritter zwelfe unde schuof si vür den vanen.

Da Aller Augen auf die Sturmfahne gerichtet sind, so musste sie auch für Alle leicht sichtbar sein. Die Fahnenträger sassen zwar hoch zu Ross, aber doch konnten sie das Heereszeichen nicht so hoch halten, dass es in einer Schlacht von einer zahlreichen Kriegerschaar immer leicht bemerkt wurde. Viel praktischer musste es daher erscheinen, die Fahne an einen hohen mächtigen Mastbaum zu befestigen. Nun konnte sie aber nicht mehr von einem Ritter vorgetragen werden, sondern musste auf einen Wagen gesetzt und in die Schlacht gefahren werden [1]. So entsteht der Fahnenwagen. Die Italiener scheinen diese Erfindung gemacht oder wenigstens am frühesten benutzt zu haben. Zuerst wird das Carroccio der Mailänder von dem Erzbischofe Arnulphus von Mailand in seinen Gestis Mediolanensium zum Jahre 1038 erwähnt [2]. Nach den Annales Caesenates haben die Bürger von Bologna erst 1170 das Carroccio angewendet. Das Carrochium Parmensium erwähnt Albericus Trium Fontium 1229. Aber schon zu Anfang des zwölften Jahrhunderts brauchte man den Fahnenwagen in Deutschland. Bei einer Schlacht, die der Herzog von Löwen 1129 dem Bischofe von Lüttich lieferte, verlor er seinen Fahnenwagen [3]. Im Deutschen und Englischen wird das Carroccio gewöhnlich Standart genannt [4]. 1138 schlugen die Engländer die Schotten in einer Schlacht, die gewöhnlich die Standartenschlacht genannt wird, bei Cuteen Moor. Ausführlich beschreibt die Standarte der Engländer Ricardus Hagustaldensis [5],

---

1) Lanceloet I, 34153: Die standart was So suaer, als icker af las, Datten met pinen mochte draghen Met ·iiij· perden een waghen.

2) Vgl. San Marte a. a. O. 324 ff. — Otto Morena 1160: (Medio lanenses) cum carozolo, supra quod maximum vexillum album cum cruce rubea in medio deferebatur, abire coeperunt.

3) Lamberti Parvi Ann. 1129: Bellum inter Alexandrum episcopum et ducem Lovaniensem pro castro de Durace; in quo vexillum ducis captum est; quod fastu superbiae et precepto illius quadriga boum ferebat.

4) Ann. Colon. maximi 1162: Postea tercia feria venit populus cum Carrocio (so ist jedenfalls statt barrocio zu lesen), quod apud nos standare dicitur. — Friderici Imperatoris Epist. (Freher I, 237): Venit populus cum carocio, quod apud nos stendart dicitur. — Matth. Paris 1236: Cum standardo suo, quod carrucam vel carrochium appellant.

5) Ricardus Hagustaldensis de gestis Regis Stephani et de bello Standartii (Twysden, Hist. Angl. Script. I, 322): Mox autem aliqui eorum in medio cuiusdam machinae quam ibi adduxerant, unius navis malum erexerunt, quod standard appellaverunt. Unde Hugo Sotevagina Eboracensis archidiaconus: 'Dicitur a stando standardum, quod stetit illic, Militiae probitas vincere sive mori.' In summitate vero ipsius arboris quandam argenteam pixidem cum corpore Christi et sanctorum Petri Apostoli et Johannis Beverlacensis et Wilhelmi Ripensis Confessorum ac pontificum vexilla suspenderunt.

während Ethelredus nur von dem königlichen Feldzeichen spicht, welches gewöhnlich Standart genannt wird[1]). Twysden, der Herausgeber, giebt dann (Hist. Angl. Script. I, 339) eine Abbildung dieser Standarte, die er vermuthlich einer Miniatur der von ihm benutzten Handschrift entlehnt. Ich theile dieselbe hier (Fig. 87. 88) mit. Wir sehen also einen hohen Mastbaum, der die Fahnentücher trägt und

Fig. 87. Fahnenwagen.

Fig. 88. Fahnenwagen.

der auf einem vierrädrigen Wagen befestigt ist. In den deutschen Gedichten wird das Wort stanthart selten erwähnt[2]); die Dichter ziehen es vor, den Fahnenwagen Karrotsche oder ähnlich zu nennen[3]). Dass man jedoch recht wohl das Land kannte, in dem diese Art von Feldzeichen zuerst aufgekommen war, ergiebt sich aus dem Gedichte „Moriz von Craon". Es wird dort das merkwürdige Schiff beschrieben, welches der Held sich erbauen lässt, und da heisst es v. 738: „Als ein lampartischer van Schein sîn segel in daz lant, Dô man in an den mast bant."

---

1) Ethelredus abbas Rievalensis, de bello . . . apud Standardum (Twysden a. a. O. 337): Regium signum quod vulgo standard dicitur.

2) Willeh. 368, 6: Dô kom Synagûn mit schar, Der punjûr und der stanthart. — Vgl. Mhd. Wtb. II², 592. — Cf. Ann. Wormat. 1259: Cum curru, qui dicitur stanthart.

3) Athis C 93: Die der karroschin phlâgin. — Titur. 3099: Die karratsch alle viere gelich dem eber porsten. — Lohengr. 4981: Dem sturmvanen was vor bereit Ein karrutsch. — Wilh. v. Wenden 3620: Karratschen. — Phil. Mousques 29560: Leur karougne et leur estandart.

Merkwürdig erscheint es, dass das Carroccio immer von Ochsen gezogen wird. Vielleicht hielten dieselben sich im Lärme der Schlacht ruhiger, als die feurigen Rosse. Die Italiener hatten diese Art der

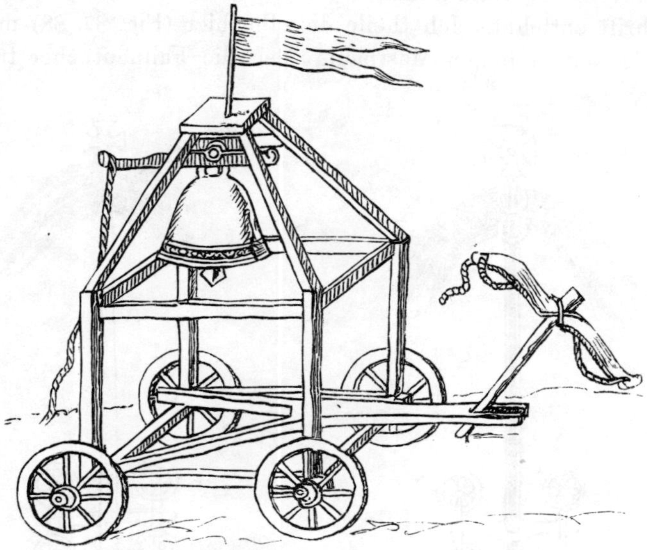

Fig. 89. Carroccio.
(Nach Platina, Historia Mantuae. Vindob. 1675; p. 477.)

Bespannung zuerst eingeführt, und man behielt sie dann auch überall bei [1]). Damit der Mast nicht so leicht gefällt werden konnte, war er mit Eisen beschlagen [2]). Zuweilen hatte man auf dem Wagen noch eine Glocke, die geläutet wurde, sobald das Heer avanciren sollte, und

1) San Marte a. a. O. 324 ff. — Vgl. S. 196, Anm. 3. — Herz. Ernst D 4687: Sinen got Machamet Der vogt von Babilone het Uff eynen karrats hoch Gesatzt, den da niht enfloch Riche kost nynder. Den tzogen mer rinder; Wol getziret was der mast, Der da trug Machmetes last.

2) Athis A* 153: Nâch der scare gienc der vane, Dâ sie houbitin ane, Sô sie ritin in den strît; Daz was ein rôter samît, gezierit nicht zu swache. Ein ûf gerichtit trache Als er iezu vliegin solde, Von gespunninme golde Meisterlîch dar în gewebin, Der hangite dâ benebin Gehaft in eine stangin (Dar er mochte gelangin Und die in mochte virtragin) Mit îsirne beslagin: Und stuont ûf eime karrin, Den zugen zwêne varrin. — Titurel 3098: Von stahel der beworhte ist der van al umbe in solher kuste Und stuend er ane wer der leut vereinet, Zwei klafter lanc von stale, pfel gespitzet alumbe sint daran gezeinet. — Stricker, Karl 9631: Dô rihte man ûf einen wagen Einen mast mit stahel wol beslagen Dâ was sîn vane gebunden an. Den zugen vor dem her dan Zwêne starke merohsen grôz.

still schwieg, wenn der Feldherr Halt gebot[1]) (Fig. 89). Um die Fahne wirksamer vertheidigen zu können, befand sich auf dem Wagen selbst eine erlesene Besatzung, die durch zinnenartige Schutzwehren gegen die Feinde einigermassen wenigstens gedeckt war[2]); so konnte das Carroccio als eine Festung en miniature verwendet werden. Das Umwerfen desselben zu verhindern, waren an den Ecken Pfähle befestigt, welche tief in die Erde eingerammt wurden[3]). Gelang es den Feinden dennoch, sich des Fahnenwagens zu bemächtigen, ihn umzustürzen, dann war die Schlacht gewöhnlich entschieden[4]). Man baute aber nicht bloss auf die Tapferkeit des Heeres, sondern stellte die Fahne am liebsten auch unter den Schutz Gottes und seiner Heiligen. Wie die Engländer in der Standartenschlacht ein Ciborium mit der geweihten Hostie und verschiedene Reliquien auf ihrem Carroccio haben (s. S. 196, Anm. 5), so lassen die Dichter auch die Ungläubigen ihre Götzenbilder mit in den Kampf nehmen[5]).

1) Lohengr. 5001: Ein grôze glocke ein karrutsch zôch, Diu dar ûf gemachet was mit pûwe hôch. Daz was bezeichent in, swenn man sie lûte, Daz sie dan vür sich solden zogen. Swenne mans niht hôrt, sô wærens unbetrogen, Daz man in danne dâ mit halden bedûte.

2) Titur. 828: Karratschen ouch da giengen dar inne die starken awre, Dar uf sie umbe viengen ir sturm vanen veste sam die moure Für war dar umbe giengen hoch mit zinnen. Uf sturmeliches hurten kein dinc den vanen aldo moht gewinnen (Druck: erherten).

3) Lod. van Velthem lib. III, c. 12 (Schlacht von Woeringen 1288): Nu werd u hier vord geteld, Hoe syn standert (des Erzbischofs von Cöln) werd gevelt. Hi stont vaste op enen wagen, Daer of geset was ende beslagen Van starken planken een casteel, Daer liede binnen waren een deel. Ende dat casteel hadde tinnen, Daer men stont ten storme binnen. Met gescutten ende met gewere, Alse men pleget iegen here. Grote orsse met gewoulde Togen daer men hebben woude. Grote bome daer boven hingen An dien tinnen met starken ringen; Die dede man werpen dan dar buten Ende neder vaste in d'eerde sluten. Dat men niet mochte werpen omme Noch vorwerd minnen noch achter crommen.

4) Lod. van Velthem lib. II, c. 8: Doe die standart gevallen was Ende men't in 't here vernam oec das, Dat haer here were gevaen, Doe ward dat here al ondaen. — Rom. de Rou 13970: (die Engländer bei Hastings) E dunc unt bien aperçéu È li alkanz recognéu Ke l'estandart esteit chéu, È la novele vint è crut Ke morz esteit Herant por veir, Ne kuident mais secors aveir. De la bataille se partirent, Cil ki porrent fuir fuirent. — Als die Deutschen in der Schlacht von Bouvines erfahren, dass die Franzosen ihre Standarte umwerfen, fliehen sie. Guiart I, 6899.

5) Herz. Ernst D 4687 ff. (s. S. 198, Anm. 1). — Willeh. 352, 1: Den selben got (Tervigant) hiez Terramêr Und ander sîne gote hêr Setzen ûf manegen hôhen mast. Daz was iedoch ein swærer last: Karrâschen giengen drunter, Die zugen dâ besunder Gewâpendiu merrinder; starke liute (ez wârn niht kinder) Menten si mit garten. Cf. 360, 24.

Der Wichtigkeit des Fahnenwagens entsprach die prächtige Ausstattung desselben. Schon Bénoît de Sainte More hatte in seinem Roman de Troie 7845—7878 den prächtigen Wagen der Trojaner geschildert, und nach ihm versucht dies Konrad von Würzburg (Troj. 30010 ff.). Da hat der Wagen Räder und Naben von Ebenholz, Speichen von Elfenbein; die Deichsel und die Axen sind von Silber, und ein goldig leuchtendes Dach aus gesottenem Leder bedeckt den ganzen Bau, welcher von Hellebardieren bewacht wird. Mag nun in Wirklichkeit ein so kostbares Material nicht in Anwendung gekommen sein, so ist es doch sehr wahrscheinlich, dass man dies Gebäude, welches man mit solchem Stolze werth hielt [1]), künstlerisch gestaltet, bemalt und vergoldet hat.

Das Carroccio der Parmesen hatte auch einen Namen, Blancardum (Ann. Parm. maj. 1250); dieser Fahnenwagen fiel 1250 in die Hände der Cremonesen, wurde jedoch 1281 gegen den von den Parmesen 1248 eroberten Carroccio von Cremona, den Ganyardus oder richtiger die Berta (vgl. Salimbene 1247), ausgewechselt. Hier nennt der Annalist den Wagen der Parmesen Regolium Parme (Ann. Parm. maj.).

Gewöhnlich weht vom Carroccio die Fahne des Fürsten, der Gemeinde. So sah man auf dem Wagen der Mainzer in der Schlacht von Gellheim 1298 das Banner mit dem Bilde des h. Martin [2]). Otto IV. führte jedoch 1214 bei Bouvines nicht das Reichswappen auf seiner Standarte, sondern einen Drachen [3]), der frei ausgeschnitten oder plastisch gebildet an dem Maste befestigt war. Es ist dies das alte Wappenbild der Sachsen (schon Widukind gedenkt desselben) [4]); aber auch die Briten kennen dasselbe [5]). Auf den Darstellungen der

1) Rolandini Patavini Chron. lib. IX: In hoc (carroccio) enim pendet honor, vigor et gloria Paduani Communis.

2) Ottokar von Steier (DCLXXXI) bei Massmann, Kaiserchron. II, p. 661 v. 614: Ir karrôtsche man jach Grôzer rîcheite. Ein sturmvan breite Dar ûf gestecket swebte; Dar în geworht, als er lebte, Ir hêrre sente Mertîn Und der dürftige sîn, Dem er den mantel halben gap.

3) Guil. Brito, Philipp. XI (Duchesne V, 228): Erigit in carro palum, paloque draconem Implicat ut possit procul hinc atque inde videri. — Guiart I, 6830: Fait lors son estandart drecier; 6832: Un grant dragon ot sus la perche, Qui fu sus un biau char posée; Vers France ot la gueule baée, Pour le réaume chalengier, Come s'il déust tout mengier. Cis dragons soustint la bonière Des connaissances l'emperière Qu'il porte au bel et à loré. Desus ot un aigle doré C'est signe de guerre cuisant.

4) Gesta Saxonum I, 11: Hic arripiens signum, quod apud eos habebatur sacrum, leonis atque draconis et desuper aquilae volantis insignitum effigie. — Auch schon bei Amm. Marcell. l. XVI, cap. 10, 7 u. cap. 12, 39. — Draconarius ib. lib. XX, c. 4, 18.

5) Pierre de Langtoft I, 132: Deus draguns de fyn or fet le roy forger, L'un

Bayeux-Tapete sehen wir den Drachen als das Heerzeichen Harald's dargestellt [1]); in der Standartenschlacht ist er das Abzeichen des Schottenkönigs [2]), und später brauchen dasselbe Wappenthier wieder Richard Löwenherz, König Johann und Heinrich III. [3]). Viollet-le-Duc theilt (Dict. du Mobilier V, 178) die Abbildung einer Miniatur der Histoire du Saint Graal (Bibl. Nat. 6769) mit, auf welcher ein solcher Drachen dargestellt ist.

Deutsch wird das Carroccio Heerwagen [4]) genannt (Ann. s. Trudperti 1237: Currum cum vexillo dicto herwan cepit).

Gewöhnlich war das Fahnentuch aus Seide [5]). Das Reichsbanner von Frankreich, die Oriflamme, besteht nur aus einem rothen Zendal ohne weitere Abzeichen [6]), das persönliche Banner des Königs dagegen zeigt goldne Lilien im blauen Felde [7]). Die Sturmfahne König Albrechts ist roth, und auf das rothe Feld ist ein weisses Kreuz aufgelegt [8]).

Die Fahnentücher werden erst kurz vor der Schlacht an ihre Stangen gebunden [9]), so lange wurden sie wahrscheinlich von den Fürsten selbst bewahrt [10]). Friedliche Heeresmassen zogen mit zu-

---

pend à Wyncester à l'église saint Per, L'autre en batayle devaunt ly fet porter E Uther Pendragoun l'en començа nomer. Cf. I, 184; II, 142.

1) The Bayeux Tapestry, elucidated by John Collingwood Bruce (Lond. 1856) Taf. XVI. und Rahm, das Psalterium aureum von S. Gallen, Taf. X.

2) Ethelredus abbas Rievallensis, de bello apud Standardum (Twysden a. a. O. I, 346): Regale vexillum, quod ad similitudinem draconis figuratum facile agnoscebatur.

3) Richardus Divisiensis, Chron. ad a. 1190. — Rogerus de Hoveden, Annales ad a. 1191. — Rad. de Coggeshall ad a. 1226. — Chron. Joh. de Oxenedes 1264: Vexilla regis prodeunt sequentia Draconem, qui, quando in exercitu cernitur, signum necis est ad magnam ultionem.

4) Troj. 45041: Und ir herwagen, ûf dem si striten.

5) Sal. u. Morolff 366: Morolff das nit en liesz, Eyn banner von werder syden Er yme bald wircken hiesz, Do hiesz er von golde Eyn bilde wircken jnne, Daz beczeichent von folck ein here, Das die Christen solden syn.

6) Guiart I, 1151: Oriflambe est une bannière Aucun poi plus forte que guimple, De cendal roujoiant et simple, Sanz portraiture d'autre afaire; Li roys Dagobert la fist fere.

7) Guiart I, 6890: Galon de Montegni porta, Ou la Chronique faux m'en seigne, De fin azur luisant enseigne À fleurs de lys d'or aornée.

8) Ottokar von Steier DCLXXXIII: Kunig Albrecht het den sein (sturmvan) Geprueft pegarb. Das veld in rotter varb, Dar innen was enmitten Ain weissz Chrewcz gesniten.

9) Nib. Z. p. 30, 2: Er hiez den Burgonden ir vanen binden an. — Lanz. 8346: Nu bunden si die banier an. — Biter. 9686: Vil balde Rüedgêr ûf gebant Den Etzelen hervanen.

10) Dem Herzog Albrecht von Oesterreich werden nach seiner Erwählung zum König „des reichs vändl und zaychen" überbracht (Ottokar v. Steier DCLXXVI).

sammengerollten Fahnen einher[1]); kamen sie mit fliegenden Fahnen, so ersah Jedermann, dass sie als Feinde erschienen[2]).

Setzte sich endlich das Heer in Bewegung, so ist dasselbe gewöhnlich in drei Abtheilungen gegliedert. Voran marschirt die Vorhut (afr. avantgarde[3]), mlt. antegardia[4]), antecustodia)[5]).

Beim Vortrab befanden sich eine Abtheilung von Sappeuren oder Pionieren. Waitz, der überhaupt die Bedeutung der Fusssoldaten meines Erachtens unterschätzt, auch die Schützencorps nicht recht gelten lässt, verwirft (Deutsche Verfassungsgeschichte VIII, S. 123, Anm. 3) die Annahme von Barthold, dass es eigne Pionier-Abtheilungen gegeben hat, und in der That sind die expediti equites, die Barthold zu Sappeuren machen will, dies schwerlich gewesen. Indessen spricht schon die Wahrscheinlichkeit dafür, dass man eine Truppe im Heere mitführte, die erforderlichen Falles Strassen auszubessern, Brücken zu schlagen verstand, und die man zu den immerhin specielle Vorbildung erforderlichen Minenarbeiten verwenden konnte. Im Roman de Rou lässt bei der Landung in England Wilhelm der Eroberer zuerst die Schützen (11626 ff.), dann die Ritter (11638), endlich die Pioniere ans Land setzen. Es heisst da v. 11650 ausdrücklich: „die Zimmerleute, die danach kamen, hielten grosse Keulen in ihren Händen; Beile und Doppeläxte hatten sie an ihre Seiten gehängt“[6]). Entscheidend ist aber die Erzählung des Ragewin (Ott. Frising. III, 32): „(1158) Vorausgeschickt marschirten die Ritter mit den Wegearbeitern (cum stratoribus viarum), die die üblen Stellen der Strassen ausbessern, unwegsame Stellen ebnen, Hindernisse beseitigen sollten, damit nicht durch einen zu schwierigen Marsch das Heer ermüdet werde. Den Adler und die anderen Feld-

1) Guill. d'Orenge V, 4375: As hantes roides as gonfanons fermez.

2) Kudr. 777: Mit vanen ûf gerihtet vil zorneclîchen dar. — Kaiserchron. 14151: Dieterîch und sîne man Mit ûf gerihten vanen Riten sie ze Rôme in daz lant.

3) Garin I, p. 218: En l'avant garde li Flammans Bauduins Mil chevaliers les blans haubers vestis: L'arriere garde fist Isorés li gris À tout set cent chevaliers de pris; II, p. 148: L'arriere garde fist li dus Auberis En l'avant garde Hues de Cambrisis. — Ren. de Mont. p. 30, 28: avangarde. — Godefr. de Bouillon 5886: En l'avangarde ont mis maint gentil sodoyer: Bauduin de Biauvais y fu pour iaux gaitier, Et ses frères Jernouls c'on n'y doit oublyer. Et en l'arière-garde, si com j'ois noncier Fu Ricars de Caumont.

4) Albericus Trium Fontium ad a. 1187: Non fecit antegardiam.

5) Albericus Trium Fontium ad a. 1204: A Morcuflo Petro de Navarres tradita fuit antecustodia.

6) Li charpentiers, ki emprès vindrent, Granz coignies en lor mains tindrent; Doloëres è besaguës Orent à lor costez pendues.

zeichen geleiteten Trompeter und Hornisten. Die Knechte der einzelnen Heeresabtheilungen und die Fusstruppen brachten mit Maulthieren und Packpferden das Gepäck der Ritter. Auf diese folgten die Leute, welche die Belagerungsmaschinen und Geschütze transportirten. Die letzte im ganzen Heereszuge war die Schaar der Söldner" [1]). Die stratores viarum sind doch aller Wahrscheinlichkeit nach Sappeure. In des Gislebertus Chronicon Hanoniense finde ich dann eine schon von Baltzer erwähnte Stelle, die auch zur Unterstützung meiner Ansicht wohl geeignet scheint. Als nämlich im Frühling 1176 der Graf von Hennegau gegen Jacques d'Avesnes zu Felde zieht, „liess er, damit sein Heer durch das Gehölz, welches der Hag von Avesnes genannt wurde, leichter durchziehen konnte, durch seine Leute denselben so weit aushauen, dass hundert Mann in einer Front ohne Hinderniss vorgehen konnten".

Die Vorhut, auch durch Schützenabtheilungen verstärkt, marschirte etwa eine Meile vor dem Gros der Armee her [2]).

In diesem war nun das Hauptcorps des ganzen Heeres vereint. Hier ritten die Ritter, die jedoch, wenn der Kampf nicht unmittelbar in Aussicht stand, ihre schweren Rüstungen und Helme abgelegt hatten und dieselben von ihren Schildknechten und Buben [3]) auf Packpferden transportiren liessen [4]). Mit ihnen ritten ihre Knappen. Es folgten dann die Fusstruppen und endlich wohl escortirt die Bagage-Wagen und die Proviantcolonnen, sowie der Geschütz- und Belagerungstrain. Die Kriegsmaschinen wurden unter Aufsicht der Ingenieure auseinandergenommen und stückweise auf Wagen, Karren, auf Maulthiere, Esel

---

1) Praemissi autem milites cum stratoribus viarum ibant, qui aggerum maligna corrigerent ac devia complanarent, obstacula praeciderent, ne perplexo itinere fatigaretur exercitus. Circum aquilam et signa alia tubicines et cornicines. Servi singulorum agminum cum peditibus erant mulis aliisque iumentis advehentes militum sarcinas. Hos sequebantur, qui expugnandis civitatibus machinas et caetera tormenta portarent. Omnium vero agminum postrema erat mercenaria multitudo. — Cf. Itinerarium Regis Ricardi lib. I, c. XXII: In partem trinam totus secessit exercitus; prima duci Suaviae, postrema imperatori, media summariis et sarcinarum custodiae deputata.

2) Matth. Paris ad a. 1217: Balistarii quoque eorum exercitum semper preibant uno fere miliari. Sarcinae bigarum et summariorum cum victualibus et rebus necessariis tantundem sequebatur a tergo, vexillis undique micantibus et scutis.

3) Ottokar v. Steier XCVI: Schilt-chnecht und pueben.

4) Nib. Z. p. 34, 1: Sie hiezen daz gewæfen wider soumen an den Rîn; p. 135, 3: Ir helm unt ouch ir prünne si bunden ûf diu marc.

oder Packpferde verladen [1]). Proviant führte man in der Regel mit sich: Brot, Wein, Fleisch, Hafer für die Pferde, und Getreide [2]); zuweilen wurde auch Schlachtvieh mitgetrieben [3]). So lange man durch Freundesland marschirte, ergänzte man den Abgang der Lebensmittel durch Ankäufe [4]), entschädigte auch dem Landesherrn, der den Durchgang verstattete, mit einer runden Summe die unvermeidlichen Verwüstungen, welche mit dem Durchmarsch einer grösseren Truppenmasse nun einmal verbunden waren [5]). Sobald man die Grenze der Feinde überschritt, wurde die Verpflegung des Heeres durch gewalt-

1) Godefr. de Bouillon 20304: Ly maistre carpentier vont les engiens vierser, Et crestiens les vont sur karetes poser, Sur kars et (sur) karois qu'il ont fait amener, Sur ânes, sur mulés et sur chevaus tourser Et sur leurs cols les vont toute la nuit porter.

2) Godefr. de Bouillon 5892: Et enmy le moyenne estoient ly sommier, Les vitalles pour l'ost qui bien leur ont mestier. — Alphart 324: Alsô die soumer wâren gereit und ûf geladen Und die kamerwegene, die dâ solten tragen Trinken und spîse durch diu vremden lant. — Ordericus Vitalis lib. XIII, c. 38: (Geoffroy von Anjou belagert 1138 Falaise) tandem terrente Deo noctu fugerunt et tentoria cum vestibus et armis atque rhedas pane et vino aliisque necessariis rebus onustas fugientes reliquerunt. — Garin I, p. 195: Entor le dux assanblent bien deus mil. Là oïssiez ces buisines bondir, Riches banieres ondoier et bruir. Mil serjans mainne por le fait sostenir, Quatre vins chars fait après lui venir. — Fierabras p. 154: Aval par toute l'ost ont ci graille sonné; Isnelement et tost sont li soumier trousé De pain, de vin, de char, et d'avaine et de blé. Mais de l'autre harnois n'en ont il point porté, Tente, ne pavillon, ne aucube, ne tré (d. h. man liess die Zelte zurück, um eiligst zum Ziele zu gelangen).

3) Helmoldi Chron. Slav. lib. I, 60: Porro iumenta oneraria cum bigis et quadrigis victualia sarcinasque militum portantibus, armentorum quoque in carnis esum ingens numerus in vallis medium collocata fuerant prope decursum aque et pascuorum commoda.

4) Dêmantîn 10222: 'Sî (d. h. die Händler) soln mit gûtem vrede varen' Diz wart geboten in di lant. Dô wart dar zû sô vel gesant, Alles des men gerte dar; 10228: Men mochte hîr unde dort Koifen swes men gerte. Di marschalk sî gewerte, Daz ir on wol vergulden wart. Swâr man vornam di hervart, Dâr karte iz al gemeine zû, Beide spâte unde vrû, Sî vorten spîse unde wîn; 10238: Ouch wârn dâr rîche krême, Di dâr worden von tage zu tagen Rîcher und baz ûf geslagen. Sô vûr sî dorch fromde lant, Daz men dâr menschen nergen vant, Dem î schade wêre getân. — Chron. des ducs de Norm. 29610: Mais à dreit furent achatées Les viandes e les forages: N'i voudrent faire autres damages.

5) Ottokar von Steier DCLXVI: (Albrecht von Oesterreich zieht durch Baiern) Dy (Gesandten) prachten es daran, Daz der von Oestereich solt han Im und seinem her Chost und alle zer, Wie die war genant, Umb phenning durch Payrland. Und ee er durch daz lant cham, Wie man von im schaden nam Pey der strasszen in dem gew An fueter und an hew, Des leicht ungekawfft Das lant wirt bestrawfft, Dafur er must an widerstreben Herczog Otten tausent markh geben Lotiges silbers berait, E er durch das lant rait.

same Requisitionen bewerkstelligt. Fouriere (vuoterære) [1]) durchstreiften unter gehöriger Bedeckung das feindliche Gebiet und nahmen den unglücklichen Bewohnern alles Brauchbare fort [2]), plünderten sie wohl auch aus und steckten die Dörfer und unbewehrten Städte in Brand [3]). Die vornehmen Herren im Heere hatten dann noch ihre Köche sammt dem zur Küche sonst noch gehörigen Personale bei sich (Parz. 18, 23. Willeh. 285, 23 ff.). Zelte wurden, auf Saumthieren verladen, gleichfalls mitgeführt; auf grösseren Expeditionen sorgte man auch bald beim Aufbruche für Wagen zum Transporte der Kranken und Verwundeten [4]). Eine Menge Wagen begleitete das Heer der Franzosen auf dem zweiten Kreuzzuge (Odo de Diogilo lib. II); aber das war sehr unpraktisch, denn wenn einer hielt, stockte der ganze Tross, und auch wo mehrere Strassen zur Disposition standen, verursachte der grosse Fahrpark Verluste an Pferden und zwang zu kleinen Tagemärschen.

Eine eigenthümliche Erscheinung in den Heeren des Mittelalters sind die Leute, die in der Hoffnung, Geschäfte zu machen und Beute zu gewinnen, sich anschlossen und auch geduldet wurden: Kaufleute, verwegene Gesellen und andere Taugenichtse, die aber wohl auch von dem Feldherrn irgendwie zu gebrauchen waren [5]). Dann folgten dem Heere eine

---

1) Ludw. Kreuzfahrt 3869: Mit den fûterêren rîten; 3850: Der fûterêre pflegen mit hûte. — Ottokar von Steier CCCX: Nu hiez er -pald gahen sein fûr-renner, An die fuetrer, Die von dem her riten; CCCXIII: uns ist Unser ligen hie zu swer, Wann die fuetrer Mugent nyndert von dem her; DCCXIII: 500 futrer.

2) Matth. Paris ad a. 1242: Emolumentis victualium intendentes, quod vulgariter forrari dicitur. — Villehardouin, Conq. 138: Et li forier cerchierent la contrée. — Aye d'Avignon p. 42: Plus d'une grant jornée sont li forrier coru Qu' enmeinent la vitaille qui par terre fu. — Parise p. 74: Antoines a véu, par devant, les forriers Qu'il amoinent vitaille et d'avoir sont chargié; Lai ou il voit Hugon si l'en a apelé: 'Frère, je voi del duc ci venir les forriers, Et mainent avec eus mainz vaillanz chevaliers; Il sont tuit de vitaille et chargié et trosé'. — Fierabras p. 100: Au repairier qu'il firent ont ·ix· sommiers trovez Qui tuit erent carcié de char et de clarés, De pain et de vin viés y ot à grant plentés, Venison i avoit et boins paons lardés.

3) Wolfdietr. 332: Dô fuorens unverborgen durch der Kriechen lant, Den âbent und den morgen huop sich roup und brant. — Jord. Fantosme 560: Pernent et destruient la terre vers la mer Chevaliers e serjant e li autre furier. — Guiart I, 3350: Li forrier le pais requeurent Qui chascun jour de l'ost se partent Et sanz riens espargnier essartent Petites viletes et grandes; 5908: Li fourrier en Flandres se fièrent Piétons desquiex il a là tant, Vont tout ardant et abatant.

4) Itinerarium Regis Ricardi lib. I, c. XIX: (Beim Aufbruche von Regensburg 1188) Vehicula vero quamplura propter itinerarios aegrotantes constructa fuerant, ne vel sano infirmus moras necteret, vel languentium turba obiter destituta periret.

5) Guiart I, 3366: Routiers, ribauz et marchéanz Qui volontiers en l'ost apleuvent Sont tous ileuc ne ne s'en meuvent. — Parz. 341, 25: Hie der junge,

Menge leichtfertiger Dirnen nach (trippâniersen, soldiersen), die ihre Gunst verkauften und anstatt der Bezahlung von den Soldaten auch Schmucksachen, z. B. Gürtel als Pfand annahmen [1]). Selbst an den Kreuzzügen betheiligten sich Schaaren dieser fahrenden Weiber. Dürfen wir dem Gedichte „Godefroid de Bouillon“ Glauben schenken, so waren sie sogar militärisch organisirt, mit Keulen bewaffnet und führten eigene Fahnen [2]). Zumal bei dem zweiten Kreuzzuge muss es arg hergegangen sein. Ludwig VII. von Frankreich hatte sein junges üppiges Weib, die Eleonore von Aquitanien, aus guten Gründen nicht daheim zurücklassen wollen und sie mit sich genommen. „Dies Beispiel befolgten viele andere Edelleute und nahmen ihre Gemahlinnen mit, und weil da Dienerinnen nicht fehlen konnten, so befand sich in dem christlichen Heere, das keusch sein sollte, eine Menge von Frauen [3]).“ Auch im Heere Kaiser Konrads III. fehlte es nicht an fahrenden Weibern [4]). So konnte es nicht ausbleiben, dass die christlichen Glaubensstreiter sich nicht grade eines erbaulichen Lebenswandels befleissigten, und dieser sündhaften Aufführung schreiben denn auch die Berichterstatter das Misslingen des ganzen Kreuzzuges zu [5]). Als Heinrich II. und sein Sohn Richard Löwenherz 1188 den dritten Kreuzzug antreten wollten, wurde deshalb bestimmt, „dass keiner auf die Wallfahrt irgend ein Weib mitführen solle, ausser einer Waschfrau zu Fusse (nisi lotricem peditem), die unverdächtig sei“ [6]). Was das

---

dort der alde, Dâ fuor vil ribalde: Ir loufen machte in müede lide. Etslîcher zæm baz an der wide, Denne er daz her dâ mêrte Unt werdez volc unêrte.

1) Parz. 341, 19: Ouch was der frouwen dâ genuoc: Etsliu den zwelften gürtel truoc Ze pfande nâch ir minne. Ez wârn niht küneginne: Die selben trippâniersen Hiezen soldiersen.

2) Peter der Eremit zeigt dem Sultan das Heer der aus Jerusalem ausrückenden Christen, 23297: Vit les blankes banières, bien mil ou environ, La vit mainte machue, maint pestiel, maint blason; 23302: Ains sont tres toutes femmes, pour voir le vous dist-on, Ly une a son amy, ly autre son baron; Et s'y en son siervy oussy ly compaignon De folles en y a assés et à foison Et qui sont de très-fausse, maise condicion.

3) Guil. Parvus de Newburgh, Hist. Anglicana I, 31.

4) Matth. Paris 1146: Duxit secum ad septuaginta millia militum loricatorum exceptis peditibus et parvulis mulieribus equitibusque levis armaturae.

5) Guil. Parvus de Newburgh, Hist. Angl. I, 20. — Rogerus de Hoveden, Ann. 1146: Ascendit enim in conspectu Dei incontinentia eorum, quam exercebant in fornicationibus et in adulteriis manifestis, quod Deo multum displicuit, postremo in rapinis et in omni genere scelerum.

6) Guil. Parvus de Newburgh, Hist. Angl. III, 23.

heissen soll „de qua nulla suspicio habeatur“, ist nicht recht klar; sollte die Waschfrau von unsträflichen Sitten sein, oder so alt, dass es keinem einfallen konnte, sie mit Liebesanträgen zu verfolgen? Richard selbst trug aber kein Bedenken sich in Cypern am 12. Mai 1191 die schöne Berengaria von Navarra antrauen zu lassen [1]). „Es schien zwar, sagt Guilelmus Parvus (IV, 19), unschicklich und ungewöhnlich, dass er im Kriegsgetümmel an Wollust dachte und die er als Gattin heimgeführt, bald mit sich in die Schlachten führte, jedoch bei einem jugendlichen Fürsten wurde dies nicht allein durch die Nützlichkeit, sondern auch durch Gründe der Heilsamkeit genügend entschuldigt. Denn da er keinen Sohn hatte, der ihm nachfolgen konnte, so war es nützlich, so für Nachkommenschaft zu sorgen; da er andrerseits seinem Alter entsprechend und durch Verwöhnung sinnlich angelegt war und um Christi willen sich den Gefahren des Krieges unterziehen wollte, so schützte er sich, mit heilsamem Vorbedachte, durch ein entsprechendes Mittel gegen die gar grosse Gefahr der Unzucht.“ Nach dem Falle von Akka (12. Juli 1191) verfällt denn auch das christliche Heer wieder dem Laster der Luxuria. „Das Volk, allzu grosser Müssigkeit und Ueppigkeit ergeben, ging ungern (tenuiter) aus der Stadt heraus, die allzu reich war an Annehmlichkeiten, nämlich an sehr gutem Weine und sehr schönen Mädchen. Die Meisten nämlich suchten die Weiber und die Weinschenken auf und betrugen sich zügellos, so dass die Stadt besudelt wurde durch die Ausschweifungen der Thörichten und die Schlemmerei ihrer Einwohner, deren Schamlosigkeit die Gesichter der Verständigeren erröthen machte. Um diesen Schandfleck zu beseitigen, wurde beschlossen, dass die Weiber unter keinen Umständen aus der Stadt mit dem Heere ausrücken, sondern in der Stadt zurückbleiben sollten, mit einziger Ausnahme der unberittenen Waschfrauen, die nicht zur Last fielen und keinen Anlass zur Sünde gaben“ (Itin. Reg. Ric. IV, IX). Ludwig der Heilige nahm auch seine Gemahlin mit ins heilige Land, und sie gebar ihm während des Feldzuges sogar ein Kind; in seinem Lager war das Leben der Truppen auch nicht sehr musterhaft [2]),

---

1) Rogerus de Hoveden 1191. — Itinerarium Regis Ricardi II, XXXV.

2) Joinv. 171: Li communs peuples se prist aus foles femmes (in Damiette), dont il avint que li roys donna congié à tout plein de ses gens, quant nous revenimes de prison. Et je li demandai pour quoi il avoit ce fait; et il me dist que il avoit trouvei de certain que au giet d'une pierre menu entour son paveillon, tenoient cil lor bordiaus à cui il avoit donnei congié, et ou temps dou plus grant meschief que li os eust onques estei.

obgleich er mit den strengsten Strafen gegen die Sünde einschritt [1]).

Den Schluss des Heereszuges bildete die Nachhut [2]) (afr. arièregarde) [3]).

Beim Marsche machte man zuweilen Pausen; dann warfen die Ritter und Soldaten ihre Schilde auf die Erde und legten sich auf dieselben zum Schlafe nieder [4]). Schwer ist es zu ermitteln, wie weit man damals an einem Tage zu marschiren vermochte. Odo de Diogilo sagt im zweiten Buche: „So sind also die reichen Städte Metz, Worms, Würzburg, Regensburg, Passau drei Tagemärsche von einander entfernt. Von der letztgenannten Stadt bis nach Neustadt sind fünf Tagemärsche, von da bis zu den Pforten Ungarns einer.“ Ich habe leider keine alte Postkarte zur Hand; die Distanz von Metz nach Worms beträgt aber in der Eisenbahnlinie 184,4 Km., resp. Luftlinie 170 Km. (also 61,5 Km. pro Tag, resp. 56,6). Worms ist von Würzburg via Darmstadt-Aschaffenburg entfernt 156,6 Km. (resp. 115 Luftlinie; pro Tag 52,2 resp. 38,3 Km.), Würzburg-Regensburg 203,4 (resp. 180; pro Tag 67,8 resp. 60 Km.), Regensburg-Passau 117,6 (resp. 110; pro Tag 39,2 resp. 36,6), Passau-Neustadt via Wien 345 Km. (resp. 220; pro Tag 69 resp. 44 Km.). Es sind also in 17 Tagen 1007 (resp. 795) Km. zurückgelegt worden, also durchschnittlich am Tage 59,2 (resp. 46,7) Km., mindestens 53 Km., das sind nahezu 7 (6,975) geographische Meilen, eine Marschirfähigkeit, die man zumal bei einem Kreuzheere wohl billig in Zweifel stellen kann.

Kam man in ein fremdes Land, so mussten zuverlässige Dolmetscher angeworben werden [5]).

---

1) Joinv. 505: Tout premier vous dirons d'un chevalier qui fu pris ou bordel (in Caesarea) auquel l'on a parti un jeu, selonc les usaiges dou païs. Li jeu partis fu teix: ou que la ribaude le menroit par l'ost en chemise, une corde liée aus genetaires; ou il perderoit son cheval et s'armeure et le chaceroit on de l'ost. Li chevaliers lessa son cheval au roy et s'armeure et s'en ala de l'ost.

2) Nib. Z. p. 27, 7: Lât in und ouch Ortwînen hie die nâchhuote hân. — Ottokar von Steier CLXI: Daz von Kernden herczog Ulreich Und die Steyrer all geleich Der nach-hut phlegen.

3) Vgl. S. 202, Anm. 3. — Chevaliers as ·ij· espees 9673: Cels qui font l'arieregarde.

4) Kudr. 1348: Die wazzermüeden helden den wart daz erloubet, Si stracten nider die schilde, dar ûf legten sumelîche ir houbet.

5) Ottokar von Steier LXIV: Ain tullmaczsch sprach; DCXCIX: Die waren da, so man jach Tulmach jr paider sprach. — Godefr. de Bouillon 8906: Corbarans d'Olifierne appiella Baulient, Il estoit latiniers parlant hardiement.

Sobald das Heer in Feindesland einrückte, musste es mit grösster Vorsicht geführt werden. Aegidius Colonna (de regimine principum lib. III, p. III, cap. XI) sagt: „Wir können aber für jetzt acht Punkte aufzählen, die der Führer zu beachten und fest eingeprägt zu behalten hat, damit er das Leben der ihm untergebenen Krieger rettet. Erstens, dass er die Strassen der Gegend kennt, durch welche das Heer marschiren muss; die Entfernungen der Oertlichkeiten, die Beschaffenheit der Strassen, die Richt- und Nebenwege (compendia et diverticula), die Berge und Flüsse, die auf diesem Marsche ihm vorkommen, muss er verzeichnet bei sich haben (debet habere conscripta). Ja wenn der Heerführer diese Wege und Stege und die Flüsse gemalt vor sich hätte, könnte er sich durch den Augenschein überzeugen, wie sein Heer vorrücken soll, und so sicherer dasselbe führen[1]). So machen es auch die Seeleute, die in Anbetracht der Gefahr des Meeres, damit ihre Fahrzeuge nicht Schiffbruch leiden, Seekarten entwarfen, auf denen die Seehäfen, die Gefahren des Meeres und dergleichen in richtigem Verhältniss verzeichnet sind, und aus deren Betrachtung die Seeleute sofort ersehen, wie sie weiter segeln müssen, an welchem Orte sie sich befinden, wovor sie sich zu hüten haben. Denn wegen der Hinterlist der Feinde ist das Heer auf dem Marsche ebenso vielen und vielleicht noch mehr Gefahren ausgesetzt, als die Schiffer auf dem Meere. Unter keinen Umständen darf das Heer auf einer Strasse vorrücken, auf der es von Hinterhalten Schaden nehmen könnte, wenn nicht der Befehlshaber die Beschaffenheit der Wege, die Berge, Flüsse und was sonst auf dem Marsche vorkommt, verzeichnet oder abgemalt bei sich hat. Die zweite Vorsicht ist, dass der Befehlshaber, obschon er die Strassen und ihre Beschaffenheit verzeichnet und abgemalt bei sich hat, Führer miethet, die dieser Wege kundig sind, die sie öfter durchwandert haben, sie genau kennen. Denn das, was man verzeichnet oder abgemalt sieht, ist doch an sich nicht so bekannt, als was wir sinnlich wahrnehmen. Denn besser ist die Erkenntniss einer Sache, wenn man sie selbst sieht, als wenn man sie durch eine Abbildung oder dergleichen kennen lernt. Damit jedoch die Führer nicht auf Täuschung sinnen, muss der Heerführer ihnen eine gute Wache beigeben, so dass sie nicht fliehen können. Er muss sie auch mit dem Tode bedrohen,

---

1) Immo si viae illae et passus et flumina dux exercitus haberet depicta, quasi oculorum aspectu prospiceret, qualiter exercitus deberet pergere, tutius posset suum exercitum ducere. — Vgl. Vegetius III, 6.

wenn sie sich irgendwie verrätherisch erweisen, und ihnen Geschenke versprechen, wenn sie sich gut führen sollten. Die dritte Vorsicht besteht darin, dass man mehrere kluge, dem Fürsten treu ergebene und im Kriege erfahrene Männer bei sich hat, mit deren Beirath der Heerführer das betreibt, was ihm auszuführen erforderlich scheint. Denn wo man so grosse Gefahr läuft, soll Keiner auf seinem Kopfe bestehen, und sich allein glauben. Viertens müssen die Strassen unbekannt bleiben, welche das Heer marschiren soll. Denn je weniger der Rathschluss des Heerführers öffentlich bekannt ist, desto weniger wird, was im Rathe beschlossen, gehindert und desto eher zum rechten Ziele geführt. Nachdem also berathen ist, auf welchen Strassen das Heer marschiren soll, und jene Strassen der Heerführer verzeichnet oder abgemalt bei sich hat, man einige treue Führer besitzt, je weniger das öffentlich bekannt, je mehr es vor den Feinden verheimlicht wird, desto sicherer wird das Heer seinen Marsch vollführen. Fünftens muss man in jeder Befestigung und in jedem Schlachthaufen einige sehr treue und sehr tüchtige Reiter haben, die auf schnellen und starken Rossen vorn und hinten, rechts und links streifen, recognosciren, die Hinterhalte entdecken, damit nicht die Feinde an irgend einer Stelle versteckt das Heer belästigen können. Denn wenn auch der Plan des Führers niemanden bekannt ist, so kann doch schon allein daraus, dass auf einigen Strassen das Heer den Vormarsch beginnt, geschlossen werden, durch welche Landestheile der Marsch gerichtet ist. Und da es wahrscheinlich ist, dass immer unter solchen Verhältnissen einige Kundschafter zugegen sind, so muss der Führer das bedenken, dass auch dies zu den Ohren der Feinde gelangen kann. Da nun gesehene Gefahren weniger schaden, so müssen die Hinterhalte durch geschwinde Reiter entdeckt werden, damit das Heer nicht von irgend woher unversehens Belästigungen zu erfahren hat. Sechstens müssen die zuverlässigeren Ritter und die am meisten kriegstüchtigen Fusssoldaten immer in dem Theile des Heeres ihren Platz erhalten, wo, wie man glaubt, die grössere Gefahr droht, dass, wenn auf allen Seiten Gefahren befürchtet werden, überall die Gegenmassregeln getroffen werden. Siebentens soll das Heer nicht ohne Fühlung einherziehen (disparsim vadat)[1]. Denn wenn die Schlachtreihe unterbrochen ist, wird sie leichter bekämpft. Zu jeder Stunde muss sich daher das Heer so verhalten, dass, wenn da gerade die Feinde

---

1) Itinerarium Regis Ricardi I, 22: Procedit acies ad delicias intuentium prudenter digesta; nam nec simul, nec sparsim, sed per turmas incedunt.

dawären, ihm kein Schaden zugefügt werden könnte. Daher sagt man auch im Sprichwort: wer ist bewacht, wird nicht verlacht. Immer also muss der Führer, dem so Vieler Leben anvertraut ist, aufmerksam und wachsam sein, damit die Feinde ihn nicht angreifen können, während er nachlässig, gleichsam im Schlafe ist. Es müssen der Heerführer, die Obersten, die Hauptleute (centuriones et decani) und die anderen Vorgesetzten im Kriege die Ritter und die Fussknechte immer ermahnen, dass sie waffenbereit sind, damit, wenn ein schneller Angriff erfolgt, sie den Angreifern widerstehen können. So würde, gesetzt den Fall, eine plötzliche Attake geschähe, dieselbe gewissermassen vorausgesehen sein und weniger Schaden thun. Achtens ist zu überlegen, worin das Heer besonders stark ist, ob es zahlreicher an Fussvolk oder an Reiterei ist. Reiter vertheidigen sich nämlich besser im freien Felde, die Fusstruppen jedoch in waldigem und bergigem Terrain. Je nachdem daher der Heerführer sieht, dass sein Heer Ueberfluss an Reitern oder an Fussvolk hat, wird er breite Strassen in der Ebene oder bergige, waldige Wege wählen, durch Gehölze ziehen und das Andere nach bester Erkenntniss besorgen."

Zu den trefflichen Rathschlägen des erfahrenen Cardinals habe ich nur wenig noch zu bemerken. Es ist wohl zu beachten, dass er den Gebrauch der Terrainkarten so angelegentlich empfiehlt. Ob man thatsächlich öfter sich derselben bedient hat, das muss dahingestellt bleiben, da die Historiker uns über sie gar nichts überliefern. Indessen ein Argumentum a silentio würde hier wenig beweisen. Aegidius sagt übrigens auch nicht, dass die Karten vielfach verwendet wurden, sondern hebt nur ihren Nutzen hervor. Dass es Seekarten, die sogenannten Portulanen schon damals gab, ist ja sicher, auch sind Weltkarten erhalten, warum soll man da nicht ebenfalls Terrainkarten entworfen und bei Feldzügen gebraucht haben.

Wenn er dann die Nützlichkeit einer leichten Reiterei hervorhebt, so empfiehlt er nur, was die Heerführer schon von Alters her als praktisch erkannt hatten. Die expediti equites, welche so oft genannt werden (s. Waitz a. a. O. 114, Anm. 1) scheinen, wie dies Aegidius Colonna verlangt, unter anderen Diensten auch die der Éclaireurs geleistet zu haben. Diese Recognoscirungs-Detachements werden von den deutschen Dichtern „Vorrîter"[1]) genannt, von den Franzosen

1) Lohengr. 5007: Posûner noch tampûren schal dorft nieman dâ erschellen, Unz daz man quæme in die genæhe, Daz der vorrîtær sîn rehte zît ersæhe, Sô tæt mans kunt dan al der schar gesellen Mit liuten unt mit allem dôn; 5117: Der von

Coureurs und Découvreurs[1]. Die Wartliute[2] haben wohl im Allgemeinen dieselben Dienste zu leisten, werden aber auch als Vedetten und Vorposten verwendet. Die exploratores und speculatores[3] werden jenen Recognoscirungsabtheilungen beizuzählen sein. Da ein Feldherr aber auch über die Stellung und die Lage der Feinde möglichst genau unterrichtet sein musste, schickte er Spione aus, die wenn möglich in das feindliche Lager sich Eingang verschafften und Nachrichten über die Stärke und Beschaffenheit der Truppen wie der Befestigungen ihrem Herrn übermittelten[4].

---

Diez was vorrîtær. — Alphart 396: 'Dâ sî wir vorrîter' sprach der küene man 'Und sulen herberge enphâhen dem keiser ûf disem plân'.

1) Guiart II, 10805: Outre l'ost une lieue entière À compaignie grant et fière Sont de France li coréeur Et fourrier et descouvréeur, Sanz eus de rien aler tardant Vont toute la contrée ardant. — Godefr. de Bouillon 18215: Ly coureur vont devant pour savoir et oïr.

2) Lohengr. 2634: Wartliute sant man balde über sie, Daz sie wol beschouweten beide dort unt hie. — Karl Meinet p. 121, 64: Eynen wartzman heysche hey rennen Durch versoeken ind erkennen, Off eynich volck da queme her zo. — Kaiserchron. 14973; Titur. 3852; Wigam. 2876; 2883; Biterolf 952; Ludw. Kreuzf. 1427. — Vgl. auch HTroj. 8009: Ein ritter snelliche Hubisch vnd riche, Dolon was er genant, Er was uz der stat gesant, Daz er solte horen vnd sehen Vnd forshen vnd spehen. In (d. h. Dolon und den griechischen Spähern, Ulixes und Diomedes) was beidersit ga. Er sprach 'wer ritet da?' 'Wer fraget des?' 'daz tun ich'. 'Wer bist du?' er nante sich. — Parton. 20954: Dô kam her wider Gaudîn, Der im dâ engegen reit. Die vînde und ir gelegenheit Het er vil rehte dô besehen. — Nib. Z. p. 28, 4: Dô hêt sich ouch ein recke von den vînden dar Erhaben ûf die warte. — Ottokar von Steier XL: Ain wartman chom auf sew jaidt, 'Wol auf' er sprach 'Unz zogt Charlot nach'; CXLII: Und sahensz all bedewt, Daz der Pehaim wartt-lewt Auf dem perig hielten Und der wartt wielten; DCLXXX: Und sant wartlewt dahin, Dy darauf hetten syn. Die erfurn im schier, Daz chunig Albrecht der zier Dhainer flucht phlac.

3) Ottonis Frising. Gesta Frid. I, 32: Missis exploratoribus qui statum hostium diligenter inquirendo ediscerent. — Guil. Brito, Phil. X (Duchesne V, 225): explorator. — Ordericus Vitalis lib. XIII, c. 33: Speculatores autem paganorum (Turcorum) grandem exercitum a mari venientem perspexerunt et principi suo protinus annunciaverunt.

4) Ottokar von Steier (in Massmann's Kaiserchron. II, 665) 932: Ich habe alsô vernomen, Daz ietweders spehær In des andern her wær, der im ervüere unde seit des andern gelegenheit, Daz sie sich bêde rihten nâch. — Herz. Ernst D 839: Ernst listiclichen fur; Heinriches leit er swur; In des her der furste state Sinen speher hate. — Joinville 262: Les espies le roy qui estoient en l'ost des Sarrasins vindrent dire au roy ces nouvelles. — Rom. de Rou 4512: Treiz espies tramist as treiz tot dulcement Saveir ù li Reis ert, k'il ne dot noient. Espier fist son estre è son contenement È kel gent il aveit è donc vient è coment; 12220: Heraut envéia dous espies Por espier li cumpaignies È kels barunz è kels armez Aveit li Dus od sei menez. — Ren. de Mont. p. 220, 34: Iluec ot une espie ki Piniax avoit nom Et cil estoit de Frise. — Chron. des ducs de Norm. 21238:

Sobald man Halt machte, um die Nacht über zu ruhen, wurde ein Lager aufgeschlagen und dasselbe, zumal wenn man sich in Feindes Lande befand, oder überhaupt ein Angriff zu befürchten war, mit Wall und Gräben befestigt. Ragewinus (Gesta Frid. IV, 2) sagt: „Die alte Gewohnheit der römischen Soldaten pflegt auch heute noch der Krieger des römischen Reiches zu beachten, dass er nämlich, so oft er in feindliches Gebiet eindringt, zunächst sich mit der Befestigung der Lager beschäftigt. Dieselben werden weder auf unebenem Terrain aufgeschlagen, noch ohne Ordnung angelegt, sondern auf freiem ebenen Felde, und wenn der Boden uneben sein sollte, so wird er thunlichst geebnet. Die Form des Lagers wird meistens rund oder viereckig abgesteckt. Denn der Schmiede und der Handwerker Menge und die Schaar der Kaufleute, die, soweit dies erforderlich ist, dem Heere folgt, bildet mit ihren Zelten und Werkstätten, wenn das Lager viereckig ist, eine Art Vorstadt, oder wenn dasselbe rund ist, so stehen dieselben ausserhalb der Mauer [1]). Innen ist das Lager in einzelne Quartiere passend getheilt; Strassen und Thore legen sie an, die für Zugthiere leicht zugänglich sind, breit genug für sie selbst, wenn sie gedrängt hineinlaufen; so entsteht eine gewissermassen improvisirte Stadt. In der Mitte ist das Zelt (tabernaculum) des Heerführers oder des Fürsten, einem Tempel ganz ähnlich, ringsum stehen die Zelte der Befehlshaber und der Vornehmen in der Reihenfolge, wie es jedem zukommt [2]); die Ritter mit ihren Waffen leben in Zeltgenossenschaften angenehm und heiter in ihren Zelten (tentoriis) und üben sich, gleichsam bereit zur Schlacht, während der Ruhe des Friedens in den Waffen." Stand ein längerer Aufenthalt bevor, lagerte man vor einer Stadt, die voraussichtlich erst nach längerer Bestürmung einzunehmen war, dann wurde das Lager ausser mit Wall und Graben auch durch Palissaden und andere Befestigungen gesichert [3]).

---

Ses messages et ses espies A enseignées et garnies Qu'il alassent en l'ost le rei Veeir son estre e son segrei. — Hewitt a. a. O. I, 209: citirt aus dem Ausgabenverzeichniss von Eduard I. 1281 (im Feldzuge gegen die Walliser): 'cuidam spiatrici, de dono, ·xij· denarii' und 'Cuidam spiatrici ad unam domum sibi emendam ·xx· s^e'.

1) aut suburbiorum, si in quadro, aut si in gyro ambitus eorum extrinsecus muri faciem praefert.

2) Wigam. 4896: Und sult spannen die gezelt Allum zu ainem ring daran. Die schnür süllen zusamen gan. Ir sullent daz gezelt mein Schlahen mitten darein. Das ist hoch und weyt Und ist guot, wirt ein streyt.

3) Ottonis Frising. Gesta Frid. III, 34 (1158 vor Mailand): parare vallo, sudibus, palis aliisque propugnaculis castra munire propter improvisos hostium excursus decertabant.

Die Zelte der Fürsten und Herren waren überaus gross und prächtig. Schon Karl der Grosse hatte ein so herrliches Geschenk im J. 807 erhalten [1]); vom Zelte des Corbahan, das von den Kreuzfahrern erbeutet wurde, sagt Albertus Aquensis (Hist. Hierosolym. lib. IV, c. 56): „es war wie eine Stadt mit Mauern und Thürmen aus verschiedenfarbigen Seidenstoffen erbaut, in den zugehörigen Gassen fanden 2000 Personen bequem Platz“. Im J. 1189 wurde dem Kaiser Friedrich I. vom König von Ungarn ein Zelt verehrt, welches kaum auf drei Wagen transportirt werden konnte [2]). Das Zelt, das Friedrich I. von Heinrich II. von England erhielt, bedeckte mehr als fünf Joche Landes [3]). Noch kostbarer war das grosse Zelt, welches der Sultan von Babylon 1232 dem Kaiser Friedrich II. überschickte; es enthielt noch eine künstliche Uhr und wurde auf über 20000 Mark (800,000 RM.) geschätzt [4]). Ludwig der Heilige sandte dem König der Tataren „ein Zelt in Form einer Kapelle, welches viel kostete, denn es war ganz aus gutem feinen Scharlach gefertigt. Und der König liess, um zu sehen, ob er ihn zu unserem Glauben heranziehen konnte, in der besagten Kapelle Bilder anbringen (entaillier), die Verkündigung Unserer lieben Frau und alle die anderen Punkte des Glaubens“ (Joinville 134). Der Erzbischof von Köln endlich hatte 1293 ein Zelt, das vierzig Fuss breit, hundert Fuss lang war [5]). Dass es also sehr grosse, schwere,

---

1) Einhardi Ann. ad a. 807: Munera deferentes quae praedictus rex imperatori miserat, id est papilionem et tentoria atrii mirae magnitudinis et pulchritudinis; erant enim omnia bissina, tam tentoria quam et funes eorum, diversis tincta coloribus.

2) Ann. Colon. max. 1189: Et in octava pentecostes occurrit eis rex Ungariae cum regina obtulitque imperatori tentorium operosum, quod portare vix poterant tria plaustra, et alia insignia.

3) Ligurinus VI, p. 365, 29: Nec minus Henrici, sub quo tunc dives agebat Anglia, contigerat legatos regis adesse. Hi quoque compositis mandata loquacia verbis Et preciosa suae portabant munera terrae. Quorum praecipuum miro spectanda decore Scena fuit, cui nec similem spectanda priores Nec reor ulterius series ventura videbit. Materiam quaeris? peregrino stamine texta Creditur, artis opus, miras habuisse figuras. Pondus homo tolli manibus, nisuque nequibat; Arte levabatur, spaciosaque iugera campi, Multorumque capax hominum, plus quinque tenebat.

4) Ann. Colon. max. 1232: Soldanus Babilonie imperatori mittit tentorium mirifica arte constructum, in quo ymagines solis et lune mote cursum suum et debitis spaciis peragrant, et horas diei et noctis infallibiliter indicant. Cuius tentorii valor viginti millium marcarum precium dicitur transcendisse. Hoc inter thesauros regios apud Venusium est repositum.

5) Chron. Colmar. 1293: Coloniensis tentorium 40 in latitudinem, 100 pedes in longitudinem habuit.

mit gestickten Figuren verzierte Gezelte gab, das steht fest. Wenn daher die Dichter in ihren Beschreibungen auch noch etwas übertreiben, im Grunde haben sie auch hier nur wirklich Vorhandenes geschildert.

Das Zelt des Aeneas können zwanzig Saumthiere nicht tragen [1]); in der Virginal (124 ff. bis 127) wird eins beschrieben, welches einen Bogenschuss weit ist, vier Thürme hat, eine Kemenâte, einen Marstall und eine Kapelle mit Glockenthürmen enthält. Auch in dem vom Dichter des Ortnit beschriebenen Zelte, das aus Messina herstammt, haben hundert Ritter Platz [2]), und im Godefroid de Bouillon (22030 ff.) wird gar das des Sultans geschildert, in welchem hundert Kammern sind, jede so gross, dass dreissig Mann in ihr Platz finden. Heinrich von Neustadt giebt sogar genau die Dimensionen vom Zelte seines Helden an (Apoll. 3837 ff.); es ist zwanzig Ellen hoch, zwölf breit und sechszig lang. Diese grossen Staatszelte heissen Pavillons [3]) (ml. papiliones), das des Heerführers scheint Wolfram von Eschenbach und zwar allein im Willehalm (197, 11; 316, 6; 461, 1; 464, 9) mit dem Namen preimerûn zu benennen, den San Marte meines Erachtens richtig aus dem französischen Premerain erklärt. Das Pavillon war im Grundriss viereckig. Zeltstangen [4]) hielten den First des Zeltes, welcher mit goldnen Knöpfen [5]), auf denen die Wappenthiere des Besitzers aus Gold getrieben angebracht [6]) waren, noch reicher verziert

1) Êneit p. 247, 10: Ez stunt dâ man ez verre sach, Als ez ein turn wâre. Zweinzich soumâre Ne mohtenz dar niht getragen. Ez wart ûf einen berch geslagen An eine vile schône stat, Als dâ Ênêas bat, Ûf einen vile hôhen mast. Die snûre wâren vile vast, Als sie von rehte solden sîn. Der knoph der was guldîn, Dar ûffe saz ein guldîn are. Daz gezelt was zweier vare, Zweier hande samît. Einen hof vil wît Slûch man umbe daz gezelt Und bevienk ein michel velt.

2) Ortnit 363: manic hêrlîch gezelt, (364) Als imz der rîche heiden ze Messîn het gegeben, Der wâren zwei von golde gestricket und geweben. Swenn man die zerbreite, ir dach den schaten truoc, Daz hundert ritter hêten dar under rûms genuoc (365): Von helfenbeine stangen lûter als ein spiegelglas.

3) Erec 3931: Tentes et pauoillons et trez. — Fierabras p. 155: Tente ne pavillon, ne aucube, ne tré. — Parz. 59, 25: Manc poulûn ûf die plâne; 80, 15; 285, 15. — Cf. Ogerii Panis Ann. Januenses 1213: Boves, carros, carocios, tendas, papiliones, malas et arnesium totum retinuerunt.

4) Willeh. 234, 6: Mit manegem tiweren samît Daz velt was ê bevangen Ûf der heiden zeltstangen. — Wolfr. Tit. 155: Der was an die zeltstange vaste gebunden. — Vgl. Anm. 2. — Rom. d'Alix. p. 53, 29: L'estace en fu d'ivore à rice entalleure; Quant ele estoit drecié, il n'i paroit jointure. Li cies en estoit d'or, tous à noeleure.

5) Crane 1278: Einen grôten guldîn clôt Men ûf dem pâwelûne vant.

6) Parz. 278, 12: Über eins prunnen ursprinc Stuont ir poulûn ûf dem plân, Als oben ein trache in sînen klân Hets ganzen apfels halben teil. Den trachen

wurde. An den First, durch die Zeltschnüre gehalten[1]), schloss sich das Dach des Zeltes an, der huot[2]), in Form eines abgewalmten Satteldaches bei einem oblongen, eines Zeltdaches bei quadratischem Grundrisse. Vom Dache bis zum Fussboden reichten die Seitenwände des Zeltes, steiler abfallend. Die Seitenwand heisst diu winde (afr. geron oder giron)[3]); die Seile, mit denen sie befestigt wird, werden Wintseile genannt[4]) und zwar werden dieselben am Boden durch eingeschlagene Pflöcke[5]) angespannt gehalten. Schneidet man das Hauptseil durch, so stürzt das ganze Zelt zusammen[6]).

Um das Zelt war mit Seilen ein Hof (rinc)[7]) eingehegt; zuweilen wurde derselbe auch noch besser gegen die Neugier abgeschlossen, indem man Tücher ringsum an Pfosten aufspannte und dieselben

---

zugen vier wintseil, Reht alser lebendec dâ flüge Untz poulûn gein den lüften züge. Dâ bî erkandez Orilus: Wan sîniu wâpen wâren sus. — Apollonius 3846: Ouf dem gezelte stuont ein knouf, Dâ was ein albentîn ouf, Die fuorte an dem schilde Eikas der wilde. — UvdT. Wilh. d. H. p. 129: Uf dem hute sach man sten Eynen grozen knof van golde gar, Dar uf eyn spiegel, dar ober eyn ar. — Gaydon p. 312: Le tref tendirent sans nulle arrestison Qui tant est riche plus bel ne vit nus hom. De soie furent tuit li maistre giron Et mainte estoire trouver i poist on. Sor le pomel ot assis ·j· dragon. — Chron. des ducs de Norm. 15950: L'aigle en ert clers reluisanz Qui plus valeit de cent besanz.

1) Willeh. 16, 4: Under manegem samîtes dach, Under manegem phelle lieht gemâl, Innerhalp von zindâl Wârn ir hütte und ir gezelt Ze Alitschanz ûf daz velt Geslagen mit seilen sîdîn; 436, 12: Manc sîdîn zeltsnuor Wart ûf der slâ enzwei getrett. — Apoll. 3835: Die snüere dâ man ez mit zôch Die wâren sîdîn von Palmât. — Alix. p. 329, 22: Les cordes sunt de soie, li paison de coral.

2) UvdT. Wilh. d. H. p. 129: Eyn hut uf deme gecelde swebete Van richen phellele; daruf eyn ar Van roden golde. — Lanz. 4805: Ditz was der pavelûne huot.

3) Lanz. 4808. — UvdT. Wilh. d. H. p. 129: Vil richer lest ciret die winden, Daran so mochte man vinden Vil tier an den samit geweben Van golde als iz solde leben. Der ougen waren perlen wiz. — Chans. d'Antioche V, 24: Et li geron entour d'un paile de quartier. Vgl. S. 215, Anm. 6.

4) UvdT. Wilh. d. H. p. 129: An den wintselen lach ouch fliz; Di waren von bortsiden. — Cf. Parz. 278, 16. — Lanz. 4874.

5) Stecken (Lanz. 4872), afr. paisson (Chans. d'Antioche V, 24: Tout li paissons estoient et d'argent et d'or mier). Vgl. Anm. 1.

6) Ren. de Mont. p. 293: Et vit la maistre corde qui descendoit del tré Qui tint la maistre tante ù l'escharboucles ert. S'a la corde colpée, en l'air le fait voler; L'aigle d'or en avale qui valoit ·iij· cités, Et la tante chaï Karlon de sor le nés.

7) Parz. 756, 11: Wol beherberget was daz velt. Si kêrten für daz hôchgezelt An Gâwânes ringe; 760, 27: Der rinc begreif sô wît ein velt, Dâ wærn gestanden sehs gezelt Âne gedrenge der snüere; 763, 8; 775, 21; 777, 9.

durch aufgelegte Borten verband [1]). Thore führten in den Rinc[2]). In dem Hofraume pflanzte der Ritter sein Banner auf, liess er seine Reservespeere in die Erde stossen[3]).

Die Pavillons der Fürsten waren, wie schon die oben aus den Geschichtsschreibern beigebrachten Beispiele beweisen, öfters mit kostbaren Stickereien und sonstigem figürlichen Schmucke ausgestattet. Das Wenigste war, dass sie aus verschiedenfarbigem Stoffe zusammengesetzt wurden. Hartmann von Ouwe beschreibt (Erec 8901 ff.) ein Poulûn, das aus weissem und schwarzem Samît gefertigt ist; Weiber und Männer sowie Thiere sind aus Gold darauf gestickt; anstatt des Knopfes ist oben ein Adler angebracht. Aehnlich ist das Zelt, welches die Meerfee in einem Schreine dem Lanzelet (Lanz. 4760—4911) zusendet. Oben ist der Hut von Spiegelglas; als Bekrönung dient ein goldner Aar. Ein Theil der Winde ist grüner Samît, der andere brauner Triblât, in den rothe Vögel und andere Thiere eingewebt sind; golden ist die Naht (etere), welche die Theile verbindet. Die dritte Seite ist aus rothem Barragâne; die vierte webten „wilder wîbe hende" aus weissen Fischhaaren. Die Thür ist durch ein goldnes Gitter verschlossen, auf welchem Inschriften angebracht sind: „Quid non audet âmor: War getar diu minne niht bestân?" „Minne ist ein wernder unsin." „Minne hât mâze vertriben, Sine mugent samen niht bestân." Die Zeltstange ist zwei Spannen dick, zwei Speerschäfte hoch; die Pflöcke (stecken) sind von Golde, die Windseile von feiner Bortseide; über die Nähte sind Lîsten, Borten, gelegt (vgl. auch Meler. 10383) [4]). Ein Zelt aus blauer und rother Seide geschacht zusammen-

1) Virginal 126, 1: Dar umbe ein hôhiu zarge gie, Daz man von sîden bezzer nie Gesach, von vêhen bilden: Swaz gêt, swimmet oder swebet, Daz stuont von golde alsam ez lebet, Von zamen und ouch von wilden. Daz was geworht in Thamîât (Damiette), Gebildet nâch gemiure. Ûf zipressînen siulen stât Diu rîche koste tiure Von rîchem lignum mannâ. — Dêmantîn 1161: Man slûg ûf al zuhant Der koningin von Engelant Ein sô rîche paulûn. Dar was von Baldach ein zûn Gesniten umme, daz ist wâr. Dâr wâren von bortsîden clâr Die snûre die daz trûgen. Man vant an al den fûgen Manchen tûren borten.

2) Frauend. p. 481, 9: Zwei tor da giengen in den rinc.

3) Frauend. p. 480, 25: Die (4) banir wârn gestôzen sô, Daz ich sîn was ze sehen vrô. Dar umbe gezogen was aldâ Ein snuor vil schône, gel mit blâ Gevlochten dêswâr meisterlîch. Von sîden was si koste rîch; Den wîten rinc si gar umbvie. Dar nâch gestôzen dort unt hie (p. 481, 1) Wâren schôn nâch mîner ger Gestôzen reht zwei hundert sper, An islîch sper ein vänelîn, Gevar reht nâch dem schilde mîn.

4) Apoll. 3839: Rîch was sîn gereite Geworht von purpur und samît Cambicolor und capît, Zallen sînen orten Von golde geslagen porten Mit edelem gesteine Peide grôz unde kleine.

gestückt beschreibt Chrestien de Troies (Percev. 33036). Gewöhnlich waren auf den Zeltwänden die Wappen der Besitzer dann noch eingewirkt oder gestickt [1]) (s. Fig. 90). Sehr beliebt sind Darstellungen aus dem Trojanischen Sagenkreise [2]). Besonders herrlich ist das im Roman d'Alixandre (p. 53 ff.) geschilderte Zelt Alexanders des Grossen. Die Zeltstangen sind aus Elfenbein. Auf dem First sind ausser einem goldnen Adler noch zwei Knöpfe (pumiaus): ein Topas und ein Karfunkel. Die Pflöcke (paiscon) bestehen aus Gold, die Seile aus Seide. Die vier Felder (pans sans jointure) sind weiss, schwarz, roth und grün. Die Thür wird durch eine glashelle Schlangenhaut gebildet. Zusammengelegt kann das Zelt in einem Koffer verpackt werden. Auf dem ersten Felde sind dargestellt die Monate, Stunden, Tage und Jahre, der Himmel, die Planeten und die Himmelszeichen, alle durch Inschriften erklärt. Auf dem zweiten Felde war eine Weltkarte zu sehen: die drei Welttheile mit Flüssen und Städten, umgeben vom Meere, wieder mit Inschriften. Das dritte Feld zeigte Hercules, wie er die Schlangen als Kind erdrückt und wie er den Himmel auf seinen Schultern trägt. Die vierte Seite war mit der Geschichte der Helena ausgefüllt. Auch das Zelt des Sultans (Godefr. de Bouillon 22035 ff.) war mit vier verschiedenen Darstellungen geziert: man sah da das Gesetz des Muhamed, die Geschichte Alexanders des Grossen, die Zerstörung Trojas, den Uebermuth und die Demüthigung des Priamus und des Hector.

Fig. 90. Zelte, Miniatur der Hannoverischen Fierabras-Handschrift.

Diese so kostbaren Zelte mussten natürlich gegen Nässe möglichst

1) Moriz von Craon 774: An den winden, ûf den huot Wârn sîniu wâpen gesniten.

2) Wigamur 2405: Ain gezelt was gemachet wol, Davon ich euch nu sagen sol: Ym was oben der huot Gefüllet wol mit seyden guot. Daran was wol auszgenomen, Als jr offt habt vernomen, Wie Troy ward zerfürt; Es was auch wol geschyert Mit saylen guot seydin. Ain port von Pritanyn Fieng allumb die wynden; Forn und auch hinden Was es gemacht späch; Manig reb wech Lag allumb darann. Es mochten wol zwayhundert man Syczen darunder. Es war michel wunder Aussen und jnnen daran. Zwölff camer wolgetan Warent auch darinne.

geschützt werden; sobald es also regnete, wurden sie mit einer ledernen Decke überhängt [1]).

Bei allen ausführlicheren Beschreibungen der Pavillons wird ausdrücklich erwähnt, dass sie aus zwei oder vier verschiedengefärbten Stoffen zusammengesetzt, dass vier bildliche Darstellungen auf ihren Wänden zu sehen waren; ich glaube daher zu dem Schlusse berechtigt zu sein, das Pavillon für ein viereckiges Zelt zu halten; ob der Grundriss quadratisch oder oblong war, das ist von untergeordneter Bedeutung.

Ausser den Pavillons finden wir nun noch einige andere Zelte erwähnt. Gezelt (afr. tente, tante) ist der allgemeine Gattungsbegriff. Im Willehalm werden aber noch Ekub, Treif, Tulant und Preymerûn genannt [2]) und diese Namen müssen bestimmte Arten von Zelten bedeuten. Des Preymerûns ist schon gedacht worden (S. 215); mit dem Tulant [3]), das einzig und allein Wolfram erwähnt und das ich an keiner anderen Stelle gefunden habe, weiss ich nichts anzufangen. Der Ekub Wolfram's jedoch entspricht dem altfranzösischen Aucube, der Treif dem französischen Tref [4]).

Aucube ist das arabische Al-Qubbah [5]), das Wort, von dem das spanische Alcoba, unser Alkoven, abgeleitet ist. Vielleicht bedeutet also Ekub, aucube, ein rundes Zelt, wie die der Araber ja heute noch

1) Parz. 129, 18: Dâ was anderhalp der plân Mit eime gezelt gehêret, Grôz rîcheit dran gekêret. Von drîer varwe samît Ez was, hôch unde wît. Ûf den næten lâgen borten guot. Dâ hienc ein liderîn huot, Den man drüber ziehen solte, Immer swenne ez regenen wolte. — Wigal. p. 276, 24: Von leder ein huot hienc dâ bî, Der daz gezelt machte frî Des regens, sô er nider gôz. Gegen der sunnen stuont ez blôz.

2) Willeh. 197, 8: Man sah dâ rîlîch ûf geslagen Anz velt, dâ der berc erwant, Treif unde tulant, Ekub unde preymerûn. Ouch sah des Heimrîches sun Manic hôh gezelt gesniten wît; 316, 6: Preymerûn und manc gezelt, Ekube, treif und tulant.

3) San Marte's (a. a. O. 303) Ableitung des Wortes vom altfr. toulon = petit tonneau; toulisse = toit, couverture de maison, erscheint mir durchaus nicht zutreffend. Im Altfranzösischen kommt ein ähnlicher Name für Zelt gar nicht vor. Wolfram hat wahrscheinlich wieder einmal das französische Original gründlich missverstanden und in seiner Verlegenheit ein Wort erfunden.

4) Erec 3931: Tentes et pauoillons et trez; 4102: Tendre les aucubes de lin. — Chans. d'Antioche III, 12: Et trés et pavillons et aucubes drechies. — Fierabras p. 155: Tente, ne pavillon, ne aucube, ne tré. — Ren. de Montauban p. 58, 10: Paveillons et aucubes et maint tref desploier. — Blancandin 4018: Si ont lor aucubes drecies. — Richars li biau 1597: Laissent aucubez, laissent tres; 2644: Viersent tre, viersent paveillon, Des aucubez les cordes trenchent.

5) Tentorium pellibus vel corio factum (Castellius).

rund sind; im Gegensatz dazu ist Treif oder Tref nur das einfache Soldatenzelt, das in Form eines Daches gestaltet, an einer Schmalseite geschlossen ist, an der anderen den Eingang hat..

Das Treif möchte ich mit dem deutschen Worte Hütte für gleichbedeutend halten [1]). Auch die Hütten sind zuweilen aus kostbarem Seidenstoffe [2]); gemeine Soldaten mochten sie sich im Nothfall auch aus Stroh und Rohr oder aus Laubwerk bauen [3]), die beim Weitermarsch angezündet und verbrannt wurden [4]). Solche Baracken werden von den Italienern travachae genannt [5]).

Die Sicherheit des Lagers wurde noch gesteigert, wenn man den Fahrpark des Heeres auf den Wällen aufstellte und auf diese Weise eine Art Wagenburg schuf [6]).

Im offnen Felde half man sich im Nothfall durch Herstellung eines Verhaues, der doch immerhin, zumal gegen den Angriff der Reiterei einigen Schutz gewährte [7]).

Schwer war es in einer aus so verschiedenen Elementen zusammengewürfelten Truppe Frieden und vor allem Disciplin aufrecht zu erhalten. Zumal die Kreuzfahrer hatten Grund, wirksame Mittel zu ergreifen, da unter ihre Schaaren sich oft recht zweifelhafte Elemente eingeschlichen haben mochten. Deshalb werden sehr strenge Gesetze vereinbart, und jeder hat sich eidlich zur Befolgung derselben zu verpflichten. Als Ludwig VII. zum Kreuzzuge aufbricht, erlässt er

---

1) Nib. Z. p. 254, 1: Spannet ûf ir knehte die hutten an daz velt Und ziehet abe die zöume, diu ros diu lâzet gân. — Trist. p. 135, 32: Den wâren pavelûne Und hütten ûf daz gras geslagen. — Mai u. Beafl. p. 206, 35: Und sluogen ûf ein schœne velt Beide ir hütte und ir zelt.

2) Willeh. 16, 4: Under manegem samîtes dach, Under manegem phelle lieht gemâl: Innerhalp von zindâl Wârn ir hütte und ir gezelt. — Nib. Z. p. 90, 3: Dâ wâren sîdîn hütten unt manec rîch gezelt. — Kudr. 980: Dô hiez man ûf den griezen manege hütten spannen mit sîdînen snüeren.

3) Willeh. 318, 21: Dâ die hütten von loube Mit rôre und von schoube Wârn verbrunn und begunden brinnen. — UTrist. p. 510, 34: Manege hütten man dâ sach Von grüenem loube geslagen. — Lanceloet IV, 5687: In tenten ende in pavilione Ende in fulgien di waren grone.

4) Willeh. 316, 25: Die herberge wurden an gezunt, Dô si verre gefuoren.

5) Ann. Placentini Guelfi ad a. 1199: Et castrametati fuerunt cum papilionibus et travachis. — Ann. Parm. maj. ad a. 1279: Et travache et pavioni erant in platea comunis.

6) Ann. Plac. Guelfi ad a. 1199: Et quoddam fossatum munierunt cariolis, quas posuerunt super ripam illius, et gladiis et beltreschis et predariis et trabuchis.

7) Auberi p. 152, 4: Faites trenchier ceste selve foillie, Si faissons haies vers la ient paienie.

in Metz das Kriegsgesetz (lex pacis), das alle Fürsten beschworen. „Aber da sie selbst es nicht recht hielten, habe auch ich es nicht behalten" (Odo de Diogilo, lib. II). Im J. 1147 hatten die deutschen und englischen Kreuzfahrer, die zuerst an die Erstürmung von Lissabon gingen, solche Gesetze aufgestellt: Tod um Tod; Zahn um Zahn. Verboten war der Kleiderluxus, die Mitnahme von Weibern; geboten die Beobachtung des Friedens. Jedes Schiff erhielt seine eignen Priester und jeder Kreuzfahrer sollte wöchentlich einmal beichten. Keiner sollte dem Anderen die Schiffsleute abspänstig machen. Zur Schlichtung der Misshelligkeiten und zur Verwaltung der Kassen wurden für je tausend Mann zwei Richter oder Geschworene gewählt [1]). Mehr die moralische Seite betont das Statut Heinrichs II. von England, welches 1188 erlassen wurde. Nachdem in demselben den Theilnehmern am Kreuzzuge allerlei Vortheile gewährt worden sind, „wurde ferner festgesetzt, dass niemand grässlich fluchen, Würfel spielen (ad aleas vel ad decios ludat), Buntwerk, Grauwerk oder Zobelpelz oder Scharlach tragen sollte, und dass Alle, Geistliche wie Laien, mit zwei Gerichten aus dem erkauften Proviant (ex empto) sich zufrieden geben müssten, dass Keiner ein Weib mit sich auf den Kreuzzug nähme, mit Ausnahme einer zu Fuss marschirenden Wäscherin, die unverdächtig wäre, und dass Keiner ausgeschnittene und ausgefranste Kleider trüge (et quod nullus habeat pannos decisos vel laceatos)" [2]).

Schärfer sind die Kriegsartikel Kaiser Friedrichs I.; 1154 „gab er das Gesetz, dass Niemand innerhalb des Lagers gegen einen Kameraden sein Schwert ziehen sollte, und wer dieses Friedensgebot (treugam) verletzte, einen der Gefährten verwundete, der sollte die Hand verlieren oder mit dem Kopfe büssen" [3]). Auch Heinrich VI. untersagte 1194 den deutschen Kriegern jede Uebertretung und drohte mit Abhauen der Hände [4]). Das Ausführlichste über die drakonischen Disciplinar-Gesetze jener Zeit erfahren wir aus dem Edicte Friedrichs I. vom Jahr 1154[5]):

„Wir bestimmen und wollen streng beobachtet wissen, dass weder ein Ritter noch ein Soldat es wage, Streit anzufangen. Wenn einer mit dem andern Händel bekommen hat, soll keiner von Beiden den Lagerruf (signa castrorum) schreien, damit dadurch seine Leute nicht

1) Osbernus, de Expugnatione Lyxbonensi.
2) Guilelmi Parvi Hist. Anglicana lib. III, c. XXIII.
3) Ottonis Frising. Gesta Frid. II, 15.
4) Ottonis Frising. Chron., Contin. Sanblas. 40.
5) Ottonis Frising. Gesta Frid. III, 26. — Leges II, 107.

zum Kampfe erregt werden. Wenn Streit entstanden ist, soll Niemand mit Waffen, das heisst mit dem Schwerte, der Lanze oder mit Pfeilen hinzueilen; sondern den Streit schlichten, gerüstet mit dem Harnisch, dem Schilde, dem Helme, nur mit einem Prügel bewaffnet sein. Niemand soll den Lagerruf erschallen lassen, ausser wenn er seine Herberge sucht. Welcher Ritter aber durch Schreien des Lagerrufes Händel veranlasst hat, der soll all seine Rüstung verlieren und aus dem Heere gestossen werden. Wenn es aber ein Knecht gethan hat, so soll er geschoren, geprügelt und auf den Kinnbacken gebrandmarkt werden, oder sein Herr kauft ihn mit seiner ganzen Rüstung los.

„Wer einen verwundet hat und läugnet dies, so soll ihm, wenn der Verwundete ihn durch zwei wahrhaftige, ihm nicht verwandte Zeugen überführen kann, die Hand abgehauen werden. Wenn die Zeugen fehlen und Jener sich durch den Eid reinigen will, so kann der Kläger den Eid zurückweisen und mit ihm im Zweikampf die Sache ausfechten.

„Wenn Jemand einen Mord begangen hat und von einem Verwandten, Freunde oder Gefährten durch zwei wahrhaftige, dem Ermordeten nicht verwandte Zeugen überführt wird, so verfält er der Todesstrafe. Wenn jedoch die Zeugen fehlen und der Mörder sich durch den Eid reinigen will, so kann der Freund, der Verwandte des Ermordeten mit ihm im Zweikampfe die Sache ausfechten.

„Wenn ein fremder Ritter friedlich an das Lager herankommt, auf einem Gaule sitzend ohne Schild und ohne Waffen, wer ihn da verletzt, der wird als ein Friedebrecher verurtheilt. Wenn der aber ans Lager kommt, sitzend auf einem Streitrosse, den Schild am Halse und die Lanze in der Hand, wer ihn da verletzt, der hat den Frieden nicht verletzt.

„Der Ritter, der einen Kaufmann beraubt hat, soll das Genommene doppelt wiedergeben und schwören, dass er nicht wusste, jener sei ein Kaufmann. Wenn dies ein Knecht gethan hat, so wird er geschoren, am Kinnbacken gebrandmarkt oder sein Herr erstattet für ihn den Raub zurück.

„Wer einen Anderen eine Kirche oder einen Markt plündern sieht, soll es verhindern, jedoch ohne Streit; kann er es nicht hindern, so soll er die Sache bei Hofe klagen.

„Niemand soll ein Weib in seiner Herberge haben; wer sich das jedoch untersteht, dem soll man seinen ganzen Harnisch fortnehmen und ihn für ausgestossen halten; dem Weibe aber wird die Nase abgeschnitten.

„Niemand soll ein Schloss angreifen, das vom Hofe Besatzung hat (? quod a curia defensionem habet).

„Wenn ein Knecht einen Diebstahl begeht und dabei ertappt wird, so soll er, wenn er früher noch kein Dieb war, deshalb nicht gehängt, sondern geschoren, geprügelt und am Kinnbacken gebrandmarkt werden, falls ihn sein Herr nicht mit seinem ganzen Harnisch loskauft. War er früher ein Dieb, wird er gehängt.

„Wenn ein Knecht des Diebstahls bezichtigt, aber nicht auf frischer That ertappt wird, so soll er sich den folgenden Tag durch die Probe mit dem glühenden Eisen reinigen, oder sein Herr für ihn den Reinigungseid schwören. Der Kläger aber soll schwören, dass er ihn, einzig und allein weil er ihn für schuldig hält, des Diebstahls anklagt.

„Wenn einer ein Pferd findet, so soll er es nicht scheeren und unkenntlich machen, sondern es dem Marschalk sagen, es nicht verheimlichen, sondern ihm sein Gepäck aufladen. Wenn der, welcher das Pferd verloren hat, auf dem Marsche dasselbe bepackt wiederfindet, so soll er das Gepäck nicht hinunterwerfen, sondern bis ins Quartier folgen und da sein Pferd wiedererhalten.

„Wenn jemand ein Dorf oder ein Haus anzündet, so wird er geschoren, am Kinnbacken gebrandmarkt und geprügelt.

„Der Schmied soll nicht im Dorfe Kohlen brennen, sondern das Holz in sein Quartier tragen und da brennen; thut er es im Dorfe, so wird er geschoren, geprügelt und am Kinnbacken gebrandmarkt.

„Wenn Einer den Anderen verletzt und angiebt, dass er den Frieden nicht beschworen, so ist er des Friedensbruches nicht schuldig, ausser wenn man ihm durch geeignete Zeugen beweisen kann, dass er den Frieden beschworen.

„Niemand soll einen herrenlosen Knecht in sein Quartier aufnehmen; thut er es, so soll er doppelt bezahlen, was der etwa genommen hat.

„Wer eine Vorrathsgrube (foveam) findet, soll frei sich ihrer erfreuen. Wenn sie fortgenommen wird, soll er nicht Böses mit Bösem vergelten, nicht seine Beleidigung rächen, sondern es dem Marschalk klagen, um Recht zu erhalten.

„Wenn ein deutscher Kaufmann in eine Stadt geht, Waaren kauft und sie zum Heere bringt und sie da im Heere zu theuer verkauft, soll ihm der Kämmerer seinen ganzen Kram fortnehmen, ihn prügeln, scheeren und am Kinnbacken brandmarken lassen.

„Kein Deutscher soll einen Lateiner zum Compagnon haben, wenn dieser nicht deutsch versteht; hat er ihn, so soll ihm seine ganze Habe genommen werden.

„Wenn ein Ritter einem anderen Ritter Schimpfworte gesagt hat, kann er dies mit einem Eide in Abrede stellen; läugnet er es nicht, so zahlt er ihm zehn Pfund der Münze, die grade im Heere Geltung hat.

„Wenn einer volle Weinfässer findet, so soll er den Wein so vorsichtig abziehen, dass er die Fässer nicht zerbricht oder das Holzwerk der Fässer einschlägt, damit nicht zum Schaden des Heeres der ganze Wein verschüttet wird.

„Wenn ein Schloss erobert worden ist, sollen die darin befindlichen Güter fortgenommen werden; es selbst aber wird nicht angezündet, wenn dies nicht der Marschalk thut.

„Wenn einer mit Jagdhunden auf die Jagd geht, so soll er das Wild, das er erlegt oder mit den Hunden erjagt hat, unbehindert haben.

„Wenn einer mit Hasenhunden ein Wild gehetzt hat, so ist dasselbe nicht unbedingt sein, sondern dessen, der es ergreift.

„Wenn einer mit der Lanze oder dem Schwerte ein Wild getroffen hat und, ehe er es mit der Hand aufhebt, ein Anderer es ergreift, so gehört es nicht dem Ergreifenden, sondern ohne Widerrede erhält es der, welcher es getödtet hat.

„Wenn einer beim Pirschen ein Wild mit der Armbrust oder dem Bogen erlegt, so gehört es ihm."

Hauptsächlich kam es darauf an, der Streitlust der Ritter und Knechte einen Zügel anzulegen, und für die rauflustige Gesellschaft der damaligen Zeit konnte eine Strafe, sollte sie überhaupt abschreckend wirken, gar nicht streng genug sein. Richard Löwenherz erliess im Juni 1190 ein noch viel schärferes Gesetz; ihm lag es besonders daran, auf den Schiffen die dort noch um so nothwendigere Disciplin aufrecht zu erhalten. Die Urkunde lautet: „Richard von Gottes Gnaden König von England, Herzog von der Normandie und Aquitanien, Graf von Anjou, grüsst alle seine Leute, die im Begriff sind, übers Meer nach Jerusalem zu gehen. Wisset, dass wir unter gemeinem Beirath wackerer Männer nachstehende Gesetze aufgestellt haben. Wer auf dem Schiffe einen Menschen tödtet, wird, mit der Leiche zusammengebunden, ins Meer geworfen. Wenn er ihn aber am Lande getödtet hat, so wird er, mit dem Todten zusammengebunden, in die Erde begraben. Wenn Einer aber durch gesetzmässige Zeugen überführt wird, dass er das Messer gezogen, um nach einem Anderen zu stechen, oder dass er einen Anderen blutig gestochen hat, so soll er die Faust verlieren. Wenn Einer aber mit der blossen Hand den Andern geschlagen hat, ohne Blut zu vergiessen, so soll er dreimal ins Meer getaucht werden. Wenn einer gegen einen Gefährten Schmähungen, Spottreden, Verwünschungen ausstösst, soll er so viele Unzen Silber zahlen, so oft er ihn geschmäht hat. Ein des Diebstahls überführter Dieb wird geschoren nach Art eines Zweikämpfers, siedendes Pech ihm aufs Haupt gegossen, Bettfedern auf das Haupt ihm geschüttet, um ihn zu kennzeichnen, und er an der ersten Landungsstelle, wo das Heer anlegt, ausgesetzt. Bei Chinon. Zeuge: ich selbst." [1]) Der Hauptgrund zu Zänkereien lag in der Spielleidenschaft, der Ritter wie Knechte ergeben waren. Am 8. October 1190 verordnen deshalb Philipp August und Richard Löwenherz in Messina unter anderem: „Niemand soll im ganzen Heere irgend ein Spiel des Gewinnes halber spielen, ausser den Rittern und Klerikern, welche die ganze Nacht und den ganzen Tag hindurch nur 20 Solidi verlieren sollen. Wenn aber Ritter und Kleriker mehr als 20 Solidi den ganzen natürlichen Tag hindurch (also von Sonnenuntergang bis zum nächsten Abend) verspielen, so oft sie die 20 Solidi überschritten haben, sollen sie dem besagten Erzbischofe und Bischofe, den Grafen und Baronen, die besagtes Geld (die gemeinsame Kasse) verwalten, 100 Solidi geben, welche in die erwähnte Kasse fallen. Die Könige jedoch sollen nach ihrem Belieben spielen. Und in der Herberge der beiden Könige können Knechte nach Befehl der Könige bis 20 Solidi verspielen. Und in Gegenwart der Erzbischöfe und Bischöfe können nach deren Befehl Knechte bis 20 Solidi verspielen. Wenn jedoch bei den Knechten oder Schiffsleuten oder anderen Dienern gefunden wird, dass sie für sich spielen, so werden die Knechte, wenn sie sich nach dem Ermessen der Vorerwähnten nicht loskaufen wollen, drei Tage nackt vor dem ganzen Heere Schläge bekommen und die anderen Diener desgleichen; die Schiffsleute jedoch werden, falls sie gespielt haben, an drei Tagen des Morgens früh ins Meer getaucht nach Brauch der Seeleute, täglich einmal, wenn sie sich nicht nach dem Ermessen der Vorerwähnten loskaufen wollen." [2]) Es kam also nicht darauf an, dass überhaupt nicht gespielt wurde, sondern das Edict wollte einmal die Kreuzfahrer nur hindern, sich pecuniär zu ruiniren, dann dem Zank und Streite und Gewaltthätigkeiten vorbeugen. In der Könige Herberge durften sie ja bei strengster Ahndung keine Händel anfangen, und ebenso werden sie sich gehütet haben im Beisein ihrer Herren und Vorgesetzten zu leidenschaftlich einander zu begegnen.

---

1) Chronica Rogeri de Hoveden 1190; cf. Matth. Paris 1190.

2) Chron. Rogeri de Hoveden.

Besonders aber musste eins vermieden werden, dass der Streit zwischen ein paar Leuten nicht zu einer grossen Schlägerei ausartete, und deshalb wird ganz ausdrücklich verboten, die Signa Castrorum zu rufen. Baltzer (a. a. O. 95) erklärt dies Wort als die Parole einer Zeltgenossenschaft (contubernium). Es wäre der Sinn des Gesetzes also der gewesen, dass dem Streitenden verboten wurde, durch Rufen der Parole seine Zeltgenossen zu alarmiren, sie zur Hülfe aufzufordern. Da im Edicte Friedrichs I. der Lagerruf erlaubt wird, sobald einer sein Quartier aufsuchen will, so hat Baltzer's Interpretation allerdings Manches für sich. Ich denke mir die Sache aber doch anders. Signum entspricht dem altfranzösischen Enseigne [1]), dem deutschen Zeichen [2]), und bedeutet das Kriegsgeschrei. Ich werde später über diese Frage noch ausführlicher handeln und bemerke hier nur, dass das Zeichen zugleich ein Sammelsignal [3]), dann ein Hülferuf [4]) ist. Nun waren ja im Lager die Gefolgschaften der verschiedensten Fürsten untergebracht, deren jede ihr eigenes Kriegsgeschrei hatte (sundercrîe) [5]). Wahrscheinlich waren auch die Landsleute gemeinsam gelagert; wenn also einer sein Quartier aufsuchte, brauchte er nur das Zeichen zu rufen, dann antworteten ihm die Freunde und so fand er sich zurecht. Sie waren jedoch auch jederzeit bereit, dem bedrängten Landsmanne auf seinen Hülferuf thätlich beizustehen, und so konnte es leicht zu blutigen Schlägereien zwischen den Landsmannschaften kommen. Denen sollte eben das Gesetz vorbeugen.

Zu vielen Unordnungen gaben auch die Weiber im Heere Anlass. Bei den Kreuzfahrern musste ein so sittenloses Treiben natürlich noch mehr Anstoss erregen und schon während des ersten Kreuzzuges sah man sich zu den strengsten Massregeln gegen die Unzüchtigen veranlasst. „Die Zahlreichen, die dies Gebot übertraten, wurden von den gesetzten Richtern streng gescholten, einige gefesselt, andere mit

---

1) Rom. de Troie 8547: S'enseigne a criée treis feiz; 8773. — Rom. de Rou 7843: Normant escrient: Dex aïe! L'ensuigne el duc de Normendie. — Jourdains de Blaivies 3020. — Chron. des ducs de Norm. 21604.

2) HTroj. 5247: Polidamas sin zeichen schrei. — Parton. 20628: Dô rief der fürste sâ zestunt 'Waldûn' sîn zeichen unde reit.

3) Alix. p. 89, 31: Lors escrie s'enseigne et fait sa gent garnir; p. 310, 10: Et Porrus crie s'enseigne pour ralier sa gent; cf. p. 310, 25.

4) Troj. 35861: Dô rief er 'Troie' dâ zehant Und. schrei sîn zeichen lûte. Prîandes sun der trûte Lie sînen friunden werden kunt, Daz er mit nœten an der stunt Was umbgriffen und behaft. Nû sîner hellen stimme kraft Die bruoder sîn vernâmen, Ze helfe si dô kâmen.

5) Lohengr. 4351: Von maneger sunderkrîe wuost.

Ruthen gepeitscht, wieder Andere geschoren und gebrandmarkt, zur Zurechtweisung und Besserung des ganzen Heeres. Wenn sie sich bei der Unzucht betreffen liessen, so wurden sie Mann und Weib vor dem ganzen Heere nackt ausgezogen, ihnen die Hände auf den Rücken gebunden, dann peitschten sie die Stockknechte (percussores) mit Ruthen tüchtig und führten sie zwangsweise im ganzen Heere umher, damit die Uebrigen durch den Anblick dieser furchtbaren Strafe von solchem, so schmählichem Verbrechen abgeschreckt würden.“ 1) Weiber mussten allerdings in Menge im Kreuzheere sein, denn Albertus Aquensis erzählt schon vorher (II, 39), dass die Sarazenen unter Solyman das Lager des Boëmund erstürmen „und mit Pfeilen und hörnernen Bogen Fusssoldaten, Pilger, Mädchen, Frauen, Kinder und Greise, keines Alters schonend, todtschiessen. Bestürzt durch diese Grausamkeit und durch den bevorstehenden schrecklichen Tod, eilten zarte und sehr vornehme Mädchen sich schönstens zu kleiden und sich den Türken selbst anzubieten, damit diese, zur Liebe entflammt durch die schönen Gestalten und besänftigt, sich der Gefangenen zu erbarmen lernen möchten.“ Wie schon bemerkt wurde, begegnen uns die Klagen über die Zügellosigkeit der Kreuzfahrer sehr häufig. Jedoch gab es unter denselben auch viele tüchtige, sittenstrenge Leute. Der Verfasser des Itinerarium Regis Ricardi, welcher das Treiben der Franzosen in Tyrus (V, 20) mit sittlicher Entrüstung schildert, erwidert (VI, 35) denen, welche die Erfolge des dritten Kreuzzuges verkleinern: „Wir meinen, dass uns Glauben beizumessen ist, die wir gesehen und erfahren haben, welche Anfechtungen und Beschwerden sie ertragen haben, und behaupten kühn selbst vor den Ohren derer, die dabei waren, dass bei diesem Kreuzzuge hunderttausend Christen gestorben sind, weil sie in Hoffnung auf die göttliche Belohnung sich der Weiber enthielten, da sie es für unbillig erachteten mit dem Verlust der Keuschheit die Gesundheit des Fleisches zu erkaufen.“ Auch Friedrich von Schwaben, des Kaisers Sohn, starb 1190 in Akka. „Wie gross in dieses Mannes Herzen die Gottesfurcht gewesen, kann jedermann daraus ersehen, dass er den Aerzten, welche ihm Heilung in Aussicht stellten, wenn er ‘rebus venereis uti vellet’, antwortete, er wolle lieber sterben als auf der göttlichen Pilgerfahrt seinen Leib durch Wollust beflecken“ (Ann. Colon. max.).

Aber im Allgemeinen waren die Heere, zumal die aus sehr zweifel-

1) Albertus Aquensis, Chron. Hierosolym. III, 57. Vgl. S. 208, Anm. 1.

haften Elementen bestehenden Soldtruppen, nur zu sehr zu Excessen geneigt. Richerius Senoniensis (III, 13) erzählt: „(Otto IV.) kam endlich (im September 1212) nach der Stadt Breisach, die am Rheine liegt. Er hatte bei sich Ritter und Knechte, leichtsinnig und von schamlosen Sitten, die in jeder Stadt und an jedem Orte, wo sie die Nacht zubrachten, bei den Frauen, Töchtern oder Mägden ihrer Wirthe, ob sie wollten oder nicht, schliefen und sie schamlos behandelten. Das fingen sie auch in dieser Stadt an. Die Männer aber der Stadt meinten, dass sie eine solche Unbill nicht leiden dürften, und beschlossen gemeinsam, lieber sofort zu sterben, als eine solche Schmach ihrer Frauen und Angehörigen zu dulden. Auf ein gegebenes Zeichen, sobald sie die grosse Glocke der Ortskirche hörten, sollte Jeder von ihnen, was sie heimlich verabredet, in seinem Hause mit seiner Einquartierung zu beginnen eilen. Wer zögerte, der sollte mit seiner Familie aus der Stadt vertrieben werden und nie zurückzukehren hoffen dürfen. Ein Jeder ging also in sein Haus zurück und versah sich in seiner Kammer mit Waffen, und kaum hatten sie sich so gerüstet, da ertönte plötzlich die Sturmglocke; Jeder kam bewaffnet aus seinem Versteck hervor und fand nun die Einen mit den Frauen, die Anderen mit den Töchtern, den Anverwandten oder endlich den Mägden schamlos ringend; sie packten dieselben, tödteten sie mit den Schwertern und warfen die Leichen über die Mauern in den Rhein. Andere aber liessen sich, um dem Tode durchs Schwert zu entgehen, über die Mauern der Stadt hinab, fielen auf die Felsen und fanden so zerschmettert den Tod, dem sie zu entfliehen gesucht hatten.“ — Etwas anders erzählen die Sache die Annales Marbacenses 1212.

Friedrichs so strenges Edict von 1154 nutzte daher, wie übrigens vorauszusehen, wenig genug. In demselben Jahre noch war er genöthigt, eine Menge leichtfertiger Dirnen aus seinem Lager fortzujagen [1]).

Die Bestimmungen über die Jagd aber sind schon deshalb nothwendig, weil in den Stunden der Musse, selbst während des Krieges die Ritter gern diesem Vergnügen huldigten. So wäre beinahe im September 1191 Richard Löwenherz vor Joppe gefangen worden, als er, unbekümmert um die Feinde, mit seinen Gefährten zur Falkenbeize

1) Ottonis Frising. (resp. Ragewini) Gesta Frid. III, 45: Cum Eridani fluenta ad disponenda regalia praedia domus Mahtildis transmearet, turbam colonorum, meretricum et lixarum, quae se exercitui plurima immiscuerat militumque animos effoeminare poterat, antiquorum imperatorum exemplo propellendam et deterrendam decernit.

ritt; nur die Besonnenheit Wilhelm's des Préaux, der sich für den König ausgab, rettete ihn aus dieser Gefahr [1]).

Das Treiben in einem Feldlager lernen wir am besten aus Guiarts Beschreibung kennen, der (II, 10652 ff.) das Lager, welches 1304 die Franzosen vor Arras aufgeschlagen haben, schildert. Die Zelte sind in Reihen und Strassen geordnet aufgeschlagen (10655: par arées et par seillons); wer kein Zelt hat, baut sich eine Hütte aus Zweigen. „(10681) Im Heere hier und da in den Gassen treiben sich die guten geringen Leute herum, die von der Arbeit ihres Leibes leben und die des Gewinnes halber dem Heere folgen. Die bauen Oefen und Backöfen an den Gräben nahe den Strassenecken und beeilen sich dabei sehr. Da backen sie Torten und Pasteten. Schenkwirthe, deren viele in Schulden stecken, haben wieder auf Karren Tonnen mit Wein, den sie den verlangenden Soldaten aufgerührt sammt dem Bodensatz verkaufen. Die Anderen rufen ihr Godale aus, das, wie sie sagen, aus Arras ist. Da hört ihr alte Weiber in verschiedenen Tonarten schreien, die einen um Käse, die anderen um hartes und weiches Weissbrod zu verkaufen.“ Die Ribauz spielen; es entstehen Schlägereien; aber alles endet gütlich, ohne dass die Obrigkeit einzuschreiten hat.

Die Zeit des Lagerlebens wurde übrigens auch benutzt, die Soldaten auszubilden. Schiessübungen werden ausdrücklich erwähnt [2]).

Des Abends, ehe das ganze Heer im Lager zur Ruhe ging, hielt man, wie es scheint, noch ein allgemeines Gebet ab. Wenigstens fand während des Kreuzzuges im englischen Lager eine Art Gottesdienst statt. „Es war Sitte im Heere, dass in jeder Nacht, ehe sie sich zum Schlafen niederlegten, ein dazu bestimmter Mann mit lauter Stimme inmitten des Heeres den gewöhnlichen Spruch rief: „Hilf, heiliges Grab.“ In diesen Ruf stimmten Alle ein, wiederholten ihn, streckten mit reichlichen Thränen die Hände zum Himmel empor und erflehten Gottes Barmherzigkeit und Hilfe. Dann hub der Herold selbst wieder an, indem er wie vorher ausrief: „Hilf, heiliges Grab“ und Alle wiederholten es; und als er gleichfalls zum dritten Male rief, so thaten es ihm Alle nach mit grosser Herzenszerknirschung und unter Thränen. Wer würde dies in solcher Lage nicht thun? da doch schon diese Thatsache zu berichten Thränen den Hörern entlocken kann. Durch diese Anrufung schien das Heer sich gar sehr gestärkt zu fühlen.“ [3])

1) Itinerarium Reg. Ric. IV, 28.

2) Itin. Reg. Ric. I, 52: Dum se quidam ex nostris ephebi in planitie extra castra ex condicto exercerent, sagittas ad signa mittentes.

3) Itin. Reg. Ric. IV, 12.

Einen nächtlichen Ueberfall zu machen, galt zwar den ritterlichen Heerführern für unpassend [1]), doch konnte man nicht wissen, ob der Feind solche gentile Gesinnungen hegte, und es war deshalb immerhin besser, Vorsichtsmassregeln zu treffen, Wachen und Vorposten aufzustellen. Das ist die Schildwache [2]), welche wohlgerüstet und wohlbewaffnet das Eigenthum des schlafenden Heeres zu bewachen hat. Wenn eine bedeutende Truppenzahl, tausend Mann [3]) oder gar tausend Ritter und zweihundert Schützen die Wache übernahmen, so haben sie wohl eine Art Feldwachen aufgestellt und Patrouillen (wartliute) zur Recognoscirung von diesen aus abgesendet, welche die Stellung des Feindes zu erkunden hatten [4]). Am liebsten nahm man Leute, die das Terrain genau kannten. In dem Gedichte von Mai und Bêâflor lagern die feindlichen Heere einander gegenüber: „Umb schiltwache schuof man dô“ (p. 112, 23). Graf Mai bittet den Kaiser (p. 112, 29): „Enpfilch die schiltwarte mir“; der Kaiser lehnt dies jedoch ab (p. 112, 33): „Wande dir ist umbekant Beide gemerke unde lant, Dû solt ez niht vür übel hân. Wir suln die lantliute lân Hînt der schiltwache pflegen.“ Obschon die Nachtwache besonders vergütigt wurde [5]), bestimmte der Feldherr nicht selbst die Wachtmannschaft, sondern überliess es den Helden, sich selbst zu dieser verantwortlichen und wohl auch gefährlichen Dienstleistung anzubieten [6]). Der erfahrene Krieger wählte sich dann seine Begleitmannschaft selbst aus [7]). Oder

1) Gui de Nanteuil p. 73: Si fet plet, dist Ganor, ne m'iert ja reprou. Qui je par nuit m'en isse comme lerre prouvés. Le matinel à prime, quant soleil iert evés . . . Si vestés les haubers etc.

2) Nib. Z. p. 280, 1. — Gr. Wolfdietr. 506. — Ottokar von Steier CCCLXI: Die da schilt-wachten, Auf sein gevert niht achten. — Lod. van Velthem lib. III, c. 36: Maer die gene hebben't vernomen, Die de scilt wachte daden. — Chron. des ducs de Norm. 19160: Reis Loewis point ne se haite; La nuit fist faire l'eschelgaite.

3) Parton. 19786: Er phlac der schiltwachte Mit tûsent mannen wol bereit.

4) Mai u. Beafl. p. 113, 26: Hin riten die helde gemeit: Tûsent rîter hôchgemuot Und zwei hundert schützen guot. Ir wartliute si vür sanden, Die wol diu lant erkanden. — Sie treffen endlich mit den Vorposten des Feindes zusammen. (Vgl. S. 212, Anm. 2.)

5) Alphart 201. — Tancred erhält vor Antiochia für die Bewachung der Brücke monatlich 40 Mark (1600 RM.; Alb. Aqu. III, 45).

6) Alphart 87: 'Dâ sult ir gein im senden ein recken ûf die wart.' (88) 'Wen sol ich gein im senden?' sprach hêr Dietrîch. 'Daz sult ir mich' sprach Alphart 'ich wer ez endelîch. Ich tar wol bevinden des keisers gelegenheit'.

7) Alphart 53: Alsô sprach von Lamparten der edel keiser rîch: 'Wen send wir ûf die warte, ir recken lobelîch?' Die küenen wîgande sprungen an einen rinc. 'Ich wil die warte suochen' sprach ein herzoge, hiez Wülfinc. (54) Dô welte er von dem ringe zuo im ahzic man, Die sich mit Wülfinge huoben hin dan Under

die Kriegsgenossen übertrugen selbst einem ausgezeichneten Ritter dies Ehrenamt. „Dô sprach Hildebrant der alde wîse degen: 'Wer wil der schiltwahte noch hînte phlegen?'" Die Helden wählen Hildebrand selbst, der gewappnet, das Ross an der Hand führend, noch einige Gefährten sich freiwillig melden lässt und dann die Wache übernimmt. Es wird ausgemacht, dass auf ein Hornsignal ihnen Hülfe gesendet wird. So reiten die fünf Ritter im Mondenscheine auf Kundschaft aus und stossen um Mitternacht auf den Feind [1]). Besonders angenehm war die Nachtwache keineswegs und wenn sich die Posten auch mit Musik die Zeit vertrieben, so waren sie doch froh, wenn endlich ein Posaunensignal und das Morgenlied der Wächter den Anbruch des Tages verkündete [2]).

Um einem Ueberfall vorzubeugen, gab man eine Losung aus, die Jeder wissen musste, der bei den Wachen vorbeipassiren wollte [3]).

Mit dem Beginn des Tages wurden, wie gesagt, durch Signale die Schläfer im Heere geweckt [4]); ein Herruofer, der Herold des Führers, rief dann aus, ob man den Tag noch rasten oder weiter marschiren sollte [5]). Zuweilen war der Befehl auch schon am Abend zuvor ausgegeben worden, und dann bedurfte es erst keiner Weisung; auf das Hornsignal des Fahnenträgers stieg Jedermann zu Rosse und war zum Abmarsche bereit [6]). Diese Ausrufer spielen im Kriegswesen

---

einem banier rîche, von golde unmâzen breit. Ahzic helde küene mit dem herzogen Wülfinc reit. (55) Alsô sich ûz bereiten des keisers wartman, Den vanen si dô leiten über den wîten plan.

1) Alph. 327—336

2) Titurel 2339: Die mit der schiltwache die naht bekumbert waren, Swie vil busoune krache und reise noch tambure niht verbaren, Die kurtze naht sie douhte ein lange stunde, Untz man in suzzem sange und mit busoun den liehten tac in kunde.

3) Prise de Pampelune 1485: À l'isir de la ville ne i fu graille soniés Ne tube ne tambor mes le nom fu doniés Entre lour de saint Jaques, ond à tuit vint à gres. — Vaublanc (la France au temps des Croisades II, 50) citirt aus dem Roman de Florimont folgende Verse: 'Quelle enseigne crierons-nous, Quant volrons ralier à vous Que nostre gent soit connéue?' Il respont 'l'enseigne perdue?' 'Non, fait-il, l'enseigne nouvelle'.

4) Biterolf 5529: Dô in aber kam der tac, Der daz her dâ wîsen phlac, Der hiez si sich ûf machen. Man hôrt da lûte erkrachen Pusûnen die hellen.

5) Lohengr. 4051: Des morgens dô die sunne erschein Der keiser wart dô mit den herren des enein, Daz über tac wart ligen dâ gerüefet. An allen sîten hie unt dort Der herruofer ez beschrei, doch niendert ort Manz liez, es würd hinwider an gewüefet. — Guiberti Abbatis Hist. Hierosolym. VII, 8: Per exercitum iubetur praeconum voce cantari, quatenus etc.

6) Biterolf 7581: 'Als ez beginnet tagen, Niht mêr erwartet iemans sagen, Sô sult ir alle sîn bereit In iuwer wîclîchiu kleit. Sô schaffe ich' sprach Hilde-

damaliger Zeit eine nicht unbedeutende Rolle [1]); durch ihre Vermittelung verkehrt der Befehlshaber mit seinem Heere. Als beispielsweise Richard Löwenherz im Juni 1192 beschliesst, noch bis zum nächsten Osterfeste im heiligen Lande zu bleiben, lässt er das durch seinen Herold (praeco) Philipp im Heere ausrufen [2]).

Eigenthümlich ist der Brauch Tag und Ort der Schlacht mit dem Feinde zu verabreden. Allgemein ist derselbe gewiss nicht gewesen, denn man wusste sehr wohl, dass nur ein rascher und unerwarteter Angriff dem Feinde ernstlichen Schaden zufügen konnte [3]); hin und wieder hat man jedoch trotzdem die Schlacht wie einen grossen Zweikampf angesehen, in dem ein Gottesurtheil zwischen den Gegnern entscheiden sollte [4]). Sicherheiten wurden ausgetauscht, dass bis zum bestimmten Termine der Frieden nicht gebrochen werde [5]); jeder Feld-

---

brant, 'Daz unser venre Wîcnant Ein hornblasen schelle, Daz der dôz erhelle. Sô sult ir niht langer bîten Unde sult gên Wormze rîten.'

1) Robert le Diable: Lors ont mandé le crior Et le maistre deviseor; Chou quil doit crier li aprendent. Puis sen vont que plus ni atendent Et li crior crier vait Le ban que lenperere fait.

2) Itinerarium Regis Ricardi V, 46.

3) Gui de Nanteuil p. 93: Qui veult prince de terre destruire ne mater, Desconfire en bataille ne sa terre gaster, Ne doit pas contre lui nul estour affier, Mez ses os assembler et seur lui chevauchier.

4) Vgl. die von G. Waitz a. a. O. 187, Anm. 4 citirten Beweisstellen: Ann. Altah. 1044: Statuerunt armis decertare et diem condixerunt tercium, in quo divinum apparuit iudicium. — Thietmar VII, 45: Illi namque diu invicem discordes certum condixerunt diem, qua cum suis fautoribus haec certo duelli iudicio discerneret; V, 8: cum iudicio pugnae. — Lamb. 1075: Aequissimo judici Deo rem committerent. — Vgl. dazu: Monachi Fürstenfeldensis Chron. de gestis principum 1298 (von der Schlacht bei Gellheim ist die Rede): quamvis ibi contra iustitiam est dimicatum, quia fas non est servum contra dominum litigare, tamen hec victoria Dei iudicio committenda est, qui solus discernit causam et rationem rerum omnium antequam fiant. — Nach Guiart I, 6800 benachrichtigt Kaiser Otto IV. vor der Schlacht von Bouvines den König Philipp August, dass er ihn angreifen werde; Philipp bestimmt den folgenden Tag zur Schlacht. — Auch zwischen Friedrich II. und den Mailändern wird der Schlachttag festgesetzt. Phil. Mousques 29572: Et fu la bataille plévié Droit al mi-mai et aramie. — Ottokar von Steier CCCXLI: Nu was an der zeit Zwischen in (den Franzosen und den Spaniern) ain streit Gemacht und gelobt; DXCIII (Flandrer und Franzosen 1295): Von ritter und von knechten Ward der streit besprochen Über ain wochen. Auch belaib unczeprochen Auf dieselbe zeit ain frid, Der ward gepoten pey der wid. — Salomo u. Morolff 319: Elyam, du salt dynem herren sagen, Wir sint czu striten bereit Über firczehen dage.

5) Cléomadès 411: Marcadigas leur remanda K'à celui jour se combatra À aus, ce sachent par verté. Donnée en fu la seürté Si que ambes ·ij· les parties S'en tinrent très bien apacies.

herr bedrohte seine Soldaten, falls sie Feindseligkeiten verübten, mit dem Galgen [1]).

Nahte nun der Schlachttag, so herrschte in beiden Heeren die grösste Emsigkeit. Der Befehl wird ausgerufen, die Pferde zu putzen und zu striegeln, die Harnische nachzusehen und die Helme blank zu putzen [2]). Die Rüstungen werden gescheuert, der Rost wird von den Helmen gewischt; man schleift die Schwerter und die Dolche, die Schildriemen werden im Nothfall neu befestigt. Die Schleuderer bessern ihre Schleudern aus und giessen bleierne Geschosse; die Bogenschützen füllen ihre Köcher mit Pfeilen [3]).

Der Feldherr hatte unterdessen mit seinen Rathgebern den Schlachtplan zu entwerfen und da war mancherlei zu erwägen. Hören wir, was Aegidius Colonna (lib. III, p. III, cap. IX) sagt:

„Was [4]) und wie viel im Kriege zu beachten ist, wenn eine Schlacht geschlagen werden soll. Wie aus dem Gesagten sich ergiebt, ist in den Kriegsangelegenheiten die grösste Vorsicht zu brauchen. Denn da die Zufälle des Krieges nicht mehr gut zu machen sind, so muss man fleissig zusehen, ehe man die Schlacht wagt, was im Kriege zu erwägen ist. Besser ist es, eine Schlacht nicht zu riskiren, als sich dem blinden Zufalle aussetzen, ohne dass man den glücklichen Ausgang gebührend voraussieht. Wir sehen aber, dass es im Kriege auf zwei Factoren besonders ankommt: auf die kriegführenden Truppen und auf die anderen Chancen, die für eine Schlacht erforderlich sind. Was die

---

1) Ottokar von Steier DXCIII (s. S. 232, Anm. 4).

2) Gui de Nanteuil p. 83: L'emperere de France a fet par l'ost crier Qu' Guion sunt venu serjant et chevalier: 'Or pensés de chevax conréer et torchier, Et des haubers lorer et les hiaumes froier; À de main iert le jour du tournoi commanchier.'

3) Itin. Reg. Ric. IV, 35: Rotantur loricae, ne rubigine squalescant; tractantur galeae mappulis, ne forte pallescant, humore lambente fulgorem; gladiorum birris exterguntur mucrones, ne qua humectatione claritudini inimica corrumpantur. — Gesta Ludovici VIII. Franc. Reg. (Duchesne V, 300): Hic galeam miles scabra rubigine tinctam Elimat, clypeus reparatur et ensis acumen, Cuius mucro vorax penetret vitalia, terrae Sanguine purpureo virides et purpuret herbas. Nexilibus maclis vestis distincta novatur Et caligo ferri, cruris munimina tuta. Hic lascivit equus, quem gramen pascit yberi, Et vacuas resonis hinnitibus incutit auras. Hic pedites fundas reparant, hic plumbea massa Vertitur in glandes. . . . Pilis et iaculis oneratur dextra, sagittis Implentur pharetrae tinctis in tabe venenis. — Chans. d'Antioche VII, 30: Et si ont leur haubert et froiés et rollés, Lor elmes escraircies, lor escus enarmés, Lor espées forbies et lor heus adobés.

4) Ich übersetze das schlimme Latein des Autors möglichst wortgetreu.

Truppen anbelangt, so sind für unseren augenblicklichen Zweck sechs Punkte zu bedenken, wie auch für die unterstützenden und fördernden Momente sechs andere aufgezählt werden können, die gleichfalls Beachtung verdienen. Im Allgemeinen also muss der König, der Fürst oder der Heerführer, welcher wachsam, nüchtern, verständig und betriebsam sein soll, zwölf Punkte in Erwägung ziehen, bevor er beschliesst eine Schlacht zu schlagen: sechs betreffen die Truppen selbst, sechs die Hülfsmomente. Sechs Punkte nämlich betreffs der Truppen sind massgebend für die Erkämpfung des Sieges. Erstens: die Zahl der Truppen. Denn wo die Truppen in grösserer Zahl vorhanden sind, da müssen sie, wenn alle anderen Umstände sonst bei beiden Heeren gleich sind, den Sieg erfechten. Denn wie man sagt: die Menge ist im Kampfe nützlich, wie ein grösseres Gewicht mehr anzieht. Zweitens ist bei den Truppen die Uebung in Anschlag zu bringen. Leute, deren Arme zum Schlagen nicht gewöhnt, deren Glieder zum Kriege nicht geübt sind, die werden schwach, sobald sie eine Schlacht aushalten sollen. Die Gewöhnung ist nämlich gewissermassen eine zweite Natur, so dass ein Jeder gewöhnte Arbeiten mannhafter, schneller, mit geringerer Anstrengung und Mühe verrichtet. Drittens ist die Ausdauer in der Ertragung der körperlichen Anstrengungen und Entbehrungen in Betracht zu ziehen. Wer im Heere auszieht, der muss viele Unbequemlichkeiten ertragen; wenn hier also weichliche und weibische Leute sind, die sich scheuen einige Unbequemlichkeiten zu erdulden, so weigern sie sich, besiegt wegen der Unbequemlichkeiten, welche sie ertragen, zu kämpfen und fliehen aus dem Heere. Viertens ist die Tapferkeit und die körperliche Abhärtung zu bedenken. Denn es ist ein grosser Unterschied zwischen der Härte des Eisens und der Weiche der seidnen Stoffe, zwischen der Annehmlichkeit des Spieles und der rauhen Wirklichkeit der Schlacht (asperitas pugnae). Wenn man nämlich den Krieg so im Allgemeinen betrachtet, da wollen Alle Krieger sein; wenn sie aber dazu kommen, ihn im Einzelnen kennen zu lernen, und schmecken, wie hart das Eisen, wie schwer die Rüstung, wie gross die Anstrengung in der Schlacht ist, wie weh die von den Feinden geschlagenen Wunden thun, dann muss einer schon hartes Fleisch und einen kräftigen Körper haben, wenn er sich deshalb nicht lieber vom Kriegführen fern halten soll. Denn das ist selten, dass Leute mit weichlichem Fleische, nachdem sie den Krieg gekostet, sich noch nach Schlachten sehnen. Wie schon früher bemerkt, sind Leute mit weichem Fleische besser geeignet zu begreifen, aber in der Regel weniger brauchbar zum Kämpfen, denn sie ertragen schwerer die Last der Waffen und sind gegen Wunden empfindlicher. Fünftens fällt ins Gewicht bei den Soldaten die Erfahrung und die Lust am Kriege. Denn je vorsichtiger die Krieger sind, um so eher erfechten sie den Sieg. Sechstens ist die Mannhaftigkeit und die Kühnheit der Gesinnung zu bedenken: kühnere und starkherzigere Männer erkämpfen meist in der Schlacht den Sieg. Der König, die Fürsten, der Heerführer müssen also, ehe sie eine offene Schlacht wagen, was die Personen der Kämpfenden anbelangt, sechs Punkte erwägen: Erstens auf welcher Seite mehr Soldaten sind; zweitens, welche mehr geübt; drittens, welche stärker in der Ertragung von Schwierigkeiten und Unbequemlichkeiten; viertens, welche kräftiger und körperlich härter; fünftens, welche betriebsamer und findiger; sechstens, welche kühner und von Herzen mannhafter sind; und dann wird der nüchterne und vorsichtige Anführer, je nachdem er sieht, dass sein Heer an jenen Eigenschaften Ueberfluss oder Mangel hat, die Schlacht beschleunigen oder verschieben, offen oder durch Kriegslisten und heimlich den Krieg führen. Nachdem die sechs Punkte aufgezählt sind, welche betreffs der Truppen vor Beginn des offenen Krieges zu bedenken sind, erübrigt es noch, die sechs anderen anzuführen, welche die im Kriege unterstützenden und helfenden Momente angehen. Im Kriege nämlich sind von Wichtigkeit die Pferde, die Waffen, die Lebensmittel, der Ort des Kampfes; auch die Zeit kann vortheilhaft sein. Der Heerführer muss also überlegen: erstens, auf welcher Seite sind mehr und bessere Pferde; zweitens, auf welcher Seite hat man bessere Bogenschützen, mehr und besser Bewaffnete; drittens, wo sind mehr Lebensmittel vorhanden. Denn manchmal kommt es gar nicht zu Gefechten, zum wirklichen Kriege: wegen Mangel an Lebensmitteln ziehen sich die Gegner zurück und dürfen sogar wegen dieser Noth gar keine Zeit verlieren. Viertens ist der Ort der Schlacht zu bedenken: wer auf höherem und zur Schlacht vortheilhafterem Terrain steht. Fünftens ist in Anbetracht der Schlacht auch die Zeit zu beachten: ob zur Zeit des Kampfes die Sonne den eigenen Leuten oder den Feinden gegenübersteht, ob ein Wind bläst und der eignen Truppe oder den Gegnern den Staub entgegenweht. Wer Sonne, Wind oder Staub gegen sich hat, dem werden die Augen so getrübt, dass er nicht kämpfen kann. Sechstens ist darauf zu merken, auf welcher Seite mehr Hülfstruppen erwartet werden. Denn wenn die Feinde mehr Verstärkung erwarten, dann ist der Kampf nicht rathsam, oder die Schlacht muss schleunigst geliefert werden; wenn aber auf der eignen Seite Verstärkungen in Aussicht sind, dann ist der Kampf zu verschieben. Wenn der einsichtige Heerführer das alles sorgsam erwogen hat, wird er ausreichend erkennen können, ob er eine offene Schlacht liefern soll. Je nachdem er sieht, dass er in Bezug auf mehrere der erwähnten Bedingungen Ueberfluss oder Mangel hat, so wird er sein Verhalten im Kriege einrichten können. Es wird nun vielleicht niemals vorkommen, dass alle die besagten Bedingungen auf einer Seite zutreffen, wo jedoch die meisten und wichtigeren Bedingungen zusammentreffen, der Theil ist der stärkere im Kriege."

Im vierzehnten Capitel führt Aegidius dies noch weiter aus: „Wie viele und welche Momente die Feinde stärker machen und auf wie viele Arten und in welcher Weise wir die Feinde angreifen müssen. Wie oben bemerkt, ist für den Feind nützlich, was uns schädlich ist, und umgekehrt. Was also die Feinde widerstandstüchtiger macht, das ist ihnen nützlich, das Gegentheil schädlich, schwächt sie und verringert ihre Widerstandskraft. Für jetzt können wir sieben Momente anführen, durch welche die Feinde den Angreifern überlegen sind. Erstens, wenn ihre Schlachtreihe geordnet ist. Denn da vereinte Tapferkeit, wie früher angedeutet wurde, stärker ist als zersplitterte, so werden gut vereinte und recht in Schlachtreihe aufgestellte Feinde beim Angriffe schwieriger besiegt. Zweitens vermehrt die Oertlichkeit die Widerstandskraft der Feinde. Denn an einem Orte können sie sich besser schützen als an einem anderen. Wie nämlich beim Ueberschreiten der Flüsse, zwischen abschüssigen Bergen, während der Schwierigkeiten der Strassen die Feinde sich im Falle eines Angriffs schwerer vertheidigen können, da sie wegen des zur Vertheidigung ungünstigen Terrains nur zerstreut einherziehen müssen, und wenn sie da überrascht werden, sie schwächer sind zu kämpfen, so macht ein angemessenes Terrain sie tüchtiger zur Vertheidigung. Drittens die Zeit. Wenn der Wind den Feinden entgegen ist, der Staub ihnen ins Gesicht geweht wird, ihre Augen durch die Sonnenstrahlen geblendet werden, können sie weniger Widerstand leisten. Zu einer Zeit, wo ihre Gegner unter diesen Fatalitäten zu leiden haben, sind sie besser zum Kampfe geeignet. Viertens macht die Voraussicht des Kampfes die Feinde muthiger und tüchtiger zum Widerstande, denn wenn sie sich vorsehen können und den Anmarsch der Gegner vorherwissen, so sichern sie sich um so mehr und werden durch den Angriff nicht so sehr erschreckt. Das Fünfte ist die erforderliche und angemessene Erholung (quietatio). Denn je mehr die Feinde durch Anstrengungen, Nachtwachen und andere Strapazen ermüdet sind, desto leichter werden sie im Falle des Angriffs eher besiegt, als wenn sie die erforderliche Ruhe genossen haben. Das Sechste ist die Liebe und Eintracht derselben. Denn wie körperlich getrennte Feinde leichter besiegt werden, um so schneller werden im Geiste und im Wollen entzweite Heere unterliegen; denn grösser als die Entfernung der Leiber wirkt da der Zwiespalt der Geister. Und hinwiederum: wenn die Feinde nicht zersplittert, sondern in einen Heereskörper geeint sind, so sind sie kriegstüchtig um vieles mehr, wenn sie sich untereinander lieben, einträchtig im Geiste und Wollen sind; weil sie mehr Vertrauen zu sich haben, werden sie auch mannhafter und tüchtiger zur Schlacht sein. Jede Liebe nämlich ist eine vereinigende Kraft, und die Liebe eint mehr der Liebenden Herzen, als die Lebensgemeinschaft die Körper. Wenn daher Vereinigung an einem Orte und Zusammenwirken die Krieger stärker macht, so macht Liebe und Herzenseintracht sie mannhafter. Siebentens befördert die Machtentfaltung eines Heeres der Umstand, dass Alles, was es selbst angeht, geheim gehalten wird. Denn je besser man die Lage der Feinde kennt, um so eher wird ein Weg gefunden, wie sie zu bekämpfen sind; je unbekannter aber ihre Lage ist, desto weniger weiss man sie zu bekämpfen. Nachdem nun aufgezählt wurde, was die Feinde zum Widerstande besonders fähig macht, kann man leicht begreifen, wie und in welcher Weise man seine Feinde angreifen muss; denn da in den sieben angeführten Fällen die Feinde stärker sind, so muss man sie angreifen und bekämpfen, sobald sie sich in der entgegengesetzten Lage befinden. Zuerst muss also der Feldherr durch Hinterhalte oder auf irgend eine andere Weise sorgfältig erkunden, wann die Feinde zerstreut sind; dann muss er sie angreifen, weil sie keine Kraft zum Widerstand haben. Zweitens muss er fleissig ihre Märsche erforschen, den Uebergang über Flüsse, die Passirung steiler Berge, von Waldengen, schwieriger Sümpfe oder Strassen, und da sich ihnen gegenüberstellen, weil sie so leichter besiegt werden. Drittens muss er auf die Zeit Acht haben; wann die Sonne den Feinden in die Augen scheint, der Staub und der Wind ihnen ins Gesicht weht, dann soll er sie angreifen, denn sobald ihre Augen durch die Sonne geblendet, durch Wind und Staub belästigt sind, können sie nicht gut sehen, wie sie kämpfen sollen, und so werden die Feinde die Flucht ergreifen müssen. Viertens muss der Feldherr sich so mit der Zeit einrichten, dass er seine Leute speisen und ruhen, auch ihre Pferde sich erholen lässt, damit sie unvermuthet die Feinde überraschen können, dass sie dieselben angreifen, wann sie Speise zu sich nehmen oder wann sie schlafen, wann sie sich sicher glauben und unbewaffnet, müssig, ohne Schuhe sind, die Pferde nicht zur Hand haben, ihren Ueberfall nicht gewärtigen. Fünftens muss er fleissig erforschen, wann die Feinde einen langen Tagemarsch gemacht haben; dann sind sie ermüdet und die Pferde abgespannt. Wenn sie da angegriffen werden sollten, so werden sie schnell den Rücken kehren. Sechstens soll nach Vegetius der Heerführer selbst oder durch Andere unter seinen Feinden und Gegnern Uneinigkeit und Misshelligkeiten zu veranlassen suchen, sie zu Streit und Feindschaft erregen, dass sie sich unter einander nicht mehr trauen. Wenn er dies nämlich gethan hat und sie dann angreift, so werden sie, weil sie zu einander kein Zutrauen haben, leicht in die Flucht geschlagen werden. Aber diese Massregel ist, obgleich sie Vegetius vorbringt, nicht hoch anzuschlagen, denn sie scheint dem Anstande (den guten Sitten) zu widersprechen. Siebentens muss er sorgfältig erkunden die Lage der Feinde, wie es ihnen geht, wie sie sich behaben, wer ihr Anführer ist, auf wen der Anführer am meisten traut, wie ihre Sitten sind. Denn wenn man die einzelnen Verhältnisse erforscht hat, dann findet sich leichter ein Weg, die Feinde zu bekämpfen und zu bekriegen."

Aegidius giebt dann im funfzehnten Capitel sehr verständige Rathschläge für den Fall, dass es der Feldherr für angemessen erachtet, einer Schlacht auszuweichen. „Die erste Vorsichtsmassregel muss er dem eignen Heere gegenüber anwenden. Denn wenn der Feldherr einen Kriegsrath abhält (und es wird beschlossen), dass nicht gekämpft werden soll, dann darf er das nur Wenigen offenbaren, es nicht dem ganzen Heere mittheilen, damit die Soldaten nicht aus Furcht fliehen und von den nachsetzenden Feinden niedergemacht werden. Der Feldherr muss also so verfahren, dass das Heer nicht glaubt, er wolle fliehen, sondern an einer anderen Stelle einen Hinterhalt bereiten und um so heftiger die Feinde bekriegen. Die zweite Vorsicht ist dem feindlichen Heere gegenüber zu beachten. Denn er muss den Krieg hinziehen, ohne dass die Feinde das merken. Darum betreiben das Viele lieber zur Nachtzeit als bei Tage, und Mehrere wenden die Vorsicht an, dass sie die Ritter in Schlachtreihe den Feinden gegenüberstellen und sie so hindern, die Fusstruppen zu sehen, die nun heimlich abziehen. Ist dies geschehen, so können dann leichter die Ritter die Vorstösse der Feinde vermeiden. Zu beachten ist auch, dass, wenn man so der Schlacht ausweicht, die Reihen niemals sich theilen und zersplittern dürfen, denn wenn die Feinde etwa die vor dem Kampfe Fliehenden verfolgen sollten, so würden sie mehr niedermachen und den Fliehenden grösseren Schaden zufügen, als wenn diese Kehrt machten und

und kämpften. Der Heerführer muss auch erforschen, ob ein Ort in der Nähe ist, in den das Heer flüchten kann, wenn es vom Feinde geschlagen ist."

War nun die Schlacht beschlossen, so wurden zunächst die Truppen in Schlachthaufen eingetheilt, in denen sie dann geordnet zu fechten hatten. In einem solchen Schlachthaufen waren gewöhnlich sowohl Ritter als Fusssoldaten vereinigt, zuweilen jedoch bestanden dieselben nur aus Cavallerie oder Infanterie. Eine solche Abtheilung hiess Rotte (Troj. 29784) oder Schar (Mhd. Wtb. $II^2$, 152), afr. Bataille (davon wohl unser Bataillon) oder Eschele [1]); jede derselben hatte einen Anführer; an der Spitze des ganzen Heeres stand der Houbetmeister, Oberman (mnl. Overleidsman) [2]). Die Ordre de bataille im Trojanerkrieg beschreibt uns Konrad von Würzburg (29728 ff.). Die Trojaner haben zehn Schaaren: 1) 3000 Ritter, Anführer Trôilus; 2) 4000 Ritter, Anführer Margarîton; 3) 5000 Ritter, Anführer Pollidamas; 4) 2000 Schützen, Anführer Dêîfebus; 5) 6000 Mann mit Hellebarden bewaffnet, und 500 Ritter beim Carroccio, Anführer Pyctagoras; 6) 7000 Mann, Anführer Ênêas; 7) 3000 Ritter und 3000 Schützen, Anführer Pârîs; 8) 5000 Ritter, 2000 Fuozgengel, Anführer Anthênor; 9) die Fusstruppen aus der Stadt, zur Deckung derselben bestimmt, Anführer Priamus; 10) die Reiterei der Stadt, Anführer Hector. Hector ist zugleich der oberste Commandeur; er redet vor der Schlacht jeden Führer an und ermahnt ihn; jeder Schaar sind tapfere Helden zuertheilt. Die Griechen haben 15 Rotten. Die erste von 9000 Rittern wird von Achill und Patroclus commandirt. Die zweite besteht aus 6000 Rittern und 12000 Mann zu Fuss, befehligt von Meriôn und Menesteus. Die dritte, 13000 gepanzerte Krieger, leiten Ascalapfus und Alîn; die vierte, 5000 Ritter und 800 Armbrustschützen, Prothênor und Archelaus. Menelaus commandirt die fünfte Schaar, 10000 Ritter. Unter des Epistros und des Schelopfîs Befehl stand die sechste Schaar, 4000 Ritter und 9000 Schützen. Die siebente, 14000 Mann, führte Telamôn; seiner Abtheilung waren ausserdem 4 ausgezeichnete Befehlshaber

---

1) Pierre de Langtoft I, 202: Son host en ·vij· escheles lovrer fust establye.

2) Troj. 25084: Hector den rotten bî der zît Was z'einem oberman gegeben. — Alphart 424: Dô wart houbetmeister Reinolt von Meilân. Dar umb wart im ze miete diu selbe stat getân. In bat der rîche keiser balde vür sich gân: Er bevalch im an den stunden sînen sturmvan. — Lanz. I, 33039: Daer reet voren sonder vorste Een, hiet Jabyas, die leidsman was Van der erste bataelgen Claudas; I, 35001: Hi ordeneerde ·x· scaren, Daer goede leidsmanne in waren; Ende mijn her Lanceloet was nochtan Van alden scaren overleidsman.

(Amiralde), Pollixenon, Dorion, Ampfeleus und Theseus zugetheilt. Die achte Schaar, 12000 Ritter, befehligten Dôas und Ajax; die neunte, 12000 Ritter, Ipomenes und Filithôas; die zehnte, 3000 Ritter und 7000 Bogenschützen, Nestor; die elfte, 18000 Mann, Ulixes und Diomêdes; die zwölfte, 6000 Ritter und 8000 Fusssoldaten, Palomîdes; die dreizehnte, 5000 Ritter und 20000 Mann Fussvolk, Urielus und Delonîs. 19000 Mann Infanterie unter Cappadon bildeten die vierzehnte Schaar; 30000 Ritter unter Agamemnon endlich die fünfzehnte. Dass diese Eintheilung thatsächlich vorgenommen wurde, dafür bringt Baltzer (a. a. O. 102 ff.) Belege bei; auch Villehardouin erzählt (179), dass die Kreuzfahrer sechs, die Griechen dagegen vierzig Batailles hatten.

So war alles vorbereitet. Die Krieger beichten noch und machen ihren Frieden mit dem Himmel, verfügen über ihr Besitzthum, für den Fall, dass sie in der Schlacht bleiben sollten; dann werden die Harnische noch einmal sorgfältig geprüft, die Pferde und ihr Beschlag untersucht, die Waffen und der Kriegsschmuck zurecht gelegt [1]).

So brach der Tag der Schlacht an. Gern hatte man es, dass das Wetter hell, der Himmel blau war (Partonopier 4044). Das Schlachtfeld sollte möglichst eben gestaltet sein, ohne Buschwerk, ohne Hügel und Thäler [2]). Früh wird eine Messe gelesen, und wer dazu das Bedürfniss fühlte, der empfing noch das Abendmahl [3]). Ein dreifaches Hornsignal rief die Soldaten zur ernsten Arbeit. Auf den ersten Hornschall sollten sie am Morgen aufstehen, auf das zweite Zeichen satteln, beim dritten Signal gewaffnet auf ihren Rossen bereit sein [4]). Oft war es auch dem Heere schon am Abend verkündet worden dass mit Morgengrauen sich jeder zum Kampfe rüste [5]).

---

1) Ottokar von Steier CCCXXIX; DCLXXXI.

2) Gui de Nanteuil p. 45: La terre fu moult lés et le païs egaus N'i ot point de boscage, ne mont n'i ot ne vaus.

3) Ottokar von Steier CXLVII (vor der Schlacht auf dem Marchfelde): Welher da so selig was, Daz er zu got geding het, Der enphienc an der stet Gegen der kunfftigen not Daz lemptig prot; cf. DXXX.

4) Kudrun 1350: 'Swer sô hœre diezen mînes hornes schal, Daz der sich sâ ze stunde rihte gên dem strîte, Künde ich iu den morgen, daz iwer deheiner dâ iht lenger bîte. (1351) Sô ich ander stunt geblâse, des sult ir niht lân, Iu ensî gesatelet. zen rossen sult ir gân Und stêt dâ bereite, unz ich den tac erkiese, Ze rehter sturmes zîte daz nieman dâ sîn arbeit verliese. (1353) Sô ich drî stunt geblâse, ir lieben vriunde mîn, Sô sult ir wol gewâfent ûf den rossen sîn. — Ren. de Mont. p. 165, 32: Il fist soner ses grailes et sa gent fist monter.

5) Prise de Pampelune 5802: Le comand suen seignour fist crier autemant Rolland, pour le comand dou grand roy de Franzois Fist comandier par l'ost che tretous cele fois Fusent apareilés à l'aube sens repois.

Der Fürst oder Feldherr feuerte mit einer Ansprache sein Heer an [1]), versprach den Siegern reiche Belohnung [2]) oder erinnerte sie an ihre Geliebten und forderte sie auf, denselben Ehre zu machen [3]). Auch in der Schlacht von Bouvines stürmt Jehan Buridant dem französischen Heere voran mit dem Rufe: „Chascun souviengne lui de sa mie“ (Guiart I, 6800). Und nun rücken die Schaaren in die Schlachtordnung ein, dicht geschlossen, dass ein auf sie geworfener Handschuh nicht zur Erde gefallen wäre [4]), ein Ball von einer zur anderen Truppe hinübergeworfen werden konnte [5]).

Voran marschirt das Fussvolk, welches die Schlacht eröffnet, dann die Schlachthaufen der Ritter, mit eingelegter Lanze reitend [6]), an ihrer Spitze die Avantbataille [7]). Noch einmal ruft ein Geistlicher ihnen ein kurzes Gebet zu, in welches das ganze Kriegsvolk singend einstimmt, und entfernt sich dann vom Schlachtfelde. Vor der Schlacht auf dem Marchfelde sprach der Bischof von Basel mit lauter Stimme das Gebet:

„Sant Marey, muter und maid,
Alle unsrew not sey dir gechlait“[8]).

und denselben Vers singen 1190 die Christen bei einem Ausfalle aus Akka, und 1298 wird er in der Schlacht von Gellheim ange-

1) Waitz a. a. O. 187, Anm. 5. — Cléomadès 551 ff.

2) Kudr. 496: Hetelen hôrt man rüefen vaste an sîne man 'Nû wert iuch, snelle degene! der nie golt gewan Dem heize ich ez mezzen mit vollen âne wâge' etc.

3) Ottokar von Steier DLXX: 'Nu tra zirn lewte Gedenkcht an die stunt, Ob ir von rotem mund Ye lipleich seit gegruest. Und wisst, daz ir puest Trawrens ewer frawen, Ob ir ewch hewt lat schawen, Daz man ew gicht: ir seit gut. Den frawen nichts so sanffte tut, Dann so man geit preis Irn lieben ameis.'

4) Ren. de Mont. p. 233, 22: Ki donc veïst lor gens rengier et ordener Et joster les batailles, les eschieles serrer. Se preïssies · j · gant qui fust à or parés, S'el getissies en haut sor les helmes gemés, Ençois poïssies estre demi liue alés, Que il cheïst à terre, tant estoient serré. — Guiart II, 11496: Si bien que s'un gant préissiez Et entr'eus haut le getissiez, Il paroit qu'à son asséoir Ne déust mie tost chéoir.

5) Guiart II, 11563: S'est le renc de leur route mis Si près c'on peut une pelote Geter de l'une à l'autre flote.

6) Cléomadès 616: lance sur fautre.

7) Cléomadès 619.

8) Ottokar von Steier CLIII: Mit ainer stym grozzen Der pischof von Pasel pegan Disen rueff heben an: 'Sand Marey, muter und maid, Alle unsrew not sei dir gechlait'. Die Pehaim auch rieffen do: 'Gospodina pomiloido!' Damit die pfaffen fuder riten. Rueffs wart da nicht vermiten: 'Hellm auf, hellm auf!' Damit chomen sew ze hauf.

stimmt (Ottokar von Steier CCCCXL; DCLXXXII). Vor der Schlacht von Bouvines 1214 (Guiart I, 6750 ff.) herrscht erst Stille, nur die Herolde rufen „Harou“ und beklagen die unvermeidliche Metzelei, dann ziehen auch sie sich zurück (6760 Mès si tost con de là se fuient, Si comme il leur estoit mestier). Noch ist es Zeit zur Vorbereitung, und wie vor dem Einzelkampfe steigen wohl die Ritter noch einmal ab und gurten ihre Sättel fester [1]). Dann wird das Zeichen zum Angriff gegeben, die Fahnenträger senken die Lanzen und nun beginnt die Schlacht [2]).

Ueber die Taktik der damaligen Heerführer sind wir sehr mangelhaft unterrichtet. Die genaueste Beschreibung der Schlachtordnung finde ich im Itinerarium Regis Ricardi, welches lib. IV, cap. XVIII die Aufstellung des Kreuzfahrerheeres bei der Schlacht von Arsûf (7. Sept. 1191) schildert. „An diesem Tage“, erzählt unser Gewährsmann, „führten die erste Schaar des Heeres die Templer; nach ihnen marschirten reihenweise geordnet die Briten und die von Anjou; hinter ihnen kam in dritter Schaar der König Guido mit den Leuten aus Poitou; die vierte Abtheilung bilden die Normannen und Engländer, welche das königliche Banner tragen; den Schluss macht die Schaar der Hospitaliter. Die letzte Schaar war aus erlesener Ritterschaft gebildet, in Schwadronen (turmae) geordnet gegliedert, in so dichten Reihen festgeschlossen, dass ein Apfel nicht zur Erde gefallen wäre, nur Menschen und Pferde getroffen hätte. Und vom Heere der Sarazenen reichte unser Heer bis ans Meer. Da konnte man die geschicktesten Gliederungen (distinctiones) sehen, verschieden gestaltete Fahnen und mannigfach geformte Heerzeichen, auch ein Volk voll Kraft, lebendig, muthig, zum Kriege gar tauglich. Da war der Graf von Leicester, Hugo von Gurnay, Wilhelm von Borriz, Wakelin von Ferrers, Roger von Tony, Jacob von Avesnes, der Graf von Dreux

---

1) Dietr. Flucht 3733: Dô erbeizten sî nider (Daz gevrumte si wol sider) Si gurten ir orsen baz. Islîcher des niht vergaz, Er stricte ouch die riemen. — Alix. p. 110, 9 ff.

2) Biterolf 11939: Sus wârens bêdenthalben gar Gelîche geschart als ein har, Her Gunthêr und die sîne, Die recken von dem Rîne: In der mâze kam ouch dar Dietleib mit sîner schar, Die leite dô her Rüedegêr. Dô heiz der marcgrâve hêr Den küenen Helphrîchen Ûf Ortwîn den rîchen Mit dem vanen wenden. Der fuorte an sînen henden Des künic Gunthêres vanen. Man mohte in lîhte gemanen, Er was doch grimme gemuot. Helpherîch der degen guot Neigte daz zeichen hêrlîch. Dô daz gesach her Dietrîch, Dô neigtens al gemeine. Dâ was ir deheine, Der vergæze an der hant, Dem wart ritterschaft erkant, Sîner baniere. Ûf einander schiere Wârn die vanenmeister komen.

und sein Bruder der Bischof von Beauvais, Wilhelm des Barres, Wilhelm von Garlanda, Drogo von Merlo, und mehrere seiner Anverwandten. Der Graf Heinrich von der Champagne hielt auch mit Fusstruppen auf der Bergseite Wache, immer nach der Seite hin beobachtend. Als die allerletzten waren die Bogen- und Armbrustschützen geordnet; sie bildeten den Schluss des ganzen Heeres. Die Packthiere und die Wagen, die ausser der Bagage die Lebensmittel und anderes transportirten, zogen auf dem Wege zwischen dem Meere und dem Heere einher, damit sie nicht von den Feinden angegriffen würden. So zog allmälig und nach und nach das Heer vorwärts, immer darauf achtend, dass es im Zusammenhange blieb, denn minder dicht geschlossene Schlachtreihen taugen weniger zum Widerstande. Der König Richard und der Herzog von Burgund sprengten mit einem Gefolge erlesener Ritter hierhin und dahin, beobachteten auf allen Seiten zur Rechten und zur Linken, erwogen sorgsam die Gewohnheiten der Türken und ihre Lage, um je nachdem es förderlich erschien, den Vormarsch des Heeres zu beschleunigen. Denn ihre Aufmerksamkeit war gar sehr von Nöthen.“ Wie aber im nun folgenden Gefecht die Stellung der Christen war, das sagt uns unser Autor nicht.

Auch Aegidius lässt uns da im Stiche. Er verwirft (lib. III, p. III, cap. XII) die quadratische Schlachtordnung und räth dieselbe nur, wenn das Terrain sie erforderlich macht, anzuwenden. Zur Vertheidigung ist die runde Aufstellung die beste; die tüchtigsten Krieger kommen in die erste Reihe. Sind der Feinde wenige, so empfiehlt sich die zangen- oder hufeisenförmige Anordnung, mit der man sie leicht umfassen kann. Für den Angriff endlich ist die pyramidale Ordnung die beste. Die Zahl der Schlachthaufen richtet sich nach der Anzahl der Krieger; tüchtige und erprobte Leute werden an die Ecken der Schaaren und wo sonst die Gefahr am bedeutendsten ist eingereiht, für jede Schaar einige ausgezeichnete Ritter in Reserve gehalten, die im Falle der Noth eingreifen und die Schaar unterstützen.

Den Mittelpunkt der ganzen Aufstellung bildet die Reichsfahne, die Standarte. Schon oben (S. 196 ff.) habe ich dieselbe geschildert und ihre Wichtigkeit erwähnt. Ich füge hier noch die ausgezeichnete Beschreibung hinzu, welche im Itinerarium Regis Ricardi uns gegeben wird. Es heisst da im zehnten Capitel des vierten Buches: „Die Normannen umgaben die Standarte, welche wir näher zu beschreiben hier nicht für ungeeignet erachten. Es ist also ein sehr langer Balken, wie ein Schiffsmast, auf vier festgezimmerte Räder gesetzt, mit Eisen beschlagen, dass er mit Schwertern oder Beilen oder durch Feuer nicht beschädigt werden kann. Auf dessen Spitze befestigt, wehte die königliche Fahne, die man gewöhnlich das Banner nennt. Zum Schutze dieser Fahne pflegt zumal bei einer Feldschlacht eine Abtheilung erlesener Ritter commandirt zu werden, damit sie nicht beim Angriff der Feinde beschädigt oder gar umgeworfen wird; denn sollte sie durch einen Unfall umgeworfen werden, so wird das Heer zerstreut und kommt in Unordnung, da nicht mehr sichtbar ist, wohin es sich zu flüchten hat, und sie meinen in ihrer Verzagtheit, dass auch der Heerführer, dessen Feldzeichen sie nicht mehr aufgerichtet erblicken, überwunden sei. Und das Heer taugt zum Widerstande gegen den Feind kaum noch ferner, welches da aus dem Falle der Fahne mit Angst schliesst, seinem Führer sei ein Unglück widerfahren. Wahrhaftig, so lange das Feldzeichen aufgerichtet bleibt, weiss das Volk gewiss, wo es eine Zufluchtstelle hat. Hierher werden die Kranken, die Verwundeten, die etwa in der Schlacht gefallenen, ausgezeichneten und erlauchten Krieger gebracht. Und weil es so fest gefügt als ein Wahrzeichen für das Kriegsvolk steht, darum heisst es Standarte[1]). Auf Räder wird sie nicht unpassend gestellt, damit sie je nach dem Stande des Gefechtes bald wenn die Feinde weichen vorrückt, oder zurückgeht sobald sie vordrängen."

Am Anfang des vierzehnten Jahrhunderts, um 1304, nahm man auch schon Geschütze in die Schlacht mit, sowohl die schweren steinwerfenden Petrarien, als auch die leichten fahrbaren Epringales, mit denen Pfeile abgeschossen werden [2]). Die Construction dieser Kriegsmaschinen werde ich im sechsten Capitel erläutern.

Wenn nun die Gegner zum Gefechte bereit sind, so stimmen die Krieger ihren Schlachtgesang an, das Wîcliet[3]). Die Normannen

1) Beiläufig bemerkt, ist estandart von extendere abgeleitet.

2) Guiart II, 11573: Prés du roi devant la banière Metent François trois perdriaus, Getans pierres aus enniaus Entre Flamens grosses et males Joignant d'eus rot deux espringales Que garçons au tirer avancent. Endroit eus à lancier commencent Selonc ce que voudrent li mestre; II, 8651: Et font l'espringale geter Li garroz qui lors de là ist, Les plus viguereus esbahist; II, 9623: Espringales font leur servise Dont li garrot en maint lieu saillent; II, 9561: Li garrot empené d'arain.

3) Rolandslied 841: Ûz there burh sie thrungen, Ire wîcliet sie sungen; 3820. — Kaiserchronik 2054: Ir wîcliet sie sungen, Sam dâ ein burc ist gewunnen; 5323: Die burc sie gewunnen, Ir wîcliet sie sungen; 7135: Ingegen dem kunige sie drungen, Ir wîcliet sie sungen. — Troj. 49038: Nû si gedrungen ûf den sê Mit in daz si heten dô, Si stiezen an und sungen hô Ir wîcleich gar frœlîche. — Anonymi

sangen bei der Schlacht von Hastings das Rolandslied [1]), das der Ritter Taillefer vorsang [2]). Erhalten ist uns nur das aus früherer Zeit stammende Ludwigslied. War der Gesang mehr erbaulich, wiederholte sich zumal der Ruf Kyrie eleison [3]) in demselben öfter, so heisst das ganze Lied „Leis“ [4]). Ein sehr beliebter Leis begann: „In Gottes Namen fahren wir“; ihn singen die Soldaten in der Schlacht von Gellheim 1298 [5]) und auch die lustigen Wiener, die so lange gezecht haben, bis sie vermeinen auf dem Kreuzzuge begriffen zu sein, stimmen dies Lied an [6]). Ein Bruchstück aus einem Kreuzfahrerliede ist im Herzog Ernst (D 2287) erhalten:

> 'Nu helff uns das heilige grab
> Und der sich durch uns darin gab
> Mit synen herren wunden,
> Das wir tzu Jherusalem funden
> Werden froliche
> Und in dem hymmelriche;
> Got gebe uns der werden lon
> Und singen: Kyrieleyson.'

Mit lautem Kriegsgeschrei drangen dann die Schaaren auf einander ein. Die Franzosen rufen „Monjoie Saint Denis“ [7]), die

---

Laudensis Contin. Acerbi Morenae 1167: Maximis vocibus cantum Teutonicum, quem in bello Teutonici dicunt, videlicet Christus qui natus et cetera, omnes letantes acriter super Romanos irruerunt. — Heinr. Chron. Livon. lib. III, c. XV, 3: Et statim percusso tympano leticie cum instrumentis musicis et cantu suo virorum animos exhilarantes .... ad paganos accelerant.

1) Matth. Paris 1066: Tunc Rolandi cantu inchoato ut animos bellatorum accenderet, deique auxilio inclamato prelium commiserunt.

2) Rom. de Rou 13149: Taillefer ki mult bien cantout, Sor un cheval ki tost alout Devant li Dus alout cantant De Karlemaine è de Rollant È d'Oliver è des vassals Ki morurent en Renchevals.

3) Vgl. G. Waitz a. a. O. 183, Anm. 3.

4) Herz. Ernst D 4759: Der kristen schar yr leisen sungen, Die heyden gegen yn drungen. — Vgl. Mhd. Wtb. I, 961.

5) Niederrh. Bruchst. über d. Schlacht von Gellheim (Massmann, Kaiserchron. II, 679) 184: Den leisen man zuo velde sanc 'In gotis namen varen wir'.

6) Der Wiener Meerfahrt 77: Und sungen vil schône In einem lûten done Ûf der louben offenbâr Ir leisen, daz ist wâr: 'In Gotes namen vare wir'.

7) Ordericus Vitalis lib. XII, c. 12: Sed ingressi 'Meum gaudium', quod Francorum signum est, versa vice clamaverunt. — Matth. Paris 1242: Et facto congressu exclamatum est terribiliter: ad arma, ad arma! Hinc regales, regales! inde 'Montis gaudium, Montis gaudium', scilicet utriusque regis insigne. — Phil. Mousques 21869: Montjoie Dieux et St. Denis. — Guiart II, 11232: Puis fait dire parmi les tentes Que chascun des siens crier doie En ferant: Saint Denis! Monjoie. — Rolandslied 881: Sie riefen alle Monscoî; 4066: Thie Franken riefen alle samt Mit gelîcher stimme huoben sie Monsoy, Monsoy: Thaz was thes keisers zeichen. — Willeh. 41, 26 (vgl. Mhd. Wtb. II¹, 234). — Braunschw. Reimchron. 7052.

Normannen „Dex aïe“ (Gott helfe)[1]). Der deutsche Kaiser hat das Kriegsgeschrei „Rom“[2]), alle anderen Schaaren sammeln sich, indem sie den Namen ihres Heimathlandes oder ihrer Hauptstadt schreien[3]). Dass bei Weinsberg nie „hie Welf, hie Weibling“ gerufen wurde, brauche ich hier wohl nicht erst auseinanderzusetzen. Das Kriegsgeschrei der Kreuzfahrer ist „Hilf uns, heiliges Grab“ „Saint sepulcre aïe“[4]).

Auch den Sarazenen, die ja, wie wir wissen, gleichfalls mit lautem Geschrei ihren Angriff begleiteten[5]), haben unsre Dichter solche Rufe

1) Fulch. Carnot, Hist. Hierosolym. lib. III: Anteriores nostri cursores . . . Adiuva Deus clamantes irruerunt. (1125; Duchesne IV, 882). — Rom. de Rou 13193: Normanz escrient: Dex aïe! La gent englesche: Ut! s'escrie! Cf. 2222. 3942. 3976. 4809. 4817. 6767. 6784.

2) Ottokar von Steier CLII: ‘Hie Rome’ was der deuczschen chrey, So rieffen die Pehaim da: ‘Budewezz broha’. — Parton. 15170: Hie ‘Rôme’ dort ‘Monsoie’ Wart vil lûte dâ geschrît. — Phil. Mousques 21851: Et li rois Othe à par la soume Vint aproçant et cria Roume; 22054: Li rois Othe pour son reclain Cria Roume ·iij· fois, s'ensègne.

3) Artus' Leute rufen ‘Nantes’ Parz. 382, 12 u. 27. — Willeh. 437, 14: ‘Iper’ unde ‘Arraz’ Schrîten Flæminge. — Reinfried 11362: ‘Hi Mîzenlant’ man lûte schrei; 11366: Ouch ritterlîchen schrîgen ‘Brûneswîc’ und ‘Sachsenlant’; 17523: Sîn krîe er ritterlîchen schrei ‘Got, Sahsen und Yrkâne’. — Braunschw. Reimchr. 3055: Dhe luft irscal von krie groz ‘Hurta, heya Beyerlant’, ‘Halberstat’ vil dicke wart genant, Swa sich dhe scar durchbrachen; cf. 3355; 8066: ‘Bruneswich’ dicke wart genant An grozes kryes dhone; 8992 ‘Misnelant’ nicht wart vorsveyghen, Sva sich dhe scar rorte, Vil lute men irkligen horte An dher anderen scar algelich ‘Helph uns sente Georgius von Bruneswich’. — Vgl. HvFTrist. 1810; 6202. — Lod. van Velthem l. IV, c. 27: ‚Vlaendren ende leu!‘ es onse gecri; vgl. c. 37. — Alix. p. 117, 17: Mais s'ensegne Alixandre n'i fu pas oublié: Ancois a ‘Macidoine’ par ·ij· fois escriée. — Rom. de Rou 4665: Franceis crient ‘Monjoie’ è Normanz ‘Dex aie’, Flamenz crient ‘Asraz’ è Angevins ‘Valie’ È li Quens Thibaut ‘Chartres et passe-avant’ crie; 7843: Normant escrient: ‘Dex aïe!’ l'ensuigne el duc de Normandie. È Bretun ‘Maslon, maslon!’ crient; 9092: Si come poignent criant vunt I tels enseignes com il unt. Cil de France crient ‘Montjoie’, Ceo lor est bel ke l'en les oie; Willame crie ‘Dex aïe’, C'est l'enseigne de Normandie. È Renouf crie o grant pooir ‘Saint-Sever, Sire Saint-Sevoir’, È Dam As Denz va reclamant ‘Saint-Amant, Sire Saint-Amant’. — Enfance Ogier 888: Li bons rois Charles va ‘Montjoie’ huchant, Namles ‘Baivière’ el poing le branc trenchant, Dont le jour fist maint Sarrazin sanglant. Hue de Troies va ‘Bourgoigne’ escriant, ‘Saint-Omer’ Guis emni le tas plus grant; 1226: La fu ‘Monjoie’ hautement escriée, Et Danemarche' et ‘Baivière’ la lée, Et ‘sains Malos’ et ‘Angiers’ et ‘Valée’ Et maint ensaigne que je n'ai pas nommée. — Chron. des ducs de Norm. 21692: ‘Munjoie!’ escrient li Franceis E ‘passavant’ Thiebaut de Bleis, ‘Valie’ crient tuit enfin Quens Geofrei e si Angevin. Baudoin e Flamenc ‘Arraz’.

4) Ludw. Kreuzfahrt 4411: Frolich er sîn kreye rief: ‘Helf uns daz heilige grap’. — Chans. d'Antioche I, 21: Chacun de no barons se vont haut escriant: ‘Saint Sepulcre aïe! Chevalier ore avant’; II, 16. 18. 19. 21; VI, 34. — Gilles de Chin 3191: ‘Ha! saints sépulcres! Dix aïe!’

5) Itin. Reg. Ricardi IV, 18.

in den Mund gelegt. Der Pfaffe Konrad lässt die Heiden des Königs Paligân den Namen des königlichen Schwertes Preciôsâ als Kriegsgeschrei brauchen (Rolandsl. 7990 ff.); andere Dichter erzählen, dass sie „Machemet" [1]) oder gar „Jupiter" [2]) gerufen haben. Dies Kriegsgeschrei hatte den Zweck, die Angreifer zu ermuthigen, die Feinde zu schrecken, als Signal zum Sammeln zu dienen, in der Noth die Freunde herbeizurufen. Wenn die Fahnen verloren und zerstört waren, eins blieb, durch das sich das Heer immer wieder sammeln konnte: das gemeinsame Kriegsgeschrei [3]).

Dazu schmettern die ehernen Hörner und die Posaunen; Pauken und Trommeln werden gerührt [4]); die Trompeten rufen zum Angriff [5]), kurz es wird alles aufgeboten, einen tüchtigen Lärm zu vollführen und die Schmerzensschreie der Verwundeten möglichst zu übertönen [6]).

Den Angriff eröffneten die Fusssoldaten [7]). Dann entspann sich ein leichtes Scharmützel zwischen den Heeren [8]). Einzelkämpfe wurden ausgefochten. In dieser Zwischenpause ist es auch denkbar, dass Taillefer in der Schlacht von Hastings vor beiden Heeren die Jongleur-Kunststücke machte, welche Gaimar uns beschreibt [9]).

---

1) Parton. 6156: Hie 'Machemet' dort 'here krist' Wart geruofen und geschrît.

2) Ludw. Kreuzf. 4402: Je nach sinem slage er Rief sin creye 'Jupiter'.

3) Lohengr. 4615: Swie manec panier wart zerizzen sînem lande, Sô kund ir krî mit ruof sie niht verliesen.

4) Alix. p. 119, 9: Cors d'airain, buisines, Tous en tentist li cans; p. 439, 24: Or fait à l'estandart ·ij· buisines sonner Et si à fait ses hommes raliier et sierer. — Guiart I, 6740: Tambours, trompes et anacaires En tant de lieus çà et là sonnent, Que toute la contrée estonnent; II, 2940: Lors oïssiez trompes sonner, Cors, tabourz, flageus et chevrètes.

5) Rom. de Troie 9767: Un gresle sone por apel. Meint l'entendirent qu'en fut bel; Vers lui se traient tex ·vij· M. — Rom. de Brut 9406: Artus fist ses homes armer Sans cor et sans graille soner. — Chron. des ducs de Norm. 19048: Al avenir sonent boisines E corns et graisles et troïnes; 21458: Un graisle sonent por apel.

6) Stricker, Karl 5460: Daz mans über ein raste Wol hôrte schrîen ouwê.

7) Joinville 266: Il vindrent à li en la maniere que l'on jeu aus eschies, car il firent courre sus à lour gent à pié, en tel maniere que cil à pié getoient le feu grejois. — Fierabras p. 172: Dont sonnerent ensanble ·c· graile menuier. À bataille cevacent et font lor gent rengier. Ou premier cief devant estoient li arcier Pour les nos desconfire as ars turcois mainier. — Guiart II, 6520: El premier front est la piétaille.

8) Mai u. Beafl. p. 118, 39: Rennære si vür sanden, Die solden in enblanden. Daz man zecken heizet, Dâ man die vînt mit reizet.

9) Geoffroi Gaimar p. 7: Un des François donc se hasta, Devant les autres chevauche. Talifer est cil appellez, Iuglère hardi estoit assez, Armes avoit et bon cheval, Si ert hardiz et noble vassal. Devant les autres cil se. mist, Devant Englois merveilles fist. Sa lance prist par le tuet Si com ceo fust un bastonet. En-

Nach diesen Einleitungen begann das entscheidende Ringen. Die erste Schaar rückt vor und greift die ihr gegenübergestellte Abtheilung der Feinde an. Wollte man selbst sich in der Defensive halten, so konnte man die feindliche Cavallerie-Attake dadurch erschweren, dass man Lanzen in die Erde eingrub, deren aufgerichtete Spitzen wie die spanischen Reiter die Rosse zurückschreckten [1]). Gegen Fussvolk wendete man auch scharfspitzige Fussangeln (Fig. 91) mit Glück an [2]). Der Führer reitet der Schaar voraus (einen Bogenschuss weit, Cléomadès 743). Gelingt es, die erste Schaar der Feinde zu werfen, so greift man bald die zweite an, endlich bilden die geschlagenen Abtheilungen nur noch einen Schlachthaufen, der nach hartem Kampfe in die Flucht gejagt wird (Cléomadès 741—1187).

Fig. 91. Fussangel.

Das Kriegsgeschrei ausstossend, sich zurufend, ermunternd, tapfer loszuschlagen [3]), reiten mit eingelegten Lanzen [4]) im Carrière die Reiter-

---

contremont halt l'engetta Et par le fer receue l'a ·Iij· foiz issi getta sa lance, La quarte foiz puis s'avance. Entre les Engleis la launça, Par mi le cors un en navera. Puis trest l'espée, arère vint Et getta l'espée qu'il tint, Encontremont haut le receit. L'un dit al autre qui ceo veit Qe ceo estoit enchantement. Cil se fiert devant la gent. Quant ·iij· foiz ont getté l'espée, Le cheval ad la goule baée Vers les Englois vint eslesse.

1) Godefr. de Bouillon 34694: Et facent devant iaux (die erste Bataille) leur lances estecquier, Les fiers contre payens facent bien abaissier, De ·xxx· mille lances c'on y fera ficquier, Les fiers au lès delà entrer et abaissier. Et quantt ly Sarrasin nous venront aprocier, Les lances et les fiers trouveront ly destrier, Et quant se sentiront de ces fiers pétillier Il ne volront avant venir ne cevaucier Pour cose c'on les puist des esporons brocier; Ançois requleront et menront tel gibier Que cil par derrière iaux requleront arrier, Et enssy l'un sur l'autre les verrés tresbucier, L'un sur l'autre quéir et leur tiestes brisier Rompre le hateriel ou la quisse froissier Et nous cevaucerons à force de coursier Et là les ochirons à espée d'acier; 34720: Dont fist faire une haie de cent arpens assés, Toutes drues de lances ficquiés ens ès prés. Contre le Sarrasin de boins fiers acherés Et les debous des lances ont moult bien entiérés, Sicque des Sarrasin ne fu point avisés. Par derière les lances et les fiers avalés Se tint roys Bauduins fièrement ordenés.

2) Heinrici Chron. Livon. lib. III, c. XIV, 5: Quidam eciam ex nostris habebant aput se claviculos ferreos tridentes, proiecerunt eos in via, qua exercitus veniebat.

3) Ottokar von Steier CLXV: 'Slacha slach, vacha vach' Wart da vil von in geschreit. — Gaufrey p. 229: Girart s'est escrié: 'Ferés avant, mi dru'. — Guill. de Palerne 1889: Li dus fu mult fiers et gaignars Les siens somont de totes pars: 'Or du bien faire, mi baron!'

4) Wie man die Lanze fasste, habe ich schon geschildert (II, S. 109), dabei jedoch zu bemerken vergessen, dass man sie auf den Sattelknopf stützte, der, um ein

geschwader auf einander los. Eine Reihe von Einzelkämpfen entspann sich daraus, bis es einem der in der vordersten Reihe fechtenden Helden gelang, in den feindlichen Schlachthaufen einzudringen; ihm nach drängte die Schaar seiner Freunde und so konnte die Schlachtordnung der Gegner gesprengt und dadurch zum Rückzuge genöthigt werden [1]). Ritter wie Fürsten griffen thätig in den Kampf mit ein; Richard Löwenherz hat Wunder persönlicher Tapferkeit verrichtet, ja selbst Kirchenfürsten verschmähen es nicht, tapfer mitzufechten [2]).

---

festeres Lager zu gewähren, mit Filz beschlagen war. In deutschen Dichtungen wird dies nur bei Wolfram erwähnt: Parz. 537, 5: Dô sazter die glævîn Vorn ûf des satels vilzelîn. Sehr häufig finden wir jedoch diesen Brauch bei den französischen Dichtern geschildert: Prise de Pampelune 3605: Covert souz suen escu e sa lance enfieutra. — Doon p. 196: L'escu devant le pis et la lanche afeutré. — Alix. p. 112, 33: L'escu porte en cantiel, la lance è l' feutre mis; p. 113, 17. — Percev. 2634: Puis met la lance el fautre et point Le ceval ki ·c· mars valoit. — Blancandin 5449: Quant la lance ot el feutre mise. — Parton. 8057: Et il r'ont autres lances prises Se's r'ont moult tost en feutre mises. — Erec 4421: Erec lor uint lance sor fautre. — Percev. 4152: Lance sor fautre. Cf. Alix. p. 40, 32; Guill. d'Orenge IV, 521; Auberi p. 101, 23; Cléomadès 616. 11337; Blancandin 4179; Chev. as ·ij· espees 7940; Phil. Mousques 7225. 9525; Godefr. de Bouillon 27344. — Erec 2912: Chascuns sa lance sor le fautre, Les escuz as cols embraciez, Et les heaumes bruniz laciez. — Percev. 3389: Si met sa lance sor le fautre; 3838: Cascuns ot sa lance apoïe Devant son arçon sor le fautre. — Guill. de Palerne 5541; 6544. — Blancandin 4214: Bien fiert li rois et maille et fautre.

1) Ann. Colon. max. ad a. 1217: At Martinus commendator Palmele, parvus corpore, corde leo, vexillum dextra vibrans, clyppeumque sinistro lateri adaptans, galeato vertice parumper demisso, cornipedem acuto calcare pungens, ruiture gentis medium prorumpit in agmen; cui non minor ipso jungitur in pugna Petrus, magister milicie Templi, quos audacter sequitur non segnis turba suorum. Hic equus opponitur equis, hic ensibus ensis, hic clyppeus clyppeis, hic obruta casside cassis. — Herz. Ernst 5542: Die vil smalen stîge Wurden wît durchhouwen. — Wolfdietr. A 339: Die schar durchbrach der Krieche und Berhtunc dâ drîstunt. — Rom. de Troie 9671: La bataille ot parmi percié.

2) Ann. Stadenses ad a. 1172: Christianus, Moguntinus archiepiscopus, imperialis aulae cancellarius et sedis apostolicae legatus, cum Brabantinis per Longobardiam et Tusciam omnia depopulans, Bononienses invasit et in equo residens, indutus thorace et desuper tunica iacinthina, habens in capite galeam deauratam et in manibus clavam trinodem, ipse in eodem proelio dicitur stravisse novem homines propria manu. Vidit Heinricus, scolasticus Bremensis, qui tunc 35 annorum notarius fuerat eiusdem Christiani, eundem archiepiscopum 28 melioribus Terrae dentes cum petra manu propria excussisse. — Der Erzbischof von Mainz, Konrad von Wittelsbach, nimmt an der Belagerung von Braunschweig 1189 Theil (Ann. Stederburg. ad a. 1189): In cuius executione iam dictus Moguntinus ita se efficacem exhibuit, ut non iam episcopus sed magister militum esse videretur Nam non pacem sed facem, non infulam sed galeam ostendebat; cimeteriorum et ecclesiarum depraedationem non consecrationem exemplo suo fieri monstravit; clavam vel fustem quo feriret, non virgam qua regeret vel sustentaret manu gere-

Eigenthümlich ist die Auffassung, dass ein König zwar am Kampfe theilnehmen kann, dass es jedoch als frevelhaft gilt, die Hand gegen den Gesalbten des Herrn zu erheben [1]). Später spricht man zwar die Meinung aus, ein Ritter könne auch einem Kaiser als berechtigter Kämpfer entgegentreten (s. Bd. I, S. 149, Anm. 3), aber im Nibelungenliede wird das alte Herkommen noch erwähnt [2]). Im Biterolf sind dem Dienstmann drei Schläge gegen den König zu führen erlaubt, aber bei Verlust des Lebens und der Ehre kein einziger mehr [3]).

Fröhlich that Jeder seine Schuldigkeit; es ist der Ausdruck der Gesinnung, wie sie ein braver Mann jener Zeit hegte, wenn Wolfdietrich dem Heidenkönig Belian erwidert:

Künig, eins mannes müssen sol er gerne tun.
Ich nim ez uf min truwe, ez ist ein wistum:
Waz der man mus liden, daz grif er frölich an
So kan im dester kumer an den Werken missegan [4]).

Dies gilt vor Allem von der Schlacht. Wer sattellos gemacht ist, der verhilft sich zu einem neuen Pferde; wer müde und abgespannt nicht weiter kämpfen kann, der sucht aus dem Getümmel zu ent-

---

bat, caligis ferreis, quibus conculcaret, non purpureis, in quibus torcular solus calcaret, tibias circumdedit; tunica ferrea, non cilicina, induebatur; non mandatis karitatis, sed minis dirae hostilitatis dilatabatur, insidens equo rapido, freno spumantia stringens ora, evagatus ipse effrenis per latos campos perniciosissimae dissolutionis. Hiis armatus non regem sequebatur, sed praeibat, non compescebat sed compellebat ad iram. — Der Chanzler III, 1 (HMS. II, 390): Die pfaffen vürsten sint ir wirden teil beroubet: Vür infel helm, vür krumbe stebe slehte spieze unt sper, Vür stolen swert, vür alben plat sint in erloubet, Halsperc, gupfen, collier, barbel sint ir umbler; Missachel hin, her wapenrok, hin buoch, har schilte breit; Um munches blat ein krülle, ein kron umb nunnen houbet, da umbe sweifet wariu hoch vart, valschiu heilikeit.

1) In der Schlacht von Brémule am 20. Aug. 1119 führt Guilelmus Crispinus einen Streich nach dem Haupte des fliehenden Franzosenkönigs Ludwig VI.; er wird gefangen und mit Noth vor dem Tode bewahrt. — Order. Vital. lib. XII, c. 18: Nefariam enim temeritatem inchoaverat, qui dextram cum framea ferientem super caput levaverat, quod per pontificale ministerium sacro chrismate delinitum fuerat et regale diadema, populis gaudentibus Dominoque deo gratias et laudes concinentibus, bajulaverat.

2) Siegfried sagt zu Ortwîn (Nib. Z. p. 18, 7): Ich bin ein künec rîche, sô bistu kuneges man: Ja enzimt dir niht mit strîte deheinen mînen genôz bestân.

3) Siegfried spricht zu Heime (Biterolf 10883): 'Der von arde ein künec sî, Dem sult ir wan slege drî Biten und deheinen mêr; Wan ir sît' sprach der fürste hêr, 'Eines küneges eigen man. Ir sult von mir wîchen dan. Slaht ir ûf mich iht mêre, Ir verlieset lîp und êre.' Heime kehrt sich aber nicht daran. — Vgl. Ztschr. f. deutsch. Altth. XIII, 155.

4) Gr. Wolfdietr. 1131.

kommen, ruht sich aus, aber kehrt, sobald er erholt ist, sicher wieder ins Gefecht zurück [1]). Von Beispielen feiger Gesinnung erinnere ich mich nie etwas gelesen zu haben, denn auch der in den englischen Chroniken oft erwähnte, Heinrich von Essex, der 1159 im Walliserkriege das königliche Banner bei der Schlacht von Coleshelle gesenkt oder gar fortgeworfen hatte, entschuldigt sich damit, er habe fest geglaubt, Heinrich II. sei gefallen (Chron. Jocelini de Brakelonda p. 51).

Fig. 92. Hornbläser. Miniatur aus der Handschrift: Alexandri Minoritae Apocalypsis explicata (K. u. Univ.-Bibl. zu Breslau).

Hin und wieder brauchte man, die Stellung in der Schlacht zu verstärken, die Wagen des Trains, die dann zu einer Art Wagenburg zusammengefahren wurden [2]). Die Mailänder hatten sogar ihre Wagen mit Sicheln beschlagen lassen, um die Erstürmung der Wagenburg möglichst zu erschweren [3]).

1) Troj. 31552: Hector gewan sô wîten rûm, Daz er einen grâven hôch Ab sîme rosse nider zôch Und er dar ûf saz unde spranc. Die schar durchbrach er unde dranc Durch ruowe bî der zîte, Wan er was von dem strîte Und von gedrange müede gar. Ûf der plânîe wunnevar Enthielt er verre dort hin dan, Biz daz er sîne craft gewan Und allez sîn gemüete wider. Dar nâch begunde er aber sider Sich flechten in der vînde schar.

2) Matth. Paris ad a. 1214 (die Franzosen vor der Schlacht von Bouvines): Dispositis aciebus infra ambitum bigarum et quadrigarum suarum. — Guiart II, 11106 (die Fläminge 1304 bei Monz-en-Pelve): En pluseurs lieus leur charroiz halent, Au rengier metent leur estuides; De chars et de charretes vuides Qu' à grant diligence ont atraites, Ont entre'us trois rengiées faites En tel sens par ordre commune Que le derrière de chascune Est mis, si con nous estimons À l'autre les deus limons. Cil renc, ceo vois-ge tesmoignant Ne sont pas joignant à joignant, Quant parfaite est la route d'eus, Ains puet on aler entre deus, Tant con ses trois rengiées durent, qui de lonc, à mon avis, urent Mil pas entiers et plus de trente. Li autre charroiz, à m'entente, Ordené si comme il devoit Au derrier bien cent pas tenoit, Tant iert leur route espesse et bele; Mès parmi ot mainte ruele Que de hardiz serjanz emplirent Cil qui la bataille atendirent.

3) Ann. Mediol. Lib. Tristicie 18 ad a. 1160: Secundo ergo die mensis Iunii Mediolanenses milites et pedites accepta poenitentia egressi sunt cum ducentis militibus Placentinorum, qui venerant in occursum Mediolanensium, ad Sanctum Romanum ad Quintum valde baldaciter cum carocero et aliis plaustrellis centum, quae Guitelmus fecerat, quae quasi ad modum scuti facta fuerant et in fronte et in giro erant circumdata incidentibus ferris factis de falcibus predariis, eo animo et ea intentione, ut cum imperatore et eius exercitu dimicarent. In prima atie

Heftig wogte der Kampf. Feuer sprühte von den getroffenen Helmen und Rüstungen; laut hallte der Schlachtruf, schmetterten die Hörner (Fig. 92) und Trompeten, welche die zerstreuten Schaaren zum Sammeln, zum Schliessen der Reihen riefen [1]); bis drei Meilen weit konnte man den Lärm der Schlacht hören [2]).

Endlich gewann die eine Partei die Oberhand; der Führer der Gegner liess das Signal zum Rückzug geben [3]), oder es floh auch das Heer ordnungslos, namentlich wenn die Hauptstandarte gefallen war oder der Feldherr selbst sie aufforderte, ihr Leben in Sicherheit zu bringen [4]).

Der Sieger dankte Gott für den glücklichen Ausgang des Kampfes (Waitz, a. a. O. S. 188, Anm. 3), und „Wer verlüret, der mus alwegen spot zu dem schaden han" (Gr. Wolfdietr. 1509).

Eine besonders wirksame Verfolgung des fliehenden Feindes scheint der Kriegführung jener Zeit fremd gewesen zu sein, vielmehr legte man das grösste Gewicht darauf, das erkämpfte Schlachtfeld zu behaupten. Wilhelm der Eroberer lässt sein Zelt auf der Wahlstatt von Hastings an der Stelle aufschlagen, wo die feindliche Fahne gestanden hatte (Rom. de Rou 14008 ff.); deutsche [5]) wie französische Dichter [6]) schil-

---

posuerant plaustrella, in secunda carocerum cum peditibus et sagittariis, in tercia cohorte milites cum vexillis et aliis signis, quarto loco Placentinos.

1) Gaufrey p. 114: Le vespre aprecha, soleil prist à cliner; Gaufrey a pris ·j· cor, sa gent fet apeler; p. 228: Et pris a ·j· cornet pour sa gent ralier. — Otinel p. 43: Sone ses grelles por ralier sa gent.

2) Eneit p. 326, 8: Uber ein breit gevilde, Ein halbe welsche mîle Hôrde man die wîle Manegen freislîchen slach. — Alix. p. 210, 27: De ·iij· liues en puet la noise estre estendue. — Gui de Nanteuil p. 90: Là commenche ·j· estour et ·j· abatéis Et d'autre part et d'autre et la noise et li cris; De trois lieues loins les a l'en bien oïs. — Chron. des ducs de Norm. 1236: Là oïst l'om braire e crier; Tute la terre est esmue: Chascun i corne e crie e hue; 5503: Huent, crient de tutes parz. Volent saettes, volent darz.

3) Blancandin 5123: Desi que il dut avesprer K' Alimodes a fait soner Le retrait. — Hugues Capet p. 120: Dont sonnerent retraite pour leur gent enmener. — Phil. Mousques 22195: Ensi fu la bataille faite, Li rois fist corner la retraite. Al pont de Bouvines loga. Cascuns son prisson li mena.

4) Dietr. Flucht 9554: Her Pitrunc ruofen began 'Swaz der mînen hie mac wesen, Die vliehen, ob sie weln genesen!'; 9768: Vaste ruofen dô began Der hôhe künic Gêrnôt 'Swer hie niht welle ligen tôt, Der hebt sich von hinnen, Ob er muge entrinnen.' Dô wart gebiten niht mêr.

5) Stricker, Daniel v. blüh. Thal (bei K. Bartsch, Einleitung zu Stricker's Karl p. XXIV): Daz teter durch die gewonheit: Swer ein volc dô bestreit, Kam ez sô daz er den sige ervaht, Der muose drî tac und drî naht Dar nâch an der stat ligen, Solter lobelich gesigen. Swer sich sô versûmte, Daz er ez ê dâ rûmte, Der hete daz dar an gewunnen, Daz man sprach, er wære entrunnen.

6) Cléomadès 1215: Et estoit coustume à ce jour Que cil qui erent vainqueour Tout droit en ce lieu demoroient Où la victoire eü avoient.

dern, wie die Helden nach der gewonnenen Schlacht auf dem blutigen Felde lagern, ja der Stricker behauptet sogar, man müsse drei Tage lang auf dem Schlachtfelde bleiben, sonst dürfe man sich des Sieges nicht rühmen; Adénés li Rois aber lässt schon am Tage nach der Schlacht die Sieger zur weiteren Verfolgung aufbrechen [1]). Albrecht von Oesterreich blieb nach der Schlacht von Gellheim (2. Juli 1298) sieben Tage auf der Wahlstatt [2]).

Ehe man sich aber der Siegesfreude hingab, liess man die eigenen Krieger wieder sammeln; das Heerhorn rief sie zusammen, und jetzt konnte man erst die Opfer übersehen, welche der Sieg gekostet hatte [3]). Die Helme und Schilde der Anwesenden wurden gezählt [4]) und nun suchte man auf dem Felde nach den vermissten Freunden [5]), brachte die Verwundeten, welche in ihren Schmerzen sich wanden und stöhnten [6]), herbei und übergab sie der Pflege der Aerzte [7]); bei den Todten hielt man die Todtenwacht [8]). Manche derselben waren nicht durch die Waffen getödtet, sondern im Kampfgewühl erstickt worden [9]).

Die Verluste der Armeen erfahren wir in den seltensten Fällen. In der Schlacht bei Lincoln, am 2. Febr. 1141, fallen nur 100 Mann (Ordericus Vitalis lib. XIII, c. 43). 1170 besiegt der Graf Balduin

---

1) Cléomadès 1319 ff.

2) Monschi Fürstenfeld. Chron. de Gestis Principum 1298: Porro Albertus dux Austrie post cruentam victoriam eodem in loco ubi pugnatum fuit ad spatium septem dierum permanens etc.

3) Alphart 459: Dô hiez der münich Ilsam blâsen sîn herhorn: Dô hete er der sînen dô keinen verlorn. — Cléomadès 1205: Lors fist Marcadigas sonner Ses cors, pour sa gent rassambler. À celui tans coustume estoit Que, si tost com les cors ooit Devers leur chief se retraioient Cil qui les cors oys avoient. Et cil aussi ainsi firent.

4) Parton. 3852: Ir helme und al ir schilte Zaltens und nâmen war, Wie vil si liute von ir schar Verloren hæten bî der stunt.

5) Cléomadès 1212: Leur gens parmi le chans requirent Dont assez morz en y avoit. Chascuns son ami requeroit.

6) Troj. 34214: Man sach die wunden ûf dem plân Sich rimphen und grisgrammen.

7) Troj. 37588: Dô wurden ab dem velde hine Die kranken und die wunden Gefüert bî den stunden Und an ir gemach getragen; 45091: Dô sich der strît alsus geschiet, Sich bereiten bêdenhalp die diet, Troiær und die Kriechen, Daz si ir tôten unde ir siechen, Herren, ritter, knehte Behielten nâch ir rehte. Den wunden ungesunden Heilten si ir wunden.

8) Lod. van Velth. lib. IV, c. 38: Dus blevense daer nacht ende dach Al gewapent ende hebben gewacht Die dode liede met gewelt, Die daer verslaegen lagen op 't velt.

9) Troj. 33856: Sich huop von der storîen Sô hürteclîch gedrenge, Daz genuogen wart als enge, Daz si vor tampfe erstickten.

von Hennegau mit 3000 Mann den Herzog Gottfried von Löwen, der 30,000 Mann befehligt, aber 2000 Todte und 6000 Gefangene verliert; Balduin's Verluste sind unbedeutend (Gisleberti Chron. Hanon.). Die Römer greifen 1167 den Erzbischof Reinold von Köln in Tusculum (Frascati) an, der nur 140 Ritter bei sich hat. Erzbischof Christian von Mainz kommt mit 500 Soldaten zu Hilfe (am 29. Mai), die Truppen sind aber müde vom weiten Marsche und werden von den Römern geschlagen. Da ergreift Reinold die Offensive. „Es wurden bei dieser Schlacht auf den Feldern niedergehauen 9000 Römer, 15,000 gefangen, und man sagt, dass auf der Flucht noch mehr zu Grunde gingen, als durch das Schwert fielen. Die Römer berechneten später, dass von 42,000 Mann kaum 2000 in die Stadt zurückgekehrt seien" (Ann. Colon. max.). Etwas verdächtig klingt auch die Erzählung des Chronicon Montis Sereni, dass am 7. Mai 1190 von den 100,000 Türken, die das kaiserliche Lager angriffen, mehr als 12,000 getödtet wurden, während die Kreuzfahrer nur einen Verlust von drei Knechten zu beklagen hatten. Doch berichtet auch Albertus Aquensis (lib. VI, c. 50) von einer Schlacht bei Ascalon, in der 20,000 Christen gegen 100,000 Sarazenen fochten, 30,000 Ungläubige fielen, 2000 an dem Stadtthore erdrückt und getödtet wurden, und nur das Fussvolk der Kreuzfahrer einen unbedeutenden Verlust erlitt. In der Schlacht von Arsûf am 7. Sept. 1191 sind nach den Angaben des Itinerarium Regis Ricardi (IV, 20) von den Türken geblieben 7000 Mann und 32 Anführer (admiralii), von den Kreuzfahrern 700. Am 28. Sept. 1198 schlägt Richard Löwenherz die Franzosen zwischen Courcelles und Gisors und macht ausser 42 namhaft angeführten Rittern noch 100 Ritter zu Gefangenen, dazu 140 mit Eisen bedeckte Pferde, berittene Knechte und viele Fusssoldaten (Rog. de Hoveden). In der Schlacht bei Braunschweig, im Juli 1200, fängt König Otto 200 Ritter vom Hofstaate Philipps (ibid.). Auch der Bischof von Lüttich hatte nur 10 Todte zu beklagen, während sein Gegner, der Herzog von Löwen, den er am 13. Oct. 1213 besiegte, 2200 Todte und 5000 Gefangene verlor (Chron. Alberici Mon. Trium Fontium). Bei Bouvines 1214 büsst Kaiser Otto IV. 30,000 Todte und Gefangene ein, Philipp August im ganzen Feldzuge einen Ritter und einen Knecht (Richerius Senoniensis III, 16). Bei Cortenuova verloren am 27. Nov. 1237 an Gefangenen die Mailänder 300 Ritter und 3000 Fusssoldaten, die von Piacenza 120 Ritter, die von Vercelli 30 Ritter und die von Novara ebensoviel, die von Lodi 50 Ritter, die von Alessandria 10 Ritter, die von Crema 30 Ritter (Ann. Placent. Gibell.). Am 13. Juni 1275 wurden die Bologneser bei Faenza von Guido von Montefeltro geschlagen, büssten 8000 Gefangene ein, dazu 4000 Todte, ihre ganze Bagage und Fuhrpark, Zelte, Fahnen, Wagen und Schlachtvieh; von 300 Rittern aus Parma entkamen nur 14 (ibid.). In der Schlacht von Woeringen, 1288, fielen Graf Heinrich von Luxemburg, sein Bruder Walram und 1400 Ritter und Knechte (Gesta Trevirorum). Wie sehr die Annalisten lügen, das mag ein Beispiel beweisen. 1191 fand ein Gefecht zwischen Cremonesern, Bergamasken und Brescianern statt. Nach den Ann. Brixienses verloren die Brescianer keinen Mann, die Gegner 161 Todte; nach den Ann. Brix. C dagegen beträgt der Verlust der Feinde 12,000 Todte!

Der Sieg wurde mit aller Fröhlichkeit gefeiert. Bis tief in die Nacht hinein wurde bei Kerzenlicht getafelt, dazu spielten die Musikanten lustige Weisen auf [1]). Doch wurde auch der Verwundeten nicht vergessen. Herzog Richard von der Normandie ist zwar selbst von den Strapazen der Schlacht sehr angegriffen, besucht aber trotzdem noch am Abend seine verwundeten Ritter [2]).

Die Verwundeten waren unter der Pflege der Aerzte (afr. mires), die entweder dem Heere folgten oder gegen hohe Belohnung herbeigeholt wurden [3]). Die Pfeil- und Lanzenspitzen wurden mit Zangen entfernt [4])

1) Troj. 26252: Die werden künge enwiderstrît Gastunge phlâgen in der naht. Rilîche kerzen maniger slaht Die wurden ûf gezündet; 26258: Man hôrte manic seitenspil Dâ clingen unde erhellen, Pusûnen vil erschellen etc.

2) Chron. des ducs de Norm. 19200: Là ù set chevalier blecié, Nafré, maumis e empoirié, Vait par les ostels bonement.

3) Nib. Z. p. 38, 7: Die erzenîe kunden, den bôt man grôzen solt, Silber âne wâge, dar zuo daz liehte golt, Daz si die helde nerten nâch des strîtes nôt. — Erec 4616: Herre, es ist mîn rât, Daz ir uns einen arzet lât Gewinnen ze unsern wunden. — Iwein 7773: Arzte gewan her Gâwein Im selben unde in zwein Ze heilinne ir wunden. Ouch phlac ir zallen stunden Diu künegin untter künec Artûs: Des biuten sî daz siechhûs Vil unlange stunt, Ê daz sî wâren gesunt. — Fierabras p. 57: Karles a à soi · ij · mires apeles. — Godefr. de Bouillon 21243: Ly navret sont couchiet en grande maladie; Ly mirre furent prest: cascuns met s'estudie De malades garir, pour garandir leur vie; 28181: La nuit ly (Godefr.) prist ly maus qui forment l'encombra. Son mire Luscion ly roys enappiella. (Magister Dudo physicus et clericus domini regis (Lud. IX.). — Guil. Carnotensis, de vita et miraculis S. Ludovici; Bouquet XX, S. 59). — Garin II, p. 89: Les mires mandent par trestot le païs Qui sunt moult sage et de sens bien garnis Car en Salerne furent né et norri.

4) Êneit p. 314, 5: Einen arzât, in sîner wîs Was her geheizen Lâpîs. Der konde vil der bûche. Sîne malhen her resûchte, Schiere her dar ûz nam Triakel unde dictam Und ein wênege zange Gefûge unde lange, Slehte unde kleine, Dâ mit er ûz dem beine Daz phîlîsen gewan. — Ottokar v. Steier CCCXI: Und phlagen solher churzweil, Davon man die pheil Mit zangen must ziehen Aus den haubten und diehen.

oder herausgeschnitten [1]) und dann wusch man die Wunden mit Oel und Wein[2]), bestrich sie mit guter Salbe, legte Pflaster darauf und verband sie mit Charpie (weizel, wimplîn)[3]) und mit Bandagen[4]). Die geschwollenen Glieder bähte man[5]), schmerzstillende Tränke[6]) beförderten die Heilung der, wenn es die Umstände zuliessen, weich gebetteten Verwundeten[7]). Wie dieselben in den Burgen von den Damen gepflegt wurden, habe ich schon früher geschildert (Bd. I, S. 157).

Ueber den Zustand der Arzneiwissenschaft jener Zeit ein Urtheil zu fällen, kann ich mir natürlich nicht erlauben, glaube aber, dass die

---

1) Percev. 42502: (Li mires) D'une touaille bele et blance Le fist bander, sans atendue. Quant la hance li ot fendue Et il ot defors le fier trait, Des estoupes et de l'entrait De desour la plaie li met Et de lui servir s'entremet. Quant la plaie ot bien atornée Et de la touaille bendée etc.

2) Lanz. 2194: Idoch durch bezzerunge wân Nam die hübsche wirtîn Beidiu oley unde wîn Und wuosch im zuo den stunden Sîne trôrige wunden Und verband in wîslîche. Diu maget tugentrîche Begund in allenthalben Meisterlîche salben Mit einer salben alsô guot. — Anelier, Guerre de Navarre 4421: E viratz demandar meges e marescal, Estopa e blanc d'ueu, oli buyllid e sal, Enpastres et unguens e bendas savenals. — Chevalier as ·ij· espées; 3348: Et li mire n'atargent plus, Mais lues sa robe li osterent Et puis sa plaie li laverent D'iauue tieue et l'ont regardee.

3) Engelh. 1923: Sô tief ein minnen wunde, Daz si verheilen kunde Kein salbe noch kein weizel. — Athis F 165: Ein arzit was der wîle kumin, Der hête salbin vil genumin, Hinden den spalt gecloben Und dar în wimplin gescobin. — Percev. 37346: Mist en toutes les plaies tente (ist dies Charpie?) Et puis les banda d'une guimple; 37372: Des plaies sace fors la tente, Car bien en sot venir à cief, Puis i mist tentes de recief Et puis bon ongement i mist, De lui servir moult s'entremist Emplastre i mist d'un ongement; 37396: Noviaus emplastres met et oste Le viés et par desus les bende De bele guimple en liu de bende.

4) Alix p. 188, 20: Si l'a oint d'ongement et bendé et restraint D'une fasce porprine par mi les flans l'ataint. — Garin II, p. 91: Les plaies cuevrent maintenant sans respit, L'emplastre mirent, lor bandiaus ont assis; p. 92: Le bras relient, S'ont les emplastres mis Et les estelles i ont moult bien assis. — Percev. 2463: Le bras diestre li brisea; Ains demi an le portera À col pendu.

5) HTroj. 12775: Sinen halsberc zu howen Zogen im vz die frouwen. Und salbeten sine wunden, So si best kunden, Daz sie im baz teten, sine svulst sie im beten; Ecuba sin wol phlac.

6) Karl Meinet p. 97, 8: Nu hadde Galaffers der konynck gude Eynen artzder von wysen mode, De bant do an der stunden Dem schencken syne wunden. Ouch gaff hey eme sulchen dranck, Dat hey kurtzliche sunder wanck Als syns schmertzens genas. — Rom. de Troie 10183: Li buens mires, Goz li senez, Qui devers Orient fu nez, Ne meins ne le preiseit l'en pas Que Galien ou Ypocras, Cil a ses plaies regardées Et afaitiées et lavées. Boivre li fist une poison Qu'il traist molt tost a garison.

7) Alix. p. 188, 24: Sour une kurte pointe fourée d'auqueton A fait li rois coucier le preu Eumenidon Menuement ouvrée de soie et de coton.

Aerzte, die aus der Urinschau den Tod verkünden[1]), die dem dicken Markgrafen Dedo, welcher seines Fettes wegen sie zu Rathe zieht, 1190 den Leib aufschneiden und ihn zu Tode bringen (Chron. Mont. Ser.), nicht gerade besonderes Zutrauen verdienen. Da ist die Kur, die im Roman des sept sages (1479 ff.) einem sehr wohlbeleibten Könige sein Seneschal verordnet, doch verständiger. Er lässt ihn nämlich, allerdings nur eine Woche, Diät leben, sich allein von Wasser und Gerstenbrot nähren und dann tüchtig zusammenschnüren. Und viel können wir von den Aerzten nicht erwarten, die 1194 den Herzog Leopold von Oesterreich so elend umkommen liessen. Am 26. December war er bei einem Ritterspiele vom Pferde abgeworfen worden und hatte den Unterschenkel gebrochen, dass die Knochensplitter eine Spanne lang aus der Haut hervorragten. Die herbeigerufenen Aerzte ordneten das Nöthige an, amputirten aber den Fuss nicht. Den nächsten Tag war der Fuss schwarz geworden, und nun galt die Amputation für unerlässlich, aber keiner wagte sie auszuführen. Da setzte der Herzog selbst das Beil auf sein Schienbein, sein Kämmerer schlug dreimal mit einem Hammer darauf, und so wurde das kranke Glied endlich abgenommen. Die Aerzte verbanden die Wunde, fanden aber am nächsten Tage schon den Zustand des Kranken hoffnungslos; er starb am 30. December 1194 (Guilelmi Parvi de Newburgh Hist. Anglicana; Chron. Rogeri de Hoveden).

Wenn also die Verwundeten, selbst des höchsten Ranges, die solchen Aerzten in die Hand fielen, so wenig vor Gefahren geschützt waren, so mag die Masse der blessirten Soldaten, denen doch gewiss nicht eine so aufmerksame Pflege zu Theil wurde, recht übel daran gewesen sein. Und eben so wenig beneidenswerth war das Loos der Gefangenen, die nach altem Brauche dem Kriegsherrn angehören, während ihre Rüstung denen zufällt, die sie bezwungen haben[2]). Friedrich Barbarossa liess 1161 sechs gefangenen Mailändern je ein Auge ausreissen, sechs andern die Nasen bis zur Stirn abschneiden und ein Auge ausstechen, sechs andere auf beiden Augen blenden (Ann. Mediol. Libellus Tristicie 21).

So war denn die Grausamkeit, mit der Richard Löwenherz 1198 gegen die gefangenen französischen Ritter verfuhr, durchaus nicht un-

1) Gesta Adalberonis († 1152) Auct. Balderico 28: a medico suo peritissimo Philippo Lombardo, qui et urinae suae inspectione mortem eius tribus diebus ante predixerat. — Matth. Paris 1087: Consulti autem medici ex urinae inspectione mortem citissimam (Guilelmi regis) praedixerunt.

2) Garin II, p. 194: Il est costume (sagt Pipin) en cest nostre païs: L'ernois est vostre et miens en est li pris.

gewöhnlich. Bei einem Gefechte waren fünfzehn Ritter in englische Gefangenschaft gerathen; vierzehn derselben liess der König beide Augen, dem fünfzehnten nur ein Auge ausstechen; der Einäugige musste dann seine Unglücksgefährten ins französische Lager geleiten. Philipp August aber rächte sich, indem er fünfzehn gefangene englische Ritter blenden liess [1]). Nach Roger de Hoveden hätte Philipp August diese Unthat zuerst begangen und den englischen König nur zur Rache gereizt [2]). Ein anderes Beispiel brutaler Grausamkeit erzählt Ordericus Vitalis (lib. VIII, c. 24). Da hat Ascelin Goel seinen Lehnsherrn Guillaume de Breteuil im Februar 1092 in einer Schlacht besiegt und gefangen. „Durch diesen Sieg stolz gemacht, wurde er gar zu übermüthig und quälte seinen Herrn, den Roger de Glotis und die andern Gefangenen grausam. Denn drei Monate hielt er sie im Kerker des Schlosses Bréval, und oft während der grimmigsten Winterkälte liess er sie einzig und allein in reichlich mit Wasser durchnässten Hemden an den Fenstern der hohen Halle stehen, dem Nord- oder dem Nordwestwinde (Boreae vel Circio) ausgesetzt, bis das ganze Kleid am Leibe der Gefesselten zu Eis erstarrte.“ 1170 liess nach einem Gefechte mit den Iren der englische Ritter Raymund le Gros siebzig Gefangene durch ein Mädchen enthaupten [3]).

Solche Nichtswürdigkeiten sind gewiss nicht häufig vorgekommen, wenn auch Grausamkeit zu den hervorstechenden Eigenschaften dieser Zeit gehört und, zumal die heidnischen Gefangenen einem schimpflichen Tode zu überliefern, für erlaubt, ja geboten erschien [4]); jedoch auch die christlichen Gefangenen wurden nicht gerade glimpflich behandelt. Man zog ihnen die Rüstung aus und nahm ihnen ihre besten Unterkleider, so dass sie fast nackt waren; die Hände wurden ihnen auf den Rücken gefesselt, die Beine unter dem Bauche des Pferdes zusammengebunden [5]). Oft verband man ihnen gar noch die

---

1) Guil. Brito, Philipp. V (Duchesne V, 152): Protinus exoculat ter in ipso carcere quinos Monoculumque ducem dat eis, ut sic regat illos Francorum ad regem, qui iusta concitus ira Anglos supplicio simili cruciavit eodem Sub numero.

2) Chron. Rog. de Hov. ad a. 1198: Rex autem Franciae novum genus grassandi in populo reperiens, fecit quamplures de hominibus regis Angliae, quos captivos tenebat, excaecare; et sic provocabat regem Angliae, licet invitum, ad consimile impietatis opus.

3) Conquest of Ireland p. 71: A un baesse firent bailler Une hache tempré de ascer, Que tuz les ad décolés E pus les cors aphaleisés.

4) S. G. Waitz a. a. O. 188.

5) Erec 5400: Er reit âne gewant Unde blôz sam ein hant. Geleit wârn im die hende Ze rücke mit gebende Und die füeze unden Zesamene gebunden. —

Augen [1]), steckte ihnen einen Knebel in den Mund [2]) und transportirte sie wie gefangene Räuber [3]) (Fig. 93). Wie entsetzlich die Kerker meist eingerichtet waren, in welche die Unglücklichen eingesperrt

Fig. 93. Transport eines Gefangenen.
Miniatur der Hannoverischen Fierabras-Handschrift.

wurden, habe ich schon (Bd. I, S. 37) geschildert [4]). Die wichtigeren Gefangenen legte man in Ketten (boien) [5]), fesselte sie mit Handschellen

---

Iwein 4920: In wâren aller hande cleit Ze den zîten vremde, Niuwan die bœsten hemde, Diu ie küchenkneht getruoc. Si treip ein twerc, der si sluoc Mit sîner geisel ruoten, Daz si über al bluoten. Die herren riten ungeschuoch: Ir hemde was ein sactuoch, Gezerret, swarz unde grôz: Die edelen riter wâren blôz An beinen und an armen . . . (4937) Die vüeze wârn in unden Zesamene gebunden Und die hende vaste Ze rücke mit baste. — Richerius Senoniens. III, 16 (Schlacht von Bouvines): alios captivos de funibus, quos adduxerant ad Francos ligandos, vincientes. — Joh. Victoriensis II, 4: Et fune in collum Ottakari misso a suis seorsum obnubilatus sub galea ducitur et relinquitur.

1) Guill. de Palerne 2279: Comme larron l'en amenoient Les mains loiies li avoient Et ambesdex bendés les iex. — Fierabras p. 101: Li quens caï à tere; ains qu'il fust relevés, L'ont Sarrazin sai, de tous lés fu combrés; De son cief li osterent son vert heaume gemmé, D'une ensaigne de paile li ont les ex bendés, Par deriere le dos les puins estrois noés.

2) Ottokar v. Steier CCCCXLII: Dem chunig zehant Ain sinbel holcz pant Mit riemen in den munt, Daz er niemen chunt Mit seiner rede tet, Wie man in gewunnen het.

3) Ann. Mediol. 1154: Captivos . . . Mediolanensium vero ligatos ad equorum caudas trahens secum per lutum duxit (Frid. Imp.).

4) Blancandin 3523: Dedens la cartre ù il estoit, Ù luor ne clarté n'avoit; Toudis i avoit obscurté.

5) Lanz. 7624. — Frauendienst 544, 27: Er hiez vil sêre besmiden mich In einen boyen. — Kudr. 1598: Die vil grôzen boien lâgen an im (Hartmuot) unde an den sînen. — Lanc. I, 26808: Ende in midden onder hen was geset Mijns

und Halseisen und liess die Ketten der Sicherheit wegen wohl gar an der Wand des Kerkers festschmieden [1]). Geringere Leute wurden paarweise zusammengeschlossen und wunderbarer Weise zum Sicherheitsdienste in den Schlössern verwendet [2]). Sie sind in schlechte graue Kleider gehüllt und tragen rindslederne Schuhe [3]). Im Meleranz (6764 ff.) wird uns die Lage der Kriegsgefangenen geschildert. Je zwölf sind an eine Kette angeschlossen und stehen unter einem Aufseher; ihr Essen müssen sie sich erbetteln und werden zu strenger Arbeit, zum Brechen von Bausteinen u. s. w., verwendet [4]). Am schändlichsten behandeln die Italiener ihre gefangenen Landsleute. So waren 1250 Parmesen in die Hände der Cremonesen gefallen. Die Annales Parmenses majores berichten 1253: „Die Gefangenen, die von Cremona und Borgo (San Donino) zurückkehrten, waren 318 an der Zahl. Alle andern waren gestorben in besagten Kerkern an den schweren und unerträglichen Qualen, die man ihnen anthat — denn täglich wurden sie auf Folterrosse (cavaleti, Bd. I, S. 446) gesetzt und auf Destrae (?) in Kreuzesform gehängt —, an dem Mangel der ihnen oft versagten Lebensmittel und an dem Gestanke der Leichen. Denn die Todten wurden nicht eher fortgenommen, ehe nicht die Ueberlebenden deren Lösegeld bezahlt hatten, und Brot erhielten sie nicht; oft versteckten die Lebenden ihr Brot und andre Lebensmittel in den Leichen der Verstorbenen, damit die grausamen Wachen bei der Revision der Kerker es nicht fanden. Und die Kerker, in denen die von der Kirchenpartei waren, hiessen die Hölle, und waren es auch in Wahrheit. Die Todten warf man, statt sie zu begraben, in den Po.“ Selten wurde ein vornehmer Gefangener besser behandelt, ihm gegen das eidliche Ver-

heren Waleweins broder Mordret, In starken boyen ende swaren Ende in vingherline die dobbel waren. — Rom. de Rou 15108: En la tour le rova garder Et en bones buies fermer.

1) Caes. Heisterbac. VII, 28: Habebat enim circa pedes annulos ferreos et circa brachium eiusdem generis manicam, quae annexa cathena parieti caute satis erat infixa. — Ren. de Mont. p. 305, 20: En trois paires de bujes le fist Karles entrer Et furent d'ambes pars bien batu et rivé. En ·j· piler de chaisne les fait ·iij· fois passer; En ·j· grandisme tronc furent li coing fermé, Et li charcan del col sunt grant enchaiené, Et li moufles de fer li fait ès mains fermer. — Blancandin 3267: Moffles de fer et grant karkan Soffrir li font mult grant ahan.

2) Gr. Wolfdietr. 1315: Do hand sie dir gefangen dine dienstman, Ir zwen zusamen geschmidet, die muszen nahtes gan Uf der mure umbe schiltwähter wesen.

3) Gr. Wolfdietr. 1953: Die fürsten riten hohe ros und trugen riche kleider an, Do tragen wir grawe röcke und buntschühe rinderin.

4) Chans. d'Antioche I, 29: Chascuns est en aniaus et en buies la mis, Chascun jor portent piere aus murs d'araine bis Et traient aus carues tote jor com roncis.

sprechen, nicht zu entfliehen, die Bande gelöst und volle Freiheit gestattet [1]).

Die feindlichen Heere erlösten einen Theil ihrer in Gefangenschaft gerathenen Genossen, indem sie über die Auswechselung (wessel, HTroj. 7859 ff.) derselben sich einigten [2]). Ein Fürst, ein grosser Herr wurde nur gegen eine entsprechende Zahl minder bedeutender Krieger ausgetauscht [3]). So kehrten 1241 aus dem heiligen Lande die Gefangenen zurück, welche von Richard von Poitou, dem Bruder Heinrichs III. von England, befreit worden waren. „Und den Umarmungen ihrer Gattinnen, ihrer Kinder, ihrer anderen Theuren wiedergegeben, wurden sie durch mannigfache Erquickungen und durch die erwünschte Ruhe hergestellt. Und Jeder erzählte, wie viel er in der Knechtschaft, in der süssen Erinnerung an den Heiland ertragen habe und wie sie, während diejenigen, die sie wirksam zu unterstützen verpflichtet waren, verrätherisch sich zurückzogen, einzig und allein durch die Klugheit des Grafen Richard befreit, durch seine Milde der Freiheit erhalten wurden.

Eifrig höret die Frau zu dem erzählenden Mann [4]).“

Andere Gefangene boten Lösegeld (afr. raençon). Der Sieger setzte eine Summe fest, schätzte seinen Gefangenen [5]), der, sobald man sich

---

1) Kudr. 1599: Dô sprach diu küniginne ‘ir sult daz weinen lân. Ich wil si ungebunden ze hove lâzen gân. Si müezen erstæten, daz si uns iht entrinnen, Und müezen sweren eide, daz si âne mîn gebot iht rîten hinnen’.

2) Ludw. Kreuzfahrt 6322: Der soldan tzu dem einen kos: Tzwei hundert der heiden im wurden los, Tzwei tusent er der christen lie, Als er vor Jherusalem die vie, Und vierdehalb hundert.

3) Lanceloet I, 34753: Des anderen dages dede Claudas den heren van bute vraghen das, Wouden si hem deliveren doe Sine ·ij· rudders, hi soude alsoe Hen weder geven bi dire dinc Bandemaguse den coninc.

4) Matth. Paris 1241: ‘Narrantis coniux pendet ab ore viri’.

5) Herz. Ernst D 4942: Sich wolde der konig gefangen Losen mit gedinge Und sine jungelinge, Was man der gefangen het. — Virgin. 327, 7: Schetzent ir mich, swie tiure ir gert: Ich hân wol lôsunge. — Dietr. Flucht 7036: Vünf hundert sullen wesen dîn, Die beschatze umb lîp oder guot Oder swie dir râte dîn muot; 7052: Boten wurden vür gesant Dâ hin zuo Ermrîchen Mit brieven endelîchen, Ob Ermrîch mit golde Oder mit swiu er wolde Lœsen sîne gevangen, Oder ez wær umb sî ergangen. — Lanc. I, 47077: Dus moeste die coninc, di was gevaen, Arture te sinen dienste staen Van sulken rentsone alsi bespraken. — Rom. de Rou 7303: Lungement le tint en prisun Ke il nel’ volt metre à raançun Ne il nel’ volt quitement rendre Ne raançun reduable prendre. — Alix. p. 35, 51: Grans ert li raencons, s’il le vint demander; Cescuns s’en fera d’or ·ij· fois contrepeser. — Parton. 9775: Là ù li Magaris gisoit Et grant raençon prometoit. — Richars li biaus 3686: ‘Sire, s’il ne uous doit peser’, Fait Loys, ‘nostre raenchon Dittes quelle iert, Car sans tenchon Vous ert elle mout bien paye’. — Guiart I, 7162: Li autres prisonnier estrange, Selonc l’estat de quoi il ièrent, Par réançon se desgagièrent.

über den Preis geeinigt hatte, Geiseln stellte, welche die richtige Auszahlung verbürgten[1]); andrerseits stellte man wieder Geiseln, dass die Gefangenen, wenn das Geld gezahlt war, auch wirklich losgelassen wurden[2]). Die Summen sind oft ganz beträchtlich. So wurden 1270 die Westfalen des Bischofs von Paderborn bei Fritzlar von den Hessen geschlagen, verloren 105 Todte und 130 Gefangene; Einer der letzteren Kuno aus der Stadt Barberg (Wartberg an der Diemel) kaufte sich mit 1500 Mark (also etwa 60,000 RM.) los (Chronica minor auctore minorita Erphordensi, Contin. I).

Gemeine Soldaten gefangen zu halten, war oft zu umständlich; man liess sie, womöglich nackt, laufen[3]).

Hatten die Herren so durch die Lösegelder der Gefangenen und die Kriegsbeute einen wirklichen Vortheil von der gewonnenen Schlacht, so fanden die Soldaten und Knechte auf dem Schlachtfelde vielfach Gelegenheit, sich zu bereichern. Nach der Schlacht von Arsûf, am 7. Sept. 1191, „konnte man“, so berichtet das Itinerarium Regis Ricardi (IV, 19), „daselbst Banner und verschiedengestaltete Fahnen, Wimpel und unzählige Feldzeichen auf der Erde hingestreut sehen, so viele erprobte Schwerter hier und da hingeworfen, Rohrlanzen mit eiserner Spitze, türkische Bogen, Keulen starrend von spitzen Zähnen; vom Felde konnten zwanzig oder mehr Wagenlasten von Bolzen, Speeren, Pfeilen und Wurfspiessen gesammelt werden“[4]). Die Waffen und Rüstungen der Gefallenen nahm, wie es scheint, der Kriegsherr für sich in Anspruch; er liess sie sammeln und beim Weitermarsch auf Wagen dem Heere nachführen[5]). Sie verstärkten so die Vorräthe

1) Rom. de Rou 16365: Donerent li prisons ostages, Fils è nevoz de lor lignages Por lor raëncons aquiter, Ke il lor avoit fet jurer.

2) Dietr. Flucht 7121: Daz golt daz wart ûfgewegen, Dâ mit man lœsen solt die degen. Ê man daz guot sande dar, Dô muost her Dietrîch vür wâr Ermrîchen gîsel senden vür, Daz er sîn guot iht sus verlür.

3) In der Schlacht bei Westcapel 1253 besiegte König Wilhelm von Holland die Gräfin von Flandern und deren Verbündete: Qui et vulgarem populum omnino denudatum remisit ad Flandriam; ita quod unusquisque Flamingus e pisis virentibus perizomata circumplectens et exinde bracas lumbis suis adaptans ad Flandriam reversus est (Joh. de Beka).

4) Chron. des ducs de Norm. 18826: D'espées e de tros de lances D'enseignes e de conoisances Est tote la terre jonchée; 18948: Quant veit le chans si revestuz De tros de lances et d'escuz, De chevaus morz.

5) Biterolf 3772: Dô sprach der Etzelen man, Rüedgêr der tugentrîche ‘Sô tuot als wîslîche. Schüttet's ûz der sarwât, Swaz der tôten hie bestât, Die suln wir alle begraben, Daz si die wolve und raben Iht ziehen an daz gevilde. Ir wâfen und ir schilde Suln wir allez füeren wider; 3787: Ûf die wagen hiez dô legen Hornboge und Ramunc der degen Ir schilde unde ir sarwât.

des Arsenals, der schon oben geschilderten, auf jeden Feldzug mitgenommenen Artillerie. Alles Uebrige war den Soldaten überlassen[1]), die auch oft genug die Todten ausplünderten[2]) und sich ihre Rüstung aneigneten, was für einen Ritter nicht anständig war[3]). Fiel nun gar das Lager[4]) oder der Train[5]) der Feinde in die Hände der Sieger, dann konnte mancher arme Teufel zum wohlhabenden Manne werden. So erbeutete nach der Schlacht von Westcapel am 24. Juli 1253 König Wilhelm von Holland das Silberservice der Gräfin von Flandern. Allein die Becher und Schüsseln wurden auf 30,000 Mark (1,200,000 RM.) geschätzt. Was die Soldaten übrig lassen, das eignen sich die Landes-

---

1) Troj. 26202: Swaz armer sarjande Was in der Kriechen ritterschaft, Die wurden sêre statehaft An guote bî den stunden, Wan si dâ ligende funden Gesteine, silber unde golt. Vil hôhen unde starken solt Enpfiengen si gelîche Und wurden alle rîche; 37834 ff. — Guiart I, 7041: Franceis vont cerchant les charroiz Et saisissent sans y metre offres, Armes, deniers, males et coffres, Que li fuianz et les liez Avoient là achariez. Ribaus si granz fessiaus y charchent Que tuit crollent quant terre marchent; Aucuns les hommes morz desvestent.

2) Als König Rudolf die Gefangennahme Ottokars von Böhmen gemeldet wird, befiehlt er ihn zur Fahne zu bringen. Er ist aber schon todt (Ottokar v. Steier CLXIII): Die (pueben) machten in ploz und par Harnaschs und klaider . . . (der von Perichtolstorff) Über in do warf Ain schapprawn. — Lod. v. Velthem lib. IV, c. 39: Des ander dages, doe waes't tyt, Dat elc besach om profyt. Den doden dadense alsi hem onden Ende namen dat si onder hem vonden. Si storten hem die wapen wt Al moeder naect tot'er huut. — Rich. Senoniensis III, 16: Invenerunt Francos mortuorum corpora spoliantes.

3) Troj. 31010: Man seit, daz im (Patroclus) Hector der helt Den harnasch abe dem lîbe züge: Daz wil ich hân für eine lüge, Daz er sin hete iht (Druck: niht) gegert, Swie doch vil manger marke wert Sîn glanz gesmide wære.

4) Herz. Ernst D 4897: Die Cristen siges warn gemeit. Si namen grosse richeit In der heiden getzelden Des tages uff dem felde. Das Cristen volg tzusampne trug, Die getzelt und richeit genug. Der heiden gote rich gewæt Wurden da vil gesmæt, Ser tzuqueschet und tzucloben In der Cristen sack geschoben. — Ottokar von Strier CCCL (das Lager der vor Triest geschlagenen Venetianer): Wunder mocht man da schawen Daz die plundrer Die grozzen pulgen swer Begriffen mit den sekchen. — Cléomadès 1337: Sachiez que maint coffre effondré Y ot et maint sac desciré Et mainte bouge decoupée, Ainçois qu'ele fust deffermée. Entre argent et joiaus et or Trouverent moult grant tresor, Or en paillole et en farin, Maint anel d'or et maint bacin Trouverent, et maint grant jouel Qui estoient et riche et bel. Mainte riche vaisselemente Touverent, bele et noble et gente, Pos, hanas et platiaus d'argent Car moult estoient riche gent Li rois qui s'en erent fuï.

5) Guil. Parvi de Newburgh Hist. Anglic. lib. V, c. 2: (1194) Mane facto rex Anglorum abeuntem exercitum (Francorum) persecutus regis fugientis plaustra et clitellas cum quibusdam arcanis et gaza multiplici variaque suppellectili comprehendit.

kinder an, die in der Nähe des Schlachtfeldes wohnen [1]. Nach der Schlacht auf dem Marchfelde 1278 kamen von drei Meilen im Umkreise Männer und Weiber, fischten mit Haken und Rechen die Todten aus dem Flusse und plünderten sie aus. Sie wurden so wohlhabend, dass man die Nachwirkungen jener Schlachtbeute, wie uns Ottokar von Steier, dem wir diese Nachricht verdanken (CLXV), versichert, noch lange nachher bemerkte [2]. Schon das Abledern der Pferdecadaver konnte einen zum reichen Manne machen (HTroj. 14860) [3].

Die Ausplünderung der Leichen schildert uns Richerius Senoniensis V, 15. Die Strassburger, bewaffnet mit Asciis, quos Franci hach es Danoises appellant, haben am 8. März 1263 ihren Bischof Walther in einer Schlacht besiegt. „Am nächsten Tage gingen die Strassburger aus ihrer Stadt auf das Schlachtfeld, um die Leichen der Gefallenen auszuplündern, und was jeder nehmen konnte, das trug er hinweg. Als aber die Strassburger über das Leichenfeld schwärmten, Beute zu suchen, da fand einer von ihnen einen am Boden liegenden Ritter, der kostbar gewappnet war. Und als er näher kam, bemerkte er, dass noch Leben in ihm war, und fragte ihn: ‘Wer bist du?’ Der Ritter erwiderte: ‘Ich bin der Bruder des Bischofs von Speier, genannt der Landvogt des Elsasses’, und fügte hinzu: ‘O wenn du mich an einen sichern Ort führen und mir das Leben retten wolltest, ich würde dich mit allen Gütern bereichern’. Der aber sprach: ‘Lieber möchte ich hier sterben, als dich am Leben lassen’. Und er tödtete ihn. Als er ihn der Waffen beraubte und die Rüstung, mit der er bekleidet war, ihm bis zu den Händen auszog, fand er, dass sie mit Kettchen, wie das bei den Rittern Sitte ist, festgebunden war. Er fürchtete sich zu seinem Schaden länger zu verweilen, hieb dem Ritter beide Hände mit der Rüstung ab, liess den so verstümmelten Ritter todt auf dem Felde liegen und nahm des Ritters Hände sammt den Waffen mit sich in die Stadt. Und so liessen die Strassburger die ganz ausgeplünderten Leichen liegen.“

Absichtliche Leichenschändungen kommen aber doch immerhin selten vor. Dass die Leiche des Simon von Montfort, Grafen von

1) Auberi p. 35, 2: De Gant issirent plus de ·vij C et dis, Menue gent qui ont mestier d'armes. Par le champ vont ou fu li ferreis, Asses i ot et gaaignie et pris, Escus et hiaumes et bons haubers treslis. En Gant en mainnent et destriers et ronchis.

2) Des mert sich so ir hab, Daz sein noch frum hat daz lant.

3) Chron. Colmar. 1298: (bei der Schlacht von Gellheim) Alii dixerunt, quod equorum interfectorum fuerint tria millia computata . . . Excoriati fuerunt ipso die omnes equi, ut plurimi retulerunt.

Leicester, der in der Schlacht von Evesham am 4. August 1265 gefallen war, so schmählich verstümmelt wurde, ist wohl auf Rechnung des Parteihasses zu setzen [1]).

Noch blieb den Siegern, ehe sie weiter marschirten, eine Verpflichtung zu erfüllen, die Todten zu sammeln und zu bestatten. Mancher der Gefallenen hatte lange gerungen, ehe der Tod ihn erlöste, und was ihm die Todesstunde besonders schwer machte, war der Gedanke, ohne Beichte, ohne Communion abscheiden zu müssen. Da haben sich die Ritter in ganz eigenthümlicher Weise mit ihren religiösen Scrupeln abgefunden. Stand ein Freund dem Sterbenden bei, so hörte der wohl sein Glaubensbekenntniss und seine Beichte und schiebt ihm ein Blatt an Stelle der fehlenden Hostie in den Mund [2]). Oder der Sterbende verzehrt drei Stückchen Gras, das er sich noch ausrauft, und glaubt so wenigstens eine Art von Communion verrichtet zu haben [3]).

Auf Schilden wurden die Todten zusammengetragen [4]). Die fremden, unbekannten Leichen verbrannte, die der Freunde bestattete man auf dem nächsten Kirchhofe [5]). Aber nicht immer ist, zumal im Heidenlande ein Gottesacker vorhanden; da werden die Todten in ein grosses Massengrab (karnâre) unter Hörnerschall gebettet. An die

---

1) De antiquis Legibus Liber. Cronica Maiorum et Vicecomitum Londoniarum (ed. Thom. Stapleton. Lond. 1846) p. 75: Caput vero dicti Comitis Leicestrie, ut dicitur, abscisum fuit a corpore, et testiculi sui abscisi fuerunt et appensi ex utraque parte nasi sui, et ita missum fuit caput suum uxori Domini Rogeri de Mortuo Mari apud Castrum de Wiggemola. Pedes vero et manus sui abscisi fuerunt et missi per diversa loca inimicis suis ad magnum dedecus ipsius defuncti; truncus autem corporis tantummodo datus est sepulture in ecclesia de Evesham.

2) Geoffroi Gaimar p. 55: (Als Wilhelm der Rothe auf der Jagd von Walter Tyrrel tödtlich verwundet ist) un venéour Prist des herbes od tut la flour, Un poi en fist au roi manger; Issi le quida acomunier. — Elie de St.-Gille 243: Il est passes avant, entre ses bras le prist, Prist une feulle d'erbe, a le bouce li mist. Dieu li fait a conoistre et les pecies iehir.

3) Chans. d'Antioche VIII, 29: De l'erbe devant lui a il trois peus rompus En l'oneur Dieu les use, si s'est confés rendus, L'arme s'en est alée. — Garin p. 240: Trois foilles d'erbe a prins entre ses piés, Si les conjure de la vertu del ciel, Por corpus domini les reçut volontiers. — Gaufrey p. 18: Puis a pris ·iij· peus d'herbe pour aquemuneison En son cors les avale, en son cor de frans hon. Et puis est trespassé.

4) Athis A 107: Den tôtin lîchamin In einin scilt sie nâmin. — Erec 3642 Le seneschal en ont porté Mort en l'envers de son escu.

5) Lanc. I, 34296: Si toghen von beiden siden dan Int foreest, daer si hout namen Ende bernden die licghamen, Diemen ne kende, sonder sparen. Ende dire bekent waren, Si namen die lichgamen daer of Ende groefse in eenen kerchof.

Todten-Capellen, die später unter dem Namen Karner[1]), Carnaria, bekannt sind, dürfen wir wohl nicht denken, denn diese waren mehr Beinhäuser, bestimmt, die aus dem Kirchhofe ausgegrabenen Gebeine aufzunehmen, als zur Bestattung frischer Leichen geeignet[2]). Die im Heere anwesenden Geistlichen sprachen ihren Segen über den Gräbern der gefallenen Krieger.

Vornehme Leute begrub man nicht gern im fremden Lande; man zog es vor, ihnen ihre letzte Ruhestätte an geweihter Stelle, bei den Gräbern ihrer Vorfahren, ihrer Angehörigen bereiten. Die Leichen einzubalsamiren, dazu fehlte es bei einem Feldzuge an Zeit und Mitteln, und so entschloss man sich dazu, den Leichnam zu zerstücken und die Stücke so lange mit Wasser und Wein zu kochen, bis sich die Knochen vom Fleische lösten. Diese Gebeine wurden dann parfümirt nach der Heimath gebracht; das Fleisch jedoch begrub man an einer schicklichen Stelle. Ludwig III. Landgraf von Thüringen starb bei der Rückkehr vom Kreuzzuge am 15. October 1189 in Cypern. Sein Bruder liess den Körper sieden und das Herz pulverisiren. Die Knochen und das Herz nahm man nach Deutschland mit und bestattete sie in Reinhardsbrunn; das Fleisch wurde in Cypern beerdigt (Ludwig's Kreuzfahrt 8120 ff.). 1190 wurde der Leichnam Friedrich Barbarossas nach Antiochia gebracht und dort gesotten; das Fleisch setzte man in der Kathedrale bei; die Gebeine brachte man einstweilen nach Tyrus, später wollte man sie, wenn Jerusalem gefallen, in dieser Stadt beisetzen (Itin. Reg. Ric. I, 24). Als der Landgraf Ludwig IV. von Thüringen, der Gemahl der h. Elisabeth, 1227 in Otranto starb, wird er erst (h. Elis. 4746 ff.) in weisse Tücher gehüllt, dann aber behandelt man den Leichnam in gleicher Weise (h. Elis. 3580 ff.): „Ir herren si enthelten: Mit ein si sich berieden, Daz si in liezen sieden. Si namen daz gebeine, Clar unde reine, Wiz alse ein gevallen sne. Nach gar dugentlicher e Die reinen pilgerine Vermahten iz in schrine, Beslozzen

1) Rolandslied 7579: Thie tôten hiez er zesamene tragen: Ein karnâre wart thâ gegraben. Sie bliesen ire horn. Thie biscofe wolten zesamene komen Unt andere gelêrten. Wie wole sie got geêrte, Thie thâ mite wâren, Thaz sie thie heiligen bîvilde sâhen! Sie bestateten sie alsus Cum mirra et aromatibus.

2) Alix. p. 444, 5: Ses hommes fait li rois ricement entierer; Puis fait faire ·j· carnier, si com l'oi conter. — Hier werden die Todten also erst bestattet, dann der Karner gebaut, in dem später die Gebeine gesammelt werden sollen. — La Conqueste de la Bretagne 1064: Le roy fist fere ung charnier bien oupvré De bonne pierre, en bon mortier scellé. Illec fut mys le peuple Damme Dé Qui en bataille ot esté decollé. Une chapelle fist sur les martyrs Dé; Sur le charnier fut le moutier fondé De saint Estiene en fut le mestre aulté.

wol bewunden. Zu disen selben stunden Ein soumer schone was bereit.“ Und so wird das Gebein heim bis nach Reinhardsbrunn geleitet; wenn die Begleiter ausruhen, so setzen sie den Schrein in einer Kirche nieder, bedecken ihn mit Baldekin, zünden Kerzen an und räuchern mit Weihrauch. Auch der Leichnam des heiligen Ludwig wurde in Karthago in dieser Weise präparirt. Die Gebeine kamen nach Saint-Denis; das Fleisch und die Eingeweide wurden auf Bitten des Königs Karl von Anjou in Monreale beigesetzt[1]).

In Hirschhäuten wurde, wie uns das Rolandslied (7589 ff.) und die von demselben abhängigen Gedichte (Stricker, Karl 10489 ff.; 10756 ff.; Karl Meinet p. 477, 39 ff., 60 ff.) erzählen, der Leichnam gesotten, die Eingeweide und das Fleisch begraben, das Gebein endlich mit Specereien parfümirt und in Seidenstoffe verpackt in den Schrein gelegt[2]).

Zum Andenken an die Gefallenen gründete man zuweilen auf der Walstatt ein Kloster. So thaten es, nach der Schlacht auf dem Wülpensande, die Hegelinge (Kudr. 909 ff.); jeder der Herren steuerte zur Ausstattung desselben bei, auch der Todten Rosse und Kleider wurden für die Stiftung verkauft. Die Angehörigen der Gebliebenen sandten dann ebenfalls Beiträge, und so wurde ein grosses Kloster gestiftet, dessen Insassen für die armen Seelen der Gefallenen zu beten verpflichtet waren. In dieser Weise errichtete man auf dem Schlachtfelde ein Siegesdenkmal.

Dann brach man zur Verfolgung auf. Die Kranken und Verwundeten wurden, wenn es anging, in Sicherheit gebracht. War ein befreundetes Schloss in der Nähe, so liess man sie auf Schilden dahin tragen[3]); für weitere Transporte dienten von Rossen getragene

1) Guilelmi de Nangiaco Gesta Philippi Regis (Bouquet, Rec. XX, 466): Clientes vero aulici et ministri, quibus hoc incubebat officium, corpus regis membratim dividentes aquae vinique admixtione tamdiu decoxerunt, quousque ossa pura et candida a carne quasi sponte evelli potuissent. Carnem tamen corporis eius excoctam et ab ossibus separatam nec non et intestina ipsius petiit et impetravit Karolus rex Siciliae a nepote suo rege Philippo.

2) Lohengr. 6061: Dem mer al unrein ist verpoten: Vür daz wart daz âs abe dem gebeine gesoten. Sô vüert manz wol, swenn ez den smac verliuset. Mit bisem und mit balsams trôr Wart ez vor gebeizet. — Prise de Pampelune 3855: Alour fu despoilé Le cors e fu boili e cuit, e desevré Les osses de la carn, com Zarlle oit comandié. La zarn fu enterée au grand temple sacré E les osses furent par mout gran dignitié Lavés e embaumés e en un paile rosé Furent envolupiés; 3863: Fu acompagnié le cors de Guion le alousé En Bertagne e là fu jouste suen per couchié.

3) Lanc. IV, 6505: Dat si Bohorde drogen al gewont Inden casteel op sinen scilt ter stont.

Bahren[1]), in denen auch verwundete Gefangene nach ihrem Bestimmungsorte geleitet wurden[2]). Konnten die Blessirten nicht heimgeschickt werden, so mussten sie dem Heere folgen, waren da sehr zur Last und konnten leicht bei einem Angriffe zu Grunde gehen. Wie die Kreuzfahrer im December 1191 beschliessen auf Jerusalem zu marschiren: „Da wurden selbst die, welche in Joppe krank darniedergelegen hatten, in Betten und Sänften herbeigetragen, in der Hoffnung, dass man auf Jerusalem vorginge. . . Die Türken aber stürzten, als die Kranken da getragen wurden, auf sie los und tödteten die Träger wie die Kranken in der Meinung, dass man keinen, den man als seinen Feind erkannt hatte, schonen müsse“ (Itin. Reg. Ric. IV, 34).

Das geschlagene Heer zog sich möglichst schnell aus dem Bereiche der Feinde zurück. Wer die Verwundeten in Sicherheit brachte, konnte auf guten Lohn rechnen[3]). Man forschte nach den Ursachen der Niederlage und bestrafte streng alle die, welche ihre Pflicht versäumt hatten. Wir sind über die Kriegsgerichte jener Zeit nicht gut unterrichtet, zwei Notizen beweisen uns jedoch, dass Feigheit und Ungehorsam geahndet wurden. In den von den Kreuzfahrern 1218 vor Damiette vereinbarten Statuten heisst es: „Wer von den Leuten, welche die Leitern, die Kocken und die Schiffe zu besteigen bestimmt sind, umkehrt, der soll seine Hand und all sein Hab und Gut verlieren“ (Memoriale Potestatum Regiensium). Dann erzählt uns Odo von Deuil (de Diogilo)[4]) im sechsten Buche, wie beim dritten Kreuzzuge König Ludwigs VII. von Frankreich dem Gaufridus de Rancone und seinem eigenen Oheim, dem Grafen von Maurienne (Morianensi Comiti), befohlen habe, mit der Vorhut einen Berg zu übersteigen, aber unter

---

1) Nib. Z. p. 36, 5: Man bringet . . . der verchwunden . . . Wol ahzec rossebære in Burgonden lant. — Erec 6309: Die knehte hiez er houwen dô, Alle die dâ wâren, Eine rosbâren. — Lanc. I, 331: In ene wel bereide orsbare; 339: Ende die orsbare was bedect Mit dieren samite ende berect Ende daer boven geleit cruedt ende gras, Dattoe versch ende groene was; 25887: Daer hi enen ridder comen vernam Die in ene leitiere lach. — Rom. de Brut 9119: Porter s'a fait, si com em bière À chevax, en une litière. — Chev. as ·ij· espees 1902: Une litiere menoient, Couuerte d'un vermeil samit, S'erent doi palefroi petit Atele devant et deriers. Dedans gisoit uns chevaliers Ki navres ert d'un tronc de lance.

2) Guil. Brito. Philipp. XII (Duchesne V, 243): At Ferrandus equis evectus forte duobus Lectica duplici themone vehentibus ipsum.

3) Troj. 24968: In wart vil edel hantgift Und êren manger hande Geboten von Prîande, Der hiez ir aller schône pflegen.

4) Abgedruckt in S. Bernardi Clarevallensis Abbatis Genus Illustre Assertum, cura Petri Francisci Chiffletii, Divione MDCLX, p. 63, 66.

keinen Umständen ein Lager aufzuschlagen. Uneingedenk des Befehles lagern sie aber doch, sobald sie über den Bergkamm hinüber sind, und nun staut sich das vormarschirende Heer, der Tross kommt ins Stocken und da die Türken jetzt auch von allen Seiten angreifen, so entsteht eine arge Verwirrung; die Kreuzfahrer erleiden die empfindlichsten Verluste, ja der König selbst kommt in die grösste Lebensgefahr. Als er sich (lib. VII) glücklich mit den Trümmern des Heeres bis ins Lager gerettet hat, da war die Nacht schon angebrochen. „Diese Nacht verging schlaflos, denn ein Jeder erwartete einen seiner Freunde, der niemals kommen sollte, oder vergass den erlittenen Verlust, um froh den nackt Anlangenden zu empfangen. Inzwischen hielt das gesammte Kriegsvolk dem Gottfried für des Galgens werth, weil er dem königlichen Befehle über den Tagesmarsch nicht gehorsam gewesen, und vielleicht bewahrte ihn vor der Strafe nur der Oheim des Königs, der ja auch seine Schuld mit ihm getheilt hatte. Denn da Beide schuldig waren, und man des Königs Oheim schonen musste, so konnte der Eine nicht ohne den Anderen verurtheilt werden.“ Ich habe schon des Heinrich von Essex gedacht, der 1157 im Walliser Kriege das königliche Banner fortgeworfen, den Tod des Königs Heinrich II. verkündet und so nahezu die Niederlage der Engländer verschuldet hatte. 1163 warf ihm Robert von Montfort diese Feigheit vor, der Angeschuldigte läugnete und die Sache wurde im Zweikampfe ausgetragen. Heinrich blieb für todt auf dem Platze und auf Bitten der Grossen wurde ihm ein ehrliches Begräbniss in dem nahen Kloster Reading zugestanden. Da kam er wieder zu sich, genas, wurde aber Mönch[1]). Nach Radulfus de Diceto (Imag. Hist. ad a. 1163) wurde er für ehrlos und seines Erbes für verlustig erklärt.

Im Unglücke aber konnte sich auch die Treue des Lehnsmannes herrlich bewähren. Ich kann mir nicht versagen, hier eine Stelle aus dem Gedicht vom Wolfdietrich mitzutheilen, welche jene Vasallentreue rührend schildert. In der Schlacht mit den Griechen hat Wolfdietrich sein ganzes Heer eingebüsst, sein Erzieher Berhtunc von Mêrân von sechzehn Söhnen sechs verloren. Als nun Wolfdietrich klagt:[2])

Mit zorne sprach der alte ‘nu lâz die klage sîn:  
Mîn und mînes wîbes wârn diu kindelîn.  
Nu hilf mir selbe râten und lâzen wir den zorn:  
Swaz wir dar umbe tæten, doch wæren si verlorn.

1) Cronica Jocelini de Brakelonda p. 51 ff.; Guilelmi Parvi de Newburgh Hist. Anglic. lib. II, c. V.

2) Wolfdietr. A 367.

Ja ist uns beider helfe an in niht verdorben gar.
Uns wahsent ander liute und koment ouch andriu jâr.
Ez kan uns niht gehelfen, swaz wir weinen diu kint.
Si werdent ouch niht lebendic, die erstorben sint.'

Und als sie heimkommen, da fragt Berhtunc's Frau nach ihren Söhnen:[1])

Si sprach vil klagelîche 'Wâ sint nu mîniu kint?'
Mit zorne sprach der alte 'Ich weiz wol wâ si sint.
Si habent wol vergolten ir tôdes herzensêr.
Ich wirf dich über die mûre, gedenkst ir immer mêr.

Swaz wir zwei klagen solten, daz wirt er eine klagen:
Nu trœste mînen hêrren, dem müeze wirz vertragen,
Daz er der kinde tôde vergezze durch uns zwei.
Mich müet der jâmer immer, daz er sô lûte ob im schrei.'

Sus volgete im diu frouwe, der kinde si vergaz.
Verborgenlîchen tougen wurden ir ougen naz.

Wer solche Männer zu seinen Getreuen zählte, der brauchte nicht zu verzweifeln, wenn auch das Schlachtenglück ihm einmal nicht günstig war.

---

1) Wolfdietrich A 389.

# V.

Eine gewonnene oder verlorene Schlacht entschied in der Regel den Krieg nicht. Das geschlagene Heer zog sich in eine Burg oder in eine grössere Festung zurück und so lange diese nicht genommen und die Heerführer zur Capitulation gezwungen waren, wurde der Frieden auch nicht geschlossen. Die Belagerungskunst spielt daher in den Kriegen jener Zeit eine überaus grosse Rolle und wir werden uns eingehend mit ihr zu beschäftigen haben. Da jedoch im zwölften und dreizehnten Jahrhundert nicht allein zu Lande, sondern auch auf dem Meere Schlachten geschlagen wurden, die Schiffahrt zudem, schon der Kreuzzüge halber, damals eine grosse Rolle spielt und von den Historikern wie von den Dichtern häufig erwähnt wird, so scheint es angemessen, zunächst zu versuchen, was sich über das Schiffswesen ermitteln und feststellen lässt.

Ueber den Bau der Schiffe hat A. Jal in seinem trefflichen Werke „Archéologie navale“ (Par. 1840) ausführlich gehandelt. Da ich als Laie mich in die Details der Nautik nicht einlassen kann, verweise ich auf diese Arbeit alle Diejenigen, die genauere Auskunft über diese interessanten Fragen bedürfen. Ich begnüge mich hier beizubringen, was zur Erklärung unsrer mittelalterlichen Dichter und Geschichtsschreiber mir erforderlich erscheint.

Wollte ein Fürst den Zug nach dem heiligen Lande antreten, so liess er das ausrufen, forderte die Ritter auf, sich ihm anzuschliessen, und stellte ihnen erforderlichen Falles auch freie Fahrt und Tragung aller Unkosten in Aussicht [1]).

---

1) Reinfr. 14594: Der werde fürste rîche Hiez in diu lant ûz schrîgen, Swâ ritter, grâven, frîgen Durch got als durch ritters were Wolten varen über mere Durch muotgelust der êren, Die solten zuo im kêren, Die wolte er enthalten Und füeren in der koste sîn.

Wer sich zum Kreuzzuge bereit erklärte, liess ein Kreuz auf seine Schulter heften (cruce signatus est) [1]) (vgl. Fig. 16). Dass nicht allein die Frömmigkeit Viele dazu bewog, sich dem Kreuzheere anzuschliessen, hat der Dichter des Reinfried (14616—14635) sehr unverhohlen ausgesprochen (vgl. S. 163). Manche Ritter hatten auch gar nicht Lust, an diesem gefährlichen Unternehmen sich zu betheiligen; sie zu gewinnen, mussten ihre Fürsten mit List zu Werke gehen. So erzählt Matthaeus Paris, dass 1245 König Ludwig IX. seinen Rittern Kleider schenkt, auf denen er heimlich das Kreuz hatte anbringen lassen (de subtili aurifrigio factas in locis caparum humeralibus cruces insui opere furtivo), ihnen befiehlt so bei der Frühmesse erscheinen und sie dann zwingt seinen Kreuzzug mitzumachen. Von dem Augenblick an, wo man sich zu dieser Wallfahrt bereit erklärte, verzichtete man auf jeden Kleiderprunk und legte schlichte dunkle Gewänder an [2]).

Die Kreuzheere Gottfrieds von Bouillon, Konrads III. und Friedrichs Barbarossa zogen durch Deutschland, Ungarn und Griechenland, setzten dann bei Constantinopel über den Bosporus (brachium sancti Georgii) und marschirten durch Kleinasien nach Palästina. Richard Löwenherz und Philipp August, später Ludwig IX. fuhren dagegen zu Schiffe nach dem heiligen Lande. Von Marseille bis Sicilien rechnete man 1600 Meilen, die mittlere Station war Sardinien; von Sicilien bis Akka sind wieder 1600 Meilen, und in der Mitte des Curses ist Kreta gelegen. Rhodus liegt $1/3$ Wegs zwischen Akka und Brindisi; die ganze Tour schlug man auf 1800 Meilen an. Wer von Marseille nach Akka fährt, lässt Sardinien, Sicilien, Kreta links liegen und erblickt erst in Syrien wieder Land. Das ist der kürzeste Weg. Die Kriegsschiffe (Galēen) aber bleiben immer in der Nähe des Landes, da sie den Stürmen im offenen Meere nicht gewachsen sind (Roger de Hoveden 1191). Von Akka (Ackers) bis Bari zu fahren, brauchte man bei gutem Winde sechs Wochen (Herz. Ernst D 5231 ff.), dagegen schlägt der Dichter des Gilles de Chin (4228 ff.) die Dauer der Fahrt vom heiligen Lande

1) Gr. Wolfdietr. 839: Daz krutz nam er für sich an sin wat: ‚Ich wil farn zu dem heiligen grabe, daz unser beider sele werde rat'. — Lohengr. 5161: Daz kriuze bekentlîch was genuoc Op dem wâpen ez ein iegelîch kristen truoc. — Doon p. 221: En sa capele vint; la crois prist maintenant Pour aler à effors sus la gent souduiant. Tuit se croisent ileuc, li jenne et li ferrant Pius de ·V$^{c}$· barons trestous en ·j· tenant. Et par tout le païs se croisa la gent tant Que petit en remest, se ne furent enfant.

2) Guiart II, 698: Ne vesti-il vert ne brunete Ne drap ce nous conte l'ystoire Qui ne traisist à couleur noire.

bis Brindisi auf nur zwölf Tage an. Richard Löwenherz segelte am 16. August 1190 von Marseille ab und kam am 23. Sept. in Messina an (Itin. Reg. Ric. II, 10. 13), er schiffte sich am 9. October 1192 in Akka ein und ist am 11. November in Corfu (ibid. VI, 37).

Zweimal im Jahre gingen von den Hafenstädten der abendländischen Christen Flotten nach dem heiligen Lande. Die eine Fahrt fand im März statt und heisst das Passagium vernale oder Martii (s. Ducange, Gloss. s. v. passagium; cf. Matth. Par. 1244), die andere das Passagium aestivale, messis oder Augusti (Ducange a. a. O.; Matth. Par. 1228) im Juni, Juli oder spätestens im August.

Die Kreuzfahrer mietheten gewöhnlich von einer seefahrenden Stadt die erforderlichen Schiffe. Erhalten ist uns der Entwurf des Vertrages, den Ludwig der Heilige 1268 mit dem Dogen von Venedig abzuschliessen Willens war, der aber nicht ausgeführt wurde, weil der König schliesslich mit den Genuesen sich einigte. In diesem Contractus Navigii (Duchesne, Script. V, 435) verspricht Marcus Guirinus Namens des Dogen von Venedig dem Könige, falls er das Passagium von Johannis bis zum nächsten Jahre antritt, fünfzehn Schiffe, für viertausend Pferde und zehntausend Mann. Zwölf Schiffe sollen 50 Matrosen zur Bemannung haben, die Roccafortis und die S. Maria aber 110 und der S. Nicolaus 86. Für die Roccafortis und die S. Maria zahlt der König als Miethe je 1400 Mark (also etwa 56,000 RM.), für den Nicolaus 1100 M. (44,000 RM.), für die zwölf anderen je 700 M. (28,000 RM.). So kostete die Schiffsmiethe nach unserem Gelde allein beinahe eine halbe Million RM. Der Ritter, mit zwei Dienern, einem Pferde und einem Pferdejungen hat 8 ½ Mark (340 RM.) Fahrgeld (navigium) zu bezahlen, die Beköstigung mit inbegriffen. Ein Ritter allein für einen gedeckten Platz (placa cooperta), zwischen dem Mittelmast und dem Hintertheil, 2 ¼ M. (90 RM.); ein Knappe (scutifer) für einen ungedeckten Platz (placa discooperta) 7 Unzen (35 RM.); der Knecht und das Pferd 4 ½ M. (180 RM.); der Pilger für einen Platz vom Mittelmast bis zum Buge incl. Kost ¾ M. (30 RM.). Das erforderliche Holz zum Kochen wird geliefert. Läuft die Flotte vor Mitte Juni aus, so darf sie in Cypern einen Monat vor Anker gehen; wird die Fahrt dagegen später angetreten, so soll die Flotte in Cypern nur zwanzig Tage warten dürfen. Für die Ueberwinterung zahlt der König ein Drittel mehr. Die stipulirte Summe ist in folgenden Raten zu erlegen: ein Drittel zwei Monate nach Abschluss des Vertrages, ein Drittel zwischen dem ersten September und Michaelis, das letzte Drittel bei der Rückkehr.

Die Kosten eines Kreuzzuges waren also immer sehr bedeutende; ausserdem musste ein Fürst seinen Rittern noch einen beträchtlichen Sold zahlen. Philipp August gab jedem seiner Ritter monatlich drei Goldstücke; Richard Löwenherz liess darauf vor Akka bekannt machen, dass er jedem, der in seinen Dienst treten wollte, monatlich vier Goldstücke geben werde (Itin. Reg. Ricardi III, 4). Unter den Goldstücken sind wahrscheinlich Byzantiner verstanden. Zur Zeit des h. Ludwig galt 1 Byzantiner 10 Livres tournois, und Natalis de Wailly, (Joinville, Éclairciss. p. 460) schätzt den Werth des Livre tournois auf 20 fr. 26 c. Ein Byzantiner hätte also den Werth von 202 fr. 60 c. Demnach zahlte Philipp August monatlich 607 fr. 80 c., Richard sogar 810 fr. 40 c. Joinville verlangt, da er bei seiner Gefangennahme sein Hab und Gut eingebüsst hat, vom Könige Ludwig IX. für die Zeit von Jacobi (25. Juli) bis Ostern 1200 Livres, für jeden der drei Ritter, die er angeworben, gleichfalls 400 Livres (Joinv. 440, 441). Nimmt man Livres tournois an, so erhält Joinville 24312 fr., die Ritter je 8104 fr.; sind gar Livres parisis gemeint, so steigt die Summe auf circa 30396, resp. 10132 fr. Der Sold wäre somit in den 50—60 Jahren ganz bedeutend gestiegen, denn Philipp August zahlt nur 7293,60 fr. pro Jahr, der freigebige Richard 9724,80 fr. und Ludwig IX. muss 10805, resp. 13509 fr. jährliche Löhnung seinen Rittern zugestehen. Joinville bekommt sogar aufs Jahr 32416, resp. 40528 fr. Ich führe diese Ziffern nur an, um zu zeigen, wie grossen Aufwand ein Kreuzzug erforderte.

Die Schiffe verproviantirte man mit Zwieback (bescuit[1]), mhd. piscot)[2]), Wein, Salzfleisch und Brot[3]); Wasser wurde eingenommen und gelegentlich erneuert[4]).

Was die Arten der Schiffe anbelangt, so sind zunächst die Kriegsfahrzeuge, die mit Rudern und Segeln versehen waren, zu nennen.

---

1) Godefr. de Bouillon 4783: Et quierre le bescuit et les nés gouvrener.

2) Tanhuser XIII, 4 (HMS. II, 95): Min wazzer ist mir truebe, min piscot der ist herte, Min vleisch ist mir versalzen, mir schimelget min win; Der smak, der von der sutten gat, der ist niht guot geverte. — Reinfr. 14694: Galînen, kocken, kiele Luodens vil mit spîse, Wîn, brôt in der wîse, Fleisch und alle lîpnar, Daz sî wol ein ganzez jâr Dâ von sich solten spîsen.

3) Guill. d'Orenge III, 1307: En petit d'eure furent les nés garnies De vin, de char, de besciut, de ferine. — Huon de Bord. p. 84: Adont ont fait une nef aprester; Dedans ont mis bescuit à grant plenté, Et pain et car et vin viés et claré, De l'iaue douce i fait asés porter.

4) Troj. 6920: Mit kalten küelen brunnen Sach man die getriuwen Erfrischen und erniuwen Ir wazzer seiger unde mat.

Die grösste Gattung von Kriegsschiffen ist der Dromon. Matthaeus Paris erzählt, wie am 7. Juni 1191 von Richards Flotte eine „navis (Saracenorum) permaxima quam Dromundam apellant“ erobert worden sei, und fügt hinzu, dass dies Schiff 1500 Mann Besatzung hatte. Erwägt man, dass ein Linienschiff von 74 Kanonen eine Bemannung von nur 650 Seeleuten und Seesoldaten hat [1]), so ergiebt sich schon die kolossale Grösse des Fahrzeuges. Der Verfasser des Itinerarium Regis Ricardi (lib. II, c. 42) nennt dies Schiff zwar nicht ausdrücklich einen Dromon, beschreibt es aber als einen Dreimaster, der rothgelb und grün bemalt war und eine Ladung von hundert Kameellasten hatte. Sieben Emire und achthundert auserwählte Türken befanden sich an Bord. Diese Schiffe haben die Abendländer den Byzantinern nachgebaut [2]); über ihre Einrichtung vgl. Jal I, 217 ff. *Δρόμων* bedeutet Rennschiff; das lateinische Wort cursoria [3]), die mhd. Bezeichnung „rennholz“ [4]) scheinen nur Uebersetzungen des griechischen Wortes zu sein. In den Chroniken wird der Dromonen wiederholt gedacht; sie scheinen besonders zum Transport von Truppen und Rossen gebraucht worden zu sein [5]), waren aber auch mit Castellen versehen, so dass sie im Falle der Noth die feindlichen Angriffe abwehren konnten [6]). Die französischen Epen erwähnen sie häufig [7]); in den

---

1) Bobrick, Nautisches Wörterbuch (Lpz. 1847) 594 ff.

2) Alpertus, De Episcopis Mettensibus 982 (MG. VI, 698): Et exiens altitudinem navis conspexerat, erat enim miro opere secundum Graecorum morem constructa.

3) Guil. Brito, Philipp. VII: Septuaginta rates quibus est cursoria nomen.

4) Ottokar von Steier XL: Ain ritter unverczagt In ainem snellen rennholcz Fur als pald, als ain polcz Vert von ainem starckchen pogen; Der kunigin wolt er unbetrogen Sagen die guten mer. Nu waz die seldenper Gevarn an der stet Auf ainem terret Auf des meresz fluet, Auch waz sy behuet Wol mit funff galein. Nu pegund vaste schrein Der oben in der keiben (Dr.: scheiben) sacz: ‚Secht auf, waz bedewt daz? Ich sicht dort palde fliesszen her Ein rennholcz.‘

5) Ann. Pisani 1158: Guilelmus rex Cicilie . . . fecit stolum 140 galearum et 24 dermonum, qui dermones portaverunt 400 milites; 1165: Et quattuor dermones pro equis portandis; 1175: Rex Guilelmus Sicilie misit exercitum magnum in Egyptum super Alexandriam in principio Julii, qui exercitus fuit 150 galearum et 50 dermones pro equis portandis; ubi fuerunt milites 1000 et multi sagittarii et multi balistarii et multa edificia.

6) Blancandin 3062: En mer trovames ·j· dromont; À bretesques et à castiaus Estoit fremés et boins et biaus; 2895: Par la main l'emmaine el dromont; Sus en l'estage contremont Va o lui por oïr son estre; O lui s'apoie à la fenestre.

7) Gaufrey p. 3: Seront prestes lez nés, li dromont esléu, De char et de bescuit et de formont moulu, Du fain et de l'avaine pour les destriers quernu. — Phil. Mousques 20946: Esnèques et dromons fiérés. — Blancandin 2757: Quatre cens pié ot li dromont. Li mast furent droit contremont; 2771: Sadoine i fait

deutschen Gedichten kommen sie unter dem Namen treimunt oder tragamunt vor [1]).

Mit dem Dromon verwandt ist der Pamphilus (vgl. Jal a. a. O. I, 248 ff.) [2]).

Am besten sind wir über die Galēa unterrichtet. Im vierunddreissigsten Capitel des ersten Buches vom Itinerarium Regis Ricardi sagt der Verfasser: „Und da gerade des Schiffswesens gedacht wird, halten wir es für erspriesslich, kurz eine Kriegsflotte zu beschreiben, wie solche die Gegenwart verwendet und wie dies die Alten thaten. Bei den Alten nämlich war auf solchen Schiffen eine grössere Zahl von Ruderbänken erforderlich, die reihenweise, durch Decke getrennt, aufstiegen, und von denen die einen mit längeren, die anderen mit kürzeren Rudern die Wogen treffen. Drei und vier Ruderreihen hatten sie häufig, zuweilen auch fünf; aber selbst sechs hatte man, wie überliefert wird, in der Schlacht von Actium, als Augustus gegen Antonius kämpfte. Die Kriegsschiffe nannte man Liburnae. Liburnia ist nämlich ein Theil Dalmatiens, wo hauptsächlich die Flotte zur Schlacht von Actium gebaut worden war: daher kam der Gebrauch, dass bei den Alten Kriegsschiffe Liburnae genannt wurden (vgl. Vegetius IV, 33). Uebrigens verringerte sich alle jene Herrlichkeit des Alterthums; denn eine Kriegsflotte, die ehedem mit sechs Ruderreihen fuhr, hat jetzt selten mehr als zwei. Was aber die Alten Liburna nannten, das heisst jetzt Galea (mit langer Mittelsilbe: media producta); dieselbe ist lang, schmal und etwas niedrig gebaut, hat vorn an ihrem Buge ein Holz befestigt, das gewöhnlich Sporn genannt wird und mit dem die Schiffe der Feinde im Anprall durchbohrt werden. Die Galionen aber mit nur einer Ruderreihe sind kurz und beweglich, werden leichter gewendet, laufen gewandter und sind brauchbarer, Feuer zu schleudern.“ Die Hauptsache ist der mit Eisen beschlagene Sporn, mit dem man die feindlichen Schiffe an ihrer Breitseite anrannte und ihnen einen Leck beibrachte [3]) (Fig. 94). Es kommen übrigens auch Galeen mit drei

---

porter Mahon Et Apolin et Baratron Sor le dromont, droit au coron; Fait à cascun metre ·j· dragon.

1) Willeh. 9, 1: Ûf dem mer zeinen stunden In kieln und in treimunden; cf. 197, 29. — Willeh. 438, 6: Urssier, kocken, tragamunt; cf. 432, 28. — Titur. 2525: Kiele starke newe, kocken, tragemunde Und marner getrewe.

2) Jacobi Auriae Ann. 1284: Et in die illa 58 galeas et et 8 pamfilos armaverunt.

3) Troj. 25116: Eines iegelichen schiffes grans Was mit îsen wol beslagen, Von stahele het er einen kragen, Der beide lanc was unde breit Und sam ein scharpfez wâfen sneit Zen orten und zen sîten.

Ruderreihen vor [1]; die Zahl der Maste war unbestimmt, wir lesen von zwei [2] und von drei Masten [3]. Auf dem Vordertheil und dem Hintertheil des Schiffes befanden sich castellartige Aufbauten [4]. Sie wurden bemalt; früher hatte man sie in Genua blau angestrichen, seit 1242

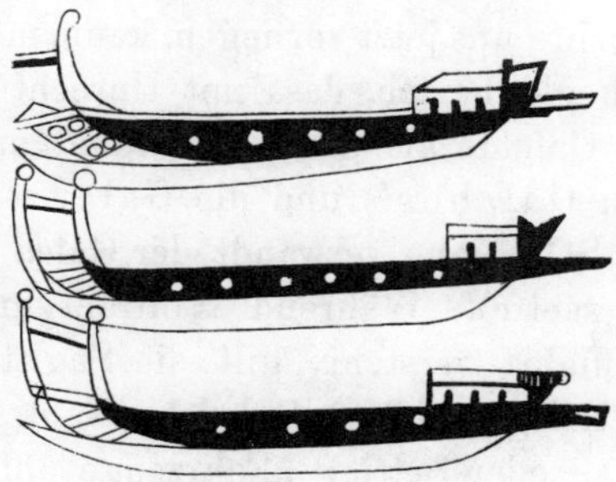

**Fig. 94. Galee. Fig. 95. Galionen.**
**Miniaturen der Genueser Annalen-Handschrift in der Nat.-Bibl. zu Paris.**

aber färbte man sie weiss mit rothen Kreuzen [5]. Andere liessen sie mit ihren Wappen bemalen [6]. Bei feierlichen Gelegenheiten wurden sie noch mit kostbaren seidnen Decken decorirt [7]. In den deutschen Gedichten begegnet uns der Namen gâlîe selten [8], öfter in den französischen [9]. Galîne [10] ist wohl die deutsche Form für G a l i o n (Fig. 95);

1) Matth. Par. 1191: Habuit praeterea centum naves onerarias et ·L· galeias triremes.

2) Hugues Capet p. 237: Quant il ont perchéu tant barge et tant dromon, Tant noble gallie à double mas en son.

3) Jac. Auriae Ann. 1285: Galeam, que D i v i t i a vocabatur . . . habens arbores 3 et remos 140.

4) Saba Malaspina IX, 19: Cum galeis habentibus altas puppes et proras aliquantulum elevatas.

5) Bartholomaei Scribae Ann. Jan. 1242: Statim varate fuerunt dicte galee de novo facte et cum ipsis parate fuerunt in portu Januae galee 83 et taride 13 et naves 4 magne et depincte colore albo cum crucibus vermiliis per totum, dimisso tunc glauco colore, quo depingi solebant; 1243: Galeas omnes et taridas depingi fecit.

6) Joinville 158: Sa galie (des Grafen von Jaffa) ariva toute peinte dedans mer et dehors à escussiaus de ses armes, lesquex armes sont d'or à une croiz de gueules patée.

7) Bartholom. Scrib. Ann. Jan. 1243: Galea, in qua venerat (Papa), et alie, in quibus erant Cardinales, paliis, cendatis et pannis deauratis cohoperte sunt per totum.

8) Kudr. 276, 1: Zwô galîe niuwe. — Ottokar v. Steier DCCXXXIII: Nu sahen sy her gan Wider wazzer auf dem Rein Teret, choken, galein Mer dann dreysszig.

9) Alix. p. 211, 20. — Phil. Mousques 20945.

10) Reinfr. 14694: Galînen, kocken, kiele. — Gr. Wolfdietr. 1914: Koken und galine. — Sal. u. Mor. 1813: Da was er mit fier und czwentzig galenen.

Galio oder Galionus [1]), die schon besprochene Gattung von Ruderschiffen, dürfte vielleicht mit der Scurzata [2]) zusammenzustellen sein. Galeida [3]) erklärt Jal (a. a. O. I, 454) für gleichbedeutend mit Galionus und glaubt auch, dass Galeota [4]) nur eine andere Bezeichnung für dieselbe Art von Fahrzeug sei. Jedenfalls ist es für uns, wie die Berichte uns jetzt vorliegen, kaum möglich den Unterschied festzustellen, doch glaube ich, dass mit Unrecht im Mhd. Wtb. I, 458 Galîe, Galîne und Galeide als gleichbedeutend angeführt werden. Sind nun auch noch Galabus [5]) und die Galera [6]) dieser Schiffsgattung zuzuzählen?

Sehr nahe verwandt der Galea ist die Sagittia [7]) (mhd. seitiez [8]), afr. saette). Während Wolfram unter Seitiez einen Kahn zur Flussschifffahrt versteht, gilt die Sagittia bei den Historikern immer als ein Kriegsschiff [9]). Bobrick (Naut. Wtb. 590, 620) kennt die Seitie, Settee oder Settie: „Fahrzeuge auf dem Mittelländischen Meere, ähnlich den Galeeren und Schebecken; nur haben die Segel nicht eine dreieckige Gestalt, wie die lateinischen, sondern eine trapezoidische Form; solche Segel heissen Settie-Segel.“

Die Salandria ist wie der Dromon ein nach griechischem Muster gebautes Fahrzeug [10]). Thietmar (III, 13) nennt sie „navis mirae

1) Jac. Auriae Ann. 1282: Galee due et unus galionus. — Itin. Reg. Ric. I, 33: Minor cymba, quam vulgo galionem nominant.

2) Ottoboni Jan. Ann. 1191: Margaritus cum stolo regis Tanclerii videlicet cum galeis 72 et duabus sagitteis et duabus scurzatis apparuit et praedictis 22 galeis dedit insultum. Quibus visis nostrae erexerunt vexilla et ceperunt arma, volentes aggredi exercitum regis Tanclerii.

3) Ann. Colon. max. 1190: Cum autem ad brachium S. Georgii transituri applicarent, rex Greciae 300 galeidas supra promissum eis exhibuit; cf. 1203. — Kudr. 261, 3: Kocken und galeide; 1073, 1: Vierzic galeide.

4) Ann. Pisani 1165: Una galeota.

5) Cafari Ann. Jan. 1120: Januenses ad portum Pisanum tenderunt, scilicet cum galeis octuaginta, cum gatis 35 et cum galabis 28.

6) Ann. Wormat. 1235.

7) Ann. Pisani 1163: Undecim sagittias ad modum galearum velociter ordinaverunt. . . Quatuordecim sagittias ad similitudinem galearum preparaverunt. — Ottonis Frising. Gesta Frid. I, 33: Rogerius Siculus aptatis . . . triremibus et biremibus, quas modo galeas seu sagittas vulgo dicere solent.

8) Parz. 686, 17: Bêne ûf dem Poynzaclîns Kom in eime seytiez; 668, 1: Seytiez und snecken; 826, 16: Nu brâht im aber sîn friunt der swan Ein kleine gefüege seitiez.

9) Cafari Ann. Jan. 1101: Cum autem Joppen appropinquassent, ecce rex Baldoinus cum duabus sagitteis et cum tubis et vexillis multis . . . obviam venit; cf. 1148. — Ottoboni Ann. Jan. 1191. — Barth. Scribae Ann. 1226.

10) Joh. Chron. Venetum c. 982: Ubi duae Graecorum naves, quas lingua illorum zalandriae nuncupantur, non procul a terra anchoris herebant.

longitudinis et celeritatis et utroque latere duos tenens remorum ordines ac CL nautas". Die Salandrien werden häufig genannt [1]). Die von den Franzosen als Chalans bezeichneten Schiffe scheinen derselben Gattung von Fahrzeugen zuzugehören [2]). Fraglich ist die Interpretation einer Stelle des Romanes Blancandin [3]); in der Redaction des Textes, die gedruckt vorliegt, ist klar von zwei verschiedenen Schiffen gesprochen: einem Dromon und einem Calant, dessen einer Mast in der Mitte steht, der andere aber wie ein Bugspriet über das Schiff hinausragt. Nun citirt aber Jal (a. a. O. I, 435) eine Variante, aus der sich ergiebt, dass der Autor den Chalant und den Dromon für ein und dasselbe Schiff ansieht; einer der drei Masten steht in der Mitte, der andere auf dem Hinterdeck, der dritte ist vorgebaut wie der Bugspriet [4]). Im Roman Huon de Bordeaux wird uns dann ein Calant beschrieben (p. 200): „Das Schiff war gross und von schöner Form und so mannigfach geschmückt, dass es kein Mensch beschreiben kann: das Meer war da gemalt und die Fische und alle Erben des Königreichs Frankreich von Chlodwig an, der ein so wackrer Mann war (qui tant estoit preudom); Kammern gab es darin in grosser Menge."

Die Tarida ist ein Kriegsschiff [5]). Jal (a. a. O. I, 467) weist nach, dass Tarîda der arabische Name für eine Art Galeassen war, erklärt sie aber später (II, 221) für ein schweres Transportschiff. Jacobus Auria (Ann. Jan. 1284) sagt aber ausdrücklich: „Obschon sie Tariden genannt wurden, so waren sie doch nach Art der Galeen und hatten

---

1) Cafari Liberatio Orientis 1101: Et salandrios 60 in navidio secum habuit. — Ogerii Panis Ann. Jan. 1207: Naves 7 cum galeis et salandro aliisque lignis subtilibus. — Barth. Scribae Ann. Jan. 1269: Naves plures et alia ligna videlicet sarandrios. — Ryccardus de S. Germano 1225: Centum chelandros.

2) Chans. d'Antioche II, 13: Et trovent les chalans garnis et corréés. — Huon de Bord. p. 83: J'ai ·iiij· barges et si ai ·iiij· nés Et ·ij· kalans qui queurent par le mer.

3) 2757: Quatre cens pié ot li dromont. Li mast furent droit contremont ·I· arbre drece el pié devant Et ·j· autre enmi le calant.

4) De trente piez fu le dromont. Li mas en fu droit contremont, Une broche ot el front devant Et une autre enmi le chalant. La tierce fu faite derriere Pour defendre la gent darriere.

5) Ogerii Panis Ann. Jan. 1210: Dederunt ei galeas octo et taridam unam et cum universa sartia (mit allem Tauwerk) et naves tres. — Barth. Scribae Ann. Jan. 1243: Galeas omnes et taridas depingi fecit. — Jac. Auriae Ann. Jan. 1282: Dominus Petrus rex Arragonum paravit galeas 19, naves 4 et taridas 8 posuitque in eis milites cum equis 350 et pedites 10 mille ivitque cum eis ad partes Barbarie; 1284: Licet enim dicantur taride, erant tamen in modum galearum habentes remos 120 pro qualibet.

jede 120 Ruder.“ Bei Bartholomaeus Scriba (Ann. Jan. 1264) werden „taridae magnae cum gabiis“ d. h. grosse Tariden mit Marsen (Mastkörben) genannt. Die deutsche Bezeichnung Terret habe ich nur bei Ottokar von Steier (XL, XLIII, DCCXXXIII) gefunden.

Der Gatus[1]), die Katze, muss auch den Galeen ähnlich gewesen sein. Wilhelm von Tyrus (um 1121) XII, 22 sagt: „in derselben Flotte waren einige Spornschiffe (naves rostratae), die man Katzen nennt, grösser als die Galeen, und jede hatte hundert Ruder, für deren jedes zwei Ruderer erforderlich waren.“ Hugues Plagon, der im dreizehnten Jahrhundert den Guilelmus Tyrius ins Französische übersetzt, giebt die Stelle so wieder: „nefs, que l'on claime chas, qui ont bec devant ainsi comme galie; mais elles sont greigneurs et chascune à deus gouvernaux et cent naageurs.“ Dies Schiff hat also zwei Steuerruder.

Eine besondere Art norwegischer Kriegsschiffe hiess Canardi[2]).

Dürfen wir nun die schlechthin Naves genannten Fahrzeuge auch als Kriegsschiffe ansehen? Sie werden neben den Galeen und anderen Schiffen als Bestandtheile der Flotten erwähnt und öfters an erster Stelle angeführt; ihre Namen werden mitgetheilt[3]): sie können also doch nicht ohne Bedeutung gewesen sein. Und wenn man die anderen Schiffe mit ihren Gattungsnamen kennzeichnet, warum hat man diese bloss einfach Schiffe, grosse Schiffe genannt? Denn von bedeutendem Um-

---

1) Cafari Ann. Jan. 1120: Januenses ad portum Pisanum tenderunt scilicet cum galeis octuaginta, cum gatis 35 et cum galabis 28 et cum navibus magnis 4 portantibus machina ac omnia instrumenta, quae ad bella sunt necessaria, nec non viginti duo milia virorum bellatorum, militum ac peditum, inter quos bellatores quinque milia cum loricis et galeis ferreis ut nix albis induti erant; 1126: Januenses cum stolo de galeis et gatis supra Pisanos iverunt.

2) Ord. Vitalis VIII, 23: Quatuor naves magnae, quas Canardos vocant, de Northwegia in Angliam appulsae sunt.

3) Cafari Ann. Jan. 1162: Consules . . . galeas et sagitteas et naves multas armare coeperunt; 1148. — Ogerii Panis Ann. Jan. 1203: Contigit autem, quod Pisani optime navem unam, que vocabatur Palmeta, armarunt; 1207; 1213: Scilicet cum calafati bruscarent quandam maximam navem, que vocabatur Contesa; accensa in ea igne combusta fuit tota et justa illam duas alias naves, una quarum vocabatur Sanctus Romulus et una nova Bonaviae Rainaldi de Naula nomine Stella; 1211: Eodem quippe anno in Hyspania in partibus Capitis Pali navis Sancti Johannis, quam armaverat comes Seraguse, et navis Gorgie, quam armaverat Amiragius Porcus, ceperunt navem unam magnam Marsiliensium nomine Barram et unam aliam navem nomine Guastavinum, que de Septa veniebat, carrigata maxime pecunia. — Barth. Scribae Ann. 1242: Parate fuerunt in portu Januae galee 83 et taride 13 et naves 4 magne; 1245: Iverunt Buzeam, ubi navem unam Pisanorum nomine Sponsaellam honustam mercimoniis invenerunt et eam ceperunt.

fange müssen sie gewesen sein, da Dreidecker in des Jacobus Auria Annalen vorkommen[1]).

Aehnlich verhält es sich mit dem vagen Ausdruck Ligna[2]). Auch unter Lignum hat man wahrscheinlich Fahrzeuge im Allgemeinen verstanden (Ann. Jan. 1269: naves plures et alia ligna videlicet sarandrios), aber doch zuweilen wieder bestimmte Formen bezeichnet. So lesen wir von Zweideckern[3]) und erfahren, dass die Ligna auch Ruderschiffe waren[4]).

Als Transportschiffe, nicht als Kriegsfahrzeuge sind wohl die folgenden Gattungen anzusehen.

Da ist zunächst zu nennen die Usseria[5]). Die entscheidende Stelle steht in den Annales Colonienses maximi, wo zum Jahre 1224 bemerkt wird: „Der Kaiser wird zur Unterstützung des heiligen Landes fünfzig Schiffe vorbereiten lassen, die Usserien genannt werden, und deren Grösse von solcher Geräumigkeit sein wird, dass zweitausend Ritter mit ihren Streitrossen und allem Zubehör ihrer Waffen, ausserdem zehntausend andere kriegstüchtige Männer mit ihren Waffen in diesen Usserien transportirt werden können. An jeder Usserie wird eine Brücke angebracht werden, so dass die Ritter, wenn es Noth thut, bewaffnet in den Schiffen ihre Rosse besteigen und ohne sich zu beschädigen auf diesen Brücken hinausreiten können, gleichsam in schon geordneten Reihen zur Schlacht ausrückend.“ Wir haben oben (S. 273) gesehen, dass die Ritter noch zwei Knappen und einen Pferdeknecht bei sich hatten. Es waren also 18,000 Mann und mindestens 2000, wahrscheinlich aber 4000 Rosse unterzubringen; es kamen daher auf

1) 1283: Naves de tribus cohopertis et una tarida et galee 5 et galeonus unus; 1285: Unam navem magnam de tribus copertis, que nominabatur Flos.

2) Ogerii Panis Ann. Jan. 1205: Galeas et ligna Pisanorum ceperunt; 1207 Naves 7 cum galeis et salandro aliisque lignis subtilibus.

3) Barthol. Scribae Ann. 1242: Et Pisani galeas et alia ligna de duabus theriis 58 numero muniebant.

4) Jacobi Auriae Ann. 1285: Fecerunt fieri ligna duo pro custodia riperie, unum de remis 100, quod vocabatur Griffus, aliud de remis 88, quod vocabatur Falconus, que erant velocissima.

5) Ottoboni Ann. Jan. 1181: Gualterus de Moach admiratus Wilielmi regis Siciliae cum maximo stolo de galeis et plurimis uxeriis cum militibus venit in portum Januae. — Ogerii Panis Ann. Jan. 1206: Cum navibus, galeis, uscheriis, buciis aliisque lignis cursalibus armatis insulam Crete adivit. — Jac. Auriae Ann. 1281: apparatum galearum et usceriorum. — Ann. Herbipol. 1203: Fuerunt autem naves 40, galiae 72, oxerii 100. — Parz. 667, 30: Kocken, ussiere; 621, 12; 663, 11. — Willeh. 9, 3: In urssiern und in kocken; 438, 6. — Villehardouin 118: Et se recuillirent es nés et li cheval furent mis es vissiers; 135: Lors furent li cheval trait fort des vissiers. — Phil. Mousques 20947: Koges et busses et wissiers.

ein Schiff 360 Passagiere und 40—80 Pferde, dazu mindestens 50 Seeleute; daraus ergiebt sich, dass wir uns die Usseria als ein sehr ansehnliches Schiff vorzustellen haben.

Die Pforte, durch welche die Pferde in den Raum gelangen, ist so angebracht, dass sie, sobald die Schiffe auf hoher See angelangt sind, unter dem Wasserspiegel liegt. Joinville berichtet (125): „An jenem Tage, als wir in unsere Schiffe gingen, liess man die Thür des Schiffes öffnen und brachte alle die Pferde, die wir übers Meer führen sollten, hinein; und dann verschloss man die Thüre wieder und stopfte sie gut zu, wie wenn man ein Fass ins Wasser wirft; denn sobald das Schiff im offnen Meere ist, befindet sich die ganze Thür im Wasser." Ich kann mir nur vorstellen, dass man die Pferde einschiffte, ehe man die sonstige Ladung einnahm, deren Schwere dann, verbunden mit dem Gewichte der Passagiere und Bemannung, das Schiff so tief einsinken liess; jedenfalls musste dann bei der Ankunft am Bestimmungsorte das Schiff erst entladen werden, ehe die Pferde herausgebracht wurden.

Laurentius Veronensis giebt in seinem Gedichte „de bello Balearico" (hgg. in Migne, Patrol. Curs. Compl., 2. Ser., Tom. 163, p. 516 B) eine Aufzählung von Schiffen; der Text ist aber bei Migne so verdorben, dass ich sofort die von Jal (I, 411) vorgeschlagenen Correcturen hier anführe:

Hoc variae fiunt diverso robore naves:
Gatti, dromones, carabi celeresque galeae;
Barcae, currabii, lintres grandesque sagittae
Et plures aliae variantes nomina naves.

Carabus ist ein kleines Ruderschiff (Jal I, 411, 464).

Die Barken werden wir wohl schon zu den Transportfahrzeugen zu rechnen haben [1]). In den Genueser Annalen des Ottobonus lesen wir: „(1195) um die Schiffe zu entlasten, stiegen die Geharnischten in Barken", also sind es wohl Boote, die zum Schiffe gehören [2]).

Die Barcheta [3]) ist eine kleine Barke; die Barbota [4]) gehört auch zu dieser Art Schiffe. Die (Oger. Panis Ann. 1206) neben drei

1) Ogerii Panis Ann. Jan. 1205: Pisani cum navibus 9 et galeis 12 buciisque et barcis 14; cf. 1206.

2) Villehardouin 121: Et li cuens Baudoins de Flandre et de Hennaut envoia la barge de son nef por savoir.

3) Barth. Scribae Ann. 1226: Potestas galeas quattuor et duas sagitteas et bucium magnum et barchetas et alia ligna armavit.

4) Ann. Jan. 1265: Set quia et Januenses eorum maliciam previderant, duas habentes barbotas eorum malo velle dictam navem accensam alio adverterunt.

Barken genannten drei Canterii (?)[1]) scheinen mit den Barchae Cantherii oder Barchae de Cantherio, die in dem Vertrage, welchen Pietro Doria mit Ludwig IX. abschloss (Jal II, 393), erwähnt zu werden. Es heisst da: eine Barcha de Cantherio zu besagtem Schiffe gehörig mit 52 Rudern, einem Bootshaken, allem erforderlichen Tauwerk, besonders zwei Ankern, einem David[2]) und einem Kessel.“ Jal hält (II, 404) dies Schiff für eine Art Schaluppe.

Ein grosses Frachtschiff ist die Busse (buza, bucium, afr. busse)[3]). Der Verfasser des Itinerarium Regis Ricardi braucht den Namen Buza und Dromon für dieselbe Art von Schiffen. Er erzählt (II, 26) die Abfahrt Richards aus Messina am 10. April 1191: „die Führung und Bewachung der Flotte vertraute er Robert de Torneham an und sendete seine besagte Braut (Berengaria) mit seiner Schwester, der verwittweten Königin von Sicilien, voran in Schiffen, die man gewöhnlich Dromonen nennt; so segelten sie direct nach Osten. Den Frauen aber hatte er zur Unterhaltung und zum Schutze Ritter beigegeben und eine zahlreiche Schaar von Dienerschaft. Es sind aber derartige Schiffe ihrer Schwere wegen langsamer als andere, aber auch fester. Die Menge der Galeen aber blieb unbeweglich, bis der König nach dem Frühmahl an Bord ging.“ Und cap. 29 sagt er dann: „Zuerst aber kam die Buza, in der die Königinnen waren, in den Hafen der Insel Cypern zur Stadt Limasol, aber dem Lande näherte sie sich nicht, sondern blieb weit im Meere unbeweglich vor Anker liegen“ (vgl. cap. 42). Hier ist also Buza und Dromon als ganz gleich bedeutend angesehen.

Mit den Bussen verwandt scheinen die Buthetten[4]).

Die Kocken oder Coggen[5]) sind schwere, rundgebaute Handelsschiffe. Bei der Belagerung von Damiette wurden auf gemietheten

1) Joinville's Soldaten schiffen sich vor Damiette in einer ‚barge de cantiers' aus (152).

2) David = die über den Heckbord und über den Quarterreilings hinausgebogenen, aber mit ihrem unteren Ende senkrecht stehenden eisernen Pfosten, an deren je einem Paare vermittelst angebrachter Taljen die Boote am Heck etc. hängen. Bobrick, Naut. Wtb. S. 233.

3) Itin. Reg. Ric. II, 28: Navem permaximam quam Buzam dicunt. — Bucium cf. S. 282, Anm. 1. 3. — Phil. Mousques 2947: Koges et busses et wissiers. — Chron. des ducs de Norm. 27624: Nés, sauntines (?), buces e bas (?) Orent à si très grant plentez. — Matth. Paris 1191: Tredecim buccas triplici velorum expansione velificatas.

4) Ann. Pisani 1166: Mense Julii Pisani . . . ceperunt . . . naves et 7 buthettos Januensium venientes de Ispania.

5) Parz. 55, 6: Mîne kocken sint sô snel, Sine mugen uns niht genâhen; 58, 8: Einn sîdîn segel saher roten, Den truoc en kocke; 667, 30. — Willeh. 9, 3; 438, 6. — Gr. Wolfdietr. 1914: Koken und galine. — Phil. Mousques 20947.

Kocken die Thürme der angreifenden Christen errichtet und an die Mauern der Stad herangefahren [1]).

Esquif [2]) ist ein kleiner Kahn. Estoiz [3]) weiss ich nicht zu erklären.

Häufiger wird der Esnecka (sneka, necka, necta; mhd. snecke; afr. esnèque) gedacht; sie ist ein Schiff, das zum Transport von Passagieren und von Pferden brauchbar ist [4]).

Ein geräumiges Lastschiff ist der Panzonus [5]); die Plata dürfte ein Flachboot, der Trabuchus, den Jal übrigens nicht bespricht, mit dem italienischen Trabacolo zusammenzuhalten sein [6]).

Endlich sei noch der Zulle [7]), eines gewöhnlichen Nachens, gedacht.

Viel hat sich aus der Aufzählung der verschiedenen Schiffsarten nicht ergeben; ich hätte vielleicht noch mehr namhaft machen können, habe mich jedoch absichtlich darauf beschränkt, nur die Gattungen zu besprechen, die häufiger in den Epen und Chroniken genannt werden. Die so oft hier erwähnte Archéologie navale von Jal wird Jedem, der genauerer Auskunft über den Bau und die Einrichtung der Schiffe bedarf, dieselbe am besten zu verschaffen vermögen.

Der untere Kielraum hiess die Sentîne oder Sutte [8]); das Wasser faulte da und entwickelte einen üblen Geruch. Dorthin brachte man die Gefangenen [9]) und suchte dort, wenn die Feinde eingedrungen waren,

---

1) Ryccardus de S. Germano 1217: A Frisonibus pretio conducta cochone. — Ann. Colon. max. 1218: Constructae sunt postmodum duae scalae super coggones; coccones propugnaculis et castellulis viris etiam armatis muniti.

2) Aiol 10592: Et furent bien ·c· m· es barges et es nes En dromons, en esneques et en esquieus feres.

3) Guill. d'Orenge V, 17: Que tant en ist des nés et de chalans Et des dromonz et des estoiz coranz.

4) Itin. Reg. Ric. II, 32: Ipse igitur armatus cum omnibus suis in cymbis Esneckarum ad portum apprehendendum provectus est; 33: fecit equos suos educi ab esneckis; III, 6: Adventus plurium nectarum; IV, 5: Cum bargis onerariis et neckis, quae victualia veherent et homines armatos; V, 4: Omnes etiam snekae regis et aliorum confractae sunt. — Parz. 668, 1: Seytiez und snecken. — Ph. Mousques 20946: Esnèques et dromons fiérés. Cf. Anm. 2.

5) Ann. Januens. 1265: Et Januam reddeundo cum transitum faceret per partes Mutoni, quendam panzonum magnum et grano valde honeratum invenerunt, in quo erant muniti usque ad homines 45.

6) Jac. Auriae Ann. 1283: Commune Pisarum paraverat galeas 64 et platas et trabuchos.

7) Ottokar von Steier CLXXXV: Wolt gevarn sein Ze tal auf dem Rein Auf einer zulle bey der nacht.

8) Tanh. XIII, 4 (HMS. II, 95): Der smac der uz von der sutten gat, der ist niht guot geverte.

9) Willeh. 414, 23: Der pfallenzgrâve Bertram Daz herzeichen wol vernam

die letzte Rettung [1]). In der Sentine befand sich aber auch die Schatzkammer [2]). In den oberen Räumen, zumal an dem Hintertheil des Schiffes waren für die hervorragenderen Passagiere Kajüten (kielkemenâten) eingerichtet [3]). Diese Kajüten sind schön gemalt und mit abgetheilten Schlafkammern ausgestattet [4]). Die Gemahlin Ludwigs IX. verbrennt beinahe in ihrer Kammer, weil eine Dienerin beim Auskleiden der Königin ein Kopftuch zu nahe an den eisernen Ofen oder das brennende Licht geworfen hat und so die Kleider Feuer fangen (Joinville 645). Bei schönem Wetter liess man Teppiche und Kissen auf das Hinterdeck tragen, gegen die Sonne noch eine Decke aufspannen, und konnte sich so leicht ein behagliches Plätzchen herstellen [5]).

Vorn am Galion ist ein bunt bemaltes vergoldetes Bild (Fig. 96) geschnitzt [6]).

---

In einer sentîne, Und siben der mâgen sîne, Dâ si gevangen lâgen Und grôzes kumbers phlâgen. — Vgl. Joinville 356.

1) Willeh. 415, 8: Si vluhen unz an des kieles ort, Etsliche unz in die sentîn: Dâ wolten si genesen sîn. Er brach die dillen nâch in dan, Unz er si gar her für gewan.

2) Joinv. 383: Et quant je vouz descendre en la sente de la galie, là où li tresors estoit.

3) Trist. p. 290, 22: Nu was den vrouwen zuozir vart Mit Tristandes râte Ein kielkemenâte Nâch heinlîcher sache Gegeben zuozir gemache. — Gesta Adalberonis, auct. Balderico 26: Ego Baldricus, qui hanc scriptiunculam feci, uni curiae interfui, quam Francofordium petiit sub rege Conrado (März 1147 oder Aug. 1149) cum 40 navibus cameratis, exceptis liburnis et honerariis atque coquinariis ratibus. In qua curia 8 comites et ducem Lotharingiae Matheum atque Heinricum ducem de Lenburgo secum habuit clericorumque atque militum multitudinem tantam, quod omnibus, qui videbant, ammirationem faciebat. Magistrum quoque Jarlandum Bisuntininum et magistrum Teodericum Carnotensem, duos fama et gloria doctores nostri temporis excellentissimos, secum in sua ducens navali camenata, in illorum disputatione et collatione valde delectatus est et a curia domum reversus decentibus donis largiter honoratos ad propria letos remisit. — Aye d'Avignon p. 45: À ·j· chef de la barge, par derriere, ert la chambre Richement portendue de bon paile d'Otrentre, Là dedens en ·j· lit se jut Aie la gente; p. 58: Et au chief par derriere, ou l'estrument metront, Ot une chambre close où li conte gierront.

4) Parton. 6908: En lor nef ot une maison, Une moult bien painte cambrete, C'Urrake nome gloriete; Un entreclos i a petit, U il ne puet avoir c'un lit.

5) Parz. 621, 20: Diu frouwe unde Gâwân Giengen an des schiffes ort. Ein tepich und ein kulter dort Lâgen. — Huon de Bord. p. 80: Le maronnier trovent qui fu assis En la caiere par desus ·ij· cousins; Deseure lui avoit ·j· paile mis Por le soleil, que mal ne li fesist.

6) Rom de Rou 11594: Sor le chief de la nef devant Ke marinier apelent brant Out de coivre fet un enfant, Saete et arc tendu portant; Verz Engleterre out son viaire Et là fesoit semblant de traire. — Aye d'Avignon p. 58: Et devant ens ou chief ot ·j· pommel roont Et ·j· ymage paint en guise de dragon, La grant

Bei der Landung wurde die während der Fahrt geschlossene Schiffthür[1]) geöffnet und eine Brücke[2]) auf das Gestade hinübergelegt.

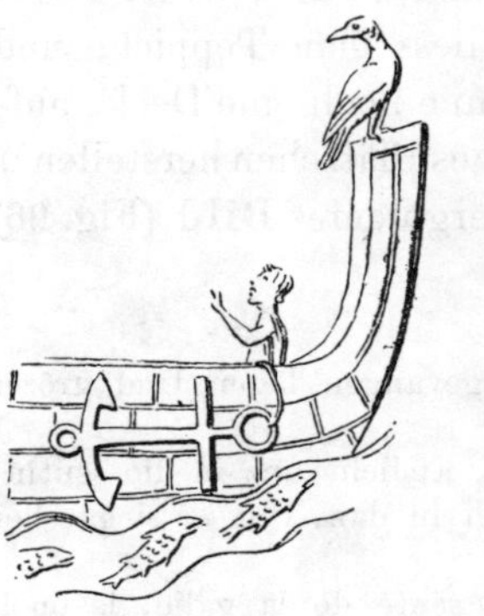

Fig. 96. Siegel von Pampelona 1279.

Fig. 97. Siegel der Stadt Poole in England (13. Jhdt.).

---

gueulle baée droit là où yront. — Cnutonis regis gesta I, 4: Aggregati tandem turritas ascendunt puppes, aeratis rostris duces singulos videntibus discriminantes. Hinc enim erat cernere leones auro fusiles in puppibus, hinc autem volucres in summis malis venientes austros suis signantes versibus aut dracones varios minantes incendia de naribus. Illinc homines de solido auro argentove rutilos, vivis quodammodo non impares, atque illinc tauros erectis sursum collis protensisque cruribus mugitus cursusque viventium simulantes. Videres quoque delphinos electro fusos veterumque rememorantes fabulam de eodem metallo centauros. Eiusdem praeterea celaturae multa tibi dicerem insignia, si non monstrorum, quae sculpta inerant, me laterent nomina. Sed quid nunc tibi latera carinarum memorem non modo ornatitiis depicta coloribus, verum etiam aureis argenteisque aspera signis. Regia quoque puppis tanto pulcritudine sui ceteris prestabat, quanto rex suae dignitatis honore milites antecedebat; de qua melius est, ut sileam, quam pro magnitudine sui pauca dicam. Tali itaque freti classe, dato signo repente gaudentes abeunt atque uti iussi erant, pars ante pars retro equatis tamen rostris regiae puppi se circumferunt.

1) Trist. p. 219, 21: Knehte und marnære, Die vorschen der mære Ûf der brucke vor der schiftür.

2) Trist. p. 336, 13: Nu was diu vlieze und der vlôz Vor der schifbrucken alsô grôz, Daz niemen an der stunde Ân ein vil hôch ors kunde Zer schifbrucken komen în; p. 391, 21: Daz er si trüege hin abe Von der schifbrucke in die habe. — Troj. 25292: Geworfen und gevellet Wart nider manic brücke sâ, Diu zuo dem lande solte dâ Ros und liute dinsen.

Auf den Kriegsschiffen zumal befanden sich vorn und hinten hohe, mit Zinnen bewehrte Castelle, in denen bei einer Seeschlacht die Schützen ihren Platz hatten[1]) (Fig. 97. 98).

Fig. 98. Siegel der Stadt Yarmouth (13. Jhdt.).

Das Steuer[2]) ist bald doppelt und dann an den beiden Seiten des Hintertheils angebracht (Fig. 99. 100. 101), bald einfach (Fig. 102. 103).

Mit einer Schalte[3]), einer Stange, wurde vom Lande abgestossen, mit Rudern (mhd. riemen; afr. aviruns)[4]) das Schiff fortgetrieben.

---

1) Rolandini Patav. Chron. V, 1: (1240) Itaque cum esset dux Veneciarum in propria persona ibidem et conducerentur naves multe et magne De Veneciis per aquas Padi, parati et turrite. — Gli diurnali di Messer Mattheo di Giovenazzo 86: (1268) Et attorniaro la nave . . . et combattevano lo castiello de poppa. — Troj. 25127: Vil erker ûz geschozzen Wâren oben an der were, Darinne saz der schützen here Mit arembrusten und mit bogen, Die wâren von in ûf gezogen Mit handen und mit hôher craft.

2) Nib. Z. p. 58, 4: Dancwart, Hagenen bruoder, der saz unde zoch An einem starken ruoder. — Rom. de Rou 14978: Atornée ont el vent la nef, Hobens ferment windent li tref Ci ki el governail s'assist est.

3) Nib. Z. p. 58, 3: Der künec von Niderlanden ein schalten genam, Von stade begunde schieben der helt vil lobesam.

4) Gr. Wolfdietr. 616: Er zoch selber die riemen, der uzerwelte man. — Rom. de Rou 6406: Mult out grant gent, mult out granz nefs Tant ad avirunz, tant ad trefs.

Die Anker (vgl. Fig. 96. 97) fertigte man gern aus Glockenmetall an [1]), damit sie nicht vom sagenhaften Magnetberge, den man so sehr fürchtete, angezogen wurden [2]). Statt an Ketten waren die Anker an starken Tauen befestigt; nach der Dichter Beschreibung sogar an seidenen [3]).

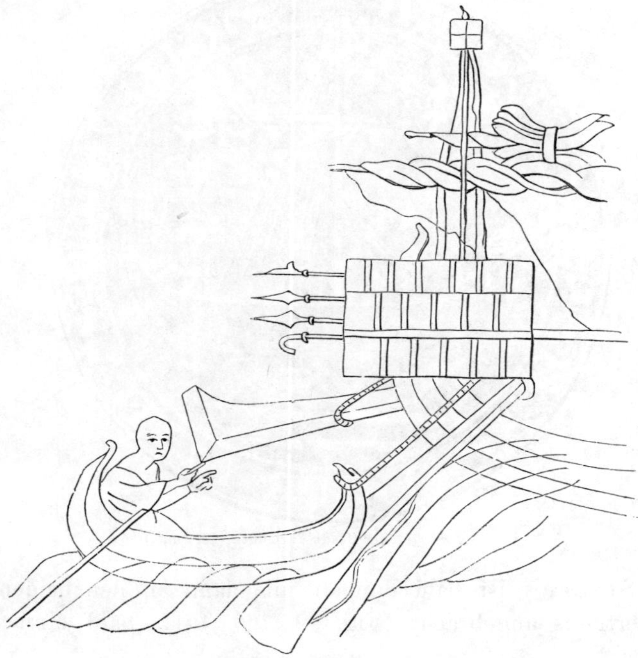

Fig. 99. Mosaikbild in der S. Marcus-Kirche zu Venedig.

Das Verdeck war aus Balken und Dielen gezimmert [4]).

Die Masten [5]), deren häufig drei vorhanden sind [6]) (Fig. 104), bestehen aus einem einzigen Mastbaume; Stengen kennt jene Zeit

1) Kudr. 268: Wer mac uns daz gelouben, daz man ûz silber guot Hiez die anker würken; 1109: Ir anker wâren von îsen niht geslagen Von glocken spîse gegozzen, sô wir hœren sagen, Mit spânischem messe wâren si gebunden, Daz den guoten helden die magnêten niht geschaden kunden.

2) Herz. Ernst D 3216: Was kylen mit ysen sint beslagen, Die tzuhet (der Magnetberg) an sich mit gewalte.

3) Kudr. 266: Ir ankerseil wurden dâ her von Arabê Gevueret harte verre; 1108: Ir ankerseil diu wâren von vasten sîden guot.

4) Kudr. 269: Gedillet und getrâmet diu schif man dô vant Gên wetere und gên strîte. — Vgl. S. 285, Anm. 1.

5) Kaiserchron. 1431: Der mastboum wagete, Die mernære virzageten.

6) Aye d'Avignon p. 58: En la nef ot ·iij· voiles qui à toz vens corront.

noch nicht. Sie sind mit Wanten (afr. houbans) (vgl. Fig. 101) festgehalten und haben an ihrer oberen Spitze einen Mars (keibe, mlt. gabia)[1]), von dem aus die Seeleute ausschauen. Ueber der Keibe wird gewöhnlich noch ein Banner[2]) oder eine Windfahne[3]) befestigt. Bei Schlachten stehen die bewährtesten Krieger hier oben (Fig. 105). Jeder Mast hat nur eine Raa (rahe, segelruote)[4]) (Fig. 106), an der das Segel befestigt war. Man zieht bei der Ausfahrt das Segel mit den Segelseilen[5]) hinauf[6]), lässt es bei der Ankunft hinab[7]); doch versteht man es auch zu reefen, und auf der (Fig. 107) mitgetheilten Abbildung aus dem Hannoverischen Fierabras sehen wir deutlich die Reefbänder. Auch ganz beschlagene oder festgemachte Segel finden wir öfter dargestellt (Fig. 103). Von dem Tauwerk sind auch die Brassen gewöhnlich in den Miniaturen klar zu erkennen (vgl. Fig. 103).

Fig. 100. Miniatur der Genueser Annalen-Handschrift in der Nat.-Bibl. zu Paris.

Die Segel, wenn auch nicht aus Seide gewebt[8]), sind bunt und mit mannigfachen Bildern verziert. Die Pilger führen z. B. Kreuze

1) Ortnit 217: An des masboumes ende ein marner oben trat; 229: Oben ûf dem masboume in der keibe saz; 258: Dô rief der nôklier vaste, der in der keibe saz. — Kudr. 1140: Hôrant der snelle oben in die keibe gie. — UvdT. Wilh. d. H. p. 75: Nu was der noklier als ich iz han In den keiben hoch gestigen. — Herz. Ernst D 3203: Es steig des kyles verge Den masboum hin tzu berge.

2) Ortnit 257: Einen vanen und ein kriuze er an den masboum bant: Dâ mit er si bewîste, daz in fride wære bekant. — Hugues Capet p. 237: Tant qu'il ont aprochiet l'ensaigne de Mahon À mas et à banierez hault ataquiet en son.

3) Rom. de Rou 11592: Une wire-wire doré Out de coivre en somet levée.

4) Ên. p. 22, 10: Ez brasten ire nagele An ir schiffen vaste. Ir segele unde ir maste, Ir rûder und ôch ir rahen. — Kaiserchron. 1586: Sie zugen ûf die segelseil. Si gewunnen grôz unheil. Von des meres vluote Brast die segelruote. — S. Oswald 1827: segelboum.

5) Vgl. Anm. 4. — Nib. Z. p. 58: Ir vil starken segelseil wurden in gestraht.

6) Troj. 25276: Ûf rihten unde ûf ziehen Hiez er die segele sâ zehant Und die marner an daz lant Die kiele drâte wenden. Er bat si mit den henden Die ruoder vaste rüeren, Dur daz si balde füeren Zuo dem stade ân underbint. — Parton. 6163: Et fait la voile traire amont. — Blancandin 5662: Puis lievent les voiles au vent Par deseur le mas contremont.

7) Dietr. Flucht 1099: Dô begunde ir schifman Die segel nider lân. — Ortnit 219.

8) Kudr. 267: Dô worhte man die segele spâte unde vruo. Der künic hiez des îlen, Dô welte man dar zuo Von Agabî der sîden die besten, die si vunden.

auf ihren Segeln[1]) (Fig. 108); im Trojanerkriege (25146—61) erzählt Konrad von Würzburg von Segeln, die aus schwarzen, weissen, rothen, grünen, gelben, blauen Pfellern gemacht waren und die Wappen der Besitzer zeigten. Auf den Schiffssiegeln des 14. Jahrhunderts finden wir

Fig. 101. Siegel der Stadt Dover (1281).

häufig die Wappen an den Segeln dargestellt. Braune Segel erwähnt Wolfram von Eschenbach (Parz. 200, 10), ein aus schwarzem und weissem Zeug zusammengestücktes Konrad von Würzburg (Troj. 22448).

Das zum Schiffe gehörige Tauwerk (mlat. sarcia)[2]) finden wir in einer merkwürdigen Stelle des Roman de Brut geschildert, die ich mit

1) Kudr. 488: Ein kriuze in einem segele, bilde lâgen drinne.

2) Rom. de Brut 11484: Quant tot furent es nés entré Et vent orent et bon oré, Donc véissiés ancres lever, Estrans trère, hobans fermer. Mariniers sallent par ces nés Et desplient voiles et trés; Li un s'efforcent al vindas, Li autre al lof et al betas. Les sigles vuident sus à mont, Puis vont corant en mer parfont; Les cordes sunt en lor lieu mises Et fermées et bien assises. Detries sont li governéor Et des estirmans li millor; Cascuns de maistrier se paine Li gouvernax qui la nef maine. Avant le hel si cort senestre, An sus le hel por corre destre. Por le vant es trés acoillir Font les privez avant tenir; Et bien fermer es raelingues. Tels i a traient les gurdingues Et auquant abeissent lor tref Por le nef corre plus soef. Estiuns ferment et escotes Et font tandre les cordes totes, Utages laschent très avalent, Boelines sachent et halent. Al vent gardent et als estoiles, Selonc l'oré portent lor voiles, Les braiols font lacier as mast Que li vanz par desoz past; À

Fig. 102. Miniatur der Handschrift „Alexandri Minoritae Aprocalypsis explicata“ (K. u. Univ.-Bibl. zu Breslau).

Hülfe von Jal's Uebertragung (I, 171) hier übersetze: „Nachdem sie alle an Bord gegangen waren und die Fluth und guten Wind hatten (Jal zieht die Lesart: 'Et tide orent' vor), da konntet ihr sie sehen die

Fig. 103. Miniatur der Fierabras-Handschrift zu Hannover.

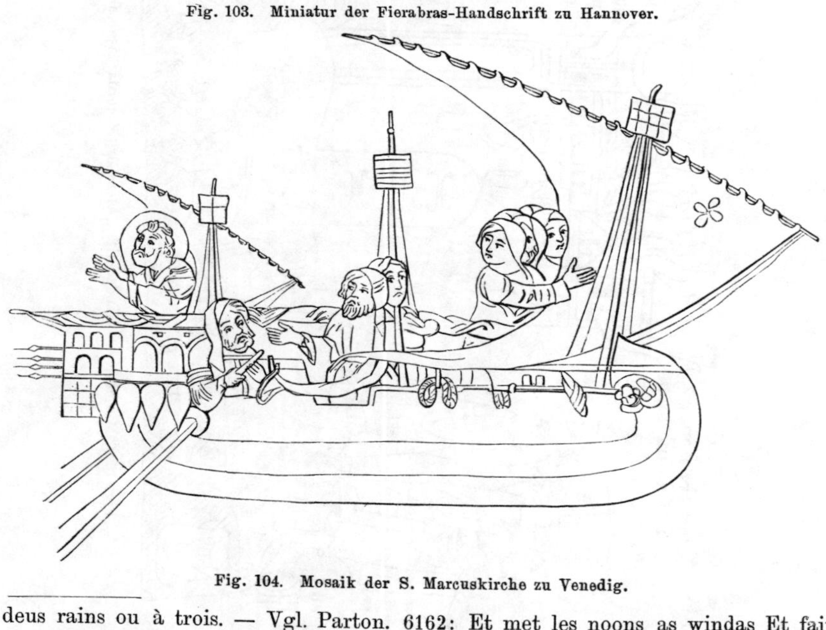

Fig. 104. Mosaik der S. Marcuskirche zu Venedig.

---

deus rains ou à trois. — Vgl. Parton. 6162: Et met les noons as windas Et fait la voile traire amont. — Blancandin 2784: Et cil font le sigle lever, Traient ancres, corent vindas, Puis se metent en mer vias. — Chron. des ducs de Norm. 2079: Bruisent lur masz, lur governail, Nul d'eus n'endure le travail, N'i a ni veile ne hobenc, Utage, n'escote, ne drenc (Trosse).

Anker lichten, die Stage ziehen und die Wanten festsetzen; die Matrosen laufen im Schiffe und entfalten die Segel und Sturmsegel; die einen strengen sich beim Aufhissen (aux guindeaux), die andern am Lof und an den Hisstauen (drisses) an. Die Segel ziehen sie hinauf, dann laufen sie aus auf das tiefe Meer. Das Tauwerk ist an seine Stelle gebracht, befestigt und gut geordnet. Hinten sind die Führer und die besten Steuerleute; jeder bemüht sich, das Steuerruder zu leiten, welches das Schiff regirt; hinauf mit dem Ruderhelm geht es nach links, hinab mit demselben nach rechts. Um den Wind in den Sturmsegeln zu fassen, lassen sie . . . gut die Leike (ralingues) festmachen. Da giebt es solche, welche die Gordingen (cargues-fonds) ziehen, und einige lassen die Segel niedrer, um das Schiff sanfter laufen zu lassen. Sie machen die Stage (étais) und Schoten (écoutes) fest und lassen alle Taue anspannen; sie lassen die Mantel (itague) nach und die Sturmsegel nieder; sie fassen die Bulienen (boulines) und holen sie. Auf den Wind achten sie und auf die Sterne; gemäss dem Winde führen sie die Segel; die Geitaue (cargues) lassen sie an den Mast binden, damit der Wind nicht über sie Gewalt habe. Sie fahren mit zwei oder drei Reefen (Jal liest vis)." Ich habe die Uebersetzung so treu wie möglich mit Hülfe von Bobricks nautischem Lexicon gegeben.

**Fig. 105. Miniatur der Fierabras-Handschrift zu Hannover.**

Jedes Schiff führte einen Namen (vgl. S. 280, Anm. 3). So heisst eine Sagittea aus Porto Venere „Verdeta" (Jac. Auriae Ann. Jan. 1282). Auch die Kauffahrteischiffe waren getauft [1]).

1) Aye d'Avignon p. 72: En langage romans bargegnierent la barge; As mariniers qui nagent saint Climent le marage. . . Cil marinier sont riche, de

Die Bemannung hiess Kielgesinde (Trist. p. 60, 17) oder Schiffgesinde (Mhd. Wtb. $II^2$, 296), schifman (Nib. Z. p. 238, 4), schifliute (Nib. Z. p. 239, 5) oder Marner [1]) (marinarii). An der Spitze derselben

Fig. 106. Siegel der Stadt Sandwich (13. Jhdt.).

steht der Schifmeister [2]) oder Noklier [3]) (afr. noclier, ναυκλῆρος), und der Steuermann [4]). Die ganze Flotte commandirte der Admirat [5]); mit diesem Namen bezeichnen die Dichter gewöhnlich den Khalifen [6]), die

Gennes et de Pise Qui mainnent la navie par toute paienie. As grans cités antis et à bours et à villes Achatent les espices qu'il ont de maintes guises Et canelle et gingembre, ricolice et baupine O les bonnes racines dont on fait medecines, Dont tote Lombardie sera bien replenie.

1) Titur. 2525: Kiele starke newe, kocken, tragemunde Und marner getrewe. — Kaiserchr. 1432: Die mernære virzageten. — Phil. Mousques 20936: Nés et calans et marouniers.

2) Nib. Z. p. 58, 1: Dô sprach der künec Gunther 'wer sol nu schifmeister sîn'.

3) Titur. 2540: Der noklir daz erkande. — UvdT. Wilh. d. H. p. 75: Nu was der noklier als ich iz han In den keiben hoch gestigen. — Herz. Ernst D 3203: Es steig des kieles verge Den masboum hin tzu berge.

4) Geoffroy Gaimar p. 23: Le stieresman li demanda. — Chron. des ducs de Norm. 41053: Esturmans e marineaus.

5) Ottoboni Ann. Jan. 1181: Gualterus de Moach, admiratus Wilielmi regis Siciliae, cum maximo stolo de galeis etc. — Barth. Scribae Ann. Jan. 1242: Audito namque die 10. mensis Julii, quod imperator mandaverat apud Pisas galeas 60 munitas et naves duas, in quibus Ansaldus de Mari preerat admiratus, et Pisani galeas et alia ligna de duabus theriis 58 numero muniebant, in quibus Busacarinus Pisanus preerat admiratus.

6) Willeh. 434, 1 ff.

Historiker vornehme sarazenische Befehlshaber [1]); er ist aus Emir al mumenīn (Fürst der Gläubigen) hergeleitet.

Die Schiffahrtskunde jener Zeit war noch eine recht kindliche. In dem Werke, das Gervasius von Tilbury für Kaiser Otto IV. verfasste, den Otia imperialia (ed Leibnitz, Cap. XIII), wird in allem Ernste erzählt, dass das Meer in die Wolken übergeht, dass einem Matrosen sein Messer über Bord und einer Frau durch das Oberlicht auf den Tisch gefallen sei, dass ein Anker, auf den Kirchhof zu Bristol herabgelassen, daselbst Halt gefunden habe. Dagegen weiss der Verfasser des Titurel (5682 ff.) sehr wohl, dass im Norden im Juni und Juli die Sonne nicht unter-, im December und Januar nicht aufgeht, und der Ritter Alenars de

Fig. 107. Miniatur der Fierabras-Handschrift zu Hannover.

Fig. 108. Nach einem Mosaikbilde in der Marcuskirche zu Venedig.

Senaingan, der in Norwegen gewesen war und Ludwig IX. im Lager zu Cäsarea besuchte, „erzählt uns, dass im Lande Norwegen die Nächte

1) Admiralius, Itin. Reg. Ric. I, 2. 5. 54. — Admiralis, ibid. IV, 18. — Admiratus, ibid. II, 42; V, 15; VI, 10.

so kurz im Sommer sind, dass es keine Nacht giebt, in der man nicht die Helligkeit des scheidenden und des anbrechenden Tages sieht" (Joinv. 493: que l'on ne veist la clartei dou jour à l'anuitier et la clartei de l'ajournée).

Seekarten, Portulani, kannte man sehr wohl (vgl. S. 209). Für gewöhnlich orientirte man sich in sternhellen Nächten nach dem Polarstern, der nach Norden, dem Tremontâne wies [1]). Derselbe heisst auch Leitestern oder Meerstern (Mhd. Wtb. II², 621; afr. tresmontaine, Bible Guiart 628). Er wird mit dem Astrolabium, der Sphaera, beobachtet [2]).

Bei bewölktem Himmel ist es aber unmöglich, sich nach den Gestirnen zu richten; erst die Einführung des Compass, der Magnetnadel, setzte die Schiffer in den Stand, ihren Curs auch bei schlechtem Wetter zu finden. Guiot de Provins kennt die Magnetnadel schon, erwähnt sie in seiner Bible (633 ff. Barbazan u. Méon, Fabl. II, 528) und erzählt, wie der Papst sich ihrer Einführung widersetzt; wir haben aber auch deutsche Zeugnisse dafür, dass wenigstens im dreizehnten Jahrhundert der Gebrauch des Compass nicht mehr unbekannt war [3]).

Die Ruder der Schiffe werden nur ausnahmsweise angewendet, etwa in der Schlacht, um unabhängig vom Winde manövriren zu können; für gewöhnlich verliess man sich auf den Wind und segelte. Bei Windstille blieben die Schiffe liegen, oder gingen, wenn sie einen passenden Platz fanden, vor Anker.

Am 10. April 1191 segelte Richard Löwenherz von Messina ab. „Da merkten wir plötzlich, dass der Wind aufhörte, so dass wir nothgedrungen unbewegt zwischen Calabrien und dem Monte Gibello

---

1) Parz. 715, 15: Stæte âne wenken sus, Als pôlus artanticus Gein dem tremontâne stêt.

2) Titur. 2631: Swo si der erde zehen rast enbaren, So wart nie freis grozzer, danne die mit sturem kunden varen. (2632) Des namen guot merke die wisen marnere, Von kunste hoh mit sterke sie begunden ahten maniger hande swere Und kerten doch ie mitten gein dem lande, Swenn sie dem naher waren den zehen raste, zu hant man freise niht erkande. (2633) Und der sterne louffe der kuenste meister drie. Die weren in richem kouffe, die alle waren geleret in arabie, Die begunden lesen und an ir kunst versuchen Mit spera cirkel schiben, durch wunder wolten sie der arbeit ruchen.

3) Titurel 2645: Sie warf der wint die virre in einer kurtzen wile; Die marner wurden irre, wa si waren und wie manich hundert mile Sie zum nehsten lande mohten reichen. Sie westen niht der mere, ob sie genesen alle vor grozzen zeichen. (2646) Ez gienc in an die neige, sie waren freuden ane; Ir meisterliche zeige mit der nadel nach dem tremontane Was verloren. — Reinfr. 27222: Die marner sî ouch schîben Wol konden nâ der sterne brehen. Sô sî niht mohten der gesehen, Weder grôz noch kleine, Nâ dem agesteine Und ouch der nâdel îsen kunden sî sich wîsen Schôn in dem rehten furte.

(Aetna) vor Anker gehen mussten. Am folgenden Tage, das heisst am grünen Donnerstage, bestimmte er, der die Winde zurückhält und aus seinem Schatze wieder hervorgehen lässt, uns einen Wind, der den ganzen Tag anhielt, aber doch zu wenig ausreichte und die Flotte nur mässig vorwärts trieb. In der folgenden Nacht schlief er ganz ein. Am Karfreitag aber erhob sich ein heftiger conträrer Wind und trieb uns nach links,

Reizte das Meer, das darob aus tiefstem Grunde erkochte,

indem die Fluthen sich überstürzten und der Sturm anschwoll. Das Getöse der zusammenschlagenden Wogen, das Stöhnen der Schiffe unter der Gewalt des Sturmes, das setzte Alle in nicht geringe Angst. Bei der übermässigen Macht des einstürmenden Orkanes hörte aller Dienst der Seeleute auf; denn so herumgeschleuderte Schiffe konnte das Steuer nicht mehr regieren. Ins Ungewisse werden sie getrieben, die Reihe der Schiffe gebrochen, die nach verschiedenen Richtungen hin verschlagen werden; Gottes Steuer allein vertrauen sie, an menschlicher Hülfe schon verzweifelnd. Soweit es die menschliche Schwäche zuliess, beschlossen wir alles geduldig zu ertragen, im Hinblick auf unsren Erlöser, der an diesem Tage für uns gnädig das unverdiente Leiden getragen hat. Vereinzelt irren die Schiffe umher, nach verschiedenen Richtungen zerstreut; die Magen der Leute werden bei dem so starken Herumwerfen krank, die Beschwerden veranlassen Erbrechen, und schon ist der geringste Theil von kranken Leuten nicht zu unterscheiden. Als aber der Abend herankam, beruhigte sich der Sturm einigermassen, und auch das Toben des Meeres milderte sich. Da der Wind in erwünschter Weise günstig blieb, so kamen die Schiffer wieder zu Kräften, fassten Muth und strebten auf dem rechten Wege vorwärts zu kommen" (Itin. Reg. Ric. II, 27). Auch im Titurel wird uns (2530 ff.) ein gewaltiger Seesturm beschrieben. Man sucht die Schiffswände zu verstärken, aber verliert endlich den Muth: „Malevant, altut est morte!" [1]).

Nicht genug, dass die Schiffbrüchigen mit den Elementen um ihr Leben zu ringen haben: am Gestade, das sie glücklich erreicht, erwarteten sie vielleicht noch grössere Gefahren. Nicht allein die gestrandeten Güter wurden vom Landesherrn in Anspruch genommen, selbst die Personen der Geretteten verfielen nach altem Brauche dem

---

1) Tit. 2532: Die olfencier die waligten und schozzen, Der luft und die wolken mit trube gar da wurden under gozzen. (2533) 'Oyme' sie schrieren alle; man lie die segel nidere, Die wende gein wazzer falle man spengte; wol sie liefen her und widere. 'Malevant, altut est morte!' — Tit. 5557: Altut est morte.

Fürsten und wurden als Sklaven betrachtet [1]). Auch die Schiffe von Richards Flotte, die in jenem Sturm nach Cypern verschlagen worden sind, scheitern dort; ihre Besatzung wird von den Eingebornen ausgeplündert und soll sogar niedergemacht werden, leistet aber tapfern Widerstand und wird durch Richards Ankunft endlich befreit (Itin. Reg. Ric. II, 30). König Wilhelm erliess am 6. Febr. 1255 zu Worms gegen die Strandräuberei die Constitutio de bonis naufragantium.

Eine andere Gefahr drohte den Schiffen, die nicht durch ein Convoy beschützt waren, von Seiten der Seeräuber (der Galiôten) [2]), die mit ihren leichten Roupgalînen [3]) dieselben überfielen, ihnen ein Leck beibrachten [4]), die Güter plünderten, die Besatzung niedermachten oder in die Sklaverei verkauften. Gewöhnlich machten die sarazenischen Piraten das Mittelmeer unsicher (vgl. Itin. Reg. Ric. I, 53).

War nun ein Schiff zum Auslaufen bereit, so liess der Patron durch Ausrufer bekannt machen, wann er unter Segel zu gehen beabsichtigte, und forderte die Passagiere auf, sich rechtzeitig einzufinden [5]). Bei der Abfahrt stimmte man das alte Seefahrerlied an: „in gotes namen vare wir" (Trist. p. 290, 20; vgl. oben S. 245).

Mehr Umstände erforderte es, ein ganzes Heer einzuschiffen. Die Fahrzeuge waren, wie gesagt, schon vorher gemiethet, aber es kostete Zeit, ehe man alle Rosse untergebracht, das Gepäck verstaut war, jeder Ritter, jeder Knappe und Knecht seinen Platz gefunden hatte. Schon die Grösse der Flotte erschwerte den Aufbruch. Wilhelm der Eroberer soll bei seiner Expedition nach England dreitausend Schiffe gehabt haben (Chron. des ducs de Norm. 37004), und Ludwig der Heilige

---

1) Ann. Stad. 1112: Huius namque Friderici avia et mater, de Anglia navigantes, in comitatu Stadensi naufragium passe sunt, et secundum prisci iuris rigorem Tam homines quam res regie ditioni sunt mancipati. Mulieres quaedam ad cameram Odonis, uxoris primi Udonis, translate sunt.

2) Wigal. p. 267, 27: Die galiôt man flühtec sach Vor im vil dicke ûf dem mer. — Barlaam p. 256, 27: Nû habet ir hie geseit alsus, der wazzer phlege Neptûnus. Der was mit vîentlîcher wer Ein galiôte ûf dem mer; Sîn bejac am roube lac. Wan er niht wan roubes phlac etc. — Titur. 2669: Die verfluchten gailotten uf dem see sint varende. Wir sagen sunder spotten, nieman ist daz leben vor in sparende. — Vgl. Gr. Wolfdietr. 916 ff.

3) Ortnit 221: Ze Suders in der veste ist manic roupgalîn. — S. Oswald 2006: Und daz er neme ein roupgalîn.

4) Titur. 2675: Sie durchborent ein schef dieplich helende, Untz ez beginnet sinken.

5) Flore 3234: 'Nû wol ûf die varen wellen!' Hiez man ruofen über al: Von gazzen ze gazzen schal 'Swer muot ze varnde habe Der sîge gegen der habe, Dâ diu schif geladen stânt, Diu gen Babilônje gânt In einer kleinen wîle.'

fuhr im März 1249 von Cypern nach dem h. Lande mit achtzehnhundert grösseren und kleineren Schiffen ab (Joinville 146).

Die Abreise des Kreuzheeres von Marseille im August 1248 schildert Joinville (126): „Als die Pferde untergebracht waren, sprach unser Schiffscapitain zu seinen Matrosen, die am Schnabel des Schiffes waren: 'Seid ihr mit eurer Arbeit fertig?' Und sie antworteten: 'Ja, Herr; die Geistlichen und die Priester können kommen.' Sobald sie gekommen waren, rief er ihnen zu: 'Singet, im Namen Gottes'. Und sie riefen Alle mit einer Stimme: 'Veni creator spiritus'. Und der Capitain rief seinen Matrosen zu: 'Richtet die Segel im Namen Gottes!' Und so thaten sie.“

Sobald die Ritter auf das Schiff gekommen waren, hingen sie ihre bunten Schilde an den Brustwehren auf, steckten ihre Fahnen auf das Castell und so bekam das Fahrzeug einen ganz prächtigen Schmuck [1]). Waren hohe Passagiere an Bord, so schmückte man das ganze Schiff mit kostbaren Seidentüchern [2]) (vgl. S. 277). Das Hauptbanner wehte auf dem Schiffe des Flottencommandeurs; die anderen Capitaine hatten auf ihren Schiffen ihre eigenen Fahnen [3]). Die Staatsflagge setzte man nicht gern Gefahren aus und so wurde 1282 von den Genuesen beschlossen, dass die Standarte des heil. Georg in Zukunft nur dann aufgesteckt werden sollte, wenn die Flotte aus mindestens zehn Galeen bestand (Jac. Auriae Ann.).

1) Itin. Reg. Ric. II, 13: Fuit videre galeas seriatim remigantes, variis undique ornatas et refertas armaturis, ventilantibus ad auram innumeris ordine decoro signis et penuncellis in hastilium summitatibus, rostris galearum varietatibus picturarum distinctis, appensorum in singulis proris scintillantibus radiis scutorum. — Villehardouin 75: Et quant les nés furent chargiés d'armes et de viandes et de chevaliers et de serjanz et li escu furent portendu environ des borz et des chastials des nés et les baniers dont il avoit tant de belles; 132: Furent dreciés les bannières et li confanon es chastias des nés et les houces ostées des escuz et portendu li bort des nés. — Joinville 158: (Li cuens de Japhe) Ce fu cil qui plus noblement ariva; car sa galie ariva toute peinte, dedans mer et dehors, à escussiaus de ses armes, lesquex armes sont d'or à une croiz de gueules patée. Il avoit bien trois cens nageours en sa galie, et à chascun de ses nageours avoit une targe de ses armes, et à chascune targe avoit un pennoncel de ses armes batu à or. — Eine gute Vorstellung eines so schön geschmückten Schiffes giebt die Miniatur aus der Pariser (Louvre-) Handschrift des Statuts de l'ordre du Saint-Esprit de Naples (14. Jhdt.), welche Paul Lacroix im prächtigen Farbendruck veröffentlicht hat (Vie militaire et religieuse au moyen-âge etc., Paris 1873, p. 132). — Willeh. 438, 6: Urssier, kocken, tragemunt, Die kleinen und die grôzen, Mit baniern überstôzen. Swâ der rotte anker hêten grunt, Daz tet ir banier schône kunt.

2) Kaiserchron. 1562: Iz wart wol bevangen Mit phellin umbehangen, Bêde golt unde wât Und ander slahte rât, Sô iz der edelin kuneginne wol gezam.

3) Barth. Scribae Ann. 1242: Et divisis galeis et taridis omnibus per com-

Ueber die Marschordnung der Flotten sind wir durch das Itinerarium Regis Ricardi (II, 26) unterrichtet. Wie ich schon mitgetheilt, hatte der König seine Schwester, seine Braut und deren Begleitung in schweren Dromonen von Messina vorangesendet und folgt ihnen nun mit den übrigen Schiffen nach. „Da er günstigen Wind hatte und die Strömung des Meeres förderlich war, so bewegt sich jene ganze Menge von Schiffen, von häufigen Ruderschlägen getrieben, schnell ins offne Meer. Die Stadt Messina könnte sich nicht mit Unrecht in Eitelkeit rühmen, dass nie in früheren Zeiten eine solche, so grosse Flotte von ihr ausgelaufen ist, und vielleicht möchte man nie wieder eine ähnliche sehen. Am siebzehnten Tage nach der Abfahrt des Königs von Frankreich, das heisst am Mittwoch nach Palmsonntag (10. April 1191), folgte der König Richard mit einer zahlreichen Flotte; mitten durch den Faro bei gutem Winde segelten und ruderten sie reihenweise in die hohe See und bestrebten sich die vorangefahrenen Dromonen in Sicht zu behalten. Der König hatte nämlich angeordnet, dass, so weit dies irgend möglich sei, die Schiffe sich nicht trennen sollten, wenn sie nicht eben, durch Stürme fortgetrieben, zerstreut würden. Absichtlich wurde also die Fahrgeschwindigkeit der Galeen gemässigt; sie strebten vereinigt die langsameren Lastschiffe zu begleiten, zum Schutze der Menge, zum Troste der Schwachen.“

Wahrscheinlich hatten sich alle um das voranfahrende Admiralschiff [1]) zu sammeln. In der Nacht brannte auf demselben ein Licht, das den übrigen Schiffen als Signal diente. Von Wilhelm dem Eroberer erzählt Wace (Roman de Rou 11588) bei Beschreibung der Fahrt nach England: „Eine Laterne liess der Herzog in seinem Schiffe oben auf den Mast setzen, damit die anderen Schiffe sie sähen und ihren Curs in seiner Nähe einhielten.“ Dieselbe Massregel traf König Richard. „Er selbst pflegte gewohnheitsmässig auf seinem Schiffe eine sehr grosse brennende Kerze in einer Laterne zu haben, die, auf einem hohen Punkte aufgestellt, Allen ringsum Licht spendete und den Schiffenden den Weg zeigte ... Auf die brennende Laterne des Königs steuerten also Alle zu und gaben sich die möglichste Mühe, dem

---

pagnas, triumphale vexillum beati Georgii (cf. 1243) in una bona galea et alia vexilla protentinorum et comitorum in aliis galeis et taridis cum leticia fuerunt erecta et hedifficia mirabilia ad prelium in ipsis taridis ornata.

1) Itin. Reg. Ric. II, 42: (Rex) intravit unam galearum suarum potiorem et majorem; et sicut ejus erat consuetudinis, dilationis impatiens prima semper processit in fronte, sequentibus undique caeteris galeis opportunius instructis.

Schiffe des Königs zu folgen" (Itin. Reg. Ric. II, 27). Eine auf dem Hintercastell aufgehängte Laterne ist dargestellt auf dem Siegel des John Holland von 1417, ein eiserner Feuerkorb steht auf dem Vordercastell des Schiffes, welches Herzog Richard von Glocester 1467 führt (beide abgeb. bei Jal, a. a. O. II, 159).

Eine Convoyflotte schickt die leichten Fahrzeuge voran. Im October 1190 war eine Flotte von 15 Schiffen aus Alexandrien ausgelaufen, um Akka Hülfe zu bringen. Die Schiffe segelten in mässigen Intervallen (modicum singulis separatis ab invicem), voran die leichten Galeen; denen folgen dann drei schwere Dromonen (Itin. Reg. Ric. I, 60).

Ueber die strenge Disciplin, die an Bord der Kriegsschiffe herrschte, habe ich schon im vorigen Capitel (S. 224) gesprochen.

Was die Seeschlachten anbelangt, so wird es erspriesslich sein, zuerst die theoretischen Auseinandersetzungen des Aegidius Colonna (De regimine principum, lib. III, pars III, cap. XXIII) zu hören und dann zuzusehen, wie diese in der Praxis befolgt worden sind. „Es erübrigt, sagt er, zu betrachten, wie auf einem gut gebauten Schiffe die Schlacht zu liefern ist. Denn die Seeschlacht hat im Allgemeinen Aehnlichkeit mit der Feldschlacht; aber wie bei der Feldschlacht die Kämpfer gut bewaffnet sein und gut wissen müssen, sich gegen Verfolgungen zu decken, den Feinden Wunden beizubringen, so ist dies bei der Seeschlacht gleichfalls erforderlich, ja zu dieser Schlacht müssen sie noch besser bewaffnet sein wie auf dem Lande, denn die Kämpfer zur See stehen gewissermassen still im Schiffe, bewegen sich nur wenig und können deshalb ein grösseres Gewicht der Waffen besser ertragen, und deshalb muss ihre Ausrüstung schwerer sein. Wir können aber für jetzt wenigstens zehn Weisen aufzählen, wie die Seekämpfer die Feinde angreifen sollen.

„I. Das Zündfeuer (ignis incendiarius). Es ist nämlich gut, viele Gefässe voll Pech, Schwefel, Harz und Oel zu haben; sie alle sind in Werg einzuhüllen. Wenn die Gefässe gefüllt sind, zündet man sie an und wirft sie auf das feindliche Schiff. Bei dem Wurfe zerbricht das Gefäss, der Brandsatz entzündet sich und setzt das Schiff in Flammen. Man muss aber viele auf ein Schiff werfen, damit es an vielen Stellen in Brand geräth, und wenn man sie wirft, dann muss man gegen die Schiffsbesatzung einen harten Kampf unterhalten, dass sie nicht zum Löschen laufen können.

„II. Bei Seeschlachten fördern sehr die Hinterhalte. Denn wie man am Lande Hinterhalte mit Soldaten arrangirt, die unvermuthet die Feinde angreifen, sie erschrecken und leichtlich besiegen, so legt man auf dem Meere Hinterhalte auf Hinterhalte, dass die Seekämpfer unversehens gegen die Feinde vorbrechen und sie um so leichter besiegen.

„III. Man muss beim Seekriege Acht haben, dass immer die Kämpfenden ihr Schiff im tiefen Wasser halten, das feindliche Schiff ans Gestade drängen; denn ihr Angriff erlahmt, sobald sie ans Land gedrückt werden.

„IV. Am Schiffsmast ist ein langes Holzstück aufzuhängen, das, an beiden Enden mit Eisen beschlagen, geeignet ist das Schiff wie die Schiffer zu treffen, ähnlich wie ein Widder, mit dem die Mauern der belagerten Stadt durchbrochen werden. Dies Holz muss aber so angebracht werden, dass das Band, welches es festhält, gesenkt und gehoben werden kann, denn dadurch kann man mit grösserer Bequemlichkeit das Schiff wie dessen Besatzung treffen.

„V. Beim Seekriege muss man eine Menge grosser Pfeile haben, mit denen man die Segel der Feinde zerreisst. Denn wenn ihre Segel durchbohrt sind und den Wind nicht mehr zu halten vermögen, so können die Feinde nicht nur nicht mehr angreifen, sondern auch nicht aus der Schlacht entkommen.

„VI. Die Seeleute pflegen ein gut schneidendes, wie eine Sichel geformtes Eisen zu haben, mit denen sie nach Belieben die Taue zerschneiden, welche die Segel halten. Wenn die Segel so durchschnitten sind und vom Maste fallen, so wird den Feinden die Möglichkeit weiter zu kämpfen genommen, denn durch die Zerschneidung der Segel wird das Schiff träger und zum Kampfe untauglicher.

„VII. Die Seeleute pflegen starke eiserne (Enter-)Haken zu haben, damit sie, sobald sie sich den Feinden gegenüber in der Uebermacht sehen, deren Schiffe fassen und nicht fortlassen [1]).

„VIII. Bei einer Seeschlacht ist die Vorsicht zu beachten, dass man viele Gefässe voll weissen gepulverten Kalkes hat, die von oben herab auf die feindlichen Schiffe geworfen werden. Wenn diese mit Gewalt geschleudert werden, zerbrechen sie, der Staub erhebt sich, wie wir das beim Landkriege geschildert haben, kommt den Feinden in die Augen und belästigt sie so, dass sie wie blind nichts sehen können, und das ist bei einer Seeschlacht sehr gefährlich, weil bei solchem Kampfe die Krieger von allen Seiten den Tod drohen sehen; wenn also in einer solchen Seeschlacht die Augen der Krieger durch

---

1) Heinrici Chron. Livon. lib. III, c. VIII, 4: (1204) Alteram pyraticam unco ferreo rapientes ad se trahere conantur.

den Kalkstaub so belästigt werden, dass sie nicht zu sehen im Stande sind, so können sie leicht von den Feinden getödtet oder ertränkt werden.

„IX. Eine Vorsichtsmassregel besteht darin, Töpfe, mit weicher Seife gefüllt, vorräthig zu haben. Die schleudert man auf die Schiffe der Feinde und zwar an solche Stellen, wo dieselben ihren Platz genommen, um die Schiffe zu vertheidigen. Denn wenn jene Töpfe an solchen Stellen zerbrechen, so werden diese Stellen durch die flüssige Seife so schlüpfrig, dass die Feinde, sobald sie auf sie treten, sofort ausgleiten und ins Wasser fallen.

„X. Die folgende Massregel ist verderblicher als alle anderen. Man findet nämlich manche Seeleute, die lange unter dem Wasser auszuhalten im Stande sind. Die Schiffer müssen also sich spät (am Abend) zum Angriff gegen das Schiff der Feinde anschicken, und heimlich, hinter ihrem Rücken müssen sie einen aussenden, der lange unter dem Wasser aushalten kann, und dieser muss einen Bohrer (penetrale) nehmen, unter dem Wasser an das feindliche Schiff heranschwimmen und dasselbe in der Tiefe anbohren, indem er da eine Menge Löcher macht, die von den Feinden nicht aufgefunden werden können. Durch diese Löcher wird Wasser die Menge eindringen und diese wachsende Wassermasse wird die Feinde und das Schiff in Gefahr bringen.

„Auch Anderes ist bei einem Seekampfe zu beachten, dass man nämlich eine Menge Steine und auch scharfer Eisenstücke zur Hand hat; diese wirft man wie die Steine und belästigt damit die Feinde in hohem Grade."

Das von Aegidius (I) genannte Brandfeuer ist dieselbe Mischung, die gewöhnlich als griechisches Feuer[1]) bezeichnet wird. Eingehende Untersuchungen über die Mischung desselben haben Reinaud und Favé in einer Abhandlung „du feu grégeois" (Journal asiatique, IV. Série, Tom. XIV, p. 257), dann Favé im dritten Bande von (Napoléons) Études sur le passé et l'avenir de l'artillerie (Paris 1862), ferner Max Jähns (Grenzboten 1879, 38. Jhgg. 2. Quart. 340) veröffentlicht. Im 34. Capitel des ersten Buches vom Itinerarium Regis Ricardi heisst es: „dies Feuer verbreitet verderblichen Gestank, und brennt mit bleichen Flammen und verzehrt Kieselstein und Eisen; mit Wasser

1) Alex. 4244: Wâren criechisches fûris vol. — Ludw. Kreuzf. 2966: Kriechisch fûr doch warfen Die in der stat wâren. — Parz. 205, 28: Ouch kom in heidensch wilde fiur Mit der spîse in daz lant. — Gr. Wolfdietr. 922: Mit dem wilden füre schussen sie gegen den man. — Vgl. Wigal. p. 179, 9: Er sach si einen haven tragen, Der was grôz êrîn. Mit listen was ein viur dar în Gemachet, sô daz bran, Swar ez wart geworfen an, Bein, îsen unde stein, Daz selbe viur mohte dehein Wazzer niht erleschen sô Ezn brunne dar inne als ein strô.

kann es nicht gelöscht werden; mit Sand bestreut, wird es gedämpft; mit Essig übergossen, erstickt.“ Das stimmt mit der Aeusserung des Dichters des Fierabras[1]), der auch erzählt, nur durch eine Mischung von Essig und Kameelmilch sei das griechische Feuer zu unterdrücken. Die Brandmischung hatte man in Flaschen (ampullae) und es scheint, dass das Zerbrechen der Gefässe hinreichte sie zu entzünden, wenigstens berichtet das Itinerar (I, 54), dass ein Emir, der eine Flasche griechisches Feuer bei sich trug, vom Pferde gestürzt wurde, dass dabei die Flasche zerbrach, der Inhalt in Brand gerieth und dem Emir den ganzen Unterleib entsetzlich verbrannte. Im folgenden Capitel derselben Geschichte wird erzählt, dass ein Türke gefangen wurde, der in ein Otterfell (pelle lutrina) verpacktes griechisches Feuer schwimmend seinen belagerten Landsleuten bringen wollte. An anderen Stellen heisst es, dass der Zündsatz, in ehernen Kasten bewahrt, auf die Feinde geschleudert wurde[2]).

Uebrigens verstanden zumal die Sarazenen sich auch recht wohl auf den Gebrauch der Brandraketen[3]). Favé theilt aus des Marchus Graechus Liber ignium ad comburendos hostes einige Anweisungen zur Anfertigung solcher Raketen mit[4]).

---

1) p. 114: Puis a fait l'engignieres fu grigois aporter, Devant la tour le fait et esprendre et jeter; La piere art et bruist si que le fist flanber, De la plus maistre estage esprendent li piler . . . Du lait de la camoille lor courut aporter Et avoec de l'aisil s'a fait tout destremper Par devant nos Francois l'a fait ou fu jeter; Erranment fu estains, il ne puet plus durer.

2) Chans. d'Antioche VIII, 30: Li plus de sa maisnie portent le fu gregeois En cofiniaus d'airain qu'il jetent sor François.

3) Joinv. 206: La maniere dou feu gregois estoit teix que il venoit bien devant aussi gros comme uns tonniaus de verjus (Weinfässchen) et la queue dou feu qui partoit de li, estoit bien aussi grans comme uns grans glaives. Il faisoit tel noise au venir, que il sembloit que ce fust la foudre dou ciel; il sembloit un dragon qui volast par l'air. Tant getoit grant clartei que l'on véoit aussi clair parmi l'ost, comme se il fust jours, pour la grant foison dou feu qui getoit la grant clartei. Trois foiz nous geterent le feu gregois celi soir et le nous lancierent quatre foiz à arbalestre à tour.

4) p. 16: Nota quod ignis volatilis in aere duplex est compositio. Quarum prima est. Rec. Partem unam colofoniae et tantum sulfuris vivi, partes vero salis petrosi et in oleo lini vel lauri, quod melius est, dissolvantur bene pulverizata et oleo liquefacta. Post in canna vel ligno concavo reponatur et accendatur. Evolat enim subito, ad quemcumque locum volueris, et omnia incendio concremabit. — Secundus modus ignis volatilis hoc modo conficitur. Rec. Acc. ℔ ·j· sulfuris vivi, ℔ ·ij· carbonum tilliae vel salicis, ·vj· ℔ salis petrosi, quae tria subtilissime terantur in lapide marmoreo. Postea pulverem ad libitum in tunica (Hülse) reponatis volatili vel tonitruum faciente(m). — Nota: Tunica ad volandum debet esse gracilis et longa et cum predicto pulvere optime conculcato repleta. Tunica vero toni-

Hören wir einige Berichte, die uns über Seeschlachten überliefert sind.

Im März 1190 lieferte Konrad Markgraf von Montferrat den Türken eine Seeschlacht bei Akka (Itin. I, 34). „Immer zwei und zwei Galeen führen sie (die Türken) heraus, und im Vorrücken schöne Ordnung haltend, rudern sie aufs hohe Meer, um mit den Ankommenden zu kämpfen. Die Unsrigen dagegen besteigen die Kriegsflotte, gehen in schräger Biegung nach links und ziehen sich etwas weiter zurück, um den Feinden den freien Zugang nicht zu verlegen. Unsre Leute bereiten sich vor, diese zu empfangen; da kein Ausweg übrig bleibt, so schicken sie sich um so muthiger an, den Angreifenden entgegenzutreten. . . Als aber dieselben, um die Seeschlacht zu liefern, hierhin und dorthin vorgegangen waren, bilden sie nicht eine grade, sondern eine gekrümmte Schlachtordnung, damit, wenn der Feind anzugreifen versucht, er umfasst und erdrückt wird. Nachdem die Flügel nach Art eines Halbmondes vorgerückt waren, stellen sie in die Front die stärkeren Schiffe, mit denen ein kräftiger Angriff gemacht und der Feinde Ansturm abgewiesen werden kann. Auf den oberen Decken werden die Schilde im Kreise dicht an einander gerückt, in dem unteren Decke sitzen die Ruderer, damit die, welche oben zur Schlacht bereit stehen, freieren Spielraum zum Kämpfen haben. Das Meer ist ganz still und ruhig, es besänftigt sich, als bestrebe es sich, dem Kampfe, der entbrennen soll, förderlich zu sein, so dass kein Wellenschlag den beabsichtigten Anprall, den Schlag des Ruderers stört. Als sie näher kommen, ertönen auf beiden Seiten die Trompeten; es erhebt sich ein erschrecklicher Lärm; zuerst kämpfen sie mit Wurfgeschossen. Und die Unsrigen rufen die Hülfe Gottes an, legen sich kräftig aufs Rudern und stossen mit ihren Sporen gegen die feindlichen Schiffe. Bald entspinnt sich die Schlacht, die Ruder treffen zusammen; im Handgemenge wird gekämpft. Mit Enterhaken packen einander die Schiffe, mit Brandöl, das man gewöhnlich griechisches Feuer nennt, zünden sie die Decke an. . . Was giebt es Wilderes, Grausigeres als eine Seeschlacht, wo die Kämpfenden so verschiedenes Verhängniss bedroht. Von den Flammen werden die Einen gequält, von den Fluthen die Schiffbrüchigen verschlungen, von den Waffen verwundet unterliegen sie. Es war eine Galee, die, während die Unsrigen zufällig zurückgehalten wurden, dem Feinde die

---

truum faciens debet esse brevis et grossa et praedicto pulvere semiplena et ab utraque parte fortissime filo ferreo bene ligata. — Nota, quod in qualibet tunica parvum foramen faciendum est, ut tenta (der Zünder) imposita accendatur, quae tenta in extremitatibus fit gracilis, in medio vero lata et praedicto pulvere repleta.

Breitseite zuwendete; so wird Feuer auf sie geworfen, sie geräth in Brand; von allen Seiten springen die Türken aufs Schiff. Die Ruderer, erschreckt, lassen sich sogleich ins Meer gleiten; aber die wenigen Ritter, behindert durch die schweren Rüstungen, auch des Schwimmens unkundig, fassen in der Verzweiflung Muth zu kämpfen. Der ungleiche Kampf beginnt; aber durch Gottes Kraft siegen die Wenigen über die Menge und führen, nachdem sie die Feinde niedergemacht, das halbverbrannte Schiff im Triumphe wieder zurück. Ein anderes Schiff hatte der Feind schon eingenommen, das obere Deck siegreich behauptet und die Krieger vertrieben; aber die in den unteren Raum Gedrängten bestrebten sich, mit Hülfe der Ruder zu entschlüpfen. Ein merkwürdiger und mitleiderregender Kampf! Denn da die Ruder nach verschiedenen Seiten hin arbeiteten, so wird die Galee durch unsre Leute bald hierhin, durch die Türken bald dorthin getrieben. Die Unsrigen aber behalten die Oberhand, und der oben rudernde Feind unterliegt, durch die zur Hülfe herbeikommenden Christen vertrieben. In diesem Seekampfe verlor die Gegenpartei eine Galee und einen Galion mit sammt ihrer Besatzung; die Unsrigen, unverletzt und fröhlich, erfochten einen glänzenden Triumph. Die feindliche Galee zogen die Sieger mit sich aufs Trockene und gaben sie den am Ufer sich Sammelnden beiden Geschlechtes Preis. Unsre Weiber also schleppten an den Haaren die Türken heraus und enthaupteten sie, sie schmählich behandelnd und abscheulich abschlachtend. Denn je schwächer ihre Hand, desto länger dauerte die Strafe, da der Tod hingezogen wurde; mit Messern nämlich, nicht mit Schwertern schnitten sie die Köpfe ab. Eine ähnliche, so verderbensvolle Seeschlacht ist nicht gesehen worden, mit solcher Gefahr durchgeführt, mit solchem Schaden vollendet.“

Hier sehen wir also den Schiffssporn besonders viel verwendet; Aegidius gedenkt desselben gar nicht oder kennt nur (IV.) einen beweglichen Sporn. Eine wichtige Rolle spielt dieser Sporn auch in dem Seegefecht, das König Richard am 7. Juni 1191 mit dem grossen sarazenischen Dromon hatte (Itin. II, 42): „Auf Befehl des Königs folgt jenes Schiff, eine Galee, mit schnellstem Ruderschlage, und als sie schon seitwärts von jenen Schiffern, die sie nicht begrüsst hatten, ruderten, da schossen sogleich, die in jenem Schiffe waren, mit Bogen und Armbrüsten. Als das der König bemerkte, befahl er sofort anzugreifen; hin und her flogen die Geschosse wie ein Regenschauer. Jenes Schiff bewegte sich mit langsamem Ruderschlage nur mässig vorwärts; der Wind reichte nämlich nicht aus. Aber für die Schiffer unsrer Galeen, obschon sie eiligen Laufes mehrmals das Schiff umfuhren, zeigte sich keine günstige Gelegenheit zum Angriffe. So solid schien das Schiff, aus festem Material gebaut, von Kriegern vertheidigt, die ohne Unterlass Geschosse entsandten und sich tapfer wehrten. Die Unsrigen hatten von den Geschossen, die von der überragenden Höhe des Schiffes viel zu leiden. . . (Nun befiehlt Richard energisch anzugreifen). Die Besatzung unsrer Galeen machte aus der Noth eine Tugend und stürzte sich wetteifernd ins Meer, schwamm um das Schiff, umwickelte mit Stricken die Steuerruder, damit sie das Schiff niederzöge und den Fortgang hemmte; mit vieler Sorgfalt und mit grossem Eifer schlich sie sich heran; einige fassten endlich die Taue und sprangen an Bord des Schiffes. Die Türken empfingen sie, brachten sie unverzüglich um, indem sie dem die Arme, jenem die Hände oder das Haupt abschlugen; die Leichen stürzten sie ins Meer. Als das die Anderen sahen, gab ihnen der heftige Zorn und die Rachsucht Muth, sie griffen noch heftiger an, erklimmten das Verdeck des Schiffes, stürzten sich auf die Türken und machten sogleich die ihnen tapfer Widerstehenden nieder. Die Türken suchten mit dem Muthe der Verzweiflung aus allen Kräften den Angriff der Galeen-Bemannung abzuwehren, hieben einem den Fuss, dem anderen die Hand, mehreren sogar das Haupt ab. Die Galeatoren aber gingen mit Aufbietung aller Kraft vor und drängten die weichenden Türken bis an den Bug des Schiffes. Doch die Türken brachen aus dem Inneren des Schiffes hervor, schaarten sich zum Widerstande zusammen in der Absicht, entweder tapfer zu sterben oder mannhaft die Gegner zurückzujagen. Die junge Schaar der Türken bestand aus ausgezeichneten, kriegsgeübten, gut bewaffneten Leuten. Lange wird von beiden Seiten gekämpft; auf beiden Seiten werden hie und da Krieger niedergestreckt, endlich zwingen die Türken in heftigerem Angriff, mit allen Kräften Widerstand leistend, durch gemeinsame Tapferkeit die Unsrigen zurückzugehen und das Schiff zu räumen. Die Galeatoren ziehen sich auf ihre Galeen zurück, umfahren wieder das Schiff und suchen mit Eifer, wo ein Angriff am bequemsten gemacht werden kann. Der König aber bemerkte die Gefahr seiner Leute und dass die Türken ohne Verletzung des Schiffes so leicht nicht mit den Waffen, dem Proviant und allem, was sonst auf dem Schiffe war, gefangen werden konnten, und befahl, dass jede Galee das Schiff mit seinem Sporn, das heisst mit seinem eisenbeschlagenen Schnabel durchbohren sollte. Die Galeen wurden also zurückgezogen, dann durch viele Ruderschläge mit Gewalt gegen die zu durchbohrenden Breitseiten des Schiffes getrieben und sofort war das Schiff zerstört, wurde leck und fing, da das Wasser einströmte, an zu sinken" etc.

In der Chronik des Johannes de Oxenedes ist uns eine Schilderung der Seeschlacht, die am 24. August 1217 in der Nähe von Dover zwischen Engländern und Franzosen geschlagen wurde, erhalten:

„Am Tage des h. Bartholomaeus wurde die Flotte der Franzosen dem Mönche Eustachius, einem ganz verworfenen Manne, anvertraut. Sie hatten aber 24 grosse Schiffe, mehrere kleine und ausserdem Galeen. Die Engländer, darauf vorbereitet, hatten kaum 40, aber gut ausgerüstete Schiffe.

Als daher Hubert von Burg, der im Schlosse von Dover Oberbefehlshaber war, von der Höhe ausspähend die Gewissheit dieser furchtbaren Ankunft erhielt, rief er seinen Kapellan Lucas, beichtete und nachdem ihm die Busse auferlegt war, versah er sich mit der heilbringenden Wegzehrung und wappnete sich mit Löwenmuth. Alle Schiffe und Fahnen gehorchten aber seinem Winke. Die Bischöfe jedoch absolvirten und segneten sie. Sie gingen an Bord und unter Segel und fuhren ab mit schräger Segelstellung (obliquando dracenam quae vulgariter dicitur lof), als ob sie auf Calais lossegeln wollten. Aber die Engländer, des Meeres kundig, stellten, sobald sie merkten, dass sie den Wind schon erschöpft hatten, die Segel quer (versa dracena ex transverso) und verfolgten, da ihnen der Wind günstig war, die Feinde eifrig. Und als sie die Hintertheile der feindlichen Schiffe erreicht hatten, zogen sie dieselben mit Enterhaken und mit Enterdreggen gewaltsam an sich heran. Hubert von Burg berührte ein grosses Schiff, in dem er viele Fahnen sah, zog es an sich heran und sprang mit gewandtem Satze hinein, und seine Begleiter hieben mit scharfen Beilen die Taue und Raaen durch, welche die Segel hielten, und das ausgespannte Segel fiel auf die Franzosen herab, wie ein Schlagnetz auf gefangene Vögel. Die Engländer hatten auch Schiffe und Galeen mit eisernen Schnäbeln, mit denen sie der Gegner Schiffe durchbohrten und viele im Augenblick zum Sinken brachten. Gepulverten ungelöschten Kalk warfen sie in die Höhe und machten damit die Augen der Franzosen blind. Zwischen beiden Parteien erhob sich ein heftiger Kampf; aber endlich waren die Franzosen ganz schwach geworden. Die Engländer triumphirten durch Gottes Hülfe und zogen die mit Stricken zusammengebundenen Schiffe nach sich ans Land. Aber die Grossen, die hier warteten, sahen die unerhoffte Kraft Gottes und priesen den wunderbaren Sieg des Herrn, gingen den Engländern entgegen und sperrten die Franzosen in die

Kerker. Unter Anderen wurde auch aus dem Kielraume eines Schiffes der lang gesuchte Mönch Eustachius hervorgezogen, ein Verräther am Könige von England und ein ganz verruchter Seeräuber, und der zum Raube gewordene Räuber bot für sein Leben und seine Glieder eine ganz unschätzbare Summe Geldes. Aber ein Engländer (Richard, ein Bastard König Johanns) riss ihn wild an sich und mit den Worten: „Du sollst keinen Anderen mehr hintergehen", zog er das Schwert und hieb ihm den Kopf ab. Als aber der Ausgang dieser Schlacht zur Kenntniss König Ludwigs kam, grämte er sich viel inniger als bei dem Unglück, das ihn bei Lincoln traf." Die Schlacht kostete aber auch den Franzosen ausser tausend Todten viele Gefangene, den Mönch Eustachius, Wilhelm de Barens, den Grafen von Neverit, Wilhelm de Pessi und viele Edle, unter ihnen zehn der Vornehmsten in ganz Frankreich, 125 Ritter, 140 gut bewaffnete Soldaten, 33 (xxxiij$^{tres?}$) Armbrustschützen und 700 Mann Fusstruppen.

In der Schlacht bei Neapel am 23. Juni 1283 haben die Catalanen und Messinesen 11 Galeen, der Sohn Karls von Anjou, Prinz Karl von Salerno, 28 (Saba Malaspina X, 15) [1]). „Vier Meilen vom Lande treffen die feindlichen Galeen zusammen; die einen stossen mit ihren Schnäbeln die anderen in die Seite, in die Bäuche; aber da leider die Kunst die Zahl überwindet und die Erfahrung immer den Sieg behält, so geben die Eingebornen die Galeen der Franzosen auf, ziehen sich aus dem Kampfe zurück, lassen die Schaar der Ihrigen im Rachen der Feinde im Stiche und wenden ihre Schiffsschnäbel nach dem Lande zu. Die Franzosen widerstehen darauf mit blindem Kriegseifer den Gegnern,

1) Eine andere Beschreibung bei Bartolommeo di Neocastro (c. 76. 77); da richtet der Admiral der Catalanen und Sicilianer Rogerus de Lauria vor der Schlacht noch ermunternde Worte an seine Leute: „Der Admiral bestieg ein kleines Boot (faselus) und fuhr von Galee zu Galee, ermahnte und bat die Messinesen, seine Kriegsgefährten: wenn sie heute muthig kämpften und der Herr ihnen gnädig sei, so würden sie die Blüthe der Grafen und der Vornehmen Frankreichs, der Grossen Neapels und des Vaterlandes, da die gegenwärtig auf den Galeen der Feinde seien, mit einem Schlage vernichten . . . 'Abgesehen von den Personen und den Schiffen, die wir mit Hülfe der Gnade des Schöpfers erbeuten und die dem Könige zugehören, geben wir alles, was ihr nach Niederlage der Feinde finden werdet, Waffen und Schätze und sonstige Beute, euch für eure Mühe und eure Treue. Und an dem Siege ist gar nicht zu zweifeln, denn die in ihrer Milde starke Rechte des Schöpfers, der die gerechte Sache des Königs wie die unsere schirmt, wird für euch gegen die Feinde kämpfen, und der h. Johannes der Täufer, der Kriegsfürst des himmlischen Vaterlandes, dessen Fest am morgigen Tage die Christenheit feiert, wird heute seine getreuen Messinesen beschützen und unsrer Sache gegen die Feinde einen erwünschten Ausgang geben'."

jenes Unfalls unkundig steht die Schaar der Franzosen da, die blitzenden Schwerter gezogen, bereit den Tod zu erleiden, bedenkend, dass, wenn sie besiegt werden, keine Rettung für sie vorhanden ist, keine Hoffnung sich biete, Rettung zu hoffen. Es folgen also allein die Franzosen der Galee des Prinzen und sogleich fliegen von Seite des Gegners gegen sie Steine, Lanzen, Pfeile; der Sicilianer Gefässe, mit verderblichem Feuer gefüllt, werden gegen die Franzosen geschleudert; hier und da brechen die Ruder, lockert sich der Verband an den Seiten der Galeen, wenden sich die Schiffsschnäbel und die Galeen der Franzosen bieten oft die Seite den Wogen. Ohne Unterlass fliegen alle Arten von Geschossen. . . . Die Catalanen und Sicilianer, die schon nicht minder durch List als mit den Waffen zu siegen gelernt hatten, schleuderten, um als Sieger den Krieg schnell durch einen Sieg zu Ende bringen zu können, da sie, obschon an Zahl überlegen, in Anbetracht der Todesgefahr, der sie selbst sich dann aussetzen mussten, die Macht der Franzosen nicht ausrotten konnten, brennendes Feuer, Töpfergeschirr [„solpilas“ (?)], irdene Töpfe, voll Unschlitt und einer künstlichen Seifenmischung, auf die oberen Verdecke der französischen Galeen, in der Absicht, dass die Füsse der Franzosen, die unerfahren in solchen Kämpfen waren, ausgleiten sollten und auf den schlüpfrigen Stellen zur Vertheidigung nicht aufrecht stehen könnten, dass sie also, weil die Füsse ausglitten, entweder in das Innere des Schiffes hineinfielen oder in die schwarzen Wogen stürzten. . . . Andere warfen irdene Gefässe, die mit gepulvertem Kalk gefüllt waren, welchen kein Wasser berührt hatte, damit sie die Augen der Franzosen durch den umherfliegenden Staub des Kalkes so verdunkelten, dass sie nicht sahen.

„Aber so überlegen an Zahl und an Kriegskunst die Catalanen und die Sicilianer auch waren, so viele von den Waffen niedergestreckte Körper auch in das Meer stürzen, so fallen doch nicht die Franzosen allein; häufig kehrt in die Herzen der Besiegten der Muth zurück und sie erschlagen auch die Sieger. Aber von Seite der Gegner griffen gar viele Galeen einzig die Galee des Prinzen an; mit Geschossen bestürmten und belagerten sie dieselbe und bemühten sich sie so zu erobern. Ach Prinz, in deinem Unglück beschützte dich nicht deine für einen Franzosen ungewöhnliche Frömmigkeit, alle Galeen der Feinde umringen dich, alle greifen dich allein an, da die anderen schon genommen sind.

„Das Vordercastell der Galee des Prinzen wird im härtesten Kampfe erobert, die Feinde kämpfen mit den Franzosen, die sich nach hinten zurückgezogen und da geschaart haben, im Handgemenge. Was die

Hand des R. Galiardus erreichen konnte, stürzte auf einen Stoss ins Meer; sein Schwert traf immer einen jeden so, dass er gegen den Verwundeten den Hieb nicht zu wiederholen brauchte; der einzige Hieb eines Einzigen genügte zu Eines Tode. Da indessen das Hintercastell der Galee des Prinzen, auf das sich mit ihm so viele erlesene Genossen zurückgezogen hatten, von den Catalanen nicht im Sturme erobert werden konnte, weil auf ihm mehrere tapfere, durch Kraft und Muth so gewaltige Franzosen waren, dass jeder von ihnen, wenn er nur ans Meer gewöhnt gewesen wäre und die Erfahrung gehabt hätte, hinreichen konnte und musste, nach Art der Seeleute die Leute einer Galee allein sammt und sonders und den ganzen sonstigen Haufen zu bezwingen und zu unterwerfen, so sprangen zwei von den Catalanen, die gelernt hatten wie die Fische den Athem lange unter dem Wasser anzuhalten, nach Art der Taucher in das Meer und suchten die Galee des Prinzen unter dem Wasser anzubohren, andere aber stiegen durch die Thür in den Kielraum der Galee und bemühten sich mit vielen Beilhieben die Zwischenbretter herauszureissen. Als nun die Planken abgerissen waren, der Bauch des Schiffes durchbohrt, die Menge des Wassers, mit der sich des Prinzen Galee sofort füllte, die Galee selbst auf den Grund zog und als die verständigen französischen Ritter sahen, dass Vorder- und Hintercastell sich immer mehr senkte und sich dem Wasserspiegel näherte, da rief R. Galiardus den Prinzen an: „Herr, siehe wir sterben ohne Vertheidigung; Euer Muth und Eure Kraft nützen uns im übrigen wenig, denn wir werden in die Tiefe des Meeres hinabgezogen. Erträglicher ist es deshalb, dass uns die Schaar der Feinde gefangen nimmt, die uns vielleicht am Leben lassen, als dass Ihr vom Meere verschlungen werdet. Lasst uns also im Angesicht des unvermeidlichen Todes, dem keiner entrinnen kann, um Gnade bitten. Diese haben deshalb uns ertränken wollen, weil wir mannhaft uns vertheidigten; wenn wir also im Kampfe unterliegen und keinen Widerstand leisten, so werden sie uns Gnade gewähren und uns vor dem entsetzlichen Tode bewahren.“ Den Feinden dagegen ruft er zu: „Erbarmt euch; was ihr gesucht, hier habt ihr es, hier ist der Prinz, hier die Blüthe der französischen Ritterschaft. Glücklich habt ihr den Zweck des ganzen Krieges, die Franzosen zu besiegen und den König in eure Gewalt zu bekommen, erreicht“ [1]). Die Catalanen also be-

1) Nach Bartolommeo di Neocastro (c. 77) ruft der Prinz selbst: ‘Ist unter Euch ein Ritter?’ Der Admiral (Rogerus de Lauria) antwortet: ‘Ja, ich’ und sogleich sprach jener: ‘Admiral, nehmt uns und unsere Genossen gefangen und in Acht, da es das Schicksal so will; ich bin der Prinz’.

sänftigen sich, schenken den Bittenden das Leben, nehmen den Prinzen, den sie haben wollten, gefangen und fesseln die erlesenen französischen Ritter, die ihre Waffen übergeben. Nach dem Ende der Schlacht bleiben die von den Feinden erbeuteten Galeen mit sammt der Person des Prinzen und seinen Erlesenen auf dem Meere zurück; die Uebrigen fliehen und die Eingeborenen dienen ihnen als Führer.“

In der grossen Seeschlacht am 6. August 1284, in der die Genuesen die Macht der Pisaner für immer brachen, hatte der Genueser Admiral Oberto Doria im Vordertreffen 63 Galeen und 8 Pamphilen, in der Reserve noch 30 Galeen. 29 Galeen der Pisaner wurden erobert, 7 in den Grund gebohrt; die Pisaner verloren an Todten 5000, an Gefangenen 9272 Mann (Jac. Aurie Ann.). In der Schlacht bei Neapel am 23. Juni 1287 besiegten die Aragonier die Neapolitaner, nahmen ihnen 42 Galeen, versenkten 5 (nur vier entkamen) und machten 8000 Gefangene. Der Verlust an Todten betrug auf beiden Seiten mehr als 6000 (Ann. Parm. maj.).

Der Admiral stand während der Schlacht hoch auf dem Hintercastell seines Schiffes in glänzender Waffenrüstung; bald befahl er mit donnernder Stimme, Verstärkungen vorzuschicken, bald rief er mit Namen die Kämpfenden an und ermunterte sie (Bart. di Neocastro c. 111); vor der Schlacht fährt er selbst auf einem kleinen Boote aus und recognoscirt die Zahl und die Stellung der feindlichen Schiffe (das. c. 96).

Die hier wörtlich mitgetheilten Schlachtberichte zeigen, dass die theoretischen Anweisungen des Aegidius der Praxis entnommen waren. Besonders die Anwendung der Taucher[1]) scheint sehr beliebt gewesen zu sein. Nach Matthaeus Paris ist der viel besprochene grosse Dromon nicht durch die Schnäbel von Richards Galeen, sondern durch Taucher in den Grund gebohrt worden[2]). Dass Taucher (merguli) die Ankertaue der feindlichen Schiffe abschneiden, berichten die Annales Egmundani (1153). Bei der Belagerung von Ancona 1172 ereignete sich, wie wir in Magistri Boncampagni Liber de obsidione Anconae (c. IV)

---

1) Essenwein veröffentlicht im Anzeiger f. Kunde deutscher Vorzeit 1871, N. 9, Abbildungen von Taucherkleidern etc. nach den Zeichnungen im Kriegsbuche des Ludwig von Eyb (1500; Ms. der Erlanger Universitätsbibl.). Andere Taucherapparate finden sich in Konrad Kieser's Kriegsbuche von 1405 (Göttinger Univ.-Bibl.-Cod. ms. phil. 63) und in einer Münchener Handschrift, Cod. Germ. 739 (vgl. Essenwein a. a. O. Sp. 257 ff.).

2) 1191: Tandem a quibusdam Regis Ricardi mersoribus ipsam subtus aquam invadentibus locis quam plurimis terebratur.

lesen, folgende Geschichte. „Ein Priester, Namens Johannes, Domherr zu Ancona, gedachte, als er eines Tages am Meere sass, in seinem Sinne, ob er nicht etwas zu Ehren der Stadt und zum Schaden der Feinde unternehmen könnte, denn er war ein kräftiger, muthiger und tapferer Mann. Er ging also zum Hafen, zog das Hemd aus und blieb in blossen Hosen. Da wunderten sich sowohl die Bürger als auch die Venetianer (die den Hafen blokirten), denn es war nicht die Jahreszeit zum Baden, zumal im Hafen ein heftiger Sturm wehte. Er aber sprang plötzlich ins Meer, schwamm, eine zweischneidige Axt (es ist wohl statt des sinnlosen bipede bipenne zu lesen) in der Hand, und begann das grosse Tau, das mit dem einen Ende an den Schnabel vom Schiffe des Romanus Maranus, mit dem anderen an den Anker, den sie in den Hafen hatten fallen lassen, befestigt war, zu zerschneiden. Die aber, welche in dem Schiffe waren, bemerkten, was der Priester that, und begannen mit Bogen und Armbrüsten auf ihn zu schiessen; Andere schrieen ihn an und warfen mit ungeheuren Steinen nach ihm. Er aber tauchte sofort unter, wie eine Taucherente, die mit angezogenen Flügeln in die Tiefe des Meeres sich hinabstürzt, und kam dann wie ein Delphin wieder zum Vorschein, schnitt mit wiederholten Hieben das Seil durch, so dass das ganze Tauwerk in Unordnung kam, und brachte alle Seeleute in Lebensgefahr, denn der Sturm war so stark, dass er auch am Lande Mehrere verletzte“ u. s. w.

Ein Taucherboot wird in dem Gedichte Salomon und Morolff beschrieben (905): „Morolff eme bereiden liesz Eyn schiffelin von leder, das er uff das mere stiesz. Das was mit beche wol berant. Czwey glasefinster gaben im lieht. Also mei(n)stert esz syn hant; (1821) An ir aller angesicht Senckt er sich nyder uff den grunt. Eyn rore yn das schiffelin ging, Damit Morolff den adem fing; Daz hat er gewircket daran Mit eym starcken leder, Morolff der listige man; Eyn snuore lag oben dran. Das wasser dem dugenthafften man Das rore nit liesz brechen abe. Er verbarg sich zuo dem grunde Vollechlichen ffierczehen dage.“ Der Taucherapparat, dessen sich Alexander der Grosse bedient, um das unterseeische Treiben kennen zu lernen, wird im Roman d'Alixandre p. 261 u. 262 beschrieben. Er besteht aus einem Behältniss (tonniel) von weissem Glase, das mit Bleiungen verbunden wird; Lampen erhellen es im Innern; an einer Seite hat es einen Ring, an dem die goldne Kette befestigt ist, vermittelst welcher man den Apparat versenkt oder heraushebt. In einem Kahn wird dieser ganze Wunderbau aufs offne Meer hinausgefahren, dann hinabgelassen und auf ein Zeichen des Königs wieder aus dem Wasser hinaufgezogen.

Als die Siegesbeute, auf die man am stolzesten war, galt die feindliche Hauptstandarte oder Flagge[1]). Jacobus de Auria erzählt (1284): „Aber die Galee, auf der die Standarte der Pisaner Gemeinde war, kam in Kampf mit der Galee S. Matthaeus, auf welcher die de Auria sich befanden . . . und nach langer und gefährlicher Schlacht wurde die Standarte der Pisaner genommen. Obschon der Zindal von den Unsern ganz zerrissen war, konnte doch die Stange desselben nicht zu Boden geworfen, auch nicht umgehauen werden, weil sie mit hartem und dickem Eisen umgeben war. Als aber doch besagte Stange umgehauen war von den Unsrigen, wendeten sich die Pisaner, sobald sie dies bemerkten, zur Flucht. Die Standarte jedoch der Gemeinde von Pisa, welche die Galee der de Auria erobert hatte, wurde von ihnen nach der Kirche des heil. Matthaeus getragen und hängt in besagter Kirche“[2]).

Auffallend ist es, dass Aegidius Colonna gar nicht der Brander gedenkt, die doch in den damaligen Seekriegen eine so grosse Rolle spielen[3]). Man füllt ein oder mehrere Schiffe mit Stroh, Holz, Fett,

---

1) Jac. de Auria Ann. 1284: Nam acceperunt ligones et sapas, quas secum habebant, et pupim unius galee Pisanorum frangere ceperunt et ignem imponentes in ea ac pupim ascendentes vexilla deposuerunt de ea.

2) Die Kirche S. Matteo ist eine Stiftung der Doria. Dicht neben ihr liegt der Palast, den Genua dem Andrea Doria schenkte.

3) Alix. p. 211, 20: Une galie longe ont fait aparillier, Et de secces estampes à l'un cief bien cargier, Et de secces esprises qui ardent de légier; Et l'autre cief cargièrent d'airain et de levier, Desor l'araine sisent cil qui durent nagier Por le fais sostenir et garder et ploncier. Et nagent erraument, ne l' laisent por lancier, Tant que le cief devant ajostent à l' plancier, Celui à tout l'estoupe por le mius esploitier. Fu Grigois en fiole portent li marinier; Ès estoupes les metent sans plus de detrier; Por lor vie garir, salent è l' plain gravier. Li cies qui fu pesans fait l'autre à mont drecier. Li galie s'esprent de mult près à l' plancier, Tout esprent maintenant, n'i a nul recouvrer De l' fu Grijois est ars, qui ne se vot noier. — Ann. Egmund. 1153: Hostes visis in portu navibus illas confringere vel igni tradere alto consilio cotidie moliebantur et navim unam sarmentis, stuppa, oleo et talibus ignis alimentis implentes, succensam ventis commiserunt et ad naves christianorum comburendas impulerunt. Sed lanceis longissimis a singulis repulsa unam tantum combussit et ipsa combusta per se ipsam interiit. — Villehardouin 217: (Li Grieu) pristrent dix sept nés granz, ses emplirent totes de granz merrieuz et d'esprises et d'estopes et de poiz et de toniaus, et attendirent tant que li vent venta de vers aus mult durement; Ann. Herbip. 1204. — Barthol. Scribae Ann. 1241: Et plura ligna impleta fuerunt bruschis et catrono, ut nostras galeas illas destruerunt et cremarent. — Braunschw. Reimchr. 8262 (Belagerung von Kiel 1261): Vil winvat unde tunnen, Sva se dhe sine wunnen, Mit smere her se vullen leyz, Mit specke und mit svephle veyz. Dhe leyte men an eyn schiph groz, Dhes dhe stetere gar verdroz; Dhe umbrante men zolesten, Went

Schwefel und anderen brennbaren Materien und lässt diese entweder von Matrosen bis an die feindliche Flotte heranrudern; die Leute zünden dann im rechten Moment das Schiff an und retten sich durch Schwimmen; oder man wartet, bis der Wind auf die feindlichen Schiffe zuweht, und überlässt es ihm, die angesteckten Brander an die rechte Stelle zu treiben. Natürlich wehren sich die Angegriffenen und suchen mit langen Stangen den gefährlichen Nachbar sich vom Leibe zu halten.

Kam eine Flotte, die ein Heer zu transportiren hatte, endlich am Bestimmungsorte an, so herrschte auf den Schiffen grosse Freude. Sobald der Capitän das Land erblickte, verkündete er jubelnd den Passagieren dies frohe Ereigniss [1]). Wenn man dann den Hafen erreichte, so wurde die Raa sammt dem Segel hinabgelassen [2]), der Anker ausgeworfen [3]), und jetzt konnten die Soldaten endlich ausgeschifft werden. Indessen war die Landung oft nicht ohne Gefahr. Vor Damiette suchten 6000 Türken die Landung zu hindern. Joinville lässt seine Leute auf Schaluppen ans Land setzen und verschanzt sich einstweilen am Gestade, bis das Gros der Armee ausgeschifft ist. Die Schilde werden mit den Spitzen in den Sand gesteckt und von den Lanzen eine Art spanischer Reiter hergestellt; diese improvisirte Festung hielt die Türken zurück (Joinv. 156). Gewöhnlich gehen zuerst die Schützen ans Land und decken die Ausschiffung der übrigen Truppen [4]).

War die Landung geglückt, so begann nun der Krieg, wie er im vorigen Capitel geschildert wurde. Die Hauptsache aber war, wie schon bemerkt, dass die festen Plätze des Feindes erobert wurden. Und so hat man denn während des ganzen Mittelalters die Belagerungskunst mit besonderer Vorliebe gepflegt; sie ist es, die schliesslich in den meisten Fällen die Entscheidung des Kriegszuges herbeiführt.

---

dhe wint stunt uf dhe vesten Und leyzen iz ghen planken zo. — Guiart II, 9569: (1304) Flamens font emplir deus nacèles De poiz, de saïn et de busche. Leur gent huile et feu i embusche. — Cf. Heinrici Chron Livon. lib. III, cap. XIX, 5.

1) Titur. 2540: Der noklir daz erkande; er begunde mit freuden schrien 'alaterre'; cf. 5562. — Cf. h. Georg 568.

2) Herz. Ernst D 2057: Do die wigande Quamen tzu dem lande Und sie tzu borte stissen, Yr segel si nyderlissen.

3) Herz. Ernst 2209: Unde sigelten in ein habe, Ir anker sie dô wurfen abe: Guoten grunt sie funden. — Herz. Ernst 4545: Zcu dem stade sie stissen; Die ancker sie uszliessen. — H. Georg 610.

4) Rom de Rou 11626: Li archiers sunt primiers iessuz El terrain sunt primiers venuz. — Itin. Reg. Ric. II, 32.

# VI.

War also ein Heer in der Schlacht besiegt worden, trotzdem die Angehörigen, Frauen und Mädchen, gefastet und für seinen Erfolg gebetet[1]), gewissermassen einen Busstag gehalten hatten, so warf es sich in eine befestigte Stadt, und der Sieger musste nun die Belagerung derselben beginnen.

„Es giebt drei Arten, Befestigungen und Schlösser einzunehmen: durch Durst, durch Hunger, durch Kampf. Es kommt manchmal vor, dass die Belagerten Mangel an Wasser leiden; dann müssen sie entweder durch den Durst zu Grunde gehen oder die Festung übergeben. Deshalb sollen die Belagerer sorgfältig untersuchen, ob und durch welche Mittel sie den Belagerten das Wasser entziehen können. Denn es geschieht oft, dass das Wasser aus einem entfernten Quell bis nach der belagerten Festung geleitet wird; wenn dann bei dem Ursprung der Wasserleitung die Röhren oder Canäle zerstört werden, durch die das Wasser den Belagerten zufliesst, so müssen sie Wassermangel erleiden. Einige Befestigungen liegen wieder hoch und das Wasser gelangt nicht bis zu ihnen; wenn also der Wasserplatz von der Festung entfernt gelegen ist, dann müssen sich die Belagerer alle Mühe geben, den Belagerten die Benutzung zu verwehren. Zweitens kann man Festungen durch Hunger bezwingen; denn ohne Speise können wir nicht aushalten. Deshalb müssen die Belagerer, um die Festung einzunehmen, alle Strassen, Pfade und sonstigen Wege, auf denen den Belagerten Proviant zugeführt werden kann, sorgsam überwachen und die Zufuhr absperren. Bei solcher Belagerung nämlich richtet der

---

1) Rom. de la Char. 3524: Trois jorz avoient géuné Et alé nuz piez et au lenges Totes les puceles estrenges Del réaume le roi Artu, Perceque Dex force et vertu Donast contre son aversaire Au chevalier qui devoit faire Le bataille por les cheitis.

Hunger oft mehr Schaden an, als das Schwert, und deshalb tödten häufig die Belagerer, damit sie um so schneller die Festung bezwingen, die Gefangenen nicht, sondern machen sie durch Verstümmelung der Glieder untauglich zum Kampfe und schicken sie dann nach der belagerten Festung zurück, damit sie da mit den Anderen die Vorräthe aufzehren und schneller Hungersnoth herbeiführen.... Zur Sommerszeit, ehe das Getreide eingeerntet ist, lässt sich am besten die Belagerung ausführen. Denn wenn durch den Durst die Festung genommen werden soll, so ist es am besten, im Sommer die Belagerung zu unternehmen, weil dann eher die Brunnen austrocknen, auch die Regengüsse nicht so häufig sind, dass durch Cisternen die Belagerten sich Abhülfe schaffen können. Soll ein Schloss oder eine Stadt durch Hunger bezwungen werden, so ist es wieder besser, die Belagerung in den Sommer zu verlegen, ehe die Ernte eingebracht ist und die Weinlese stattgefunden hat, weil immer in dieser Zeit die Früchte des vergangenen Jahres zu Ende zu gehen pflegen. Wenn also die Belagerten sich nicht der Früchte des laufenden Jahres erfreuen können, so leiden sie schneller Mangel. Ferner, wenn nach einem Kriege oder nach einer Schlacht Festungen eingenommen werden sollen, ist dies besser zur Sommerszeit ins Werk zu setzen. Denn im Winter sind die Regengüsse häufig, die Gräben füllen sich mit Wasser und dadurch ist die Belagerung schwieriger. Auch leiden unter der Ungunst des Wetters die Belagerer in ihrem Lager mehr als die Belagerten in ihren Häusern. Belagerungen haben also entweder im Sommer stattzufinden, oder wenn sie lange Zeit anhalten sollen, dann sind sie wenigstens im Sommer zu beginnen, ehe die Belagerten Getreide, Wein und die anderen Früchte einheimsen können“ [1]).

Das Aushungern der Burgen wird uns auch sonst geschildert [2]). Durch die härtesten Strafen wurden die Umwohnenden abgeschreckt Proviant einzuschmuggeln. Friedrich I. liess 1161 den Einwohnern von Piacenza, die den Mailändern Lebensmittel gebracht hatten, die rechte Hand abhauen; an einem Tage erlitten fünfundzwanzig zu Piacenza diese Strafe (Ann. Mediol. Lib. Tristicie 21). Bei der Belage-

1) Aegidius Romanus, de regim. Princ. lib. III, p. III, cap. 16.

2) Ren. de Montauban p. 345, 29: Carles fu repairiés mais encore manace Qu'il les afamera, se il a tant d'espace. — Rom. de Brut 5026: Pière fist et mortier atraire Devant la porte fist mur faire Que hom defors n'i puisse entrer Ne hom dedens n'eu puet torner, Ainsi les quida afamer. — Karl Meinet 299, 14: Ind gaff mallich volbort, Dat neman geyne spyse Offenbar oder lyse In de stat leysse brengen.

rung von Tortona 1154 suchte man erst das Flüsschen, das durch die Vorstadt floss, abzusperren, warf dann aber Leichen und Thiercadaver hinein, um es für die Stadtbewohner unbrauchbar zu machen [1]). Aehnlich lässt der Dichter der Conqueste de la Bretaigne (2029—2289) Karl den Grossen handeln. Er belagert Quidalet und erfährt, dass die Stadt nur durch einen unterirdischen Canal mit Wasser versorgt wird. Um denselben aufzufinden, lässt er auf Rath eines Ritters ein Pferd drei Tage lang mit Heu, Hafer und Gerste füttern, es aber nicht tränken. Dann wird das durstende Pferd freigelassen und es spürt in der That die unterirdische von Marmor überwölbte Quelle auf, aus der nach der Stadt das Wasser in kupfernen Röhren geleitet wird. Dadurch, dass man allen Lagerschmutz in die Quelle wirft, wird das Wasser ungeniessbar gemacht.

Die Belagerten suchten sich dadurch zu schützen, dass sie die unnützen Esser, die „genz qui ne font riens fors mengier", wie Guiart sagt, hinausjagten. Das thaten z. B. die Engländer, als die Franzosen das Schloss Gaillard 1204 belagerten; Philipp August lässt die armen Leute passiren, aber befiehlt dies in Zukunft nicht mehr zu dulden [2]). Als dann wieder der Commandant der Burg, Roger, an 400 unbrauchbare Esser hinauswies, wurden dieselben von den Franzosen nicht durchgelassen, von den Engländern nicht wieder aufgenommen, und so mussten sie zwischen den feindlichen Lagern drei Monate lang elend das Leben fristen. Durch konnten sie nicht, denn die Franzosen hatten Gaillard mit doppelten Gräben, über die Zugbrücken führten, und mit sieben hölzernen Castellen (brestachiae) cernirt (Guil. Brito, de Gestis Philippi Augusti; Duchesne V, 85). Friedrich II. gestattete auch 1241 nicht, dass die aus Faenza herausgeschickten Frauen, Kinder und Mägde durch die Linien des Belagerungsheeres durchgelassen wurden, sondern zwang sie in die Stadt zurückzukehren (Matth. Paris). Durch Abschneiden des Wasserzuflusses zwang 1118 Heinrich I. von England Alençon zur Uebergabe [3]). Haldensleben dagegen eroberte der Erzbischof Wichmann von Magdeburg 1181 dadurch, dass er den Fluss, ich denke die Ohra, durch ein Stauwerk die Stadt überschwemmen liess [4]).

„Wenn die Belagerer nachlässig sind, sich nicht gehörig ver-

---

1) Ottonis Frising. Gesta Frid. II, 16: Iniciuntur ibi hominum pecorum foetida et putrescentia cadavera.

2) Guiart I, 3860.

3) Ordericus Vitalis XII, 8. — S. Bd. I, S. 15, Anm. 1.

4) Ann. Pegav. 1181: Nova igitur et a saeculis nunquam experta vel audita arte, concludens meatum vel alveum fluminis.

schanzen, so können sie von den Belagerten beunruhigt werden. Denn da manchmal die Belagerungen geraume Zeit in Anspruch nehmen, so ist es nicht möglich, dass die Belagerer immer gleichmässig bereit sind. Deshalb kommt es bisweilen vor, wenn sie nicht verschanzt sind, dass, während die Belagerer schlafen, spielen, der Ruhe pflegen, oder aus irgend einem Grunde sich zerstreut haben, die Besatzung der Burg auf sie losstürmt, die Zelte anzündet, die Belagerungsmaschinen zerstört und manchmal viele von den Belagerern niedermacht [1]. Um also gesichert zu bleiben, muss man das Lager wenigstens einen Speerwurf weit von der Festung aufschlagen, Gräben um dasselbe ziehen, Palissaden einrammen, Thürme erbauen, damit, wenn die Städter plötzlich angreifen, sie Widerstand finden [2]."

Ausfälle der Belagerten werden sehr häufig beschrieben [3]. Oft entspann sich vor der Festung eine wahre Schlacht; war diese vorüber, so zogen die Belagerten wieder in ihre Festung, die Belagerer in ihr befestigtes Lager, in dem sie sich behaglich eingerichtet, ihre Backöfen [4], ihre Küchen [5]) erbaut hatten, zurück [6]. Immer wurde nach einem solchen Ausfalle ein Waffenstillstand abgeschlossen, um die Todten zu bestatten.

Von der Stadt aus wurde ein Signal gegeben, ein vridezeichen, dass man unterhandeln wollte; wurde das Zeichen erwiedert, so schickte man Parlamentäre [7]. Die Friedenszeichen sind verschiedener Art.

---

1) Ann. Plac. Gibell. 1269: Die Veneris, ultimo mensis Madii, cum due porte militum Cremone, scilicet porta Natalis et porta Sancti Laurentii, ivissent ad rocham domni Bossii de Dovaria causa standi super laboratores, qui fodebant circam, quam faciebant fieri Cremonenses intrinseci iuxta rocham, ut ipsam ossederent, et cum in hora none milites assecurati sic starent, alii dormiebant et alii ludebant ad umbras, videntes illi de rocha caute exiverunt de rocha cum maxima audacia et impetum fecerunt in ipsos, ita quod ipsos in fugam vertentes multos ceperunt et multos occiderunt de illis de civitate.

2) Aegidius Romanus a. a. O. cap. 17.

3) Blancandin 1115: Es vous mil chevaliers armés Qui s'arangent sor les fossés, Devant les bares, à la porte, Mains serjans le fu i aporte Por alumer le hireçon Que cil i traient del doignon. Li serjant s'arestent as lices Devant les bares coleïces. — Anelier, Guerre de Navarre 4328: E portego barreras per far millor abrig.

4) Itin. Reg. Ric. I, 71.

5) Godefr. de Bouillon 16178: Iluec fu la quisine tout premiers eslevée Ly four y furent fait et la terre quanée.

6) Ott. Frising. (resp. Ragew.) Gesta Frid. III, 34: (1158 vor Mailand) Parare vallo, sudibus, palis aliisque propugnaculis castra munire propter improvisos hostium excursus decertabant.

7) Troj. 45877: Dô gie der fürste Antênor Ûf die rincmûre enbor Und zeigete von dem gewer Ein. vridezeichen gegen dem her, Dâ bî si solten nemen war Daz

Gewöhnlich trug der Parlamentär einen Lorbeer-[1]) oder Olivenzweig[2]), im Nothfalle auch einen Fichtenzweig in der Hand[3]). Die Hauptsache war, dass man erkannte, der Bote komme in friedlicher Absicht. Er trug keine Waffen bei sich, setzte sich vielleicht noch einen grünen Kranz aufs Haupt[4]) oder nahm einen Falken auf die Hand[5]). War der Parlamentär bewaffnet, so nahm er wenigstens die Stahlspitze von der Lanze[6]), oder trug dieselbe verkehrt, das Eisen mit der Hand fassend[7]); auch dass der Bannerzipfel an den Schaft befestigt war, konnte ihn legitimiren[8]), oder dass er unbedeckten Hauptes, den Schild mit der Spitze noch oben, anlangte[9]). Ein weisses Tuch gilt auch als

---

er wolte zuo z'in gar Mit vride in tegedinge komen. Dô wart des zeichens war genomen Und im ein anderz dar von in Geboten gegen der veste hin. Dâ bî der vride im wart erkant.

1) Biterolf 3152: Dâ nemet an iuwer hant Eines lôrboumes zwî: Si wænent alle, dazz iu sî Gegeben von dem rîche; Sô vart ir wîslîche: 3198: Swem der lôrzwî wart erkant Der weste vil wol, daz er lân Die liute solde fride hân.

2) Lanz. 1380: Er fuort eins ölboumes rîs: Daz was ein wortzeichen, Daz er vride wolte reichen. — Ren. de Mont. p. 37, 5: Sor les muls afeutrés i vont esperonant Portèrent rains d'olive; c'est senefiement Del pais d'umilité, que il la vont querrant; p. 59, 6: Se vont apareillier À guise de mesage, ne se volrent targier. Chascuns porte en sa main ·j· raisel d'olivier; Tres k'à la barbakane ne se volrent targier. — Guill. de Palerne 2567: Chascuns porte un rain d'olivier Por joie et pais senefier Et c'on sache messagier sont. — Godefr. de Bouillon 6465: Tuit ung rain d'olivier qui vers estoit asses.

3) Ren. de Mont. p. 383, 24: Li message s'en tornent, si s'en vont vers la cit, À pié, tout sans cheval, vestu sunt de samit. Cascuns porte en sa main ·j· rain de pin petit; Ce fu senefiance de joie delit.

4) Troj. 26380: Si fuorten grüeniu schapelîn, Geflohten ûz lôrzwîen, Mit den die wandels vrîen Erzeigen solten bî der zît, Daz si dâ suochten keinen strît, Wan daz si frides gerten. Gesundert von ir swerten Si kêrten ûf ir strâze pfat Und îlten früeje für die stat, Gewæfens îtel unde blôz.

5) Biterolf 8368: Dô nam der degen vil gemeit Sînen sparwære ûf die hant, Dâ bî tete er in bekant, Daz er fride wolde hân.

6) Biterolf 5953: Dô fuorte der marcgrâve hêr Einen schaft âne sper, Daz man dâ bî gesæhe, Daz man in frides jæhe; cf. 6776.

7) Enf. Ogier 2054: Une coustume à celui tans estoit Que grant message nul garçon ne faisoit; Puis que la guerre la besoigne mouvoit, Et que la guerre de roial gent naissoit, Roi, duc ou conte, itel gent s'en melloit, Et de ses armes chascuns moult bien s'armoit; Et la raison pour quoi on connaissoit K'ert messagiers, c'estoit ce qu'il portoit Devers le fer sa lance et paumoioit; 2081: Le fer en a devers lui torné; 3403: Par le fer prist son roit espiel molu; 3406: La gent françoise ont tantost conneii Que messagiers estoit, quant l'ont veii.

8) Lohengr. 3985: Daz gelwe an dem zegelîn was an den schaft Gebunden vast durch vride zuo der stangen.

9) Lanc. III, 18244: Doe sinde die coninc enen ridder daer, Die bloets hoets quam so naer Ende met sinen scilde averrecht (Dit was een teken van vrede recht).

Zeichen des Friedens [1]). Bei der Belagerung von Le Mans 1100 erlaubten die Belagerten dem Hélie de la Flèche so oft er wollte an die Befestigung heranzukommen; er sollte aber ein weisses Hemd (tunicam albam) anlegen (Ord. Vit. X, 17).

Damit also die Verhandlungen stattfinden konnten, wurde Friede geboten [2]); bei Todesstrafe wurde Jedermann befohlen, die Feindseligkeiten während der bestimmten Frist einzustellen [3]). Dann erst verabredete man auf gewisse Zeit den Waffenstillstand. Vierzehn Tage zum Begraben der Todten scheint schon eine lange Frist [4]); aber in den Romanen vom Trojanerkriege werden nach jeder Schlacht lange Waffenruhen beschlossen. So folgt nach einem Gefecht eine Ruhezeit von zwei Monaten (HTroj. 6062) zum Begraben der Todten; nach dreissig Tagen Krieg wird wieder auf sechs Monate Frieden geschlossen (ib. 9176); dann kämpft man aufs Neue zwölf Tage und ruht darauf dreissig Tage (ib. 9576) etc. [5]). In Wirklichkeit wird die Dauer einer Waffenruhe wohl knapper bemessen bewesen sein, sonst hätte ja jede Belagerung so lange wie die von Troja gedauert.

Wahrscheinlich hatte man vor Beginn der Feindseligkeiten die Festung schon zur Uebergabe aufgefordert. Hing die Besatzung ihre Schilde vor die Zinnen, dann sah der Gegner, dass sie zur äussersten Vertheidigung entschlossen war [6]). Uebrigens verhöhnten die Belagerten auch gern ihre Feinde. Bei der Belagerung von Alençon verspotten die Soldaten von der Mauer herab Wilhelm den Eroberer, werfen ihm seine niedere Herkunft vor und reizen ihn durch unan-

---

1) Titurel 3491: Ein noklier behende tut friden kunt mit einem pfelle blanken. — Dietr. Flucht 8148: Die rîchen burgære Die vuorten vridebanier.

2) Wolfdietr. A 402: Dô wart ein fride gemachet und ein gesprâchtac. Saben der teidinge und meister Berhtunc phlac. — Rom. de Troie 14531: trieve.

3) Troj. 2904: Ze Troyge ein fride gegeben wart Zo eime halben iare Bi hute wnde bi hare Und darzu bi der wide. — Parton. 19350: Einvalteclîche in gouches wîs Gelobte er einen stæten fride Bî dem swerte und bî der wide Vier wochen sunder allen strît. — Dietr. Flucht 6947: Und gebuten einen vride, Der wart gebannen bî der wide. — Walberan 495: In wart geboten ganzer fride Bî dem halse und bî der wide. — Anelier, Guerre de Navarre 4281: Enpero los ricomes feron sobranceria, Que fero fer tayllada, e ges no s convenia, Car negus en las treugas re obrar ne devia.

4) Lanc. I, 34287: Si ontboden vrede ·xv· daghen Te gravene de dode, die daer lagen.

5) H. Troj. 10716: Zwei Monate. — Troj. 26924: Iedoch wart über ein getragen Frid unde tac ein halbez jâr.

6) Vgl. S. 82.

ständige Geberden[1]). Die in Akka eingeschlossenen Türken besudeln, um die Christen zu ärgern, vor deren Augen auf den Mauern Heiligenbilder[2]).

„Eine Art der Bestürmung ist gewöhnlich und allgemein, dass man nämlich die Besatzung durch Armbrüste und Bogen mit Geschossen überschüttet[3]), Steine mit der Hand oder mit der Schleuder auf sie wirft oder Leitern ansetzt. Kriegsgeübte schiessen, sobald die Belagerten auf den Mauern oder den Thürmen sich zeigen, mit Armbrüsten und Bogen auf sie, werfen mit der Hand oder mit der Schleuder Steine gegen sie, setzen die Leitern an die Mauern[4]), um, wenn sie dieselben erstiegen haben, den Feinden gleich gewachsen zu sein" (Aegidius a. a. O. 17).

Diese Methode konnte aber immer nur dann Erfolg haben, wenn die Burg schwach besetzt war oder überrumpelt wurde. Gegen eine hinreichende Zahl von Vertheidigern auf der Mauer waren die auf schwanker Leiter Hinaufstürmenden doch zu sehr im Nachtheil. Aegidius fährt darum auch fort:

---

1) Chron. des ducs de Norm. 34500: Lor reins en batent e lor dos: Eissi le funt par avilance. — Aehnlich erging es Heinrich dem Löwen vor Bardewik. Vgl. Raumer, Hohenstaufen³ II, 189.

2) Itin. Reg. Ric. I, 56: Nec hoc quidem arbitramur silendum, quamvis onerosum relatu, horrificumque sit auditu, quod Turci ob scandalum Crucifixi et opprobrium nostrae fidei consueverunt iconias et picturas Christianae relligionis repraesentantes mysterium, in civitate repertas super muros in conspectu Christicolarum virgis caedere et tanquam viventes durius flagellare et sputis sordidare et aliis pluribus modis pro voluntate ignominiose tractare. Quod cum die quadam Turcum quendam nostrorum quidam vidisset agentem, et crucem quandam cum Salvatoris nostri imagine turpi quadam repraesentatione et nefanda motibus agitasset obscoenis et vociferatione blasphema impia verba nostrae religionis inimica proferret, tandemque extractis membris genitalibus in eminentiori loco urinam stillando contumeliose proposuisset perfundere, zelo ductus in blasphemum emisso pilo balistae
Vulnere lethali transfodit in inguine Turcum.

3) Guiart I, 4064: Li autre soudoier de France Revont sur les fossez le jour Et gietent comme sanz séjour Pierres cornues et réondes, Les uns à mains autres à fondes. Sus buriaux et sus kameloz Rechiéent dars et javeloz Qui devers les creniaus dévalent Cil de léanz.

4) Bei der Eroberung von Antiochia braucht man (Alb. Aqu. IV, 19) eine 'scala quae ex corio erat taurino'. — Ottokar von Steier DLV: Nu hat man da gefurt in Vil laitter auf wägen An den si steigens phlegen Über die mawr drat. — Ferguut 4235: Ende ledren rechten an haere muren. — Matth. Paris 1188: Tours wird durch Ersteigen der Mauern erstürmt. — Garin II, p. 207: L'atrait porter por les fossés enplir Drescier eschelles por aus murs assalir. — Godefr. de Bouillon 20427: Qui portent martiaus pour le mur dépecier, Esquièles pour monter et grans picques d'acier.

„Ausser diesen Weisen des offenen Angriffes giebt es noch drei andere Arten, die nicht Jedermann bekannt sind: die eine durch unterirdische Gänge, die andre durch schwere Steinschleudermaschinen, die dritte durch an die Mauern der belagerten Stadt herangeschleifte Angriffsbauten. Ueber alle diese drei Arten werden wir hier sprechen und zuerst über den Angriff durch Minen (cuniculi). Erstens also werden Festungen durch Minen, d. h. durch unterirdische Gänge bezwungen. Es müssen nämlich die Belagerer heimlich an einer Stelle in die Erde sich graben und vor dieser Stelle ein Zelt oder sonst einen Bau hinsetzen, damit die Belagerer nicht sehen können, wo sie zu graben beginnen. Hier müssen sie unterirdische Gänge herstellen, wie die, welche Silber graben oder Metalladern finden, und diese Gänge müssen tiefer sein als die Gräben der zu bezwingenden Festung und bis zu den Mauern derselben sich erstrecken. Wenn dies durchzuführen möglich ist, so ist es leicht, die Festung einzunehmen. Dann muss man zuerst die Mauern untergraben und mit Holz absteifen, damit sie nicht sogleich einfallen. Und wenn sie alle Mauern oder den grössten Theil derselben so untergruben und unterminirten und sie (die Belagerer) sahen, dass sie durch den blossen Einsturz der Mauern die Festung erobern konnten, dann müssen sie sofort an die die Mauern stützenden Holzsteifen Feuer anlegen, die Mauer ganz oder zum Theil zu Falle bringen und dadurch die Gräben ausfüllen. Wenn das ganz unvermuthet geschieht, erschrecken die Belagerten und die Stadt wird um so leichter eingenommen. Man muss aber darauf achten, dass die unterirdischen Gänge immer mit Brettern verschalt oder sonstwie geschützt werden, damit die Erde nicht einstürzt und die Grabenden erstickt. Auch die aus den Gängen hinausgeschaffte Erde ist so zu verstecken, dass sie von den Belagerten nicht gesehen wird. Wiederum, sobald das Feuer an die Stützen, welche die Mauer halten, angelegt wird, muss der, welcher dies thut, und die bei ihm sind, sich an einen sicheren Ort zurückziehen, damit sie durch den Einsturz der Mauer nicht verletzt werden. So ist bei dem Angriffe durch Minen zu verfahren, denn eine Festung einzunehmen, dazu genügt der Einsturz der Mauern allein. Hält man aber das für nicht hinreichend, wenn schon die Mauern untergraben und unterminirt sind, so legt man noch nicht Feuer an, sondern schreitet mit ähnlichen unterirdischen Gängen zu den grösseren Befestigungen und den grösseren Mauern der belagerten Burg oder Stadt vor, und macht es mit ihnen wie mit den Mauern. Wiederum kann man weiter fortgehen und die unterirdischen Gänge so anlegen, dass man durch sie in die belagerte Stadt oder Burg hineingelangt. Aber alles das kann heimlich geschehen, dass es von den Belagerten nicht gemerkt wird, und, zwar nicht ohne Schwierigkeit und Zeitaufwand, doch zum rechten Ziel geführt werden. Wenn das so vorbereitet ist, zündet man zur Nacht oder zu einer sonst für den Kampf geeigneten Zeit das Feuer an, so dass zugleich die untergrabenen Mauern und Befestigungen einstürzen und die unterirdischen Gänge nach der Burg oder Stadt fertig sind, und über die durch den Einsturz der Mauern geschaffene Bresche stürmen die übrigen Belagerer in die belagerte Burg oder Stadt und können sie so erobern."

Die Anwendung der Minen wird schon von Vegetius empfohlen (IV, 27), und fast das ganze Mittelalter hindurch hat man von ihnen bei Belagerungen Gebrauch gemacht, bis man lernte, durch Kanonen schneller eine Festungsmauer zu zerstören. Bei der Belagerung von Nicaea 1097 bringen die Kreuzfahrer einen Thurm durch Untergraben zu Falle (Matth. Paris), und auch vor Lissabon wird durch dasselbe Strategem 1147 in die Stadtmauer eine Bresche von 30 Ellen gelegt [1]); ähnliche Beispiele liessen sich leicht in Menge beibringen. Auch in den Romanen spielt der Minenkrieg bei den Belagerungen immer eine hervorragende Rolle [2]), und stets wird ganz in derselben Weise, wie dies Aegidius lehrt, verfahren [3]). Schon bei der Bestürmung von Lissabon waren es Kölner Pilger, welche die Minen anlegten (Osbernus a. a. O.); und es scheint, dass grade am Niederrhein und in den Niederlanden die Leute in dieser Kunst besonders erfahren waren. Im Roman Godefroy de Bouillon werden auch die Leute aus dem Hennegau, die Flamänder und die Lütticher als gute Mineure gerühmt [4]). Die Leitung dieser Arbeiten ist dem I n g e n i e u r anvertraut [5]), über dessen

1) Ann. Magdeb. 1147. — Osbernus de expugnatione Lyxbonensi. — Nach den Ann. Sti. Disibodi 1147 ist die Bresche gar 200 Fuss gross.

2) Doon p. 338: As murs viennent tantost pour rompre et miner. — Aiol 10859: Li mineor sont sage qui desous tere minent, Il esfondrent le mur et la dedens se missent, Que plus de ·xxx· toises tout ensamble cairent.

3) Ottokar von Steier CCCXI: Die mawr hiez er chrenkchen Und den turn undergraben. Er wolt nicht aufgehaben, Er wurff in auf die lewt nider; DXLVIII: In der purkch ain turn lag, Der all dez haws gut phlag, Der was nu underwaricht gar, So daz man hat geseczt dar Manigen polcz groz Pheyler genoz, Von aichem holcz. Dieselben sewl und polcz Habten den turn auf, Daz er icht gie zu hauf.

4) Godefr. de Bouillon 16191: S'avoit en sa partie Flamens et Hainuiers et une aultre maisnie C'on appielle Liégois; mais je vous certefie Que bien sèvent miner une tour batellie.

5) Phil. Mousques 25866: Quar li boins mestres Amauris, Li sire des engignéours, Commendère des minéours.

sonstige Thätigkeit sogleich noch gehandelt werden wird. Merkten nun die Belagerten, dass ihre Mauern an einer Stelle untergraben wurden, so legten sie Gegenminen an und suchten die Feinde aus ihren Gängen zu vertreiben, die Minen zuzuschütten und so die drohende Gefahr abzuwenden. Bei der Belagerung von Tortona 1155 entspann sich ein solcher unterirdischer Kampf (Ott. Frising. Gesta Frid. II, 16)[1]), und auch die Kreuzfahrer, welche 1191 die Turris maledicta der Feste Akka unterminirten, trafen plötzlich auf eine Gegenmine der Türken; man einigte sich, dass jede Partei sich zurückzog; die Türken aber verstopften sogleich ihren Stollen, damit nicht die Kreuzfahrer auf diesem Wege den Eingang in ihre Stadt erzwängen (Itin. Reg. Ric. III, 11). Von Minen, die zum Zwecke des Eindringens in die belagerte Festung gegraben wurden, habe ich sonst kein Beispiel gefunden, wenn nicht eine Stelle in einem Briefe des Petrus de Vineis (I, 8), der von der Belagerung Faenza's berichtet, so zu deuten ist, was mir aber nicht wahrscheinlich vorkommt[2]).

So sicher die Unterminirung der Mauern zum Ziele führte, war sie doch nicht immer anzuwenden. Ein felsiger Boden musste schon unüberwindliche Hindernisse bereiten, da man die Steinmassen ja nicht zu sprengen, sondern nur durch Feuer einigermassen zu zerklüften verstand. War gar die Festung auf gewachsenen Fels gegründet, so konnte von dem Untergraben der Mauern überhaupt nicht die Rede sein[3]), dann musste man zu anderen Mitteln greifen, die uns denn auch unser Gewährsmann Aegidius (a. a. O. cap. 18) mittheilt.

„Es kommt aber öfter vor, dass Festungswerke auf grossen Steinmassen gegründet oder vom Wasser umgeben sind oder sehr tiefe Gräben haben oder sonst auf eine Weise befestigt sind, so dass sie durch Minen oder unterirdische Gänge entweder gar nicht oder nur sehr schwer erobert werden können. Wir müssen also zusehen, wie viele Arten von Steinschleudermaschinen es giebt und wie viele Gattungen von Bauten, durch welche Festungen angegriffen werden. Die Steinschleudermaschinen zerfallen in vier Arten, denn bei jeder Maschine muss es eine Kraft geben, welche den Hebel (virgam), mit

---

1) Oppidani non sine quorundam ex nostris proditionis suspicione ingenium praesentiunt commentisque usi iuxta fundamentum turris et ipsi cuniculos faciunt sicque quibusdam ad eversionem turris procedentibus suffocatis caeteri a coepto desistunt.

2) Per subterraneas vias, quas nostri fecerunt, attingentes moenia civitatis et intima penetrantes.

3) Bueves de Commarchis 2025: Li chastiaus de Barbastre siet sor roche nayue, N'a garde de miner ne d'engin qui i rue.

dem die Steinschleuder verbunden ist, niederzieht und emporschnellt. Letzteres geschieht zuweilen durch ein Gegengewicht; manchmal aber reicht das nicht aus, sondern noch höher wird der Hebel der Maschine durch Stricke emporgeschnellt, und durch dies Emporschnellen werden die Steine geschleudert. Wenn also durch das Gegengewicht allein der Wurf erfolgt, so kann dies Gegengewicht unbeweglich oder beweglich oder beides zugleich sein (? vel est compositum ex utroque). Unbeweglich heisst das Gegengewicht, wenn an dem Hebel ein Kasten, beschwert mit Steinen, Sand, Blei oder sonst einem gewichtigen Körper, unverrückbar befestigt ist, und diese Art von Maschine nannten die Alten Trabucium. Unter den übrigen Maschinen wirft sie am genauesten, da das Gegengewicht immer gleichmässig anzieht und deshalb stets auf dieselbe Weise die Bewegung vermittelt. Mit dieser Maschine könnte man fast eine Nadel treffen. Wenn sie nämlich ein Ziel treffen soll, und sie wirft zu sehr nach rechts oder links, dann ist sie nach der Stelle wohin der Stein fallen soll, zu richten; wenn sie aber hoch wirft, so ist sie entweder vom Ziele entfernter zu rücken, oder man legt ein schweres Steingeschoss, das sie nicht so hoch zu werfen vermag, in die Schleuder; wenn aber zu niedrig, dann ist die Maschine vorzurücken oder ein leichterer Stein zu wählen. Wenn man genau nach einem bestimmten Ziele werfen will, muss man immer die Steingeschosse erst abwägen. Eine andere Art von Maschine hat ein Gegengewicht, das beweglich an dem Hebel der Maschine hängt (circa flagellum vel circa virgam), sich an demselben dreht. Und diese Art nannten die römischen Krieger Biffa. Sie hat folgende Eigenschaft: weil das Gegengewicht beweglich an dem Hebelarme hängt, so zieht es zwar eben durch seine Bewegung mehr an, aber nicht so gleichmässig, wirft also weiter, aber trifft nicht so genau und gleichmässig. Es giebt jedoch eine dritte Art von Maschine, die sie Tripantum nennen; diese hat beide Gegengewichte, das eine am Hebel unbeweglich und das andere, das sich beweglich am Hebel dreht. Wegen des festen Gegengewichtes wirft sie genauer als die Biffa, wegen des beweglichen Gewichtes schleudert sie den Stein weiter als das Trabutium. Die vierte Gattung hat statt des Gegengewichtes Stricke, die durch Menschen-Kräfte und -Hände angezogen werden. Diese Maschine wirft nicht so grosse Steine, wie die vorerwähnten Arten, aber es erfordert weniger Zeit, wie bei jenen, sie schussbereit zu machen; deshalb wirft sie öfter als jene.

„Wer also eine Burg oder Stadt belagert und dieselbe mit Steinschleudermaschinen angreifen will, muss sogleich überlegen, ob er jene

Festung besser bezwingen kann durch genau treffende oder aus weiter Entfernung geworfene Geschosse, oder durch beides (vel medio modo inter utrumque) oder ob er den Belagerten mehr Schaden durch viele und häufige Schüsse zufügt. Danach kann er sich richten, welche Maschinen er anwendet. Wenn er aber die Maschinen, die wir erwähnt haben, genau kennt, dann weiss er genug, wie mit Steinschleudermaschinen eine Stadt angegriffen werden kann, denn alle Arten von Schleudermaschinen sind entweder den besprochenen gleich, oder sind aus denselben entstanden. Man muss aber darauf achten, dass Tag und Nacht durch die Steinschleudermaschinen die belagerte Festung beschossen wird. Damit man aber sieht, wie bei Nacht die geworfenen Steingeschosse treffen, so muss man immer an den Stein Feuer oder ein brennendes Holzscheit anbinden. Denn durch den angebundenen Feuerbrand sieht man, wie die Maschine wirft, und was für ein Stein und von welcher Schwere in die Schleuder der Maschine zu legen ist."

Die Bestimmung der verschiedenen Wurfmaschinen ist eine sehr schwere, und so viele Mühe sich Viollet-le-Duc gegeben hat, dieselben nach den unvollkommnen Abbildungen zu reconstruiren (Dict. de l'Arch. V, s. v. Engin), so kann man doch nicht sagen, dass er immer das richtige getroffen, geschweige denn alle auftauchenden Fragen beantwortet oder nur berührt hat. Dasselbe gilt von der ausgezeichneten Arbeit des Generals Dufour: „Mémoire sur l'artillerie des anciens et du moyen-âge" (Paris et Genève 1840) und den „Études sur l'artillerie" von Napoleon III. Vieles bleibt noch absolut dunkel und wird wohl, da die Maschinen selbst zerstört, die Abbildungen flüchtig gearbeitet, die Beschreibungen, für Wissende verfasst, meist für unsere Zwecke ungenügend sind, schwerlich je ganz klar gelegt werden.

Was uns Aegidius Romanus sagt, ist ja sehr werthvoll, aber auch nicht immer ganz deutlich. Das Trabucium ist wohl mit dem Trabuchum, Trabuchetum, afr. trebuchet, mhd. trîbok oder drîboc [1]) identisch

1) Matth. Paris 1097: Collocarunt machinas in locis opportunis petrarias scilicet trubuculos et mangonellos, ex quibus crebros lapides emittebant. — Barth. Scribae Ann. Jan. 1227: Et cum ipsum castrum esset per Saonenses armis prederiis et spaldis et bellicosis hominibus premunitum et ad deffensionem paratum, trabuchum unumi bi erigi fecit potestas, illum videlicet de Marino magistro; cf. 1243. — Petri de Vineis Epist. II, 1: Postquam mirabilis machina montis clari moenia cum trabuccis et instructionibus aliis tormentavit. — Chron. Colmar. 1297: post tribuccum . . . fecerunt. — Ann. Placent. Gibell. 1269: Trabucantes die noctuque ipsam rocham (de Bardi) cum septem trabuchis et quinque ad minus valde magnis. — Phil. Mousques 25883: Qu'il orent assés mangionniaus Et trebukés et tumeriaus;

tisch. Nun spricht Aegidius, der sein Buch für den späteren König Philipp den Schönen schreibt, es aber noch während derselbe Kronprinz ist, also zwischen 1271 und 1285 dedicirt, davon, dass die Alten (veteres) diese Maschine Trabucium genannt haben. Nach den Angaben der Annales Marbacenses, die Trithemius im Chronicon Hirsaugiense wörtlich abschreibt, wurde aber der Tribok erst seit 1212 gebraucht. Der Chronist erzählt, dass Otto IV. die Stadt Weissensee belagert und mit Ausnahme des Schlosses eingenommen habe, und fügt hinzu: „dort machte man zuerst Gebrauch von einer Kriegsmaschine, die man Tribok zu nennen pflegt (ibi tunc primo coepit habere usus instrumenti bellici quod tribok appellari solet).“ Der Sohn Philipp August's, der spätere Ludwig VIII., soll bei der Belagerung von Calais, also 1216 und 1217, zuerst den Trébuket verwendet haben (Vaublanc, La France au temps des croisades II, 85). Es sind also, als Aegidius schrieb, erst fünfzig bis sechszig Jahre her, dass man das neue Geschütz kannte, und da ist der Ausdruck „Veteres“ doch kaum angebracht. Eine andere Schwierigkeit bietet eine Angabe des picardischen Architekten Villard de Honnecourt, der um die Mitte des dreizehnten Jahrhunderts lebte und in seinem von Viollet-le-Duc benutzten Skizzenbuche eine Abbildung eines Trébuchet giebt (a. a. O. V, 226; vgl. Fig. 118). Diese Maschine hat aber einen beweglichen Gewichtskasten, würde also nicht dem Trabucium, sondern der Biffa des Aegidius entsprechen. Wer von beiden hat sich geirrt: der gelehrte Cardinal oder der praktische Architekt? Ich bin nicht in der Lage, diese Frage zu entscheiden, nehme aber an, dass der Cardinal in einem durchgearbeiteten Buche, das er der Kritik von Fachleuten unterbreitete, sich eher vor einem Irrthum gehütet hat als der Architekt, welcher doch nur für seinen eignen Gebrauch die Skizzen zeichnete und die Notizen sich machte. Abbildungen von Tribocken besitzen wir mehrere. In den Zeichnungen der Genueser Annalen der Pariser Bibliothek (Pertz MG. XVIII, Tab. III) finden wir die Fig. 109 und 110 (Fig. 110 wird in der Beischrift ausdrücklich Trabucos genannt); der Handschrift des Romans Fierabras (k. Bibl. z. Hannover

---

25913: et tumeriaus et trébukés. — Anelier, Guerre de Navarre 647: Manguanels et algarradas et trabuquetz assatz; 2603: Martin del Ospital pel trabuquet guidar. — Willeh. 111, 9: Drîboc und mangen. — Troj. 23578: Trîböcke, blîden, katzen. — UvdT. Wilh. d. H. p. 41: Man hette wol ein dribok Beswerit mit banden, di her trug; p. 81: Van dribokken und bliden, der was vil. — Ottokar von Steier XCII: Darumb beraitt er sich dester paz Mit allem, und darczu gehört, Da man purg mit stört: Dribok (Pez: drivach), chaczen und mangen.

14. Jhdt.) entnehme ich die beiden Abbildungen Fig. 111 und 112. Ueber den Bau der Maschinen ist wenig genug aus diesen Miniaturen zu ersehen; klarer, aber immerhin noch recht schwierig zu erklären ist die Darstellung auf dem Relief der Saint-Nazaire-Kirche zu Car-

Fig. 109. Trabucium.

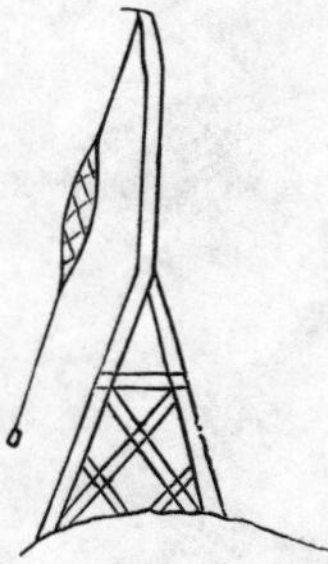

Fig. 110. Trabucium.

Miniaturen aus der Pariser Handschrift der Genueser Annalen.

cassonne (Fig. 113). Zu vergleichen ist auch die Publication einer Handzeichnung in A. Essenweins kunst- und culturgeschichtlichen Denkmalen des germanischen Museums (Taf. LVIII, Fig. 1). Sehr instructiv ist die Reconstruction, die Viollet-le-Duc (a. a. O. V, 234 ff.)

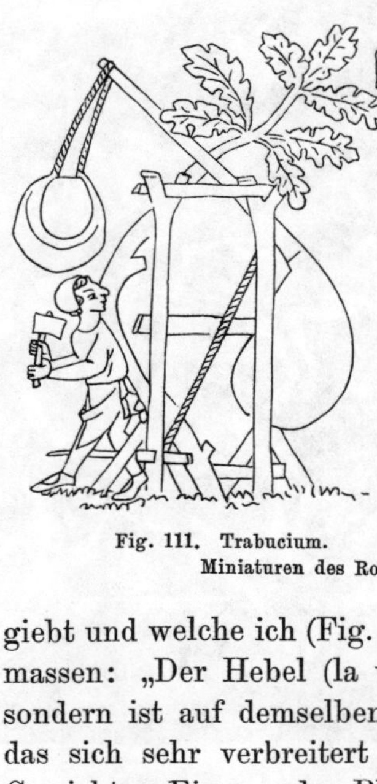

Fig. 111. Trabucium.

Fig. 112. Trabucium.

Miniaturen des Romans Fierabras (k. Bibliothek zu Hannover).

giebt und welche ich (Fig. 114) hier mittheile. Er erklärt sie folgendermassen: „Der Hebel (la verge) geht nicht durch den Zapfen durch, sondern ist auf demselben bei A befestigt. An seinem unteren Ende, das sich sehr verbreitert (wir werden sehen, wie und warum) waren Gewichte, Eisen- oder Bleistücke, Steine, in einem Kasten B ver-

Fig. 113. Belagerung von Toulouse. Basrelief in der Kirche Saint-Nazaire zu Carcassonne.

schlossen, angebracht; für gewöhnlich neigte sich der Hebel in Folge des Gegengewichtes nothwendig nach der Seite der Feinde. . . Um den Hebel herabzuziehen, bediente man sich zweier Räder C, die an einer Winde befestigt waren und denen zwei Kloben D entsprachen. . . Vermittelst einer kleinen Welle E, die an dem Gewichtkasten angemacht war und die durch zwei Kurbeln bewegt wurde, zog man mit

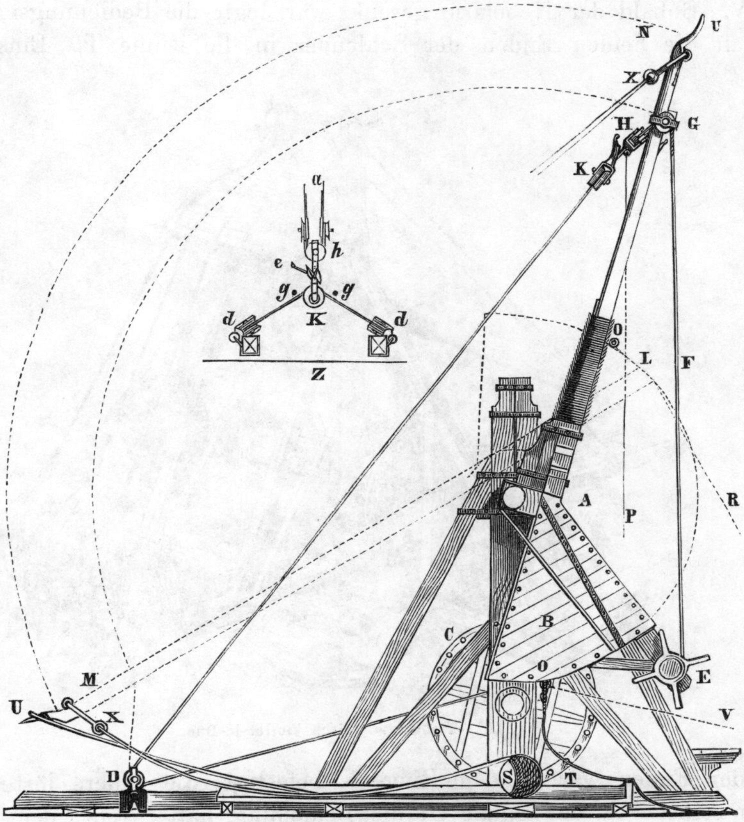


Fig. 114. Trabucium. Nach Viollet-le-Duc.

Hülfe des doppelten Seiles F, das durch zwei starke Kloben G ging, den Kloben H und seinen Haken hinauf, nachdem man vorher den Kloben K eingehakt hatte. Sobald der Hebelarm herabgezogen war in der Richtung L M, so machte man den Haken des Klobens K los und der Hebel beschrieb den Bogen M N. Knechte beschleunigten diese Bewegung, indem sie mit mehreren bei O befestigten Stricken in der Richtung O R anzogen . . . (S ist das Geschoss). . . Um den Kloben

K an dem Kloben H zu befestigen, zog man letzteren mit einem Stricke P so weit es erforderlich war, indem man zugleich die Welle E zurückdrehte, herab, befestigte den Kolben K und wand ihn mittels der Welle E in die Höhe. Dies ging so schnell, dass man in der Stunde zwölf Schüsse thun konnte. Um das Senken des Hebels zu erleichtern, zogen, während die Arbeiter die beiden grossen Räder C in Bewegung setzten, die Leute an den bei O befestigten Tauen in der Richtung O V. Sobald der Hebelarm gesenkt war, legte die Bedienungsmannschaft die beiden Enden der Schleuder in die Rinne T. Eins der

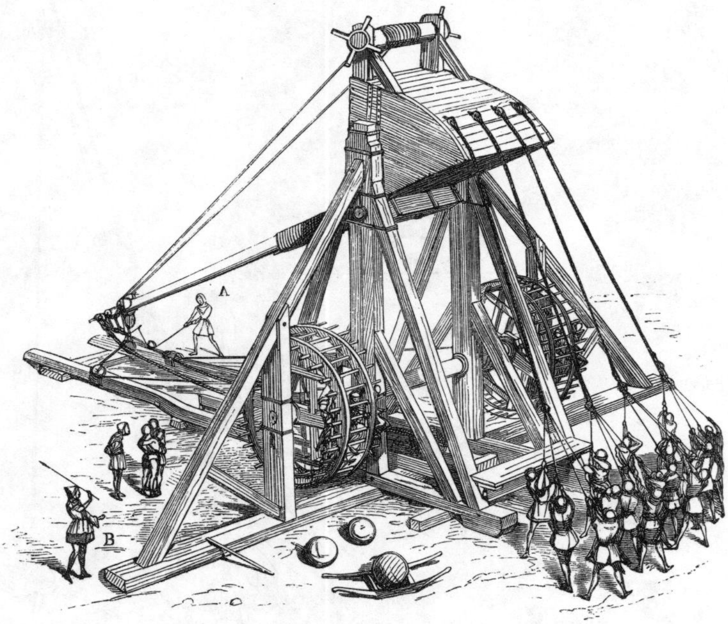


Fig. 115. Trabucium. Nach Viollet-le-Duc.

beiden Enden war an dem Ringe X befestigt, die andere löste sich von selbst von der Spitze U; die Bedienung hatte Acht, den Ring des zweiten Endes über die Spitze zu schieben und, wohl verstanden, die beiden Enden über das doppelte Seil des Zugapparates zu legen, wie das aus dem Durchschnitt Z ersichtlich... Wenn der zum Abschiessen Commandirte an dem Schnepper des Hakens e zog, so fiel der Kloben K zwischen die beiden Schwellen, der Hebelarm schnellte in die Höhe und die beiden Zipfel g g zogen das Geschoss S nach sich.“ Auf Fig. 115 sehen wir eine perspectivische Ansicht des Trîboc’s, den Viollet-le-Duc fälschlich immer Mange nennt; bei B steht der

Commandeur des Geschützes, bei A der Soldat, welcher abschiesst. Fig. 116 endlich zeigt uns, wie sich der lose Ring im Schusse allmälig von der Spitze abhebt A und das Geschoss M in parabolischer Bahn davonfliegt.

Es ist nicht in Abrede zu stellen, dass Viollet-le-Duc's Reconstruction viel für sich hat, dass sie bis aufs Kleinste den praktischen Anforderungen entspricht; ob auch der historischen Wirklichkeit, das ist eine andere Frage. Die schöpferische Phantasie ist bei der ungenügenden Beschaffenheit der Beschreibungen und Abbildungen ein gar zu weites Feld eröffnet.

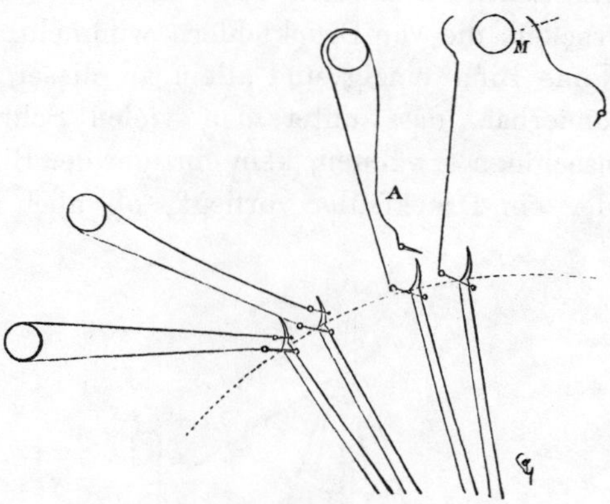

Fig. 116. Nach Viollet-le-Duc.

Die Bleibeschwerung des Trîboc's wird ausdrücklich erwähnt[1]).

Dieser Gattung von Geschützen gehört augenscheinlich zu die Fig. 117 dargestellte Kriegsmaschine. Auch Paul Lacroix theilt (Vie militaire p. 75, Fig. 66) eine Abbildung mit, sagt jedoch nicht, woher sie entnommen. Er nennt das Geschütz, das niedrig gebaut, am kürzeren Hebelarme durch breite Eisenringe beschwert ist, Bricole[2]). Aber mit welchem Recht? Eine ganz gleich construirte Maschine ist in der deutschen Vegetius-Uebersetzung (Augsb. 1529) und in der Vegetius-Ausgabe von 1535 (Basel, Wechel) im Holzschnitt dargestellt. Wir kennen so viele Namen von Belagerungsgeschützen, wissen aber mit ihnen nichts Rechtes anzufangen.

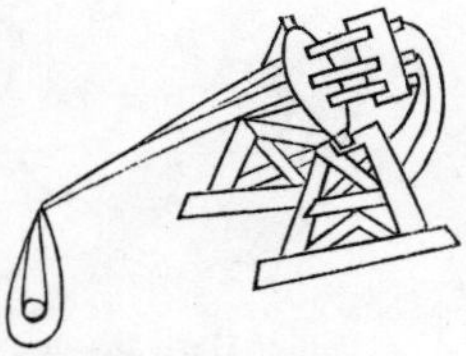
Fig. 117. Miniatur aus der Handschrift der Genueser Annalen.

---

1) Barth. Scribae Ann. Januens. 1243: Iussit ergo potestas plombum de trabuchis reduci in galeis et lignis sicut melius posset et ignem poni in trabuchis et aliis hedifficiis.

2) Barth. Scribae Ann. Jan. 1240: Expugnando cum bricola, trabuchis et aliis machinis; 1242: Cum machinis, prederiis bricolis, scalis et aliis hedifficiis; 1241: Tunc praeparata fuit in civitate quaedam bricola in navi una. . . Construxerunt bricolas. — Ann. Plac. Gibell. 1246.

Die Biffa ist von Aegidius allerdings so genau beschrieben, dass wir in dem dürftigen Vorrath von Abbildungen sie sofort erkennen. Aber ist der Name Biffa wirklich verbürgt? Eine kritische auf die Handschriften zurückgehende Ausgabe des Aegidius Colonna besitzen wir nicht; wir müssen uns immer mit den unzuverlässigen Incunabeldrucken, die von Druckfehlern wimmeln, begnügen. Nun kommt der Name Biffa einzig und allein an dieser Stelle vor, und es ist doch sonderbar, dass unter den vielen Schriftstellern, die Belagerungsmaschinen erwähnen, kein einziger der Biffa gedenkt. Ich glaube, dass hier ein Druckfehler vorliegt, ob aber Blida zu lesen ist, weiss ich

Fig. 118. Aus dem Skizzenbuche des Villard de Honnecourt. Nach Viollet-le-Duc.

nicht zu entscheiden. Wie nun aber auch der Name des Geschützes in Wirklichkeit gelautet haben mag, seine Construction können wir uns recht wohl vorstellen. Die Zeichnung in dem Skizzenbuche des Villard de Honnecourt (Fig. 118) giebt uns schon ein ganz gutes Bild derselben. Das im ersten Bande S. 449 abgebildete Elfenbeinrelief des Klosters Reun, die Miniatur in der Pariser Minnesingerhandschrift (v. d. Hagen, Bildersaal XXXIII) können noch verwendet werden, die Vorstellung zu ergänzen. Besonders instructiv ist die Miniatur aus der Casseler Handschrift Wilhelms des Heiligen, die Casparson in seiner Ausgabe S. 153 mittheilt. Er nennt die Kriegsmaschine

Fig. 119. Biffa oder Blîde. Nach Viollet-le-Duc.

eine Blîde[1]), sagt aber nicht, ob sie in der Handschrift ausdrücklich so bezeichnet wird, und so bleibt es zweifelhaft, ob er ihr mit Recht

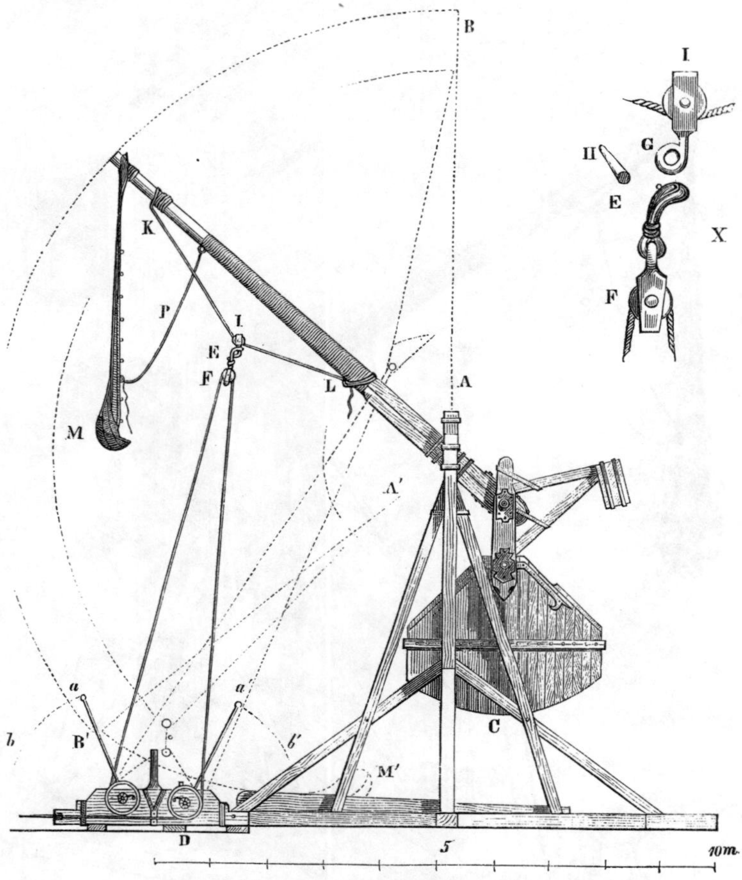


Fig. 120. Biffa oder Blîde. Nach Viollet-le-Duc.

diesen Namen beilegt. Oft genug wird übrigens in diesem Epos der Blîde gedacht, und es ist daher immerhin nicht unmöglich, dass in

1) Ann. S. Pantal. Colon. 1248: Et per magnas machinas dictas bliden lapides contorquerunt. — UvdT. Wilh. d. H. p. 86: Der kastelan bereiden hiez Di bliden des man nicht inliz, Ouch was da vil steine bereit, Die man in die slingen leit; p. 87: Der meyster warf da mit gewalt Eynen worf, der tusent sele valt; Eyne galeden spilt er an den grunt; p. 81: Van dribokken und bliden der was vil. — Martina 8; 106. — Ludw. Kreuzfahrt 2921: Uz den bliden man starche warf Manigen stein swere. — Holst. Reimchron. 214. — Braunschw. Reimchr. 4155. — Pleiden: Ott. v. Steier XCIII; CCCXII; CCCXIX; CCCXLIII; CCCLIV; DXLVIII.

der That das so construirte Geschütz Blîde genannt worden ist. Von der Zeichnung des Villars de Honnecourt unterscheidet sich diese Darstellung dadurch, dass die Räder zum Herabwinden des längeren Hebelarmes hinter dem Gewichtkasten angebracht sind. Andere Abbildungen bei Daniel, Hist. de la milice française I, planche 9, ferner in der deutschen Vegetius-Uebersetzung (Augsb. 1529) und der Vegetius-Ausgabe von 1535 (Basel, Wechel) fol. 25, dann in Godofredi Stewecchii Commentaria ad Vegetium (1606) lib. IV, p. 167, wo das Geschütz balista major genannt wird. Viollet-le-Duc hat diese Maschine, die er fälschlich Trébuchet nennt, gewiss richtig reconstruirt. Der Hebel ist (Fig. 119) aus zwei starken durch Eisenbeschläge und Stricke verbundenen Balken zusammengesetzt, die, wie das Détail A und B zeigt, mit einem eisernen Zapfen in den senkrechten Pfosten B hängen; für den Fall, dass ein Zapfen bricht, ist durch eine Vorrichtung C dafür gesorgt, dass der Hebel nicht hinabfällt. Bei P sind die Taue sichtbar, welche die Schleuder spannen. Fig. 120 zeigt uns eine geometrische Seitenansicht. A B ist die Lage des Hebelarmes, wenn derselbe von dem Gewichtkasten C herabgezogen wird. Soll die Maschine geladen werden, so muss der Schwebebalken in die Lage A′ B′ gebracht werden. Ein Seil wird durch zwei starke Winden D angezogen, nachdem es durch die am Kloben F befestigte eiserne Schleife E mit dem Ringe G des Klobens I durch den Pflock H verbunden war. Der Kloben I bewegt sich auf dem Tau K L. Bei M sehen wir die Schleuder, welche das Geschoss aufnimmt und die, wenn sie geladen wird, bei M′ liegen muss; P sind die zur Schleuder gehörigen Spannseile.

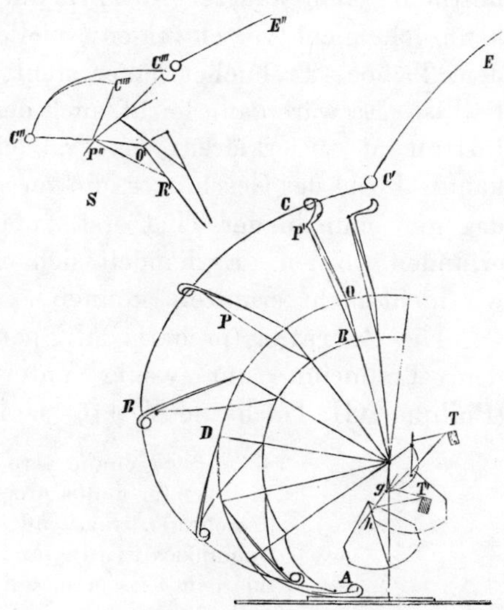

Fig. 121. Nach Viollet-le-Duc.

Wie aus Fig. 121 ersichtlich ist, beschreibt die Schleuder die Curve A B C; das Geschoss fällt hinaus, sobald die Schleuder mit dem Hebelarm in einer graden Linie liegt; geschähe dies schon bei D, so würde das Geschoss nicht gegen die Feinde fliegen, sondern im Lager der Schiessenden niederfallen. Um den Wurf intensiver zu machen, bringt man die Spannseile P P′ an; wenn diese straff angezogen sind (P′ O B), fliegt das Geschoss C aus der Schleuder und beschreibt nun eine Parabel, die um so steiler sein wird, je näher an der Schleudertasche das Seil befestigt ist (vgl. P′ O B); um so flacher, je weiter von derselben die Seile geknüpft sind (vgl. das Detail bei S und das Dreieck R′ O′ P″). Durch Verkürzung und Verlängerung der Spannseile konnte man also die Flugbahn des Geschosses reguliren. Bei T T′ ist endlich die Vorrichtung zu sehen, durch welche der Stoss des Gegengewichtes geregelt wurde (vgl. Viollet-le-Duc a. a. O. V, 231).

Von dem Tripantum wissen wir gar nichts, als was Aegidius uns mittheilt; kein anderer Autor nennt den Namen. Eine Vermuthung kann ich nicht verschweigen: vielleicht, dass das Wort Tripantum dem Trîboc, Trébuchet näher steht, als dies bei dem Trabucium der Fall ist. Es wäre dann leicht, auch des Aegidius Angaben über letzteres Instrument zu erklären: das Trabucium wäre die von Alters her bekannte Form des Geschützes, die vervollkommnete Form des Tripantum dagegen dann in der That erst Anfang des dreizehnten Jahrhunderts erfunden worden. Es handelt sich um Finessen der Construction, die wir nicht mehr ermitteln können.

Die Petraria (predaria, afr. perrière, mhd. pfetrære) [1]) kann von dem Trabucium nur wenig unterschieden sein: Guilelmus Brito (Philipp. XII; Duchesne V, 116) sagt:

nunc vero minax Petraria verso
Vi iuvenum multa procliviter axe rotatur
Retrogrado, tractis ad terram funibus acta
Damnificos funda fundit maiore molares
Incircumtusos et magni ponderis, ut vix
Tollatur manibus bis quatuor unus eorum.

Diese Beschreibung passt vortrefflich auf die eben besprochenen, durch Gegengewichte wirkenden Schleudermaschinen, aber meines

1) Ann. Mediol. Liber Tristicie 5 (1156): Castellum illud (Ceredanum) ab ymo fossati muro et turribus est vallatum; et cum testudine et predariis expugnaverunt illud. — Matth. Paris 1097: petrariae; 1242; 1248. — Barth. Scribae Ann. Jan. 1227: predariae; 1242. — Rom. de Brut 321: Berfrois, périères i fist faire Et sovent fist lanchier et traire. Le berfroi fist al mur joster Et les périères fist jeter; 329: Engignéors orent noviax, Qui tost orent fait mangoniax As périères contrejeter, N'i osast puis home arester. — Fierabras p. 161: Les perrières reprendent. — Willeh. 111, 11: Igel, katzen, pfetrære. — Parz. 197, 24: Wie ein pfeteræere Mit würfen an in seigte. — Wigal. p. 274, 4: Pfeterære und grôze mangen. — Ottokar von Steier DXLVIII: Ebenhoch und pfeterer (Pez: pechtrer).

Erachtens gar nicht auf die Baliste, die Viollet-le-Duc (a. a. O. V, 222) abbildet. Nach Joinville kannten die Türken dies Geschütz noch nicht und wandten es erst gegen die Franzosen vor Damiette an [1]). Indessen spricht der Dichter des Renaus de Montauban schon von einer „pierriere turcoise" [2]).

Den Petrarien scheint verwandt der Cabulus oder die Chadabula (afr. caables) [3]).

Entschieden den von Aegidius beschriebenen Maschinen zuzuzählen ist der Swenkel [4]) und der Tarant [5]) (Skorpion). Ich denke, das tertium comparationis bei letzterem ist der lange Hebelarm, der wie der Schwanz des Skorpiones sich erhebt, sobald die Maschine Schaden stiftet. Dass wir nicht, wie San Marte annimmt, in dem Tarant eine Art Mauerbrecher zu sehen haben, geht schon aus der citirten Stelle des h. Georg deutlich hervor.

Die Algarrada [6]), die Anelier so häufig erwähnt, kann auch nur ein solches Geschütz gewesen sein; ausdrücklich wird das Herabziehen des Hebels und die Anwendung der Winden geschildert [7]).

Der Paterellus (Paderella [8]), Padrel) [9]) ist gleichfalls eine Art

1) § 203: Il nous avierent un engin que l'on appele perriere, ce que il n'avoient encore fait, et mistrent le feu gregoiz en la fonde de l'engin.

2) p. 6, 8: Ne pierriere turcoise qui tant ait lonc rué.

3) Guil. Brito, de Gestis Phil. Aug. (Duchesne V, 85): Tribus lapidibus magna petraria, quae chadabula vocabatur, emissis. — Guil. Brito, Philipp. VII (ibid. 182): Sed mox ingentia saxa Emittit cabulus. — Chans. de Roland 235: Li reis Marsilies est de guerre vencuz, Vus li avez tuz ses castels toluz, Od voz caables (Variante: cadables) avez fruissiet ses murs.

4) Biterolf 5921: Dô sâhens ûzen vor dem graben Mit gezimber hôhe ûf erhaben Pheterære und mangen Und manigen swenkel langen.

5) Martina 8, 105: Den moht dehein gesmide Noch triboc noch blide Noch phederer noch Tarant, Der die gotis steinwant Mit keinem sturme moht erwegen. — H. Georg 5735: Es wære worft oder schuss, Tarant oder mangen, Der mohte niht dar gelangen. — Troj. 23579.

6) Guerre de Navarre 639. 640. 647. 678. 691.

7) Guerre de Navarre 2969: Pascal Gomiz anet, per lo ben destruzir, Desparrar (decrocher) l'algarrada, ayssi que fe n'yssir La peyra; 3310: Bayssar las algarradas; 3566: E presso la a mans e van la tornegar E tantost els pessego la verga de bayssar E mezo una peyra e van la desparar E donet dintz en l'aiga si que'ls fi totz tremblar; Car maestre Bertran la saup be ordenar, Qu'era ·j· engeynnyre tal que no avia par; 2610: E z ag n'i ·xxx· omes per lo torn revirar; 2616: E ·xxx· d'altres omes per la verga bayssar; 2599: E la fort algarrada e nobla per tirar Deuant Sant Micolau qu'es apelatz de Bar, Estava don Elies Davi qui s fa prezar E'l pros don Martin Morca que no y fa layssar. Martin del Ospital pel trabuquet guidar E de bona compainna per les torns torneiar.

8) Gest. Episc. Traject. 32 (1229).

9) Braunschw. Reimchr. 4154: Mit paderel unte manghen, Mit blyden an der torne wanghen.

Steinschleuder, aber kleinerer Art [1]). Mit ihm werden Steine und Brandgeschosse geworfen [2]). Dass die Construction ähnlich der der Biffa war, geht aus der Notiz hervor, dass die Russen, die mit dem Geschütz nicht umzugehen verstanden, beim Abschiessen ihre eigenen Leute trafen [3]).

Die Funda Balearica [4]) wird 1147 bei der Belagerung von Lissabon angewendet. Immer hundert Mann wurden zur Bedienung von zwei solchen Geschützen commandirt und auf ein Signal wurden sie immer wieder von hundert Mann abgelöst, so dass in zehn Stunden 5000 Steine geschleudert werden konnten (Osbernus, de Expugnatione Lyxbonensi, ed. Stubbs, p. clxix). Es müssen das kleine Geschosse gewesen sein, deren viele zugleich in die Schleuder gelegt worden, denn 250 Würfe in der Stunde sind unmöglich.

Die Construction der vorgenannten Maschinen können wir uns ungefähr vorstellen; es finden sich wenigstens einige Andeutungen, die uns darüber aufklären. Andere Geschütze kennen wir jedoch nur dem Namen nach und es fragt sich, ob es jemals möglich sein wird, ihren Bau genauer zu bestimmen.

Wenig wissen wir von der Biblia [5]). Auch aus Joinville's Schilderung ist nur zu entnehmen, dass dies Geschütz nicht besonders gross war. Er berichtet nämlich (§ 583): „Ich werde Euch die Streiche erzählen, die der Graf von Eu uns spielte. Ich hatte (vor Sayette) ein Haus bauen lassen, in dem ich mit meinen Rittern speiste bei dem Lichte, das durch die offne Thür hereinfiel. Nun war die Thür nach der Seite des Grafen von Eu, und dieser, der sehr schlau war, machte eine kleine

---

1) Heinr. Chron. Livon. III, c. XIV, 10: Machinam minorem sive paterellum.

2) ibid. III, c. X, 9: Patherellis ignem et lapides in castrum proiciunt; c. XXIII, 8: Fit ipse dux (Saxoniae, Albertus) rector machinae, proiecit lapidem primum et erkerum ipsorum et viros in eo comminuit. Proiecit secundum et plancas cum lignis munitionis in terram deiecit. Proiecit tercium et arbores tres magnas munitionis perforando constringit hominesque ledendo concutit; c. XXVI, 3: Et quidam ex eis (Osilianis, Einwohnern von Oesel) abierunt in Warbolam considerantes artem patherelli sive machinae quam Dani Warbolensibus tamquam subditis suis donaverant. Et reversi in Osiliam ceperunt edificare patherellos et machinas et docebant alios. Et fecerunt unusquisque ex eis suas machinas. Et venerunt simul omnes cum decem et septum patherellis iactantes lapides multos et magnos; c. XXVI, 8; XXVII, 2. 6; XXVIII, 5; XXX, 4.

3) ibid. III, c. XIV, 12: Fecerunt eciam Rutheni machinam parvam more Theuthonicorum, sed nescientes artem lapides iactandi plures ex his post tergum iactantes leserunt.

4) Tudebodus imitatus, Hist. Peregr.: funda balearis. — Radulfus Cadomensis, Gesta Tancredi c. 123: baleare tormentum.

5) Albericus Mon. Trium Fontium 1228: Adducens secum bibliam petrariam et cetera bellica instrumenta.

Bible, mit der er in mein Haus hineinschoss; er liess aufpassen, wann wir uns zum Essen gesetzt hatten, richtete seine Bible nach der Entfernung unsrer Tafel, schoss ab und zerbrach uns unsre Töpfe und unsre Gläser."

Die Bidda finde ich nur bei Ryccardus de S. Germano erwähnt[1]). Möglich ist, dass sie mit des Aegidius Biffa identisch ist.

Die Bricola habe ich schon genannt.

Auch die Busse[2]) ist eine uns unbekannte Kriegsmaschine. Vermuthen möchte ich, dass es eine Art Rakete war; Zündpulver, das in einer hölzernen Hülse, die ja wohl als Büchse bezeichnet werden kann, gegen den Feind abgeschossen wurde (vgl. oben S. 304).

Honagri werden bei der Belagerung von Crema gebraucht (Ann. Mediol., vgl. unten S. 361).

Die Rutte[3]) scheint erst gegen Ende des dreizehnten Jahrhunderts erfunden zu sein, und dasselbe ist wohl mit dem Tummerer der Fall[4]).

Aegidius versichert so bestimmt, dass alle Kriegsmaschinen auf dem Princip des durch ein Gegengewicht bewegten Hebels beruhen, und doch hat er entschieden Unrecht, denn die Construction der Mange ist eine durchaus andere. Aber auch die übrigen Schleudermaschinen sind vielleicht durch eine andere Kraft als die des Gegengewichtes in Thätigkeit gesetzt worden. Leonhard Fronsperger hat in dem Tractat „Ein kurczer bericht, wie Stätt, Schlösser, oder Flecken, mit kriegsvolck sollen besetzt sein" (Frankfurt a. M., 1564) fol. XVI[a] ein Geschütz abgebildet, das in ganz anderer Weise bewegt wurde. Ich

---

1) 1239: Ingenia que bidde dicuntur et anganelli fiunt, imperatore mandante, ad defensam rocce Janule et Casini.

2) Holsteinische Reimchron. 213: He (Waldemar von Dänemark) schot mit Bussen unde bliden in de stat (Hamburg 1216).

3) Ottokar von Steier XCII: Rutten und tummerer; CCCI: Mit rutten und mit phetern; CCCV: Zwo rutten und ain pleiden; CCCLIV: Mit rutten, pleiden, tumbrärn Manigen stain swern Werffen hin in; DVI: Daz si rutten und chaczen Und pettrer hiesszen machen. — Ludwigs Kreuzfahrt 5353: Ouch fiur sie darûz wurfen hin în Dâ selbes mit snellen rutten drîn; 6456: Blîde, rutten, ebenhô, Chatze, al die werc alsô Sie hetten verhouwen und entriht.

4) Ottokar von Steier CCCXI: Und die tumelere, Daz ist ein werich also getan, Daz man selten dafür chan Geczymmern noch gemawrn, Daz dafür mag getawrn; CCCXII: Tumberer, rutten und pleiden; XCIII: Tummerer und pleiden Und waz man darczu bedorf, Damit er ab der mawr warf Were und ærker; CCCXIX: Manige pleiden swer Und manigen tumberer, Damit man hin in warf. — Phil. Mousques 25884: Et trébukés et tumeriaus; 25913: Et tumeriaus et trébukés.

gebe Fig. 122 die Fronsperger'sche Zeichnung wieder, habe aber die Perspective geändert, um die wesentlichen Theile der Maschine, die bei Fronsperger versteckt sind, zeigen zu können. Fig. 123 stellt den Durchschnitt derselben dar. In einem niederen Unterbau bewegt sich

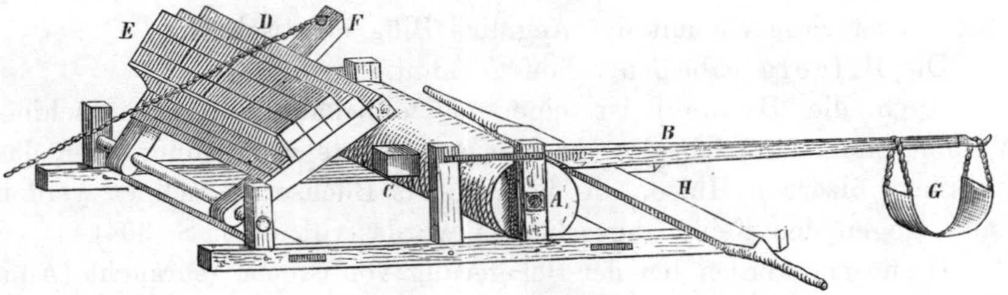


Fig. 122. Fronsperger's Schleudermaschine.

eine starke Welle A und durch diese geht ein Balken B vertical zur Achse der Welle in der Weise hindurch, dass er auf der Aussenseite der Maschine weit vorragte; an seinem Ende war die Schleuder G befestigt; auf der Innenseite stand er nur wenig über die Oberfläche der Welle vor (C). Hinter der grossen Welle sehen wir einen starken Brettbelag D, der mit Gewichten E beschwert war. Wurde dieser nun durch eine Winde in die Höhe gezogen, dann der Schnepper, der das Seil mit dem an dem Balken F befestigten Ringe verband, gelöst, so schlug der Balken F mit voller Wucht auf den

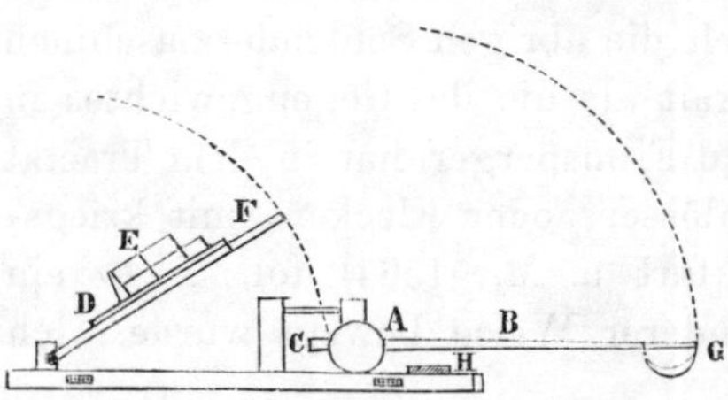


Fig. 123. Fronsperger's Schleudermaschine.

Balkenkopf C, drehte die Welle und schnellte den Balken B in die Höhe, so dass das Geschoss aus der Schleuder geworfen wurde. Die Ansätze H dienen dazu, das Geschütz an die rechte Stelle hinzuziehen. Praktisch erscheint es mir, dass die Gewichte von dem Schlagbrett sich leicht abheben liessen; dadurch war dasselbe schneller aufzuziehen und konnte, wenn hinreichende Bedienungsmannschaft zur Hand war, auch in kurzer Zeit wieder belastet und schussfertig gemacht werden. Fronsperger versichert, dass diese Kriegsmaschine von Alters her im Gebrauche war und dass sie selbst in seiner Zeit noch zum Werfen von Steinen etc. benutzt wurde. Im vierzehnten und fünfzehnten Jahrhundert wird man sich schwerlich noch mit der Erfindung von Steinschleudern bemüht haben — die Kanonen führten schneller und sichrer zum Ziele —, und so haben wir vielleicht in diesem Geschütz noch eine ältere Kriegsmaschine zu sehen, möglicher Weise ist die hier angegebene Construction schon im dreizehnten Jahrhundert verwendet worden.

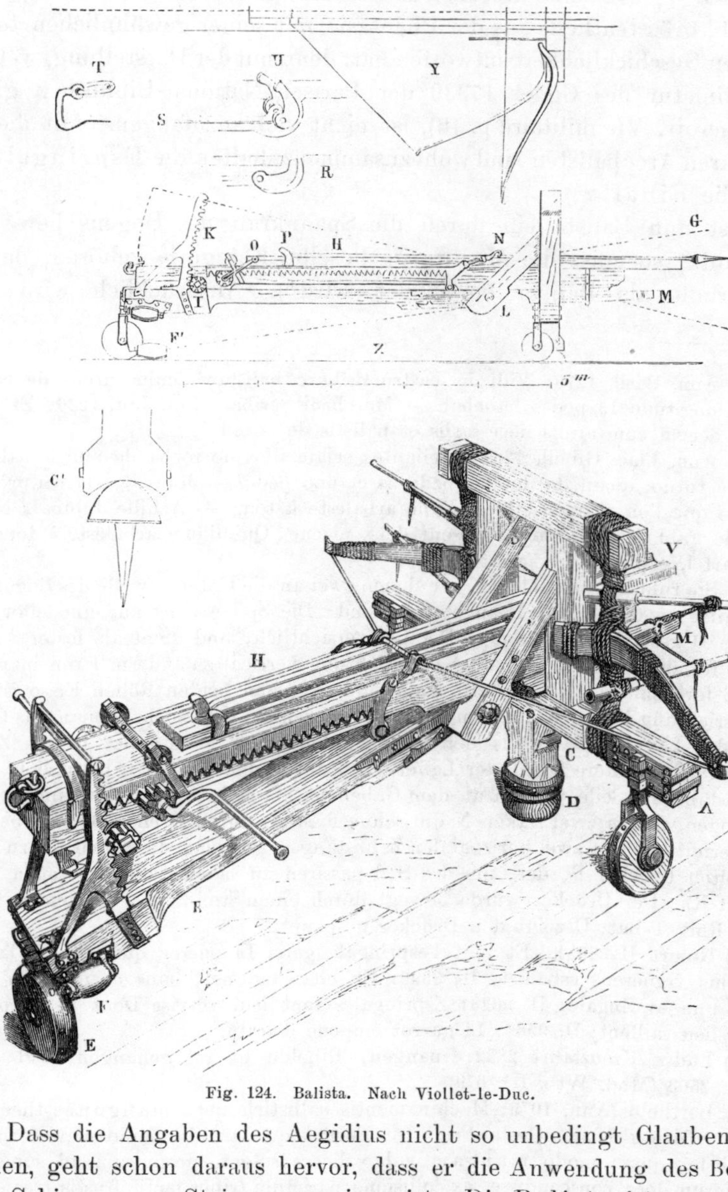


Fig. 124. Balista. Nach Viollet-le-Duc.

Dass die Angaben des Aegidius nicht so unbedingt Glauben verdienen, geht schon daraus hervor, dass er die Anwendung des Bogens zum Schiessen von Steinen ganz ignorirt. Die Balista ist zwar mehr eine Art grosser Armbrust [1]); mit ihr wurden Pfeile abgeschossen. Die Balista de turno (arbaleste à tour) ist eine solche Armbrust, die vermittelst eines Windewerkes gespannt wird [2]). Viollet-le-Duc giebt (a. a. O. V, 242) eine Reconstruction der Maschine (Fig. 124) [3]), die er wohl grösstentheils aus der Phantasie mit seiner gewöhnlichen technischen Geschicklichkeit entworfen hat; denn mit der Darstellung, welche die Miniatur des Codex 17339 der Pariser National-Bibliothek giebt (P. Lacroix, Vie militaire p. 76), ist nicht viel anzufangen. Mit diesen fahrbaren Arcubalisten sind wohl zusammenzuhalten die Espringales [4]) und die Ribalte [5]).

Ist nun Balista ein durch die Spannkraft des Bogens bewegtes Geschütz, so muss die Mange in dieselbe Kategorie gehören, da sie wiederholt als Balista bezeichnet wird [6]). Ausdrücklich wird von

---

1) Ann. Basil. 1275: Vidi in castro Friburc balistam, cuius arcus de cornu nobili longitudo 13 pedes habebat. — Marchisii Scribae Ann. Jan. 1220: Et balistariis decem cum armis necessariis et balistis de cornu.

2) Ann. Plac. Gibell. 1269: Preliantes eciam illos de rocha de multis ballistis tam de turno, quam de duobus pedibus et uno pede. — Joinv. § 547: Si près de la ville que l'on y traisist bien d'une arbaleste à tour. — Achille Jubinal, Nouv. Rec. de Fabl. II, 211: Se ne fussent deux macues Qui d'une arbaleste à tour. — Froissart I, cap. CCCXV, arc à tour.

3) Sie ruht auf drei Rädern, von denen zwei an die Unterschwelle des Bogens A, das dritte an den Schaft B angebracht sind. Die Spitze C ist auf eine eiförmige Pfanne D gesetzt, wie aus dem Detail C′ ersichtlich, und dient als fester Angelpunkt für die Laffette. Um die Schussrichtung vertical zu ändern, kann man das Rad E fortnehmen; das Laffette ruht dann auf den beiden Rollen F; so ist die Schussrichtung F′ G. Wenn man die Richtung senken will, so hebt man das Obertheil der Laffette H mittels der beiden Zahnstangen K und der beiden Zahnräder I. Der untere Theil der Laffette ist durch den Zapfen L beweglich. Die Spannstäbe der Seile werden an dem Gabelholz bei M befestigt. Gespannt wurde der Bogen, indem zwei Haken N die Sehne fassten; durch Drehen der Kurbeln O und vermittelst von zwei horizontalen Zahnstangen zog man die Sehne bis zu dem doppelten Drücker P, der, um das Seil passiren zu lassen, zurückgezogen wird (Détail R). Der Drücker wurde bewegt durch einen Stiel S, der an seinem Ende einen Ring T hat; U zeigt den Drücker gespannt.

4) Guiart II, 8651: Et font l'espringale geter Li garroz qui lors de là est. Les plus viguereus esbahist; II, 9396: En chascune nef, bone et male Ra-il au moins une espringale; II, 9623: Espringales font leur servise Dont li garrot en maint lieu saillent; II, 9561: Li garrot empené d'arain.

5) Ludw. Kreuzfahrt 2832: mangen, Ribolde ûf rat gehangen; vgl. Livl. Chron. 2503 (Mhd. Wtb. II¹, 679).

6) Bertholdi Ann. 1079: Machinamentis ballisticis quae mangones theutonizant. — Otto Frising., Gesta Frid. 16: Ferunt quadam die lapidem vi tormenti ex balista, quam modo mangam vulgo dicere solent, propulsum ad superiora moeniorum loca conscendisse, ex collisione parietum tribus factis frustis tres simul

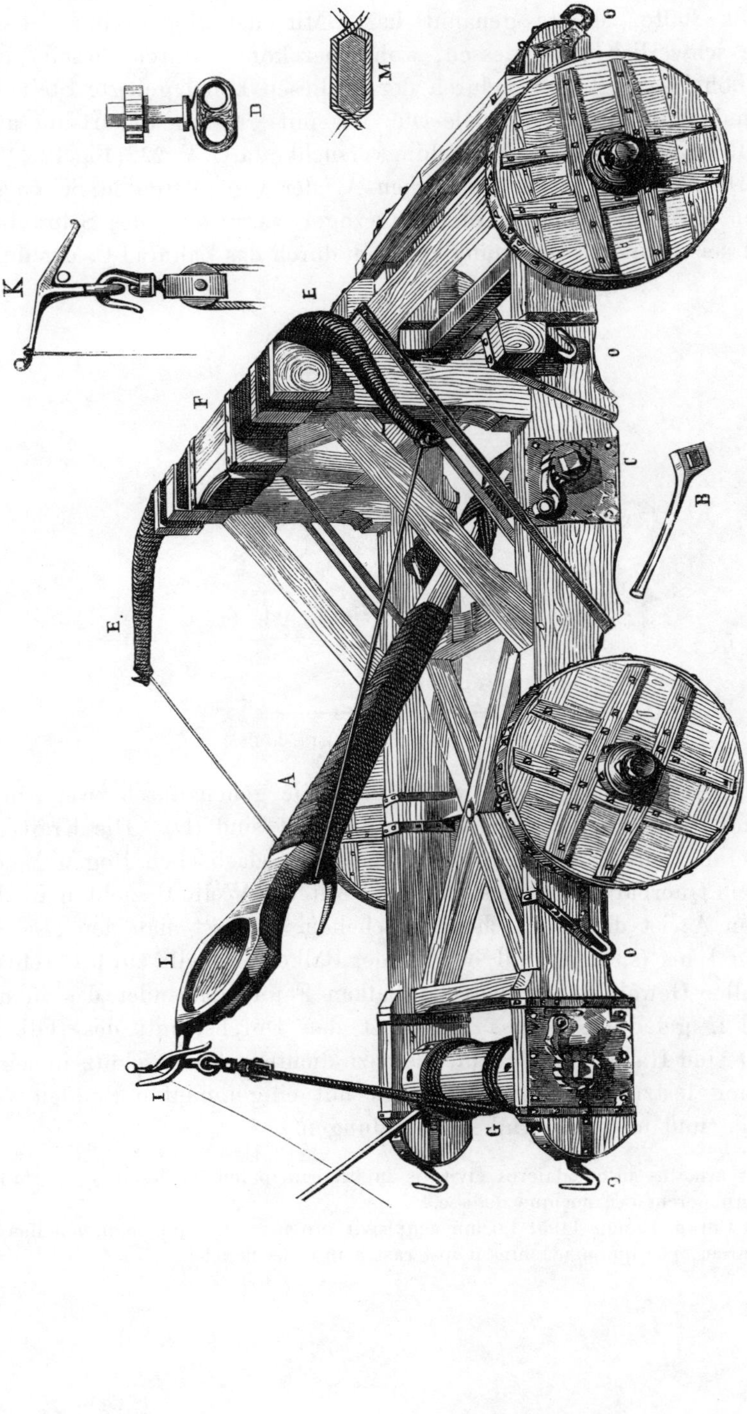


Fig. 125. Mange. Nach Viollet-le-Duc.

Gislebertus der Bogen genannt [1]). Daraus folgt, dass Viollet-le-Duc mit Unrecht das Fig. 114 und 115 abgebildete Geschütz, das ich für einen Trîbok halte, Mange genannt hat. Mit der Bogensehne ist ein Stein schwerlich zu schiessen, wohl aber konnte durch dieselbe eine Art Löffel bewegt und dadurch der in diesen Löffel gelegte Stein geschleudert werden. Viollet-le-Duc hat mit grossem Scharfsinn auch eine Reconstruction dieser Maschine versucht (a. a. O. V, 222; Fig. 125. 126).

Die Hauptsache ist der Balken A, der von gedrehten Seilen gehalten wird; dieselben werden angezogen vermittelst des Schraubenschlüssels B und in Spannung erhalten durch das Zahnrad C, das durch

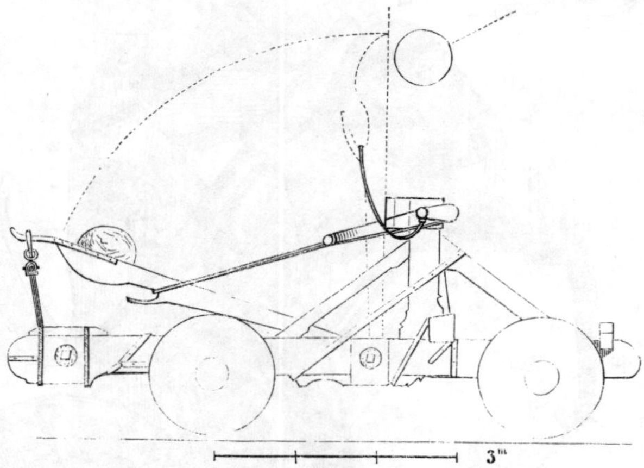


Fig. 126. Mange. Nach Viollet-le-Duc.

eine Sperrfeder festgestellt wird. Die Seile gehen durch zwei Ringe, die mit dem Zahnrad zusammengeschmiedet sind (D). Die Kraft der Bewegung wird gesteigert durch die beiden elastischen Bogen E, die an dem Querbalken F befestigt sind. Mit der Welle G zieht man den Balken A; ist dies hinreichend geschehen, so lässt man den eisernen Haken I los (s. das Detail bei K), der Balken schnellt zurück, schlägt mit aller Gewalt gegen den Querbalken F und entsendet das in den Löffel L gelegte Geschoss. M zeigt den Durchschnitt des Balkens. Bei O sind Haken angebracht, die dazu dienten, das Geschütz in seiner Position festzuhalten. Seile wurden mit eingerammten Pfählen verbunden und um diese Haken geschlungen.

milites armatos inter maiores civitatis iuxta principalem ecclesiam . . . stantes uno ictu percussisse necique dedisse.

1) Chron. Hanon. 1195: Locum acquisivit pro machina, que manghenellus dicitur arcus, per quam machinam ipsi castro insultus faciebat.

Manga [1]), Mango [2]) oder Manganum [3]) (mhd. mange) [4]) ist die gewöhnliche Bezeichnung für dies Geschütz; Mangonellus [5]) scheint eine kleinere Art desselben zu sein. Die Türken haben übrigens auch diese Maschine gebraucht und vielleicht gar in irgend einer Weise verbessert. „Nunc Mangonellus Turcorum more minora Saxa rotat" sagt Guilelmus Brito (Philipp.; Duchesne V, 116). Gegen die Petraria, das schwere Geschütz, gehalten, erscheint der Mangonellus als eine leichtere Art von Steinschleuder; er wirft Steine kleineren Kalibers [6]).

---

1) Otto Frising. (Ragew.) IV, 47 (Belagerung von Crema 1159): Effrenatis vero animis princeps obsistentium putans obsides eorum machinis alligatos ad eorum tormenta, quae vulgo mangas vocant, et intra civitatem novem habebantur, decrevit obiciendos.

2) Vgl. S. 344, Anm. 6. — Ann. Egmund. 1159: Trajectenses .... mangenam constituentes turri applicuerunt eamque cotidie lapidibus impetentes destruxerunt instantissime annitentibus ad hoc mangonibus et cuiusque officii hominibus; 1153: Murus arietibus et mangonibus impulsa.

3) Guil. Tyrius III, 5: Jaculatorias, quas vulgari appellatione mangana dicunt, et petrarias sub omni celeritate fabrefieri. — Ann. Veron. 1237: et cum castrum (S. Bonifacii) obsiderunt cum novem manganis et pluribus tortorellis seu mangonellis.

4) Alexanderl. 1195: Unde hiez mangen richten Und tête die turme brechen Mit sturmes gewalt. Schiere wurden dâ gestalt Zvô und sibinzich mangen Mit hurden behangen, Gennannet und geseilet; Di wurden in drî geteilet Und wurden getriben zô der burch; Dô wâre dâ eines friden durht. In di burch wurfen si dô Beide, spâte unde frô Criechis für unde wite, Daz was Alexandris site; Criechis für cunder wirken Unde ne liez daz niemanne merken, Von wilhen listen daz quam, Daz iz in den wazzere bran. Daz warf er in zô der burh, Dâ mite branter di turme durch Unde manigen herten stein. — Ên. p. 189, 2: Mangen hiez er rihten, Seilen unde mannen. — Parz. 212, 9: Ez giengen ûf in slege grôz: Die wârn wol mangen steins genôz. Sus antwurt im des landes wirt: 'Ich wæn dich mangen wurf verbirt: Wan dâ für ist mîn triwe pfant. Hetest et fride von mîner hant, Dirn bræche mangen swenkel Brust houbet noch den schenkel'. — Ottokar von Steier DCXCI: Dy do warffen mit den mangen, Si tribens so langen, Unz daz rinkchmawr und turn Von den wurffen verlurn Paydew wer und arker, So daz sy niemen mer Vor schusszen mocht enthalden.

5) Vgl. Anm. 3. — Ann. Magdeb. 1147: Magnelli. — Joh. Turon. Hist. Gaufredi ducis Norm. (Bouquet, Rec. XII, 528): jaciunt fundibulariae et petoritae (petrariae?), mangonelli jaculantur. — Matth. Par. 1097; 1242; 1248. — Rom. de Brut 330: Qui tost orent fait mangoniaus. — Phil. Mousques 25883. — Chron. des ducs de Norm. 3987.

6) Guil. Brito, Philipp. VII (Duch. V, 180): Interea grossos petraria mittit ab intus Assidue lapides mangonellusque minores, Et pugillares iacit improba dextera petras. — Gisleberti Chron. Hanon. (Belagerung von Bouvines 1188): Muri eorum usque ad turrim per manghenellum diruti sunt, preparata autem alia machina scilicet petraria et in illa turri insultum faciente obsessi milites castellum reddiderunt. — Doon p. 338: À ·j· lundi matin a fet ses gens armer; Ses engins fet as murs maintenant aporter, Pierrez et mangonniax à grant forche drecier. — Chron.

Aber wir müssen uns nicht vorstellen, dass die Geschosse, welche alle die genannten Maschinen schleuderten, rohe Felsblöcke und Feldsteine waren; sie wurden für den Gebrauch sorgfältig behauen und gerundet[1]), und manche noch vorhandene Steinkugel mag für diese Geschütze ursprünglich bestimmt gewesen sein. Wie man sie wog und nach dem Gewichte zu verwenden verstand, das habe ich schon oben erwähnt. Bis drei Centner schwere Steine konnten von einem Trîboc geworfen werden[2]). Bei der Belagerung des Schlosses Valckenburg wurden auf 27 Wagen die nöthigen Steine aus Egenburg geholt: „Daz man . . . Chainen stain dar mocht pringen Hinden siben schillingen" (Ottokar v. Steier DCXCI). Auch Bleimassen, in Töpfe gegossen, waren statt der Steinkugeln zu gebrauchen[3]). Besonders gefährlich musste es sein, wenn ganze Bienenstöcke durch die Maschinen auf die Feinde geworfen wurden; es scheint dies ein beliebter Streich gewesen zu sein[4]). Natürlich zerschellte beim Niederfallen der Korb und die Bienen fielen nun gereizt über Menschen und Pferde her und konnten da grossen Schaden anrichten. Mit den Wurfmaschinen wurden dann auch Brandstoffe, griechisches Feuer geworfen (vgl. S. 339 Anm. 1 und S. 347 Anm. 4), ja man verstand eine Art Bomben zu construiren. Johannes Turonensis erzählt[5]), dass Gottfried Plantagenet Monasteriolum belagerte und dass er bei dieser Gelegenheit den Vegetius consultirte. Zwei Mönche treffen ihn grade bei dieser Lectüre und finden die Stelle aufgeschlagen, wie ein Thurm schnell eingenommen werden soll. Der Feldherr versichert, er wolle

---

des ducs de Norm. 3987: Mangoneaus drecent e pereres E mult firent arbalesteres, Barres, lices, retenemenz. — Aye d'Avignon p. 42: Et Karles l'emperere fait charroiier le fust, Les pins et les loriers et les chesnes branchus, Et mistrent mangonniax et les perrières sus.

1) Guiart. I, 1343: Charpentiers engins rechapuissent, Mariniers de cordes chevissent, Maçons pierres aréondissent; I, 3294: Giètent mangoniaus et perrières La grosse pierre aréondi.

2) Anelier, Guerre de Navarre 3477: E'ls trabuquetz getan peyras de tern quintal; cf. 3918.

3) Alix. p. 81, 11: Alixandres commande ses perieres drecier; De pos tous plains de plonc fet tant dedens lancier.

4) Guil. Tyrius V, 9: Lapides, ignem et plena apibus alvearia, calcem quoque vivum. — Godefr. de Bouillon 26887: Et ly engignéour se vont apparellant Et s'ont les vaissiaus d'ès, par contrepois pesans, Ordené justement sans iestre variant À ·xxv· engiens qui furent en estant, ·Xxv· vaissiaus d'ès, c'on va mousques nommant, Vont tont à une fois contre la mur giettant Et ly vaissiel se vont encontre mont volant. Dessus les Sarrasins vont les mousques rampant, Ès orelles, ès yeux et ou nés par devant Leur entroient les mousques, qui les vont destraignant Les orelles menguënt et vont les yeux crevant.

5) Hist. Gaufr. ducis Norm. (Bouquet XII, 528).

die Kriegslist am nächsten Tage probiren. „Er liess also ein eisernes, mit eisernen Bändern beschlagenes Fass (cadus), an dem eine starke Kette hing, mit Nuss-, Hanf- und Leinöl füllen und die Oeffnung des Fasses mit einem starken eisernen Deckel und eisernen Nägeln verschliessen, dann dasselbe so lange in einen Ofen stecken, bis es vor grosser Hitze ganz glühend geworden ist und das siedende Oel im Innern aufwallt, dann herausnehmen, die Kette mit Wasser abkühlen und an den Wurfbalken (contus) eines Mangonells befestigen.“ Die Bombe wird geworfen, platzt und zündet das Holzwerk des Thurmes an. Im Vegetius kann ich eine solche Stelle nicht finden.

Die Köpfe der beim Ausfall Gebliebenen warf man wohl auch den Belagerten zu [1]), ja es kam vor, dass man lebende Gefangene so in die Stadt zurückbeförderte [2]).

Die Wurfmaschinen und ihre Bedienungsmannschaft wurden gegen die Geschosse der Feinde wieder durch Schanzkörbe und Palissaden geschützt [3]).

Mit allen diesen Geschützen konnte man einer Festung wohl schon vielen Schaden thun, die Wehrgänge und Zinnen der Mauern und Thürme zerstören, die Vertheidiger von ihnen vertreiben, aber wenn die Burg sonst gut verproviantirt war, liess sich eine solche Beschiessung schon aushalten; sie allein konnte nur wenn die Belagerten den Muth verloren, sonst aber gewiss nicht, den Fall der Festung herbeiführen. Für die weiteren Schritte ist jedoch die Beschiessung von ausserordentlicher Wichtigkeit.

Im neunzehnten Capitel schildert Aegidius Colonna die Fortsetzung der Belagerung. „Es erübrigt, über den Angriff zu sprechen, der durch Bauwerke erfolgt, welche an die Mauern der belagerten Burg oder Stadt herangetrieben werden. Bauwerke dieser Art werden in vier Gattungen unterschieden: Widder, Häuschen (vineae), Thürme und Mäuschen (musculi). Widder wird nämlich ein hölzernes Schutzdach genannt, das mit rohen Häuten bedeckt ist, damit es nicht vom

1) Chans. d'Antioche II, 37: Li nostre s'en tornèrent bant et lie et joiant. Puis ont pris les testes de la gent mescréant, El mangonel les metent no Chrestien vaillant, En la cité de Nique les jetent en lançant. — Vgl. Albertus Aquensis III, 46.

2) Percev. 38225: Mener le fis tost et isnel Lassus, à icel mangonel Que vous véés le fis gietier Et au tref le fis balancier Ainsi armés com il fu pris.

3) Guil. Brito, Philipp. VII (Duchesne V, 179): Et ne de muris iactu venientia crebro Spicula cum telis vibrantibus atque sagittis Artifices laedant et qui tormenta trahentes Jactibus insistunt, paries mediocriter altus Texitur inter eos et moenia vimine lento, Cratibus et palis, ut eos tutetur et ictus Excipiat primos frustrataque tela repellat.

Feuer verbrannt wird. Unter dieses so mit Häuten bedeckte Schutzdach, das fest gezimmert ist, damit es nicht von Steinen zermalmt wird, setzt man innerhalb einen Balken, dessen Kopf mit Eisen beschlagen ist. Deshalb heisst er Widder, weil er durch den Eisenbeschlag eine sehr feste Stirn zum Stossen hat. Dieser Balken hängt mit Stricken oder eisernen Ketten an dem hölzernen Schutzdache, geht nach Art eines Widders etwas zurück und stösst dann heftig gegen die Mauern der belagerten Festung und zerstört sie. Wenn die Mauer durch viele Stösse dieses eisernen Balkens getroffen ist, ihre Quadern lose zu werden anfangen, dann steckt man an dessen Kopf ein wie eine Sichel gekrümmtes Eisen und reisst damit die losen und die zerschellten Steine aus der Mauer, die dadurch schneller durchbohrt wird... Ein anderes Gebäude zum Bestürmen von Festungen nennt man Vinea; Einige nennen es auch Kater (catus). Es wird dies aus starken und dicken Planken in doppelten Lagen aufs Beste gezimmert, oder man hat eine doppelte Zimmerung, damit es nicht durch darauf geworfene Steine zerschmettert wird. Mit rohen Häuten wird es gleichfalls bedeckt, dass es vom Feuer nicht Schaden leidet. Gewöhnlich ist ein solcher Bau acht Fuss breit und sechszehn Fuss lang, so hoch dass Männer darin bequem stehen können. Dies so grosse oder auch grössere Gebäude ist auf allen Seiten gut zu verwahren und an die Mauern der belagerten Feste heranzuschieben, und unter ihm geborgen untergraben die Leute die Mauern. Nützlich ist dies Bauwerk, wenn die belagerte Festung so gelegen ist, das es an die Mauern selbst geschoben werden kann. Die dritte Art sind die Thürme oder Burgen. Denn wenn weder durch die Widder noch durch die Vineae die belagerte Festung erobert werden kann, muss man das Mass jener Festungsmauer nehmen und nach diesem Masse hölzerne Thürme oder Burgen erbauen, die zum Schutze gegen Feuer mit rohen Häuten bedeckt werden. Mit diesen hölzernen Burgen greift man die Festungen in zweierlei Weise an. Erstens mit Steinwürfen. Denn wenn die Höhe der Burgen die der Mauern, ihre Wehrgänge (curriculae) und Zinnen überragt, so werden sich die in der Burg zu denen in der Festung grade so verhalten, wie die in der Festung zu denen, die unter ihnen auf der Erde sind. Wiederum legt man bei solchen Burgen Fallbrücken an, auf denen man zu den Mauern der belagerten Festung hinübergeht. Die Höhe der Mauern kann man in doppelter Weise ermitteln. Man bindet einen leichten Faden, dessen Länge bekannt ist, an einen Pfeil, schiesst denselben an die Mauer der Festung und bestimmt so die Länge des Schattens. Zur selben Stunde, in der die

Länge des Schattens ermittelt ist, richtet man eine Holzstange auf, die einen grade ebenso langen Schatten wirft; ihre Höhe entspricht der Höhe der Mauer. Da aber nicht immer die Sonne scheint und Schatten veranlasst, sondern manchmal auch durch Wolken bedeckt ist, werden wir ein anderes Mittel angeben, die Höhe jedes beliebigen Gebäudes und jeglicher Mauer zu ermitteln. Man nimmt ein Holz oder Brett von der Grösse eines Mannes, und der Mann, nach dessen Grösse das Brett gewählt ist, legt sich auf die Erde; zu seinen Füssen wird besagtes Brett aufgestellt und er visirt über dasselbe; wenn sein Sehstrahl über die zu messende Höhe hinwegreicht, so muss er näher an das Gebäude heran, wenn aber derselbe zu niedrig ist, so entfernt er sich von besagtem Gebäude bis er über der Höhe des Bretts genau die Höhe des Baues visiren kann. Denn wie sich geometrisch beweisen lässt: so weit der Kopf des so daliegenden Mannes von dem Gebäude entfernt ist, so hoch ist dasselbe (s. Fig. 127: A B Länge des Mannes; B C Höhe des Brettes; A D bekannte Distanz der Mauer; D E Höhe der Mauer). Man könnte auch die Höhe nach den überlieferten Regeln mit dem Astrolabium und dem Quadranten messen. Aber darum wollen wir uns nicht kümmern; es sei genug, darüber einstweilen so viel zu sagen, wie für den Zweck erforderlich ist.

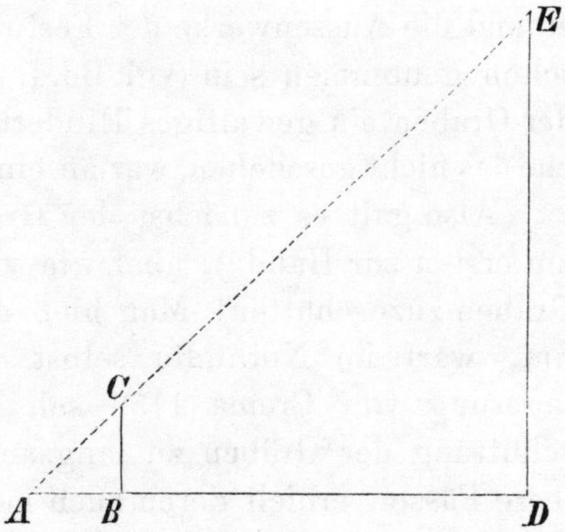

Fig. 127.

„Die vierte Art von Gebäuden heisst Mäuschen (musculus). Die Musculi sind nämlich kleine Bauten, durch welche diejenigen Leute geschützt sind, welche die Burgen bis an die Mauern der belagerten Feste ziehen oder schieben. Es kann aber durch solche Musculi die Burg bis dicht an die Mauern herangebracht werden und dann ist die Festung auf drei Weisen anzugreifen. Denn bei der zum Erstürmen der Festung erbauten Burg ist dreierlei in Betracht zu ziehen: der obere Theil, der die Mauern und Thürmchen der einzunehmenden Festung überragt, der mittlere Theil, in dem sich die Fallbrücke befindet, und das unterste Geschoss, dem sich die Musculi mit ihrer Bemannung anschliessen. Wenn also jene Burg so nahe als nöthig an die Mauern der belagerten Festung herangerückt ist, so werfen die im obersten Geschoss Steine und verjagen die Besatzung der Mauern, die im mittleren Geschoss lassen die Brücken nieder und erstürmen die Mauern, die in der untersten Etage und unter den Musculi rücken, wenn möglich, an die Mauer und untergraben sie, damit die Belagerer auch auf diesem Wege in die belagerte Festung eindringen können. Man muss auch Armbrüste, Bogen, Steinschleudermaschinen und Alles der Art in Bereitschaft halten, um, wenn jener Sturm gewagt wird, die Festung mit Geschossen zu überschütten. Je verschiedener nämlich die Art des gleichmässigen Angriffes ist, desto mehr gerathen die Belagerten in Schrecken und desto leichter werden sie überwunden."

So schnell, wie dies Aegidius schildert, geht die Belagerung aber doch nicht vorwärts. Wollte man mit Widdern, Katzen, Thürmen und ähnlichen Sturmgeräthen an die Mauer herandringen, so mussten einmal die Aussenwerke der Festung, die Verhaue und Palissadenwerke, schon genommen sein (vgl. Bd. I, S. 16. 17, Anm.), dann aber war noch der Graben ein gewaltiges Hinderniss; er musste ausgefüllt werden, und ehe das nicht geschehen, war an einen ernstlichen Sturm nicht zu denken.

Also galt es zunächst den Graben zu füllen. Erde war dazu wohl am ersten zur Hand [1]); aber wie viel Körbe gehörten dazu, einen tiefen Graben zuzuschütten! Man hieb deshalb Strauchwerk, ja ganze Bäume um, warf im Nothfalle selbst Schlachtvieh hinein [2]). Bei der Belagerung von Crema 1159 sah Friedrich Barbarossa, dass die Zuschüttung der Gräben zu langsam vorrückte, und erbat sich von Lodi leere Fässer, erhielt deren auch mehr als zweihundert; diese liess er mit Erde füllen und in den Graben werfen, zweitausend Fuhren Erde darauf schütten und so den Zugang zur Mauer bahnen (Otto Morena). Zu solchen Arbeiten war die Schaar des Trosses wohl zu brauchen, besonders wenn man sie zuverlässigen Führern unterordnete [3]).

1) Ên. p. 188, 37: Dô Turnô bedohte, Daz die graben ne mohten Niht gefullet werden, Dô hiez her sie mit erden Fullen unde slihten.

2) Abbo de bello Parisiaco III, 303: Certabant plures, alii fossata studere, Quae circa resident illam (turrim), sulcosque replere. Hinc glebas specubus frondesque dabant nemorosas, Atque suo segetes etiam fetu viduatas, Prata simul, virgulta quoque et vites sine gemmis, Hincque senes tauros pulchrosque boves vitulosque. Postremum necant elegos, heu! quos retinebant Captivos, sulcisque clavis haec cuncta jacebant Idque die tota stantes agitant in agone. — Aye d'Avignon p 42: Et Karles l'emperere fait charroier le fust, Les pins et les loriers et les chesnes branchus. — Garin II, p. 207: L'atrait porter por les fossés enplir. — Doon p. 338: Les fossés font tantost emplir et aplaner, As murs viennent tantost pour rompre et miner. — Guiart I, 4023: Qui portent buches, pierres, mottes, Uns à paniers, autres à hotes. Aucuns d'entr'eus à civieres; Choses pesantes et legieres Lessent ès granz fossez chéoir.

3) Ludw. Kreuzfahrt 1840: Daz gernde (vdHagen: gende) volk willic bereit waren sie tzu aller arbeit, Und trugen des groze hufen tzu. Also sie des duhte nu,

Die Belagerten störten nach Kräften diese für sie so verhängnissvolle Thätigkeit, schossen von den Mauern auf die Arbeiter, so dass dieselben darauf bedacht sein mussten, sich zu schützen. Diese Schutzbauten werden nun mit den verschiedensten Namen bezeichnet. Die gewöhnlichste Form derselben ist die Katze [1]). Die beste Beschreibung derselben bietet uns das Chronicon Colmariense, in dem die Belagerung von Bingen 1301 durch König Albrecht geschildert wird. „Und der König nahm diese Stadt ein durch zwei hohle Bauwerke (vasa concava), welche verständige Meister ausführten. Eines derselben hiess die Katze (catta), das andere wurde von den Meistern Krebs (cancer) genannt. Es waren diese Bauten lang, viereckig, niedrig, von allen Seiten mit Brettern verschalt und bedeckt. Nach dem Erdboden hin hatten sie keinen Schutz, aber die Decke bildete ein starkes Dach aus festen Brettern und Schindeln (lignis parvis), das von den Geschossen der Kriegsmaschinen gar nichts zu befürchten hatte [2]) . . . Die Katze war ein leichtes Bauwerk, das leicht fortgeschoben wurde. Als dasselbe zur Stadt gebracht worden war, machten sie Holzstreben (ich möchte statt signa ligna lesen) statt der Füsse, damit es über den Graben an die Mauer gelangen könne. Und als es an die Mauer gelangt war, machten die Jünglinge aus der Stadt einen Ausfall, hieben der Katze die Füsse ab und liessen sie in den Graben stürzen. Darüber grämte sich der König nicht wenig.“ Nehmen wir nun noch dazu, was uns Aegidius mittheilt, und die Notiz, die Wolfram (Parz. 206, 1ff.) giebt, dass sie auf Rädern, oder wohl eher auf Walzen fortbewegt wird, so werden wir uns die Katze oder den Kater (sie heisst bald catus, bald cata) wohl vorstellen können. Der Mäusefänger, murilegus, des Guilelmus Brito wird wohl dieser Art von Maschinen zugehören [3]).

---

Sie solden des envollen haben, Da mit tzu fullene den graben; 2901: ein menlich Frise schuf, Der tzu houpt manne dar Was in des lantgreven schar Den gernden gegeben etc. — Oder ist das 'gende' zu lesen? Sind 'gende' die Fusssoldaten im Allgemeinen? — Die Arbeit wurde gut bezahlt. Cf. Tudebodus abbreviatus, Gesta Francorum, L: Tunc consiliati sunt nostri, ut implerent foveam, feceruntque praeconari, ut si aliquis in illam foveam portasset tres petras, unum haberet denarium.

1) Parz. 206, 3. — Willeh. 111, 11: Igel, katzen, pfetrære. — Troj. 23578: Trîböcke, blîden, katzen. — Herz. Ernst 1563: Igel, katzen, berchfrit. — Ottokar von Steier XCII; DVI.

2) Vgl. Ottokar von Steier CCCXII: Was sie chaczen mochten gehaben, Die triben sy unczt an den graben . . . Ain chacz hulczein Die möcht nicht paz geworcht sein, Wan wo daz holcz sich enplekcht Da waz si gedekcht Mit rynderheyten so gar, Daz ir nicht arigs gewar.

3) Philipp. II (Duch. V, 115): Cratibus interea, pluteis et robore crudo Murilegus struitur, sub quo secura lateret, Dum studet instanter fossas implere iuventus.

Eine besondere Art von Schutzdach war die Wälsche Katze (tugurium vimineum, quod vulgo cattus Waliscus dicitur. Osbernus, de Expugnatione Lyxbonensi, ed. Stubbs p. clxxv).

Allein nicht bloss zum Zuschütten des Grabens war ein solches Schutzhaus zu brauchen; war der Graben gefüllt, so konnte man mit ihr an die Mauer heranrücken und gedeckt gegen die von oben geworfenen Geschosse die Mauern unterminiren oder auch einen Mauerbrecher in ihm aufstellen, kurz die Katze war zu vielen Zwecken verwendbar. So sind denn eine Anzahl von Belagerungsmaschinen mehr oder weniger der Katze ähnlich.

Am häufigsten wird erwähnt die Sau (scropha[1]), porca[2]), porcus[3]), sus[4]), mnd. soge[5]), afr. truie)[6]).

Gleichen Zwecken dient der Fuchs[7]) und der Maulwurf (talpa)[8]), die Cercleia dagegen scheint nur ein gedeckter Schützenstand ge-

1) Wilh. Tyrius III, 5: Machinas ad suffodiendum murum habiles et necessarias, quas vulgo scrophas appellant; XVII, 24: Scrophas quoque ex eadem contexerunt materia, quibus impune ad complanandos aggeres accedebatur.

2) Ann. Placent. Guelfi 1238: Cum quodam eorum edificio, quod appellabatur porca, fossatum civitatis . . . implere ceperunt.

3) Heinrici Chron. Livon. III, c. XXX, 4: Machinas edificant, patherellis contra patherellos eorum lapides in castra proiciunt, porcum fingunt, sub quo castrum fodiunt, donec ad medium vallum perveniunt. Tunc amoto porco turrim ligneam ponunt in loco, super quam ascendunt armati fortes et balistarii.

4) Wilh. Malmesb. de rebus gestis Regum Angliae IV, 2: Unum fuit machinamentum, quod nostri Suem, veteres vineam vocant, quae machina levibus lignis colligata, tecto tabulis, cratibusque contexto, lateribus crudis coriis communitis, protegit in se subsidentes, qui quasi more suis ad murorum suffodienda penetrant fundamenta. — Osbernus, de Exp. Lyxbon. ed. Stubbs p. CLXVII.

5) Renout van Montalbaen 1742: Si brochten mangen ende pedrieren, Slingren, tribuken van manieren, Talpen, sogen ende catten.

6) Rom. de Brut 3080: De totes pars ensagnes misent Periers, truies et motons Et engins de plusors façons Firent faire et al mur hurter Por lui percier et affondrer. — Phil. Mousques 25912: Et kas et truies et castiaus.

7) Donizo, Vita Mathildis I, 237: Non aries, vulpes neque machina praevalet ullis Ictibus excelsis nostris pertingere tectis. — Alb. Aqu. II, 30: Unus de maioribus Alemanniae vulpem ex proprio sumptu quercinis trabibus composuerunt, cuius in gyro tutos intexuerunt parietes, ut gravissimos Turcorum sufferret ictus armorum omniaque jaculorum genera; ac sic in ea manentes tuti et illaesi urbem fortiter impugnando perforarent. — 20 Personen haben in dem Vulpes Platz.

8) Petrus Tudebodus, Hist. de Hierosolym. Itinere, Thema VIII, 1: Hoc nostri videntes statim ordinaverunt, ut facerent maximam talpam, cum qua potuissent perforare murum. — Chron. Turonense 1188: Habebat quippe quosdam artifices, quos fossores vel talparios vocant, qui ad modum talpae subterraneo fodientes, quaslibet murorum et turrium firmitates ferramentis validissimis perrumpebant. — Tudebodus imitatus 55: talpa vitis.

wesen zu sein [1]). Richard Löwenherz liebte persönlich am Belagerungskriege sich zu betheiligen, als geschickter Schütze selbst die Feinde zu erlegen [2]). Vor Akka hatte er sich eine solche Schiesshütte bauen lassen.

Erst wenn die Ausfüllung des Grabens gelungen war, konnte man daran denken, den Widder an die Mauer heranzuschleifen. Die Schüttung wurde nach Kräften geebnet und wenn möglich mit Brettern belegt, dann der Mauerbrecher auf Rollen oder Rädern vorgeschoben. Widder heisst derselbe „weil er nach Art eines Widders mit häufig wiederholten Stössen die festen Mauern zu zerstören vermag" (Itin. Reg. Ric. I, 59). Die Franzosen nannten ihn Mouton [3]). Priapus ist auch eine Bezeichnung für dies Belagerungsinstrument [4]). Fraglich ist, welchen Namen es bei den Deutschen führte; ich vermuthe, dass das hin und wieder genannte Wort Igel den Mauerbrecher bedeutet [5]). Da die Bedienungsmannschaft desselben, wie wir schon von Aegidius erfahren, geschützt werden musste, und deshalb ein festes Haus, das sie gegen die Angriffe der Feinde sicher stellte, über dem Mauerbrecher gewöhnlich erbaut war, so konnte man auch die ganze Be-

---

1) Itinerarium Reg. Ric. III, 8: Aliud quoque confecerat instrumentum ex cratibus virgis rigentibus firmissime consolidatis, quod cercleiam vocabant. Sub hac craticula crudis coriis vestita rex ipse sedere consuevit, balistae jacula sollicite contorquens et Turcorum explorans super murum eminentium adventum, quos inter propugnacula feriret improvidos; III, 12: Fecit itaque fieri craticulam, multiplicatis nexibus consolidatam, vulgo dictam cercleiam, studiosissimo compactam apparatu, quam in fossatum extra murum civitatis statuit producendam. Subtus erant sui ballistarii peritissimi; seque illuc fecit deportari in culcitra serica, ut Saracenos sua oneraret praesentia et suos animaret ad pugnandum. Inde sua utebatur balista, cuius erat peritus, et plures jaculis peremit emissis et pilis.

2) Auch Friedrich Barbarossa war ein geschickter Schütze und tödete bei der Belagerung von Crema viele seiner Feinde. Vgl. Otto Morena 1160.

3) Fierabras p. 161: Dont oïssiés maint cor et maint graile sonnés; Les perrieres reprendent, s'ont les berfrois levez Sour pons et sor roieles les grans moutons ferrez, Jusque à la tor les mainent près du mur rés à rès. — Godefr. de Bouillon 6034: Et firent ung mouton qui les payens honny. — Cf. S. 354, Anm. 6.

4) Ann. Austriae (Contin. Vindobon.) 1289: (Belagerung von Güns in Ungarn) Tandem machina quadam, priapus dicta, muro civitatis magna parte interrupto, cum exercitus ducis per foramen violenter intraret, adhuc Ungari interius lanceis et sagittis, gladiis et securibus, lapidibus quoque et luto locum fortiter defendebant.

5) Heinr. Chron. Livon. III, c. XXIII, 8: Alii patherellos erigunt, alii balistas exercent, alii edificant ericeos. — Parz. 206, 2: Swaz ûf redern kom gegangen, Igel, katzen in den graben. — Willeh. 111, 11: Igel, katzen, pfetrære. — Herz. Ernst 1563: Igel, katzen, berchfrit. — Ottokar von Steier DXLVIII: Pleiden, tumrer und mangen, Rutten, chaczen und iglswer, Ebenhoch und pechtrer, Daz ward alles da Aufgericht sa. — Crône 11735: Sô snelle von sînem igel Vor dem antwerc die rigel Niht werden wol zerbrochen.

lagerungsmaschine eine Katze nennen [1]). Otto Morena erzählt, dass bei der Belagerung von Crema 1159 Kaiser Friedrich I. eine Katze brauchte, die später mit einem Mauerbrecher ausgerüstet wurde. „Darauf liess der Kaiser eine sehr grosse Katze (gattum) — eine gleiche oder ähnliche hat man nie gesehen — zusammen mit einer kleinen Katze an den Graben der Festung bringen und befahl den Graben mit Erde auszufüllen . . . Als der Weg so vorbereitet war, begannen die Deutschen die Katze mitten über den Graben vorzuschieben . . . Die Katze war, grade über den Graben fortschreitend, schon nahe an die Mauer der Festung gelangt. Es war aber in der Katze selbst ein eisenbeschlagener Balken, den man Barbizellum nannte, und diesen Balken schleuderten die in der Katze waren mehr als zwanzig Armslängen (brachiis) vor und stiessen ihn an die Mauern der Festung und bearbeiteten so die Mauer, dass sie mehr als zwanzig Armslängen derselben zu Falle brachten.“ Philipp Jaffé liest in seiner Ausgabe des Otto Morena (MG. XVIII) Barbizellum. Barbicello ist ein Fäserchen, ein kleines Würzlein; der Name scheint doch für ein solches Instrument etwas unpassend. Die Ausgabe von Muratori (Rer. Ital. Script. VI) hat die Lesart „Bercellum“; vielleicht ist Berbicellum zu lesen und dann bedeutete es einfach den Widder (berbice, das Schaf), wie das von Konrad von Würzburg gebrauchte Wort „Lœdingære“ (Troj. 23579: Tarande, lœdingære) nach Ziemann gleich lœnigære, laniger, aries ist. Wie wir von Aegidius erfahren haben, setzte man an den Kopf des Mauerbrechers öfters noch Vorrichtungen, die losen Steine aus der Mauer herauszureissen, und so konnte das ganze Belagerungsgeräth auch den Namen Krebs (cancer) erhalten, wenn man nämlich statt des von Aegidius geschilderten, sichelförmig gebogenen Eisens eine Art Zange zu jenem Zwecke verwendete. Das schon oben erwähnte Chronicon Colmariense schildert uns (z. J. 1301) diese Maschine folgendermassen: „Darauf schleppten sie mit vieler Mühe den Krebs an die Stadt. Es war aber der Krebs ein grosses, starkes, zugleich gewichtiges Geräth, denn es befand sich in dem Krebs ein grosser und zugleich langer Balken, an einem Ende dick, am anderen dünn. An dem dickeren Ende, gleichsam am Kopfe war er mit starkem Eisen sehr fest beschlagen und an der Stirnseite des Krebses selbst ebenfalls sehr stark mit Eisen befestigt (?) [2]). Der Balken lag auf einer Vorrichtung, so

1) Chron. Colmar. 1293: Cattum vel instrumentum, quo turres destruuntur.

2) et in fronte ipsius cancri ferro fortissime colligata. — Es ist wohl an eiserne Ketten zu denken.

dass er leicht bewegt werden konnte. Als der Krebs an die Mauer gelangt war, befestigte man an die Ringe, die am Balken waren, Stricke und brachte (die Mauer) mit wenigen Stössen zum grössten Theile zu

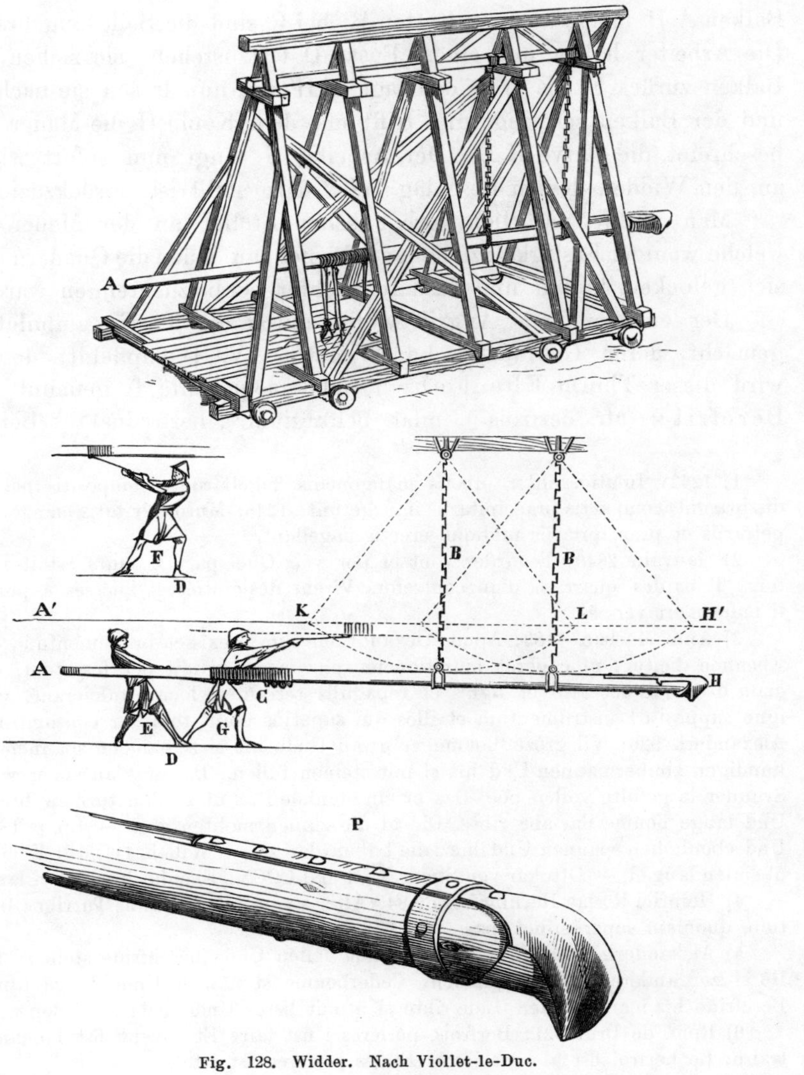


**Fig. 128. Widder. Nach Viollet-le-Duc.**

Falle. Mit einem Stosse berührten sie die Mauer und sie stürzte zum grössten Theile ein, mit einem anderen Stosse berannten sie den Thurm und beschädigten ihn so sehr, dass er einzustürzen drohte.“ Die

Praecipitaria(?), welche Matthaeus Paris mehrmals erwähnt [1]), wird wahrscheinlich auch eine Art Mauerbrecher gewesen sein.

Die Construction ist aus der Abbildung (Fig. 128) zu ersehen, welche ich Viollet-le-Ducs Werke (a. a. O. V, 262) entlehne. Der Balken A H hängt an zwei Ketten B; bei C sind die Seile angebracht. Die Arbeiter haben mit einem Fusse D festzustehen; sie ziehen den Balken zurück E, bis er in der Lage A' H' ist; nun lassen sie nach (F) und der Balken schwingt und trifft mit dem Kopfe H die Mauer. Er beschreibt die Curve K L. Der Arbeiter G fängt nun sofort wieder an, den Widder, dessen Beschlag bei P dargestellt ist, zurückzuziehen.

Man suchte natürlich vorher schon Stellen an der Mauer aus, welche weniger Festigkeit zu haben schienen, an denen die Quadern etwa sich gelockert hatten und deshalb leichter herauszusprengen waren [2]).

Der entscheidende Angriff wurde durch die Turris ambulatoria gemacht, deren Gebrauch schon Vegetius IV, 4 empfiehlt: deutsch wird dieser Thurm Ebenhœhe [3]) (mlat. aeque alta) [4]) genannt oder Bercfrit [5]) (afr. berfrois [6]), mlat. belfragium [7]), berfredus) [8]). Bei der

---

1) 1242: Infatigabiliter erectis mangonellis flagellarunt, compositis petrariis dissiparunt, compactis praecipitariis impegerunt; 1248: Muros civitatis mangonellis, petrariis et praecipitariis undique erectis flagellant.

2) Gauvain 2840: Esgarder vont et por véir Quel part li murs estoit moins fors. Trois des quarrials d'un contrefors Virent desjointiés et quassés À poi que li murs n'ert verssés.

3) Ann. Marbac. 1183: Apud Alexandriam cum erexisset instrumentum, quod Ebenhoe dicitur, ut caperet munitionem, plurimos perdidit per fossatum, quod clam de noctu fecerant et lignis et repagulis terram et locum fulcierant, Greco igne supposito, instrumentum et illos qui superius erant totaliter consumpsit. — Alexanderl. 926: Vil grôze boume er gwan Unde hîz si ze samene spannen Von kundigen zimbermannen Und hîz si mit steinen fullen. Daz was an sînem willen, Svanner iz gefulte vollen hôe, Daz er sîn ebinhôe Dar ûf zô den turmen brêchte, Und lange boume dar abe rihte, Die ûf die zinnen mohten gân. — Ên. p. 189, 4: Und ebenhôhen spannen Und hiez die trîben dar zô. — Willeh. 111, 10: Ebenhœh ûf siulen langen. — Ottokar von Steier XCII und CCCX: Ebenhoch auf sewl langen.

4) Heinrici Roslae Herlingsberga 84: Altis aeque alta minatus Turribus interitum, quoniam supereminet ipsa.

5) Alexanderl. 939: Und hîz di boume fellen Unde berchfride stellen; 1075: Dô si zer anderen mûren quâmen, Cêderboume si nâmen Unde lange tannen; Bercfride hîz man spannen Unde rihte si ûf mit listen Unde sazte si zô der vesten.

6) Rom. de Brut 321: Berfrois, périères i fist faire Et sovent fist lanchier et traire; Le berfroi fist al mur joster Et les périères fist jeter.

7) Guil. Brito, Philipp. II (Duchesne V, 119): Cratibus et lignis rudibus belfragia surgunt, Turribus alta magis et moenibus, unde valerent Agmina missilibus telisque quibuslibet uti Devexosque hostes facili prosternere iactu.

8) Ordericus Vitalis VIII, 16 (1091): Ingentem machinam, quam befredum vocitant, contra munitionem erexit. — Itin. Reg. Ric. III, 7: Aedificaverat etiam machi-

Belagerung von Lissabon durch die Kreuzfahrer 1147 bauten, wie Osbernus, de Expugnatione Lyxbonensi (hgg. v. W. Stubbs in den Chronicles and memorials of the reign of Richard I.; T. I, p. CLXVII), erzählt, die Engländer einen Thurm von 95 Fuss Höhe; beim Heranschleifen an die Mauer blieb er aber im Sande stecken und wurde von den Feinden verbrannt. Dann bauen sie (p. CLXIX) einen neuen, 83 Fuss hohen Thurm, der dann am 29. October von dem Erzbischof von Braga in längerer Rede eingesegnet wird. Nach vielen Schwierigkeiten wird er an die Mauer geschoben und die Brücke niedergelassen, worauf sich die Sarazenen ergeben.

Auch dieser Thurm ist mit Faschinen und mit rohen Häuten bedeckt, um gegen den Anprall der Geschosse und die Feuerbrände geschützt zu sein (vimineis undique coriisque bovinis, ne igne vel saxorum impetu laederetur, involvitur). Die Thürme, die Kaiser Friedrich I. vor Crema 1159 verwendete, waren gar 100 Fuss hoch [1]). Natürlich hatte, schon um der grösseren Festigkeit willen, der Thurm mehrere Stockwerke, gewöhnlich drei. In dem mittleren befand sich die Fallbrücke, unten waren die Mineure beschäftigt, oben endlich sassen die Schützen. Ein solcher Thurm hiess Tristega [2]). So lange er nicht an die Mauer herangebracht war, war er mit Bogenschützen besetzt, die von seiner Höhe herab die Mauern zu bestreichen vermochten [3]). Auf die Plateform setzte man sogar Wurfmaschinen [4]). Sollte er dann vorrücken, so wurde er vermittelst Seile [5]), die durch die Musculi geschützte Leute zogen, allmälig an seine Stelle geschoben. Er selbst stand auf Rädern und liess sich so mit vieler Kraftanstrengung — man braucht zuweilen 1500 Mann — vorrollen [6]).

---

nam, firmissimis compactam compagibus, gradibus ad ascendendum dispositis, vulgo dictam Berefredum, sese nexibus arctius complectentibus coriis opertam et funibus et solidissimis ligneis tabulatis nec petrariarum jactibus dissolvendam, nec ignis Graeci perfusione, nec cuiusquam materiae cessuram injuriis.

1) Ottonis Frising. (Ragewini) Gesta Frid. IV, 59.

2) Guil. Brito, Philipp. IV (Duch. V, 138): Nec minus alte Per loca Bristegae castellaque lignea surgunt. — Du Cange hält Bristega und Tristega für gleichbedeutend.

3) Matth. Paris 1224: Tandem vero . . . artifices regis castellum fecerunt ligneum, altum et architectoria arte fabricatum, in quo ballistarios collocaverunt, qui omnem castelli possent circumstantiam perscrutari. Nec deinceps erat aliquis in castello, qui ab armis exiret, quin protinus mortaliter laederetur. — Ottokar von Steier CCCX: Die schuczen, die da oben sasszen Auf denselben perkchfriden.

4) Chron. des ducs de Norm. 29391: Perreres lancent des berefreiz.

5) Ludw. Kreuzfahrt 2854: Die ebenhohe vor behangen Mit groz ancher seilen langen, An etslicher stat mit hurden, Daz sie niht tzu worfen wurden.

6) Reineri Triumphale Bulonicum III (1147): (Machina) quam scilicet manus

Die Zeichnung Viollet-le-Ducs (Fig. 129) wird die Construction des Thurmes klar machen. A ist die Mauer der Festung, B die Holzbekleidung des Wehrganges (die Hurdicia). D ist der zugeschüttete

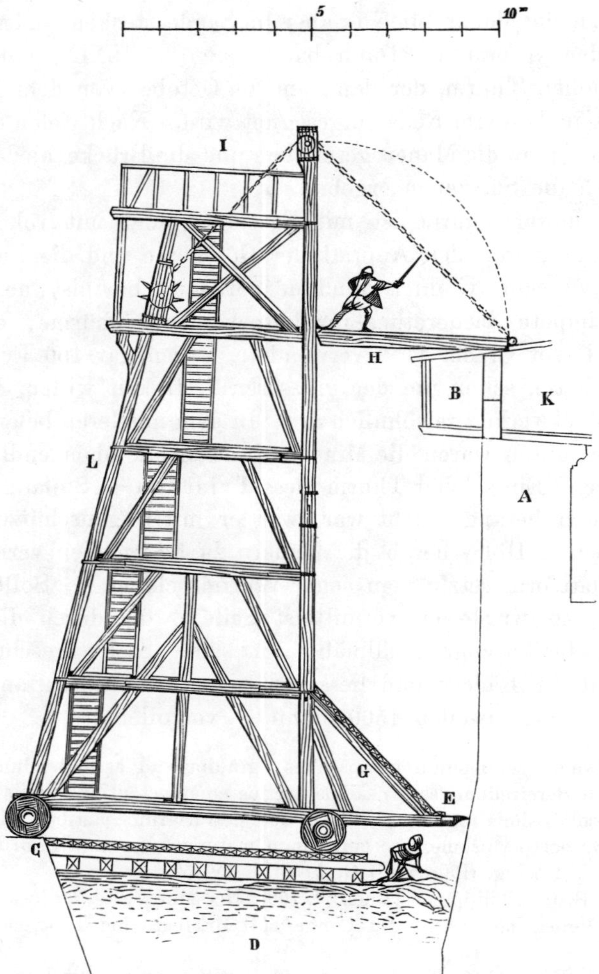


Fig. 129. Bercfrit. Nach Viollet-le-Duc.

Graben, der mit einer etwas abschüssigen Dielung versehen ist, so dass der Thurm, sobald er den Grabenrand C erreicht hat, von selbst

artificis volubilem constituebat, solidissimis subter rotis quatuor insertis; desuper vero stationem, quae dimicantes contineret, crudis diligenter boum tergoribus vestiebat, quo tali obstaculo missilia hostium impacta frustrarentur etc.

vorrollt, bis er mit den eisernen Sporen E die Mauer trifft. Bei G sehen wir ein starkes Schutzdach für die Mineure. Die Fallbrücke H wird niedergelassen, zerschlägt die Zimmerung des Wehrganges und bahnt den Weg auf die Plateform der Mauer K. Auf der obersten Etage I ist der Platz der Schützen. Die Soldaten steigen theils auf den Treppen im Inneren, theils auf Leitern, die an der Rückseite des Thurmes angelehnt werden, hinauf.

Es stand immer schlecht mit einer Festung, wenn es den Belagerern gelang, diese grossen Thürme an die Mauern zu bringen, und die Belagerten gaben sich deshalb alle Mühe, diese gefährlichen Bauten zu zerstören. Oft genug gelang es ihnen, durch griechisches Feuer trotz der Lederbedeckung das Holz in Brand zu stecken, und manches mühsam gezimmerte Werk wurde so in kürzester Zeit vernichtet. Da mussten denn die Belagerer aufpassen, dass die Häute immer triefend nass blieben, die herabfallenden Brände mit Haken fortgeschoben und und ausgelöscht wurden [1]). Nicht minder gefährlich konnten den Holzbauten die centnerschweren Geschosse der Steinschleudern werden. Dagegen suchte man sich zu sichern, indem man eine elastische Lage von Faschinen an den Aussenseiten befestigte und so den Schlag wenigstens einigermassen abschwächte. „Der Kaiser liess das Castell, nachdem es zurückgeschleppt worden war, mit einer doppelten Lage von Faschinen (fastinis viminum) bekleiden; bisher war es nur mit einer einfachen geschützt gewesen. Dann hiess er es mit besten Filzstücken, Häuten und überdies noch mit wollenen Tüchern bewehren. Als es aber so bedeckt und wunderbar hergerichtet war, befahl der Kaiser, dass das Castell wieder vorgerückt werde“ (Otto Morena 1159).

Grausam aber erscheint es, wenn bei derselben Belagerung von Crema der Kaiser, in der Absicht seinen Thurm zu schützen, die Geiseln der Cremenser an denselben anbinden lässt, um die Belagerten abzuhalten, auf den Thurm zu schiessen. Die Annalen von Mailand (Libellus Tristitiae et Doloris 17) berichten: „Ausserdem hiess er einen hölzernen Thurm bauen, höher, stärker und breiter, als man je einen gesehen hat, und liess die Geiseln, die er zu Cremona hatte, und die Gefangenen aus Padua kommen, und von den besten und edelsten hing er etwa zwanzig an den Schultern vor dem Thurme auf und liess sie auf einem Holze sitzen, damit sie von den Steinen, welche die Onager aus Crema

1) Osbernus (a. a. O. CLXXV): Caeteri vero effossis sub machina scrobibus in eisque manentes, globos ignium distrahebant. Alii in superioribus tabulatis per foramina coria desuper tensa irrigabant, in quibus caudarum scopae forinsecus in ordine dependentes totam irrigabant machinam.

Fig. 130. Belagerung. Nach Viollet-le-Duc.

schleuderten, getroffen wurden, oder man aus Besorgniss um sie oder ihnen zu Liebe die Festung übergäbe. Und nachdem sie einige Tage die Steingeschosse ausgehalten und der Thurm der Festung sich näherte, und die Gefangenen und Geiseln auch in der Nacht am Thurme gelassen wurden, da fürchteten sie, dass die Stadt am anderen Tage eingenommen werde. Der ganze Nacht also arbeiteten sie mit ihren Onagern und tödteten von denen am Thurme sieben.“ Dieselbe Geschichte erzählt Ragewin (Gesta Friderici IV, 47).

Ehe wir den Gang der Belagerung weiter verfolgen, vergegenwärtigen wir uns das Aussehen derselben, indem wir das von Eugen Viollet-le-Duc mit Meisterhand entworfene Bild (Fig. 130) betrachten. Die Katze A ist in voller Thätigkeit, mit der Erdwinde B soll sie eben näher an die Mauer herangezogen werden. Die Blîde C wird geladen; im Hintergrunde wie auf dem Thurme der Sadtmauern entsenden die Kriegsmaschinen ihre Geschosse. Die Ebenhöhe oder der Bercfrit E ist bereit; zahlreiche kleine, auf Rädern zu bewegende Schutzwände repräsentiren die von Aegidius geschilderten Musculi; die „Mäntele dar hinder solden gen, Die schuztzen tzu wer da sten“ (Ludw. Kreuzf. 2834) dürften etwa den Musculis entsprechen.

So sind denn alle Vorbereitungen zum Sturme getroffen. Unter der Deckung der Katzen, Sauen, Maulwürfe und wie die geschilderten Schutzbauten alle heissen mögen, gehen die Mineure nun an die Mauer heran und suchen mit Hämmern, Pickhacken, Brechstangen u. s. w. dieselbe zu zerstören[1]), oder sie untergraben sie und bringen sie in derselben Weise, wie schon früher geschildert wurde, zu Falle[2]).

---

1) Fierabras p. 161: Paien à grant picos ont la tere effondrée; p. 114: L'engignieres s'en tourne, qui Dix puist mal donner Et a fait à cascun ·j· pic d'acier porter. Entresci c'à la tour ne vaurent arester. — Gauvain 2928: Au soir, quant li jors fu salis, Qu'il furent las et la nuit vint, Vinrent li mineur plus de ·xx· As fossés por le mur percier As bordons etas pius d'acier. Si sont del mur mult aprocié Qu'il l'ont en pluisors lius blecié Et effondré, icele nuit Qui qu'il en poist ne qui c'anuit Trois toisses en ont abatu. — Godefr. de Bouillon 6148: À picques et à hams aloient les murs trauans; 16906: Et ·iiij· m ribaus à martiaus acérés Et à leviers de fier et as dars afilés Et font ung tel assaut que les murs ont troés; 20427: Et portoient martiaus pour le mur dépecier, Esquièles pour monter et grans picques d'acier; 20586: Qui vont le mur troer À grans picques de fier qu'il ont fait acérer Et pierchèrent le mur et le vont s'y miner Que ·iiij· hommes de front y peuissent entrer. — Ann. Placent. Guelfi 1239: Illud castellum cum graphiis ferreis ceperunt.

2) Guil. Brito, Phil. II (Duchesne V, 115): Fossis tam plenis parmas ad moenia miles Appodiat, sus eisque secat, minarius instat Celtibus et piccis imi fundamina muri. Et ne forte cadens super illos murus ab alto Sternat et indigna concludat

Man versuchte zugleich die Zugbrücke herabzureissen[1]), die Thore einzuschlagen[2]). Half das nicht, so wurden die Sturmleitern herangebracht; durch die lange Beschiessung waren die Schutzdächer der Mauern schon zum Theil zerstört, man konnte die Besatzung nun leichter durch fortgesetztes Schiessen von den Mauern vertreiben, kurz jetzt bot eine Ersteigung der Mauern viel mehr Chancen[3]). Oder man

---

morte cavantes, Fulcitur breuibus truncis lignisque rotundis Pendula pars muri, quae desuper imminet illis. Sic ultra medium tutus cavat undique murum Fossor et, ut vidit sibi jam satis esse cavatum, Ignibus appositis prudens in castra refugit. Saevit et absumpto penitus fulcimine murum Vulcanus prosternit humi.

1) Ann. Placent. Guelfi 1214: Et illud (Castrum Parpanisii) quidem Placentini undique obsederunt et predariis, gattis, sagittariis et balistariis viriliter expugnaverunt. Et castrum turre magna et fortissima, castris quoque lignaminis et spadis optimis (das scheinen die Palissaden zu sein), fossatis etiam profundis et aqua plenis erat constructum pariter et munitum. In quo centum homines Papiensium pro isto castro defendendo aderant et castrum illud acriter et fortiter defendebant cum petris, trabibus et sagittis, arcu et balistra missis, nostros in fossato et in castro per vim volentes intrare percutientes. Tandem Placentini in fossato ligna et arbores grandes, carra et etiam gattum proicientes, super ipsis quoque in fossatum descendentes et etiam super terragium summa vi usque spados ascendentes. Videntes iterum intrinseci, qui locum custodiebant et defendebant. Placentinos ab incepto desistere nolentes, sed super terragium atque castri spados viriliter ascendentes pariter et expugnantes, fugam petientes super turrem ascenderunt. Prospicientes similiter Placentinos in fossato ante portam turris ascendentes, pontem etiam levatorem cum securibus incidentes et ipsum explanantes usque ad castri portam cum securibus magno clamore currentes, lapides mire magnitudinis et molas, trabes, assides, sudes quoque acutissimos super nostros gravissime proiciebant. Percipientes autem de porticella, que iuxta ipsam portam aderat, cum securibus magna vi illam sciderunt et fregerunt. Intrinseci vero videntes Placentinos per castri terragium spados ascendisse et per porticellam intus castrum violenter intrasse, turbati timore et tremore perterriti valde, signum crucis brachio facientes, consulibus comunis Placentie se dederunt. Quod castrum Placentini combuserunt. — Vgl. Froissart I, 261: Finalment au fort de la besogne aucuns se mirent en une nacelle en l'eau pardessus le pont et jeterent grans gros crocs et havez au dit pont levis et puis tirèrent si fort qu'ils rompirent les chaînes qui le pont tenaient, et le avalèrent jus par force.

2) Lanzel. 152: Die vînde giengen an daz tor Und hiuwen ez vaste darnieder. — Garin II, p. 207: Li dus Garin à la grant porte vint Et tint la hache à l'acier Poitevin; La véissiez et maillier et ferir Couper verrous et chevilles croissir.

3) Auberi p. 220, 19: Li engignieres pas ne s'aseura; Voit Auberi, forment le redouta. Or se porpense coment l'engignera ·X· grans eschieles a faire comanda. — Guil. Brito, Philipp. I (Duchesne V, 107): Mangonellorum tormentis saxa rotantur Ictibus assiduis, hurdicia fracta recedunt, Et disiuncta patent per propugnacula pinnae. Cratibus intextis et parmis undique iunctis Jam pede non segni fossarum summa tenentes Crebra cateruatim iaculantur tela manipli, Audeat ut nullus summos ascendere muros, Currere nec solito per propugnacula more, Ut vel tela ferant, siue auxiliaria saxa, Quae defensores murorum mittere possint. Aggere complentur fossae murosque sub ipsos Scalis erectis agili levitate satelles,

strebte die Burg anzuzünden und durch die Feuersbrunst die Vertheidiger zur Ergebung zu zwingen [1]). Gelang es übrigens, im Schlosse einen Verräther zu finden, der Nachts, wenn alles schläft, die Zugbrücke niederlässt und die Thore öffnet, so ist jedenfalls die Eroberung leichter und erfordert nicht so viele Opfer [2]).

Das letzte Hülfsmittel der Belagerer war aber immer der hölzerne Thurm. Bis jetzt hatte er nur allein den Schützen einen guten Standort geboten; waren alle anderen Versuche fehlgeschlagen, so wurde er endlich ins Gefecht geführt. Glückte es den Belagerten, auch diesen Angriff abzuweisen, so blieb ihren Gegnern kein Mittel übrig, als die Feste durch Aushungern zur Capitulation zu zwingen.

Von Neuem also wurden die Soldaten an die Winden commandirt und langsam rückt der Koloss der Mauer immer näher. Da der geschüttete Weg über den Graben nicht zu breit war, Katze oder Sau dem Thurme kaum ausweichen konnten, so musste man dieselben erst zurückziehen [3]) oder gar, wie dies bei der Belagerung von Crema geschah, sie zerstören, um Platz für den Bercfrit zu gewinnen [4]). Die Belagerten versuchten mit glühenden Eisenhaken den Thurm zu fassen,

---

Quo Rex ipse loco se munit semper in omni More cirogrilli velox in moenia repit. — Guill. de Palerne 4991: Ja sont li mur fendu et frait Et li fossé empli d'atrait, Si ont tot ars lor hordeis, Barres et lices et palis.

1) Meraugis p. 178: Et Gorveinz demande Le feu et es sales commende Que l'en mete souz le vent. Si font il et li feus s'esprent En un paliz devant la porte; Si comme deable l'emporte Sailli du paliz en la tour Et ele estoit hourdée (Druck: bourdée) entour de cloies et de heriçon. Du hordeïs en la maison Dedenz la tour sailli li feus. — Chron. Montis Sereni 1201: Monachi (Pegavienses) per fenestras domus pugnaciter astantes eos, qui voluissent accedere, lapidibus perturbabant. Fridericus vero (de Groiz) cuppam altero eius fundo excusso super currum stabilitam lignis siccis repleri fecit, pice et resina et lardo pariter introiectis. Quibus succensis percepit suis, ut currum ante se inpellentes domui applicarent. Pugnatores vero illi incendio territi et fumo vexati . . . fuga elapsi sunt.

2) Renaus de Montauban p. 70, 17: Oes des eschargaites, com les a engigniés, Trestos lor a les pons avalés et baisiés, Venus est à la porte, s'a les verrous lachiés, Puis vint à la bretesche si s'i est apoiés Et à scie et à lime a les aniaus tranchiés.

3) Heinrici Chron. Livon. III, 30, 4: Tunc amoto porco turrim ligneam fortem ponunt in loco, super quam ascendunt armati fortes et balistarii.

4) Otto Morena 1160: Castellum enim eundo post gatum, sic eum prosecutum fuerat, quod ipse gattus nec antea ambulare poterat nec redire, castello predicto sibi obstante. Quod imperator considerans, tum quia machinas Cremensium sibi intus contra gattum factas comburere voluit, tum etiam quia predictum castellum in antea ducere non poterat, nisi gattum combureret, in ipso gatto ignem apponi precepit.

das Holzwerk in Brand zu setzen, wenn möglich den ganzen Bau umzustürzen; aber die Besatzung desselben löschte das Feuer, wehrte die Haken ab und schnitt mit sichelartigen Messern ab, wenn ein Theil der Umhüllung des Thurmes wirklich in Flammen aufzugehen drohte [1]).

Heftiger wie je zuvor fliegen Massen von Geschossen, Bolzen, Pfeile und schwere Steinkugeln auf die Mauern der bestürmten Festung, die Trompeten schmettern [2]): da fällt mit mächtiger Wucht die Brücke [3]) vom Thurme hinüber auf die Mauer und mit lautem Kriegsgeschrei werfen sich die Belagerer auf die Wenigen, die ihnen noch den Besitz der Ringmauer streitig machen (Fig. 131). Bald haben sie einen Thorthurm erreicht, die so lange verschlossenen Thore werden geöffnet, die Zugbrücken niedergelassen und jetzt stürzt die ganze Belagerungsarmee hinein in die Stadt, die nun meist verloren ist. Die Brücke war, wie uns Aegidius Colonna schon berichtet hat, gewöhnlich mit dem Thurme verbunden, zuweilen aber befand sie sich auf einem eigens dazu hergerichteten Gebäude [4]). Marchisius, der Zeugmeister von Crema, floh aus der belagerten Stadt zu Kaiser Friedrich I. und wurde von ihm gnädig aufgenommen. Otto Morena [5]) berichtet nun weiter: „Marchisius selbst construirte, sobald er aus Crema herausgegangen war, sofort aus Holz eines seiner wunderbaren Gebäude (machinam), auf welches er eine Brücke von vierzig Armslängen Länge und sechs Armslängen Breite setzte, die er aus dem Gebäude, ohne dass es Jemand zu hindern vermochte, zwanzig Armslängen vorwerfen konnte. Und nachdem er sein Gebäude und seine Brücke mit Faschinen (cratibus) bedeckt hatte, liess er sie vorführen, bis sie beinahe neben dem Castelle

---

1) Otto Frising. (Ragew.), Gesta Frid. IV, 58: (Turres) ferro variaque materia undique tectas, ut et pondere stabiles essent neque ignibus expugnarentur . . . iaculatoribus et sagittariis militumque fortissimis plenas. . . . Quotiens autem ignito ferri pondere et adunco, quo levius haereret, machinas attemptabant, qui desuper erant aquis ignem restinguendo, uncos autem et hamos ferri contis proceris et sudibus dissolvendo conatus eorum in irritum revocabant. In his enim falces alligarant, ut si quid de materia, quae contra ictus machinarum turribus alligata fuerat, ignis corrupisset, statim abscinderent.

2) Fierabras p. 95: Lor oïssiés busines et ces grailes sonner. À la tour assallir ont leur engiens menés: As fondes lor getoient lor gros caillaus quarrés.

3) Phil. Mousques 25909: Sour ·iiij· ruees fist engiens, Et de cloie et de mairiens, Et pons tornéis à mantiaus, Et kas et truies et castiaus, Et tumeriaus et trébukés.

4) Fierabras p. 113: L'amirans fist venir l'engignéour Mabon; Cil a fait ·j· engien, itel ne vit nus hon: Par desus grande cloies a fait drecier ·j· pont.

5) 1160.

Fig. 131. Angriff mit dem Bercfrit. Nach Viollet-le-Duc.

des Kaisers war [1]). . . Nachdem die Katze verbrannt war, hiess der Kaiser das Castell an die Stelle rücken, wo früher die Katze gestanden hatte; sobald dies geschehen war, liess Marchisius sein Gebäude an die Seite desselben Castells schaffen. Darauf setzte der Kaiser die offene Erstürmung Cremas auf einen bestimmten Tag fest.

„Nachdem an diesem Tage (am 21. Januar 1160) der Kaiser seine Fürsten in Schlachtordnung gestellt hatte, liess er den Herzog Konrad, der sein Bruder und zugleich Pfalzgraf vom Rhein war, mit seinen Rittern auf besagtes Castell steigen, und die anderen deutschen Fürsten und die Lombarden den Bau des Marchisius besetzen. Er befahl ihnen, dass augenblicklich, sobald die Brücke vom Bau des Marchisius auf die Mauer der Festung Crema geworfen wäre, alle Fürsten und Ritter sofort über die Brücken laufen, mannhaft und kräftig die Feinde angreifen und tapfer mit ihnen kämpfen sollten. Hätten sie alles, wie es der Kaiser befohlen, gut ausgeführt, so war, wie man sagte, die Festung damals erstürmt. Nachdem also der Angriff so geordnet, auch das Signal gegeben war und man die Brücken auf die Mauern der Festung geworfen hatte, eilte der Bruder des Kaisers mit seinen Rittern über die Brücke des Castells bis auf die Mauer der Festung und griff die Cremenser mannhaft an. Aber die anderen Fürsten und Ritter liefen nicht so mannhaft, wie sie es gesollt hätten, über die Brücke, die Marchisius auf die Mauer geworfen hatte. Die Cremenser, die unter ihren Bauten (machinas) innerhalb nahe der Mauern standen, warfen sich dem Herzoge und seinen Rittern entgegen und vertheidigten sich sehr gut. Ein Fahnenträger des Herzogs, ein sehr edler und tapferer Ritter, sprang von der Mauer zur Erde mitten unter die Cremenser in der Meinung, dass alle Anderen ihm folgen und dasselbe thun würden. Er kämpfte eine grosse Schlacht gegen die auf ihn eindringenden Cremenser und vertheidigte sich, so allein wie er war, merkwürdig lange gegen sie. Aber wie es im alten Sprüchwort heisst: 'Einer gegen Sieben kann schlecht die Saat mähen', so konnte er, so tapfer er war, einer so grossen Menge nicht widerstehen, wurde endlich, nachdem er einige Cremenser verwundet hatte, von ihnen gefasst, zu Boden geworfen und fand vielfach verwundet seinen Tod. Drei andre Ritter des Herzogs zogen die Cremenser mit eisernen Haken von der Brücke zu Boden und machten sie lebend zu Gefangenen. Ein Theil der Cremenser warf mit Mangen nicht unbedeutende

1) Dies Castellum war mehr als 70 Armslängen (brachia) hoch und mehr als 30 breit. Otto Morena 1159.

Steine auf die Brücke und zerstörte sie theilweise, so dass die anderen Deutschen, die dem Herzoge nachlaufen sollten, ihm weiter zu folgen nicht wagten. Doch die Cremenser stürmten, sobald sie merkten, dass die Brücke gebrochen sei und die anderen Deutschen dem Herzoge nicht folgten, auf den Herzog und seine Ritter tapfer los und brachten sie mit Steinen, Schwertern und Lanzen, zumal mit Spiessen (cutonibus) so ins Gedränge, dass der Herzog etwas verwundet mit einem Theile seiner Ritter in das Castell zurückging, ein anderer Theil, der über die Brücke in das Castell sich zurückzuziehen nicht vermochte, stürzte sich ausserhalb der Mauern von der Brücke in den Graben. Die Uebrigen, die über die Brücke des Marchisius gegangen waren, kehrten ohne Erfolg in den Bau, von dem sie ausgegangen, wieder zurück, da die Cremenser ihnen kräftig Widerstand leisteten." Ob die Leute, die so nachlässig des Kaisers Befehl ausgeführt hatten, zur Rechenschaft gezogen wurden, berichtet unser Gewährsmann nicht. Fünf Tage später capitulirte Crema.

Alle die Maschinen, die zur Belagerung oder Vertheidigung einer Festung erbaut werden, heissen Antwerc[1]) (mlat. ingenia, afr. engins). Die Leute, welche sie zu bauen verstehen, heissen Antwercmeister[2]), Ingeniarii, Engignéour. Einige berühmte Ingenieure werden uns von den Geschichtsschreibern genannt. So ist der Magister Guitelmus Ingenieur der Mailänder und wird in den Annalen von Mailand (Liber Tristitiae 7. 9. 18) 1156—60 öfters erwähnt. Ein Alamannus de Guitelmo, vielleicht der Sohn des eben erwähnten Meisters, ist 1196 „Encignerius" der Stadt Mailand und baut die Gräben und Palissaden in Piacenza (Ann. Plac. Guelfi). Marchisius war 1159 der Ingenieur der Cremenser. Otto Morena nennt ihn „sehr erfindungsreich und allen Meistern, die damals in Crema waren, überlegen"; er hatte „beinahe alle Mangen und Petrarien, Schutzwehren (scrimalia) und andere Bauten sowie die Vorkehrungen zur Vertheidigung von Crema mit seinem wunderbaren Genie erbaut." Er war in der That ein Meister von grosser Berühmtheit; nur mit Gewalt hatten ihn die Mailänder in

---

1) Parz. 205, 30: Daz ûzer antwerc wart verbrant: Ir ebenhœhe unde ir mangen. — Willeh. 230, 9: Daz ez die ûzeren vorhten, Die de antwerc gein ir worhten. — Kudr. 1385, 1: Antwerc diu besten, Heizet seilen wol gegen disen gesten; cf. 555, 1. — Wigal. p. 279, 30: Die sarjande an den graben Mit antwerke giengen. — Ottokar von Steier CCCI: Vil wägen hiez er vasszen Mit rutten und mit phetern Und mit antwerich swern Und waz darczu gehört, Da man purg mit stört.

2) Ottokar von Steier CCCXLIII: Die antwerich meister hört ich jehen Und habe ouch selber gesehen Die werich, die do gericht sein Auf kocken und auf kalein.

Crema zurückgehalten. Sobald er kann, entflieht er zum Kaiser, der ihn prächtig kleidet und ihm ein Ross im Werthe von zwölf Pfund Denaren schenkt. Wie ihn der Kaiser Friedrich bei der Belagerung verwendet, haben wir schon gesehen. Die Brescianer haben 1238 den Calamandrinus, den die Annales Placentini Guelfi „optimum inzegnerium" nennen. Im J. 1199 befehligt im heiligen Lande ein Wilhelmus cognomento Ebriacus die genuesischen Maschinenbauer (Guil. Tyrius VIII, 11). Von französischen Kriegsbaumeistern kenne ich nur den Amauri Copeau, der bei der Belagerung von Avignon 1216 fällt (Phil. Mousques 25866 ff.; 25895 ff.), und den Maistre engingnierre Jocelin de Cornaut, der den heiligen Ludwig auf dessen erstem Kreuzzuge begleitete (Joinville 198; 304) und Maître Bertrand, der sich im navarresischen Kriege 1276 und 1277 auszeichnete[1]). Die Dichter nennen uns noch die Meister Foucher[2]) und Herpin[3]) und den Heiden Mabon[4]). Meister Rothermel leitete 1301 die Belagerung von Bingen[5]).

Sobald eine Belagerung begonnen wurde, war das erste die Erbauung der Maschinen. Jeder der an der Belagerung theilnehmenden Fürsten muss einige errichten lassen. So befiehlt Karl der Grosse den vornehmen Lehensherren, die ihm beim Zuge gegen Montauban Heeresfolge leisten, zwei oder drei Mangonelle zu bauen (Renaus de Mont. p. 348; 349). War die zu berennende Burg nicht gar zu weit von der Stadt des Belagerers entfernt, so brachte derselbe auf Wagen die zerlegten Maschinen fertig mit und brauchte sie dann nur zusammensetzen und aufrichten zu lassen[6]). Ging dies nicht an, so erbaute man sie an Ort und Stelle; die nöthigen Baumstämme musste man sich zu verschaffen wissen. Wilhelm von Tyrus erzählt öfters, wie man im heiligen Lande durch tüchtige Zimmerleute die Belagerungswerkzeuge construiren liess.

1) Anelier, Guerre de Navarre 3570: Car maestre Bertran la saup be ordenar, Qu'era ·j· engeynnyre tal que no avia par.

2) Doon p. 114: L'engignéor manda qui ot à nom Fouchier.

3) Auberi p. 220, 6: Adonques fu l'engignieres mandes, Herpin ot non, bien estoit escoles.

4) Fierabr. p. 113: L'amirans fist venir l'engignéour Mabon.

5) Ottokar von Steier DCCXV: Ain maister weis und versunn Auf solich arbait, Der worcht und perait Maniger hant gerust, Die zu der mawer prust Solde nucz seyn: Maister Rot-Ermeleyn Was er genant.

6) Ottokar von Steier XCII: Darumb beraitt er sich dester paz Mit allem und darczu gehört, Da man purg mit stört: Dribok, chaczen und mangen, Ewenhoch auf sewlen langen, Rutten und tummerer Da wurden vil swer Vir hundert wegen mit gevast; CCCI (vgl. S. 369, Anm. 1); CCCX: Wol hundert wegen man perait, Die gerust trugen, Da man mit wurffen chlugen Manig mawr sider In Ungarn warf nider: Tumerlen, rutten und mangen, Ebenhoch auf sewl langen Und alles daz gerust, Daz man pedorst durch mawr prust.

Dann liess man sie aber hintransportiren, wo man ihrer bedurfte. So erzählt das Itinerarium Regis Ricardi V, 39 von der Belagerung Darums im Mai 1192: „Und es dauerte nicht lange, siehe da kamen (von Ascalon) die Schiffe mit den Petrarien des Königs. Der König selbst mit anderen Grossen und Edeln trug die zerlegten Stücke auf seinen Schultern zu Fuss gehend im Schweisse seines Angesichts vom Gestade eine Meile weit, wie wir damals gesehen haben. Als die Petrarien zusammengesetzt, aufgerichtet und ihrer Bedienungsmannschaft zugetheilt waren, wählte der König sich selbst eine aus, die den Hauptthurm bestürmte, und diese commandirte er persönlich.“ Es war dies übrigens gar nichts so Seltenes, dass Fürsten sich der Maschinen annahmen; ich habe schon früher (S. 339 Anm. 7 und S. 340 Anm. 2) Beispiele dafür angeführt. Die Maschinen selbst erhielten auch Namen, so erwähnt Anelier eine Algarrada, welche Cascavalet, die kleine Schelle, hiess [1]). Eine Anzahl solcher Namen nennt uns Henricus Rosla, doch bietet die Interpretation dieser Stelle manche Schwierigkeit [2]). Vor Akka hatte 1191 König Philipp August eine Petraria, welche die böse Nachbarin hiess (mala vicina); die Türken nannten die ihre die böse Verwandte (mala cognata). Eine andere auf gemeinsame Kosten erbaute wurde die Petraria Gottes genannt [3]). Die Petraria „Maleveisine“ schickt noch 1216 Philipp August seinem Sohne Ludwig zur Belagerung von Dover (Matthaeus Paris).

Der herannahenden Belagerung wurde von den Stadtbewohnern mit Schrecken entgegengesehen. Eifrigst reparirte man die Festungs-

1) Guerre de Navarre 3623: E l'algarrada pauca que s fazia nomnar Tot jorn Cascavalet.

2) Herlingsberga 80: Non hic unigena fabricantur machina: nomen Haec librilla tenet, quasi saxea pondera librans, Obtinet illa suis, sed hirundinis haec, stat aselli Illa vocata nota, quaedam fit ab ariete dicta Ex re nomen habens, altis aeque alta minatur Turribus interitum: quoniam supereminet ipsa. — Die Sus, den Aries, die Aeque alta kennen wir: diese Namen bezeichnen aber eine bestimmte Gattung von Maschinen; es ist deshalb gar nicht unwahrscheinlich, dass auch Librilla nicht der Rufname des Geschützes, wenn ich mich so ausdrücken darf, ist, sondern ebenfalls eine Art Steinschleuder bedeuten soll; was dann die Schwalbe und das Eselchen zu besagen haben, ist wohl nicht so leicht zu ermitteln. Bei Asellus könnte man an den Onager denken. Wäre der Dichter nicht ein so elender Versifex, so läge die Vermuthung nahe, dass er in der That sachgemäss die Maschinen ordnet: erst die Wurfmaschine, dann die Sau zum Unterminiren, dann die Hirundo und den Asellus, den Widder, endlich die Ebenhöhe; wir müssten dann die beiden fraglichen Kriegswerkzeuge etwa der Gattung der Schutzdächer oder der Mauerbrecher beiordnen. Hirundo ist freilich ein recht unpassender Namen für einen Bau, der sonst Katze, Sau, Maulwurf heisst. Vielleicht gelingt einem Anderen die Lösung dieser Frage.

3) Itin. Reg. Ric. III, 7.

werke und legte neue Befestigungen an. Kam dann der Feind in Sicht, so läutete man die Sturmglocke[1]) und rief damit Jedermann zu den Waffen[2]); die Thore wurden fest verschlossen, die Zugbrücken aufgezogen, die Fallthore in Bereitschaft gesetzt[3]). Ja man ging so weit, die Thore zu vermauern und nur ein kleines Pförtchen, das recht fest gebaut war, zum Verkehr mit der Aussenwelt offen zu lassen[4]).

Auch über die zur Vertheidigung zu ergreifenden Massregeln giebt Aegidius Colonna uns eine recht bemerkenswerthe Zusammenstellung. Er fusst wie immer auf den von Vegetius aufgestellten Regeln, führt dieselben aber weiter aus und giebt über die seiner Zeit übliche Kriegführung mancherlei Belehrung. Im 21. Capitel (Lib. III, Pars III) sagt er: „Es ist aber nicht ausreichend, zu wissen, wie Festungen zu erbauen sind, und wie ihre Mauern beschaffen sein müssen, wie sie gelegen sein sollen, wenn man es nicht versteht, wie sie zu sichern sind, damit sie nicht so leicht eingenommen werden. Oben wurde gesagt, dass es eine dreifache Art gebe, Festungen zu erobern, nämlich durch Hunger, durch Durst und durch offnen Kampf. So also müssen Festungen versorgt werden, dass sie auf keine dieser Arten erobert werden können. Damit sie nicht durch den Hunger zur Uebergabe gezwungen werden, ist dreierlei zu beachten. Korn, Hafer, Gerste, die einzelnen Speisevorräthe und alles das Futter, das zum Lebensunterhalt dient, muss vor Beginn der Belagerung von aussen her in die Festung geschafft werden, und wenn man befürchtet, dass die Belagerung vor der

---

1) Heinrici Chron. Livon. III, c. XIV, 5: Sonitu campane, que tantummodo tempore belli pulsatur, populum convocant. — Ann. Pegav. 1215: Verum quia tempore guerre cives (Lipsienses) campanam ad convocandam communitatem fecerant, marchio (Misnensis, Theodericus) ne per concursum multitudinis intentio sua frustraretur, tintinnabulum prefate campane clam tolli fecerat et servari.

2) Bueves de Commarchis 205: Pour chascun faire armer la grans bancloke sonne. — Lod. van Velthem II, 48: Niet lange na dit sonder waen Ward daer geslegen die storm-clocken, Om al die gemeente te gader locken.

3) Ren. de Mont. p. 56, 37: Les portes firent clore, fermer et veroiller Et font les pons lever et contremont drescier, Devant la barbakane la grant barre sachier. — Blancandin 4784: Lors furent tot li pont levé Et les portes furent fremées. Lors ont lor coses atornées. Drecent barbacanes et lices; Si ont les portes couleïces Atornées por bien couler. — Vgl. Bd. I, S. 27 und 29 f.

4) Parz. 351, 26: Al ir porten wârn vermûret; 354, 28: Owê daz Beârosche ie geschach, Daz ir porten suln vermûret sîn! — Percev. 6274: S'ot bien fait murer et enduire Del castiel totes les entrées. Bien furent les portes murées De pière dure et de mortier; N'onques n'i eut autre portier Mais une petite posterne Dont li huis n'estoit pas de verne; Celui laissa-on à murer; Li huis fu por tos jors durer: De keuvre ert fais à une bate; En l'uis a de fier une quarte Tant que une carete porte.

Ernte beginnt, so hat man aus anderen, nahe gelegenen Orten alles das anzuschaffen, damit die belagerte Festung nicht Mangel an Lebensmitteln leidet. Was man nicht in die Festung schaffen kann, oder was hineinzuholen sich nicht lohnt, das wird verbrannt, damit es nicht den Belagerern später von Nutzen ist und dieselben die Besitzthümer der Eingeschlossenen zu deren Schaden verwenden [1]). Wenn man aber eine langandauernde Belagerung fürchtet, so dass sich die Festung lange Zeit hindurch halten muss, so ist die Stadt oder Burg ganz besonders mit Hirse zu versorgen. Denn Hirse verdirbt nicht so leicht und soll sich besser halten. Auch Vorräthe von Salzfleisch sind nicht zu vergessen; und eine reichliche Menge von Salz, das zu vielen Dingen nützlich ist, kann der Festung nur förderlich sein. Zweitens ist, was die Verproviantirung anbelangt, nicht allein darauf zu achten, dass man eine grosse Menge Lebensmittel in die Festung bringt, sondern auch dass die gesammelten Lebensmittel durch verständige Beamte (per temperatos erogatores) an die Familien vertheilt werden. Wenn es sich also machen lässt und wenn die belagerte Stadt gross ist und von anders her keinen Proviant mehr erlangen kann, dann müssen in jedem Stadtviertel die Lebensmittel in öffentliche Speicher gebracht und von vorsichtigen Männern sparsam und einsichtig vertheilt werden. Ist die belagerte Stadt von mässigem Umfange, so lässt sich das leicht durchführen. Es nützt also nichts die Fülle der Lebensmittel, wenn sie nicht sparsam und mit Einsicht vertheilt werden. Drittens ist in solcher Lage zu beachten, dass schwache und unnütze Leute, die zur Vertheidigung der Festung nicht taugen, wenn es sich bequem machen lässt, an einen anderen Ort geschickt werden, denn solche Menschen verbrauchen und verzehren, was nur an die Krieger vertheilt werden sollte. Wenn man Mangel an Lebensmitteln befürchtet, so sind die entbehrlichen Thiere zu schlachten, zu essen oder einzusalzen, wenn sie essbar sind. Doch bei solcher Gelegenheit wird Vieles gegessen, was sonst der gewöhnliche Brauch verbietet. Nachdem wir so gesehen, wie eine Festung sich zu hüten hat, dass sie nicht durch den Hunger zu Falle kommt, ist es leicht zu ersehen, wie sich Belagerte zu verhalten haben, damit sie nicht durch den Durst besiegt werden. Ehe jemand sie belagert, müssen sie zusehen, in eine solche Festung sich zu werfen, in welcher Ueberfluss an Wasser ist; wenn keine Quellen da sind, werden Brunnen gegraben [2]). Ist die Stelle so trocken, dass man

1) Vegetius III, 7.
2) Vegetius IV, 10.

keine Brunnen anlegen kann, so baut man Cisternen, damit der Ueberfluss des Himmelswassers den Mangel des anderen Wassers ersetzt. Wenn die belagerten Festungen am Meere liegen und man kann nur salziges Wasser bekommen, weil das süsse Wasser zu weit entfernt ist und die Belagerer das Schöpfen desselben verhindern, so kann man vermittelst Wachs das Salzwasser süss machen. Denn wie Aristoteles in „de Meteoris" sagt (secundum philosophum in methauris): was vom Salzwasser durch die Poren des Wachses durchgeht, das ist süss. Man muss auch eine Menge Essig und Wein in die Festung bringen, damit durch das blosse Wassertrinken die Krieger nicht schwach werden und dann nicht mannhaft den Belagerern widerstehen können. Nachdem gezeigt worden ist, welche Mittel man gegen den Hunger und den Durst, durch die gewöhnlich die Festungen zur Uebergabe gezwungen werden, anzuwenden hat, erübrigt noch zu sagen, welche Vorkehrungen zu treffen sind, damit eine belagerte Festung nicht durch Sturm genommen wird. Man muss also in die belagerte Stadt oder Burg eine grosse Menge Schwefel, Pech und Oel schaffen, um die Maschinen der Feinde zu verbrennen. Eisenzeug und Bauholz sind in gebührender Quantität zu besorgen [1]). Aus dem Holze werden Schäfte für Pfeile und Wurfspeere gemacht, auch die für die Festung nöthigen Bauten hergestellt. Mit dem Eisen bessert man die Waffen aus, schmiedet Speer- und Pfeilspitzen und Anderes, mit dem man die Belagerer befeinden kann. Ein grosser Eisenvorrath ist schon deshalb nützlich, weil er dazu dienen kann, wie im folgenden Capitel sich zeigen wird, die Bauten und Maschinen der Belagerer zu zerstören. Auch Rollsteine aus den Flüssen müssen in Menge in die Festung gebracht werden, da sie fester und besser zum Werfen geeignet sind, und sie sind auf den Mauern und Thürmen aufzuhäufen. Gepulverter Kalk ist in grossen Massen in die Festung zu schaffen und mit ihm füllt man zahlreiche Gefässe an, die man, sobald die Belagerer sich den Mauern nähern, auf dieselben wirft; sie zerbrechen, der Staub dringt den Belagerern in die Augen und greift sie so an, dass sie wie Blinde niedergemacht werden können. Auch ein tüchtiger Vorrath von Sehnen und Seilen erweist sich für eine Festung vortheilhaft, wegen der Herrichtung der Balisten und Bogen u. dgl. [2]). Wenn die Sehnen fehlen, kann man Pferdehaare oder Frauenhaare verwenden. Vegetius erzählt nämlich, dass, als den Römern [3]) der Vorrath von Sehnen ausgegangen war und die

1) Vegetius IV, 8.
2) Vegetius IV, 9.
3) in obsidione Capitolii. ibid.

Maschinen nicht hergestellt werden konnten, den Kriegern zu widerstehen, die römischen Frauen ihre Haare abschnitten und sie ihren Männern übergaben. Mit ihnen wurden die Maschinen hergestellt und die Gegner so zurückgetrieben. Es zogen, wie Vegetius sagt, diese züchtigen Frauen vor, mit ihren Männern entstellten Hauptes zu leben, als mit unversehrtem Haarschmuck den Feinden dienstbar zu sein. Auch viel Thierhörner zur Reparatur der Balisten und Bogen, Häute zum Schutz der Maschinen und anderer Bauten gegen die Brände der Feinde, sind in die Festung zu schaffen.

„Cap. XXII. Oben wurden drei Arten erwähnt, belagerte Festungen anzugreifen: durch Minen und unterirdische Gänge, durch Steinschleudermaschinen, durch Bauten, die an die Festungsmauer getrieben werden. Wenn wir also den Belagerern gelehrt haben, auf besagte Weisen die Belagerten zu bekämpfen, so bleibt uns jetzt übrig, zu erläutern, wie gegen diese Angriffe die Belagerten sich zu vertheidigen im Stande sind. Zuerst werden wir von den Mitteln gegen den Angriff durch Minen sprechen. Da können wir zwei Mittel anführen. Das eine sind tiefe, wassergefüllte Gräben. Denn wenn die Festung von tiefen Wassergräben umgeben ist, so finden die Belagerer dadurch ein Hinderniss, Minen oder unterirdische Gänge anzulegen. Gesetzt jedoch, die Gräben könnten nicht mit Wasser gefüllt werden, so hindern sie doch durch grosse Tiefe und Breite die Anlage unterirdischer Gänge, da auf diese Weise nur dann Festungen angegriffen werden können, wenn diese unterirdischen Gänge tiefer sind als die Gräben. Die belagerte Festung steht entweder auf festem Felsgestein und dann kann wegen der Härte des Gesteines nur schwer der Angriff mit Minen zur Ausführung gebracht werden; oder sie steht auf einem leicht zerbröckelnden Fels oder auf dem blossen Erdboden, und dann kann sie leicht untergraben werden und ist mit tiefen Gräben zu befestigen. Das zweite Mittel gegen die Minen und unterirdischen Gänge ist, in der belagerten Festung einen unterirdischen Gang zu bauen, der dem von dem Belagerer getriebenen entspricht. Wenn nämlich die Festung keine tiefen Wassergräben hat und deshalb den Angriff durch Minen befürchten muss, so müssen die Belagerten aufmerken, ob sie an gewissen Zeichen erkennen, dass die Belagerer Minen zu graben anfangen, und wenn sie es gemerkt haben, sofort einen anderen unterirdischen Gang bauen, der jenen Minen entspricht, und zwar so, dass dieser Gang gegen die Belagerer gerichtet ist. Und dann muss in diesem so gebohrten Gange, dessen einen Theil die Belagerer, dessen anderen die Belagerten gebaut haben, ein fortwährender Kampf stattfinden, damit durch diesen Gang die Belagerer nicht in die Festung eindringen. Es müssen auch die Belagerten am Anfange des unterirdischen Ganges grosse, mit Wasser und auch mit Urin gefüllte Tonnen bereit haben, und wenn sie mit den Belagerern kämpfen, scheinbar fliehend aus dem Graben herausspringen und dann die ganze angesammelte Masse von Wasser und Urin auf die Belagerer, die in den Minen sind, ausschütten. Zu unsren Zeiten sind viele Belagerer so verunglückt, und wir dürfen es nicht für unmöglich halten, dass dies, wenn es einmal geschehen ist, wieder geschehen kann. Nachdem wir gesehen, wie dem Angriffe durch Minen zu begegnen ist, bleibt zuzusehen, wie die Belagerten der Angriffe durch Steinschleudermaschinen sich erwehren können. Gegen dieselben giebt es vier Mittel. Erstens, eine grosse Zahl Bewaffneter macht plötzlich einen Ausfall aus der Festung, bemächtigt sich der Maschinen und zündet sie an, ehe das Heer zu ihrer Vertheidigung herbeieilen kann. Wenn aber die Belagerer einen Ausfall zu machen nicht wagen, so werden einige Leute heimlich des Nachts an Stricken von der Mauer hinabgelassen, die versteckt Feuer bei sich tragen und, ohne dass es die Feinde merken, die Maschinen anzünden, dann wieder an den Stricken in die Festung zurückgezogen werden. Es giebt auch noch eine dritte Art, die Maschinen zu zerstören: mit Pfeilen, die man Wurfspeere (telos) nennt. Der Pfeil hat nämlich in der Mitte eine Höhlung, in die man einen kräftigen Brandstoff legt; selbiger besteht aus Oel, Schwefel, Pech und Harz; diesen Brandstoff, den man mit Werg umwindet, nannten die Krieger des Alterthums Zündfeuer (ignem incendiarium). Solch ein Pfeil wird mit der Baliste kräftig bis an die Maschine geschnellt und zündet sie oftmals an. Viertens richtet man gegen die Steingeschütze der Belagerer andere Geschütze in der Stadt her, mit denen man jene zu treffen und zu zerstören sich bemüht. Unter den anderen Hülfsmitteln giebt es eins von allerhöchster Bedeutung. Wenn nämlich die Maschine aufgestellt ist, so macht man ihr eine Schleuder aus eisernen Kettchen, oder der Kopf (testa; wohl die Schlinge) wird aus Eisen gefertigt, und neben der Maschine baut man einen Ofen (fabrica), in den man eine grosse Eisenmasse leicht hineinschieben kann; wenn das Eisen gut durchglüht ist, so wird es in die aus Eisen gefertigte Schleuder gelegt und gegen eine Maschine oder sonst ein Holzgebäude geworfen. Gegen dies Geschoss schützen rohe Häute nicht; das Holz kann nicht widerstehen. Auf diese Weise kann ein jeder Holzbau zerstört werden. Es giebt auch noch viele andere Vorsichtsmassregeln, die zur Vertheidigung gegen Steingeschütze taugen. Aber weil dies hier abgeschlossen ist, so wollen wir die Darstellung nicht aufhalten und es dem Urtheil des Verständigen überlassen. Nachdem gezeigt, wie den Minen und Geschützen zu widerstehen ist, müssen wir jetzt noch erklären, wie man den anderen an die Mauern der belagerten Festung herangeschobenen Bauten entgegentreten kann. Hier würde das taugen, was wir über den Widerstand gegen die Maschinen gesagt haben; denn wie die Steingeschütze durch einen unvorhergesehenen Angriff oder durch heimlich des Nachts entsendete Leute und durch Brandpfeile, sowie durch andere Schleudermaschinen und durch glühende, aus eisernen Schleudern geworfene Eisengeschosse zerstört werden können, so kann man auf diese Art auch die Holzbauten bestürmen. Ja es ist erprobt, dass gegen diese Holzbauten ganz besonders wirksam ist, wenn durch andere Maschinen oder auf eine andere Weise glühende Eisengeschosse auf sie geworfen werden. Wir können aber noch im Einzelnen einige Hülfsmittel gegen solche Bauten angeben, z. B. den Wolf gegen den Widder (cf. Vegetius IV, 23). Es wurde schon gesagt, dass der eisenbeschlagene Balken, mit dem man die Mauern der Festung bestürmt, der Härte seines Kopfes wegen Widder genannt wird. Gegen diesen richtet man ein gekrümmtes, mit starken und scharfen Zähnen ausgezacktes Eisen her, bindet es an Stricke und fasst damit den Kopf des Widders oder vielmehr den Kopf des eisenbeschlagenen Balkens, zieht ihn dann entweder hinauf oder lässt ihn so hangen, dass er keinen Schaden mehr thun kann. Daher nannten die Krieger des Alterthums dieses Eisen den Wolf, weil er mit scharfen Zähnen den Widder packt. Gegen die Thürme (castra) jedoch nützen sehr die glühenden Eisengeschosse, man braucht aber noch ein besonderes Mittel gegen dieselben, indem man Minen und unterirdische Gänge anlegt und die Erde da heimlich untergräbt, wo der Thurm vorrücken muss. Wenn derselbe auf der so untergrabenen Stelle einbricht, so muss man ihn von neuem erbauen, da er wegen seiner bedeutenden Schwere nicht ganz aus der Grube herausgebracht werden kann. Gegen die Katzen und Mäuse (vineae et musculi) taugen sehr viel die glühenden Eisengeschosse. Wenn es jedoch vorkommt, dass mittels solcher Bauten die Mauern der belagerten Festung durchbohrt werden, und man hat die Besorgniss, so führt man, ehe dies geschieht, hölzerne, wenn möglich steinerne Mauern auf. Wenn dann die Belagerer durch die Bresche eindringen, so werden sie zwischen den Mauern abgeschnitten und, da sie sich wegen der Beengung durch die Mauern nicht recht vertheidigen können, mit Steinwürfen überschüttet. Man muss aber sorgsam beachten, dass die Belagerer oft zu fliehen vorgeben und so durch List und

Schlauheit die belagerte Feste einnehmen. Deshalb soll man nicht sogleich nach Abzug der Feinde die Befestigungen verlassen und die Wachsamkeit vernachlässigen, vielmehr soll man die Lage der Feinde erforschen, damit diese nicht, was sie offen und ehrlich nicht erkämpfen konnten, durch List und Verschlagenheit erreichen."

Die Berichte, die uns über die Vertheidigungen von Festungen vorliegen, sind nicht besonders ausführlich, und deshalb gewinnen die Bemerkungen des Aegidius Colonna sehr an Werth. Das wirksamste Mittel war immer die Aushungerung. Tortona musste sich ergeben, weil den Belagerten das Trinkwasser abgeschnitten war; Mailand und auch Crema fielen nicht in Folge der Wirkung der Belagerungsmaschinen, sondern weil die Lebensmittel knapp wurden. Heldenmüthig ertrug 1172 Ancona die Belagerung; auf der Landseite wurde die Stadt von dem Erzbischofe Christian von Mainz eingeschlossen, den Hafen blokirten die Venetianer, und so fehlte es bald an Lebensmitteln. Erst wurden dieselben theuer; wie uns Boncampagni (de obsidione Anconae, cap. 3; Muratori, Script. Rer. Ital. VI) mittheilt, konnte man sich für einen Byzantiner (10,20 Fr. = 8,16 RM.)[1]) nicht satt essen. Fünf Bohnen kosteten einen Denar (8—10 Centimes), eine Handvoll Spelt oder Gerste 20 Denare. Um Pflaster für die Verwundeten zu fertigen, brauchte man Eier, aber in der ganzen Stadt fand man deren nur zwölf vor. Eine mässig grosse Henne wurde mit 20 Solidi (ungefähr 16 RM.) bezahlt.

Auf die Theuerung folgte die entsetzlichste Hungersnoth, die aber von den Belagerten heroisch ertragen wurde. Boncampagni erzählt (cap. 11): „Die in der Stadt zurückgeblieben waren, wurden von einer Hungersnoth, die sich gar nicht schildern lässt, gepeinigt, denn das Brot fehlte ganz und kein Gemüse irgend welcher Art war aufzutreiben. Man schlachtete die Pferde, das Zugvieh, die Esel; man ass gierig das ekelhafteste Fleisch, denn der Hunger treibt jede Nahrung hinein. Doch so gross war die Theuerung solches Fleisches, dass man für einen Eselskopf drei Goldstücke zahlte; auch die Eingeweide verschmähte man nicht, und nichts Essbares, ausser den Knochen, wurde übrig gelassen. Als auch diese Lebensmittel zu Ende gingen, nahm man die Häute der Ochsen, weichte sie lange ein und kochte sie, und waren sie gekocht, so assen sie die Einen mit einer gepfefferten Weinsauce, Andere mit Essig, wieder Andere einfach in Oel gesotten. Und

1) Wallon (Joinville p. 461) berechnet den Goldbyzantiner (Besant) auf 10 Sols tournois, den Sol tournois auf 1,01 Fr.

das war zu Anfang und seit Jahrhunderten unerhört. Einige assen damals Hunde, Katzen (muscipulas) und Mäuse, Andere rieben Salz fein und säuberten es gut, kochten es dann in einer Pfanne mit Oel und stärkten durch einen Trunk Wein die durch den Hunger geschwächten Lebensgeister. Viele nahmen auch Meer-Nesseln, die unter dem Wasser an den Steinen hängen, und assen sie in Oel gebacken. Diese Nesseln sind meist roth und sind keine Pflanzen oder Fische, sondern eine besondere Art von Wesen, das, so lange es roh ist, Gift enthält; deshalb treibt es mehr als Capsia (?) das Fleisch der Menschen auf. Aber da solche Speisen keine guten Säfte erzeugten, so wurden Aller Antlitze blass, und sie konnten sich kaum von der Stelle bewegen, ausser wenn sie zum Kampfe eilten. Die Meisten waren so schwach, dass sie kaum bis zum Beginn des Kampfes den Schild tragen konnten, und doch fochten sie so ausdauernd, dass die Belagerer sich darüber höchlichst verwunderten. Die Kleinen forderten Brot, und wenn auch der da war, der es ihnen brechen sollte, so war keins zu brechen vorhanden. Es weinten die Mütter der kleinen Kinder, denn bei dem Mangel an Blutwärme ging ihnen die Milch aus, mit der sie ihre Säuglinge nährten. Wenn diese Milch zu saugen versuchten, fanden sie die Brüste gleichsam trocken und brachen in ein fortwährendes Weinen aus, weil sie keine Nahrung finden konnten. Wenn Einige ihre Kinder säugten, so starben sie, und an den todten Müttern, an ihren Brüsten hingen wieder die Kinder und so wurden sie todt an dem Busen der Mutter gefunden. Als eine vornehme Dame ihren Säugling, einen Knaben, auf dem Arme trug, fand sie am Thore einen Schützen, der durch den übermässigen Hunger niedergestreckt dalag. Er erwiderte, dass er durch den Hunger gänzlich abgezehrt sei. Sie aber sprach: „Schon vierzehn Tage ist es her, dass ich nichts als gekochtes Leder esse, und kaum kann ich Milch für den Knaben haben. Jedoch, wenn du willst, so nimm die Brust und wenn du noch etwas herausziehen kannst, so stärke dich.“ Als er aber die Augen aufhob und sah, dass es eine vornehme Dame war, so sprang er erröthend auf, ergriff seine Armbrust und erlegte in kurzer Zeit vier der Belagerer. So ermahnten Frauen, Wittwen und Jungfrauen die Krieger beständig zum Essen. . . In dieser Stunde kamen die Damen der Stadt in die Volksversammlung und boten sich selbst an; sie sagten: „Ist das Fleisch der Esel schmackhafter zu essen als das unsrige? Esst uns also auf oder werft uns ins Meer, denn wir halten es für ein kleineres Uebel zu sterben, als in deren Macht zu gerathen, denen die Wuth die Stelle des Gesetzes vertritt, welche die Unterworfenen nicht schonen wollen oder dürfen" ... Fürwahr, von Erzählern, welche die Wahrheit sprachen, habe ich erfahren, dass eine Wittwe zwei Söhne hatte und sah wie sie tapfer kämpften; da seufzte sie, weil sie an dem Tage noch nichts gegessen, sie auch nichts hatte, was sie ihnen bringen konnte. Da ging sie unverzüglich nach Hause, liess sich am linken Arme eine Ader mit einer Lanzette (flebotomo) öffnen, kochte das abgezapfte Blut mit Gewürz und brachte es so ihren Söhnen zum Essen." Die Stadt wurde zur Belohnung ihres Heldenmuthes wirklich entsetzt. Wie andere vom Feinde cernirte Festungen sich der unnützen Esser entledigten, ist schon geschildert worden.

Den Minen, welche die Deutschen gegen Tortona anlegten, begegneten die Belagerten wirksam durch Contreminen[1]).

Gegen die Kriegsmaschinen half aber immer am meisten ein geschickt geleiteter Ausfall[2]). Die Soldaten trugen zuweilen hölzerne Schirmwände, hinter denen sie sich verstecken konnten und die ihnen beim Anschleichen an das feindliche Lager Dienste thaten[3]). Der Hauptzweck des Ausfalls war die Zerstörung der feindlichen Maschinen, und diese glückte sehr häufig. So verbrannten am 15. October 1190 die Türken vor Akka mit griechischem Feuer den Sturmbock, welchen Bischof Thierri von Besançon gegen sie hatte errichten lassen (Itin. Reg. Ric. I, 59):

> Fecit hic arietem, quem de ferro texit,
> Qui nostrorum animas plurimum erexit.
> Nullus enim credidit, nullus intellexit,
> Quod comburi valeat, licet in igne sit[4]).

Das Verbrennen der Thürme erzählt das oben genannte Itinerarium I, 36 und 58. Bei der Belagerung von Ancona zündete eine Wittwe

---

1) Ott. Frising. Gesta Frid. II, 16 (cf. S. 325, Anm. 1).

2) Blancandin 1115: Es vous mil chevaliers armés Qui s'arangent sor les fossés, Devant les bares à la porte. Mains serjans le fu i aporte Por alumer le hireçon Que cil i traient del doignon. Li serjant s'arestent as lices devant les bares coleïces. — Parise la Duch. p. 57: Par de desus la vile sont issuz li archier As murs et as escrimes sont li arbalestier. Devant la maitre porte sont li borjois à pié Qui portent bones armes et jusarmes d'acier Et grant targes raondes, fandues de carter.

3) Anelier, Guerre de Navarre 4328: E portego barreras per far millor abrig. — Vgl. Heinrici Chron. Livon. III, c. 14, 5: Et Curones relinquentes naves suas in Duna ordinaverunt exercitum suum in campo et portabat unusquisque tabulam ligneam ante se ex duobus asseribus compositam et clavam ad modum baculi pastoralis ad sustentaculum ipsius tabule.

4) Monachi Florentini Acconensis Episcopi de Recuperatione Ptolemaidae liber, v. 433 ff.

Namens Stamura den von den Deutschen erbauten Bercfrit an (Boncampagni, cap. 3).

Wie die Belagerten auch durch geschickt dirigirte Schüsse mit ihren Wurfmaschinen die Arbeiten des Feindes stören können, das bewiesen die Türken in Akka, die mit ihren Petrarien viele der von den Christen erbauten Geschütze ruinirten (Itin. Reg. Ric. I, 47).

Kamen die Belagerer näher an die Mauer heran, so suchte man sie durch die auf den Zinnen gedeckt aufgestellten Bogen- und Armbrustschützen zurückzutreiben [1]). Sobald der Feind dicht an die Festung vorgedrungen ist, wird er von den Zinnen mit Geschossen aller Art überschüttet. Die Schützen blieben in fortdauernder Thätigkeit und die Schleuderer suchten jeden, der sich aus seinem Schutzdache hervorwagte, zu treffen; dazu warf man jetzt grosse Steine von den Mauern (lâzsteine), die man schon vorher dort parat gelegt hatte [2]). Frauen trugen stets neue Steinmassen herbei [3]), die dann, durch die Machicoulis geschüttet, dicht an der Mauer niederfielen und die Mineure tödteten. Geschmolzenes Blei, Pech und Schwefel, heisses Wasser, siedendes Oel, zugespitzte Pfähle [4]), ja auch Bienenstöcke wurden auf die Belagerer geworfen [5]).

1) Troj. 25128: Vil erker ûz geschozzen Wâren oben an der were, Dar inne saz der schützen here Mit armbrüsten und mit bogen. — Kudr. 1384: Mit armbrusten heizet ûz den venstern schiezen.

2) Reinfr. 25702: Die ûf dem turne nâmen Lâgestein und valletor. — Biterolf 1594: Man mohte wol gelîchen Die lassteine kaltem snê, Den si vil dicke sâhen ê Von winden undr einander gân: Alsô dicke wurden lân Die schuzze nider ûf sie. Ouch wart von slingen würfen hie Erdœnet manic helmvaz. — Vgl. Mhd. Wtb. II², 615. — Chron. des ducs de Norm. 19069: Lor lancent d'amunt peus aguz, Chaillous e pierres e quarreaus; Puis funt jeter lor mangoneaus; Fuz od espeiz granz acerez Lor unt tant sors les cors jetez.

3) Kudr. 1385: Ich und mîne meide tragen iu die steine in wîzen stûchen. — Jord. Fantosme 870: N'i ot dedenz la vile pucele ne muillier Ki ne portast la piere al paliz pur geter.

4) Guil. Brito, Philipp. VII (Duchesne V, 173): ut inde Incircumcisos possint iactare molares Desuper et ferri massas, ignesque globatos, Et pice fluentes ollas ruditerque dolata Pondera truncorum, titiones, ligna, sudesque. — Rom. de Troie 23029: Cargié sont (les murs) de chaillox cornuz Et de grandisme pels aguz. — Gui de Bourg. p. 126: Gietent pierres et fus et pois qui ert boulie. — Ren. de Mont. p. 30, 5: Jettent pieres et baus et pois chaude et bolie Et ruerent les fus dont la vile iert garnie. — Guiart I, 3640: Car il leur gietent plomb boillant Pierres et piex aguiséiz Et font de dars tiex lancéiz. — Godefr. de Bouillon 20505: D'arbalestres traiant bien fort à la volée Et ont dessus les murs maint pière toursée Et maint pesant mairien y ot mis le journée. Par d'encoste le murs fu ly iauwe cauffée Maint caudire y ot qui fu toute aprestée D'oile et de plonc boulant raemplie et rassée.

5) Ann. Austriae (Contin. Vindob.) 1289: Miserum vidisses spectaculum. Nam

Aber trotzdem waren alle diese Hülfsmittel doch nicht besonders wirksam. Es konnte allerdings dem Gegner wohl einiger Schaden zugefügt und die Einnahme der Festung verzögert werden, indessen war schwerlich eine Stadt auf die Länge zu halten, wenn der Belagerer nicht die Geduld verlor oder durch das Herannahen eines Entsatzheeres zur Aufhebung der Belagerung genöthigt wurde. Es kam also für die Vertheidiger der Festung vor allem darauf an, ihre Freunde zum Entsatz herbeizurufen, dann so lange Widerstand zu leisten, bis dieselben zu Hülfe eilten. War die Festung gut cernirt, so konnte ein Bote kaum durch den Belagerungscordon sich durchschleichen; die Sarazenen haben deshalb Brieftauben zur Hand, denen Zettel an den Schwanz oder an den Hals gebunden werden und die sie fliegen lassen oder im Nothfall mit Steinwürfen aus der Festung fortjagen [1]).

Von entscheidender Bedeutung war es, ob die Feinde mit ihren Katzen, Sauen, Widdern und Thürmen an die Mauer herankamen. Gelang es, diese Holzbauten zu zerstören, dann hatten die Belagerten immerhin wieder einige Zeit gewonnen, da die Herrichtung neuer Maschinen nicht so schnell ausgeführt werden konnte. Man sucht also dieselben zu verbrennen, indem man auf sie Brandpfeile abschoss [2]) oder brennende

---

illic viri de muro super homines ligna et lapides, illac mulieres aquam calidam et sepes ardentes, istic alvearia apum cum ipsis apibus proiciebant.

1) Fulcherii Carnotensis Historia Hierosolymitana III, 47: Morale est enim Sarracenis in Palaestina degentibus, ut per columbas, ad hoc officium doctas, de civitate in civitatem sagaciter transmittant, quae scriptorum vectrices ad domicilium jam sibi dudum cognitum deportent; quae scripta in scedulis, et super clunes columbarum consuta, inventis legendo insinuent, quid postea fieri debeatur. — Raimundi de Aguilers Historia Francorum c. 19: Columbam desuper exercitum volantem accipiter in medio discurrentium mortaliter plagatam dejecit. Quum autem sustulisset eam episcopus Attensis, reperit litteras, quas illa deferebat. — Joinv. 163: Li Sarrazin envoierent au Soudanc par coulons messagiers par trois foiz, que li roys estoit arivez. — Godefr. de Bouillon 17540: Nous prenderons coulons dont nous avons plenté: Et sur cascun coulon ara au col noé Ung brief de nostre estat et de no dureté; Et manderons à ciaus dont il seront trouvé Qu'en l'honneur de Mahom aient de nous pité Et c'on die au soudant là où on l'ait trouvé, Comment ly crestyen nous tienent ensiéré; 17591: Escrire fist maint brief, puis les vont atacquant Droit à leur hatériaus au col leur vont pendant. — Vgl. Reiffenberg in der Einl. z. Godefr. de Bouillon (Monuments pour servir à l'histoire des provinces de Namur etc. V, p. CLXXXI).

2) Chans. d'Antioche IV, 23: Il ont les ars turcois qui moult font à proisier Et ont fait les saietes moult bien aparillier Et les fers et les fleches font de soffre poier Tant en font en l'engien et traire et enfichier Qu'eles orent de lonc une anste de pomier, Et si furent espesses qu'on n'y pot rien muchier. Puis prisrent fu gréjois qui fait à resoigner Trestout ardant l'ont fait dedans l'engien lancier.

Holzmassen herabschleuderte [1]). Waren die Maschinen aber gut mit rohen Häuten bekleidet, so hielt es schwer, sie anzuzünden. Man versuchte dann, sie zu zerschmettern, und schüttete grosse Fässer voll schwerer Steine von der Mauer [2]) oder liess einen starken Balken wie den Klotz einer Ramme (den Rammbär) hinabfallen [3]). Schon Vegetius (IV, 23) giebt den Rath, im äussersten Nothfalle Marmorsäulen auf die Belagerungsbauten zu werfen.

Die Wirkungen des Widders schwächte man, wie dies auch Vegetius empfiehlt (IV, 23), dadurch, dass man Polster oder Faschinenbündel vor die Mauer hing [4]); die Fallbrücke des Thurmes suchte man zu zerstören [5]).

---

1) Heinr. Chron. Livon. III, c. 28, 5: Ad horam itaque nonam Estones magnos incendunt ignes, foramen in munitione magnum aperiunt, de quo rotas ignibus impletas demittentes super turrim dirigunt magnasque lignorum strues superadiciunt. Sed fortes armati christianorum ignes diripiunt, rotas destruunt.

2) Ann. Parm. maj. 1326: Illi vero de castro (Bargoni) habebant ad palancata vegetes et scrineos plenos de lapidibus, quas demittebant cadere contra nostros.

3) Wigal. p. 274, 5: Die mûre was behangen Mit grôzen blochen sinwel. Diu wâren an der wer sô snel: Swenne ieman an den graben gie Und man diu bloche vallen lie, Sô hurten si di vînde wider In den tiefen graben nider. Dâ von den lîp vil maneger vlôs Des hant vil værlîch ende kôs; p. 279, 30: Die sarjande an den graben Mit antwerke giengen, Dar ûf si enpfiengen Diu bloch, sô man diu vallen lie. — Godefr. de Bouillon 20671: Mais ly Sarrasin ont une pièsche coisie Qui fu d'un gros mairien du bois de Bétanie Par dessus les crestiaus fu la pièsche apoïe ·Xxx· piés ot de lonc, pesans fu et furnie; Par dessus nostre gent l'ont aval trébucie.

4) Alb. Aqu. VI, 9: Tandem Sarraceni hoc impetu et iactu perspicientes muros graviter concuti et minui, saccos, stipula paleaque refertos, ac navium funes magnae grossitudinis, strictim densatos muris et moenibus affigentes, opposuerunt, quatenus impetum et iactum mangenarum molliter exciperent et nequaquam muris moenibusque nocerent. — Laurentii Veronensis De Bello Balearico lib. IV (ed. Migne, Patrologiae Cursus Comp. Series secunda, CLXIII, 558, A): Protegitur murus pannis latisque tapetis, Et turres habuere sui munimina vestes, Fulcraque collatae luserunt saepius ictus Molis, et appositae texerunt caetera crates. — Ottokar von Steier CCCXIII: Wie er dew mawr möcht zeprechen Dez heten sein maister gawm: Si hiesszen wurchen ainen pawm, Der was grozz und lankch, Starkch und nicht krankch; Nach ler der maister weisen Ward er beslagen mit eisen Und an dem ort uber al Mit wechsem ekchel unde stachel. Daz geschach durch den geniez, Wo man damit an stiez Mit chraft, da viel die mawr nider. Dagegen drungen sy her wider Ain werch, daz was spehe. Gerten starkch und zehe, Davon si ain hurd flochten Drivalt, damit si pedakchten Dew mawr, so man daran wolt stozzen. An starkchen sailen grozzen Die hurd sie herab hiengen, Darauf si die stozz empfiengen, Die man wolt an die mawr tun. Do hiez kunig Ruedolfs sun Wurchen eine sichel (an langem Stiele und mit derselben die Seile durchschneiden).

5) Guiart I, 3619: À coignies trenchanz et cleres À haches et à dolouères Desqueles granz colées baillent, Les estaches du pont assaillent. — Vgl. oben S. 369.

Des Nachts stellte man Wachen aus, damit der Feind die schlafende Besatzung nicht überrumpele[1]).

Rührend ist die Hingebung, mit welcher die Frauen die Belagerung ertragen, die Kämpfenden nach Kräften unterstützen, ihnen Munition, einen Trunk Wasser und Erfrischungen bringen[2]). Aber im Falle der Noth sind die Frauen damaliger Zeit noch ganz anderer Heldenthaten fähig. Wenn Wolfram erzählt, dass Gyburc, die Gemahlin Wilhelms von Oransche, mit ihren Jungfrauen tapfer und umsichtig das Schloss Oransche gegen die Sarazenen vertheidigt (Willeh. 230, 1 ff.), so schildert er nur, was in der That Frauen damals zu thun im Stande waren. Wie Ordericus Vitalis (XIII, 5) uns berichtet, vertheidigte schon 1128 Sibylla, die Gattin des Rodbertus de Cueleio, eines normannischen Ritters, dessen Schloss. „Wachsam wahrte sie in Abwesenheit ihres Gemahls Tarragona, jede Nacht legte sie wie ein Ritter die Rüstung an, nahm einen Stock in die Hand, stieg auf die Mauer, machte die Runde in der Stadt, ermunterte die Wächter und ermahnte weislich Alle, sorglich auf die Listen der Feinde Acht zu geben.“

Wenn ein Angriff glücklich zurückgewiesen worden war, dann läutete man die Glocken und gab sich der Freude hin[3]).

Aber, wie schon gesagt, die Festung war doch meist verloren, wenn der Belagerer nur geduldig ausharrte. Entweder konnte er eine solche Bresche in die Mauer legen, dass er mit Sturm in die Stadt einzudringen vermochte, oder er zwang dieselbe, freiwillig zu capituliren. Der Sturm war jedoch immer mit bedeutenden Verlusten von Menschenleben verbunden[4]), darum zog man es vor, lieber auf gütlichem Wege in den Besitz der Festung zu gelangen.

---

1) Percev. 3116: (Après manger) Cil remèsent qui se dormirent, Qui l'autre nuit vellié avoient; Cil s'en issirent qui devoient La nuit par le castel vellier; Serjant furent et chevalier Cil ki cele nuit i veillièrent. — Vgl. Rom. des 7 sages 2169: Itel coustume auoit a romme Qu'il n'i avoit si riche homme, Tant fust haus hons ne parentés, Puis ke cueure fus fu sonnes (die Nachtglocke zum Auslöschen des Feuers), S'il fust seus troues en la rue, Ne dame tant fust bien uestue, Porchou k'il fuissent maint detrois K'il ne fussent pris de manois A la quemugne erent liuré Et lendemain erent fusté.

2) Vgl. S. 381, Anm. 3. — Chans. d'Antioche VIII, 22: Aus osteus sont corutes por les bordons saisir En son lient lor guimples pour a vent refremir; Les plusors vont les pierres en lor mances coillir, Les autres de douce aigue font les boutiaus emplir, Cil qui boire voura n'i pora pas faillir.

3) Chron. des ducs de Norm. 4476: E cil dedenz joius e las Unt fait par tut soner les glas De joie qu'il sunt defenduz.

4) Ann. Austriae (Cont. Vindob.) 1289: Muro civitatis (Güns in Ungarn) magna

Die Belagerung von Lissabon durch die Kreuzfahrer dauerte vom 30. Juni bis zum 22. October 1147 (Osbernus); Tortona, dem, wie wir gesehen, das Trinkwasser entzogen war, hielt sich vom 13. Februar bis Anfang April 1155 (Ott. Frising. Gesta Frid. II.); Crema vertheidigte sich vom 9 Juli 1159 bis zum 26. Januar 1160 (Otto Morena); Akka widerstand vom 28. August 1189 bis zum 12. Juli 1191 (Itin. Reg. Ric. I, 26; III, 18).

Die Verhandlungen wurden gewöhnlich damit eingeleitet, dass die Belagerten ihre Geistlichen, Bischöfe und Mönche mit den Reliquienschreinen zum Sieger sendeten und denselben kniefällig um Gnade anflehen liessen [1]). Bei Tortona hatte auch erst die Geistlichkeit mildere Bedingungen erbitten wollen, aber Kaiser Friedrich bestand darauf, dass die Stadt auf Gnade und Ungnade sich ergebe [2]). Die Städter brachten dann als Zeichen der Unterwerfung die Schlüssel der Thore [3]), liessen die Zugbrücke nieder und machten Alles frei, so dass die siegreiche Armee einrücken konnte [4]).

Hatte eine Stadt sich gegen den eignen Landesherrn empört, so zwingt sie derselbe, eine oder zwei Breschen in ihre eigne Mauer zu legen, und zieht durch diese Breschen triumphirend ein. Das verlangte wenigstens Herzog Albrecht von Oesterreich, als er das empörte Wien 1296 zur Ergebung gezwungen hatte (Ottokar von Steier DCXVI—DCXIX). Die Bürgerschaft fleht um Gnade; die Freien tragen ein

---

parte interrupto, cum exercitus ducis per foramen violenter intraret, adhuc Ungari interius lanceis et sagittis, gladiis et securibus, lapidibus quoque et luto locum fortiter defendebant.

1) Rom. de Brut fährt dann fort v. 9704: Es vous les dames des contrées Totes nus piés, escavelées, Leurs vestéures descirées Et leurs chières engratinées En lor bras lor anfans petis, À plorement et à grans cris As piés Artus tot s'umelient, Plorent, braient et merci crient. — Auberi p. 240, 24: As pies li chiet por merci crier ·Iij· fois li baise la chauce et se sousler. — Percev. 36283: À la tière se crucefie Tous souvins et merci li prie (vgl. Mai u. Beafl. p. 29, 14: Si weinte gar unmâzen Und viel nider en kriuzestal. Alsô vant sî Rôbôâl Weinnde an ir gebete ligen).

2) Ott. Frising. Gesta Frid. II, 19.

3) Otto Morena 1153: Laudunenses quandam clavem, ex bono et purissimo auro factam, . . . regi direxerunt. — Pierre de Langtoft I, 166: Le provost de Parys le clef ly ad portez. — Lanc. I, 35362: Claudijn brachte die slotele doe In sine hande van der port; 35375: Claudijn knielde na dien Vor den coninc over sine knien Ende sprac ten coninc dese wort 'Here, neempt die slotele van der port'.

4) La Conqueste de la Bretaigne 2266: Quant les paens le virent apresmer, Ysnellement vont la porte [di]fermer Et le grant pont maintenant avaler, Quar il ne povai[n]t la [fain] plus durer.

blosses Schwert am Halse, die Unfreien einen Strick [1]), zum Zeichen, dass sie den Tod verdient haben, aber hoffen, der Herr werde ihnen barmherzig sein (Fig. 132). Der überwundene Ritter überreicht sein

Fig. 132. Die Bürger von Brixen ergeben sich Kaiser Heinrich VI. (Miniatur des Codex Balduineus zu Coblenz.)

Schwert dem Sieger und giebt sich waffenlos nun in dessen Hand [2]). In Frankreich war es dann noch Sitte, dass ein Lehnsmann, der sich

1) Vgl. J. Grimm, RA. p. 714. — Wipo, Vita Chuonradi: Nudatis pedibus, liberi cum nudis gladiis, servi cum torquibus vimineis circa collum, quasi ad suspensionem parati. — Otto Fris. (Ragew.) III, 42 (1158): Consules (Mediolanensium) et maiores civitatis item abiecta veste pedibus nudis, exertos super cervices gladios ferentes. — Gr. Wolfdietr. 1975: Do fielen sie zu füszen dem userwelten man; Die swert leiten sie uf den rücken die tegen lobesam. Sie sprachen: 'lieber herre, schlahend uns die höpter ab. Wir wolten unser truwe an uch zerbrochen haben.' — Ren. de Mont. p. 38, 10: Tot nu se despoillèrent si com je entendi, Tot nuz piés et en langes en vont au roi issi.

2) Wolfdietr. 2027: Also der künig Wahsmut die überkraft ersach, Er bot dem fürsten die hende. — Lanc. IV, 3987: Hi knielde te hant over die knien Ende gaf hem te hant op sijn swaerd mettien. — Ren. de Mont. p. 106, 11: S'espée li rendi au pun d'or esmerée. — Doon p. 97: À genoullons se met, si li rent maintenant L'espée par le heult qui reluist et resplent. — Cléomadès 10044: Puisk'à pié et sans hiaume estoit Par la pointe a prise s'espée: Cléomadès l'a presentée À lui se rent, merci li crie. — Blancandin 5504: Alimodes crie merci Et dist: 'signor, ne m'ocies. Je vous renc m'espée, tenes.' — Guill. de Palerne 6993: Atant li a son brant rendu; Li bers l'a pris et receu.

gegen seinen Herrn empört hatte und von demselben überwunden worden war, einen Sattel auf den Rücken nahm und demüthig so vor jenem erschien, seine Gnade anflehend [1]). Es ist dies eine Anticipation der Strafe, die ihm auferlegt werden konnte, denn wir wissen, dass damals edle Landfriedensbrecher, ehe die Todesstrafe an ihnen vollzogen wurde, Hunde, Dienstmannen den Sattel, Bauern ein Pflugrad tragen mussten [2]).

Günstig waren immer noch die Bedingungen zu nennen, wenn den Bürgern der Stadt freier Abzug und Mitnahme ihrer Habe, so viel sie von derselben tragen konnten, zugestanden wurde. Bei der Eroberung von Weinsberg 1140 gab, so erzählen die Annales Colonienses maximi, König Konrad III. „den Frauen aus königlicher Gnade die Erlaubniss, mitzunehmen, was sie auf den Schultern forttragen konnten. Diese gedachten der Treue ihrer Gatten und sorgten für die Sicherheit der Männer, liessen ihren Hausrath zurück und kamen heraus, indem sie auf den Schultern ihre Männer forttrugen. Als der Herzog Friedrich dies verbieten wollte, sagte der König, die Schlauheit der Weiber begünstigend, es zieme sich nicht, ein Königswort zu ändern.“ Bei der Einnahme von Crema gestattete 1160 Kaiser Friedrich I. den Bewohnern allen, Männern und Weibern, freien Abzug und erlaubte, dass auch sie so viel mitnehmen durften, als sie auf einmal zu tragen vermochten. Am 27. Januar zogen 20,000 Einwohner (Ragew. Gesta Frid. III, 62) aus der Stadt, froh des geschenkten Lebens, trauernd über ihre verlorenen Besitzthümer. Der Kaiser verehrte den treuen Leuten aus Lodi die Rüstungen, die in der Stadt sich vorfanden. Dann

---

1) Rom. de Rou 7353: Quant à Richart vint li Quens Hue Une sele à sun col pendue Sun dos offri à chevalchier; Ne pout plus sei humelier: Si esteit costume à cel jur De querre merci è seignour. — Chron. des ducs de Norm. 29660: Desus son col prist une sele; Hontos, plaissiez de son orguil Si qu'en lermes li sunt uil, Vint à Richart trestoz nuz piez, Devant lui s'est humeliez; La sele li fu sor le dos: Ne fu si hardiz ni si os Qui l'en osast faire lever. Iteu semblant solent mostrer Cil qui de merci erent loing; Par vive force e par besoing Se rendeient si senz dangier Tuit enselé à chevauchier; 30364: Guillaume (de Belesme) quist merci e out; Mais unques aveir ne la pout, De ci que toz humiliez S'en eissi del chastel nuz piez À son col, cum autre frarin, Une viez sele de roncin. — Vgl. J. Grimm, RA. 718.

2) Ott. Frising. Gesta Frid. II, 28: Denique vetus consuetudo pro lege apud Francos et Suevos inolevit, ut si quis nobilis ministerialis vel colonus coram suo iudice pro huiusmodi excessibus reus inventus fuerit, antequam mortis sententia puniatur, ad confusionis suae ignominiam nobilis canem, ministerialis sellam, rusticus aratri rotam de comitatu in proximum comitatum gestare cogatur. — Guntherus Ligurinus V (ed. Reuber, Script. 351) — Vgl. J. Grimm, RA. 715.

wird dieselbe geplündert (militibus ad diripiendum permissum est, Ragew. 62) und angezündet. Die Cremoneser zerstörten sie darauf gänzlich und schonten selbst der Kirchen nicht. So berichtet Otto Morena. Auch bei dieser Gelegenheit soll, wie die Annales Colonienses maximi erzählen, eine Frau ihren kranken Mann auf den Schultern herausgetragen haben.

Jammervoll war, selbst nach Ottos von Freisingen Bericht, das Aussehen der Einwohner von Tortona, als dieselben, durch Wassermangel zur Ergebung gezwungen, im April 1155 aus ihrer Stadt abzogen [1]).

Aus Mailand kommen am 1. März 1162 die Consuln zum Kaiser Friedrich I. nach dem Palast in Lodi, blosse Schwerter in den Händen, ergeben sich ihm und schwören ihm Namens der Stadt Treue. Den 4. März erscheinen 300 Mailänder Ritter, unter ihnen 36 Bannerträger, liefern ihre Fahnen aus [2]) und küssen den Fuss des Kaisers. Am 6. März wird das Carroccio mit dem Hauptbanner und noch 94 Fahnen übergeben; auch die beiden Trompeten der Stadt erhält der Sieger [3]). Am 19. März kündigt man den Einwohnern an, dass sie binnen acht Tagen die Stadt zu räumen haben (Acerbus Morena).

Hart war es gewiss, auf diese Weise eine ganze Stadtbevölkerung aus ihrer Heimath zu vertreiben, ihrer ganzen liegenden Habe und alles sonstigen Besitzthumes, das nicht so leicht transportabel war, zu berauben. Jedoch die Mailänder hatten am wenigsten Ursache, den Kaiser der Grausamkeit zu bezichtigen: im Jahre 1158 waren sie gegen ihre Nachbarstadt Lodi noch viel rücksichtsloser gewesen. Da Lodi den Treueid ihnen nicht unbedingt, sondern nur vorbehaltlich des Gehorsams gegen den Kaiser leisten wollte, brachen sie am 23. April 1158 in die unglückliche Stadt ein und plünderten sie aus, befahlen auch den Einwohnern, die Stadt zu räumen, da sie sonst getödtet werden

---

1) Gesta Friderici II, 20: Mense Aprili animabus solum ex miseratione et mansuetudine principis saluti et libertati datis, civitas primo direptioni exposita, excidio et flammae mox traditur. . . Videres miseros oppidanos, cum iam securitate concessa de miseris claustrorum ergastulis ad liberam prodirent aeris temperiem, funebri facie tanquam de bustis egredientes mutari in semet praetendentes, quod dicitur omnium miserabilius esse claudi obsidioni.

2) Vgl. Gr. Wolfdietr. 1994: Den fanen wurfen sie zu der erden, die dannoch heten daz leben; Sie sprachen 'lieber herre, wir wellen uns gerne ergeben'.

3) Die Annales Mediolanenses (Libellus Tristitiae et Doloris 24) sind sehr empört, dass der Kaiser die Trophäen nicht zurückgab: Ipse autem tamquam vir nequam et perfidus et crudelis, milites et carocium et omnia signa et tubas retinuit.

würden. Otto Morena erzählt nun weiter: „Am nächsten Donnerstage (24. April) im Jahre nach des Herren Menschwerdung 1158 liessen, als die Sonne schon zum Untergange sich neigte, alle Einwohner von Lodi, Männer und Frauen, Gross und Klein, ihre Häuser und alles sonstige Besitzthum im Stiche, schlossen die Thüren ihrer Häuser zu — nur die Hunde und Katzen blieben zurück — und flohen Alle einmüthig die ganze Nacht hindurch nach Pizzighettone, das zwischen der Adda und dem Serio gelegen ist. Wer sie da gesehen hätte, die Frauen, die eines von ihren Kleinen am Halse, ein andres auf den Armen trugen, andre hielten sich an dem Saume ihrer Röcke fest, die übrigen gingen klagend hinterher; sie selbst fielen mit den Kindern oftmals in Gräben; die Vornehmen (capitaneos quoque grandes) und ihre Gemahlinnen, die, weil sie keine Pferde hatten, so gut sie konnten, zu Fuss marschirten, und deren viele sammt ihren Frauen schreiend in die Gräben fielen, denn es war Nacht und es regnete auch, — wer sie da gesehen, der wäre, so heiteren Sinnes er sonst sein mochte, vor Erbarmen traurig geworden, hätte aus Mitleid Thränen vergossen. Als sie aber nach Pizzighettone gekommen waren, da waren keine Häuser und keine Unterkunft zu finden, denn der Ort war zu klein, eine solche Menge aufzunehmen, und so mussten drei, auch vier Familien in einem kleinen Hause unterkommen, und so beengt wohnten sie, dass fast Einer auf dem Anderen lag. Wegen dieser Ueberfüllung und wegen der Luftveränderung [1]), da es Sommer war, dann auch wegen der Veränderung der Speisen und hauptsächlich des Wassers halber, das sie, die nicht Wasser, sondern guten Wein zu trinken gewöhnt waren, jetzt täglich tranken, starb eine so grosse Menge Männer und Frauen, besonders aber kleine Kinder, dass man sie kaum den Tag hindurch zu beerdigen vermochte. Und so geschah es, dass von der einen Seite der Adda die Leichen zum Begräbniss nach S. Pietro in Piroli getragen wurden, weil der Boden des Kirchhofes am Orte selbst nicht zur Aufnahme so vieler Leichen ausreichte.“

Die damalige Zeit ist eben nicht so weich wie die Gegenwart gestimmt. Vor Tortona lässt Friedrich I. Galgen errichten und jeden Gefangenen Angesichts der Stadt sofort aufhängen; als die Veronesen einen Ueberfall gegen ihn wagen und Tausend von ihnen in seine Hände fallen, lässt er zweihundert Gefangenen Nasen und Lippen abschneiden, andre zweihundert aufhängen, den Rest in Ketten legen (Otto Morena). Und die Italiener sind nicht minder grausam. Bei der Belagerung

---

1) ex mutatione terre, quam mutaverant.

von Crema fällt 1159 Bertolf von Urach; einer aus Crema skalpirt den Todten und schmückt mit dem Skalpe seinen Helm. Die Schotten verübten 1174 in England die grössten Gräuel, schnitten schwangeren Frauen den Leib auf und schonten weder Jung noch Alt; selbst die Priester wurden vor den Altären niedergemacht. Noch schlimmer hausten die Soldaten des Königs Johann von England 1215 im eigenen Lande: „Um Geld zu erpressen, so berichtet Matthaeus Paris, peinigten sie Ritter und Leute anderen Standes mit denselben Foltern, hingen einige an den Lenden und an den Schamtheilen, andere an den Füssen und an den Schenkeln, wieder andere an den Händen, Däumen oder Armen auf und spritzten in die Augen der Bemitleidenswerthen Salz mit Essig vermischt; sie sahen es gar nicht ein, dass sie nach dem Ebenbilde Gottes geschaffen, in Christi Namen getauft waren. Andere legten sie auf Dreifüssen und Hürden in die glühenden Kohlen und tauchten dann die verbrannten Leiber in das Wasser unter das Eis.“ Im J. 1292 überzogen, wie Johannes von Winterthur schreibt, die Züricher die Stadt Winterthur mit Krieg. „Sie hatten vor, alle Kriegsleute, Männer und Weiber, Alt und Jung, über die Klinge springen zu lassen (in ore gladii perdere), die Mauern abzubrennen und zu zerstören, den schwangeren Frauen den Leib aufzuschneiden, die ungeborenen Kinder abzuschlachten und Alles so zu verheeren, dass keine Spur von der Stadt übrig bleiben sollte.“ Und das sind nicht bloss leere Drohungen. Wo eine Stadt mit Sturm genommen wurde, da hausten die Sieger entsetzlich, mordeten die Einwohner und schonten keines Alters. Zumal wenn eine Stadt der Ungläubigen in die Hände der christlichen Kreuzfahrer fiel, da wurde ein wahres Blutbad angerichtet. Wie roh und grausam selbst Leute aus den vornehmsten Ständen sein konnten, das zeigt eine Geschichte, die Johannes de Oxenedes uns überliefert hat: „Am Tage der Beschneidung (1. Jan. 1253) ergrimmte Galfridus de Limazum, der leibliche Bruder des Königs (Heinrichs III. von England) aus einem unbedeutenden Anlasse zu Guldeforde gegen einen der vornehmsten Köche des Königs, Namens Roger, fiel mit seinen Leuten über ihn her und misshandelte ihn unmenschlich, band ihn und brachte ihm mehrere Wunden bei. Dann liess er ihn nackt aufhängen und ihm das Haupt kahl machen, indem er befahl, einzeln jedes einzelne Haar mit der Wurzel demselben auszureissen, so dass selbiger ebensoviel Qualen zu erdulden hatte, als Haare auf dem Haupte waren. Endlich verendete der Unglückliche unter den grössten Schmerzen. Der Küchenmeister (magister cocorum) Richard brachte eine Klage beim Könige wegen dieser Gewaltthat an, erntete aber nur

Hohn.“ Wenn selbst im Frieden gegen die eignen Dienstleute vornehme Männer solcher bestialischen Roheit fähig waren, so können wir uns vorstellen, wie die gemeinen Soldaten im Kriege den Feinden gegenüber wütheten. Die Besatzung einer eroberten Festung niederzumachen, das war gewöhnlicher Kriegsbrauch. Und welche Verwüstungen hatten die Kriege zur Folge. Das Wenigste war noch, dass man die Ernten zerstörte; aber in den italienischen Chroniken lesen wir unzählige Male, dass auch die Weinstöcke ausgerissen, die Fruchtbäume umgehauen wurden, dass man so die Früchte jahrelangen Fleisses vernichtete. Mancher glaubte sein Bischen Habe in der Kirche geborgen [1]): aber auch diese heiligen Orte waren vor der Raubgier der Soldaten keineswegs sicher. Wie die damalige Zeit diese fortwährenden Verwüstungen ausgehalten hat, ist ganz räthselhaft. Es war daher immer noch nicht das Schlimmste, was der Bevölkerung einer eroberten Stadt widerfahren konnte, wenn ihr freier Abzug bewilligt wurde. Wenigstens retteten sie ihr Leben und die Frauen und Mädchen dazu noch ihre Ehre. Sie fielen sonst zuerst den Soldaten zum Opfer [2]); die hochgeborenen Führer gingen ihren Leuten mit dem schlimmsten Beispiele voran [3]). Ja man gab geflissentlich vornehme Damen, Frauen und Töchter des Feindes, Trossknechten und gemeinen Soldaten Preis [4]).

Sobald die Festung gefallen, liess der Sieger sein Banner aufstecken und zwar auf dem höchsten Thurme, damit sein Erfolg weithin sichtbar war [5]). Dann begann die Plünderung. Bei der Eroberung von Constantinopel wurde viel gestohlen. Man machte kurzen Process

1) Ottokar von Steier CCCV: Manig sakch und schrein Yederman pracht daz sein, Wo er gewarhait wesst, In chirchen oder in vesst. — Cf. Ordericus Vitalis XI, 11.

2) Troj. 12952: Die frouwen sie nôtzogeten Und die megde wol getân.

3) Vgl. die im ersten Bande, S. 458 Anm., angeführte Stelle des Chuonradus Schirensis 1196.

4) Parise la Duchesse p. 62: (Die zweite Frau des Herzogs Raymond de Saint-Gilles, die Tochter des intriganten Beranger, wird von der Partei der Herzogin Parise gefangen) Tot après la ceinture li ont les dras copez. Les tresces par desore li ont vilment oté, A ·iiij· pautoniers ont la dame livré, Puis l’ont fait de la vile vilainement giter. — Aiol 7700: (Mirabelle wird von den Feinden ihres Gemahls gefangen) Ceste putain [sagt Rainer] me faites en ma cartre lancier, Le matin le ferai liurer as escuiers. — Chron. des ducs de Norm. 22721: Puceles od gentes colors E beles dames honorées I sunt à grant dolor livrées; À mainte bele e proz e sage I toli l’om son pucelage.

5) Herz. Ernst 1638: Sînen vanen er dô stahte Ûf einen turn, der was hôch. — Gui de Bourg. p. 103: Au pomel de la tor du grant palais plenier Une enseigne vermeille i a fait baloier. — Guiart I, 4390: Puis portent en la mestre tour À la fenestre derrenière Du roy de France la banière À fleurs de lis d’or bien apertes.

mit den Dieben und hing eine Menge derselben auf. Der Graf von Saint-Pol liess einen Ritter (l'escu au col), der von der Beute unterschlagen hatte, aufknüpfen. Viele Andere, Grosse und Kleine, hatten auch für sich bei Seite gebracht; es kam jedoch nicht heraus (Villehardouin 255). Auch nach der Einnahme von Damiette 1219 schwören sämmtliche Kreuzfahrer, die ganze Beute zusammenzutragen und dann zu theilen (Matth. Paris). Als 1248 Damiette wieder in die Hände der Christen fällt, ruft Ludwig der Heilige seine Barone zusammen und berathschlagt mit ihnen, was mit der Beute geschehen soll. Der Patriarch räth, dass der König alle Lebensmittel behalte, die übrigen Beutestücke bei Strafe der Excommunication im Palais des päpstlichen Legaten abgeliefert werden, und dieser Vorschlag wird angenommen. Später will der König dem Jehan de Waleri 6000 Livres schenken, dieser aber lehnt ab und beruft sich auf „die guten Gewohnheitsrechte des heiligen Landes (les bonnes coustumes de la Sainte-Terre), die folgendermassen bestimmen: wenn man die Städte der Feinde einnimmt, erhält von der vorgefundenen Habe der König ein Drittel und die Pilger zwei Drittel“ (Joinville 167; 168). Und es war auch ganz gut, dass feste Satzungen diese Angelegenheit regelten, da sonst leicht zwischen den einzelnen Truppentheilen Reibungen und blutige Schlägereien vorkamen. Nur die Besonnenheit der englischen Kreuzfahrer beugte in Lissabon 1147 einer solchen Schlacht zwischen verbündeten Kriegerschaaren vor. Wie Osbernus erzählt, hatte man sich geeinigt, dass die Einwohner all ihr Geld und Habe freiwillig ausliefern sollten; dann wollte man die Häuser untersuchen und drohte Jeden zu enthaupten, von dem es nachgewiesen wäre, dass er etwas zurückbehalten habe. Aber die Flandrer und die Kölner fingen sogleich an zu plündern, beachteten den abgeschlossenen Vertrag nicht, erbrachen die Thüren der Häuser, vergriffen sich an den Jungfrauen, und ihr Führer, der Herzog von Aerschot, ging ihnen mit dem schlechtesten Beispiele voran. Die Engländer und Normannen aber betheiligten sich an der Plünderung nicht, und endlich schämten sich die Flandrer doch und boten ihnen an, aus einigen noch unberührten Stadttheilen ihren Beuteantheil zu requiriren.

Die Soldaten versahen sich mit Säcken [1]), und nun erbrachen sie die Thüren, die Kisten und Kasten [2]) und raubten, was sie vorfanden [3]).

1) Kudr. 1498: Dô sach man nâch gewinne dringen vil der recken. Dô sprach Wate der grimme 'wâ sint nû die knehte mit den secken?'

2) Kudr. 1499: Dô wart ûf gehouwen vil manegez rîchez gadem.

3) Rom. de Troie 25990: Tot cerchièrent et tot robèrent: Or et argent, pailes

Ja selbst die Kirchen waren vor ihnen nicht sicher [1]). Wenn wir uns erinnern, welch unsaubere Elemente in den Heeren damals dienten, dass die Ribalde, Brabanzonen und wie sie hiessen, doch bloss angeworbene Räuberbanden waren, dass endlich ein jeder, Ritter wie Knecht, einen Gewinn aus dem Feldzuge heimzubringen wünschte, so werden wir die Schilderungen solcher Plünderscenen, die uns überliefert sind, keineswegs als übertrieben zu verwerfen haben. War Alles geraubt, was die Habsucht reizen konnte, so zündete man die Burg, die Festung oder die Stadt an [2]). Wollte man dem Feinde eine Befestigung, die man selbst zu halten nicht in der Lage war, wenigstens auf einige Zeit unbrauchbar machen, so zerstörte man überdies noch die Vertheidungswerke. Die Mauern, Thürme u. s. w. wurden unterminirt und dann die hölzernen Stützen angezündet (vgl. oben S. 324); so stürzte das Mauerwerk zusammen [3]). Oder man füllte die hohen Thürme mit Holz und Brennmaterial, steckte dies in Brand und

---

et dras, Bacins et colpes et hanaps Et altres aveirs preciox. — Gaufrey p. 134: L'avoir en font porter maint cofre et sommier. Hé dex! le jour i ot conquis tant bon destrier, Tant escu et tant elme, tante lanche d'achier, Tant riche paveillon qui fu de soie chier, Et tant hauberc safré et tant espié d'achier. — Anelier, Guerre de Navarre 4736: (Einnahme von Pampelona 1277) Lay viratz pendre cassas (maisons), e z omes lanceiar, E z ubrir maynta arca e maynt celer trencar, Meynta bela donzela retenir e menar, E maynta bela rauba pendre e z ensacar, E maynt bon sil (silo) hubrir, maynta cassa cremar Et maynta bona hucha (huche) del tot descadenar. E can ago la vila e trastot lor mandar, Entrego en la gleysa (église), ont pogueratz trobar, Tot l'aver de la vila e 'l millor e 'l plus car. Lay viratz les sirventes de pe mal remenar. Aqui viratz hubrir cayssas e debrissar, E cervelas espandre e caps encarterar, E domnas e donzelas malementz malmenar, E z al santz crucifix la corona raubar, E las lampas d'argent pendre e z amagar (cacher) E las cayssas hubrir, e las virtutz (reliques) ostar, E 'ls caliz e las croz, e robar li autar, E viratz maynt drap pendre et femnas despuyllar.

1) Albericus Monachus Trium Fontium 1212 (Herzog Heinrich von Löwen erobert Lüttich) Brabantinis suis civitatem in predam exposuit, non solum domos sed etiam ecclesias tanquam sacrilegus invasor spoliavit, quicquid in re mobili optimum reperit asportavit et multa mala commisit.

2) Ottokar von Steier DXXI (Eroberung von Friesach): Aus den hewsern wart gerawmt, Waz zu rawben gut waz. Do man daz alles aus gelas, Do stiez man daz fewr an. Die stat leicht verpran.

3) Alexanderl. 1231: Alexander wolde sih vollen rechen. Er hîz di turme nider brechen, Die daz fûr hête verlâzen. — HTroj. 1621: Si zerfurten die burg al, Kemenaten und sal, Hus und palas. — Ottokar von Steier CCCIX: Nu hört, wie dez hawses ennd waz: Do yegleicher do gelaz Mit urlaub und mit mynne Heraws, waz er het dynne, Da waz nicht anders an. Da zuntt man daz gerust an, Da mit die mawr underseczt warn, Die man nu het undervarn: Und da daz fewr pran auf, Do giengen auch ze hauff Die mewr und die funff turn.

durch die Hitze wurden die Mauern auseinandergetrieben. Die Gräben füllte man mit dem Schutte aus [1]).

Als Friedrich II. 1241 Monteforte (Montfortium, in der Campagna) schleifte, liess er einen Thurm noch zur Hälfte aufrecht stehen, als ein Zeugniss, wie er die Aufrührer gestraft [2]).

Längere Zeit nahm die Zerstörung einer grossen Stadt in Anspruch. Wie der Libellus Tristitiae et Doloris (25) erzählt, überliess Kaiser Friedrich die Verheerung Mailands 1162 den lombardischen, Mailand feindlich gesinnten Städten Cremona, Lodi, Pavia, Novara etc., die erst die Häuser anzündeten, dann die Mauern und Thürme umstürzten und die Gräben ausfüllten. Dreimal kamen sie in dem Jahre noch zurück, das angefangene Werk gänzlich zu vollenden. Nach Acerbus Morena hatten die von Lodi das östliche Stadtthor, das Arienza hiess, zu demoliren, die Cremonesen die Porta Romana, die von Pavia die Porta Ticinese, die Novaresen die Porta di Vercelli, die von Como die Porta di Como, die von Seprio und Martesana die Porta Nuova. In einem Zeitraum von 8 Tagen hatten dieselben so viel von der Stadtmauer niedergebrochen, dass man hätte glauben sollen, die Arbeit werde zwei Monate in Anspruch nehmen. Nicht der fünfzigste Theil von Mailand war zu zerstören übrig. „Es blieb aber stehen beinahe die ganze Ringmauer der Stadt, welche sehr gut und aus grossen Steinen gebaut war, mit hundert Thürmen geziert; eine so gute Mauer ist meiner Meinung nach nie gesehen worden, wird auch nicht wieder gesehen werden, vielleicht die Mauer Roms ausgenommen. Uebrig blieb der Glockenthurm der Kathedrale, der von wunderbarer Schönheit, grosser Stärke und bewunderungswürdiger Höhe war, und dessen Gleichen nie in Italien gewesen war. Nach einigen Tagen liess ihn der Kaiser niederlegen; beim Zusammensturz fiel er auf die Kathedrale und zerschmetterte einen grossen Theil der Kirche.“ Am 11. Juni 1164 nahm der Erzbischof Rainald von Köln noch die Reliquien der Martyrer Nabor und Felix, sowie des Bekenners Martin aus den Mailänder Kirchen mit und entführte aus der Kirche S. Eustorgio die Schreine mit den Gebeinen der heiligen drei Könige (Lib. Trist. 27), die seit jener Zeit im Kölner Dome bewahrt werden. Den Zweck, Mailand

---

1) HTroj. 1627: Die graben wurden gefolt.

2) Matth. Paris 1241: Sed Imperator super hoc monitus castrum subito obsessum subvertit et omnes, quos in eo invenit, suspendit. Et in signum talis subversionis quandam turrim semidirutam reliquit, ut memoria tam culpae quam vindictae nequaquam moreretur (sic).

zu vernichten, hatte aber der Kaiser nicht erreicht; schon am 27. April 1167 kehrten die Bürger mit Hülfe der Cremonesen, der Bergamesen und der Brescianer zurück und bauten die Stadt aufs Neue auf (Ann. Mediol. Minores).

Zuweilen hatten die Bürger einer Stadt, die in den Besitz des Feindes gefallen war, nach Herstellung des Friedens noch ihrem Herrn von ihrer Haltung bei der Belagerung Rechenschaft zu geben. So war die Stadt St. Veit in Kärnten 1292 durch Untergraben der Mauer erstürmt worden und Ludwig, der Sohn des Herzogs Meinrad von Kärnten, war dabei in Gefangenschaft gerathen. Herzog Meinrad hielt nun ein strenges Strafgericht über alle Schuldigen. „Den Commendator von Pulst, Ritter des Johanniterordens, durch dessen Haus hindurch die Mauer untergraben worden war, liess er an den Schwanz eines Pferdes binden, durch die Strassen der Stadt schleifen und eines entsetzlichen Todes sterben“ (Joh. Victoriensis III, 2).

Die Eroberung einer oder mehrerer wichtigen Städte und Burgen, der Verlust einer Feldschlacht und andre Unglücksfälle zwangen in der Regel den Besiegten, Friedensverhandlungen anzuknüpfen. Wieder wurden zunächst Parlamentäre ins feindliche Lager gesendet und eine Waffenruhe verabredet [1]). Dann wurden die Friedensbedingungen festgesetzt und Geiseln gestellt, dass alle Stipulationen getreulich ausgeführt werden sollten. Gewöhnlich wurden diese Geiseln gut behandelt; sie verpflichteten sich eidlich, nicht zu entfliehen, und durften nun ganz nach Belieben frei umhergehen [2]). Schlimm aber stand es um sie, sobald ihr Kriegsherr zögerte, die ihm auferlegten Bedingungen zu erfüllen. Bei der Uebergabe von Akka am 12. Juli 1191 hatten die Sarazenen gelobt, wenn ihnen freier Abzug bewilligt würde, das heilige Kreuz auszuliefern und 200,000 Talente Kriegsentschädigung zu zahlen. Dann versprachen sie die Freilassung von 2000 gefangenen christlichen Edelleuten und von 500 anderen Gefangenen niederen Standes. Zum Unterpfand, dass diese Bedingungen binnen Monatsfrist erfüllt sein sollten, wurden die vornehmsten Leute der Stadt den Christen als Geiseln überliefert (Itin. Reg. Ric. III, 17). Saladin aber zögerte mit der Auslieferung des Kreuzes, der Bezahlung der bestimmten

---

1) Ottokar von Steier CCCIII: Man sach zu einander zogen Die ratgeben in ainen frid, Der wart gepoten bi der wid Uber nacht zu pehalten.

2) Biterolf 1870: Man phlac ir, sô man gîsel tuot, Der alten und der jungen Mit guoter vestenunge Und daz si giengen âne bant. Des muoste dâ der besten hant Mit gestabten eiden swern. Dô endurfte in ouch daz nieman wern, Si rîten ûz oder in.

Geldsummen und liess drei Wochen über den festgesetzten Termin verstreichen (ib. IV, 2), und so hielt sich Richard an die Geiseln und befahl dieselben, 2700 vornehme Leute, am 20. August vor die Stadt zu führen und dort zu enthaupten (ib. IV, 4). Roger von Hoveden erzählt, es seien gar 5000 gewesen und man habe ihre Eingeweide durchsucht und viel Gold und Silber, das sie verschluckt, gefunden, ihre Lebern aber zu medicinischem Gebrauche aufbewahrt.

Die Kriegsentschädigung[1]) spielt immer eine sehr grosse Rolle; 1158 zahlten die Mailänder an Kaiser Friedrich I. 9000 Mark Silber (ungefähr 360,000 RM.).

Unterthanen gelobten in ihres Herren Hände, ihm ferner getreu zu bleiben[2]); auch die feindlichen Fürsten beschworen feierlich, den Frieden zu halten, und stellten wohl auch Geiseln[3]). Der König schwor bei seinem Barte, und dieser Eid galt als unverletzlich[4]); die Sarazenen berührten mit ihrem Finger einen Zahn, zum Zeichen, dass sie den Eid zu halten gedächten[5]).

So war der Krieg denn glücklich zu Ende geführt, der siegreiche Fürst hatte seine Truppen nur noch zu belohnen und dann sie in die Heimath zu entlassen. Otto von Freisingen erzählt (Gesta Frid. II, 18), dass beim Sturme auf Tortona 1155 sich ein Pionier (strator)[6]) durch besondere Tapferkeit auszeichnete. Der Kaiser liess ihn rufen und wollte ihm seiner Heldenthat wegen die Ritterwürde verleihen; der Soldat lehnte jedoch die Ehre ab, denn er sei von niederer Herkunft (cum se plebeium diceret). Nach dem Feldzuge von 1160 beruft Kaiser Friedrich die besten seiner Krieger zu sich und dankt ihnen für ihre Treue,

1) HTroj. 15704: Antenor da nante Fünftusent bisante. Funfzehen tusent marke wert Was da silbers gegert. Und zu drizzic iaren hundert tusent malder in waren Weizzes geheischet und genant. — Cf. Troj. 47366. — Lod. van Velthem II, 8: Ende daer men enen eesch op nam. Alse dat die hertoge (von Österreich) die scade al En tien cost oprechten sal, Waer ne die marcgraue (von Brandenburg) heeft gedaen Om's orlogen wil, sonder waen; Ende daertoe ·xxx ·m· pont Boven al die, dat si u cont. Ende bi ridderscepe heeft hi ne beuaen, Dat hi nember meer sonder waen Op hem ne orloget in syn leuen!

2) Rolandsl. 3176: In thes keiseres hende Lobeten si getriuwelîchen Sine wolten ime niemer geswîchen.

3) Lanc. I, 6533: Ende gaven beide gisele van desen. Dattie pays gestaede soude wesen.

4) Titur. 5873: Ich sage uch, waz der eit ist aller künige: Brechen sie den swuor bi irem barte, so sint sie da unsinnige.

5) Enf. Ogier 2282: Leva le doit, à son dent le hurta. Ce senefie que loiaument tenra Les convenances k'en convenant leura.

6) gladio tantum et clipeo paruaque. ut id genus hominum solet, securi, quae sellae ab eis alligatae portantur, usus.

ihre gute Führung, ihre bewiesene Tapferkeit. Die sich ganz besonders hervorgethan hatten, die ruft er bei Namen vor und belobt sie öffentlich. Dann lässt er Gold und Silber, goldne und silberne Gefässe, kostbare Kleider, Lehngüter und Geschenke unter sie vertheilen, und Alle sind hoch erfreut und dankbar. So entlässt er das Heer; er selbst bleibt, von Wenigen begleitet, in Italien [1]).

1) Ott. Fris. (Ragew.) Gest. Frid. IV, 75. — Bei sich behalten hat er jedenfalls seine Leibwache. (Vgl. Guil. de Nangiaco, Gesta S. Ludov. [Bouquet XX, p. 324]: Corpus suum per homines cupreas clavas assidue deportantes [franz. Übers.: serians a mace] fecit digentissime custodiri. — Durmars 7219: Entor le rois a gens armees Qui portent maces et espees. Cil se painent del roi garder, Ne laissent pas sor lui foler.)

# VII.

Das Kriegerleben stärkte allerdings die Körperkräfte, griff sie aber auch an. Viele solche Feldzüge wird schwerlich ein Ritter ausgehalten haben; die Entbehrungen, die Strapazen waren doch sehr gross, und wenn die volle Jugendkraft nicht mehr vorhanden war und sie ertragen half, dann mögen sich auch so manche üble Folgen für die Gesundheit gezeigt haben. Wir können nicht feststellen, welches Alter durchschnittlich die Männer in jener Zeit erreichten, nur für einige Fürsten sind uns die Geburtsjahre bekannt. Die deutschen Kaiser und Könige sind durchschnittlich 48 Jahre alt geworden; sehen wir von denen ab, die einen gewaltsamen Tod fanden, so ist ihr Durchschnitts-Alter etwa 50 $\frac{1}{2}$ Jahr. Nur Rudolf von Habsburg hat die siebzig überschritten. Die französischen Könige wurden durchschnittlich etwa 52 Jahre alt, und der älteste unter ihnen, Ludwig VII., starb sechszigjährig. Ein höheres Alter erreichten die englischen Könige (58 Jahre); aber auch nur einer, Eduard I., ist über 70 Jahre alt geworden.

Wenn die Kräfte abnahmen, die Gesundheit zu wanken begann, dann war es Zeit, dass der Ritter sich zurückzog und im Frieden die letzten Jahre seines Lebens zu verbringen sich anschickte. Ein kränklicher Mann taugte nicht mehr für Turniere, noch weniger war er geeignet, an Feldzügen sich zu betheiligen. Die Helden der Karlssage trotzen allerdings dem Alter, und ein Naymes von Baiern ist ungeachtet seines weissen Bartes noch ein Kriegsheld ersten Ranges, und so sind auch Hildebrand, der alte Wate, Rüdeger noch als Greise im Vollbesitz ihrer Kraft, mit der sich nun Lebenserfahrung und Weisheit paart, aber es fragt sich, ob die Mehrzahl der Ritter sich in der glücklichen Lage befunden habe, noch mit grauem oder weissem Haupte die Anstrengungen zu ertragen, denen eben nur der jugendliche Körper gewachsen war.

Der einzelne Ritter, der kleine Dynast, konnte sich die Ruhe des Alters gönnen, sich seiner heranwachsenden Kinder erfreuen, in seinen Söhnen und Enkeln die eigene Jugend wiedererstehen sehen. Die grossen Herrscher aber müssen bis zu ihrem Lebensende ihren Pflichten genügen, zum Kriegszuge bereit sein, immer ihrer Ritterschaft das beste Beispiel der Pflichttreue und der Ausdauer geben. Ihnen ist keine Erholung beschieden; sind sie nicht durch einen Feldzug in Anspruch genommen, so ziehen sie ohne Rast von einer Stadt zur andern in ihrem Reiche umher, ihres hohen Berufes wartend. Und mit ihnen reist der ganze Hofstaat; so führen sie ein Wanderleben, bis auch ihnen der Tod endlich die im Leben versagte Ruhe bereitet. In den Romanen wird öfters erzählt, dass Könige, sobald sie ihren Erben verheirathet haben, ihm die Regierung übergeben und sich ins Kloster zurückziehen, um die letzten Jahre ihres Lebens für ihr Seelenheil thätig zu sein. Die Geschichte bietet jedoch, meines Wissens, kein Beispiel einer solchen Entsagung.

Für Jeden kam aber wohl bei herannahendem Alter die Stunde, wo er sich fragte, was dereinst nach dem Tode aus seiner Seele werden würde. So lange er noch jung und genussfähig war, hatte er allerdings so viel wie möglich allen Anforderungen der Kirche genügt, aber die Freuden, welche die Welt ihm bieten konnte, nicht verschmäht und so Manches gethan, was mit den göttlichen Geboten nicht recht zusammenpasste. Jetzt im Alter fielen ihm alle seine längst vergessenen Sünden wieder ein und die Furcht vor den Höllenstrafen regte sich. Sahen doch die Leute an den Kirchenportalen und in den Kirchen selbst, plastisch oder in Gemälden häufig genug die Auferstehung, die Prüfung der Seelen, das jüngste Gericht und den Höllenrachen dargestellt, in dessen Schwefelpfuhl scheusslich gestaltete Teufel die Sünder peinigten und für ihre Vergehungen straften. Und so aufgeklärt war man damals denn doch nicht, die Existenz der Hölle und der Teufel anzuzweifeln, vielmehr glaubte man felsenfest an dieselben und wir können uns die Angst eines Menschen vorstellen, der seiner Sünden bewusst sich sagen muss, dass er den Höllenstrafen wohl nicht entgehen werde. Da konnte nur Busse helfen, und so entsagen denn oft in den Romanen die Ritter plötzlich dem Wohlleben, gehen ins Kloster oder ziehen sich in die Einsamkeit zurück. Der Vater des Doon de Mayence wird Einsiedler, später Doon selbst (Gaydon p. 313). Gaydon geht nach dem Tode seiner Gattin in eine Einsiedelei (Gaydon p. 327). Lanceloet tritt in ein Kloster, und dasselbe thun Hestor und Bohort (Lanc. IV, 12749 ff.; 12820 ff.; 13005 ff.) [1]. Nach Chrestien's de Troyes Darstellung verzichtet Perceval, als er alt wird, auf die Gralskrone und begiebt sich zu einem Einsiedler; der Gral begleitet ihn. Bei dem Eremiten erhält er Unterricht, so dass er nach drei Jahren die niederen Weihen empfängt, im fünften Jahre Priester wird. Im Roman des Renaus de Montauban wird geschildert, wie Maugis le larron erst nach Jerusalem pilgert und dann Einsiedler wird. Renaus wallfahrtet auch nach Jerusalem, arbeitet aber dann unerkannt zur Ehre Gottes bescheiden als Handlanger am Kölner Dombau, wird von seinen neidischen Genossen erschlagen und nach seinem Tode gar heilig gesprochen. Auch Wilhelm von Wenden (7865 ff.) entsagt, sobald er sechzig Jahre geworden, der Krone, überlässt seinen Söhnen die Herrschaft und wird Mönch; seine Gemahlin tritt in ein Nonnenkloster.

Eine eigenthümliche Bussübung machte Wolfdietrich durch. Er hatte gleichfalls im Alter der Krone entsagt und sie seinem Sohne Hugdietrich abgetreten; dann war er in ein Kloster gegangen. Um nun alle seine Sünden auf einmal loszuwerden, liess er sich im Münster eine Bahre aufstellen und blieb auf derselben ganz allein während einer langen Winternacht sitzen. Da nahten sich ihm Alle, die er in seinem Leben erschlagen, und er musste mit ihnen nochmals kämpfen. Der Spuk währte bis zur Frühmesse; so fanden ihn die Mönche besinnungslos hingestreckt, sein Haar war in der einen Nacht schneeweiss geworden. Aber er erholte sich und lebte noch sechszehn Jahre im Kloster (Gr. Wolfdietr. 2235 ff.).

Die Gebrechlichkeit des Alters machte sich indessen geltend. Die Greise fröstelten leicht und mussten sich mit warmen Kleidern und Pelzmützen verwahren [2]). Auch bedurften sie nun öfter der Pflege des Arztes. Wenn die Hausmittel nicht mehr ausreichten, welche die Frauen zu bereiten wussten, so suchte man doch einen Arzt herbeizurufen. Oefters verstanden die Weltgeistlichen etwas von der Heilkunst; es war ihnen aber untersagt, blutige Operationen vorzunehmen [3]).

---

1) Vgl. Caesarius Heisterbac. I, 12: Ein Jüngling geht wegen drückender Schulden ins Kloster, kehrt aber aus dem Noviciat wieder in die Welt zurück; I, 28: Viele treten aus Armuth, Andere (I, 31) um Strafen zu entgehen in eine Ordensgemeinschaft; ein Ritter Walewanus (I, 37), Heinrich, der Bruder des Königs von Frankreich (I, 19), der Ritter Ludwig von Are (I, 25) ziehen sich in ein Kloster zurück.

2) Iwein 6535: Sô soltens sich behueten Mit rûhen vuhs hueten Vor dem houbetvroste.

3) Guil. Carnotensis, de vita et miraculis S. Ludovici (Bouquet, Rec. XX, 59): Magister Dudo physicus et clericus domini regis. — Conc. Later. IV (1215), Can.

In den Klöstern war immer einer oder der andere von den Brüdern in der Medicin erfahren. Sie waren es, die dem auf einsamer Burg lebenden Ritter und seinen Angehörigen wohl im Falle der Noth zu Hülfe eilten. An den Höfen der Fürsten hatte man immer tüchtige Aerzte zur Hand, die ihrem Herrn auf allen Reisen folgten und ihm sowohl als dem ganzen Hofstaate mit ihrer Kunst beistanden [1]).

Richard Löwenherz hatte leider, als ihn bei der Belagerung von Chaluz am 24. März 1199 der Pfeil traf, keinen Arzt bei sich und musste sich dem Feldscherer seines Freibeutercorps anvertrauen. Johannes de Oxenedes berichtet, wie der Pfeil den König über der linken Schulter am Halsgelenk traf. „Der König, immer seines Muthes wegen zu loben, stiess, als er die Wunde empfing, keinen Seufzer, keine Klage aus, zeigte keine Traurigkeit im Gesicht und in seiner Haltung, um nicht die Seinen zu betrüben oder gar zu entmuthigen, die Feinde aber wegen der empfangenen Wunde noch kecker zu machen. Dann aber ging er, als ob ihm nichts Schlimmes begegnet, während die Meisten nicht ahnten, welches Unglück sich ereignet, nach seinem nahe gelegenen Quartiere, zog den hölzernen Pfeilschaft aus der Wunde und zerbrach ihn; aber die eiserne, eine Spanne lange Spitze blieb im Körper stecken. Als der König so in seinem Zimmer lag, schnitt ein Chirurg aus der nichtswürdigen Bande des Mardatheus (s. S. 167) gar zu sehr und übermässig und verwundete den König tödtlich, konnte aber beim Scheine der im Hause angezündeten Laternen die Eisenspitze, die in den fleischigen Körper gar tief eingedrungen war, weder auf eine sanfte Art finden, noch, als er sie durch das Schneiden gefunden hatte, sie ohne Anwendung grosser Gewalt herausziehen. Nachdem also sorgsam Medicamente und Pflaster aufgelegt waren, fingen nachträglich die Wunden an schlimm zu werden und sich schwarz zu färben, von Tag zu Tag mehr anzuschwellen und endlich, da der König sich unmässig hielt und um die Vorschriften der Aerzte nicht kümmerte, todesgefährlich zu werden. Das Zimmer, in dem

XVIII: Nullus quoque clericus rottariis aut balistariis aut huiusmodi viris sanguinum praeponatur, nec illam chirurgiae partem subdiaconus, diaconus vel sacerdos exerceant, quae ad ustionem vel incisionem inducit. Nec quisquam purgationi aquae ferventis vel frigidae seu ferri candentis cuiuslibet benedictionis aut consecrationis impendat, salvis nihilo minus prohibitionibus de monomachiis sive duellis antea promulgatis.

1) Radulfus de Coggeshall nennt 1205 den Leibarzt des Erzbischofs Hubert von Canterbury, Henricus le Afaitie. — Gesta Trevirorum (ed. Wyttenbach I, 189): Habebat autem inter eos (scil. medicos, Egilbertus archiepiscopus Trevirensis) Judaeum quendam Josue nomine physicae artis eruditissimum; II, 138: Magister Petrus physicus Rudolphi regis Alemanniae.

er lag, durfte Niemand betreten, damit sich die Kunde von seiner Krankheit nicht zu schnell verbreite; nur vier von den Vornehmsten waren ausgenommen; denen stand es frei, einzutreten und ihn zu besuchen. Der König, doch ungewiss, ob er genesen werde, rief mit Briefen seine Mutter herbei, die in Fontevrauld weilte, und stärkte sich durch Empfang des lebenbringenden Sacramentes vom Leibe des Herrn, nachdem er vorher seinem Capellane gebeichtet hatte, zum Tode. Des Empfanges jenes Sacramentes hatte er sich, wie man sagt, aus Ehrfurcht vor so grossem Geheimniss sieben Jahre lang enthalten, weil er in seinem Herzen einen tödtlichen Hass gegen den König von Frankreich trug. Seinen Tod verzieh er und auch dem, der ihn getroffen, und so beschloss er am 7. April, am elften Tage nach seiner Verwundung, nach Empfang der letzten Oelung, als der Tag schon zu Ende ging, sein Leben. Sein Körper wurde ausgeweidet zu den Nonnen von Fontevrauld gebracht und am Palmsonntage (11. April) mit königlichen Ehren neben seinem Vater von dem Bischof von Lincoln beigesetzt."

Kam nun die letzte Stunde heran, so dachte der Sterbende zunächst daran, sein Haus zu bestellen, dann aber sich mit Gott zu versöhnen. Reiche Vermächtnisse wurden Kirchen und Klöstern zugewendet, die Armen wurden bedacht [1]), dann beichtete er, empfing das Abendmahl und die letzte Oelung [2]) und ging so in der Hoffnung auf einen milden Richter, „eine frœliche urstende" hinüber [3]). Zuweilen legt er vor dem Tode noch ein Busskleid an [4]).

Nach dem Tode der Könige herrschte oftmals die grösste Verwirrung. Als Wilhelm der Eroberer am 9. Sept. 1087 des Morgens starb, flohen sofort die Leibärzte (archiatri) und alle Vornehmen; das Gesinde „raubte alle Waffen, Gefässe, Kleider und Leinenzeug, dazu den ganzen königlichen Hausrath, liess die Leiche des Königs fast nackt auf dem Hausflure liegen und floh" (Ord. Vit. VII, 16). Und ähnlich

1) Titurel 932: (Gahmuret spricht zu Tschonatulander) Gedenke miner sele mit helferichen dingen, Daz die von aller quele werde erlost. almusen soltu bringen In hospital und guten religiosen Der wort zu himmel dringent vil seldenreich ouz und ouz klosen.

2) Braunschw. Reimchr. 4640: Mit grozer ruwe unte leydhe Thete her (Heinrich der Löwe) sine bicht. Do her sich so hatte bericht, Als islichen kristenen zampt, Daz here brot und daz ampt Dher heyligen olegunghe Mit lebe grozer gerunge Untphinc her und daz waphen kleyt, Dhamit dhem tuvele wirt untseyt Und aller siner lage. — Parz. 106, 21: Übr in kom sîn kappelân. Er sprach mit kurzen worten sân Sîne bîhte.

3) Kindh. Jesu 67, 5: Daz wir frœlîchen erstên An der jungisten urstende.

4) Chron. des ducs de Norm. 26394: Dunc a une haire vestue Aspre et poignant à la char nue À l'iglise li font convei.

war es bei dem Tode des Königs Johann von England 1216: „Sein Gesinde nahm plündernd Alles, was er bei sich gehabt hatte, fort und floh eilends; sie liessen bei der Leiche nichts zurück, womit man sie anständig bedecken konnte, aber sein Castellan (im Schlosse Neuwerc, wo der König starb) sorgte, so gut er konnte, für den ausgeweideten und nackten Leichnam.“

Die Leiche eines vornehmen Mannes wurde alsbald geöffnet und einbalsamirt. Diese Arbeit übernahm gewöhnlich der Leibarzt [1]) oder ein in der Medicin erfahrener Geistlicher [2]). Die Einbalsamirung des 1135 verstorbenen Heinrich I. von England besorgte ein Fleischer [3]), machte aber seine Sache sehr schlecht, da er den Körper nur mit Salz einrieb und so der Verwesung nicht hinreichend vorbeugte. Matthaeus Paris (1135) berichtet: „Die Leiche des Königs Heinrich war aber noch unbeerdigt in der Normandie, denn er war am ersten December gestorben. Sein Leichnam wurde nach Rouen gebracht, und da begrub man seine Eingeweide, sein Gehirn und seine Augen. Der übrige Körper wurde überall mit kleinen Messern geschnitten, mit vielem Salze bestreut, in Rindshäute gehüllt und so, um den üblen Geruch zu vermeiden, eingenäht. Aber letzterer war doch so stark und bewältigend, dass er die Umstehenden krank machte. Darum starb auch der Mann, welcher, durch eine grosse Belohnung gewonnen, des Todten Haupt, damit man das stinkende Gehirn herausnehme, mit einem Beile gespalten hatte, obschon er sich den Kopf mit Leintüchern umwickelt, und hatte schlechte Freude an dem Lohne. Das ist der letzte von Vielen, die König Heinrich umgebracht hat. Darauf wurde die königliche Leiche nach Caen von den Dienstleuten getragen, und als man sie daselbst in der Kirche, in der sein Vater beerdigt war, aufgestellt hatte, so floss doch, obschon der Körper mit vielem Salze gefüllt und in viele Häute gepackt war, beständig eine schwarze und grässliche Flüssigkeit durch die Häute hindurch und wurde in unter die Bahre gestellten Gefässen von den Dienern, die vor Ekel vergingen, aufgefangen und fortgeschüttet.“

---

1) Gesta Adalberonis, archiepiscopi Trevir. († 18. Jan. 1152), auct. Balderico 28: Corpus vero myrra et aloe et aromatibus conditum a medico suo peritissimo Philippo Lombardo.

2) Matth. Paris 1216: Abbas igitur canonicorum Crokestoniae peritissimus in medicinis, qui medicus regis (Johannis) tunc temporis exstiterat, facta anathomia de corpore regis, ut honestius portaretur, viscera copioso sale conspersa in sua domo transportata honorifice fecit sepeliri.

3) Ord. Vit. XIII, 19: Ibi noctu a perito carnifice in archipraesulis conclavi pingue cadaver apertum et balsamo suavolenti conditum est.

Das erste war also immer, dass man die Weichtheile aus dem Leichnam entfernte [1]). Sie wurden in Leder eingenäht und in einer Kirche bestattet [2]). Richard Löwenherz verordnete, dass sein Leichnam in Fontevrauld zu Füssen seines Vaters, sein Herz in Rouen, seine Geweide, sein Blut und Hirn bei Charrou (Chaluz) begraben werde (Rog. de Hoveden). Den so vorbereiteten Körper wusch man sauber, bestrich ihn dann mit Balsam und füllte ihn mit stark duftenden, die Verwesung verhindernden Spezereien [3]). Hatte man diese Stoffe nicht zur Hand, so genügte es auch, den ausgeweideten Leichnam mit Salz und Asche zu füllen [4]). Noch einfacher war die Art, wie man den h. Ulrich, Bischof von Augsburg, nach seinem am 4. Juli 973 erfolgten Tode bestattete. Er hatte bestimmt, er solle in die blosse Erde gelegt und nur ein hölzerner Deckel über seinen Leichnam gedeckt werden. Da bekleidet die fromme Frau Hiltegart, Gemahlin des Grafen Riwinus, die Leiche wenigstens mit einem wachsgetränkten Hemd (camisale cera perfusum; Gerhardi Vita S. Oudalrici, MG. VI, 414).

Wurde der Todte an dem Orte selbst begraben, wo er gestorben war, so hüllte man ihn in kostbare Seidenstoffe, die man fest um den Leichnam band [5]), und legte ihn so zuerst auf eine Bahre.

---

1) Ann. Rodenses 1125: Kaiser Heinrich V. stirbt in Utrecht und wird eviscerato corpore nach Speier gebracht. — Rom. de Troie 16463: Premièrement l'ont desarmé Et de blanc vin set feit lavé, En chières especes boliz. Avant qu'il fust enseveliz, L'orent bien aromatizié E del cors sovent sachié, Ostée en ont bien la coraille Feie et polmon et l'autre entraille. Lo cors ont dedenz embasmé.

2) Vita Richardi Abb. S. Vitoni Virdun. 10: Viscera corio insuta ibi reposuit. — Vgl. H. Otte, Hdb. d. kirchl. Kunstarchäologie[4] S. 242.

3) Parz. 107, 5: Gebalsemt wart sîn junger rê. — Wolfr. Tit. 21: Si muose gearômâtet und gebalsemt ê schône werden. — Titurel 960: Gebalsemt, gearomatet wart Gamuret mit flizze; Ein pfelle nicht gerotet wart da braht vil riche in gantzer wizze. Dar in wart er geparriret schone. — Guil. de Nangiaco, Gesta Philippi regis (Bouquet, Rec. XX, 482): Cuius (des Königs Thibaut von Navarra) corporis interiora trahentes ministri talis officii, quia diu propter sui putrefactionem deferri non possent, in quadam villae ecclesia ea more debito terrae tradiderunt. Corpus vero multa lotione mundatum sale et odoriferis aromatibus ad putrefactionis et odoris pestiferi remedium diligenter conditum sui in loculo reservantes secum in Franciam detulerunt.

4) Joh. Turpini historia de gestis Caroli Magni XXVII: Tunc defunctorum corpora amici eorum diuersis aromatibus condiuerunt, alii myrrha, alii balsamo, alii sale diligenter perfuderunt, multi corpora per ventrem findebant et stercora eiiciebant et sale, alia aromata non habentes, condiebant. — Chron. Montis Sereni 1192: Erzbischof Wichmann von Magdeburg wird nur mit Salz conservirt. — Vgl. Chron. Colmar. 1281 (s. S. 406).

5) Nib. Z. p. 159, 4: In einen rîchen pfellel man den tôten want. — Tit. 961: Dar in wart er gebunden mit einer borten ture. — Garin II, p. 146: Puis fait le cors del chevalier ouvrir Et le dedans en paile recoillir. Et puis le fist richement

Diese Todtenbahren (afr. chaalit, litière) waren oft sehr kunstvoll gearbeitet und aus kostbarem Material hergestellt. Im Roman de Troie (16485) wird die des Hector beschrieben: sie besteht aus Elfenbein; die Füsse (pecol) sind mit geschnitzten und vergoldeten Thieren, Vögeln und Blumen verziert; die Querleisten (espondes) und die Tragebäume (limon) sind aus Fischbein gefertigt; bedeckt ist sie mit einem „feltre de paile imperial“ (16501). Die Bahre Alexanders des Grossen hat Tragbäume aus duftendem Cypressenholz, Querleisten aus Elfenbein, Füsse aus Olivenholz (Alix. p. 545, 12). Heinrich von Veldeke schildert (Êneit p. 249, 6 ff.) die Todtenbahre der Kamille. Die Bäume sind aus Elfenbein [1]), die zugehörigen Seile (für die Träger) aus Seide. Auf der Bahre liegt eine rothsammtene Steppdecke (kolter), die mit grünem Dimît gesäumt ist; das Haupt der Todten ruht auf einem mit Flaumfedern gefüllten Kissen, und mit einem kostbaren lang herabreichenden Seidentuche ist die Leiche bedeckt. Eine Vorstellung einer solchen Bestattung giebt uns das Relief der bronzenen Thür vom Dome zu Gnesen, welches die Ueberführung der Leiche des h. Adalbert vorführt.

Fürsten wurden in vollem Ornate auf dieser Bahre zur Beerdigung getragen. Von Heinrich II., dem englischen Könige, der am 6. Juli 1189 zu Chinon stirbt, erzählt Matthaeus Paris: „am folgenden Tage aber lag der König, als er zur Bestattung getragen wurde, mit unbedecktem Angesicht, gehüllt in die königlichen Gewänder, auf dem Haupte die goldene Krone, Handschuhe an den Händen, goldgewirkte Beinkleider und Sporen an den Füssen, am Finger einen grossen Ring, in der Hand das Scepter, umgürtet mit dem Schwerte.“ Vor der Leiche her trug man brennende Glaslampen, die, mit Balsam gefüllt, die schönsten Wohlgerüche verbreiteten [2]). Die Leidtragenden begleiteten die Bahre zu Fuss und hatten in ihren Händen brennende Kerzen [3]). War der

---

sevelir Devant l'autel, au mostier saint Bertin; p. 147: Le cors laverent et d'iave et de vin, Li quens méismes ses blanches mains i mist; D'un fil de soie le restraint et cousi, Puis l'envolupe en un drap de samis. En cuir de cerf font le baron covrir, Font une bière.

1) Vgl. Titurel 961: Ein riche bar von wizzem helfenbeine, Das ober teil von golde.

2) Titurel 962: Sehs gleser lanc, klar, luter sam die sunne. Die trug man fuer die bare, man iach daz allez balsam dar inne brunne.

3) Êneit p. 250, 30: Mit der bâre gienc her ze fûz Eine gûte wîle, Wol eine halbe mîle, Turnûs der wîgant. Ein kerzen trûch her an der hant, Ein wol brinnendez lieht, Des ne wolder enberen nieht. Sam tâten alle gelîche Arme unde rîche, Die dâ mit im wâren. Si giengen mit der bâren Und trûgen an den handen Kerzen, die lieht branden.

Zug in der Kirche angelangt, so wurde die Bahre niedergesetzt und um dies Paradebett Leuchter und Kerzen gestellt[1]).

Oftmals musste aber die Leiche weit transportirt werden, ehe sie den für das Begräbniss bestimmten Ort erreichte. So wurde die Gemahlin Rudolfs von Habsburg, Anna, die am 16. Februar 1281 zu Wien starb, in Basel beerdigt. „Darauf stirbt", so berichtet die Chronik von Colmar, „die Königin, wird ausgeweidet und ihr Leib mit Sand und Asche angefüllt. Sodann bestreicht man ihr Gesicht mit Balsam, wickelt die ganze Leiche in ein wachsgetränktes Tuch und legt ihr dann kostbare Seidenkleider an. Ihr Haupt wird mit einem weissseidenen Schleier umhüllt, eine vergoldete Krone ihr aufgesetzt. Darauf wird sie in den aus Buchenholz sehr gut gefertigten Sarg gelegt, die Hände auf der Brust gefaltet, und dann der Sarg mit Eisenbeschlägen verschlossen. Nachdem dies vollbracht, wird sie mit vierzig Pferden nach Basel geführt, und viel Geld brachte man mit, wie geglaubt wurde. Es waren aber in ihrem Geleite zwei Predigermönche, zwei Franciscaner, und so viele Damen, als drei Wagen tragen konnten; ihnen schlossen sich etwa 400 Männer an." Das Grabmal der Königin ist noch im Basler Münster erhalten (abgeb.: Mitth. XIV, p. XVII).

Man wagte jedoch oft nicht eine Leiche, selbst wenn sie einbalsamirt war, weit zu transportiren und löste lieber die Fleischtheile vom Skelett ab (vgl. S. 266). Herzog Ludwig von Baiern starb am 2. Februar 1294 zu Heidelberg „et ibi decoquitur et ossa eius translata sunt in Furstenfeldt (bei München) et ibi honorifice sepulta" (Contin. Hermanni Altahensis).

Der Sarg wurde mit einer Decke behängt, die mit den Wappenbildern des Verstorbenen benäht war; vor der Bahre her ritt ein Knappe das Ross des Ritters; die Wappen desselben trug man zum Zeichen der Trauer die Spitze nach oben gewendet[2]).

Eine andere Beschreibung eines solchen Trauerzuges und eines pomphaften Begräbnisses finden wir in den Chronica de gestis principum, welche ein Mönch aus Fürstenfeld verfasst hat. Wie ich schon S. 98 erwähnt habe, fand 1290 bei einem Turnier zu Nürnberg, der Sohn des Herzogs von Baiern, Ludwig, dadurch seinen Tod, dass der Edle von Hohenlohe, sein Gegner, aus Versehen eine scharfe Lanze (habuit enim in summitate acutam pollicem, cui nichil est inpenetrabile sed

1) Rom. de Troie 16507. — Karl Meinet 96, 62: Euert ind Morant Worden do gerecket Up zwa baren gestrecket Dar up zwey pellen riche. Was kertzen hant sy loueliche Gesatt al umb ind umbe, Crutzgewis ind neit de krümme.

2) Klage um Graf Werner von Homberg 113 ff. — Lassberg, Liedersaal II, 324. — Vgl. Parz. 90, 10.

pervia universa) brauchte. Die Leiche wird in das Kloster Fürstenfeld gebracht. „Ich habe nie gesehen und werde nie eine so kostbare und feierliche Leichenbestattung sehen. Wenn ich Alles ausser Acht lasse, so kann ich nicht einmal schätzen, wie viel an Wachs verbraucht worden ist. Ich habe einen grossen Wagen gesehen, der allein Wachs (Kerzen) herbeibrachte. Zwei Tage und zwei Nächte brannten um des Paradebett (funus) zahllose und sehr grosse Kerzen. Wie viele Fässer Wein, Getreide, Futter, Brot und anderer mitgebrachter Dinge verbraucht worden ist, kann man nicht leicht klar machen. Alle Scheunen und die benachbarten Städte waren voll von Fremden. Die Beamten vertheilten auch auf den Wink des älteren Herzogs reichliche Almosen von Brot, Käse, Geld und Fleisch an die Armen. An dem Begräbnisstage wurden, wie ich gesehen und gehört habe, an einem Altar unmittelbar nach einander drei Messen von drei Bischöfen gesungen. Zu gleicher Zeit erhob sich Klage und Jammer von seinen Alters- und Tischgenossen; einige rauften sich die Haare aus, andere zerrissen ihre Kopfbedeckungen. Was mehr? die ganze Kirche erschallte von dem Jammergeschrei und den Klagen über den unglückseligen Todesfall. Nach Beendigung der Bestattung kehrte Jedermann in seine Behausung zurück."

So lange die Leiche noch öffentlich ausgestellt war, hielt man des Nachts bei ihr die Todtenwacht [1]).

Bei der Beerdigung legte man die Leiche in einen Sarg. Sie war in ein Todtenhemd gekleidet; die h. Elisabeth nähte mit eigner Hand die Todtenkleider für arme Leute [2]). Der Sohn Heinrichs II. von England, Heinrich, der schon zum Könige bei Lebzeiten seines Vaters gesalbt worden war, starb 1183. „Seine Leiche aber wurde in die leinenen Kleider, die er bei seiner Weihe trug und die mit dem heiligen Chrisma benetzt worden waren, wie es einem König ziemte, eingehüllt und nach Rouen gebracht" (Matth. Paris). Die S ä r g e waren entweder von Holz oder bei vornehmeren Leuten von Stein. Die Holzsärge sind einfache Kisten (quatuor tabulae, sicut solent fieri in loculis mortuorum. Translat. s. Udalrici 1183; MG. VI, 427). Aehnliche Gestalt haben auch die steinernen Särge. Wir haben deren noch eine ziemliche Anzahl gut erhalten. So besitzt das Museum des Thüringisch-Sächsischen Vereins zu Halle einen solchen Sarg, der am

1) Herz. Ernst D 1251: Da wart der re zcu reste bracht Und wart bewachet wol die nacht, Des morgens lies er yn begraben.

2) H. Elisab. 3804: Den doden ir gecleide Nade selbe unde schriet; 3812: Di reine frouwe ouch hatte Ein weppe lanc ze fromen wiz: Her ane si legte iren fliz, Wi si daz gesnide Unde da becleite mide, Waz armer lude sturben.

Kopfende breiter, am Fussende schmäler ist und einen Ausschnitt für das Haupt im Inneren zeigt; ein Loch ist auf dem Boden angebracht, durch welches die Flüssigkeiten in die Erde abfliessen konnten (abgeb. bei Otte, Kunstarch.[4] 239). Sehr merkwürdig sind auch die Särge, die man auf dem Petersberge zu Halle gefunden hat. Sie stammen aus dem Familienbegräbniss der Wettiner und rühren etwa aus den Jahren 1146 – 1217 her (abgeb. bei Otte, a. a. O. 240); einige derselben haben eine besondere Lagerung für den Kopf der Leiche. In die Steinsärge legte man noch duftende Wurzeln und Spezereien (HTroj. 10787 ff.; vgl. 13776 ff.).

Der Ehrenplatz für einen Todten war eine Grabstätte in der Kirche, wenn möglich vor dem Altare [1]). Reuige Sünder liessen sich, um ihre Demuth zu beweisen, ausserhalb der Kirche und zwar unter der Dachtraufe (inter stillicidia, wie es in Urkunden wiederholt heisst) beerdigen [2]).

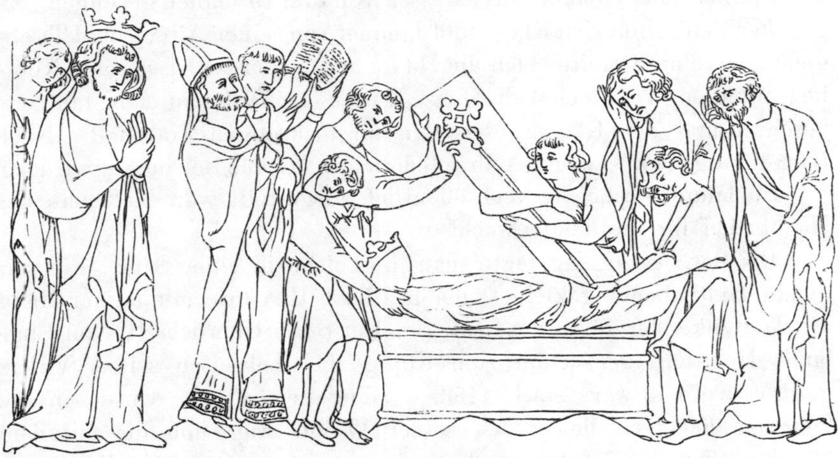

Fig. 133. Miniatur der Handschrift von des Matthaeus Paris „Vitae Duorum Offarum" (Cotton. Nero D. 1).

Bestattete man eine Leiche in einem steinernen Sarkophage, so wurde derselbe zuerst in die Grube hinabgelassen, dann erst der Todte in ihn hineingelegt, der Sargdeckel geschlossen und die Erde dann aufgefüllt (Fig. 133) [3]).

1) Percev. 26145: 'Caiens le fis jou aporter Et devant l'autel entiérer.' Dont s'est li hermites levés Au moustier les en a menés, Qui moult ert biaus à desmesure. Si li monstra la sépouture, Qui acouviers d'un palie estoit.

2) Rom. de Rou 5879: Un sarkeu fist apareillier (Richard I. von der Normandie, † 1001) Lez la meisiere del moustier A metre emprès la mort sun cors Suz la gutiere del defors. — Chron. des ducs de Norm. 26286: Non' pas dedenz n'en la maisiere Mais tot defors soz la gotiere.

3) Ordericus Vitalis VII, 16: Expleta missa cum jam sarcophagum in terra locatum esset, sed corpus in feretro jaceret. . . . Porro dum corpus in sarcophagum

Todtenmessen wurden gelesen, und reiche Almosen den Mönchen, Weltgeistlichen und Armen gespendet, damit sie für das Seelenheil des Verstorbenen beten [1]).

Am dreissigsten Tage nach dem Tode wurde wieder ein Traueramt abgehalten [2]). In den Missalen findet sich ein besonderes Schema für diese Messe.

Der Todestag eines theuren Angehörigen wurde alle Jahre wieder begangen [3]).

Alle diese mit der Bestattung verbundenen Trauerfeierlichkeiten erforderten einen bedeutenden Kostenaufwand. Auch die Bürgerschaft suchte es dem Adel und den Vornehmen nachzuthun und entfaltete bei Begräbnissen einen immer grösseren Luxus [4]).

Die Trauer selbst äusserte sich in drastischer Weise. Man zerriss sich die Kleider, raufte das Haar aus, rang die Hände, schlug sich die Brust, zerkratzte sich mit den Nägeln das Gesicht, schrie und jammerte laut und liess seinen Schmerz unverhohlen sich äussern [5]) (Fig. 134). Wir haben von Georg Zappert eine vortreffliche Abhandlung „über den Ausdruck des geistigen Schmerzes im Mittelalter" (Denkschr. d. philos.-historischen Classe der k. k. Akademie d. Wiss. zu Wien V, 73). Merkwürdiger Weise haben die Leute jener Zeitepoche,

---

mitteretur et violenter, quia vas per imprudentiam caementariorum breve structum erat, complicaretur pinguissimus venter (Guilelmi I. reg. Angl.) crepuit et intolerabilis foetor circumastantes personas et reliquum vulgus implevit.

1) Nib. Z. p. 160, 6: Ze drîzec tûsent marken oder dannoch baz Wart durch sîne sêle den armen dâ gegeben. — Gr. Wolfdietr. 836: Durch siner selen willen, so gap sie michel gut München unde pfaffen, also man noch billichen tut; Wo man die armen lute in den husern fant In allen iren landen, den mahte sie ledig ir pfant.

2) Capitulare Theodori († 690) bei Waschersleben, die Bussordnung der abendländischen Kirche S. 157: Prima et tertia et nona et trigesima die pro eis missa celebratur; inde post annum, si voluerint, observatur. — Ottokar von Steier CCCLXXIX: Do mocht si nicht gehaben Dacz Speyr chost so lang, Daz si do het pegang Des kunigs dreyskisten tag. — Melis Stoke III, 51: In desen tiden so ghelach S'Graven Didrix Dartichste dach Ende Grave Lodewijc en sijn wijf mede Ende Gravinne Aleid waren inde stede Van Haerlem comen omme t' Egmonde Dat Dartichste te doene tier stonde.

3) HTroj. 11135: Als daz iar do erginc Her Priamus beginc Hectoris iar zit. — Rom. de Troie 17460: C'onques plus riche anniversaire Ne fu el siecle celebrez.

4) Renner 12975: Swa hie vor mit dreizzich pfunden Oder mit viertzigen ein kaufman Sein kint bestatet, do begnugt in an, So sol er nu gar sein enwiht, Swer mit hundert marken (circa 4000 RM.) niht Oder mit achtzigen siniu kint Bestatet.

5) Guil. Brito, Philipp. XII (Duchesne V, 250): Hic pectus feriens ululat, secat ille genarum Ungue superficiem, vestes hic, ille capillos. — Crône 17158—72; 19054: Kleider unde rîsen sie von dem lîbe zarten. — Vgl. Mhd. Wtb. III, 677, Z. 49 ff. — Wigal. p. 81, 23.

sowohl Ritter als Damen, sehr schwache Nerven. Bei jeder Gelegenheit fallen sie, zumal in den französischen Romanen, in Ohnmacht (ils se pasment), ja selbst Helden wie Karl der Grosse sinken, wenn sie eine böse Botschaft trifft, besinnungslos zu Boden.

Die Stelle, wo der Leichnam in die Erde gesenkt worden war, bezeichnete man durch ein Denkmal. Die schlichteste Form war, eine einfache Steinplatte über das Grab zu legen. Diese Platten sind in

Fig. 134. Miniatur aus Werners von Tegernsee Marienleben. (Nach Kugler.)

der älteren Zeit gewöhnlich sehr schmal, es kommen aber auch solche Grabsteine vor, die ähnlich wie die Särge am Kopfende breit, am Fussende schmal gestaltet sind. Diese Steinplatte wird zuweilen mit einem einfachen Ornament verziert (vgl. den Grabstein in St. Maria auf dem Capitol in Köln; abgeb. bei Otte, a. a. O. 233). Eine andere, schon reicher gestaltete Art von Denkmälern zeigt eingeschnittene Kreuze, zuweilen auch auf Gräbern von Männern Darstellungen von Schwertern, auf denen der Frauen Abbildungen von Scheeren, Schlüsseln [1]) etc. Dann wären die Grabsteine mit Inschriften zu nennen [2]). Bei den Dichtern sind

1) Archaeological Journal IV, 60, 61; V, 253.

2) Ann. Laduresham. 795: Ebitaffium aureis litteris in marmore conscriptum iussit (Karolus) in Francia fieri, ut eum paribus Romae transmitteret ad sepulturam summi pontificis Adriani ornandam. — Cf. Ann. Moissac. ad a. 795. — HTroj. 6105: Agamemnon do liez, Als in bat und hiez Daz folc allez gemeine In einem mermelsteine Prothesiliaum begraben. Mit guldinen buchstaben Was gescriben dar

die Grabschriften in der Regel sehr lang und ausführlich [1]), in Wirklichkeit befleissigte man sich jedoch der grössten Kürze. Auf dem Grabstein des Herzogs Friedrich des Katholischen von Oesterreich († 1198) zu Heiligenkreuz sehen wir ein Kreuz abgebildet und die Inschrift eingehauen: (†) XVI · KL · MAII · Θ · FRIDERIC' · DVX AVSTRIE. Auf einer anderen ebenfalls in Heiligenkreuz befindlichen Platte sind die Grabschriften zweier österreichischen Herzoginnen Gertrud († 1226) und Richardis (vermählt 1225 mit Herzog Heinrich V.) eingehauen; am äusseren Rande lesen wir: † XIIII · KL · MAII · Θ · GERDRVDIS · DE · BROVNSWICH · DVCISS · AVSTRIE · am inneren Rande: VI · K · MART · Θ · RICHARDIS · LANTGRAVIA · DE · WALTHERSTORF [2]). Auf dem in vieler Hinsicht merkwürdigen, mir noch immer nicht ganz unverdächtigen Grabsteine des Ulrich von Lichtenstein zu Frauenburg in Steiermark steht die Inschrift: HIE LEIT VLRICH · DISES · HOVSES · REHTTER · ERBE [3]). Eine noch reichere Verzierung erhielt die Grabplatte, wenn auf ihr die ganze Gestalt des Verstorbenen mit vertieft eingehauenen Contouren dargestellt war. In der Stephanskirche zu Naumburg an der Saale ist ein solcher Grabstein, der des Bischofs Riwinus († 1125), erhalten [4]). Merkwürdig erscheint auch das in der Marburger Elisabeth-Kirche befindliche Denkmal des Landgrafen Heinrich des Jüngeren († 1298), da in den vertieften Umrissen noch Spuren bunter Bemalung sichtbar sind (v. Hefner, Trachten d. MA. I, Taf. 81). Besser als in die Steinplatte liess sich die Zeichnung in Messingtafeln eingraben. Diese fein gravirten Messingplatten wurden auf dem Steine befestigt oder in denselben eingelassen und die eingeschnittenen Contouren durch Ausfüllung mit einem dunklen oder farbigen Kitt noch deutlicher hervorgehoben. Das älteste Denkmal dieser Art ist nach Otte (a. a. O. 335) der Grabstein des Bischofs Iso im Dome zu Verden. In der Klosterkirche zu Leubus finden wir das Grabmal des Herzogs Przemislaw von Steinau († 1289) [5]).

Alle diese Grabdenkmäler sind ganz flach gehalten; sie wurden in das Pflaster der Kirche eingefügt und durften nicht störend wirken. Eine andere prächtigere Art von Epitaphien sind die sogenannten Tumben. Ueber der Grabstätte wurde ein viereckiger Bau aufgerichtet.

---

obe Beide von sime lobe, Wie er lop gewunne Von sime kunne Und von andere siner bidervekeit, Als do was gewonheit.

1) Vgl. Êneit p. 254, 16.

2) Mitth. d. k. k. Commission XVIII, S. 120.

3) Abgeb.: Mitth. d. k. k. Comm. XVII, S. CIII.

4) Abgeb.: Otte, a. a. O. S. 234.

5) Abgeb.: H. Luchs, Schlesische Fürstenbilder des MA. (Breslau 1872) Taf. 14.

Die schlichteste Form desselben ist die, dass die Tumba die Gestalt des Sarkophages erhält. Eine solche Tumba, deren Decke in Form eines Satteldachs gestaltet und mit einem sculpirten Kreuz, Schwert und Beil verziert ist, bildet Ernest Feydeau in seiner Abhandlung 'Inhumations au moyen-âge' (Didron, Ann. archéol. XV, p. 46) ab. Es ist dies das aus einem Steine massiv hergestellte sogenannte Monument des Blaubarts, das früher in der St. Nicolaus-Kirche zu Tiffauges sich befand und jetzt im Museum zu Nantes bewahrt wird. Die Mehrzahl dieser Hochgräber aber sind mehr den Katafalken nachgebildet. Auf dem massiven Unterbau liegt der Verstorbene lang ausgestreckt, nicht todt, sondern lebend mit offenen Augen dargestellt[1]). Von dieser Art von Grabdenkmälern ist noch eine ziemlich ansehnliche Menge erhalten, die Mehrzahl ist aus Stein gearbeitet; seltener sind die aus Bronze gegossenen Monumente. Von den letzteren dürfte mit das älteste das Epitaphium König Rudolfs von Schwaben († 1080) im Dome zu Merseburg sein (abgeb. bei Otte, a. a. O. 656). Sehr schön müssen die französischen Monumente ausgesehen haben, die aus Bronze gegossen, fein ciselirt und mit bunten Émail-Farben colorirt waren. Wir kennen diese interessanten Denkmäler nur aus den Aufnahmen der Gaignières'schen Sammlung in Oxford, da die Kunstwerke selbst während der französischen Revolution zu Grunde gegangen sind (vgl. I, S. 95). Merkwürdig ist die Beschreibung, die Wace im Roman de Brut von dem Grabmal des Cadwalan in London entwirft[2]). Da soll man dem Todten zum Gedächtniss eine Reiterstatue aus Kupfer gegossen haben; in den Hohlraum derselben wurde die Leiche gelegt und das Kunstwerk sodann auf einem Thore in London aufgestellt. Es wäre interessant zu ermitteln, ob der Dichter die Beschreibung erfunden hat, oder ob in der That eine solche Reiterstatue ehemals vorhanden war. Wir können uns dieselbe ja ähnlich denken, wie etwa die Standbilder der Scaliger auf ihren Grabmälern in Verona, oder können vielleicht auch, um uns von der Aufstellung ein Bild zu machen, an den Triumphbogen des Alfons in Neapel (Jac. Burckhardt, Gesch. d. Renaissance in Italien, Fig. 114) erinnern. Dass der Leichnam wirklich in dem Erzstandbilde geborgen war, dürfen

---

1) Ann. Colon. max. 1167: Siquidem Colonienses ob honorificentiam et recordationem tam prestantis viri (Reinoldi archiepiscopi † 14. Aug. 1167) sepulchro decenter exstructo imaginem ipsius in lapide sculptam superposuerant.

2) 15081: Por lui longement remembrer Firent de coivre tresjeter Un chevalier sor un cheval En aparellement roial. Le cors le roi ont dedens mis; Puis l'ont sor une porte assis À Londres devers Ocidant. Iloc estut bien longemant. De joste ont fait une capele De saint Martin fu rice et bele.

wir billig bezweifeln, und es ist viel wahrscheinlicher, dass er in der nahen Kapelle seine letzte Ruhestätte gefunden hat.

Gewöhnlich sind diese Art von Grabdenkmälern aber aus Stein oder aus einem steinähnlichen Stuck gearbeitet. Die Tumba selbst stellt entweder nur einen schlichten, höchstens mit einigen Profilirungen gegliederten Unterbau dar, oder sie ist an den vier Seiten mit Sculpturen geschmückt. Als Beispiel der ersten Form führe ich die Monumente Heinrichs des Löwen und seiner Gemahlin im Dome zu Braunschweig an (Bd. I, Fig. 54 u. 64); die reichere Ausbildung der Tumba wird durch das Denkmal Heinrichs IV. von Breslau († 1290), des Minnesingers, in der Breslauer Kreuzkirche repräsentirt [1]). Seltener ist es, dass geradezu die Todtenbahre die Anregung zur Bildung des Monumentes giebt. Ein schönes Muster dieser Form finden wir in dem Grabmal des Gaugrafen Konrad Kurzbold, das im Dome zu Limburg an der Lahn erhalten ist [2]). Der Todte ruht auf einer mit Stoff bedeckten Bahre, die von sechs reich geschnitzten Füssen getragen wird. Ganz eigenthümlich ist die Anordnung, dass das Bild des Verstorbenen unter die Bahre gelegt wird; Viollet-le-Duc bildet (Dict. de l'Arch. IX, 51) ein solches Denkmal aus der Abtei von Longpont ab.

Meist ist das Denkmal nur für eine Person bestimmt und dann finden wir auch nur eine Portrait-Statue; waren jedoch mehrere in einem Grabe beigesetzt, so sind auch mehrere Figuren auf der Tumba angebracht. Einzel-Grabmäler sind sehr häufig; ich erwähne nur z. B. das des Grafen Ludwig von Arnstein in der Praemonstratenser-Kirche zu Arnstein (abgeb. bei Fr. Bock, Rheinlands Baudenkm.: Praem.-Abtei-K. z. Arnstein S. 17, Fig. 7). Nicht selten haben die Ehegatten ein gemeinsames Monument sich errichtet oder später erhalten. Der Art war das Denkmal der Blanscheflur, das Konrad Fleck (Flore 1947—2098) beschreibt. Es ruht auf vier ehernen Löwen, ist aus Marmor mit Vögeln und Thieren verziert, bemalt und vergoldet. Auf der Deckplatte sah man die Portraits zweier gekrönter Kinder, die mit einander spielen; Flore bietet seiner Geliebten eine Rose, sie ihm eine Lilie. Als Muster dieser Form von Epitaphien kann das des Grafen Gerhard von Geldern († 1229) und seiner Gemahlin Margaretha († 1230) in der Stiftskirche zu Roermond (Fr. Bock, a. a. O. III: Roermond S. 21, Fig. 8) dienen. Bekannt ist das gemeinsame Denkmal des Grafen Ernst von Gleichen († 1264) und seiner zwei Frauen

1) G. Büsching, Grabm. d. Herzogs Heinrich IV. von Breslau, 1826.

2) Franz Bock, Rheinlands Baudenkmale des Mittelalters. 2. Serie. Der Dom von Limburg, S. 23, Fig. 6.

im Dome zu Erfurt (v. Hefner, Trachten d. MA. I, T. 85). In der schon erwähnten Gaignières'schen Sammlung ist noch die Abbildung eines Monumentes erhalten, das vor der französischen Revolution in der Kirche zu Chaloché sich befand; auf der schrägen Tumba lag Thibaut Herr von Mothefélon mit seiner Gemahlin Beatrix von Dreux, seinem Sohne und seiner Schwiegertochter (Viollet-le-Duc, Dict. de l'Arch. IX, 65).

Alle diese Kunstwerke, die aus Stein gefertigt waren, hatte man ursprünglich bemalt, vergoldet, kurz polychrom behandelt. Schwieriger ist es nun zu ermitteln, ob die Statuen, die wir auf den Tumben ausgestreckt sehen, in der That Portraits der Verstorbenen bieten oder ob sie uns reine Phantasiegestalten vorführen. Nur in einigen wenigen Fällen ist es möglich, diese Frage zu beantworten. Das Grabbild Heinrichs des Löwen im Braunschweiger Dome, das allerdings erst lange nach dem Tode des Herzogs gearbeitet ist, entspricht weder der Beschreibung, die Acerbus Morena (MG. XVIII, 681) uns von der Persönlichkeit Heinrichs überliefert (magna facie, oculis magnis et nigris, capillis quoque quasi nigris) noch den Portraits in dem Hannoverischen Evangeliar, die Herimannus der Mönch von Helmwardshausen zwischen 1170 und 1180 malte, stellt auch nicht einen sechsundsechszigjährigen Mann, sondern einen dem Idealstile jener Zeit nach gebildeten Jüngling vor, ist also sicher eine Phantasieschöpfung. Eine solche Freiheit durfte sich der Bildhauer allerdings, wenigstens meines Erachtens, nur dann nehmen, wenn die darzustellende Persönlichkeit schon längere Zeit verstorben war und den Zeitgenossen ihr wirkliches Bild nicht mehr im Gedächtniss lebte. Wenn dagegen Angehörige bald nach dem Tode der Ihrigen ihnen ein Denkmal errichteten, dann konnte der Künstler es schwerlich wagen, den Gestalten ganz fremdartige Gesichtszüge zu geben; er wird eine gewisse Aehnlichkeit zu erreichen doch immer sich bestrebt haben. Und individuelle Züge finden wir in den Gesichtern solcher Grabfiguren oft genug; es scheint jedoch, dass man sich mit einer allgemeinen Aehnlichkeit zufrieden gab und eine peinliche Genauigkeit in der Wiedergabe der Züge erst gegen Ende des dreizehnten Jahrhunderts anstrebte. Bekannt ist die Erzählung Ottokars von Steier (CCCLXXVII) über die Entstehung des Denkmals König Rudolfs von Habsburg [1]: „Ein kluoger steinmetze Ein bilde schône unde reine Ûz einem marmelsteine Schône hete gehowen. Swer daz wolde schouwen, Der muoste im des jehen, Daz er nie bilde hete gesehen, Einem manne sô gelîch; Wan sô der meister künste rîch De-

1) Ich benutze den gesäuberten Text, den Massmann, Kaiserchron. II, 630, bietet.

heinen gebresten vant, Sô lief er alzehant, Dâ er den künic sach, Und nam dar nâch Die gestalt hie ab, Die er dort dem bilde gab. Under andern dingen Lât iu ze liehte bringen Einen alwæren site, Der dem meister wonte mite. Er hete sô gar gevedemet Und in sîn herze begedemet Al des küniges gestalt, Daz er die runzen alle zalt An dem antlütze, Daz het der meister nütze Alles gewaric gemerkt Und sô daz bilde gewerkt, Als er sîn hete gedâht. Nû hete den künic brâht Gebreste manicvalter Und allermeist daz alter, Daz der künic hêre Einer runzen mêre An dem antlütze gewan. Daz wart dem meister kunt getân, Der huop sich ûf sîn strâzen Und lief hin z'Elsâzen, Dâ der künic dô was. Dô nam er ûz unde las An den sachen die wârheit Als man im hete geseit. Und dô er daz ervant, Dô kêrte er alzehant Gegen Spîre wider Und warf daz bilde nider Und machtez aber gelîch Ruodolfen dem künege rîch. Der stein wart nû sîn dach." Leider verschweigt uns Ottokar den Namen dieses Bildhauers, und wir dürfen auch wohl kaum hoffen, denselben je kennen zu lernen. Es scheint ein Meister aus Speier selbst gewesen zu sein, der sicher nach Portraitskizzen, die er nach dem Original entworfen, das lebensvolle Bildniss, das heute noch, allerdings stark restaurirt, in der Krypta des Speierer Domes (vgl. I, Fig. 66) erhalten ist, ausführte.

Man begnügte sich oft nicht damit, den Todten durch Errichtung eines solchen Monumentes zu ehren, sondern liebte dasselbe auch dadurch noch zu schmücken, dass man zumal an den Gedenktagen des Verstorbenen es mit kostbaren Teppichen behing [1]). Besondere Gerüste aus Schmiedeeisen, die zugleich, mit Gittern versehen, das Grabmal gegen Beschädigungen schützten, waren zu jenem Zwecke um und über das Epitaphium aufgebaut. Erhalten sind nur wenige solche Eisenconstructionen. Die von Viollet-le-Duc (Dict. de l'Arch. IX, 64) gegebene Abbildung des Denkmales der Gräfin Alix von der Bretagne († 1221) und ihrer Tochter Yolande († 1272), das, ehedem in der Kirche zu Villeneuve bei Nantes, 1793 zerstört wurde, ist nach den Gaignières'schen Aufnahmen ziemlich willkürlich ergänzt. Mir ist nur ein einziges gut erhaltenes Eisengestell für die Prachtteppiche bekannt, das Grabmal des Bischofs Przeczlaus von Pogarell († 1376; Luchs, Fürstenbilder, Taf. I) im Dome zu Breslau. An diesem Eisenbau sind dann noch Lichtträger angebracht: Dornen, auf welche die Wachskerzen aufgesteckt wurden; Schalen, die das herabtropfende Wachs auffingen.

Hin und wieder ist die Tumba auch noch unter einen steinernen

1) Percev. 26150: Si li monstra la sépouture Qui acouviers d'un palie estoit.

Baldachin gestellt[1]), wie z. B. das Denkmal des Pfalzgrafen Heinrich II. in der Klosterkirche zu Laach (Fr. Bock, a. a. O. II: Laach S. 17). Später wird der Baldachin mit der Tumba verbunden und diese Form finden wir noch bei dem Monumente Kasimir's IV. Jagello († 1492) im Krakauer Dome.

Schon in der Lex Salica[2]) werden Basilicae erwähnt (vgl. Du Cange s. v.), hölzerne kirchenähnliche Bauten, welche über den Gräbern vornehmer Leute aufgestellt werden. Aus dem zwölften und dreizehnten Jahrhundert habe ich kein Zeugniss für die Fortdauer dieses merkwürdigen Gebrauches auffinden können. Dass aber diese uralte Verzierung der Grabstätten sich in der That erhielt, dafür liefert uns das prächtige Schnitzwerk den Beweis, das heute noch in der Pfarrkirche zu Möchling im Jaunthale (Kärnten) bewahrt wird (Mitth. d. k. k. Comm. XVII, 37). Es hat die Gestalt einer gothischen Kirche mit fialengekrönten Strebepfeilern, fein verziertem Dachfirst, einem angemessenen Chorbau, ist 7′ 6″ lang, 6′ hoch, 2′ 9″ breit, im fünfzehnten Jahrhundert etwa gearbeitet und steht über dem Grabe des Markgrafen Albuin.

Manche Grabmäler sind an die Wand der Kirche angelehnt oder gar in Wandnischen aufgebaut. Der romanischen Zeit gehören noch an die Monumente des Cardinals Ivo († 1142; abgeb. bei Otte, a. a. O. 237) und eines Erzbischofs (Hillin † 1169, oder Arnold † 1183) im Dome zu Trier (abgeb. bei Jules Gailhabaud, Denkm. der Baukunst II, T. 11). Gothische Denkmäler bildet Viollet-le-Duc (Dict. de l'Arch. IX, 34. 36. 37. 39) ab.

Seltener finden wir an der Kirchenwand nur eine Grabschrift eingelassen. So in dem Dome zu Mainz eine spät erst gefertigte Inschrift, die an die Gemahlin Karls des Grossen Fastrada erinnert.

Es scheint Sitte gewesen zu sein, über dem Denkmal die Waffenstücke des verstorbenen Ritters aufzuhängen. Auf Gahmurets Grab stellte man den Helm des Helden und brachte auf demselben eine lange Inschrift an (Parz. 107, 29 — 108, 28).

Von Grabkapellen, die nur zur Bestattung vornehmer Herren und Fürsten errichtet wurden, ist mir nichts bekannt. Dass wahrscheinlich die untere Etage der Doppelkapellen zum Begräbniss der Leichen der Burgherren und deren Angehörigen bestimmt war, habe ich schon (Bd. I, S. 88) dargelegt. Aber Heinrich von Veldeke hat bei seiner

1) Du Cange: Analogium aedificiolum supra sanctorum corpora constructum. Vita S. Richarii Abb.: Post multum denique tempus Analogium supra eadem fabricavit sepulcra, ut deambulantium ab eis arcerentur vestigia.

2) Lex Sal emend. (ed. Holder) LV(II): Si quis domum in modum basilice factum super hominem mortuum exspoliaverit etc.

Schilderung der Begräbnissstätte des Pallas (Êneit p. 223, 28 — 226, 15) ein isolirtes Gebäude im Sinne; man könnte denken, dass ihm das Bild des Theodorich-Denkmales zu Ravenna etwa vorgeschwebt hat. Pallas' Vater lässt seinen Sohn begraben „In einem gewelbe Aldâ der kunich selbe Inne wolde sîn gelegen", also in einer Art Erbbegräbniss. Dies schöne Gewölbe steht in der Nähe des Gotteshauses (synagôge), ist rund, mit herrlichem Mosaikfussboden ausgestattet. Die Säulen sind aus Marmor, wir können uns also vorstellen, dass eine goldige Kuppel (das Himelze) von den Säulen getragen wurde, und dass um diesen Centralbau sich ringsum, wie in der Grabkirche der Santa Costanza zu Rom, eine Art Nebenschiff herumzog. Der Bau hat keine Fenster, sondern wird durch eine Lampe erhellt, die mit Balsam gefüllt an Ketten von der Decke herabhängt; der Docht (eine wiken) ist von Asbest (bestîôn)[1]. In Mitten des Gebäudes steht der Sarg aus Prasîn gehauen auf vier porphyrnen Säulen. Der Deckel des Sarkophags ist aus Amethyst und mit einer langen Inschrift versehen. Zwei Gefässe, das eine aus Gold und mit Balsam gefüllt, das andere aus Edelstein, voll von Aloë und Terpentin, verbreiten angenehmen Geruch. Viel schwieriger ist es, die Beschreibung, die Heinrich von Veldeke von dem Grabmal der Kamille giebt (p. 251, 21 — 256, 7), zu interpretiren. Auch dieses, hoch über die Erde aufragende Monument liegt in der Nähe des Tempels; es ist von einem Griechen Gêometras erbaut, kreisrund, zwanzig Fuss im Lichten weit. Der Fussboden ist aus Jaspis. Vier gehauene Steine, Consolen, sind in die Mauer eingefügt; auf ihnen ruhen zwei „Swibogen"; wo sie zusammentreffen, ist ein porphyrner „Fůchstein" eingesetzt. Das sind also die Grate eines Kreuzgewölbes mit dem zugehörigen Schlussstein. Bis p. 252, 34 ist Alles klar. Nun kommt aber eine schwierige Stelle. Auf dem Gewölbe nämlich erhebt sich ein vierzig Fuss hoher Pfeiler, der oben durch einen runden „Simezstein" von sieben Fuss Breite abgeschlossen ist. Der Sims steht auf allen Seiten eine Spanne breit über den Pfeiler vor; der Pfeiler selbst kann also kaum den Durchmesser von sechs Fuss haben. Höchst unklar ist nun (p. 253, 10 ff.): „Ez (daz geworke) wart vierzich fûze hô Und zweinzich wît enbinnen." Vierzig Fuss hoch ist der Pfeiler, und zwanzig Fuss weit ist die Kapelle des Unterbaues. Der Dichter geht nun wieder zur Beschreibung der Kapelle über, schildert den Mosaikfussboden, das „Gewelbe" — und mit dem scheint

1) Im Roman d'Eneas (Jahrb. f. roman. und engl. Litt. II, 23) heisst es: 'De besto en estoit la mece.'

Fig. 135.

er nur die Gratbogen zu meinen, da er das goldige „Himelze", also die Gewölbkappen, noch einmal bespricht — und erzählt dann, dass der Bau nach vier Richtungen hin (in vier sinne) vier Fenster hat. In diesen Rundbau wird nun der Sarg gesetzt, zwei Balsamgefässe daneben hingestellt und eine Lampe aufgehängt. Die Ketten, welche die Ampel trugen, hielt eine aus Stein gemeisselte Taube — sie wird am Schlusssteine ausgehauen gewesen sein —, und an der Wand (vermuthlich an einer der vier Consolen) war ein Schütze plastisch dargestellt, wie er mit gespanntem Bogen und aufgelegtem Bolzen nach der Taube zielte. Nachdem Alles im Grabe geordnet war, vermauerte man die Thür „mit kopher und mit steinen". Auf die Plateform des Pfeilers aber setzte man einen Spiegel, der bei hellen Tagen über eine Meile weit leuchtete.

Ich habe es versucht, in der Zeichnung Fig. 135 eine Vorstellung von dem Bauwerk zu geben, das Heinrich von Veldeke uns schildert. A stellt die Tumba dar, B den Swibogen, C den Schlussstein, bei D sehen wir den Schützen, bei E das Fenster, F ist der Pfeiler, G das Gesims, H endlich der Spiegel.

Man könnte zunächst geneigt sein, anzunehmen, dass der Dichter nur ein Denkmal beschrieben hat, welches eine freie Schöpfung seiner Phantasie war. Wenn man jedoch die Monumente jener Zeit in Betracht zieht, so unterliegt es keinem Zweifel, dass der Dichter wirklich vorhandene Bauwerke im Auge hatte. Die Rundkapelle ist nach dem Muster eines Karners geschildert (vgl. Karl Lind, über Rundbauten mit besonderer Berücksichtigung der Drei-Königs-Capelle zu Tulln in Nieder-Oesterreich; Mitth. d. k. k. Comm. XII, 146 ff.); da es sich um das Grabmal einer Heidin handelt, hat er die Apsis, das Altarhaus, fortgelassen. Nun aber der merkwürdige Pfeiler und der Spiegel. Für diese Beschreibung hat Veldeke in den sogenannten Todtenleuchten das Vorbild gehabt. Otte (Hdb. d. kirchl. Kunstarch.$^4$ 261) citirt eine Stelle aus dem Tractat de Miraculis des Petrus Venerabilis († 1156): „Mitten auf den Kirchhof wird ein steinerner Bau gesetzt, der an seinem Obertheil Raum für eine Lampe hat, welche zu Ehren der hier ruhenden Gläubigen alle Nächte den geweihten Ort mit ihrem Schimmer beleuchtet." Die Todtenleuchte ist also ein grosser Lichtständer. Die noch vorhandenen Denkmäler und die wichtigsten Schriften über diesen Gegenstand zählt Otte (a. a. O.) auf, die französischen Monumente bespricht Viollet-le-Duc (Dict. de l'Arch. VI, 154). Diese Lichtsäule nun hat Veldeke auf die Grabkapelle aufgesetzt; er braucht kein durchbrochenes Schutzdach an der Spitze der Säule, weil er da nicht eine Lampe brennen, sondern den Spiegel die Sonnenstrahlen reflectiren lässt. Die Verbindung der Lichtsäule mit einer Art Kapelle ist übrigens auch nicht Veldeke's freie Erfindung: die kleine Todtenleuchte zu Schulpforta zeigt ebenfalls einen kapellenartigen Unterbau und es ist wohl möglich, ja wahrscheinlich, dass man im zwölften Jahrhundert den runden und polygonalen Grabkapellen durch einen solchen thurmförmigen Aufbau noch eine besondere Verzierung zu gewähren sich bestrebte [1]).

---

1) Wolfram hat (Parz. 589, 1 ff.) Heinrichs von Veldeke Beschreibung als Muster für seine Schilderung der Wundersäule im Schastel marveil benutzt.

Das Schönheitsbedürfniss jener Zeit verlangte nicht allein, dass die für das Leben erforderlichen Gegenstände eine möglichst ansprechende, künstlerisch gestaltete Form erhielten, es veranlasste auch, dass man die Gräber seiner Lieben so anmuthig wie nur möglich ausschmückte.

So hat die Kunst die höhere Gesellschaft begleitet von der ersten Stunde des Lebens bis zum Tode und ihr Leben verschönt und verklärt, wie dies diesseits der Alpen nie wieder der Fall gewesen ist.

---

Mit dem Beginne des vierzehnten Jahrhunderts ist diese interessante Periode abgeschlossen. Schon seit der Mitte des dreizehnten Jahrhunderts tritt der Adel mehr und mehr zurück; er ist nicht mehr in dem Grade wie ehedem der Repräsentant der höfischen Dichtkunst; fortan wird dieselbe fast ausschliesslich von bürgerlichen Dichtern gepflegt. Das bürgerliche Element der Städter macht sich geltend. Die Ideale, die früher den Ritter begeisterten, verblassen und an ihrer Stelle tritt immer mehr eine auf den reellen Nutzen hinstrebende Sinnesart hervor. Das Schönheits- und Luxusbedürfniss lebt in dem Ritterstande noch fort: er findet aber nicht die Mittel mehr, dasselbe zu befriedigen. Das Familienbesitzthum schmilzt mehr und mehr zusammen, da bei jedem Vermächtniss schon Anstands halber die Kirche bedacht werden muss. In früheren Jahrhunderten hatte es nicht viel auf sich gehabt, wenn man der Kirche weite Strecken unbebauten Wald- und Wiesenlandes zum Geschenk machte; jetzt war ein solcher Besitz nicht mehr werthlos; bei den theuren Preisen, die für unentbehrliche Luxusbedürfnisse gezahlt werden mussten, bei dem geringen Werth, den die Erzeugnisse des Feldbaues repräsentirten, musste ein Edelmann schon ein grosses Besitzthum haben, wollte er von dessen Ertrage standesgemäss leben. Viele Güter waren verschuldet; die Väter hatten, um sich Geld zum Kreuzzuge zu schaffen, sie verpfändet oder mit Schulden belastet. Andere Familien schenkten ihre ganze Habe der Kirche, stifteten Klöster und beschlossen selbst im Kloster ihr Leben. So gründete Graf Ludwig von Arnstein 1139 in seinem Stammschlosse an der Lahn ein Praemonstratenserstift, überwies ihm, da er kinderlos war, allen seinen Besitz und starb als Laienbruder in dem Kloster; seine Gattin Guda lässt sich in der Nähe des Klosters eine Zelle bauen und bleibt bis zu ihrem Tode in derselben als Reclusa (Vita Lodewici Comitis de Arnstein). Es würde nicht schwer sein, noch viele Beispiele solcher Stiftungen anzuführen. Manche Familie hat sich der Kirche gradezu geopfert. Graf Otto von Botenlauben, der bekannte Minnesinger, gründet 1231 das Kloster Frauenrode; seine Gemahlin Beatrix [1]) trennt sich von ihm und wird wahrscheinlich Nonne. Der jüngere Sohn Heinrich widmet sich dem geistlichen Stande und wird Canonicus im Stifte St. Johann zu Haug bei Würzburg; der ältere Sohn Otto heirathet Adelheid, die Erbtochter der reichen Familie von Hiltenberg; aber auch er scheidet sich 1231 von seiner Gattin, die ins Marcuskloster zu Würzburg eintritt, und wird Deutsch-Ordens-Ritter, später Provisor des Klosters Frauenrode. Der letzte Graf Botenlauben, der Sohn des jüngeren Otto, ist schon 1234 Chorherr in Würzburg. Die bedeutenden Güter und Besitzthümer des Botenlaubenschen und Hiltenberg'schen Geschlechtes fallen theils an Klöster, theils an das Bisthum Würzburg; die Familie selbst erlischt (Ludw. Bechstein, Geschichte und Gedichte des Minnesingers Otto von Botenlauben, Lpz. 1845). Je reicher die Kirche wurde, desto mehr verarmte der Adel. Auch die alten aristokratischen Klöster der Benedictiner, Cistercienser, Praemonstratenser treten mehr in den Hintergrund, während die mehr bürgerlichen volksthümlichen Orden der Bettelmönche an Bedeutung und Macht zunehmen. Die Höfe der Fürsten, die früher dem besitzlosen Ritter eine Zuflucht gewährt hatten, wo dieselben freigebig bei allen Gelegenheiten Geschenke erhielten, waren auch sparsam und karg geworden, konnten der Ritterschaft nicht mehr wie früher aufhelfen und ihren Glanz aufrecht erhalten. Friedrich Barbarossa hatte noch glänzende Feste veranstaltet, Prunk gezeigt, mit offener Hand gespendet: unter seinen Nachfolgern war es schon schwer, etwas zu erhalten; entweder sind sie, wie Heinrich VI. und Friedrich II., selten nach Deutschland gekommen und haben mehr in Italien Hof gehalten, oder sie waren, wie König Philipp, nicht so leicht (wenn wir Walther von der Vogelweide glauben dürfen) zum Geben bereit. Auf den prunkliebenden Richard Löwenherz war der habgierige Johann gefolgt, und auch in Frankreich scheint mit den Albigenserkriegen eine Zeit, die dem Ritterthume minder hold war, zu beginnen. Alle die angedeuteten Factoren wirkten zusammen, den Verfall des Ritterthumes zu beschleunigen. Die Noth zwang die Edelleute, die einen gewissen Luxus als für ihren Stand berechtigt ansahen, weniger geistigen als weltlichen Interessen ihre Aufmerksamkeit zuzuwenden. So verlieren sie zunächst die hervorragende Stellung, die sie als Führer

1) Vgl. Bd. I, S. 205, Fig. 56 c.

der geistigen Bewegung inne gehabt hatten. Sie verkaufen jetzt ihre Kriegstüchtigkeit, suchen im Kriege einen Erwerb, sind zumal während der Zeit des Interregnums Jedem, der sie gut zahlt, zu dienen bereit. Wer die Macht hat, sucht in diesen Wirren sich zu bereichern, ohne sich mit Gewissensscrupeln zu quälen. Der ärmere Ritter macht seine Burg zu einer Räuberhöhle, plündert die Reisenden aus, nimmt wohlhabende Leute gefangen und erpresst von ihnen ein Lösegeld. Schon dadurch hatten sich die ritterlichen Sitten gewaltig geändert; die feine höfische Gesittung, welche die Unbändigkeit und Rohheit noch gezügelt hatte, kam mehr und mehr in Vergessenheit.

Mit dem Hofleben trat die ritterliche Gesellschaft seit der Mitte des dreizehnten Jahrhunderts selten noch in Berührung, und so stellt sich denn bald auch ein Verfall der guten Manieren ein. Wie Ulrich von Lichtenstein in dem um 1257 verfassten Vrouwen buoch klagt, verkehren die Frauen nicht mehr so unbefangen wie ehedem mit den Männern; sie tragen keine schönen Kleider, verdecken das Angesicht mit dichten Schleiern und hängen sich Rosenkränze frömmelnd um den Hals. Es ist ihnen der frohe Lebensgenuss, der die frühere Zeit so liebenswürdig machte, schon fremd geworden. Die Männer haben allein an der Jagd ihre Freude, brechen früh Morgens mit ihren Hunden auf, kommen müde am Abend heim, und statt sich dann ihren Frauen oder den Damen zu widmen, verbringen sie ihre Zeit am Würfelbrett und trinken mit ihren Gesellen. Nur beim Becher werden sie lebendig: da rühmen sie sich ihrer Liebeserfolge. Und gut noch, wenn sie selbst in roher Genusssucht den Weibern nachstellen, wenn sie nicht in unnatürlichen Lastern ihre Befriedigung suchen. Rudolf von Habsburg fand den Ritterstand schon so verderbt vor; er hatte weder Lust noch die Mittel, ihm wieder aufzuhelfen, und so mancher Dichter klagt laut über seinen Geiz (Jac. Falke, die ritterliche Gesellschaft zur Zeit des Frauencultus, S. 159). Ottokar von Böhmen war noch reich und freigebig; aber seine Herrlichkeit fand ja ein jähes Ende.

Die Dichtkunst ist in der zweiten Hälfte des dreizehnten Jahrhunderts auch nicht mehr auf der Höhe, die sie um den Anfang des Jahrhunderts erreicht hatte. Wenn auch die Gedichte Konrad's von Würzburg und seiner Zeitgenossen noch immer geschickt componirt sind und sich gut lesen, so sehen wir in ihnen doch nicht allein die hohen idealen Rittertugenden gefeiert, sondern es wird auch absichtlich, um den Hörern zu gefallen, die Sinnlichkeit schärfer betont und und unverhohlener in den Schilderungen hervorgehoben, als dies in der früheren Zeit zu geschehen pflegte. War die gute Gesellschaft ehedem nicht grade prüde gewesen, so liebte die spätere Generation einen recht derben, unzweideutigen Scherz, hatte auch Gefallen an Possen und Spässen, wie dies früher gar nicht der Fall gewesen war.

Aber trotz alledem leben die alten Ideale doch noch fort; die schwärmerische Hingebung für die Geliebte klingt noch in der mystischen Religionsauffassung wieder. Die bildende Kunst leistet noch bis in die ersten Jahre des vierzehnten Jahrhunderts manch treffliches Werk, und in den lieblichen Gesichtern der thörichten Jungfrauen an der Brautpforte der Nürnberger Sebalduskirche, in den reizenden Madonnen und Jungfrauen der Kölner Malerschule scheint noch zuweilen die Erinnerung an die Meisterwerke des dreizehnten Jahrhunderts wieder aufzuleben. Doch das sind vereinzelte Lichtblicke. Als Kaiser Karl IV. seine Burg auf dem Karlstein baute, da wollte er, wie man erzählt, die Herrlichkeit des Gralsschlosses nachahmen [1]; er belegte die Wände der Katharinen- und der Kreuzkapelle (1348—57) mit gewaltig grossen Platten aus Halbedelsteinen, aus Jaspis und Onyx, Amethyst und Carneol, er liess die Fugen zwischen den Steinen dick vergolden [2], und doch sieht diese Edelsteinwand trotz aller Kostbarkeit aus wie eine geschliffene Feldsteinmauer. Die Steine in bestimmte Formen zu schneiden, hat man nicht für nöthig erachtet; man setzte die Platten in der Gestalt ein, wie man sie in der Natur vorfand. Kein Denkmal ist meines Dafürhaltens besser geeignet, den Verfall des guten Geschmackes zu zeigen. Hier sehen wir nur das nackte Prahlen mit Kostbarkeiten: dieselben aber mit Verständniss zu verwerthen und ein wirkliches Kunstwerk zu bilden, das waren schon fünfzig Jahre nach dem Schlusse des dreizehnten Jahrhunderts die ersten am Kaiserhofe thätigen Künstler nicht mehr im Stande.

---

Die höfische Gesellschaft des zwölften und dreizehnten Jahrhunderts weiss sich das Leben so angenehm wie nur immer möglich zu machen. Trotz der fortwährenden Kriege und der damit verbundenen Verwüstungen, trotz Pestilenz und Hungersnoth bleibt sie froh, den gegebenen Augenblick nach Möglichkeit sich zu Nutze machend. So lange die Leute jung sind, geniessen sie unbekümmert das Leben, und alt geworden wissen sie sich schon für ihre Jugendsünden Ver-

1) Vgl. Schnaase VI², 281.

2) Ganz in derselben Weise ist die Wenzelskapelle im Veitsdome zu Prag (1347—67) verziert.

gebung zu verschaffen. Weit entfernt, das irdische Dasein zu verachten, aber ebenso fern von aller Uebersättigung schauen sie fröhlich ins Leben und im Uebermuthe vollkräftiger und vollsaftiger Jugend fragen sie nicht so ängstlich nach den Schranken, welche die Moral gezogen; dafür haben sie aber ein offnes Herz für alles das, was das Leben zu verschönen und zu verklären im Stande ist. Die Poesie verherrlicht ihnen ihre Liebeserfolge, und wenn der Ritter eine gute Tafel, einen mundenden Trunk schätzt, so weiss er es auch zu würdigen, dass man die Speisen gefällig in schön geformten Gefässen aufträgt, dass der Wein im künstlerisch gestalteten Becher kredenzt wird. Er liebt glänzende, farbenprangende Kleider, hat seine Freude an der schöngebauten, geschmackvoll eingerichteten Wohnung, an reich verzierten Waffen und weiss ebenso ein Heldengedicht, ein Lied, eine schöne Melodie zu schätzen. Er liebt den Genuss, aber den durch die Kunst geläuterten, verschönten. Kunstverständig möchte ich ihn nicht nennen — schwerlich hat er kritisch ein Kunstwerk zu beurtheilen verstanden —, aber was besser ist: er war in Wahrheit kunstbedürftig, die Kunst war ihm nicht ein blosses überflüssiges Spielzeug, sondern sie war ihm erforderlich, sollte er die volle Freude am Dasein haben. Und dieses herzliche wahrhaftige Kunstbedürfniss kann, wie ich glaube, nur der haben, der das Leben mit allen seinen irdischen Freuden und Genüssen liebt und werth hält. Asceten, strenge Puritaner haben nie die Kunst gefördert. Wer mit Wasser und Brod zufrieden ist, der wird die Kochkunst nicht zu schätzen wissen, und wer das irdische Dasein nur als eine Vorbereitung für das Jenseits ansieht, wird schwerlich sich Mühe geben, sich das Leben auf Erden schön und behaglich zu gestalten. In diesem Sinne bietet eine lebenslustige Zeit, die lebt und leben lässt, ohne es mit der Moral gar zu streng zu nehmen, für die Kunst einen viel fruchtbareren Boden, als eine Periode ehrbarer, sittenstrenger, aber auch bedürfnissloser Sinnesart.

Die höfische Gesellschaft, die wir kennen lernten, ist aber nicht allein für den Genuss empfänglich: es lebt in ihr doch auch noch ein hoher idealer Sinn. Wenn auch die Handlungen nicht immer dem Ideale entsprechen, so ist es doch nicht zu unterschätzen, dass solche hohe Gesinnungen damals in der besten Gesellschaft vorhanden waren und gepflegt wurden. Treue dem Herrn, mannhafte Tapferkeit, die das Leben für die Ehre einsetzte, ein Kampfesmuth und eine Kampflust, die Heldenthaten selbstverständlich erscheinen liess und die zuweilen selbst bis zur Grausamkeit ausartete, das sind doch immerhin Eigenschaften, die einer Zeit nur zur Zier gereichen können. Dazu kommt eine schwärmerische Verehrung der Frauen. Stets ist der Ritter bereit, für den Schwächeren einzustehen, Recht und Gerechtigkeit nach bestem Wissen und Können zu vertheidigen. Aufrichtig fromm setzt er sein Hab und Gut, sein Leben selbst daran, die heiligen Stätten des Christenthums wieder den Händen der Ungläubigen zu entreissen. Dass neben diesen Lichtseiten auch Schatten bemerkbar sind, ist ja nicht zu läugnen, aber ebenso wenig kann man es in Abrede stellen, dass die ritterliche Gesellschaft im grossen Ganzen sich hohe erhabene Ziele gesteckt hatte, dass trotz aller Schwächen — und welche Zeit wäre frei von ihnen — ein hochidealer Geist in ihr lebendig ist.

Eine solche Zeit war wie geschaffen dazu, eine grosse Kunstentwickelung zu erwecken und zu fördern. Die Künstler fanden für ihre Leistungen die dankbarste Aufnahme; was sie schaffen, das wird nicht als ein im Grunde überflüssiger Luxus angesehen, sondern kommt einem wirklich vorhandenen Bedürfnisse entgegen. Man beeifert sich, ihnen die Mittel zur Verfügung zu stellen, damit sie ihre Arbeiten möglichst schön ausführen, und ist dieselbe dann beendet, so wird sie auch geschätzt und bewundert. Das gilt nicht allein von den Werken der Baumeister, Bildhauer und Maler, sondern im gleichen Grade für die Leistungen des Kunsthandwerkes. Dass unter solchen Umständen die Kunst erblühen musste, kann nicht wunderbar erscheinen. Aber der Charakter der Zeit prägt sich auch den Kunstschöpfungen auf; nirgends sehen wir da kleinliche Formen, immer ist der Künstler bestrebt, seinem Werke eine möglichst vollendete, ideal schöne Gestalt zu geben. Meines Dafürhaltens hat in Frankreich wie in Deutschland damals die bildende Kunst ihren Höhepunkt erreicht, wie zwei Jahrhunderte später den Italienern ein gleicher Erfolg beschieden war. Auch Italien war genussfroh und nahm es, sobald es sich um die Freuden des Lebens handelte, nicht so ängstlich mit der Moral; es war ebenso kunstbedürftig, nur waren seine Ideale andere, als die zur Zeit der Minnesinger die höfische Gesellschaft beseelten. So ist denn auch die italienische Kunst eine andere geworden; aber wenn wir an deren herrlichen Erzeugnissen uns erfreuen, dann sollten wir nicht vergessen, dass diesseits der Alpen es zwei Jahrhunderte gegeben hat, welche Kunstwerke hervorgebracht haben, die sich den italienischen wohl an die Seite stellen lassen. Nicht im fünfzehnten und sechszehnten Jahrhundert, sondern im zwölften und dreizehnten sind in Frankreich und Deutschland die Werke entstanden, auf welche beide Völker in Wahrheit stolz zu sein vollberechtigt erscheinen.

# Verzeichniss der hauptsächlichsten benutzten Quellenschriften.

## 1. Historische Darstellungen.

Abbo, de Bello Parisiaco. (MG. Script. II.)
Acerbus Morena. (MG. Script. XVIII.)
Alberici Monachi Trium Fontium Chronicon. (MG. Script. XXIII.)
Albertus Aquensis, Historia Hierosolymitana, ed. Reiner. Reineccius. Helmstadii 1584.
Albertus Argentinensis, Chronicon. (Urstisius, Germ. Hist. illustr. II.)
Alpertus, de diversitate temporum. (MG. Script. IV.)
Alpertus, de Episcopis Mettensibus. (MG. Script. IV.)
Anelier, Guerre de Navarre, publ. p. Francisque-Michel. Paris 1857.
Annalista Saxo. (MG. Script. VI.)
Annales Admuntenses (MG. Script. IX.)
— Austriae. (MG. Script. IX.)
— Basileenses. (MG. Script. XVII.)
— Bergamenses. (MG. Script. XVIII.)
— S. Benigni Divionensis. (MG. Script. V.)
— Bernenses. (MG. Script. XVII.)
— Blandinienses. (MG. Script. V.)
— Bosovienses. (Eccard, Corpus historicum medii aevi I.)
— Brixienses. (MG. Script. XVIII.)
— Brunwilarenses. (MG. Script. I.)
— Canonici Sambiensis. (MG. Script. XIX.)
— Casinenses. (MG. Script. XIX.)
— Cisterciensium in Heinrichau. (MG. Script. XIX.)
— Claustroneoburgenses. (MG. Script. IX.)
— Colmarienses majores. (MG. Script. XVII.)
Annales Sanctae Columbae Senonensis. (MG. Script. I.)
— Colonienses maximi. (MG. Script. XVII.)
— Cracovienses compilati. (MG. Script. XIX.)
— Cremifanenses. (MG. Script. IX.)
— Elnonenses majores. (MG. Script. V.)
— Egmundani. (MG. Script. XVI.)
— Erphordenses. (MG. Script. XVI.)
— Fossenses. (MG. Script. IV.)
— Garstenses. (MG. Script. IX.)
— Hamburgenses. (MG. Script. XVI.)
— Heinrici Rebdorff. (Freher-Struve I.)
— Hildesheimenses. (MG. Script. III.)
— S. Jacobi Leodiensis. (MG. Script. XVI.)
— Januenses. (MG. Script. XVIII.)
— S. Justinae Patavini. (MG. Script. XIX.)
— Laureshamenses. (MG. Script. I.)
— Lubenses. (MG. Script. XIX.)
— Magdeburgenses. (MG. Script. XVI.)
— Mantuani. (MG. Script. XIX.)
— Marbacenses. (MG. Script. XVII.)
— Mediolanenses. (MG. Script. XVIII.)
— Mediolanenses breves. (MG. Script. XVIII.)
— Mediolanenses. Liber Tristitiae et Doloris. (MG. Script. XVIII.)
— Mellicenses. (MG. Script. IX.)
— Moissacenses. (MG. Script. I und II.)
— Neresheimenses. (MG. Script. XVIII.)
— S. Pantaleonis Coloniensis. (MG. Script. XXII.)
— Parmenses maiores. (MG. Script. XVIII.)

Annales Pegavienses. (MG. Script. XVI.)
— Pisani. (MG. Script. XIX.)
— Placentini Gibellini. (MG. Script. XVIII.)
— Placentini Guelfi. (MG. Script. XVIII.)
— Praedicatorum Vindobonensium. (MG. Script. IX.)
— Rodenses. (MG. Script. XVI.)
— S. Rudberti Salisburgensis. (MG. Script. IX.)
— Sancrucenses. (MG. Script. IX.)
— Sindelfingenses. (MG. Script. XVII.)
— Stadenses. (MG. Script. XVI.)
— Stederburgenses. (MG. Script. XVI.)
— Steronis Altahensis. (MG. Script. XVII.)
— Veronenses. (MG. Script. XIX.)
— Veterocellenses. (Mencke, Script. II.)
— Vindobonenses. (MG. Script. II.)
— S. Vitoni Virdunensis. (MG. Script. X.)
— Wirziburgenses. (MG. Script. II.)
— Wormatienses breves. (MG. Script. XVII.)
— Wratislavienses. (MG. Script. XIX.)
Anonymi Monachi Casinensis Chronicon. (Del Re, Cronisti Sincroni I.)
Anonymi Laudensis Continuatio Acerbi Morenae. (MG. Script. XVIII.)
Anselmi Gemblacensis Continuatio (Sigeberti). (MG. Script. VI.)
De Antiquis Legibus Liber. Cronica Maiorum et Vicecomitum Londoniarum, ed. Thom. Stapleton. London 1846.
Arnoldus Lubecensis, Chronica Slavorum, ed. Reineccius. Frankfurt a. M. 1581.
Assises du Royaume de Jerusalem, publ. p. M. Victor Foucher. Rennes, Paris et Leipzic 1841.
Auctarium Affligemense. (MG. Script. VI.)
— Aquicinense. (MG. Script. VI.)
— Laudunense. (MG. Script. VI.)
— Zwettlense. (MG. Script. IX.)
Jacobi Auriae Annales Januenses. (MG. Script. XVIII.)
Bartholomaeus Anglicus (de Glanvilla), de Proprietatibus Rerum. Strassburg 1485.
Bartholomaeus Scriba, Annales Januenses. (MG. Script. XVIII.)
Bartolomeo di Neocastro. (Del Re, Cronisti Sincroni II.)
Benedictus Abbas Petroburgensis, de Vita et Gestis Henrici II et Ricardi I Angliae Regum, ed. Stubbs. London 1867.
Bertholdi Annales. (MG. Script. V.)
Boncompagni, de Obsidione Anconae. (Muratori, Rer. Ital. Script. VI. Mediolani 1725.)
Braunschweigische Reimchronik. (MG. Scriptorum qui vernacula lingua usi sunt Tom. II.)
Burchardi et Conradi Urspergensis Chronicon. (MG. Script. XXIII.)
Caesarius Heisterbacensis, de Miraculis, ed. Jos. Strange. Col. 1850.
Caesarius Heisterbacensis, Vita S. Engelberti. (Böhmer, Fontes III.)
Cafari Annales Januenses. (MG. Script. XVIII.)
Cafari de Liberatione Civitatum Orientis. (MG. Script. XVIII.)
Canonicorum Pragensium Continuatio Cosmae. (MG. Script. IX.)
Casus Monasterii Petrishusen. (MG. Script. XX.)
Chanson d'Antioche, publ. p. Paulin Paris. Paris 1848.
The french Chronicle of London, ed. by G. J. Augier (Camden Society) 1844.
Chronica Augustensis. (MG. Script. XVII.)
Chronicon S. Andreae. (MG. Script. VII.)
— Colmariense. (MG. Script. XVII.)
— Ebersheimense. (MG. Script. XXIII.)
— Fossae Novae. (Del Re, Cronisti Sincroni I.)
— Holtzatiae. (MG. Script. XIX.)
— S. Huberti Andaginensis. (MG. Script. VIII.)
— Magni Presbyteri. (MG. Script. XVII.)
— Marbacense. (MG. Script. XVII).
— Montis Sereni. (MG. Script. XXIII.)
— Terrae Misnensis. (Mencke, Script. II.)
— Turonense. (Bouquet, Rec. XVIII.)
Chronique des ducs de Normandie par Benoît, publiée p. Francisque-Michel. Paris 1836.
Chronique de S. Magloire. (Fabliaux, publ. p. Barbazan et Méon, II.)
Chuonradi Schirensis Annales. (MG. Script. XVII.)
Cnutonis Regis Gesta. (MG. Script. XIX.)

Conciliorum nova et amplissima collectio, ed. Phil. Labbaeus et Dom. Mansi. Florentiae 1759 ff.
Conquest of Ireland, ed. by Francisque-Michel. London 1837.
Continuatio Aquicinctina (Sigeberti). (MG. Script. VI.)
— Burburgensis (Sigeberti). (MG. Script. VI.)
— Praemonstratensis (Sigeberti). (MG. Script. VI.)
— Tornacensis (Sigeberti). (MG. Script. VI.)
Croisade contre les Albigeois, publ. p. Fauriel. Paris 1837. (Docum. inédits. 1. Série.)
De dictis IV Ancillarum S. Elisabethae. (Mencke, Script. rer. Germ. II.)
De Rebus Alsaticis ineuntis saeculi xiij[tii]. (MG. Script. XVII.)
Donizo, Vita Mathildis. (MG. Script. XII.)
Egidii Romani (Colonnae) ordinis fratrum Heremitarum sancti Augustini de regimine Principum Libri III. Venetiis 1498.
Das Zeitbuch des Eike von Repgow, hgg. v. H. F. Massmann. Stuttgart 1857. (Bibl. d. litt. Vereins XLII.)
Einhardi Annales. (MG. Script. I.)
Einhardi Vita Karoli. (MG. Script. II.)
Ellenhardi Argentinensis Annales. (MG. Script. XVII.)
Enenkl, Fürstenbuch. (Rauch, Script. rer. Austriacarum I.)
Establissements du Saint Louis. (Ordonnances des Rois de France. Paris 1723.)
Ethelredus Abbas Rievalensis, de bello apud Standardum. (Twysden, Hist. Angl. Script. I.)
Falconis Beneventani Chronicon. (Del Re, Cronisti Sincroni I.)
Friderici Imperatoris Epistolae. (Freher I.)
Fulcherii Carnotensis Historia Hierosolymitana. (Recueil des Historiens des Croisades. Hist. Occid. III. Paris 1866.)
De Fundatione Monasterii Diessensis. (MG. Script. XVII.)
Geoffroy Gaimar, l'Estorie des Engles, publ. p. Fr. Michel. (Chroniques Anglo-Normandes. Rouen 1836—40.)
Gaufredus de Belloloco, Vita S. Ludovici. (Bouquet, Rec. XX.)
Gaufredi Vosiensis Chronicon. (Bouquet, Rec. XII.)
Gerhardi Vita S. Oudalrici Episcopi. (MG. Script. IV.)
Gervasius Dorobernensis, Chron. (Twysden, Hist. Angl. Script.)
Gesta Abbatum Horti S. Mariae. (MG. Script. XXIII.)
— Adalberonis Archiep. Trevirensis Auctore Balderico. (MG. Script. VIII.)
— Archiepiscoporum Salisburg. (MG. Script. XI.)
— Fulconis Filii Warini, ed. Jos. Stevenson. London 1875.
— Ludovici VIII. Francorum Regis. (Duchesne V.)
Giraldus Cambrensis, de Instructione Principum. (Bouquet, Recueil XVIII.)
Gislebertus, Chronicon Hanoniense. (MG. Script. XIX.)
Godefroid de Bouillon, publ. p. le Baron de Reiffenberg. (Monuments pour servir à l'histoire des provinces de Namur etc. VI.) Bruxelles 1854.
Guillaume Guiart, Branche des Royaux Lignages, publ. p. Buchon. (Coll. des Chron. Nat. Franç. 7. 8.) Paris 1828.
Guiberti Abbatis Historia Hierosolymitana. (Bongars, Gesta Dei I.)
Guiberti Abbatis de Novigento Monodiarum libri III. (Bouquet, Recueil XII.)
Guilelmus Brito, de Gestis Philippi Augusti. (Duchesne V.)
Guilelmus Brito, Philippidos libri XII. (Duchesne V.)
Guilelmus Carnotensis, de Vita et Miraculis S. Ludovici. (Bouquet, Rec. XX.)
Guilelmus de Nangiaco, Chronicon. (Bouquet, Rec. XX.)
Guilelmus de Nangiaco, Gesta S. Ludovici. (Bouquet, Rec. XX.)
Guilelmus de Nangiaco, Gesta Philippi Regis. (Bouquet, Rec. XX.)
Guilelmi de Podio Laurentii Historia Albigensium. (Bouquet, Rec. XIX u. XX.)
Guilelmus Malmesburensis, de Gestis Regum Angliae. (H. Savile, Rer. Anglic. Script.)

Guilelmi Parvi de Newburgh Rerum Anglicarum Libri V, ed. H. C. Hamilton. London 1856.

Guntherus Ligurinus. (Justus Reuber's Veterum Scriptorum etc. Tomus Unus. Francof. 1584.)

Heinrici Chronicon Livoniae. (MG. Script. XXIII.)

Helmoldi Chronica Slavorum. (MG. Script. XXI.)

Henri de Valenciennes, Histoire de l'empereur Henri (S. Villehardouin, publ. p. Nat. de Wailly.)

Herbordi Vita Ottonis Babenbergensis. (MG. Script. XII.)

Hermanni Altahensis Annales. (MG. Script. XVII.)

Hermanni Corneri Chronicon. (Eccard, Corp. hist. medii aevi II.)

Hirzelîn, Ueber die Schlacht von Gellheim. (Massmann, Kaiserchronik II.)

Holsteinische Reimchronik. (MG. Scriptorum qui vernacula lingua usi sunt Tom. II.)

Hugonis Falcandi Historia Siciliae. (Del Re, Cronisti Sincroni I.)

Hugonis Flaviniacensis Chronicon Virdunense. (MG. Script. VIII.)

Itinerarium Regis Ricardi. (Chronicles and memorials of the reign of Richard I. Vol. I. ed. by William Stubbs. London 1864.)

Jacobus de Vitriaco, Historia Orientalis, ed. Fr. Moschus. Duaci 1597.

Jocelini de Brakelonda Cronica, ed. J. Gage Rokewode. (Camden Society, XIII.)

Johannis Chronicon Venetum. (MG. Script. VII.)

Johannis de Beka Chronica, recogn. Arn. Buchelius. Ultraj. 1643.

Johannes Hugustaldensis. (Twysden, Hist. Anglic. Script.)

Johannis de Oxenedes Chronica, ed. by H. Ellis. London 1859.

Johannes Rothe, Chronicon Thuringiae. (Mencke, Script. Rer. Germ. II.)

Johannes Rothe, Vita S. Elisabethae. (Mencke, Script. Rer. Germ. II.)

Johannis Sarisberiensis, Polycraticus. (Opera ed. Giles. Oxonii 1748. III. IV.)

Johannis (Turonensis) monachi maioris monasterii historia Gaufredi ducis Normannorum. (Bouquet, Recueil XII.)

Johannis Turpini Historia de Gestis Caroli Magni. (Hgg. v. Reiffenberg, hinter der Chronik des Ph. Mousques.)

Johannis Vitodurani Chronicon, hgg. v. G. v. Wyss. (Arch. f. Schweiz. Gesch. XI.) Zürich 1856.

Joinville (Jean Sire de), Histoire de Saint Louis, publ. p. M. Natalis de Wailly. Paris 1874.

Jordan Fantosme. (Chronique des ducs de Normandie, publ. p. Francisque-Michel III.)

Kaiserchronik, hgg. v. H. F. Massmann. Leipzig und Quedlinburg 1849—55.

Lambertus Ardensis. (Ludewig, Reliquiae Manuscriptorum VIII und MG. Script. XXIV.)

Lamberti Parvi Annales. (MG. Script. XVI.)

Laurentii Veronensis de bello Balearico libri VII. (J. P. Migne, Patrologiae Cursus Compl. Series II. Tom. CLXIII. Paris 1854.)

Lodewijk van Velthem, Spieghel historiael, uytg. door Is. le Long. Amsterdam 1717.

Saba Malaspina, Rerum Sicularum Libri VI. (Del Re, Cronisti Sincr. II.)

Marchisii Scribae Annales Januenses. (MG. Script. XVIII.)

Matthaeus Paris, Historia maior, ed. Wilh. Watts. London 1640.

Memoriale Potestatum Regiensium. (Muratori, Script. VIII.)

Monachi Florentini Acconensis Episcop de Recuperatione Ptolemaidae. (Rogeri de Hoveden, Chronicon III.)

Monachus Fürstenfeldensis, Chronicon de Gestis Principum. (Böhmer, Fontes I.)

Philippe Mousques, Chronique rimée, publ. p. le baron de Reiffenberg. Bruxelles 1836—38.

Notae Altahenses. (MG. Script. XVII.)

Ogerii Panis Annales Januenses. (MG. Script. XVIII.)

Oberti Annales Januenses. (MG. Script. XVIII.)

Odo de Diogilo. (S. Bernardi Clarevallensis Abbatis Genus Illustre Assertum, cura Petri Francisci Chiffletii. Divione 1660.)

Ordericus Vitalis, Hist. ecclesiasticae libri XIII, ed. Aug. le Prevost. Paris 1838—55.

Osbernus, de Expugnatione Lyxbonensi. (Chronicles and memorials of the reign of Richard I. Vol. I. ed. by William Stubbs. London 1864.)

Othloni Vita S. Wolfkangi. (MG. Script. IV.)

Otoboni Annales Januenses. (MG. Script. XVIII.)

Otto Morena. (MG. Script. XVIII.)

Otto Frisingensis, Chronicon. (MG. Script. XX.)

Otto Frisingensis, Gesta Friderici Imperatoris. (MG. Script. XX.)

Ottokar von Steier. (Pez, Script. Rer. Austr. III.)

Petri Blesensis Opera ed. Giles. Oxoniae 1847.

Petri Damiani Epistolae ed. Const. Caietanus. Paris 1616.

Petrus de Ebulo, Carmen de Motibus Siciliae. (Del Re, Cronisti Sincroni I.)

Petrus de Vineis, Epistolae ed. Iselin. Basel 1740.

Petri Tudebodi de Hierosolymitano Itinere. (Recueil des Historiens des Croisades. Hist. Occid. III. Paris 1866 )

Pierre de Langtoft, Chronicle ed. Wright. London 1866—68.

Radulfi Cadomensis Gesta Tancredi. (Recueil des Historiens des Croisades. Hist. Occid. III. Paris 1866.)

Radulfi de Coggeshall Chronicon Anglicanum ed. Jos. Stevenson. London 1875.

Radulfus de Diceto, Abbreviationes Chronicorum. (Twysden, Hist. Angl. Script.)

Radulfus de Diceto, Imagines Historiarum. (Twysden, Hist. Angl. Script.)

Raimundi de Aguilers Historia Francorum qui ceperunt Jerusalem. (Recueil des Historiens des Croisades. Hist. Occid. III. Paris 1866.)

Reineri Annales. (MG. Script. XVI.)

Reineri Triumphale Bulonicum. (MG. Script. XX.)

Ricardus Hagustaldensis, de Gestis Regis Stephani. (Twysden, Hist. Angl. Script. I.)

Ryccardus de S. Germano. (MG. Script. XIX.)

Richardus Divisiensis, Chronicon, ed. Jos. Stevenson. London 1838.

Richerius Senonensis. (Böhmer, Fontes III.)

Rigordus, de Gestis Philippi Augusti. (Duchesne V.)

Chronica Magistri Rogeri de Hovedene, ed. by William Stubbs. London 1868—71.

Rolandini Patavini Chronicon. (MG. Script. XIX.)

Henricus Rosla, Herlingsberga. (Meibomius, Script. Rer. Germ. I.)

Rubruquis, Voyage en Tartarie. (Recueil de divers voyages curieux faits en Tartarie publ. p. Bergeron. Leyden 1729.

Simeonis Dunelmensis, Historia de Gestis Regum Angliae. (Twysden, Hist. Anglic. Script.)

Matteo Spinelli de Giovenazzo. (MG. Script. XIX.)

Melis Stoke, Rijmkronijk, door Balth. Huydecoper. Leyden 1772.

Sugerius, de Rebus in Administratione sua Gestis. (Duchesne IV.)

Sugerius, de Vita Ludovici Grossi. (Bouquet, Rec. XII.)

Thietmari Chronicon. (MG. Script. III.)

Thomae Tusci Gesta Imperatorum et Pontificum. (MG. Script. XXII.)

Tudebodus Abbreviatus, Gesta Francorum. (Recueil des Historiens des Croisades. Hist. Occid. III. Paris 1866.)

Tudebodus Imitatus et Continuatus, Historia Peregrinorum. (Rec. des Hist. des Croisades. Hist. Occid. III. Paris 1866.)

Vita Annonis Archiepiscopi Coloniensis. (MG. Script. XI.)

— Bertholdi Abbatis Garstensis. (Pez, Script. Rer. Austr. II.)

— Burchardi Episcopi Wormatiensis. (MG. Script. IV.)

— Richardi Abbatis S. Vitoni Virdunensis. (MG. Script. XI.)

Vita S. Richarii Abbatis Centulensis. (Surius, Vitae Sanctorum. 26. April.)
Geoffroi de Villehardouin, La conqueste de Constantinople, publ. p. Natalis de Wailly. Paris 1872.
Willelmi Tyrensis Archiepiscopi Historia Rerum in Partibus Transmarinis Gestarum (Recueil des Historiens des Croisades I. II.) Paris 1841—44.
Wipo, Vita Chuonradi. (MG. Script. XI.)

## 2. Verschiedene lateinische Schriften.

Andreae Capellani Regii Erotica sive Amatoria. Tremoniae 1614.
Albertus Magnus, de Falconibus, Asturibus et Accipitribus. Augsburg 1596.
Fridericus Imperator, de Arte Venandi cum Avibus. Augsburg 1596.
Johannes de Garlandia, Synonyma. Reutlingen 1487.
Das Liebesconcil, hgg. v. Waitz. (Ztschr. f. deutsches Alterth. VII.)
Thomas Cantipratensis. (Hdschr. der Breslauer Stadtbibliothek.)
Walther von Lille genannt Châtillon, Zehn Gedichte, hgg. von W. Müldener. Hannover 1859.

## 3. Mittelhochdeutsche Dichter und Schriftsteller.

Alexander, vom Pfaffen Lamprecht, hgg. v. H. Weismann. Frankfurt a. M. 1850.
Alexius, von Konrad von Würzburg, hgg. von M. Haupt. (Ztschr. f. deutsches Alterth. IV.)
Alpharts Tod, hgg. von Ernst Martin. (Deutsches Heldenbuch. Berlin 1866.)
Amur. (S. Heinzelein von Konstanz.)
Annolied, hgg. von Kehrein. Frankfurt a. M. 1865.
Apollonius, von Heinrich von Neustadt, hgg. von Jos. Strobl. Wien 1875.
Athis u. Prophilias, hgg. von W. Grimm. Berlin 1846.
Barlaam u. Josaphat, hgg. von Fr. Pfeiffer. Leipzig 1844.
Berthold von Holle, hgg. von Karl Bartsch. Nürnberg 1853.
Berthold von Regensburg I, hgg. von Franz Pfeiffer. Wien 1862.
Biterolf, hgg. von Oskar Jänike. Berlin 1866. (Deutsches Heldenbuch I.)
Boner, Edelstein, hgg. von Franz Pfeiffer. Leipzig 1844.
Crane, s. Berthold von Holle.
Crescentia, hgg. von Oskar Schade. Berlin 1853.
Crône von Heinrich von dem Türlîn, hgg. von G. H. F. Scholl. Stuttgart 1852. (Bibl. d. litt. Vereins zu Stuttgart XXVII.)
Darifant, s. Berthold von Holle.
Dêmantîn, s. Berthold von Holle, hgg. von K. Bartsch. (Bibl. d. litt. Vereins zu Stuttgart CXXIII.)
Dietrichs Flucht, hgg. von Ernst Martin. Berlin 1866. (Deutsches Heldenbuch II.)
Ecken Liet, hgg. von Julius Zupitza. Berlin 1870. (Deutsches Heldenbuch V.)
H. Elisabeth, hgg. von Max Rieger. Stuttgart 1868. (Bibl. d. litt. Vereins zu Stuttgart XC.)
Êneit, von Heinrich von Veldeke, hgg. von Ludwig Ettmüller. Leipzig 1852.
Engelhard, von Konrad von Würzburg, hgg. von M. Haupt. Leipzig 1844.
Erec, von Hartmann von Aue, hgg. von M. Haupt. Leipzig 1839.
Herzog Ernst, hgg. von K. Bartsch. Wien 1869.
Herzog Ernst D. (Deutsche Ged. d. MAs. hgg. von vdHagen u. Büsching I.)
Der Falkner und das Terzel. (Ztschr. f. deutsches Alterth. VII.)
Flore u. Blanscheflur, hgg. von Emil Sommer. Quedlinburg u. Leipzig 1846.
Gute Frau, hgg. von E. Sommer. (Ztschr. f. deutsches Alterth. II.)
Frauenbuch / Frauendienst } von Ulrich von Lichtenstein, hgg. von Lachmann. Berlin 1841.
Fundgruben für Geschichte der deutschen Sprache und Litteratur, hgg. von H. Hoffmann. Breslau 1830. 1837.

H. Georg. (Deutsche Ged. d. MA., hgg. von v.d.Hagen u. Büsching I.)
Gesammt-Abenteuer, hgg. von Fr. v.d.Hagen. Stuttgart u. Tübingen 1850.
Gottes Zukunft, von Heinrich von Neustadt, hgg. von Jos. Strobl. Wien 1875.
Gregorius, von Hartmann von Aue, hgg. von K. Lachmann. Berlin 1838.
Hadamar des Labers Jagd, hgg. von J. A. Schmeller. Stuttgart 1850. (Bibl. d. Litt. Vereins XX.)
Haugdietrich, hgg. von K. Frommann. (Ztschr. f. deutsches Alterth. IV.)
Armer Heinrich, von Hartmann von Aue, hgg. von Grimm. Berlin 1815.
Heinrich u. Kunigunde, hgg. von Reinh. Bechstein. Quedlinburg u. Leipzig 1860.
Heinrich von Melk, Erinnerung, hgg. von R. Heinzel. Berlin 1867.
Heinzelein von Konstanz, der Minne Lehre, hgg. von F. Pfeiffer. Leipzig 1852.
Helbling, hgg. von Th. v. Karajan. (Ztschr. f. deutsches Alterth. IV.)
Helmbrecht, hgg. von M. Haupt. (Ztschr. f. deutsches Alterth. IV.)
Heraclius, hgg. von H. F. Massmann. Quedlinburg u. Leipzig 1842.
Herrand von Wildonie, hgg. von Kummer. Wien 1880.
Iwein, von Hartmann von Aue, hgg. von Benecke u. Lachmann. Berlin 1843.
Der kahle Ritter. (Ztschr. f. deutsches Alterth. VII.)
Karl Meinet, hgg. von Adalbert von Keller. Stuttgart 1858. (Bibl. d. litt. Ver. XLV.)
Altdeutsches Kochbuch, hgg. von Wilh. Wackernagel. (Ztschr. f. deutsches Alterth. V.)
Der Jüngling, von Konrad von Haslau. (Ztschr. f. deutsches Alterth. VIII.)
Kindheit Jesu, von Konrad von Fussesbrunn. (K. Hahn, Gedichte d. 12. u. 13. Jhdts. Quedlinburg u. Leipzig 1842.)
Kudrun, hgg. von Ernst Martin. Halle 1872.
Lanzelet, von Ulrich von Zatzikhoven, hgg. von K. A. Hahn. Frankfurt a. M. 1845.
J. v. Lassberg, Liedersaal. 1820.
Lohengrin, hgg. von H. Rückert. Quedlinburg u. Leipzig 1858.
Ludwig's des Frommen Kreuzfahrt, hgg. von Friedr. Heinr. von der Hagen. Leipzig 1854.
Mai u. Beaflor. Leipzig 1848.
Martina, von Hugo von Langenstein, hgg. von Adalb. von Keller. Stuttgart 1856. (Bibl. d. litt. Ver. XXXVIII.)
Meleranz von dem Pleier, hgg. von K. Bartsch. Stuttgart 1861. (Bibl. d. litt. Vereins zu Stuttgart LX.)
Von Metzen Hochzeit (Lassberg, Liedersaal III.)
Der Minne Falkner, hgg. von J. A. Schmeller. Stuttg. 1850. (Bibl. d. litt. Vereins XX.)
Minnesinger, hgg. von Fr. v.d.Hagen. Leipzig 1838.
Moriz von Craon, hgg. von M. Haupt. (Festgaben für Gustav Homeyer.) Berlin 1871.
Gottfried von Neifen, hgg. von M. Haupt. Leipzig 1857.
Nibelungenlied, hgg. von Friedr. Zarncke. Leipzig 1856.
Nîthart, hgg. von Moriz Haupt. Leipzig 1858.
Ortnît, hgg. von Arthur Amelung u. Oskar Jänike. Berlin 1871—73. (Deutsches Heldenbuch III. IV.)
S. Oswald, hgg. von L. Ettmüller. Zürich 1835.
Partonopier u. Meliur, von Konrad von Würzburg, hgg. von K. Bartsch. Wien 1871.
Parzival, von Wolfram von Eschenbach hgg. von Karl Lachmann.[2] Berlin 1852.
Philipp des Karthäusers Marienleben, hgg. von H. Rückert. Quedlinburg u. Leipzig 1853.
Pilatus, hgg. von H. F. Massmann. (Ged. d. 12. Jhd.)
Rabenschlacht, hgg. von Ernst Martin. Berlin 1866. (Deutsches Heldenbuch II.)
Vom rehte. (Karajan, deutsche Sprachdenkmale d. 12. Jhdts. Wien 1846.)
Reinfried von Braunschweig, hgg. von Karl Bartsch. Stuttgart 1871. (Bibl. d. litt. Vereins CIX.)

Renner, von Hugo von Trimberg. Bamberg 1833.
Der grosse Rosengarten, hgg. von K. Bartsch. (Germania VI.)
Rolandslied, hgg. von K. Bartsch. Leipzig 1874.
König Rother, hgg. von Heinrich Rückert. Leipzig 1872.
Graf Rudolf, hgg. von W. Grimm. Göttingen 1844.
Salomon u. Morolff. (Deutsche Ged. d. MA., hgg. von vdHagen u. G. Büsching I.)
Schwanritter, von Konrad von Würzburg, hgg. von Fr. Roth. Frankfurt a. M. 1861.
Servatius, hgg. von M. Haupt. (Ztschr. f. deutsches Alterth. V.)
Stricker, Karl der Grosse, hgg. von K. Bartsch. Quedlinburg u. Leipzig 1857.
Des Tanhausers Hofzucht, hgg. von M. Haupt. (Ztschr. f. deutsches Altth. VII.)
Künik Tirol. (vdHagen, Minnesinger I.)
Titurel, von Wolfram von Eschenbach (hgg. von Lachmann in Wolframs Werken.[2] Berlin 1854).
Der jüngere Titurel, hgg. von Karl Hahn. Quedlinburg u. Leipzig 1842.
Tristan, von Eilhard von Obergen, hgg. von Franz Lichtenstein. Strassburg 1878.
Tristan, von Gottfried von Strassburg, hgg. von H. F. Massmann. Leipzig 1843.
Tristan, von Heinrich von Freiberg. (vdHagen, Tristan II.) HvFTrist.
Tristan, von Ulrich von Türheim, hgg. von H. F. Massmann. Leipzig 1843. UvTTrist.
Herbort von Fritslar, liet von Troye, hgg. von K. Frommann. Quedlinburg u. Leipzig 1837. HTroj.
Der Trojanische Krieg, von Konrad von Würzburg, hgg. von A. v. Keller. Stuttgart 1858. (Bibl. d. litt. Ver. XLIV.) Troj.
Turnei von Nantheiz, hgg. zusammen mit dem Partonopier von K. Bartsch. Wien 1871.
Virginal, hgg. von Julius Zupitza. Berlin 1870. (Deutsches Heldenbuch V.)
Vrîdankes Bescheidenheit, hgg. von W. Grimm. Göttingen 1834.
Walberan. (Deutsches Heldenbuch I.) Berlin 1866.
Walther v. d. Vogelweide, hgg. von Lachmann. Berlin 1843.
Der Welhische Gast des Thomasin von Zirclaria, hgg. von H. Rückert. Quedlinburg u. Leipzig 1852.
Wernher von Tegernsee, Marienleben, hgg. von F. W. Oetter. Nürnberg u. Altorf 1802.
Wiener Meerfahrt. (vdHagen, Gesammt-Abenteuer II.)
Wiener Tischzucht, hgg. von M. Haupt. (Ztschr. f. deutsches Alterth. VII.)
Wigalois, hgg. von Franz Pfeiffer. Leipzig 1847.
Wigamur. (Deutsche Ged. d. MA., hgg. von vdHagen u. Büsching I.)
Wilhelm d. Heilige, von Ulrich von dem Türlin, hgg. von Casparson. Cassel 1781.
Wilhelm von Wenden, von Ulrich von Eschenbach, hgg. von W. Toischer. Prag 1876.
Willehalm, von Wolfram von Eschenbach, hgg. von K. Lachmann.[2] Berlin 1854.
Der Winsbeke und die Winsbekin, hgg. von M. Haupt. Leipzig 1845.
Die Wolfdietriche, hgg. von Arthur Amelung und Oskar Jänike. Berlin 1871—73. (Deutsches Heldenbuch III. IV.)
Grosser Wolfdietrich, hgg. von A. Holtzmann. Heidelberg 1865.

## 4. Mittelniederländische Dichter.

Blommaert, Oudvlaemische Gedichten. Gent 1838.
Ferguut, uitg. door L. G. Visscher. Utrecht 1838.
Lanceloet, uitg. door W. J. A. Jonckbloet. s'Gravenhage 1846—49.
Renout van Montalbaen, door J. C. Matthes. Te Groeningen 1875. (Bibl. van middelnederl. Letterkunde 17.)
De Trojaensche oorlog. (Blommaert, Oudvlaemische Gedichten.)
Maerlant, Historie van Troyen. (Bibl.

van middelnederl. Letterkunde 10—12.) Te Groeningen 1873.
Walewein, uitg. door W. J. A. Jonckbloet. Leyden 1846, 1848. (Werken, uitg. door de vereeniging ter bevordering der oude nederlandsche Letterkunde III. V.)

## 5. Englische Dichter.

Sir Tristrem, von Thomas von Erceldoune (in vdHagens Tristan II).

## 6. Altfranzösische Dichter.

Fabliaux et Contes publ. p. Barbazan. Nouvelle Édition augmentée p. Méon. Paris 1808.
A. Jubinal, Jongleurs et Trouvères. Paris 1835.
A. Jubinal, Nouveau Recueil de Contes. Paris 1839—42.
Nouvelles françaises en prose du XIII$^{e}$ siècle, publ. p. Moland et d'Héricault. Paris 1856.
Adalbert von Keller, Rômvart. Mannheim 1844.

Aiol et Mirabel, hgg. von W. Förster. Heilbronn 1876.
Amadas et Ydoine, publ. p. Hippeau. Paris 1873.
Amis et Amiles, hgg. von Konrad Hofmann. Erlangen 1852.
Auberi. (Ad. Tobler, Mitth. aus altfranzösischen Handschriften I. Leipzig 1870.)
Auberis le Borgognons. (Keller, Rômvart.)
Aye d'Avignon, publ. p. F. Guessard et P. Meyer. Paris 1861.
Li Bastars de Bouillon, publ. p. A. Scheler. Bruxelles 1877.
Philippe de Remi Sire de Beaumanoir par Bordier. (La Manekine, Jehan de Dammartin.) Paris 1869.
Berthe, publ. p. P. Paris. Paris 1832.
Bible Guiot. (Fabliaux II.)
Li biaus desconneus, publ. p. C. Hippeau. Paris 1860.
Blancandin, publ. p. H. Michelant. Paris 1867.
Brun de la Montaigne, publ. p. Paul Meyer. Paris 1875.
Bueves de Commarchis, par Adenés li Rois, publ. p. A. Scheler. Bruxelles 1874.
Charlemagne, publ. by Francisque-Michel London 1836.
Chastellain de Couci, publ. p. G. A. Crapelet. Paris 1829.
Le Chastiement des Dames. (Fabliaux II.)
Chevalier a le mance. (Keller, Rômvart.)
Chevalier as ·ij· espees, hgg. von W. Förster, Halle 1877.
Chevalier au Cygne, publ. p. le Baron de Reiffenberg. (Monuments pour servir à l'histoire de Namur etc. IV.) Bruxelles 1846.
Chevalier au Lyon, hgg. von W. Holland. Hannover 1862.
Cléomadès par Adenés li Rois, publ. p. v. Hasselt. Bruxelles 1865—66.
Dits et Contes de Baudouin de Condé et de son fils Jean de Condé, publ. p. Aug. Scheler. Bruxelles 1867.
La Conqueste de la Bretagne (s. Le Roman d'Aquin).
Dolopathos, publ. p. Brunet et Montaiglon. Paris 1856.
Doon de Mayence, publ. p. A. Pey. Paris 1859.
Durmars, hgg. von Edm. Stengel. (Bibl. d. litt. Vereins in Stuttgart. Bd. 116.) Stuttgart 1873.
Elie de Saint-Gille, hgg. von W. Förster. Heilbronn 1876.
Enfances Ogier par Adenés li Rois, publ. p. A. Scheler. Bruxelles 1874.
Érec et Enide, hgg. von Imm. Bekker. (Ztschr. f. deutsches Alterth. X.) Berlin 1856.
Eustache le moine, publ. p. Francisque-Michel. Paris 1834.
Fierabras, publ. p. A. Kroeber et G. Servois. Paris 1860.
Flamenca, publ. p. P. Meyer. Paris 1865.

Floovant, publ. p. F. Guessard et H. Michelant. Paris 1859.
Flore et Blancflor, hgg. von Immanuel Bekker. Berlin 1844.
Garin le Loherain, publ. p. Paulin Paris. Paris 1833.
Garin de Monglane. (Keller, Rômvart.)
Gaufrey, publ. p. F. Guessard et P. Chabaille. Paris 1859.
Gauvain, publ. p. C. Hippeau. Paris 1862.
Gaydon, publ. p. F. Guessard et S. Luce. Paris 1862.
Gérard de Rossillon, publ. p. Francisque-Michel. Paris 1856.
Gilles de Chin, publ. p. le Baron de Reiffenberg. (Monuments pour servir à l'histoire des Provinces de Namur etc. Tom. VII.) Bruxelles 1847.
Gui de Bourgogne, publ. p. F. Guessard et H. Michelant. Paris 1859.
Gui de Nanteuil, publ. p. P. Meyer. Paris 1861.
Guillaume de Dole (Keller, Rômvart).
Guillaume de Palerne, publ. p. H. Michelant. Paris 1876.
Guillaume d'Orange, publ. p. W. J. A. Jonckbloet. La Haye 1854.
Horn et Rimenhild, publ. p. Francisque-Michel. Paris 1845.
Hugues Capet, publ. p. le Mis de la Grange. Paris 1864.
Huon de Bordeaux, publ. p. F. Guessard et C. Grandmaison. Paris 1860.
Jourdains de Blaivies, hgg. von Konrad Hofmann. Erlangen 1852.
Macaire, publ. p. M. F. Guessard. Paris 1866.
Marie de France, publ. p. B. de Roquefort. Paris 1820.
Meraugis de Portlesguez par Raoul de Houdenc, publ. p. H. Michelant. Paris 1869.
Meraugis de Portlesguez (Keller, Rômvart).
Otinel, publ. p. F. Guessard et H. Michelant. Paris 1859.
Parise la Duchesse, publ. p. F. Guessard et L. Larchey. Paris 1860.
Partonopeus de Blois, publ. p. G. A. Crapelet. Paris 1834.
Perceval le Gallois, publ. p. Potvin. Mons 1867—72.
Prise de Pampelune. (Altfranz. Gedichte aus venetianischen Handschriften, hgg. von A. Mussafia.) Wien 1864.
Renaus de Montauban, hgg. von H. Michelant. (Bibl. d. litt. Ver. zu Stuttgart 67.) Stuttgart 1862.
Richars li biaus, hgg. von W. Förster. Wien 1874.
Robert le Diable, publ. p. G. S. Trebutien. Paris 1837.
Li Romans d'Alixandre par Lambert li Tors et Alexandre de Bernay, hgg. von H. Michelant. Stuttgart 1846. (Bibl. d. litt. Vereins XIII.)
Le Roman d'Aquin ou la Conqueste de la Bretaigne, publ. p. F. Joüon des Longrais. Nantes 1880.
Roman de Brut, publ. p. Le Roux de Lincy. Rouen 1836—38.
— de la Charrette. (Roman van Lanceloet, uitg. door W. J. A. Jonckbloet. s'Gravenhage 1846—49.) II.
— de Roncevaux, publ. p. Francisque-Michel. Paris 1869.
— de la Rose, publ. p. Francisque-Michel. Paris 1864.
— de Rou, publ. p. Fréd. Pluquet. Rouen 1827.
— des Sept Sages, hgg. von Adalb. v. Keller. Tübingen 1836.
— de Troie. (Benoit de Sainte-More), publ. p. A. Joly. Paris 1870.
— du Renart, publ. p. Méon. Paris 1826.
Tristan, publ. p. Francisque-Michel. London 1835.

## 7. Italienische Dichter.

Francesco Barberino, Reggimento di Donna, per cura del Conte Carlo Baudi di Vesme. Bologna 1875.

# Register.

C.

## D.

## G.

## H.

### I.



### J.



### K.

## L.

## M.

## N.

## S.

## T.

**Y.**



**Z.**

## Berichtigungen.

S. 201, Anm. 1 ist für Rahm — Rahn zu lesen.
S. 296, Z. 9 für Bible Guiart — Bible Guiot.
S. 378, Anm. 1 für Wallon — de Wailly.